# 서울의
# 시간을
# 그리다

# 서울의 시간을 그리다

풍경과 함께한 스케치 여행

이장희 지음

문학동네

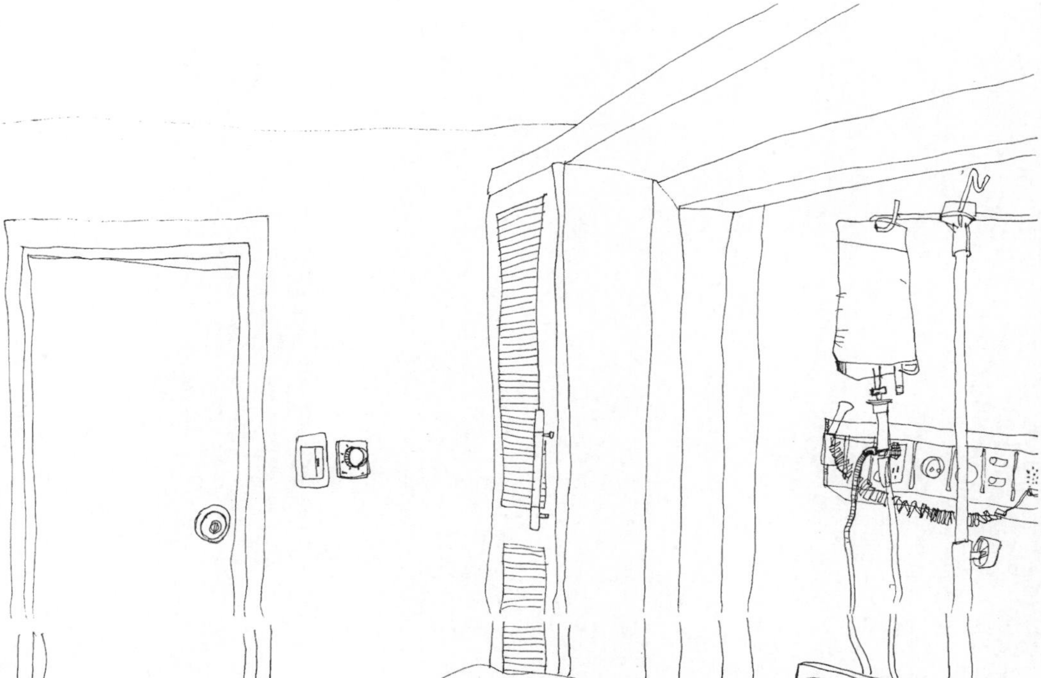


이 책을 쓸 힘을 준
두 아이,
그리고 아내에게.

## 개정 증보판을 출간하며

책이 처음 나온 후 많은 독자들의 오류 알림 경쟁전이 있었다. 송구스러웠지만, 이것도 관심이라고 애써 위안하며 꼼꼼하게 확인해나갔다. 그리고 이렇게 개정 증보판을 내게 되니 다시금 새로운 기분이다. 말 그대로 독자와 함께 완성시켜가는 느낌이랄까.

책이 출간되고 나서 여러 곳에서 다른 도시에 대한 기획을 의뢰해왔다. 나 또한 처음 서울에 관한 책을 쓰고자 마음먹었을 때에는 우리나라를 비롯해 세계 여러 도시에 관한 시리즈를 구상했었다. 하지만, 원고를 쓰면 쓸수록 오랜 시간 머물러보지 못한 다른 지역에 대한 자신감은 점점 줄어들었다. 여행자의 감상이나 문화재나 유적지의 피상적인 외면만을 담고 싶지는 않았던 이유 때문이다. 그렇다고 이 책이 서울의 내면을 제대로 풀어냈다는 말은 아니다. 서울은 생각보다 깊다. 한 그림쟁이로서 그 깊이를 표현하기에는 어려운 점이 너무 많았다. 그저 이 책은 서울을 사랑하는 한 사람이 관심을 갖고 둘러본 것을 그림으로 기록한 것쯤으로 생각해주면 좋겠다.

서울 책을 쓴 후 가장 큰 성과(?)라면 많은 사람들을 알게 된 것을 꼽고 싶다. 이 책 덕분에 이 도시의 최고 수장인 서울시장님부터 시청을 비롯한 여러 관공서의 공무원들, 그리고 다양한 분야에 종사하는 사람들과 외국인들을 만났다. 그리고 영문판이 출간되어 더 폭넓은 독자들을 만나게 되어 반갑기만 하다.

서울 이야기는 이제 시작에 불과하다. 아직까지 풀어내지 못한 많은 이야기가 숙제처럼 남아 있기에 내게 서울은 끊임없는 탐구의 대상이 될 것이다. 이 책은 가볍고 편안하게 서울을 알리고 싶은 의도에서 시작되었다. 필자는 역사학자도, 그렇다고 건축가도 아닌 그림쟁이로서 최대한 즐겁게 이야기를 전달하고픈 생각뿐이다. 따라서 책 내용이 모두 옳다고 단언할 수 없다. 틀린 내용은 전적으로 필자의 무지에서 비롯된 잘못임을 밝혀둔다.

의미라는 건 다시금 돌아보는 단순한 행동에서 시작된다. 어려운 일이 아니다. 자기가 태어난, 혹은 자기가 살아가는 장소에 대해 알아간다는 건 분명 의미 있는 일이다. 그 의미를 위해 서울 이야기를 계속 이어나갈 것이다. 그 시작에서 이 책이 좀더 나은 모습으로 재출간될 기회가 생겨 더없이 기쁜 마음이다. 이 책이 다시 나오기까지 수고해준 출판사 관계자 여러분과 담당 에디터 임혜지씨에게 진심으로 감사드린다. 또한 많은 조언을 아끼지 않았던 부모님, 서울 여행의 동반자 유택과 태진에게도 고맙다는 말을 전한다. 이 밖에 다 적지 못한 책들, 블로그들, 풍경의 일부가 되어준 서울 사람들, 모두모두 깊은 감사의 말씀을 드린다.

2013년 봄

이장희

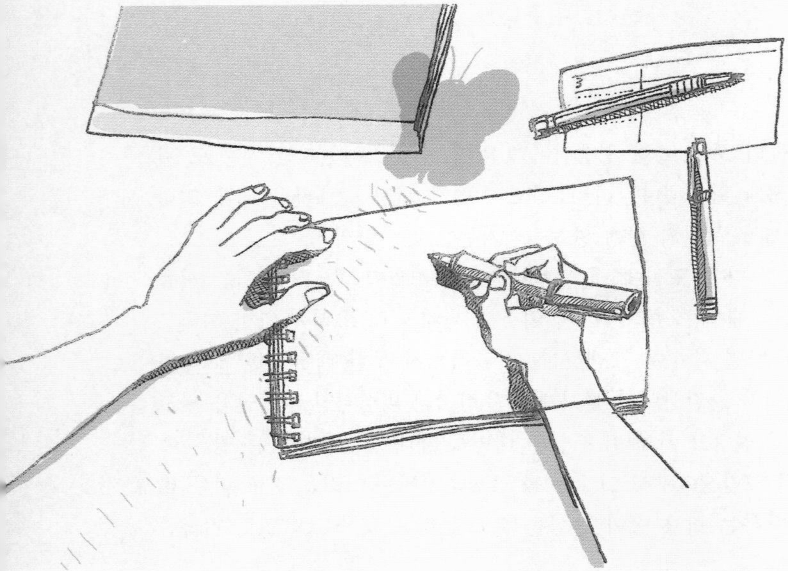

여는 글 _ 펜을 집어들고

살아 있는 것들을 보라.
사랑하라.
놓지 마라.
-더글러스 던

나는, 오랫동안 서울에서 살아왔다.
그렇지만 여전히 서울을 알지 못한다.
바람이 불면 일렁이는 나뭇잎처럼
세월에 몸을 맡긴 채 흔들거렸고,
그림을 그리고,
글을 썼다.
그게 전부였을까?
어느 봄날 우연히 찾아간 통의동 골목.
벼락을 맞아 그루터기만 덩그러니 남은 백송 아래 앉은 내게 물었다.
너무 늦은 건가.
바람 하나 없는 고즈넉한 풍경.
나무는 말이 없었다.
가만히 노트를 꺼내 풍경을 담았다.
서늘한 초봄
어디선가 날아온 성급한 나비 하나 나풀,
백지 위에 그림자를 남긴다.
그래.
내가 살아온 곳들을 담아보자.

어쩌면 이 여행,
벌써 예전에 시작되었을지도 모르겠다.
아주 오래전,
내가 서울에 태어나던 그날부터.
문득 봄바람이 가볍게 책장 사이에 팔랑인다.
바람,
세상에서 가장 아름다운 존재감.

서울 속의 바람.
바람 속의 나,
내 속의 서울.
서울의 시간,
그 시간을 그리다.

## 통의동 백송

통의동에 백송이 있다는 걸 알게 된 건 우연이었다. 지하철에서 읽던 책에 나온, 사진도 없는 몇 줄의 글에서였다. 엄밀히 말하자면 그 책의 필자는 백송이 아닌 백송터에 대해 이야기하고 있었다. 서울 한복판에 자리한 궁궐터나 절터에 대해서는 익히 들었지만 죽은 나무를 기리기 위해, 그것도 사대문 안 그 비싼 땅에 터를 남겨놓았다 하니 슬쩍 호기심이 고개를 들어 어느새 원래 계획을 벗어나 내 몸을 이끌었다. 서울 여행의 장점 첫번째! 일상에서 발길 한 번, 마음 하나 돌리면 바로 여행이 시작된다는 것. 거창하지 않은 소소함, 준비물 하나 없는 그 가벼움이 좋다.

3호선 경복궁역에 내려 큰길을 따라 잠시 걷자, 추사 김정희 선생의 집터를 알리는 큰 표지석을 어렵지 않게 발견했다.

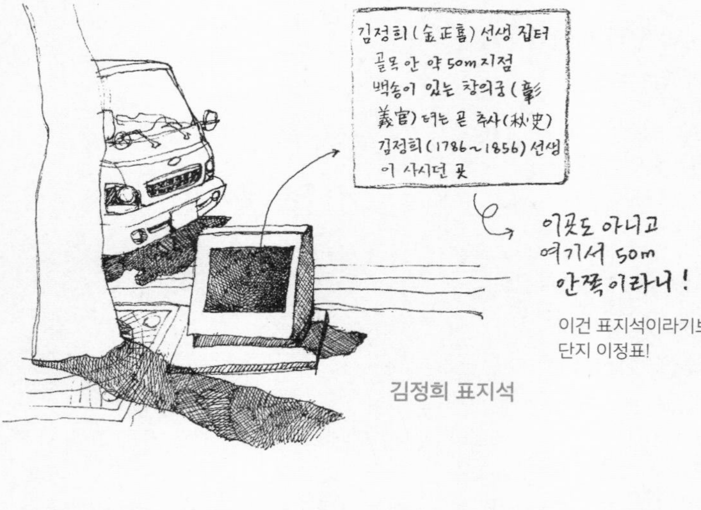


이건 표지석이라기보다
단지 이정표!

김정희 표지석

서울에는 도처에 수많은 표지석이 산재해 있다. 평소에는 그냥 지나치지만 일단 관심을 갖기 시작하면 이렇게 표지석이 많았나 싶을 정도로 눈에 밟힌다. 존재감의 기록. 알리고는 싶은데 복원할 돈도, 노력도 부족해 결국 간단하게 남겨둔 것이 표지석이다. 문제는 대중의 관심을 거의 받지 못하는 표지석이 기준 없이 중구난방으로 포진해 있다는 것. 서울은 거대한 존재감의 무덤이랄까.

그러면서 우리는 또 삽을 든다. 일단 부수고 개발하고 대신 거기에 표지석을 남긴다. 토지는 새 건물로, 옛 건물은 표지석으로. 이토록 허탈하고 쉬운 변신이 또 있을까?

이렇게 몇 세대가 지나면 거리에 가로등 개수만큼이나 표지석이 흔할지도 모를 일이다. 보

표지석의 안내를 따라 골목길로 접어드니
멀찌감치 나무가 보인다.
저 나무인가 싶어 가만히 다시 보니 향나무다.
백송터였다는 걸 상기하자! 담 밖의 나무.
옛 골목이기에 가능한 풍경.

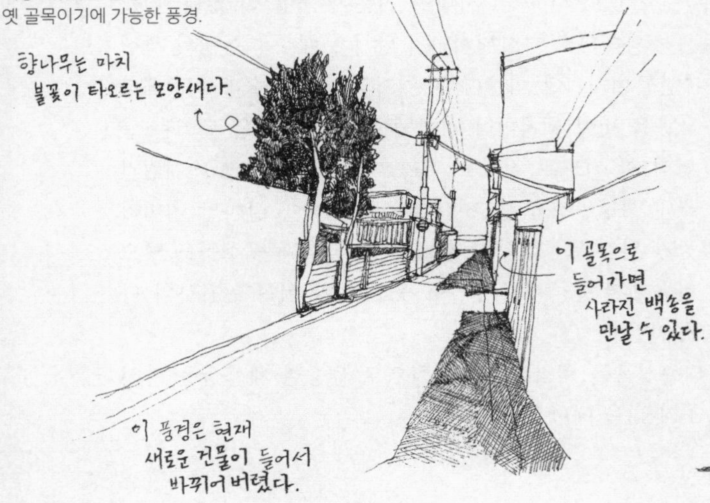


**백송터 골목길**

향나무와 옛집이 어우러진 골목길 풍경은
이제 스케치 속에만 남게 되었다.
길가에 쪼그려 앉아 그림을 그리던
기억과 함께.

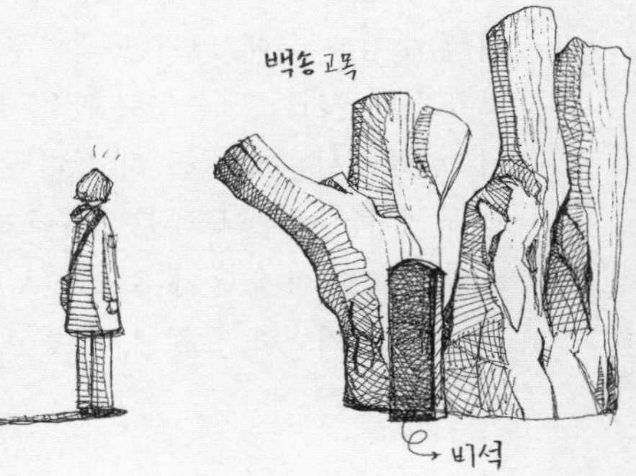


존할 것은 처음부터 보존하고, 복원할 것은 복원하고, 없앨 표지석은 과감하게 정리해야 하지 않을까.

드디어 백송과의 만남.

통의동에 있는 이 백송은 천연기념물 제4호였다. 소나무라는 이름은 옛날 중국 진시황이 이 나무 밑에서 비를 피해 그 고마움을 담아 나무〔木〕 공작〔公〕, 즉 목공(木公)이라 부르던 걸 합쳐 송(松) 자가 되었다고 하는데, 우리나라에서는 국토의 40퍼센트가량을 차지할 정도로 많은 나무이자 민족의 나무라 할 만큼 친숙한 나무다. 그러나 최근에는 이상기후로 평균기온이 점차 높아져 '소나무 에이즈'라 불리는 재선충병 때문에 개체수가 줄어들었고 남은 나무들에게도 꽤나 괴로운 형국이다.

소나무를 세분하면 여러 종류인데 그중 백송이란, 말 그대로 수피(樹皮)가 하얀 소나무다. 나무를 잘 모르는 나조차도 어렵지 않게 골라낼 수 있는 소나무가 백송이다. 중국이 원산지로 알려져 있는 백송은 옮겨심기가 여간 까다롭지 않은데다 자라는 속도가 더뎌 우리나라에서는 100살만 넘어도 천연기념물로 지정해 보호할 정도다. 천연기념물 제1호에서 제10호 사이에 여섯 개가 백송인 것만 보아도, 백송에 대한 예우가 얼마나 남다른지 알 수 있다. (하지만, 그중 네 개가 죽거나 보존가치를 상실했다. 남은 두 개는 모두 서울〔재동과 수송동〕에 있다.)

그중 통의동에 있던 이 백송은 우리나라 백송 중에서도 가장 크고 오래된 나무였다. 높이 약 16미터에 둘레 5미터로, 당시 600살로 추정되었다. (하지만 죽은 뒤 분석해본 결과 수령이 300년으로 밝혀진 걸 보면, 우리나라 큰 나무들의 추측 수령은 오류가 많을 가능성을 전혀 배제할 수 없겠다.) 그러나 1990년 여름, 거세게 몰아치던 태풍으로 300살 나무의 삶은 종지부를 찍고 만다.

본디 오래 살기 대표주자인 소나무가 쓰러졌으니 동네 사람들 기분이 좋을 리 없다. 더군다나 천연기념물이 아닌가! 통의동은 청와대와도 가까워서인지 당시 노태우 대통령의 관심까지 더해져 백송회생추진위원회가 만들어지기에 이른다. 다각도의 회생수술과 치료에다가 24시간 나무 주변 철통경계에, 굿판을 벌여 돼지머리 입에 공무원들이 돈을 물리는 등 나무를 살리기 위해 안 해본 것이 없다 할 정도로 정성을 기울였다. 하지만 2년 10개월간의 혼수상태 끝에 1993년 백송은 끝내 사망판정을 받고야 만다. 다음해에 살아날 기미가 보이자 누군가가 백송으로 관을 만들기 위해 일부러 제초제를 뿌려 죽였다는 소문도 있으니, 한쪽에서는 살리려 하고 다른 한쪽에서는 죽이려 한, 이 웃지 못할 일이 인간사의 단면에 끼어든 나무의 최후가 아니고 무엇일까.

나무가 죽고 마지막 가는 길에는 '터주신목'을 퇴장시키는 의식으로 융숭한 제사상을 차리고 고사를 지냈다. 그렇게, 백송은 우리 곁을 떠나갔다.

후계목들이 이전 백송보다
더 굵고 튼튼하게 자랐으면 좋겠다.
비록 내가 살아서는 그 모습을
못 보겠지만.

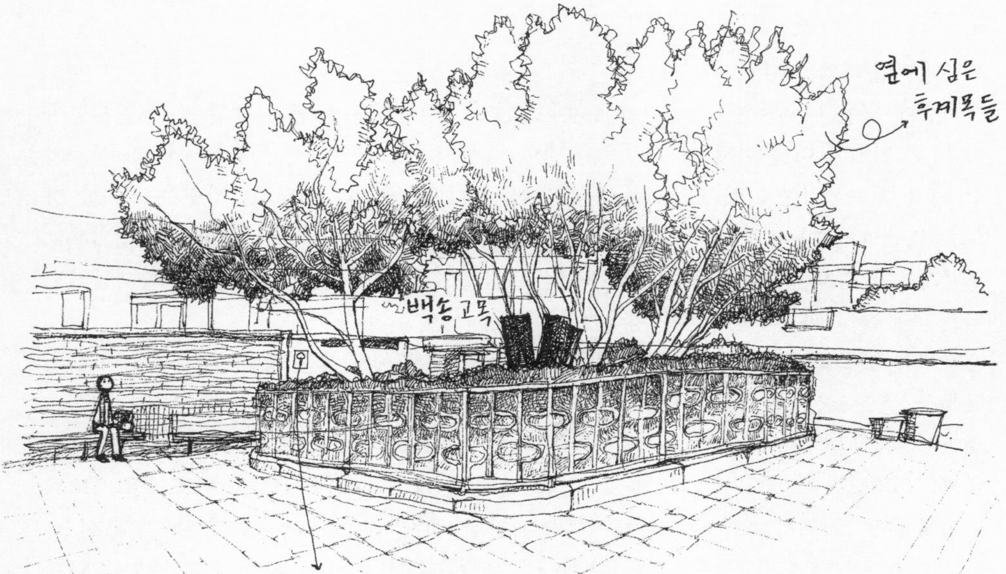


죽은 나무는 토막내어 국립수목원 산림박물관에 보관하고 있다.
나이테를 따져보면 백송이 일제강점기 36년 동안 갑자기
생장을 멈췄다가 해방 이후 다시 자랐다는 걸 알 수 있다는
신비로운 소문도 있다.

**홍기옥 소유 백송**

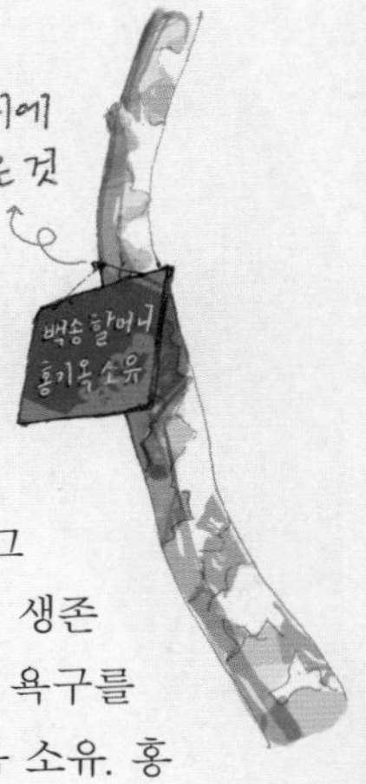


죽은 백송 그루터기 옆에 네 그루의 후계목을 심어놓아 쓸쓸해 보이지는 않았다. 하지만 어쩐지 흔한 공원 같은 느낌이 없지 않았다. 비록 작은 나무일지언정 단 한 그루만 고목 그루터기 옆에 심어놓았다면 조금 다른 느낌의 기념비적 장소가 되지는 않았을까? 나무가 자라면 네 그루 모두 함께 있기에는 어차피 좁을 터가 아닌가. 하지만 다가가 살펴보니 후계목이 네 그루나 된 이유를 대강 알 만했다. 각각의 소유가 달랐던 것. 까다로운 백송이니 생존 확률을 높이려는 의도인지도 모르겠지만, 이름 하나 남기고 싶어하는 짧은 생의 욕구를 본다. 종로구, 문화재청, 서울시. 남은 하나는 개인 소유였다. 백송 할머니, 홍기옥 소유. 홍기옥, 그는 누구일까?

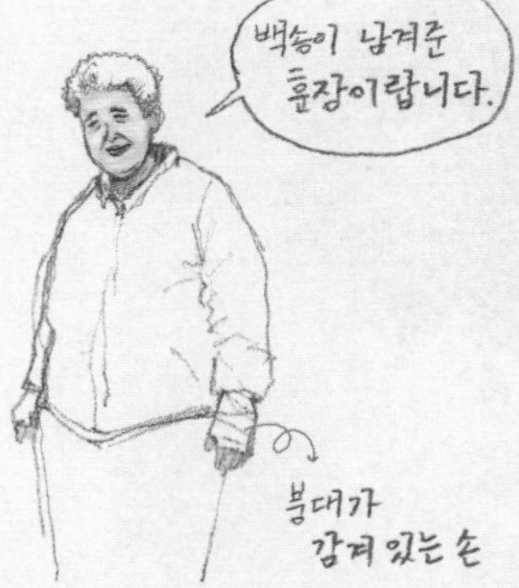


백송에 제초제가 뿌려졌을 당시, 그 흙을 황급히 손으로 퍼내다가 손에 화상을 입어 지금까지 고생하고 계신다.

이 근처에 사는 백송 할머니라 불리는 홍기옥 할머니. 그는 백송지킴이로 알려져 있다. 다른 곳으로 이사를 갔다가 이곳을 못내 잊지 못해 다시 돌아오셨다고 한다.
누구 소유라는 명찰을 보니 생각나는 일이 있다. 언젠가 강원도에 등산을 갔다가 숲속 어느 나무에 "이 나무에는 제 어머니의 분골이 묻혀 있습니다. 제발 훼손하지 말아주세요"라는 명찰이 걸린 것을 본 적이 있었다. 수목장(樹木葬)이 사회에 널리 알려지지 않은 때라 한편으로는 섬뜩함이, 다른 한편으로는 애틋함이 일었다. 어머니의 나무. 인간이 범접할 수 없는 세월을 사는 나무는 사람에게 어떤 경외의 대상이 되곤 한다. 홍기옥 할머니의 붕대 감은 손을 어렴풋하게나마 이해할 수 있을 것 같은 기분이다. 나도 두 아이가 생기면서 두 그루의 묘종을 구해 각각 하나씩 화분에 키우고 있다. 큰 여자아이 것은 단풍나무, 작은 남자아이 것은 소나무다. 지금은 아파트에 살기 때문에 불가능하지만, 언젠가 마당 있는 집으로 이사 가면 넓은 곳에 옮겨 심어주리라. 나무가 화분을 부숴버리기 전에 이사 가기 위해서는 더 열심히 뛰어야 하려나.

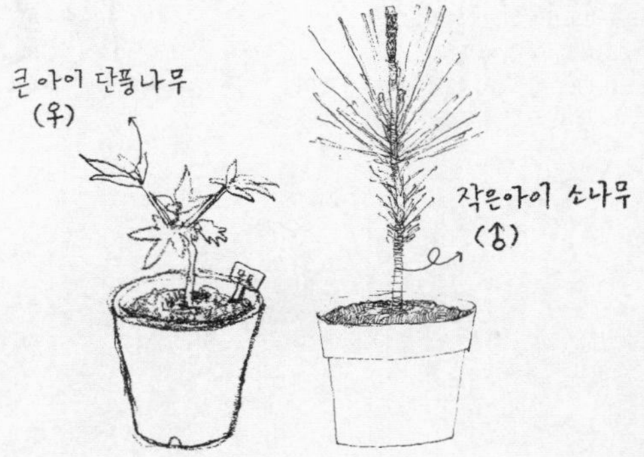


들어올 때 표지석에서 봤듯이 백송

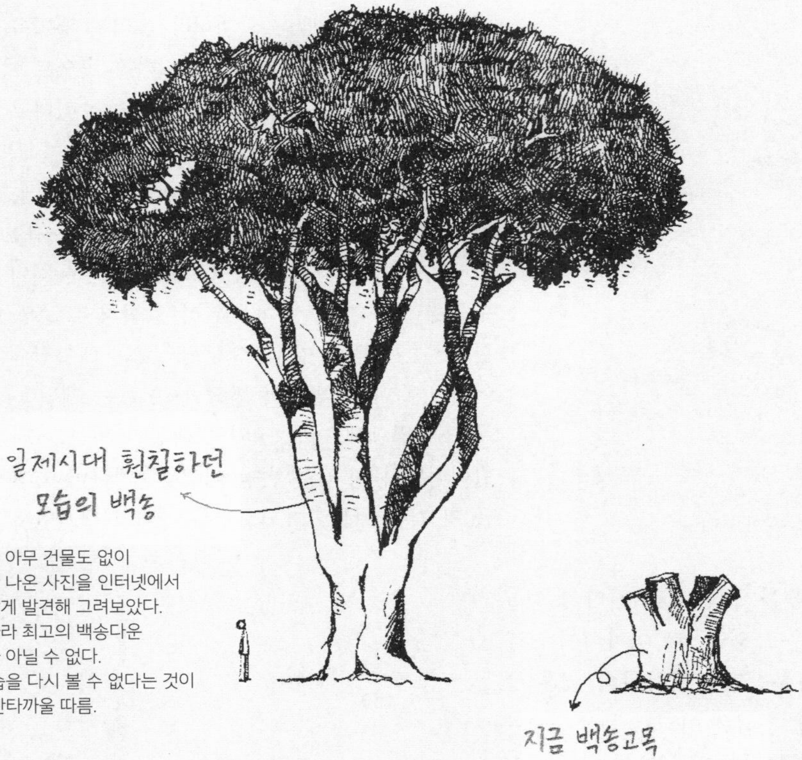


주위에 아무 건물도 없이
백송만 나온 사진을 인터넷에서
우연찮게 발견해 그려보았다.
우리나라 최고의 백송다운
풍채가 아닐 수 없다.
이 모습을 다시 볼 수 없다는 것이
그저 안타까울 따름.

옛 모습과 비교해보면 그루터기 아래와 뿌리 부분 없이
일부분만 그냥 올려놓았다는 걸 알 수 있다.

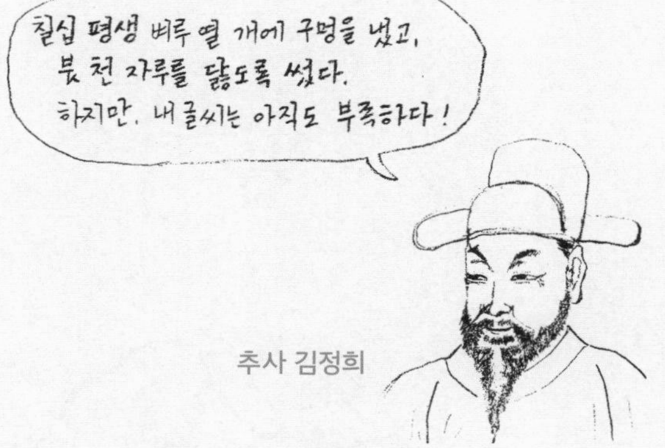

추사 김정희

과 더불어 이곳이 김정희가 살던 집터였다는 사실을 빼놓을 수 없다. 충남 예산에서 태어난 김정희는 어린 시절부터 이미 글씨를 잘 썼던 것 같다. 우리나라에서는 예로부터 봄이 오면 '입춘첩'이라고 해서 한 해의 무사태평과 풍년을 기원하는 뜻으로 대문에 '입춘대길(立春大吉)' '건양다경(建陽多慶)' 같은 문구를 써붙였는데, 추사는 일곱 살부터 이를 써 내걸었다고 한다. 당시 재상이었던 채제공이 추사의 집 앞을 지나다 이를 보고는 보통 글씨가 아님을 알아채고 문을 두드려 누가 썼는지 물었다고 한다. 놀라 달려나온 아버지 김노경이 아들이 쓴 글이라 하자, 채제공은 "이 아이는 명필로 한 세상에 이름을 떨칠 것이오. 하지만 글을 잘 쓰면 운명이 기구할 것이니 절대 붓을 잡지 않게 하시오. 그러나 만약 문장으로 세상을 울리게 하면 크게 귀하게 되리라"라고 했다고 한다. 후에 큰아버지에게 입양되어 서울로 올라온 추사는 어린 시절의 대부분을 통의동 백송 옆 월성위궁에서 살았다. 결국 채제공의 예언은 적중한 셈인가. 글씨와 금석학, 고증학의 대가로 명성을 날렸던 김정희는 말년에 당쟁에 휘말려 제주도 유배라는 큰 시련을 겪는다. 하지만 유배지에서 보낸 시간이 '추사체'가 탄생하는 계기가 되었으니, 인간 세상이란 한 치 앞도 알 수 없는 것일까!

추사체

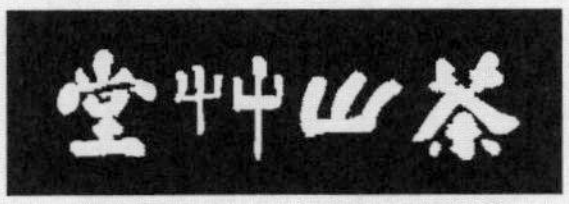

전남 강진 다산초당 현판

이 개성 넘치는 서체는 가히 조선의 아방가르드라 할 만한 추사 불멸의 서체가 아닐까 싶다.

골목길을 걸어 나오는데, 담 밖으로 향나무가 나와 있던 집 대문에 입춘첩이 걸린 것이 보였다. 컴퓨터가 보급되어 당최 손글씨를 쓰기도, 접하기도 녹록지 않은 요즘. 그 풍경이 까닭 없이 반가웠다. 종이보다 컴퓨터 모니터가 익숙하고, 추사체는 고사하고 컴퓨터 문서 프로그램의 고딕체, 명조체밖에 모르는 오늘날 풍경. 오늘 일기는 오랜만에 손글씨로 직접 써봐야겠다는 생각을 모락모락 피워내며 약속 장소로 향했다.

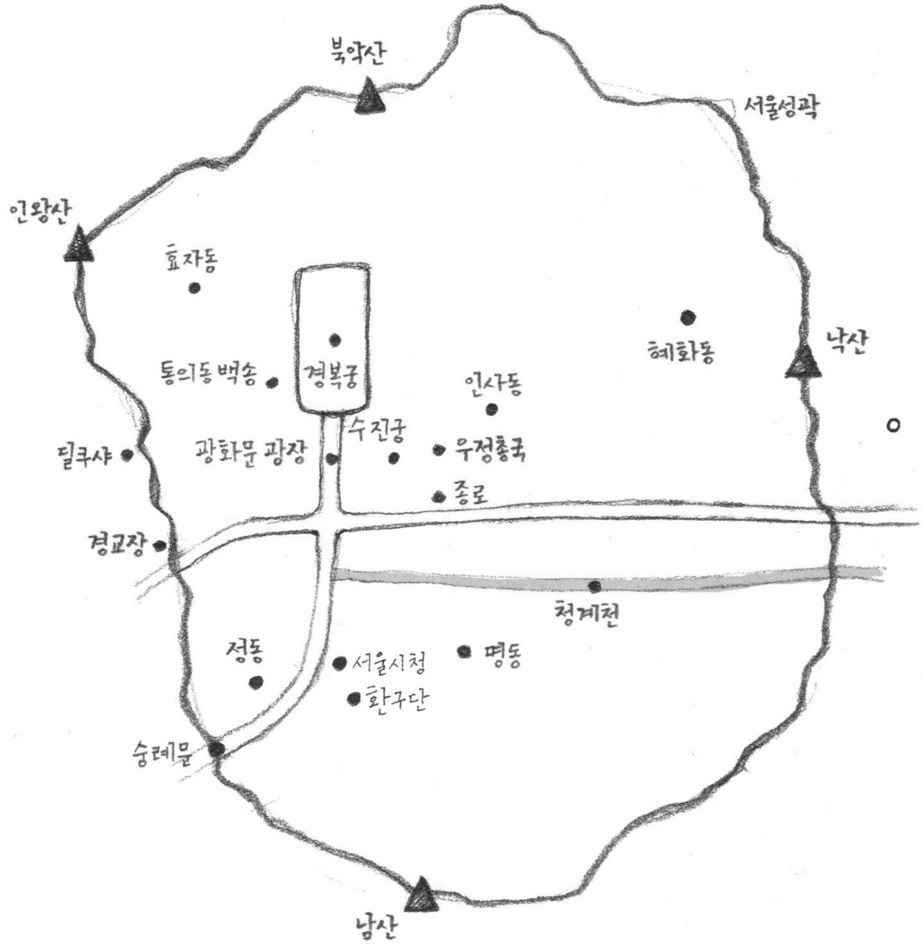
북악산
서울성곽
인왕산
효자동
혜화동
낙산
경복궁
통의동 백송
인사동
수진궁
딜쿠샤
광화문 광장
우정총국
종로
경교장
청계천
정동
서울시청
명동
환구단
숭례문
남산

# 차례

1장

# 경복궁

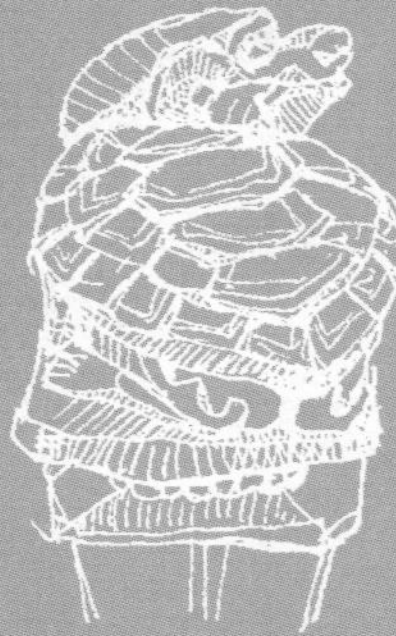

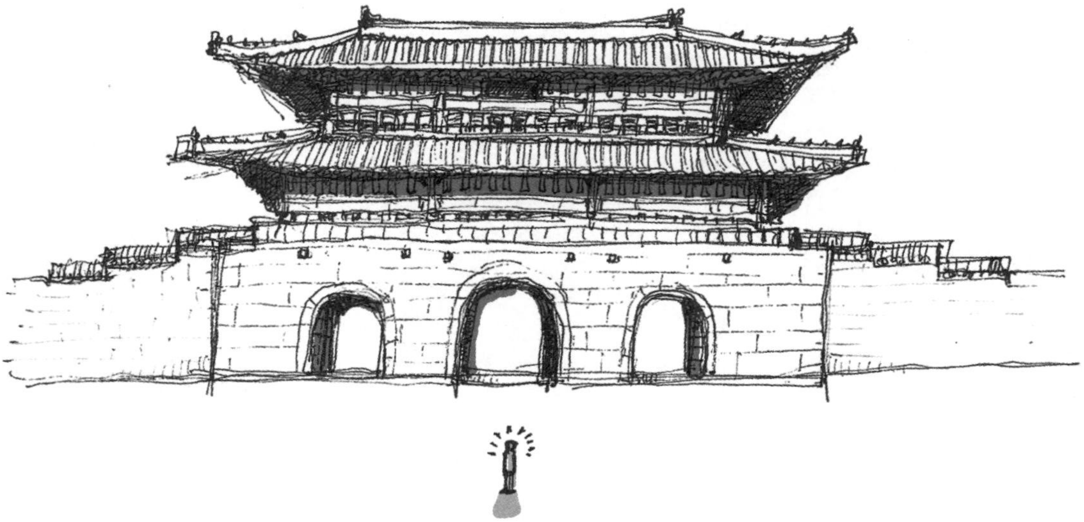

광화문

우리 아이들보다도 더 어린 광화문.
하지만
아이들보다 훨씬 더 오래오래 살아
지금과는 사뭇 다른 의미로 존재할 광화문의 훗날을 위한 인사.

안녕, 다시 만나 반가워.
서울을 잘 부탁해.

## 서울, 하면
## 먼저 떠오르는 곳

"그럴 줄 알았어."
친구가 이 책 초고에 대해 듣고는 짤막하게 대답했다.
"뭐가?"
"네가 서울에 대한 책을 준비중이라기에 맨 먼저 광화문이 나올 줄 알았다는 거지."
생각해보니, 어느새 나에게는 서울 하면 가장 먼저 떠오르는 단어가 광화문이 되어 있었다. 그건 해질 무렵 어두워지는 골목길에 가로등이 켜지듯, 슬며시 내 안에 자리잡았다. '늘 그런 식이야'라고 한다면 '늘 이런 식일 수밖에 없어'라고밖에는 달리 할말이 없다. 왜 광화문이었을까. 경복궁의 중심 법전(法殿)인 근정전이나 고액권 화폐에도 등장해 꾸준히 인기를 누린 경회루가 아닌, 문 하나가 왜 가장 먼저 떠오르는 걸까? 그건 아마도 정문의 상징성 때문일 것이다. 사진도 없던 그 시절, 왕족 또는 궁궐 출입이 가능한 극히 한정된 사람들이 아닌 평민들은 이야기로만 듣던 궐 안 세상이 얼마나 궁금했을까. 그 상상은 광화문 즈음에서 멈춰 더이상 뻗어나가지 못했으리라. 그 때문에 '광화문은 경복궁이다'라는 등식이 성립되었던 것이다. 그런데 자유롭게 경복궁을 출입할 수 있게 된 오늘날에도 여전히 나는 경복궁 하면 광화문만 떠오른다. 그도 그럴 것이 서울 사대문 안에서 일하긴 하지만, 경복궁 내부에 들어가는 건 한 해에 몇 번뿐, 한 손가락으로 헤아릴 수 있을 정도다. 그에 비하면 광화문은 집에 가는 버스에 올라 창밖을 내다보기만 해도 보인다. 긴 복원공사기간 동안 사라졌다가 새로 일어선 광화문, 그 자리에 있는 문 하나가 왜 그리도 든든한지.
그래, 의미란 바로 이런 것이겠지.

'그리하여 서울의 첫 스케치를 광화문으로 정했다'라는 명분으로 글을 시작하려 한다.
광화문의 의미가 문 그 자체로서의 광화문인지, 그 근처를 포괄한 것인지는 내게도 모호하다. 이미 광화문이라는 명칭은 그 주변 모든 곳을 포함해 얼버무려졌기 때문이다. 하지만 중요한 건 언제, 어느 곳까지 그려나갈지 모를 서울의 스케치를 시작한다는 것.
바로 지금 여기 광화문에서!

## 3호선
## 중앙청역

1980년대 중반, 지하철 3호선이 개통되던 즈음 난 초등학생이었다.
낯선 곳을 좋아하는 건 숙명이었는지, 어렸을 때부터 길을 잃고 헤매다 파출소에서 부모님과 재회한 적도 여러 번이었다. 지하철이 개통됐을 때도 당연히 지하철을 한번 타보겠다는 일념하에 학교가 끝나고 부지런히 지하철역으로 달려갔다. 당시 학생 차표는 마분지 차표였는데 개찰구를 통과할 때 내민 표가 '따캉' 하는 소리와 함께 구멍이 뚫리자 마치 시골 가는 기차를 탄 것처럼 설레었다. 그날 내가 고생 끝에 도착한 역은 다름 아닌 중앙청역. 목적지 없는 방랑은 역 밖으로 나가보지도 못하고 끝났고, 늦어서 부모님께 혼나지 않기 위해 선회해야만 했다. 하지만, 추억의 그 중앙청역은 이제 더이상 존재하지 않는다. 후에 역 이름이 바뀌었기 때문이다.
해방 후 대한민국은 조선총독부 건물을 그대로 행정청사로 사용하며 중앙청이라 불렀다. 그러나 일제 침략을 상징하는 건물에 주요 정부기관이 있을 수 없다는 여론에 정부기관은 새로운 건물을 지어 이사 나가고 중앙청은 박물관으로 바뀌었다. 그에 따라 역명도 덩달아 중앙청역에서 '경복궁역'으로 바뀌었다.

서울을 흔히 600년 역사를 가진 도시라 말한다. 조선의 수도 한양에서부터 역사가 이어져 왔다고 보는데, 사실 지금 서울은 정체성이 많이 부족해 보인다. 일제 치하 경성 시절보다도 한국전쟁과 전후 산업화 시기가 서울과 과거의 연결고리를 더욱 끊어버렸다. 시내를 걸어보면 신도시와 다른 점이 무엇일까 싶을 정도로 대부분의 거리가 획일화되었다. 간간이 궁궐 하나, 기와집 몇 채 눈에 띈다고 600년 문화라 얘기하기는 아직 부족하다. 지하철역 이름 하나를 짓더라도 궁궐보다 행정기관을 우위에 두던 시대를 지나온 우리. 역사를 보존하기보다 개발을 우선시하던 그 모습은 시청역은 있어도 덕수궁역은 없는 것처럼, 현재도 진행형이다.

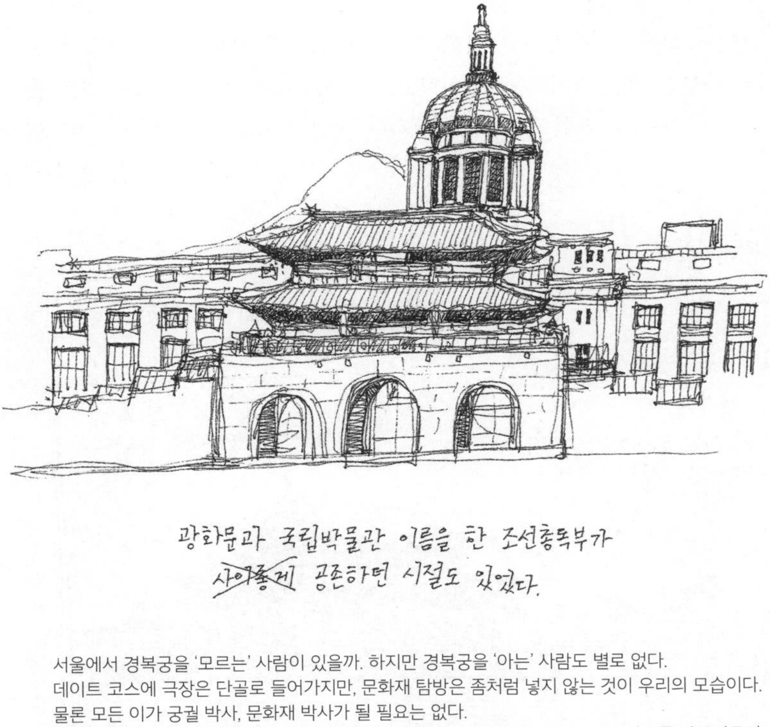

광화문과 국립박물관 이름을 한 조선총독부가
사이좋게 공존하던 시절도 있었다.

서울에서 경복궁을 '모르는' 사람이 있을까. 하지만 경복궁을 '아는' 사람도 별로 없다.
데이트 코스에 극장은 단골로 들어가지만, 문화재 탐방은 좀처럼 넣지 않는 것이 우리의 모습이다.
물론 모든 이가 궁궐 박사, 문화재 박사가 될 필요는 없다.
하지만 관심은 그냥 '가로수'를 '이팝나무 가로수'나 '메타세쿼이아 가로수'로 보이도록 바꾸어주어
사물과 친숙하게 만든다. 관심은 세상을 사랑하게 하는 가장 쉽고 긍정적인 방법이 아닐까.

경복궁이란 이름은 조선 개국공신 정도전이 지었다. 공자의 『시경』에 나오는 경복(景福) 두 글자를 그대로 따온 것으로 '길이길이 크게 복을 누리라'는 뜻. 하지만 조선왕조는 길이길이 가지도 못했을뿐더러, 이 궁궐에 왕이 기거한 날조차도 길지 못했다. 임진왜란으로 건물 하나 남지 않고 모두 잿더미가 되어버렸기 때문이다. 그후 273년간이나 폐허로 방치되어 조선 역사의 절반가량은 존재도 하지 않던 궁궐로 기록된다. 그러던 것을 1865년에 흥선대원군이 7481칸으로 복원하는데, 건국할 때 390여 칸이었으니 이 수치만 보아도 복원을 넘어선 중창이라 하지 않을 수 없다. 이전 왕들도 재정이 부족해 엄두도 못 내던 일을 왕권 강화라는 명목하에 시대 상황은 염두에 두지 않고 행한 무리수 정책이었다. 특별세를 거둬들이고, 수만 명을 강제동원하는가 하면, 목자재가 부족해지자 국가의 성스러운 사업이니 감수하라는 식으로 각처의 무덤가 나무를 벌채하여 경복궁을 재건했다. 그렇게 만든 것이 일제강점기와 한국전쟁을 겪으며 대부분 파괴되어버렸으니 이 얼마나 덧없는 역사의 순환인가.

경복궁을 보면서 피라미드만큼은 아니겠지만 건물 곳곳에 배어 있을 강제노역을 의식하게 된다. 근정전 주변의 우스꽝스러운 석물(혀를 내민 서수나 싱글거리는 해태 가족)은 강제노역에 참여한 석공들의 의사 표현 중 하나였을 거라는 이야기도 얼핏 들은 적이 있다.

경복궁 입장권



사실 우리나라 문화재 관람료는 외국과 비교하면 싼 편.

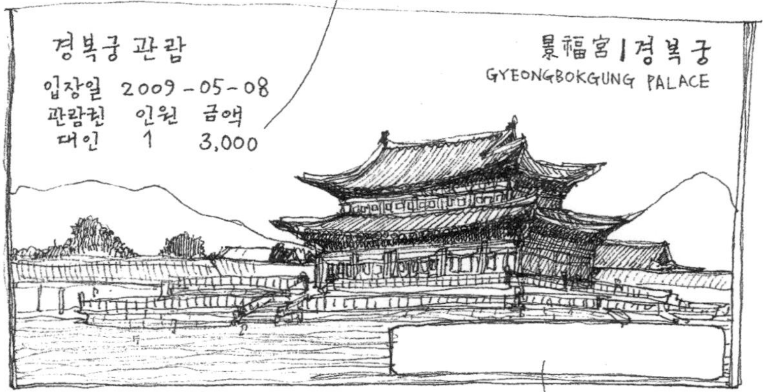




전면에 커다랗게 들어갈 것까지야.

경복궁은 처음 지어질 때 승려들이 많은 일을 했다 하는데
조선이 배불정책을 편 것을 생각하면 참으로 아이러니하다.
그들은 일을 하면서도 차후 조선의 정책에 대해 알고 있었을까.

## 지금 우리가 보는
## 그곳

경복궁에서 가장 중심이 되는 건물은 근정전(勤政殿)이다. '근정'이란 정치를 부지런히 한다는 의미로 '천하의 일은 왕이 부지런하면 잘 다스려진다'는 뜻. 건물이나 문에 이름을 붙여 의미를 부여하는 옛 방식이 꽤 마음에 든다. 요즘은 건물 이름에 별로 의미를 두지 않아서인지, 대부분 건물 이름보다는 1층에 어떤 상점이 있는지로 건물을 찾아간다. 의미보다는 자신의 목적에 따라 건물을 인식하기 때문이다. 이에 비해 원래의 기능과 목적이 사라진 옛 건물들은 이름과 의미부터 공부하는 사전 작업이 필수다. 무턱대고 돌아다니다보면 어느새 모든 건물이 다 똑같아 보이는 궁궐 속 미아 신세가 되어버릴 테니!

왕은 근정전에서 신하와 외국사신 들을 맞이했는데, 그 지위에 걸맞게 2단 월대와 커다란 마당이 있다. 행각에 둘러싸인 근정전만의 공간을 조선의 정원, 즉 조정(朝庭)이라 불렀다. 재미있는 점은 계급사회였던 그 시절에는 건물에도 신분이 있었다. 서열을 매겨 전당합각재헌루정(殿堂閤閣齋軒樓停)으로 구분했다. 비록 한자에 익숙지 않아 건물의 편액을 보면서 의미를 가늠하지는 못하더라도, 이 순서만 기억하면 나름대로 그 건물의 서열 정도는 유추해 볼 수 있다. 가장 높은 서열인 '전'은 왕이나 왕비, 왕의 어머니나 할머니가 쓰는 건물이었다. 경복궁의 법전 이름이 근정당이나 근정각이 아닌 근정전인 이유를 알 수 있다. 사극에서 자주 듣는 '전하'라는 말은 '전 아래에 계시는 분'이라는 뜻이다. '각하'도 '전하'보다 조금 격이 낮지만 이와 같은 맥락이다. 왕조 때 사용한 이 각하라는 호칭을 대통령에게도 사용했던 웃지 못할 과거도 있다. 계급이 생명인 군인들로 이루어진 정권이었다며 애써 이해하고 넘기기에는 가슴 아픈 시대였다. 여전히 텔레비전 드라마뿐 아니라 실제 상황에서도 각하라는 호칭을 대통령에게 붙이는 오류가 심심치 않게 발견되지만!

건물을 차등하는 이 규칙은 조선시대 모든 건물에 적용되었다. 불교에서 부처님을 모시는 '대웅전'이나, 성균관에서 공자의 위패를 모신 '대성전'은 당시 종교나 왕의 위상을 알 수 있는 좋은 예다. 민가에서는 절대 건물에 '전' 자를 붙일 수 없었다.

고종 때 흥선대원군이 복원한 근정전은 조선 후기 양식을 사용하였기에 최초의 모습과는 차이가 있다. 근정전 지붕을 청기와로 올렸다는 『세종실록』과 『성종실록』의 기록이나, 사료로서 신빙성은 떨어질지 모르나 임진왜란 당시 일본측에서 기록한 자료인 『조선정벌기』의 근정전이 용 문양으로 장식된 청자 기와로 덮여 푸른 유리 지붕처럼 아름다웠다는 이야기를 떠올리니, 근정전의 원형을 보지 못하는 것이 안타까울 따름이다. 현재 남은 청기와 건물은 창덕궁 선정전이 유일하다.

행각 모서리에 앉아 근정전을 바라보다, 문득 일본에서 아시아 최대의 목조건물 '도다이지(東大寺)'를 처음 봤을 때의 먹먹함이 떠올랐다. 어찌나 크던지 그 웅장함에 압도되어 한동안 정신없이 고개를 젖혀 올려다보았다.
한국, 중국, 일본 3국의 옛 건축물을 비교해보면 우리나라 건축물의 규모가 가장 작다. 어쩔 수 없다. 나라가 작으니 건물도 작은가보다. 그런데 팔은 안으로 굽는 건지, 보면 볼수록 우리 옛 건축물에서 풍기는 곡선의 맛을 다른 나라 건축물에서는 찾아볼 수 없었다.
'당신이 한국인이기 때문이오'라고 누군가 일축한다면 나도 딱히 할말은 없다. 하지만 가만히 앉아 그림을 그려보면 쉽게 차이점을 알 수 있다. 우리 건물은 은근히 그리기 까다롭다. 어느 건물인들 간단히 그려내겠느냐마는, 우리 건물의 처마에 담긴 곡선미를 제대로 담아내기란 결코 녹록지 않다.
각국의 단청도 차이가 있다. 옛 건물의 단청 작업은 건축 공정 중 절반이라 말할 정도로 많은 시간과 기술, 노력이 요구되는 일이라고 한다. 중국의 단청은 어둡고 단순한 편이고 일본은 습한 기온 때문에 단청 자체가 거의 없는 데 비해 우리나라 건물의 단청은 화려함이 돋보인다. 다만 오래가지 못해 바랜 것도 있어 안타깝다. 한편으로는 새로 칠해 사극 세트장 같은 느낌도 있으니 어느 쪽을 선택해야 하는 걸까.

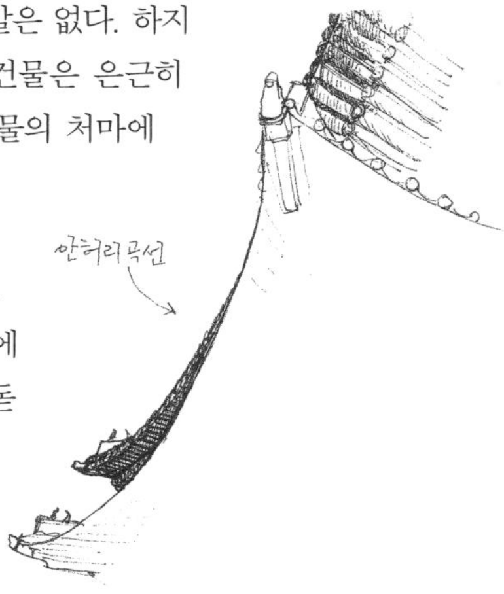


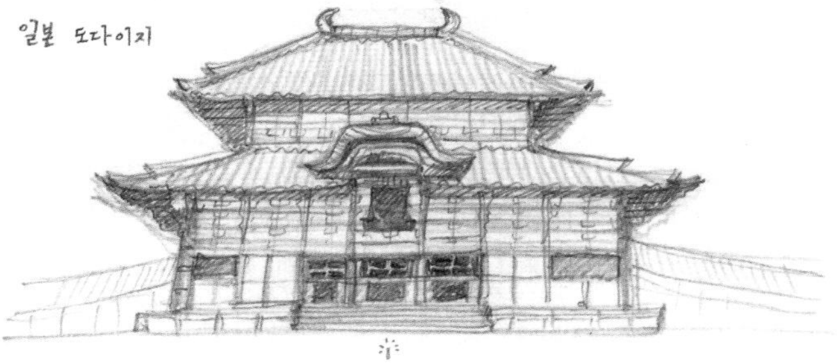


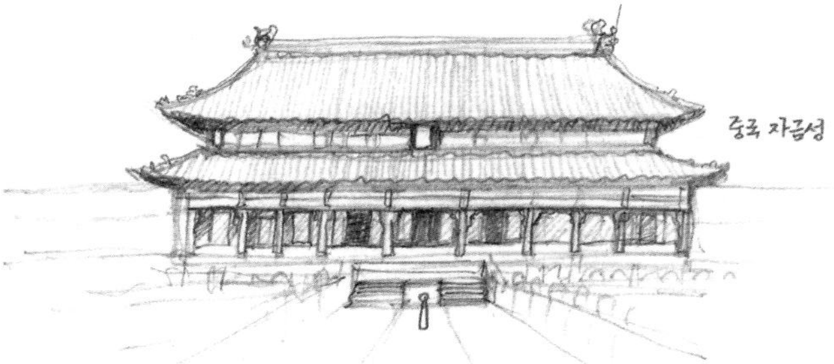

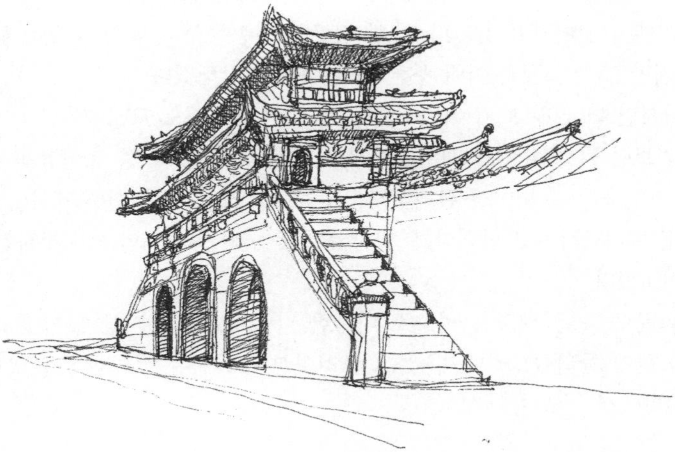

광화문 뒷모습

나오는 길에 새로 복원한 광화문을 진득이 감상해볼 요량으로 문 뒤 근처에 다시 자리잡고 앉았다. 뭐랄까 당연한 말이겠지만 새것 같다. 웅장하다기보다는 날아갈 듯 가볍고 산뜻하게 느껴졌다고 할까.

그 모습을 보며 조선총독부가 국립박물관으로 쓰이던 시절, 그 너른 마당 화단가에 앉아 친구와 오랫동안 이야기를 나누던 그때로 되돌아갔다. 우리는 군입대를 코앞에 두고 있었고, 초조해지면 으레 그렇듯 수많은 하고 싶은 일과 주절대고 싶은 이야깃거리가 있었다.

"그럴 줄 알았어."

친구는 광화문에서 눈을 돌리지 않고 말을 꺼냈다.

"뭐가?"

"네가 광화문에서 만나자고 할 줄 알았다는 거지."

우리는 잠시 가만히 광화문의 뒷모습을 바라보았다.

"나는 광화문을 보면 태조가 생각나."

광화문을 보면서 태조를 떠올릴 사람이 몇이나 될까.

신덕왕후가 죽고 태조의 시름은 무척이나 깊어졌다. 그는 중층으로 만들어진 광화문 위에 올라 정동에 만든 그녀의 무덤을 멍하니 바라보곤 했다 한다. 나는 어디선가 이 이야기를 들은 뒤 광화문을 보면 태조가 생각나곤 했다. 한 나라를 건국한 큰 업적을 남긴 이는 아들 간의 왕위 다툼과 부인의 죽음, 가장 아끼던 친구 같은 신하의 축출까지 지켜보면서 어떤 기분이었을까, 그렇게 작아져만 가던 태조가 광화문 2층 난간 어디쯤에 기대어 발꿈치를 들고 멀리 정동 쪽을 바라보는 것만 같았다.

"이제 정동에 묘가 없으니 더이상 2층에 오르지 않으실지도 몰라."
친구는 자리에서 일어서며 말했다. 그의 뒤로 조선총독부 첨탑의 옥빛이 햇살에 반짝이는 듯했다. 하지만 그 유릿빛은 이내 푸른 하늘 아래 잠잠해졌다.
"그럴까? 어쩌면 더 멀리 보기 위해 지붕에 올라서 계실지도 모르지."
우리가 바라보던 그때의 콘크리트 광화문도, 국립박물관이었던 조선총독부도, 블록이 깔린 널따란 공원도 이제 더이상 존재하지 않는다. 그 모든 것이 변한 것처럼 친구도 나도 어느새 제대해 예비군까지 끝난데다가, 민방위는 몇 년차인지 기억조차 못하는, 두 아이의 아버지가 되어버렸다.
새로운 광화문에 오른 태조는 비로소 따스한 나뭇바닥의 온기를 느끼실 수 있겠지. 이제 조금이나마 한이 풀리셨으려나. 넋 놓고 올려다본 광화문은 말쑥한 모습으로 늦은 오후 햇살 아래 말없이 서 있었다.

# 경복궁 스케치

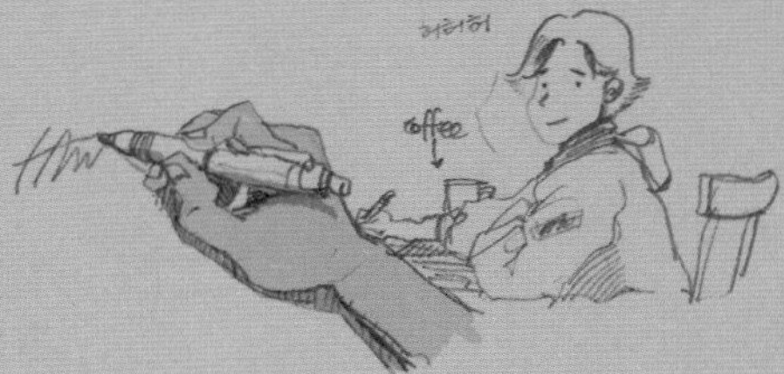

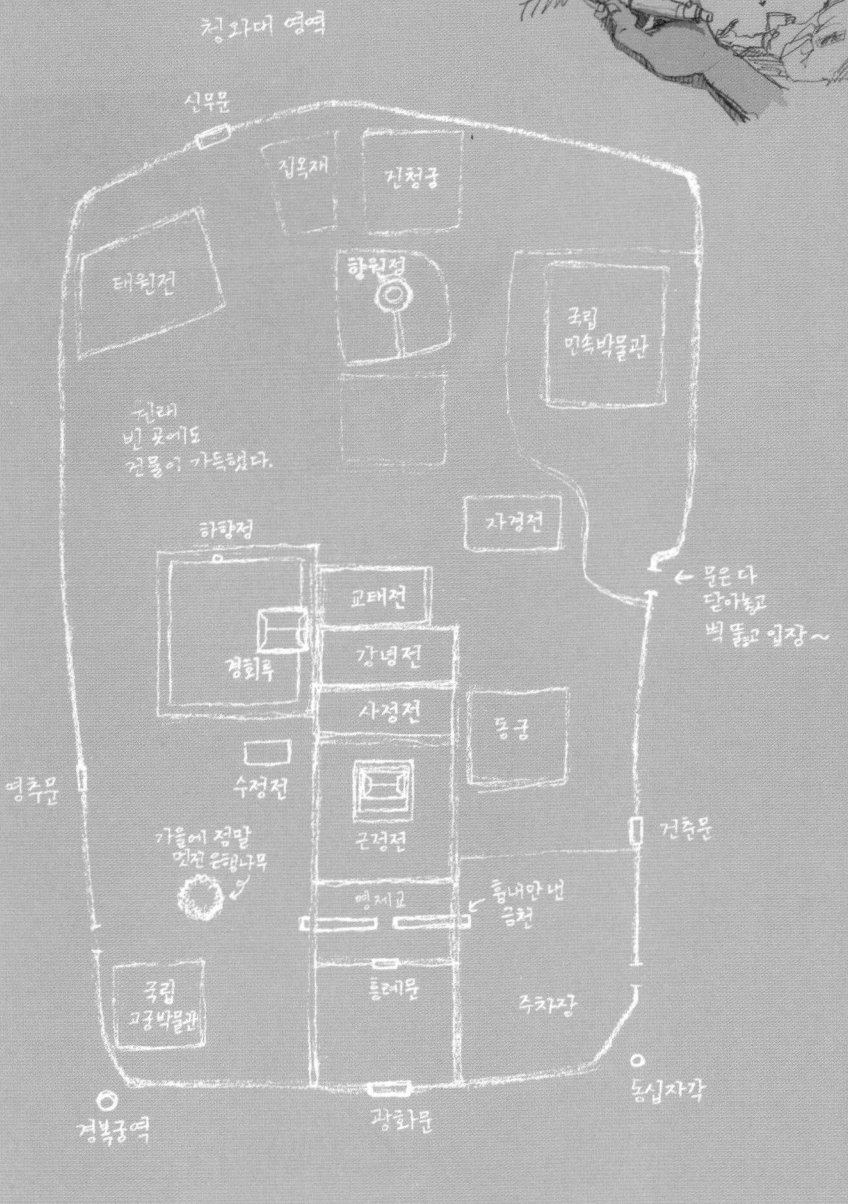


경복궁은 자세히 담으면 한 권으로 모자랄 만큼 이야기가 많은 곳이다.
아쉬운 대로 일부 스케치한 곳들만 지도에 표시했다.

# 근정전

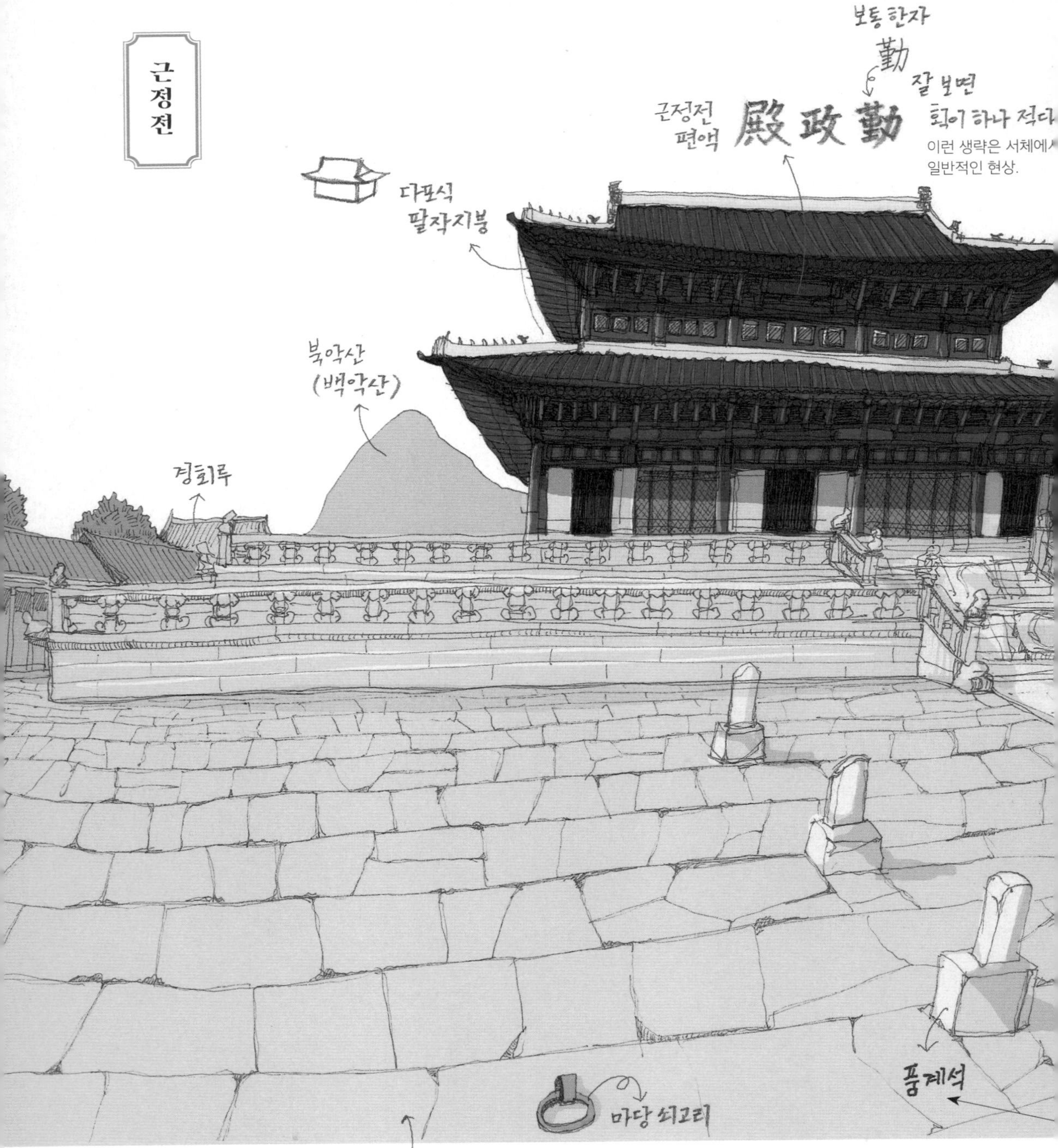


박석

널찍하고 얇은 돌. 빛의 반사를 없애고,
사람들이 서둘러 뛰지 않게끔 일부러 울퉁불퉁하게 다듬었다.

햇빛을 가리기 위해 세우는 천막을 묶기 위한 고리.
다른편 고리는 근정전 기둥에 있는데,
쇠고리의 위치를 보면 세번째 품계석까지지만 혜택(?)을
입었음을 알 수 있다. 여름날 그 뙤약볕을 생각하면,
자고로 배 아프면 출세하고 볼 일이던가?
아무것도 모르던 어린 시절에는 친구들과 이 쇠고리를 놓고 많은
추측을 했었다. 그때 내린 결론이 지하에서 거인이 열고 나오는 문고
어쩌면 언젠가 로봇 태권브이가 튀어나올지도 모른다……

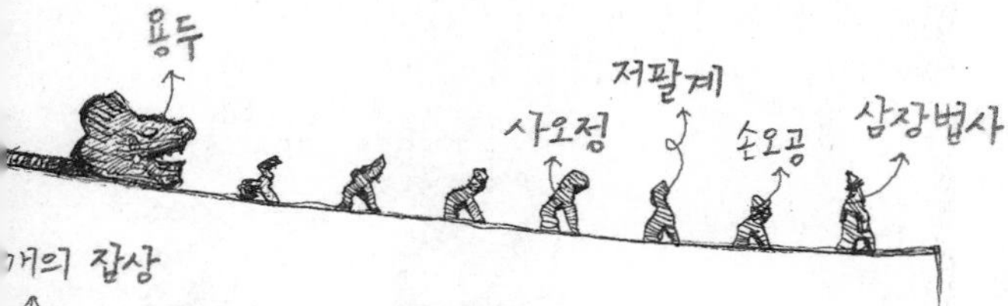


잡상은 여러 사료에서 언급되지만,
이름과 순서가 조금씩 다르고 의미도 확실하게
밝혀내지 못했다. 지금도 화마로부터
건물을 보호하는 용도 정도로 추정될 뿐.

회의 때 회의장의 의사소통을 위해
목소리 큰 사람이 이곳에 서서 다시 외쳤다.

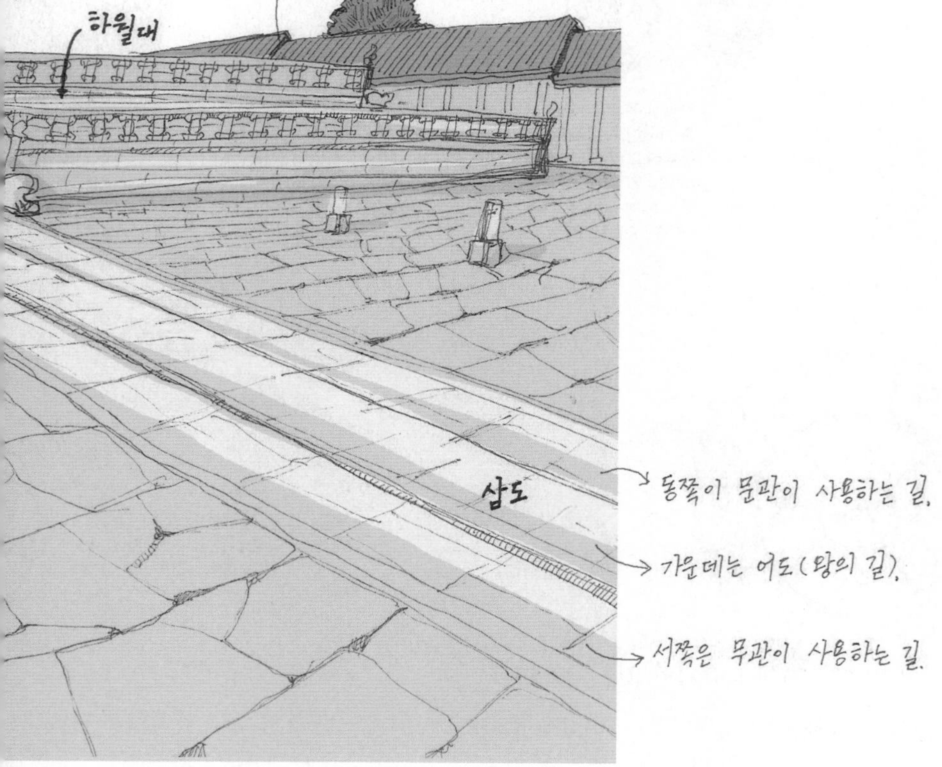


배수를 위해 남쪽이 낮아져 행각에는 단이 생겼다.

신하들의 위치를 지정하는 돌. 동쪽이 문관, 서쪽이 무관이었다.
모두 스물네 개인데 이는 농경사회의 24절기를 상징한다.

## 근정전 난간 석물들

내게는 근정전을 호위하는 돌짐승도 흥미로운 대상 중 하나다. 상월대, 하월대 두 기단의 난간에는 사방신과 십이지신, 서수(瑞獸)가 각기 자기 자리를 지키고 있는데, 하나하나 관찰해보면 시간 가는 줄 모르게 재미있다. 사방신은 방위에 맞게 상월대에 잘 들어가 있지만, 십이지신은 자리도 맞지 않을뿐더러, 임금의 상징인 용과 상극이라 개와 돼지는 없고, 사방신 중 청룡이 있기 때문인지 용 역시 빠져 있다. 이런 서수로 만든 피규어는 왜 나오지 않는 걸까. 죄다 수집할 용의가 있는데 말이지.

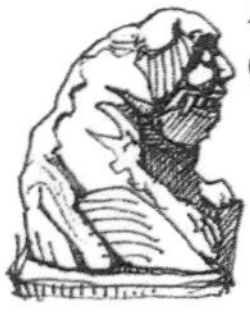

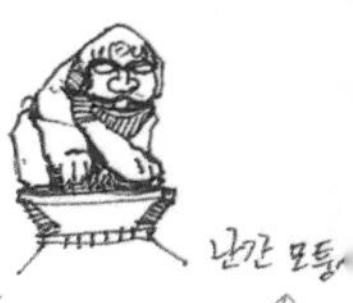

싸움 잘하게 생긴 해태.
(하월대 모서리 난간에 하나씩 있다

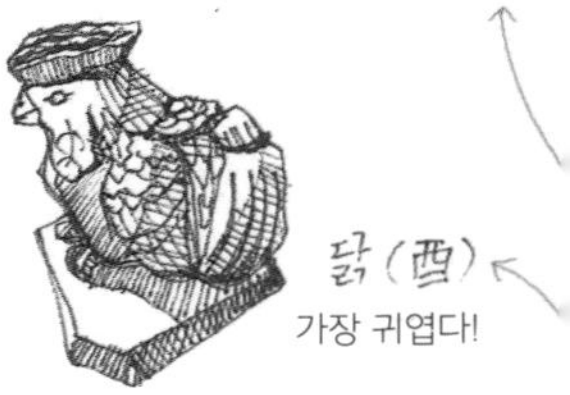


가장 귀엽다!

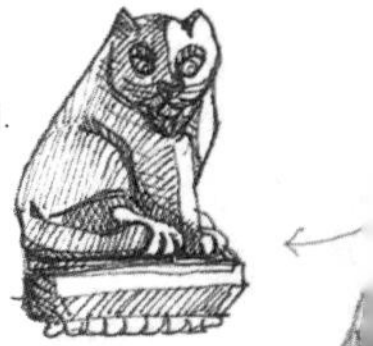

하얀색을 표현하기 위해 무늬를 넣지 않은 것인지. 호랑이가 아니라 마치 살찐 고양이 같다는.

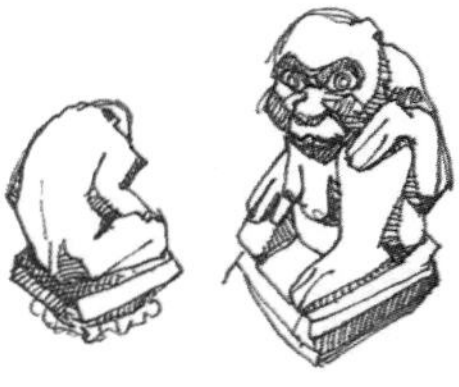

가장 맘에 든 녀석 중 하나. 축 늘어진 가슴에 다리 하나 구부리고 앉은 모습이 압권이다. 두 마리가 인상도 다른데다 어느 면에서 보아도 재미있는지라 자꾸만 그려보게 된다.

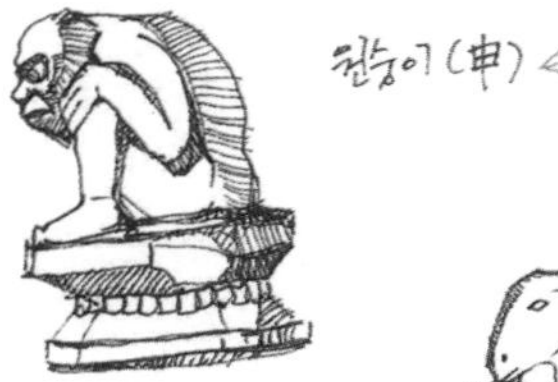


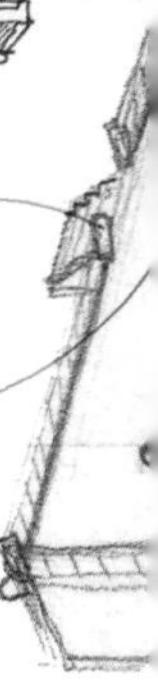

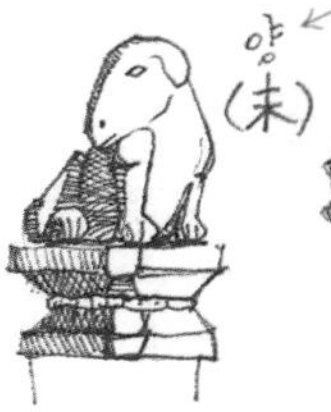


이런 외계인 같은 새침함이라니.

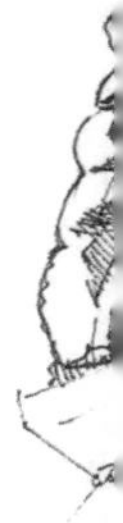

봉황의 모습. 날개 접은 봉황이라 그려놓으니 마치 닭같이 되어버렸다. 실제로 보면 좀 표독스러워 보인다고 해야 하나.

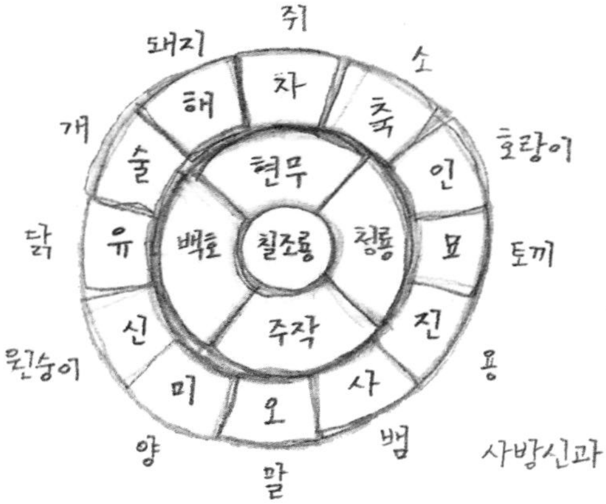


사방신과 십이지신

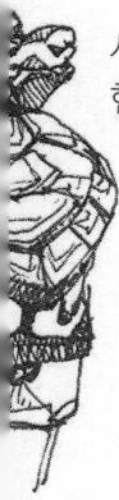

사방신은 전설 속의 동물로
현무는 거북과 뱀이 합쳐진 동물.

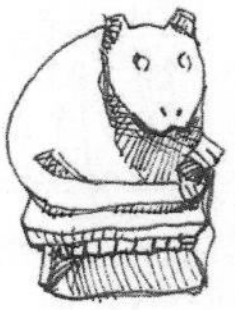

깔끔하게 생겼다.

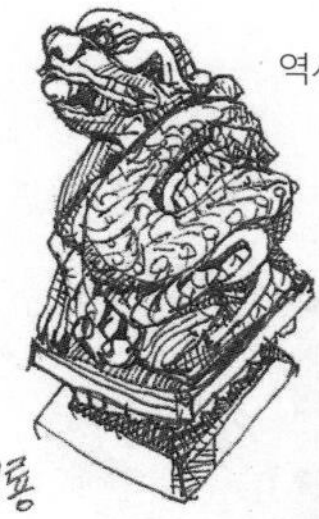

역시 전설 속의 주인공답다.

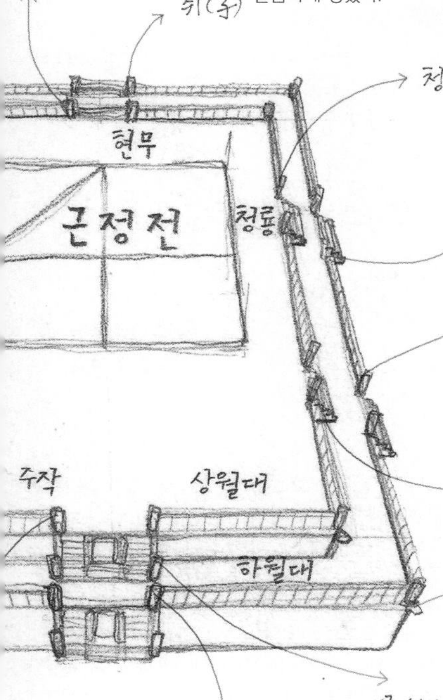


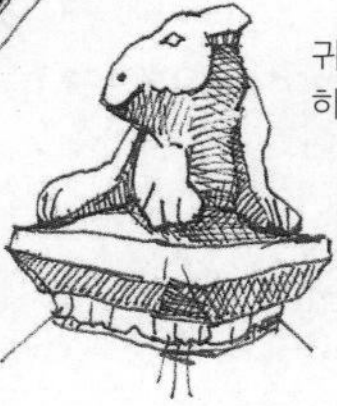

귀가 짧아 그냥 토끼려니
하고 그렸다.

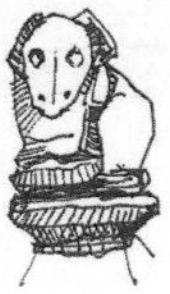

생각보다 포스가 약해 보여 아쉬움.

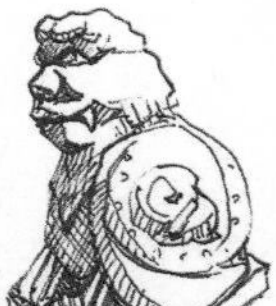

그려보지 않았다면 똬리를 튼 뱀의 모습은
못 봤을 것 같다.
능글맞은 얼굴이 악역에 딱 어울릴 만한 인상.

해태도 결혼하고 아기를 낳는구나.
그런데 근정전까지 젖먹이를 붙이고 오다니!
(하월대 남쪽 모서리 아래 양끝에 있다.)

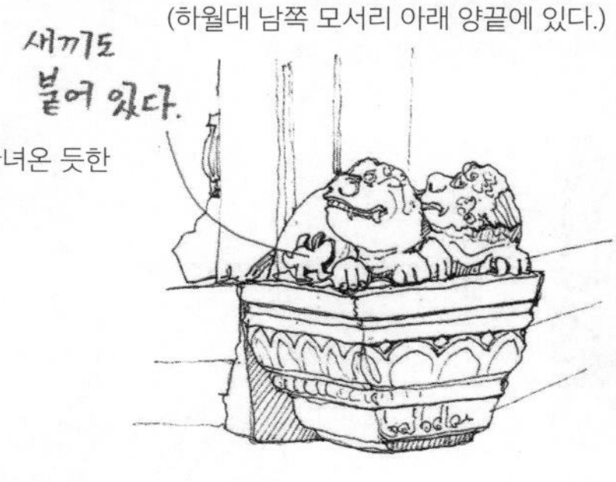


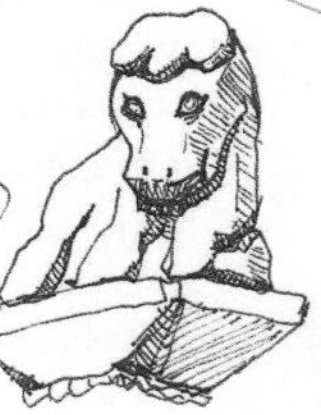

어제 미장원 다녀온 듯한
깻잎머리!

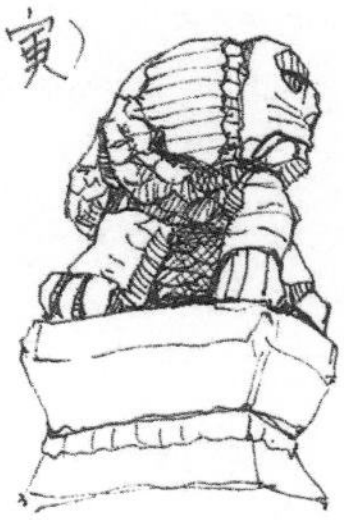

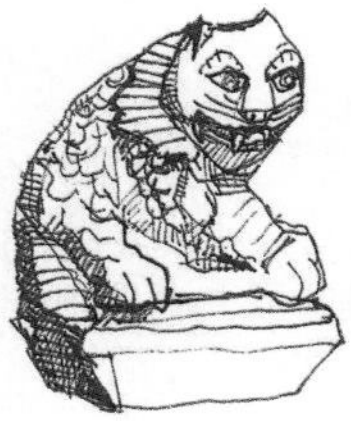

호랑이의 탈을 쓴 느낌이랄까.

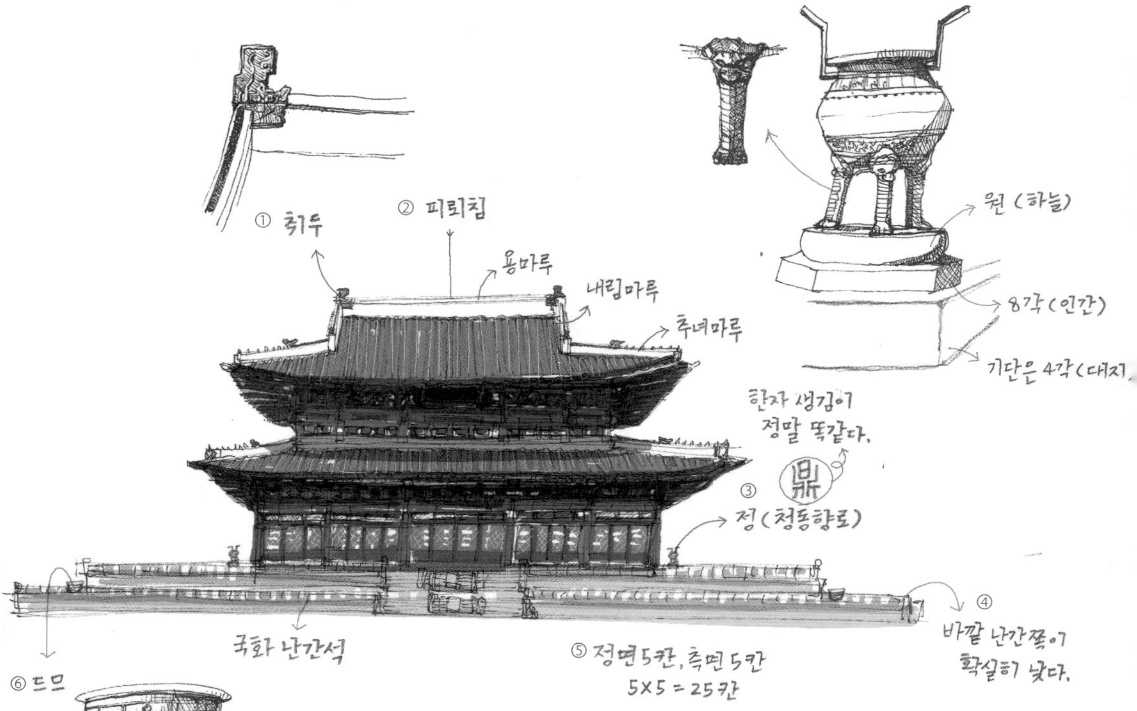


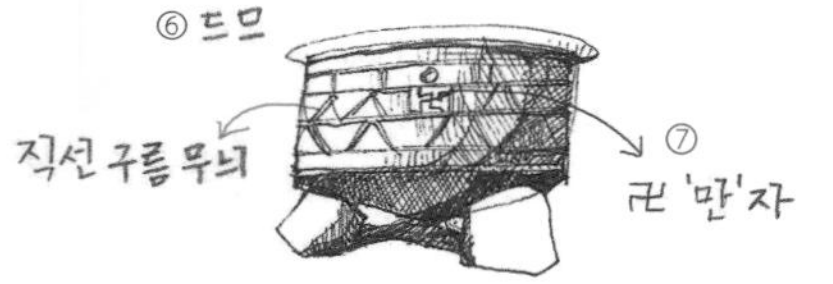


근정전 정면

① **취두** 용마루 양쪽 끝을 물고 있는 용.
② **피뢰침** 당연히 현대에 추가된 것.
③ **정(청동향로)** 통치자를 상징한다. 한때 쓰레기통의 주된 디자인으로 사용되기도 했다.
④ 월대의 물이 잘 빠지도록 고려.
⑤ 25칸이지만 한 칸의 규모가 크기 때문에 40칸인 수정전과 비교해도 훨씬 웅장한 660제곱미터(199평)의 건물이다.
⑥ **드므** 입이 넓은 큰 그릇이라는 순우리말로, 물을 채워놓으면 화마(火魔)가 와서 물에 비친 흉측한 자기 모습을 보고 놀라 도망간다 해서 설치했다. 관광객들이 내용을 알면 가장 재미있어하는 요소 중 하나라고 한다.
⑦ 배불정책을 썼던 조선의 궁궐에 '만' 자를 사용한 것은 불교적인 의미가 아니라 길상의 좋은 뜻이란다.

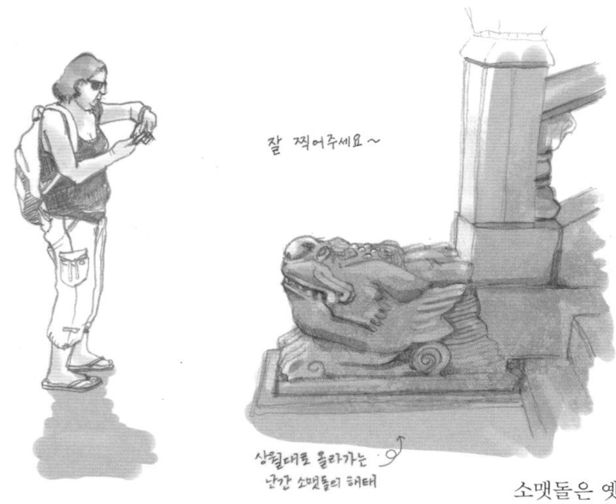


근정전 소맷돌 해태

소맷돌은 옛날 의관들의 소맷부리가 길어 여기에 닿는다 하여 붙여진 이름. 경복궁 해태가 러시아인 아주머니에게 어색한 미소를 짓는다.

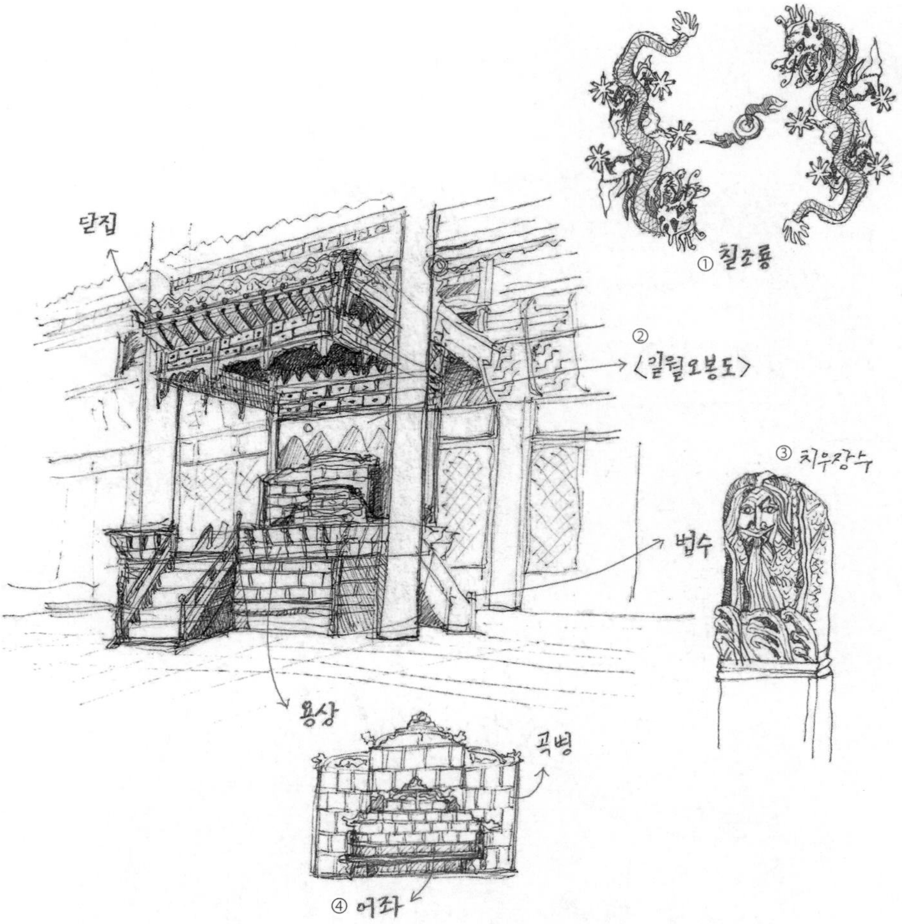


## 근정전 옥좌

① 칠조룡이 천장에 있다. 보통 왕을 상징하는 용은 다섯 개의 발가락을 가진 오조룡이라 한다.
그렇다면 근정전의 용은 왜 칠조룡일까? 발가락이 일곱 개 달린 이 용의 비밀은 아직도 풀지 못한 숙제.
② **〈일월오봉도日月五峯圖〉** 조선 궁궐의 용상 뒤에 쳤던 병풍 그림. 우주의 중심인 해와 달,
오악사상의 반영인 다섯 개의 봉우리와 소나무, 폭포, 파도 무늬를 그려넣었는데
조선의 왕은 반드시 이 병풍 앞에 앉는다고 한다. 이건 우리나라만의 특징.
멀리 행차할 때도, 죽어서 관 속에 누워도, 심지어 초상화 뒤에도 〈일월오봉도〉가 놓였다.
2007년도부터 사용된 만 원짜리 신권의 세종대왕 초상 뒷도안이 〈일월오봉도〉로 바뀐 것은
어쩌면 더 자연스러운 모습인지도 모르겠다. 조용한 곳에서 이 그림을 가만히 보노라면,
넘실대는 파도 위로 솟은 다섯 개의 봉우리와 좌우 대칭이 상당히 묘한 느낌을 준다.
③ 보통 임금님은 동쪽 층계를 사용하기 때문에 정면 중앙 계단은 의식용으로 쓰인다.
난간에는 법수(法首)를 장식하는데, 특히 창덕궁 인정전의 법수는 치우장수로 조각되어 있다.
치우장수는 중국 한족의 군대를 물리친 장수로 임금을 호위한다는 의미.
④ **어좌** 앉아보면 상당히 불편한 이 의자가 바로 정치에 꿈을 가진 많은 이들의 마지막 종착지가 아닐는지.

근정전 답도

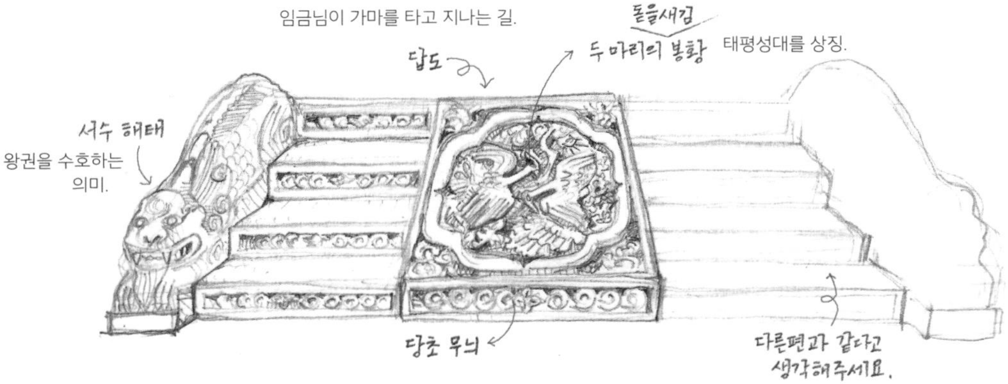


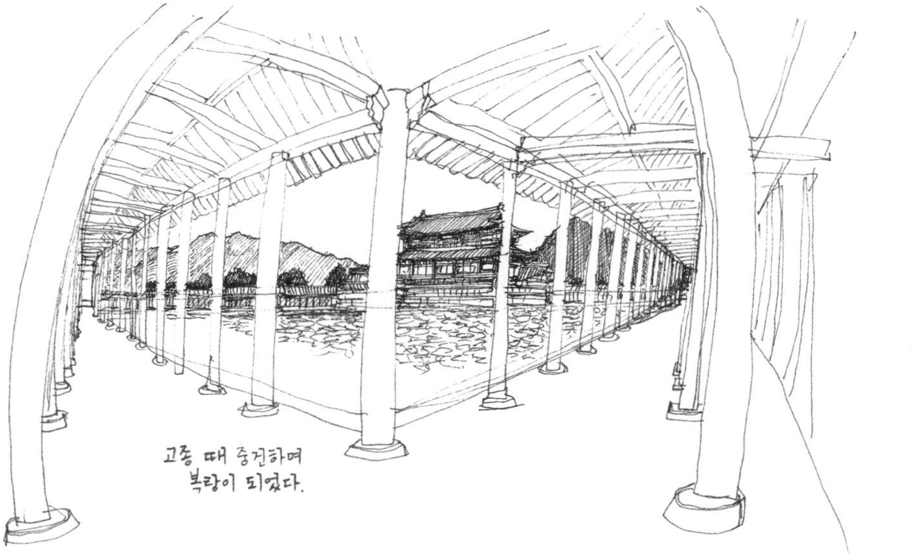


행각 모서리

이 자리는 근정전을 보는 데 최고의 명당이다. 행각 기둥을 자세히 살펴보면 장붓구멍 자국과 하방(下枋)을 끼웠던 자취가 있는데 간을 막아 방으로 썼던 흔적이다. 20여 년간 경복궁 복원사업의 총지휘를 맡아온 도편수 신응수는 근정전을 대한민국 최고의 건축물로 꼽기도 했다.

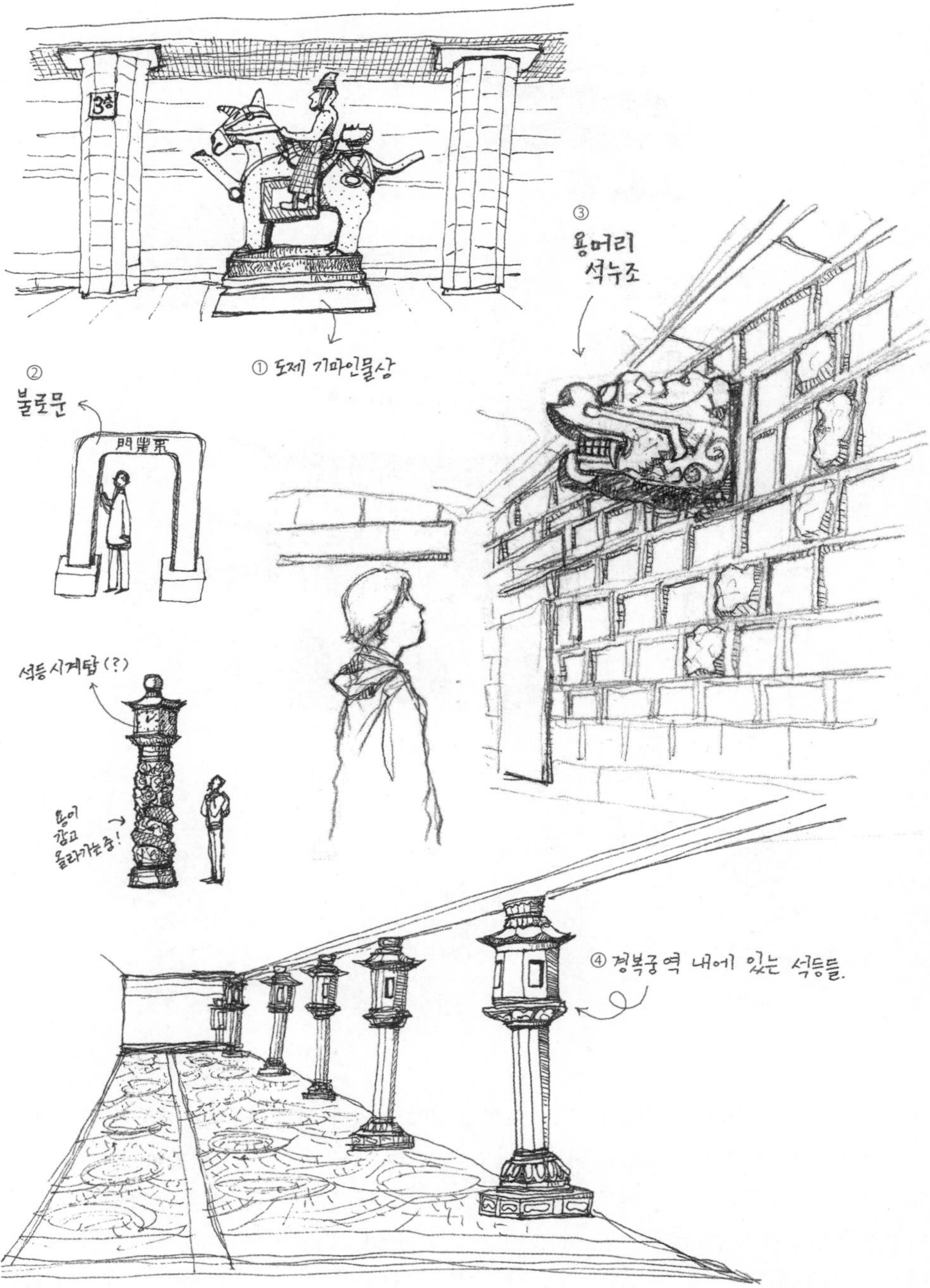


## 경복궁역

① **도제 기마인물상** 경복궁역에 신라시대 도제 기마인물상이 있는 이유는 국립박물관 시절의 잔재.
② **불로문** 창덕궁에 있는 이 문의 유사품이 서울 여기저기 널려 있다.
③ **용머리 석누조** 물 한 방울 쏟아낼 수 없는 장식품은 컴퓨터 시대의 서랍 속 만년필 잉크같이 공허하다.
④ 석등은 불교를 상징한다. 배불정책을 썼던 조선의 궁궐로 가는 길에 놓이기에는 조금 어색한 면이 있다. 회랑에 늘어선 단청 곱게 들인 나무 기둥이라면 어떨까?
(현재 모두 제거되었다.)

# 광화문

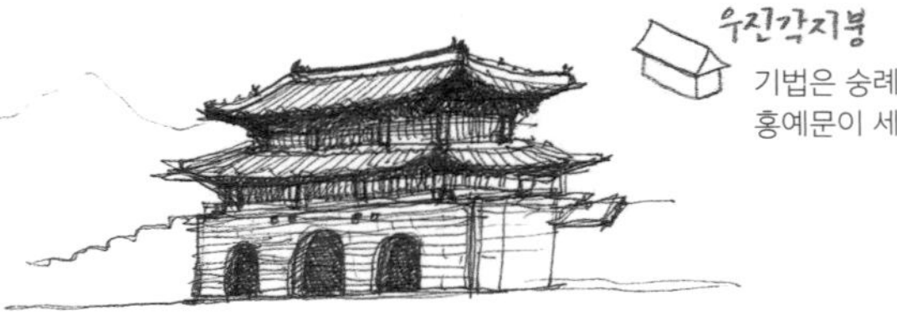


기법은 숭례문과 거의 비슷하고
홍예문이 세 개인 것이 다르다.

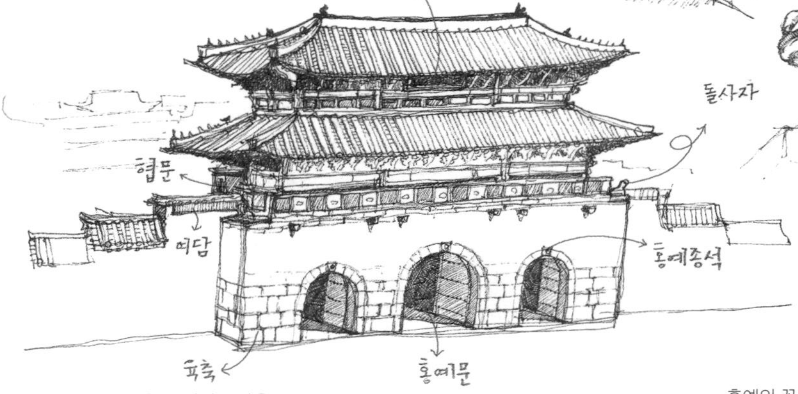


'왕의 큰 덕이 온 나라를 비춘다'는 의미.

옛것을 70퍼센트 사용.

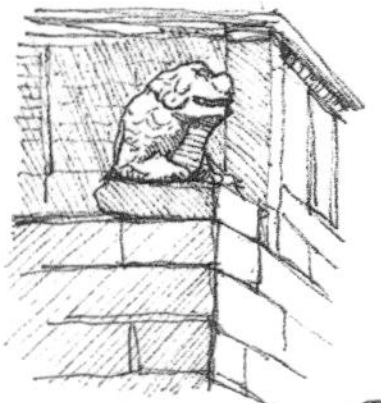

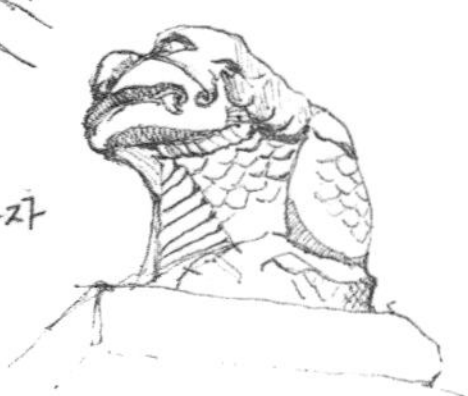


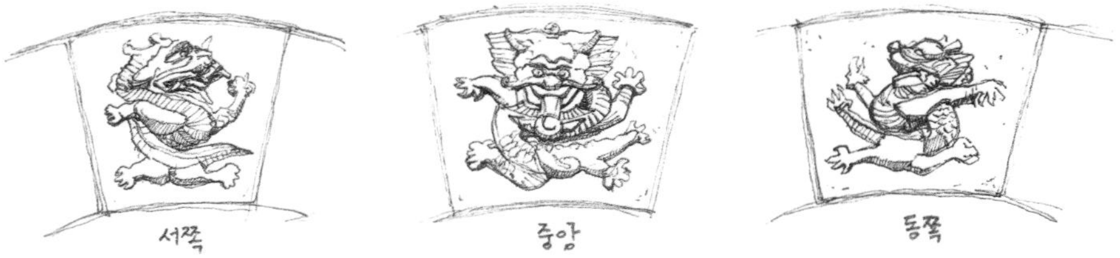


홍예의 꼭짓점에 있는 용들은
각각 보는 방향이 다르다.

조선총독부가 건설되면서 광화문은 사라질 운명에 놓인다. 하지만 많은 이들이 반대해 다행히 광화문은 경복궁 동쪽으로 이전된다. 당시 반대 여론 형성에 큰 역할을 한 사람은 공교롭게도 민예운동의 선구자라 불렸던 일본인 야나기 무네요시였다. 한국 공예사의 기틀을 마련했다는 평을 받을 정도로 한국미술에 관심이 많았던 그는 광복 후 전두환 대통령 시절에는 '보관문화훈장'까지 받았다. 그에 대해서는 오늘날까지도 의견이 분분하다. 어찌되었든, 일제강점기도 버틴 광화문은 한국전쟁을 넘기지 못하고 완전히 잿더미가 된다. 결국 같은 민족에 의해 사라진 셈. 그후 박정희 대통령이 정통성을 내세우며 다시 복원한 것이 상상 초월, 현대의 튼튼한(!) 재료 철근 콘크리트로 만든 것. 세월이 지날수록 그 모습이 깊어진다는 목조건물에 대한 안목을 기대할 수 없던 시절이었다.

## 홍예문 상세

배숫물이 벽을 타고 흐르는 것을
방지하기 위해 만든 장치.

홍예문 안 천장에 있는 그림으로
세 개의 문에 그려진 그림이 모두 다르다.

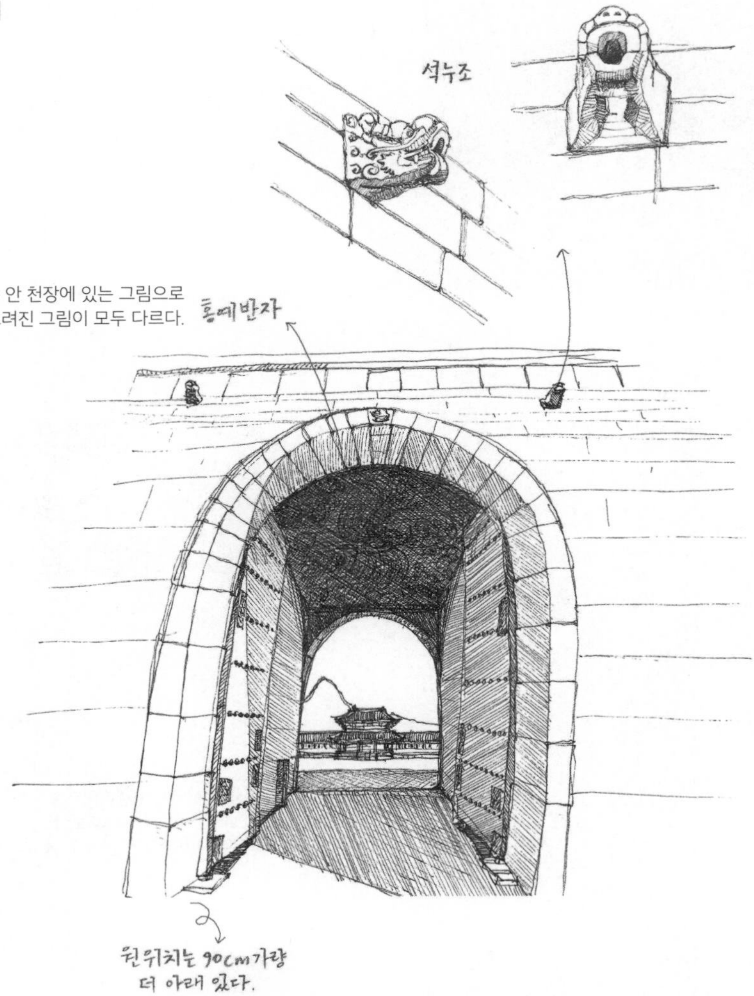


아스팔트 포장도로 때문에 인근 차도보다 90센티미터 더 낮다.
오늘날 대부분 궁궐의 문제점인데 딱히 별다른 대책이 없어 보인다.

홍예문은 모두 세 개인데 가운데 문은 임금이, 양옆은 신하들이 사용했다. 해가 져서 문을 닫은 뒤에는 임금이 내린 신표 없이는 아무리 급한 일이 있어도 열지 못했다고 한다. 또한 전쟁중에 문이 공격당해도 버틸 수 있도록 안쪽 홍예보다 바깥쪽 홍예를 작게 만들어 문짝을 감쌀 수 있게 만들었다.

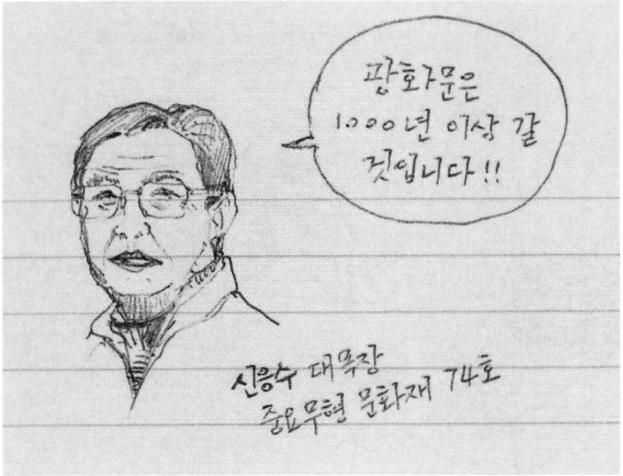


### 신응수 대목장

복원은 도편수 신응수 대목장이 맡았다.
목재건물의 건축을 총지휘하는 대목장을 도편수라 하는데, 조선시대에는 이런 도편수를 정3품으로 대우할 정도로 중요하게 여겼다.
그는 광화문 복원중 재료인 금강송을 찾는 일이 가장 어려웠다고 한다.
좋은 적송을 찾는 일이 점점 힘들어져 후대를 위해 직접 강릉에 50만 평 임야를 사들여 소나무를 키우고 있다고 한다.

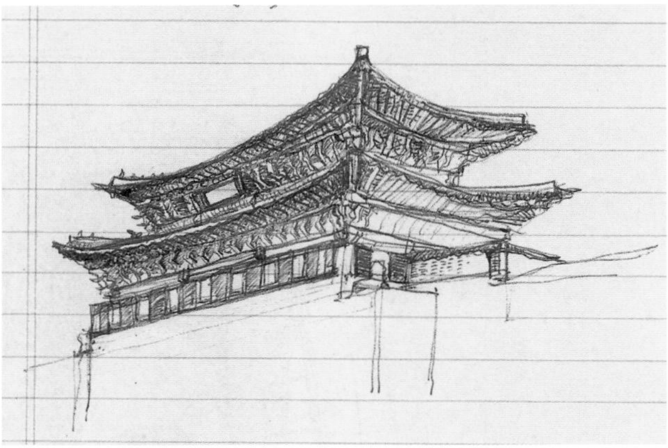

### 광화문 처마선

신응수 대목장이 "서까래 지름을 15센티미터에서 21센티미터로 두껍게 한 덕분에 처마선이 더욱 뚜렷하고 아름다워졌다"고 했는데, 다시 그려보아도 당최 '더욱'의 의미를 깨달을 수 없었다. 하긴 예전 광화문이 머릿속에 있는 것도 아니니.

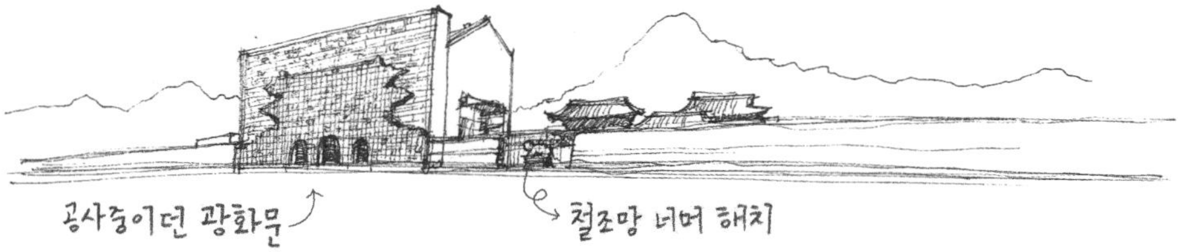


### 광화문 가림막

광화문 공사중 숭례문이 불탔는데, 화기를 막아준다는 해치를 치워 없앴기 때문이라는 말이 나오자 철조망 너머로 해치가 은근슬쩍 모습을 드러내기도 했다!

해치는 정수리에 뿔이 있어 불의를 향해 들이받을 때 사용했다 하는데, 광화문 해치는 그것을 표현하지 않아 아쉽다.

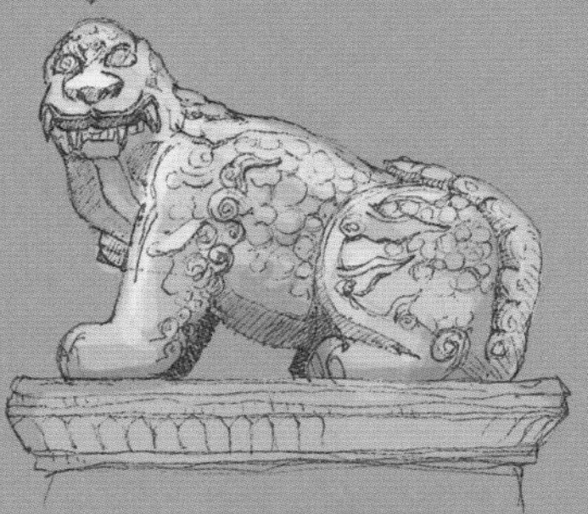


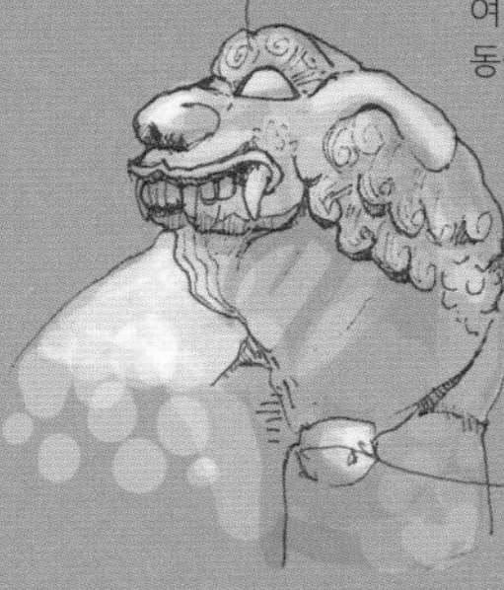


여기서 말하는 기린은 긴 목의 아프리카 태생 동물이 아니라, 몸은 사슴과 같고 꼬리는 소의 꼬리에, 발굽과 갈기는 말과 같으며 빛깔은 오색을 띤다는 고대 중국 전설에 나오는 동물을 말한다.

잡귀는 금속성 소리를 싫어하고 불을 보면 방울이 울린다나? 의견이 분분하지만, 어찌되었든 해치를 갑자기 귀엽게 만드는 요소.

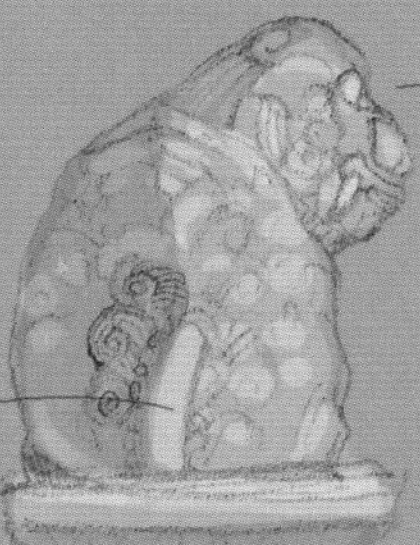


노려보는 모습을 강조하기 위한 것.

해치 꼬리가 먼지를 없앤다 하여 궁문을 드나들던 벼슬아치들이 쓰다듬으며 사특한 마음을 씻는 관례를 치르기도 했다 한다. 그런데 꼬리를 만지기에 월대 위는 좀 높지 않나?

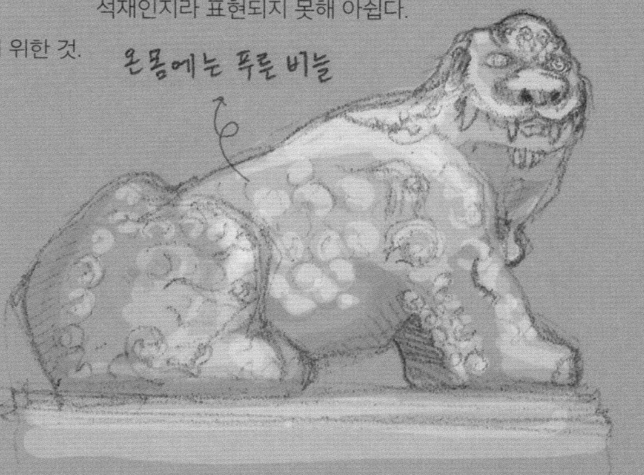


석재인지라 표현되지 못해 아쉽다.

**해치**

광화문 하면 해치를 빼놓을 수가 없다. 해치는 중국 문헌에 나오는 상상 속의 동물로 신선이 먹는다는 먹구슬나무 열매만 먹는, 둘레에 파리 한 마리 꾀지 못한다는 성스러운 짐승이다. 힘도 세어 금수 중 무엇도 당해낼 수 없었다 하고, 성질이 곧아 부정한 사람을 보면 들이받아 시비곡직을 가렸다 한다. 이에 수령이나 어사의 관복에 해치를 수놓아 입게 되었다. 광화문 앞에 있는 해치는 흥선대원군 때 최고의 석공 이세욱 장인의 작품. 해치는 원래 광화문 앞 70~80미터쯤에 나와 있었는데 이는 그 옆에 위치한 법을 다스리는 사헌부가 법치정신에 의거, 해치같이 정직하라는 의미를 담고 있다.

당시 해치 옆에는 말에서 내리라는 하마비(下馬碑)가 있었는데 이는 이곳부터 궁궐 영역이니 모두 말에서 내려 걸어가야 함을 뜻했다. 하마비 옆에는 말에서 내릴 때 디디기 위한 'L' 자의 노둣돌도 놓아두었는데 자동차 파도가 몰아치는 오늘날에는 내릴 말이 없어서일까, 노둣돌은 어디론가 사라지고 해치는 멀리 광화문까지 밀려가 있다.

궁궐 대문 중에 광화문을 제외한 세 문은 모두 같은 모습, 같은 크기다. 조선시대에는 겨울을 의미하는 북문을 음기가 강하다 하여 주로 닫아놓았는데, 지금은 동문과 서문이 굳게 닫혀 있고 남문과 북문이 열려 있다. 엄격히 말하자면, 문이 아닌 궐 벽을 터서 드나드니 출입에서부터 궁궐 훼손은 시작되고 있는 셈이다.

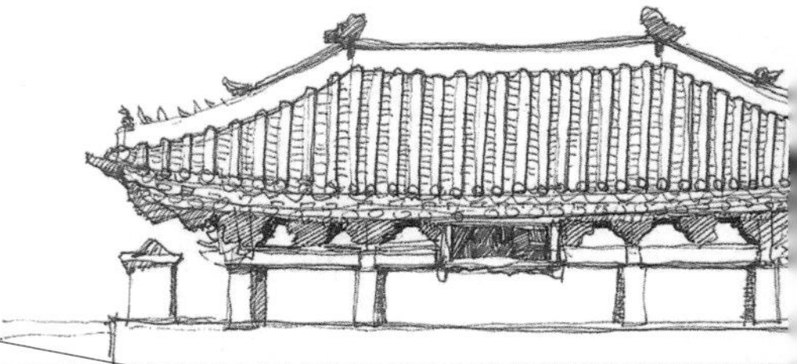

**신무문**(神武門, 북쪽을 지키는 신령스러운 거북)
왕이 후원에 갈 때 이용하는 문. 북쪽을 지키는 사방신 현무에서 이름을 가져온 신무문은 1961년 5·16 군사쿠데타 때 경복궁 안에 부대가 주둔하면서 오랫동안 닫혀 있다가 노무현 대통령 시절에 개방되었다.

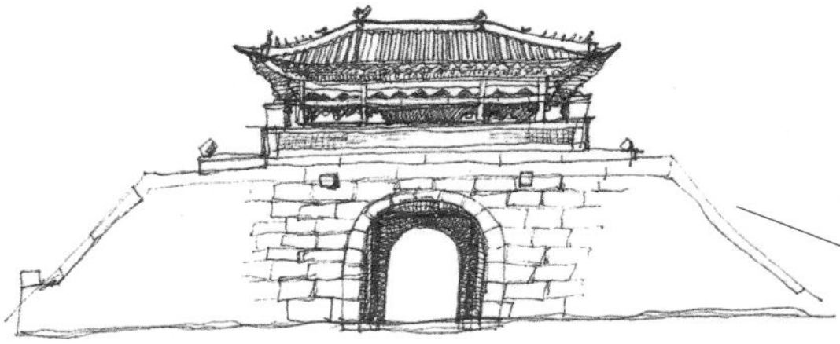

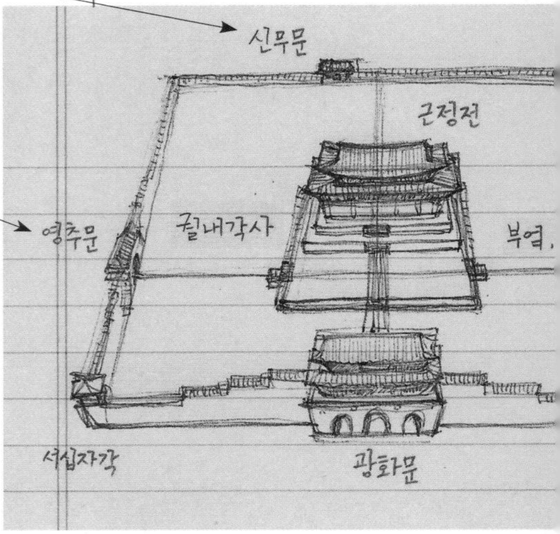


네 개의 문

**영추문**(迎秋門, 가을을 맞이한다)
신하들이 출입하던 문. 조선총독부 공사를 위한 전차선로 가설로 지반이 약해져 서쪽 궁장이 무너지자 일본에 의해 철거되었다. 이 때문에 서십자각도 철거되었다. 영추문을 재건할 때 위치가 북쪽으로 올라가 동문인 건춘문과의 축이 완전히 어긋나버렸다. 아무도 지나지 않는 굳게 닫힌 문의 운명이란 그런 것일까? 철근 콘크리트로 만들어 언젠가 다시 복원할 문이기에 일단 이곳에 지었다고 애써 위안해보지만, 영추문의 무표정한 고독이 너무나 처절하다.

## 홀로 남은 동십자각

궁궐이란 궁(宮, 궁전)과 궐(闕, 망루나 담장)을 합친 것, 담장 없는 망루는 처량할 따름.

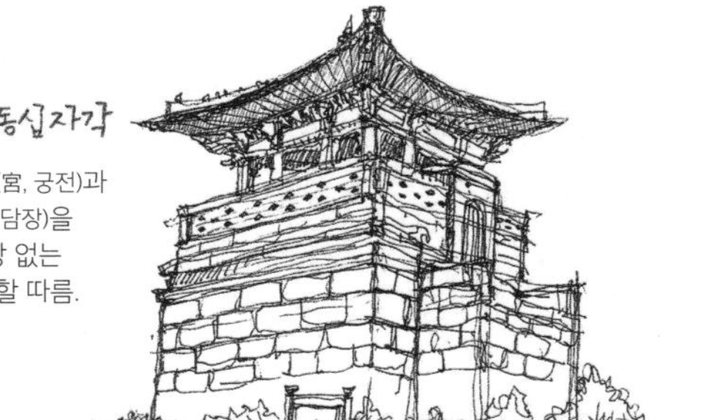

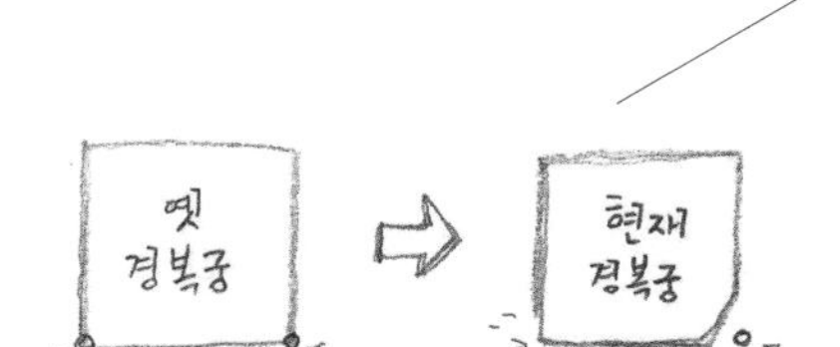


**안내표지판** 도로 한복판에 있는 이 안내판은 대체 누가 읽으라고 있는 것일까?

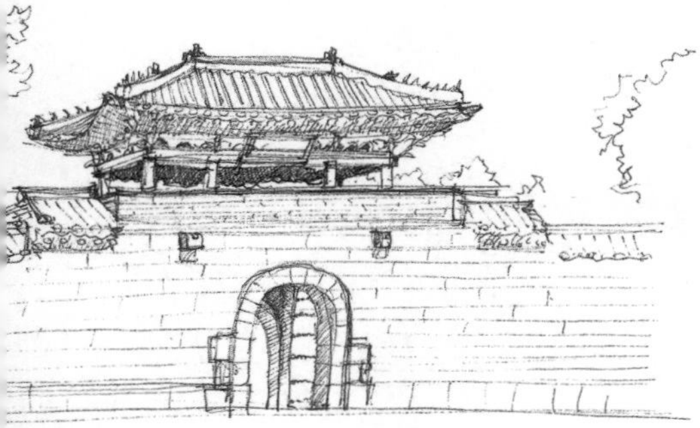

**건춘문**(建春文, 봄을 세운다)
종친이나 외척, 상궁, 나인 들이 이곳으로 출입했다.
해가 뜨는 동쪽이 봄이고
해가 지는 서쪽이 가을이라는 의미는
참 서정적이라는 생각이 든다.

홍례문

광화문을 처음 들어서면 만나는 홍례문(본래 홍례문弘禮門이었으나, 중건할 때 청나라 건륭제의 이름인 홍력弘曆을 피하고자 홍례문으로 바뀌었다)이 있던 자리는 일제강점기 때 조선총독부가 있던 곳이다.

조선총독부는 4층의 화강암 건물로, 일본을 상징하도록 위에서 보면 일(日) 자가 되도록 설계되었다. 하지만 알고 보면 시멘트 건물에 습식 공법으로 석판을 붙인 것으로, 자체 완성도는 떨어지는 편이다. 그래도 총독부의 위상을 살리고자 많은 투자를 한 건물이었다. 당시 남산에 있던 조선신궁을 향해 5.6도 틀어 지었는데 후에 이 축선을 따라 세종로(2010년 세종로와 태평로를 합쳐 '세종대로'로 명명했다)를 확장하는 바람에 지금도 세종로는 경복궁과 묘하게 틀어져 있다.

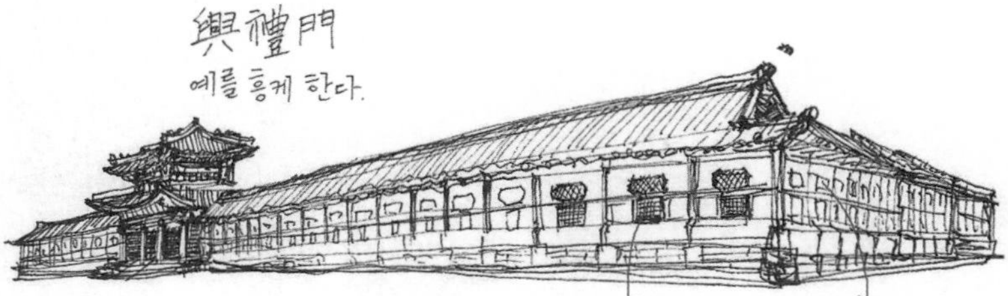


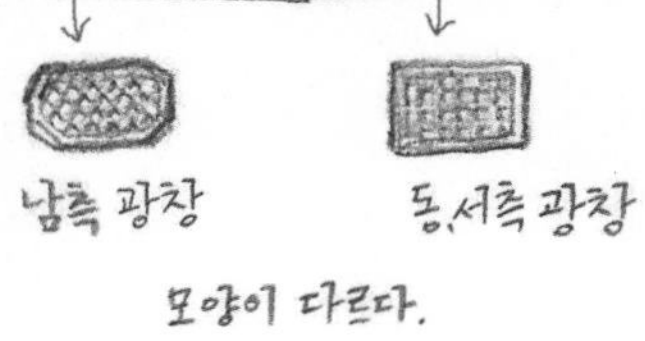


남행각 광창은 팔각으로 치장했는데 왕이 보는 남쪽이기 때문이고,
동행각은 창고로 쓰는 경우가 있어 그냥 네모난 광창을 내었다.

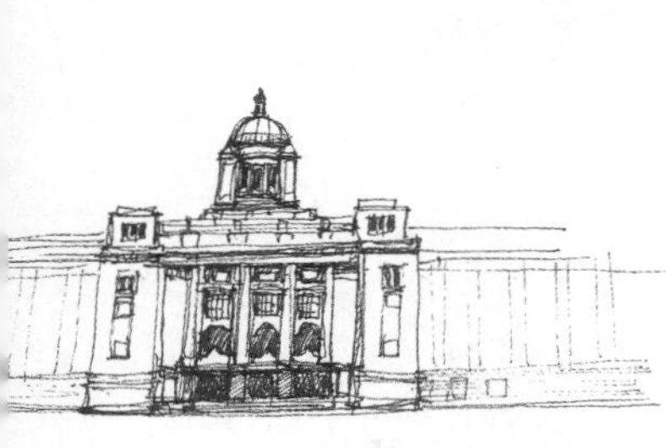

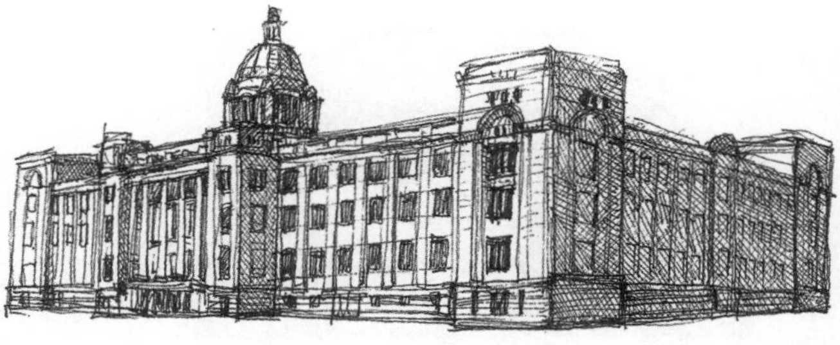

조선총독부

## 어차

우리나라 최초의 자동차였던 고종의 어차는 1904년 러일전쟁 때 기록도 없이 사라져 자세히는 알 수 없다. 국내에 운전할 수 있는 이가 없어 일본인 기사를 고용했지만, 엔진 소리가 매우 요란해 황실의 체통을 손상시킨다 하여 거의 사용하지 않았다.

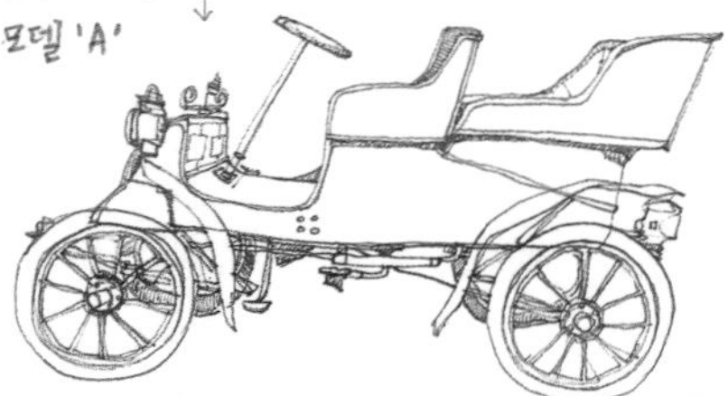


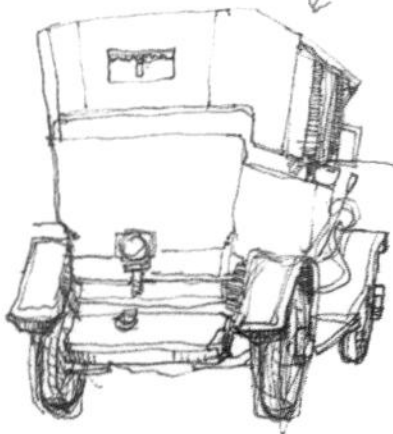


당시 열 대밖에 제작하지 않았다는 자동차 중 한 대.

현존하는 차 두 대를 복원하는 데 10억 원이 들었다고 한다. 다임러 사에서는 자기들도 현재 가지고 있지 않은 모델인데다 보존상태마저 좋아 더 놀랐다고 한다.

다임러 리무진과 캐딜락, 두 대의 차는 국립고궁박물관에 가면 직접 볼 수 있다.

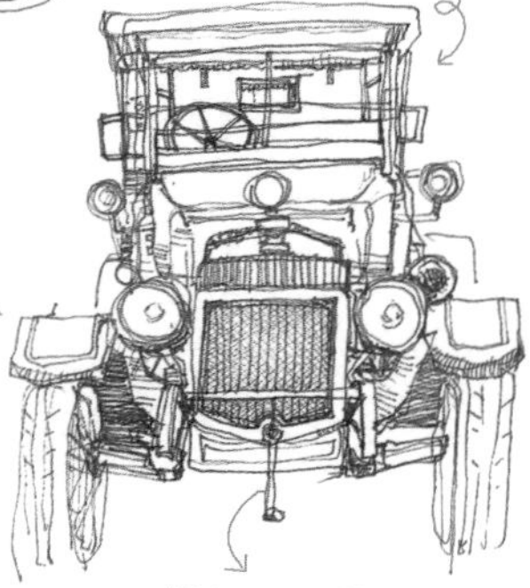


고종 전용차였지만 고종이 자동차를 거의 타지 않아 순종이 고종의 차를, 순종비가 순종의 차를 탔다고 한다.

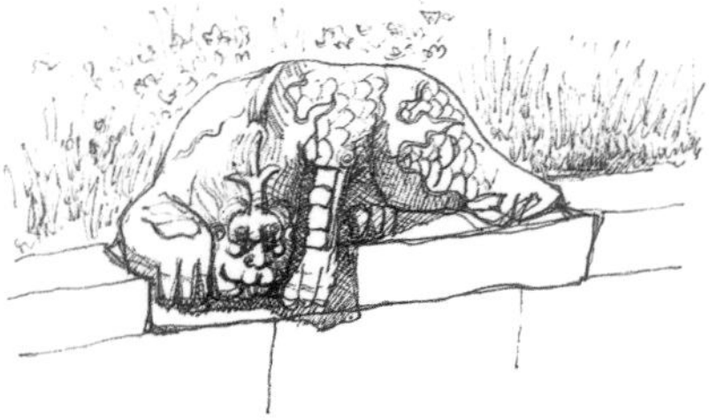

## 금천의 서수들

물을 타고 들어올지 모를 사악한 기운을 차단하기 위해 서수가 뚫어져라 물길을 내려다보고 있다.

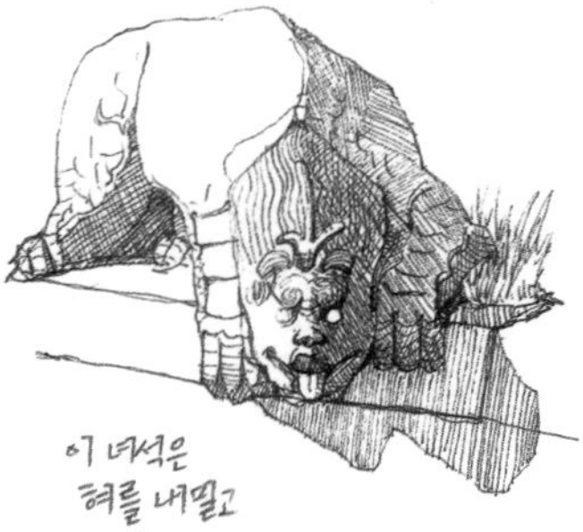


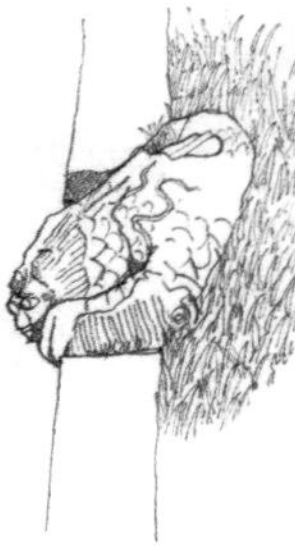

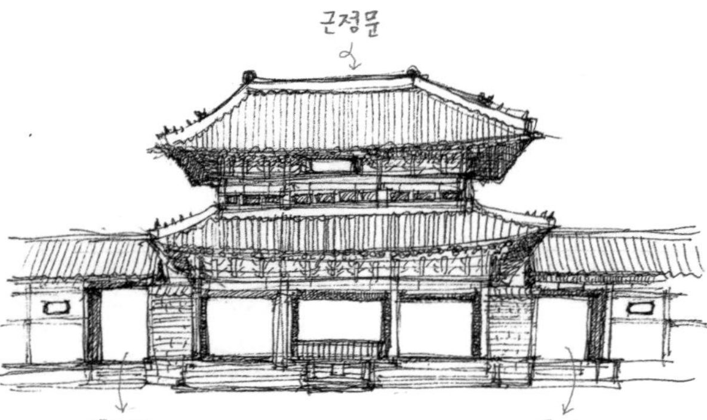


무반이 출입하던 문.

문반이 출입하던 문.

## 근정문

왕이 승하하면 왕세자는 근정문에서 즉위식을 거행하고 근정전으로 걸어가 옥좌에 올랐다.

## 교태전

왕의 침전이 있는 강녕전과 왕비의 침소인 교태전에는 용마루가 없다.
왕이 용 그 자체이므로, 그가 쉬며 머무는 곳 지붕 위에는 용마루를 올리지 않은 것.

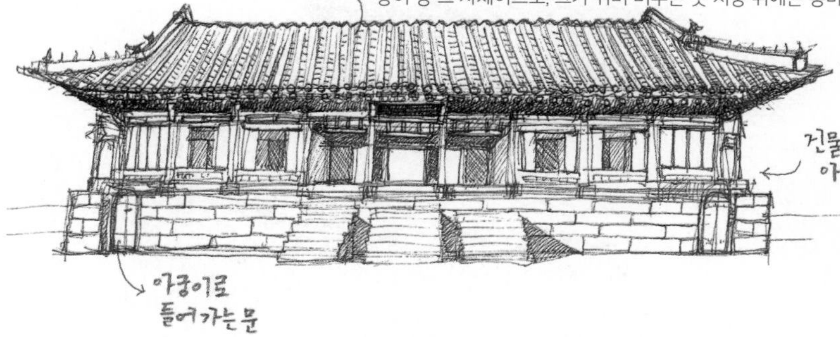


아미산은 경회루를 만들 때 생긴 흙으로 쌓아올린 언덕.

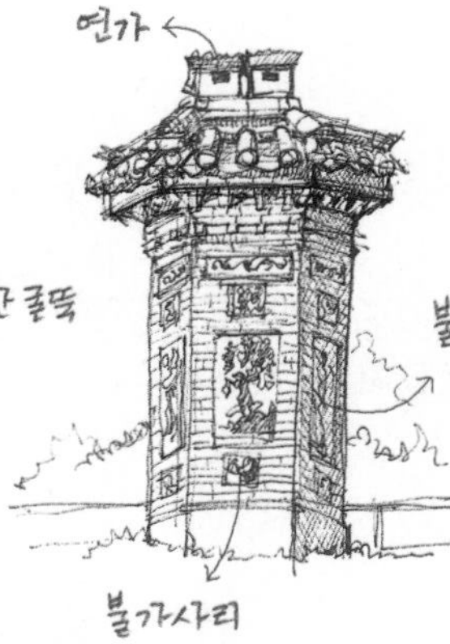


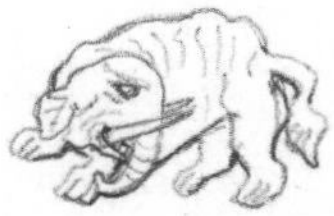


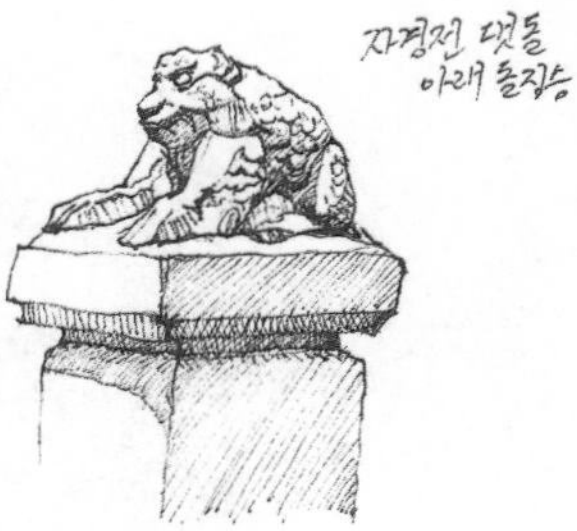


네 개의 육각 굴뚝이 있는데
모두 24폭의 다른 그림이 그려져 있다.

## 아미산 굴뚝

불가사리는 곰의 몸에 무소의 눈, 코끼리의 코, 소의 꼬리,
범의 다리를 한 상상의 동물로 쇠붙이를 먹고 불길을 삼키는 수호신이다.
경복궁에는 경회루를 비롯하여 자경전이나 아미산 등 여러 곳에서
다른 각도의 불가사리를 접할 수 있는데, 가장 명확한 모양은
자경전 십장생 굴뚝에서 볼 수 있다.

## 자경전 평난간

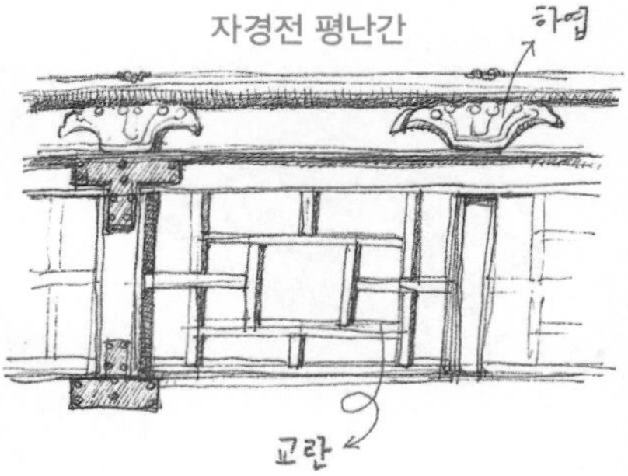


## 처마 토수

추녀나 부연 끝에 붙는 장식기와.

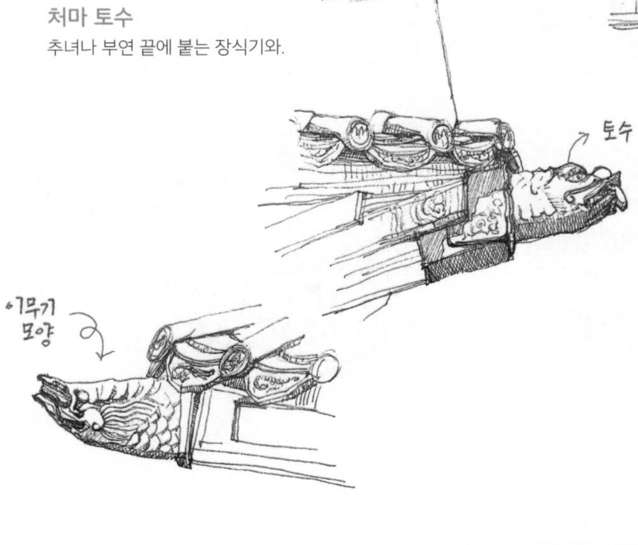

세종 때 집현전이 있던 곳.

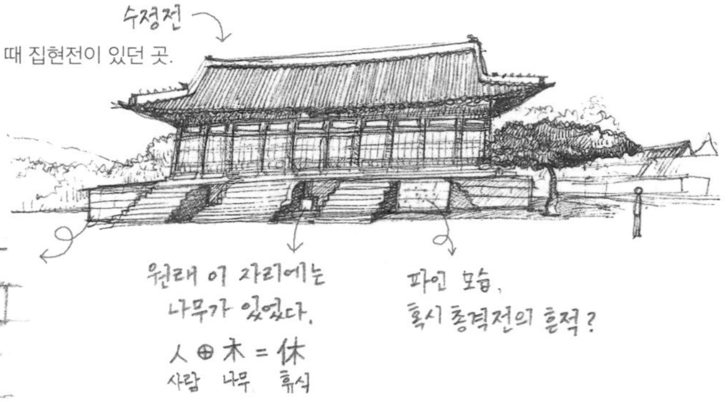


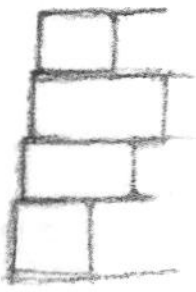


무너질 일 없는
튼튼한 기단.

## 수정전

일제강점기 때 인재의 맥을 끊는다는 의미로 수정전 앞에 나무를 심었다고 한다. 최근에야 비로소 나무를 없애고, 노둣돌 하나를 놓았다.

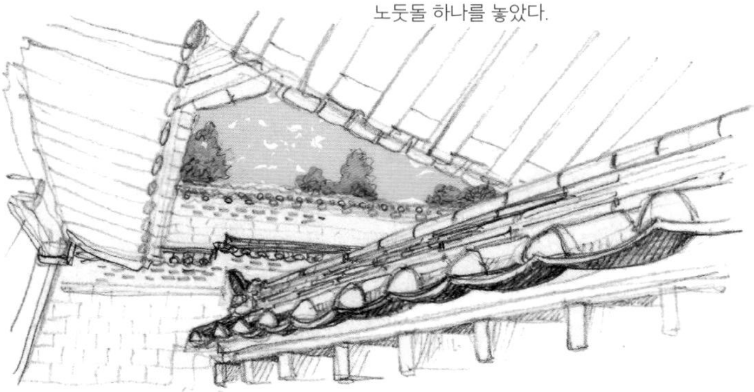

## 태원전



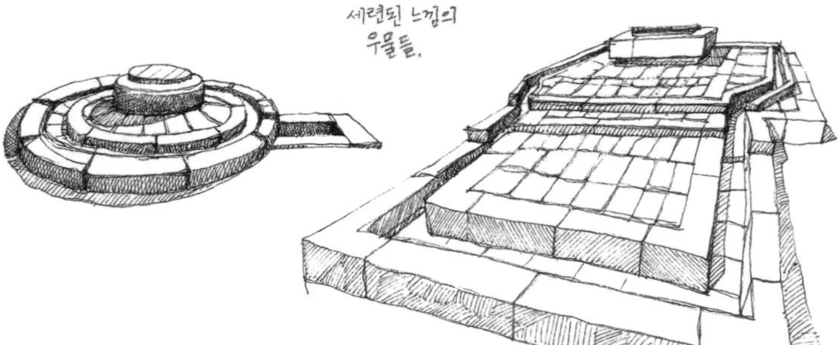


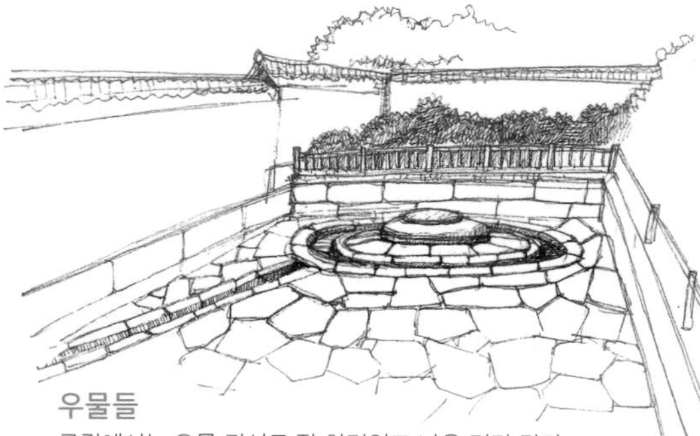

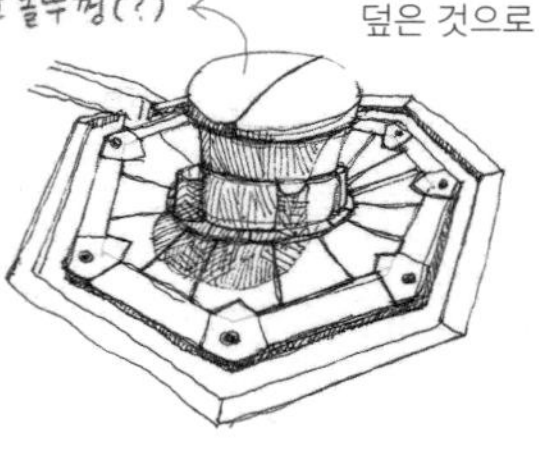


궁녀가 힘이 장사였을 리는 없고,
일제강점기 때 사용하지 않아
덮은 것으로 추측한다.

## 우물들

궁궐에서는 우물 귀신도 잘 차려입고 나올 것만 같다.

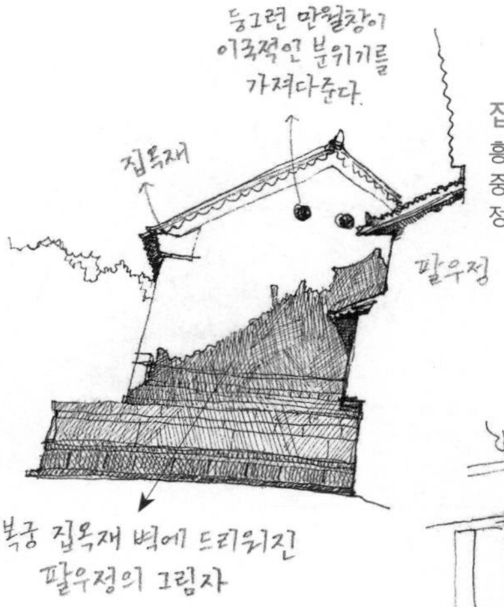


### 집옥재

흥선대원군이 외국 사신을 접견할 목적으로 지었다.
중국 인부를 데려다 지었다는 이야기까지 있을
정도로 중국풍이 묻어나는 건물.

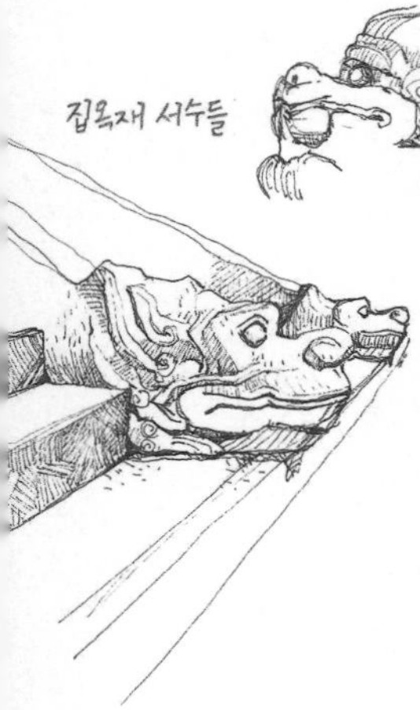


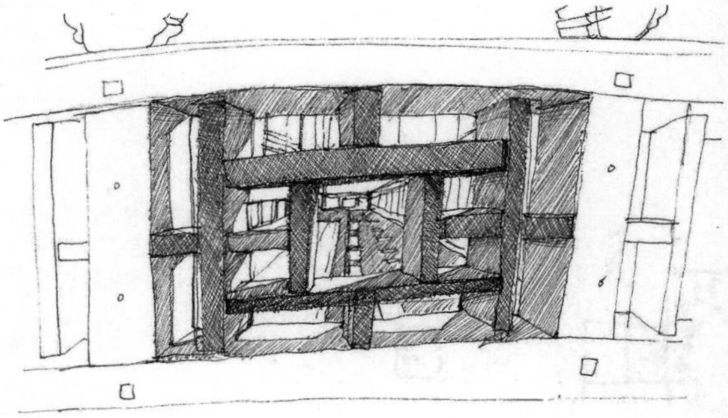

### 협길당 난간

빨라진 저녁햇살을 바라본다.
그림자는 좀더 차갑고,
좀더 선명하게 사물을 파고든다.

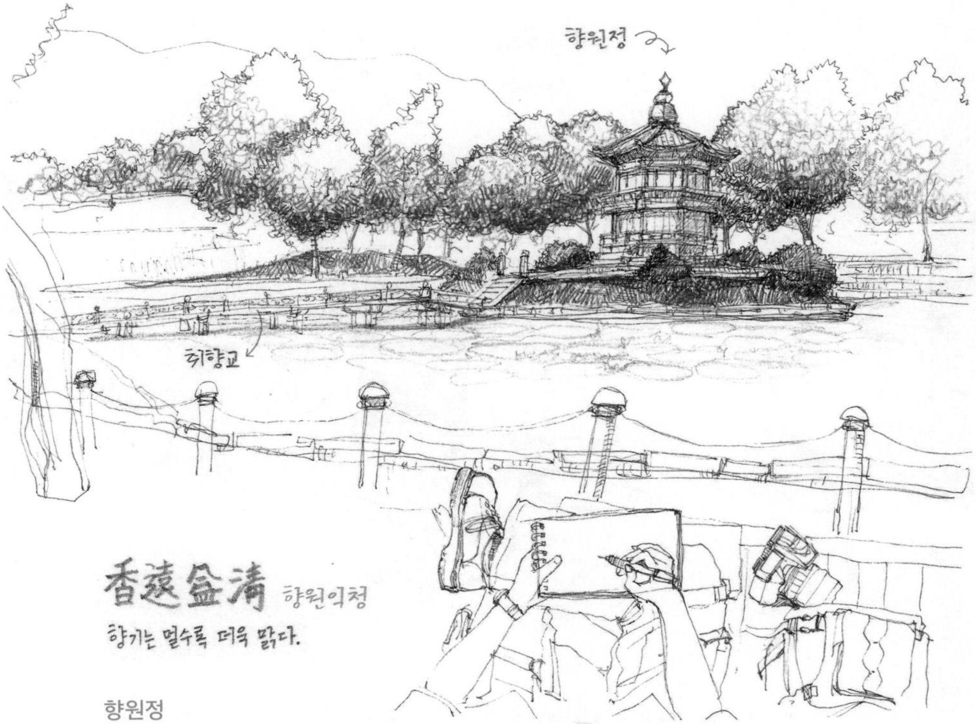


### 향원정

향원정 연못의 수원(水源)은 경복궁 창건 때부터 있던 열상진원(洌上眞源)이라는 샘이다
물이 맑고 차서 음료수로 이용하였다. 경복궁 중건시에 글을 새긴 우물 뚜껑을 만들었다.
원래 다리는 북쪽에서 연결되어 있었는데 한국전쟁 때 파괴된 이후 남쪽에서 연결해 지금과 같아졌다.
북쪽에는 아직까지도 석축이 남아 있는데 굳이 새롭게 바꾼 이유가 뭘까, 심히 궁금하다.

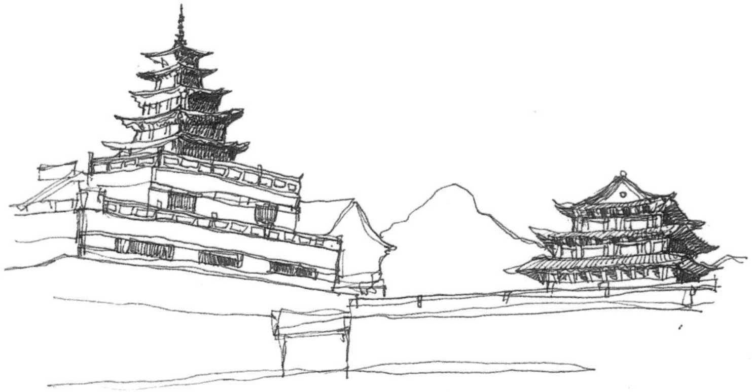

## 국립민속박물관

경복궁 안에서 욕 많이 먹는 대표주자다. 남쪽 계단은 불국사의 청운교와 백운교, 윗부분은 법주사 팔상전, 입구 지붕은 화엄사 각황전, 우측 지붕은 금각사 미륵전에서 베껴온, 말 그대로 우리나라 최고의 건축 양식을 한자리에 모은 박물관이다. 그렇지만 그 모습이 아름답지 않고 낯설 뿐이니 이 얼마나 아이러니인가! 아마도 기능보다는(전면 층계는 올라가지도 못한다!) 장식에만 치중한 것이 더욱 어설픈 결과를 가져오지 않았을까.
경복궁 복원 때문에라도 언젠가 없어질 건물이라고 생각하지만, 한편으로 현대와 전통의 조화라는 어려운 조건하에서 탄생한 콘크리트건물이 측은하기도 하다.
이 안에는 궁궐이라는 입지적 특색과 맞지 않는 전시물들이 있다. 서민들이 사용한 물건이 가득하기 때문. 나름 옛 생활을 엿볼 수 있어 따분하지는 않다.

## 상여

국립민속박물관에 갈 때마다 꼭 한 번씩 보고
오는 물건이 있어 소개하고자 한다.
너무 화려해 차마 색을 칠해볼 엄두도 못 냈다.
이 죽은 자의 가마(?)를 타는 일이 평생에
소원일 사람은 없겠지만, 누구나 한 번은 타야 한다는
사실이 참으로 역설적이다.
살아서는 탈 수 없기에 더욱 화려하고 아름다워
보이는 것일까.

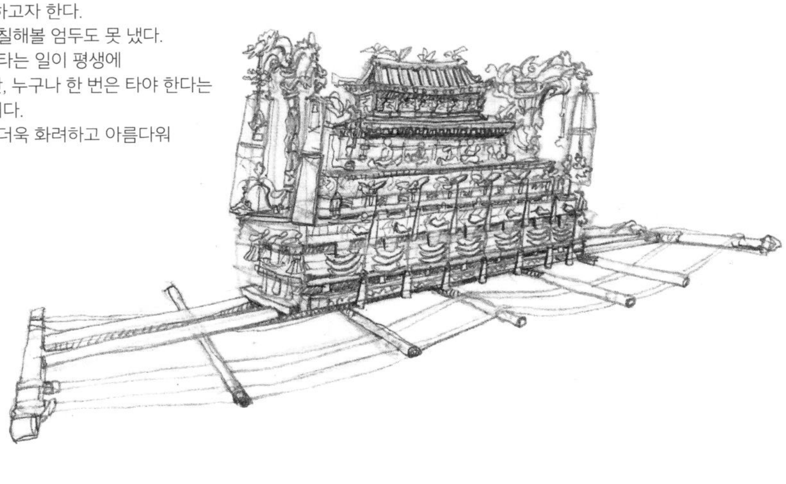

### 홀대전시

국립박물관이었던 시절의 총독부 앞마당에서 뛰놀던 추억이 떠올라 지방에 다녀오는 길에 총독부 철거 부재(部材)를 전시하고 있다는 천안 독립기념관을 방문했다. 그리고 그곳에서 '홀대전시'라는 듣도 보도 못한 전시방법을 접하곤 코웃음조차 나오지 않았다.

"전시의 기본적인 개념은 철거 부재를 역사 교육의 자료로 활용, 전시하되 홀대하는 방식으로 배치하는 데 있다. 이에 따라 첨탑을 지하 5미터 깊이에 매장하여 전시하는 형식으로 조성하였고, 독립기념관 주건물의 서쪽(석양을 상징)에 위치시킴으로써 일제강점기의 진정한 극복과 청산이라는 점을 강조하고 있다"고 안내판까지 걸어놓았다. 이것이 죽어서도 무덤을 파헤치거나 집 부수고 연못 만들던 조선시대 모습과 뭐가 다르단 말인가.

총독부 건물이 사라진 이유는 오로지 하나, 위치 문제 아니었던가. 경복궁을 밀어내고 서 있는 그 위용을 생각하면 결코 그 건물이 그 자리에 존재할 수 없다는 사실에는 나 역시 공감한다. 하지만 일제강점기의 극복과 청산, 나아가 역사적 교훈까지 얻고자 했다면, 일부라도 그대로 옮겨 일제 침략의 전시물을 보여주는 박물관으로 사용했다면 어땠을까? 반달리즘도 아니고, 일제강점기의 무엇을 홀대하겠다는 걸까. 홀대, 라니 참. 수학여행 온 학생들은 그 안에 쓰레기를 버리고, 돌을 던지고 침까지 뱉으며 첨탑을 훼손하는 것을 자랑처럼 여긴다고 한다. 우리나라가 일본에 대해 지금까지도 이런 식으로 피해의식을 키워야만 할까, 한숨만 나왔다.

이 건물은 조선총독부로 태어났지만, 우리 역사에서 많은 순간을 함께했다. 일본이 패전할 때 이곳에서 아베 총독이 미군 하지 중장 앞에서 항복문서에 조인했고, 이후 미군정 청사로 사용되었으며, 한국전쟁 당시에는 서울 수복의 태극기가 휘날리기도 했다. 대한민국 대통령 집무실을 거쳐 정부기관이 모인 중앙청으로도 쓰였고, 국립박물관이 되어 많은 이들을 맞기도 했다. 그 짧지 않은 제2막의 역사는 무시한 채, 광복 50주년을 맞아 기어이, 없애버렸다. 그럴 거였다면 차라리 깨끗하게 자취 하나 남기지 말고 없앴다면 좋았을 것을.

나는 첨탑만 남은 5미터 깊이의 구덩이에서 나와 지는 해를 바라보았다. 석양이 물든 하늘, 다른 건 몰라도 서쪽에 배치한 건 제대로 들어맞는구나 싶었다. 하지만 이 아름다운 빛깔을 품은 서쪽 하늘도 마찬가지로 우리나라가 아니던가.

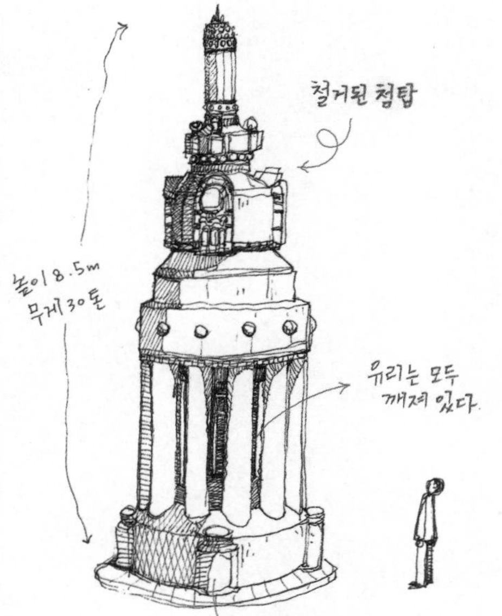


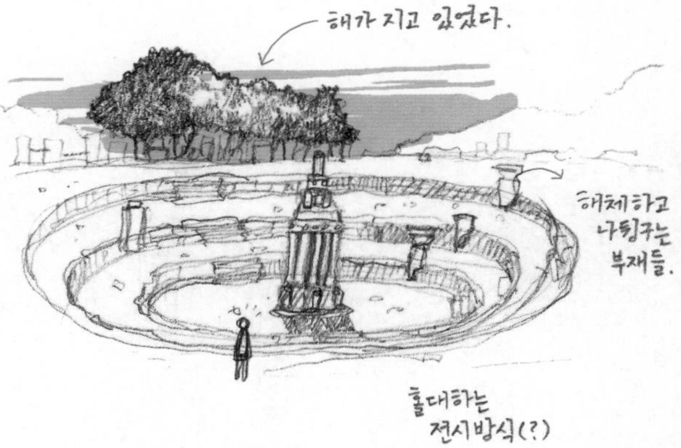

2장

# 명동

‘땅값’과 관련한 뉴스를 전하던 방송사 기자가 사람 많은 명동 길거리 한복판에 신문지 한 장을 펴고는 그 위에 올라가 다음과 같은 멘트를 시작했다.

“지금 제가 올라선 이 신문지만한 크기의 땅은 얼마얼마입니다.”

기자가 말한 대한민국에서 가장 비싼 땅이 서울, 명동에 위치한다. 공시지가가 생긴 이래 가끔 위치는 변할지언정 이 최고가의 땅이 명동을 벗어나는 일은 없었다고 한다. 더불어 공시지가 상위 10위까지도 항상 명동 상권 안이었다 하니 강남역 부근이나 압구정동이 새로운 상권으로 떠올랐다 해도, 명동의 이름값은 당분간 유지될 것으로 보인다.

2019년 공시지가를 보면, 전국에서 가장 공시지가가 비싼 곳은 1제곱미터당 1억 8300만 원이 넘는다. 한 평, 즉 3.3제곱미터에 6억 원이 넘는 셈이다. 공시지가가 이 정도니 권리금까지 합치면 실매매가는 이보다 훨씬 높을 것이다. 말 그대로 이곳에서는 6억 원을 넘게 줘도 편히 누워 발 뻗고 잘 땅도 얻지 못할 형국이다!

이 땅에는 현재 보증금 50억 원, 월 평균 임대료 2억 6250만 원이라는 거금을 내고 화장품 가게가 세들어 있다.

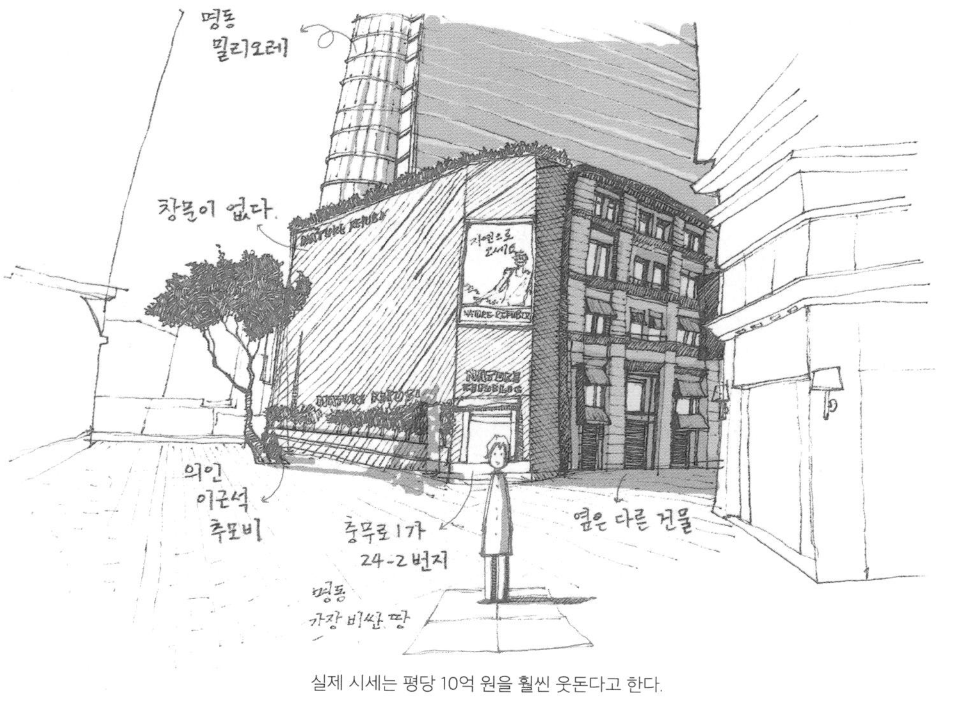


실제 시세는 평당 10억 원을 훨씬 웃돈다고 한다.

## 이곳에

그 앞, 길 한가운데 많은 이가 스쳐지나가는 곳에 추모비 하나가 있다. 여간 관심을 기울이지 않으면 그냥 지나칠 비석. 양초 형상을 한 이 비석은 바로 고(故) '이근석'을 위한 추모비다.

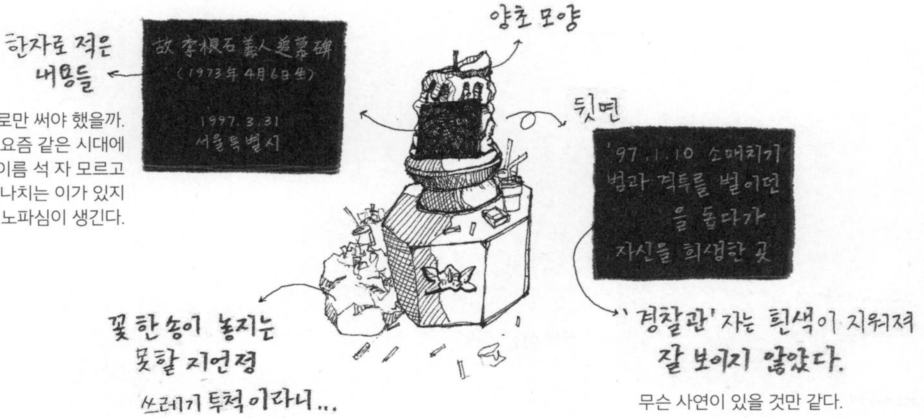


굳이 한자로만 써야 했을까. 한자를 잘 모르는 요즘 같은 시대에 혹시나 그의 이름 석 자 모르고 그냥 지나치는 이가 있지 않을까 하는 노파심이 생긴다.

무슨 사연이 있을 것만 같다.

1997년 3인조 소매치기단을 뒤쫓던 경찰이 회칼에 찔리자, 인근에서 액세서리 행상을 하던 이근석이 뛰어나와 맞섰다. 그는 젊고 건장했으나, 소매치기가 휘두른 칼에 복부를 맞고 그만 운명을 달리한다.

당시 그의 나이 스물네 살. 어렵지 않은 가정에서 자랐지만, 젊어 고생은 사서도 한다며 선배들에게 행상을 배우던 중이었다. 그렇게 한 젊은이의 생명이 대한민국에서 가장 비싼 땅 한편에서 사그라졌다.

그 모퉁이 한쪽에 앉아 무수히 많은 사람들이 추모비를 그냥 스쳐지나는 모습을 우두커니 바라보았다. 누구 하나 멈춰 서거나 비석에 관심을 갖지 않았다. 비석 너머 길 한쪽에 누워 잠자던 노숙인을 본다. 대한민국에서 가장 비싸다는 이 땅에 누울 수 있는 사람은 노숙인과 죽은 이뿐이구나.

성모병원이 있던 자리에
들어섰다.
유리 커튼월 디자인인데
종로 YMCA 건물을 만든
김정수 교수의 작품인지라
느낌이 비슷하다.

명동성당 언덕

명동성당이 있는 이 작은 고개를
예전에는 진고개라 불렀다.
이곳에 조선에 들어온 일본인이
최초로 상점가를 이뤘다.

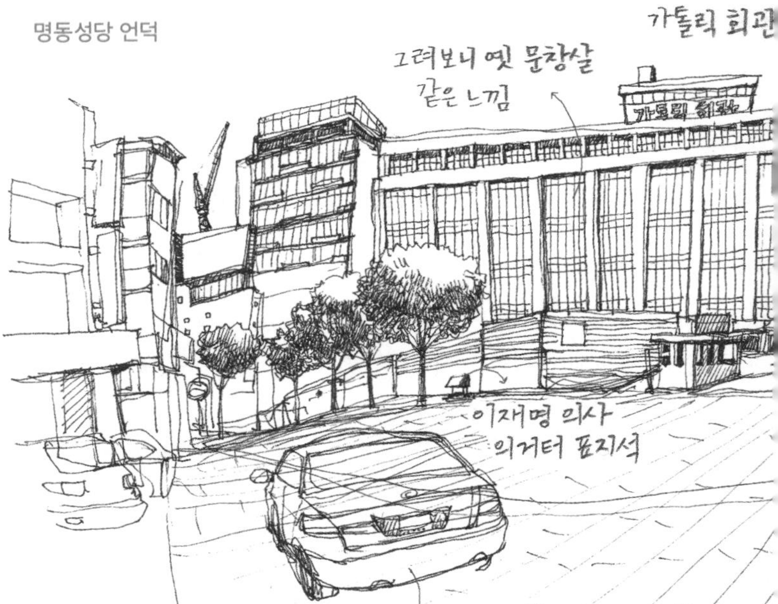


사람 불편한 건 아랑곳하지 않고 자동차 불편한 것만
챙기는 심리는 도대체 무얼까?

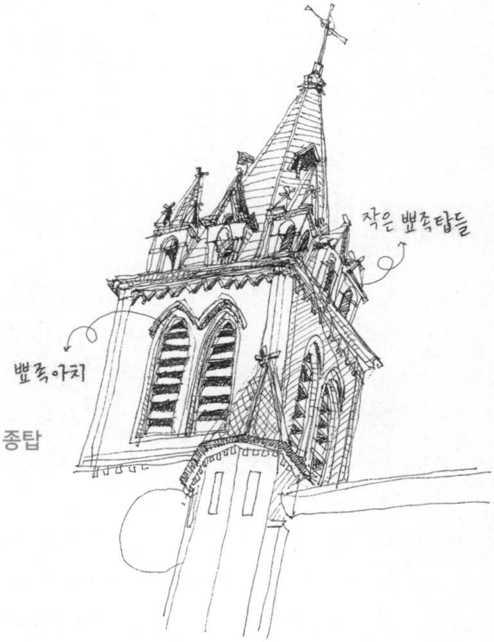


명동성당 종탑

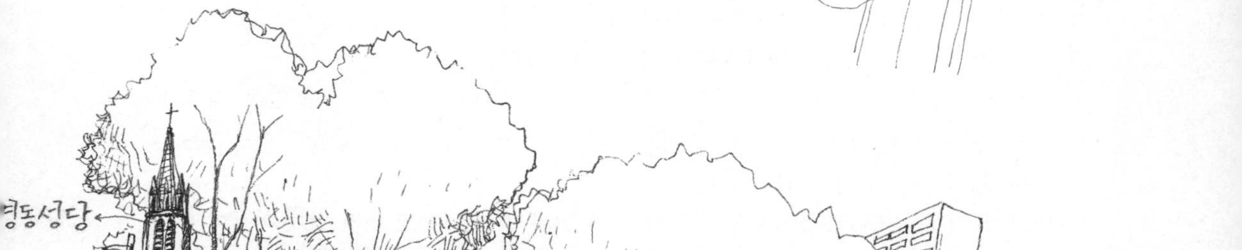


앙을 떠나 모든 이에게 마음의 안식처가 되어준 길.
금도 명동성당 마당에는 천막농성을 하는 이들이 있다.

## 진고개

명동이란 이름은 조선시대 행정구역인 '명례방(明禮坊)'에서 왔다. 명례방은 '예가 밝은 동네'라는 의미의 지명이다.

지금은 '예'자가 떨어져나가고 '명'자만 남았는데 그 때문인지 오늘날 명동은, '예'는 어떤지 몰라도 '밝기' 하나만은 대한민국에서 가장 알아주는 곳이 되었다. 명동 상권은 일제강점기, 일본인이 충무로에 진을 치며 지금처럼 번화하기 시작했다. 청계천을 사이에 두고 북쪽 종로는 조선, 남쪽 명동은 일본으로 상권이 양분되어 형성되었다. 청계천을 사이에 두고 강북과 강남으로 대치되다니 오늘날 한강을 사이에 두고 강북과 강남으로 나뉜 서울의 모습과 비교된다.

명동성당이 있는 진고개는, 비만 오면 진창이 되어 통행이 불편할 정도로 질퍽한 고개라 하여 그렇게 이름 붙여졌다는 설이 있다. 이런 지형 특징 때문인지 일본인 상가가 있어서인지 1906년경 이곳에서 하수도 도랑공사가 시작되었다고 한다.

조선 초에는 이곳에 신문고 같은 역할을 하는 북이 있었다고 하는데, 그로 인해 '북고개' 혹은 '북달재'라고도 불렀다. 지금 그 자리에 들어선 명동성당. 이제 사람들의 하소연은 임금이 아니라 신께서 받아주시는 걸까.

임진왜란 당시에는 명나라 장수 양호가 보신각에 있던 종을 이곳에 옮겨 달아 이름이 다시 종현마루로 바뀌었다. 이 작은 고개 하나에 이토록 여러 이야기가 얽혀 있다는 것이 그저 놀라울 따름! 광해군 때 보신각종을 현재 위치인 종각으로 다시 옮기지만 종현마루라는 명칭은 한동안 이어졌다. 명동성당에서 다시 종소리가 울려퍼지면서 그 이름이 더욱 어울릴 듯했지만 이제 아무도 그렇게 부르지 않는 걸 보면 결국 사연 많던 이 고개는 처음처럼 무(無)의 상태로 돌아간 듯하다. 하지만 현재도 역사의 일부분이니 훗날 어떤 이름으로 불릴지 자못 궁금.

시조에 뛰어났던 고산 윤선도는 고향 해남의 외딴 섬 보길도와 서울을 오가며 살았는데, 이 질퍽했던 진고개 언덕 위에 윤선도의 서울 집이 있었다.

윤선도는 광해군 때부터 시작하여 세 차례에 걸쳐 17년간이나 귀양살이를 했을 만큼 불의와 타협하지 않았다. 뜻이 굳고 정도 넘쳤던 그는 송강 정철과 더불어 조선시가사에서 빼놓을 수 없는 인물이었다. '지국총 지국총 어사와'라는 여음을 반복하며 노 젓는 어부의 모습과 생활을 노래한 「어부사시사」와 물, 돌, 소나무, 대나무, 달을 다섯 벗에 비유한 「오우가」라는 시조는 학창 시절 분석까지 해가며 지겹도록 본 시조다.

이제 윤선도가 살았던 그곳에는 그의 다섯 벗 중 오직 변치 않을 벗이라던 돌만이 표지석으로 남아, 이곳에 그의 집이 있었음을 알려준다.

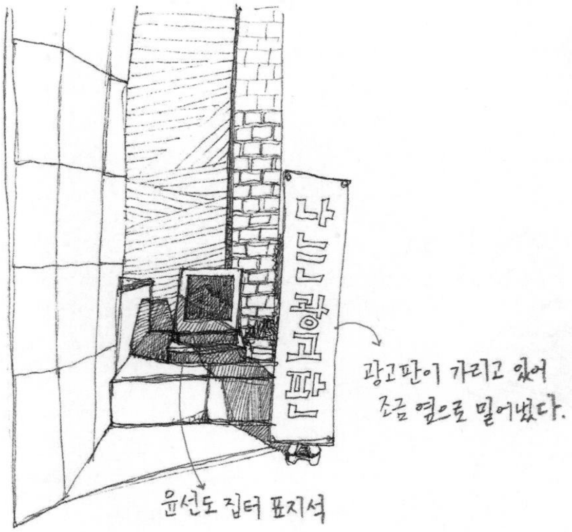


그래. 세상에 변치 않을 것이 무엇이 있을까.
고개 이름은 끊임없이 바뀔 테고,
돌은 닳고 닳아 언젠가 먼지가 되어버릴 것을.
그저 시간을 낚을 수만 있다면.
20대의 며칠을 그물로 끌어올리고 싶을 뿐.

지국총 지국총 어사와
지국총 지국총 어사와

역사에서 잊히는 인물들이 많다. 인간 사이에 경중이 있겠느냐마는, 비석이나 표지석으로 최소한이나마 흔적을 남겨 사람들에게 역사적 인물을 알리려 애쓴 의도마저 무관심에 묻히는 걸 보면 그저 애처롭다. 길을 걸으면서도 자신에게 도움이 되지 않으면 눈여겨보지 않는 것이 오늘날 세상인심이기에 표지석의 글을 읽기 위해 멈추어 서는 일도 쉽지 않다.
지금은 단순히 쇼핑의 거리지만, 조금만 달리 보면 이전에 사람들이 모여 살던 곳이자, 역사가 존재하는 동네였을 텐데 말이다.
언덕 위에는 고인을 추모하는 또하나의 표지석이 있다. 명동성당 앞 추모비 속 인물은 이곳에서 죽은 것이 아니다. 오히려 이곳에서 누군가를 죽이려 했는데 그 자리에 추모비가 세워졌다. 그래서인지 그 추모비는 더 서글퍼 보였다.
그렇다면 대체 누가 누구를 이곳에서 죽이려 한 걸까?

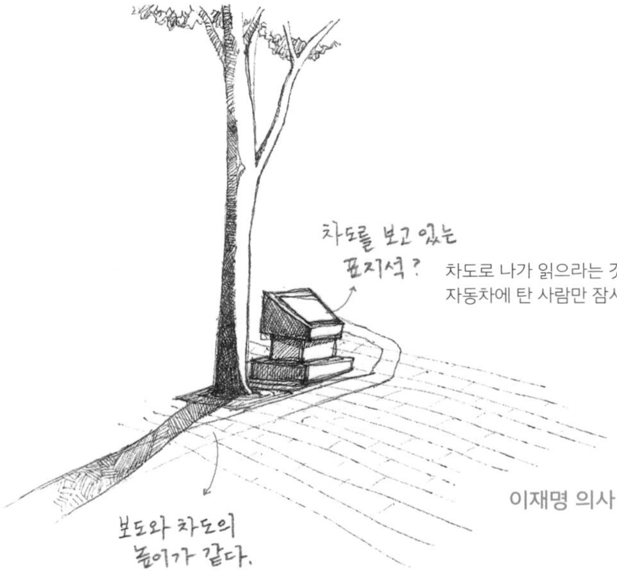


이재명 의사 의거터 표지석

추모비의 주인은 이재명 의사다. 그를 아는 사람은 그리 많지 않다. 반면 그가 이 자리에서 죽이려 했던 이완용을 모르는 사람은 별로 없을 것이다. 우리 역사 속 대표 매국노 이완용은 1909년 12월 22일 명동성당에서 열린 벨기에 황제 추도식에 참석하고 인력거를 타고 나오다 이 자리에서 스물두 살 청년 이재명에게 칼을 맞는다. 당시 인력거꾼이 그를 가로막아 인력거꾼부터 먼저 제압하고 이완용을 찔렀는데, 하늘도 무심하신지 억세게 운이 좋은 이완용은 늑간동맥이 절단되고도 당시 일본 최고의 의료진에 의해 극적으로 회생하였다. 영화에나 나올 법한 목숨 질긴 악역이 아닐 수 없다. 이재명은 현장에서 체포되었고 다음해 서대문형무소에서 형장의 이슬로 사라진다.

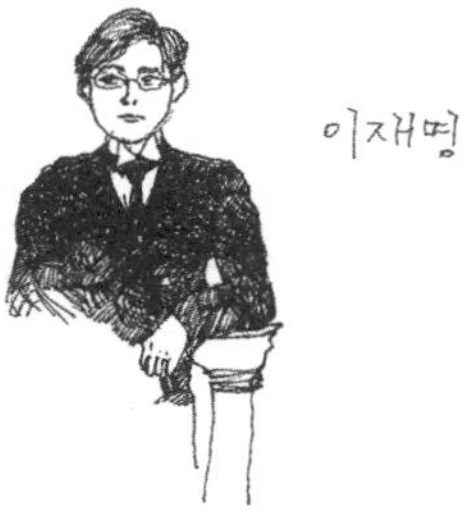


혈연이 없었기에 후세에 이재명을 기억해줄 사람도 없었다. 어쩌면 이 표지석이 그의 유일한 흔적이 될 수도 있겠구나 싶다. 만일 그가 이완용 암살에 성공했다면 조금이라도 더 많은 사람이 그를 기억했을까? 쓸쓸한 표지석은 그저 말없이 자리를 지키고 서 있다.

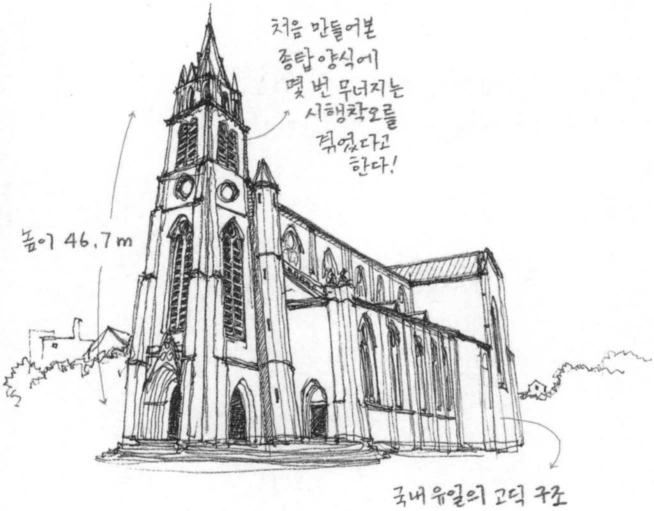


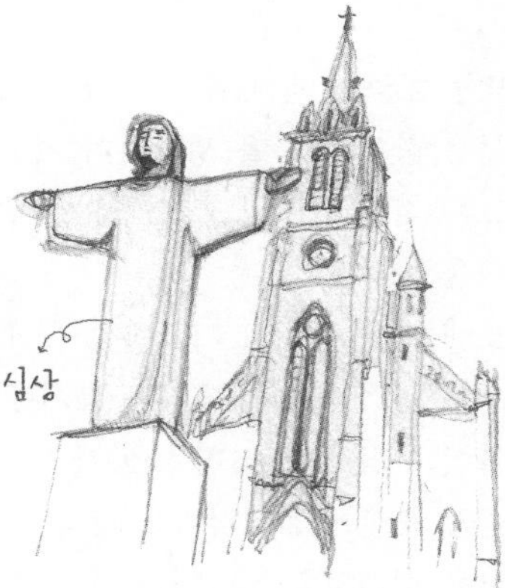


**명동성당 석상**

성당을 찾는 사람들을 향해 가장 처음
팔을 벌려 맞아주신다.

**명동성당**

당시 종교가 왕권을 위압하려는 듯 웅장하다 하여
명동성당의 위치가 경복궁을
정면으로 향하는 것부터 말이 많았다.

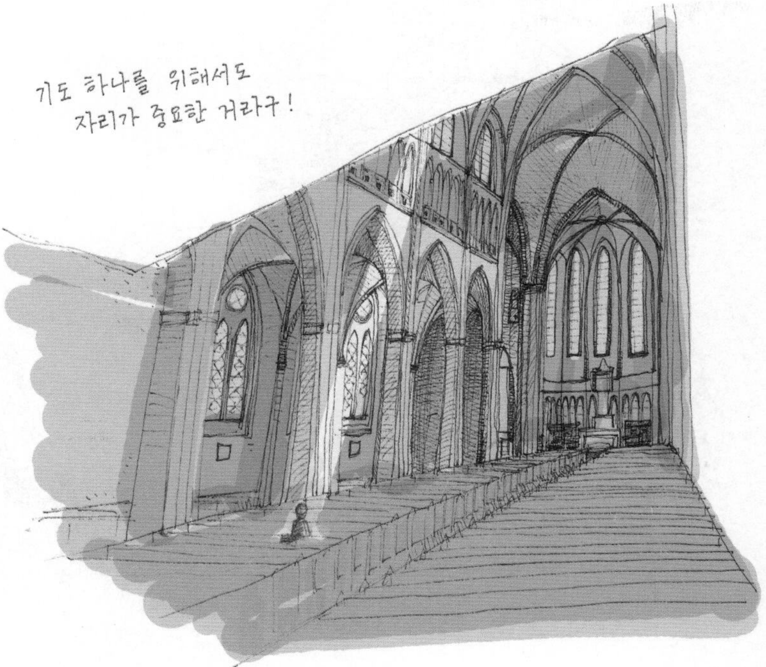


**명동성당 내부**

명동성당을 한 바퀴 돌아 뒤편으로 가면 양초를 축헌하는 곳이 있다. 오늘 마주한 두 사람의 죽음을 생각하며 초를 하나 구입해 불을 붙였다. 이근석과 이재명, 그 목적은 달랐지만 정의라는 사명감 하나로 비슷한 나이, 비슷한 장소에서 두 젊은이가 생을 마감했다.

초에 불을 붙이고 어디에 놓을까 잠시 고민했다. 마음에 드는 자리를 발견하고 초를 내려놓은 후 물러나 고개를 숙이고 짧은 묵념을 했다. 초 하나가 더해지자 불꽃 무덤이 조금 더 밝아진 느낌이었다.

근처 계단에 걸터앉아서 저녁이 시작되는 성당의 뒷모습을 작은 스케치북에 담았다.

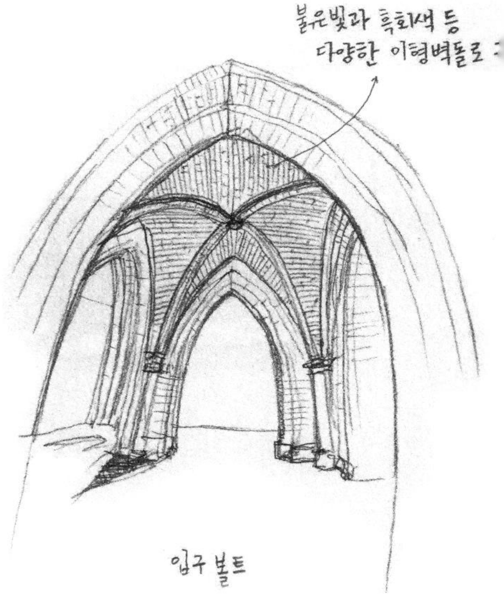


명동성당 입구 볼트

명동성당 뒤편

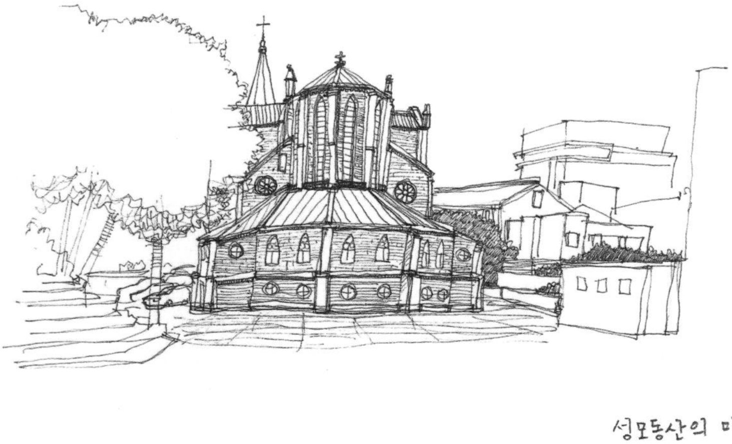

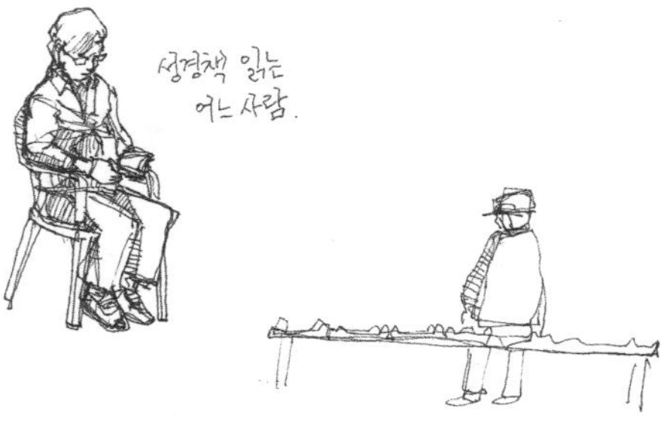


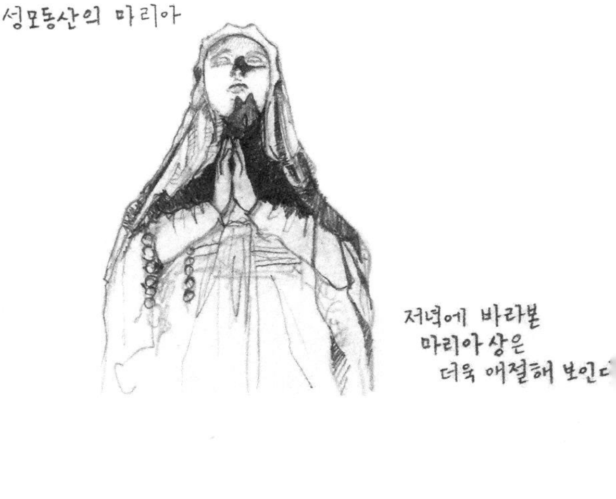

# 손순효의 집

내가 앉은 이 자리는 손순효의 집터가 있던 곳이다.
손순효는 명문과 명필로 유명했던 성종 때 문신이다. 인재 등용 능력이 뛰어났던 성종의 친애를 한몸에 받았을 정도니, 그 충직과 능력은 미루어 짐작할 만하다. 그런 손순효에게 큰 적(敵)이 있었으니 다름 아닌 술! 술을 얼마나 좋아했는지, 그의 일화는 모두 술과 얽혀 있다 해도 과언이 아닐 정도.
어느 날 성종이 명나라에 국서를 보낼 일이 있어 다급히 손순효를 찾았다. 그런데 그가 만취해서 나타나자 성종은 화가 치밀어올랐다. 하지만 순식간에 명문을 지어내는 손순효를 보고 화가 누그러져서는 작은 은잔 하나를 하사하면서 이제 술은 여기에 하루 석 잔만 마시라고 당부했다고 한다. 그러나 이는 술을 너무도 사랑했던 손순효에게 참으로 지키기 힘든 어명이었을 게다. 궁리 끝에 손순효는 세공장인을 불러 은잔을 두들겨 펴서 사발만하게 만들어 하루 석 잔씩 마셨다고 한다. 작은 은잔에 하루 석 잔만 마시는 사람이 늘 만취상태라니. 결국 이를 본 성종이 그에게 자초지종을 묻는다. 그런데 손순효의 답이 절묘하다! "술이 무척 좋긴 하고, 성은을 어길 수는 없어 은잔의 무게는 조금도 다름없이 하고 잔을 펴서 하루 석 잔만 마셨습니다." 성종이 너그러웠던 건지, 아니면 손순효를 워낙 아꼈던 건지 그의 답에 성종은 그만 두 손을 들고 말았다고 한다.
어느 날 성종이 경회루에 올라 멀리 남산 쪽을 바라보니 바위 위에 두서너 명이 둘러앉아 있었다. 성종은 그곳이 손순효의 집 쪽이라 생각하고, 필시 그가 섞여 있으리라 짐작하여 신하를 시켜 확인했다. 과연 손순효가 손님 둘과 탁주를 마시고 있었는데, 안주는 누런 참외 한 개뿐이었다고 했다. 이에 성종은 즉시 술상을 차려 갖다주고 손순효에게 내일은 입궐하지 않아도 괜찮다는 말까지 전하라 했다니, 군신 사이가 수묵화처럼 풋풋하고 아름답게만 보이는 시절이 생경하기만 하다.
손순효는 경학에 정통하여 당대에 따를 자가 없었다 하는데, 항상 방 하나를 깨끗이 치워두고 머리맡에 '기기(敧器)'를 달아두고는 나갈 때나 들어올 때마다 이를 보고 스스로의 행실을 반성했던 것으로도 유명하다.

## 기기

기기란 군자가 겸손해야 한다는 교훈을 얻고자 고대 중국에서 만든 그릇이라는데, 비어 있을 때는 기울어지고, 반쯤 차면 바로 서고, 가득차면 엎어진다고 한다. 아무리 조사해봐도 이에 대한 정보를 찾을 수가 없어 나름대로 상상하며 그려보았다.

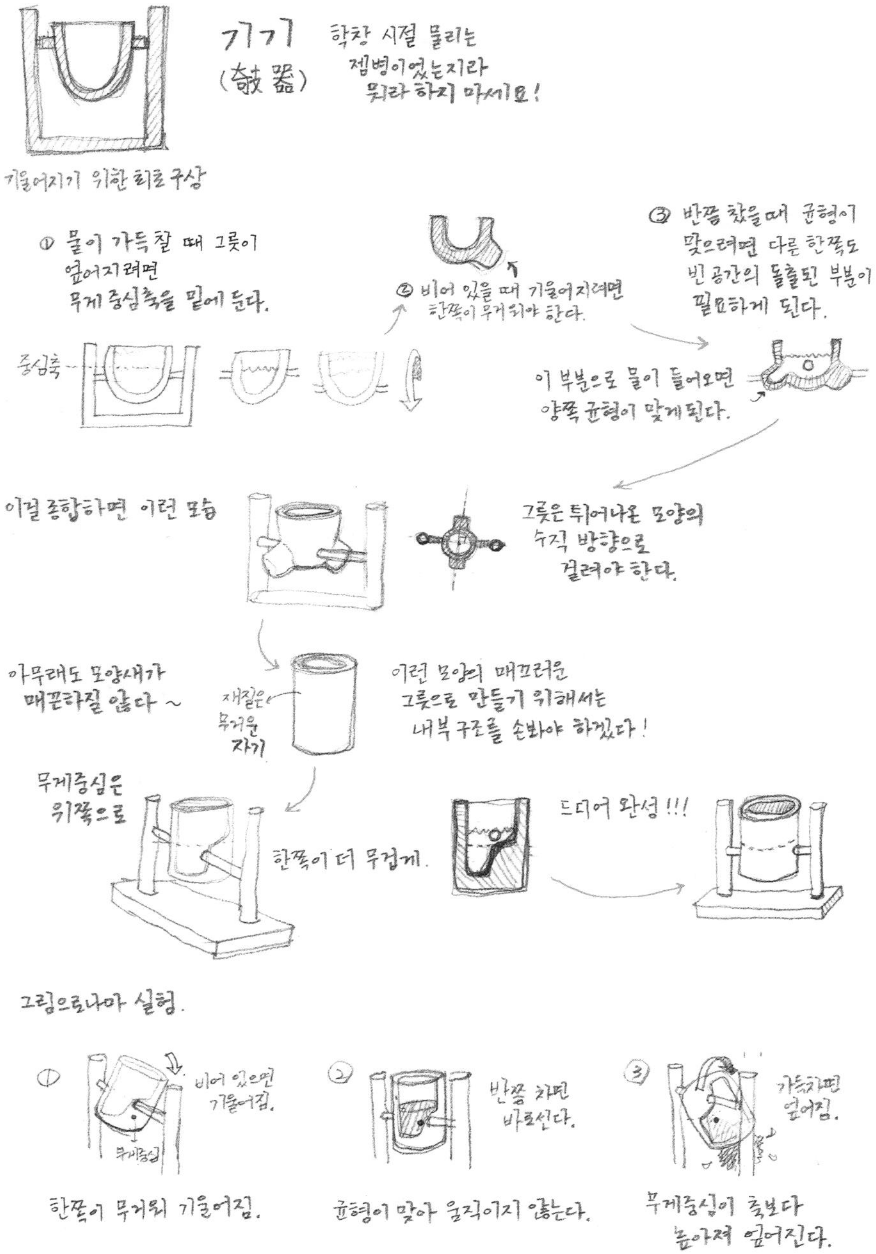

손순효의 죽음도 참 많은 생각을 하게 한다. 자신의 죽음이 가까워진 것을 예감한 그는 온 가족을 모아놓고 유언을 시작했다. "우리집은 초야에서 일어났으니 대대로 전해 내려온 물건이나 재물은 없다. 다만 청렴하고 결백한 것을 전하는 것으로 만족하려 한다." 그러고는 자신의 배를 손가락으로 가리키며, "이 속에는 조금도 더러운 물건이 없다"며 "내가 죽거든 비석은 아예 세울 생각도 말고, 내 평생 좋아했던 좋은 소주 한 병 곁에 묻어달라"고 했다. 그러더니 갑자기 일어나 "내가 젊었을 때 책을 끼고 스승의 문하에서 공부하던 흉내를 내 보고자 한다"며 책 한 권을 끼고 섬돌 층계를 두서너 번 오르내리더니 숨을 거두었다.
남산골 선비의 정신적 원형이 된 손순효의 마지막 모습이었다. 왜 성종이 그토록 그를 세심하게 챙겼던지 그 연유를 알 것도 같다. 정치인이나 공무원이 연루된 안 좋은 뉴스가 연일 나오고 청렴결백이 우주 저편 이야기처럼 멀게만 느껴지는 오늘날, 우리가 아이들에게 마지막으로 물려줄 수 있는, 그리고 보여줄 수 있는 것은 무엇이 있을까 반문해본다. 나는 잠시나마 손순효가 생의 마지막 순간에 오르내렸던 섬돌 층계가 내가 앉은 이 자리가 아닐까라는 기분 좋은 상상을 해본다. 변치 않을 벗이라면, 섬돌 층계라도 마다않고 친하게 지낼 수 있을 텐데……

해가 저물어 스케치북도 잘 보이지 않을 즈음, 나는 스케치를 대강 마무리하고 MP3 플레이어를 꺼내 음악을 들었다. 턱을 괴고 멍하니 해질녘 명동을 보며 음악 삼매경에 빠졌는데, 문득 전에 땅끝 바닷가에서 본 일몰이 겹쳐졌다. 서울의 가장 번화한 곳에서 조용한 해남의 땅끝마을이 떠오르다니!
가만히 눈을 감는다. 더는 갈 곳 없는 육지의 끝에 앉아 듣던 바닷소리. 귓가에 스치던 철썩이던 낮은 파도가 땅끝을 간질이는 그 소리가 가느다란 기억의 선을 이어주었다.
질퍽했던 고개 위에 있었던 자신의 집 주변이 몇백 년이 흐른 뒤 대한민국에서 가장 소란하고 환한 동네가 된 것을 보면, 윤선도는 뭐라 말할까? 불빛은 아직 보이지 않았고 저녁 어스름이 만들어낸 고요는 음악에 가려 서서히 낮고 짙은 모습으로 가라앉았다.
그때 어디선가 보길도로 떠나는 선착장의 뱃고동 소리가 들렸다. 윤선도가 난간에 서서 육지를 바라본다. 그의 한숨 섞인 한탄은 고요한 저녁 하늘에 메아리쳤다.
"내, 다시는 서울 북달재 집으로 돌아가지 않으리."
소리는 아득하게 멀리, 뱃고동 소리 속에 희미해져갔다. 이어폰으로 들리던 곡이 끝나자 바닷소리도 잠잠해진다. 눈을 뜨고 섬돌 층계에서 일어나 툭툭 바지를 털고 바라본 명동성당 너머에는 하나둘 서울의 불빛이, 17년 귀양살이보다 더 무서운 명동의 환한 불빛이 켜지고 있었다.

## 명동 스케치

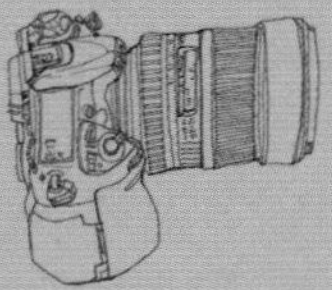

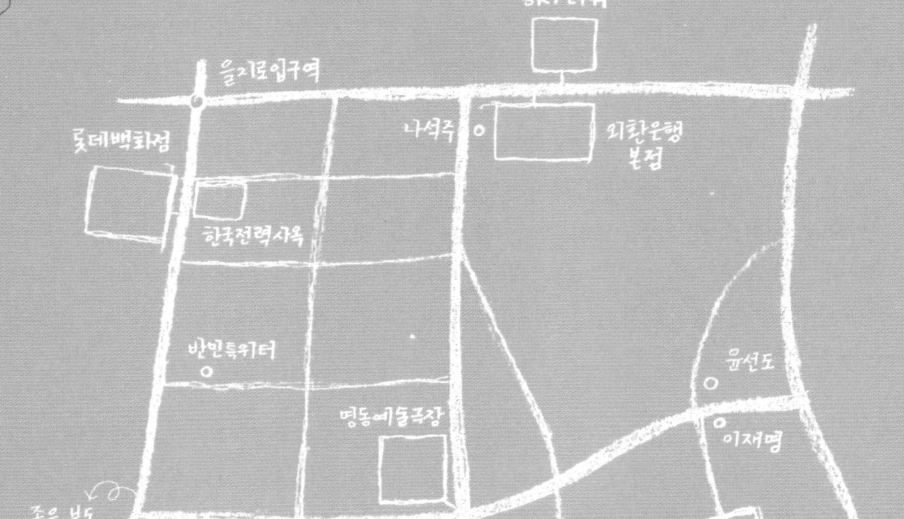
SKT 타워
을지로입구역
롯데백화점
나석주
외환은행
본점
한국전력사옥
반민특위터
윤선도
명동예술극장
이재명
좁은 보도
명동파출소
유네스코 빌딩
중국
대사관
명동성당
화교
소학교
손순효
중앙
우체국
M-플라자
이근석
가장 비싼 땅
명동역
충무로

## 중국 대사관

### 완공될 중국 대사관

대만 대사관이 있던 이 자리에 현재 중국 대사관을 만들고 있다.
곧 완공될 24층 중국 대사관은 서울에서 가장 큰 외국공관이 될 전망이다.
일각에서는 명동 주변 경관과의 부조화 때문에 반대하기도 한다.
이런 아시아 지붕 형태와 현대건물의 조합은 건축학계에서는 미학적으로
낮게 평가하고는 하는데 마치 양복 입고 갓 쓴 느낌이랄까.

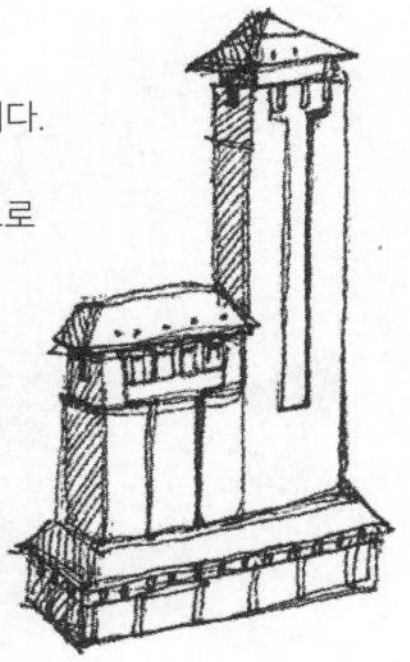


리노베이션한 건물로 창문 크기가 제각각인데다가
외부 재질이 현무암이라 무척 특이한 느낌이다.
야경이 특히 아름답다.

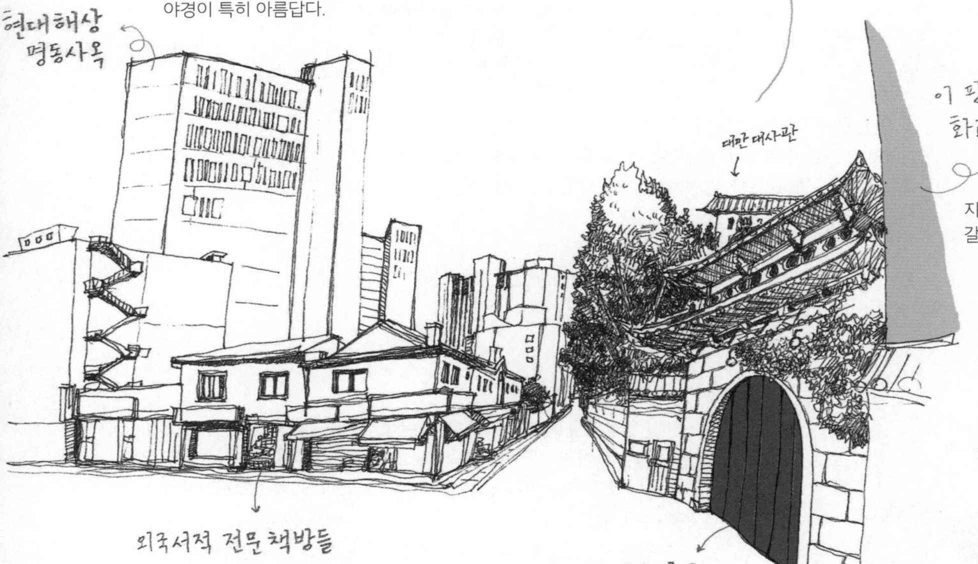


지금은 다른 빛깔로
갈아입었다.

학창 시절 용돈 모아
애니메이션 화보를 사던 기억들.
요즘은 책의 물동량이 줄어들어
많이 사라졌다.

중국 대사관 앞길

대만은 중국공산당과 내전을 벌이다 패배한 국민당의 장제스 정권이 피신해 세운 섬나라였다. 당시 냉전이라는 시대 정세와 맞물려 우리나라는 맨 처음 대만과 수교를 맺고 혈맹관계를 이어왔다. 하지만 1992년 중국의 힘이 커진데다 정치적 실리 때문에 중국과 수교를 맺는 쪽으로 우리나라가 입장을 급선회하면서 자연스레 대만과는 단교하였다. 이와 더불어 대만 대사관 자리에 중국 대사관이 들어오게 된다. 당시 중국과의 수교 협상을 은밀히 진행할 때 이 대사관터가 빠질 수 없는 협상 조건 중 하나였다고 한다. 어찌되었든 지금까지도 대만과는 단교해 민간 교류를 제외하고 국가 교류는 없다. 대만은 중국이라는 거대국의 힘 때문에 세계적으로 점점 입지가 좁아져 유럽에서는 바티칸 정도가 수교를 맺었고 전 세계적으로 수교국이 몇 나라 없는 상황이다. 아이로니컬하게도 막상 중국과는 경제적 우호관계로 변해가는 걸 보면 이제 곧 독립된 국가라 표현하기도 애매해질지 모르겠다.

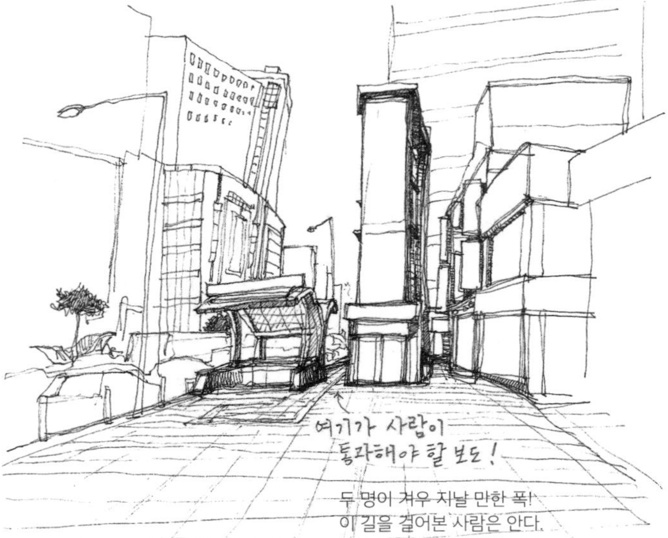


두 명이 겨우 지날 만한 폭!
이 길을 걸어본 사람은 안다.
이 좁은 도로로 얼마나 많은
사람들이 오가는지!

국민은행 앞 좁은 보도

지하보도로 인해 좁아진 보도. 건물을 통해 나오게 하던지, 횡단보도가 생겼어야 했겠지만 지하상가로 인해 사실상 진퇴양난.

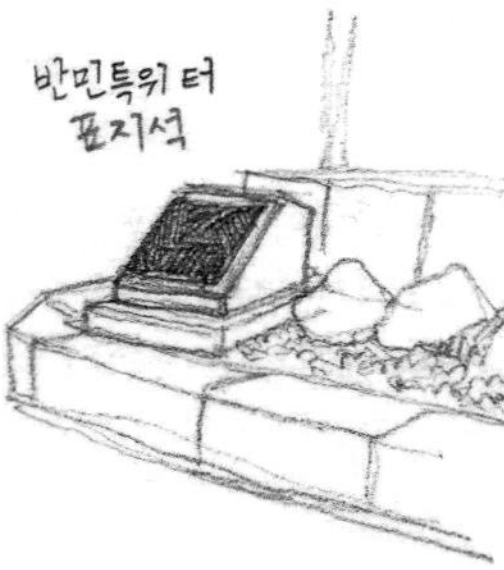


반민특위터

반민족행위특별조사위원회(반민특위)는 해방이 되고 정부가 수립되기 이전 미군정 시기에 친일파 청산을 위해 만들어진 조직이었다. 하지만 이미 미군정은 친일파의 기반 위에서 나라를 정비하고 있었고, 반공체제 구축 때문에라도 친일파 청산을 원하지 않았다. 미국의 노선을 그대로 걷던 이승만 역시 반민특위에 반대하면서 결국 반민특위는 단 한 건의 사형집행도 없이 자연스레 흐지부지 해체되었다. 과거청산 문제에 대해서는 곧잘 프랑스와 비교한다. 독일에 약 5년간 점령당한 이후 해방과 동시에 시행한 과거청산으로 프랑스에서는 1만여 명이 사형되고 10만여 명이 실형을 선고받기에 이르렀다. 이에 비하면 35년간 일본의 통치를 받았던 우리 현실은 어떠한가. 프랑스와 비교 자체가 불가능한 것일까? 그나마 이 표지석은 지금 없어진 상태다.

그들은 전 재산을 쏟아부으며 모든 걸 바쳐 노방(路傍)전도에 힘쓰지만, 정작 자신은 쪽방에서 힘들게 살아가는 경우도 적지 않다. 대부분의 교회도 이런 모습에는 호의적이지 않은데다 후원도 하지 않는다고 한다.

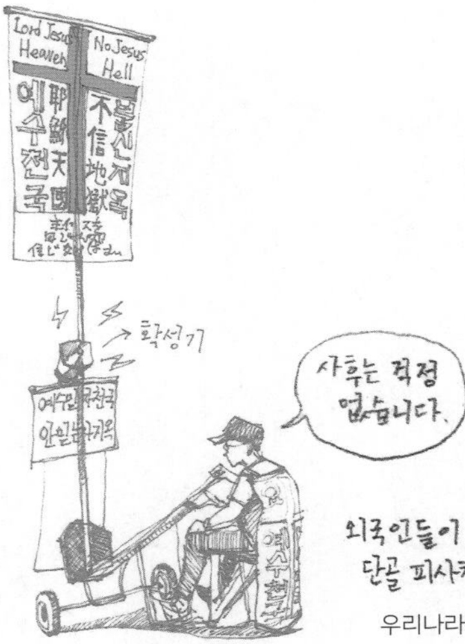


외국인들이 카메라에 담는 단골 피사체 중 하나라고 한다.

우리나라에만 있는 기이한 종교의 단면.

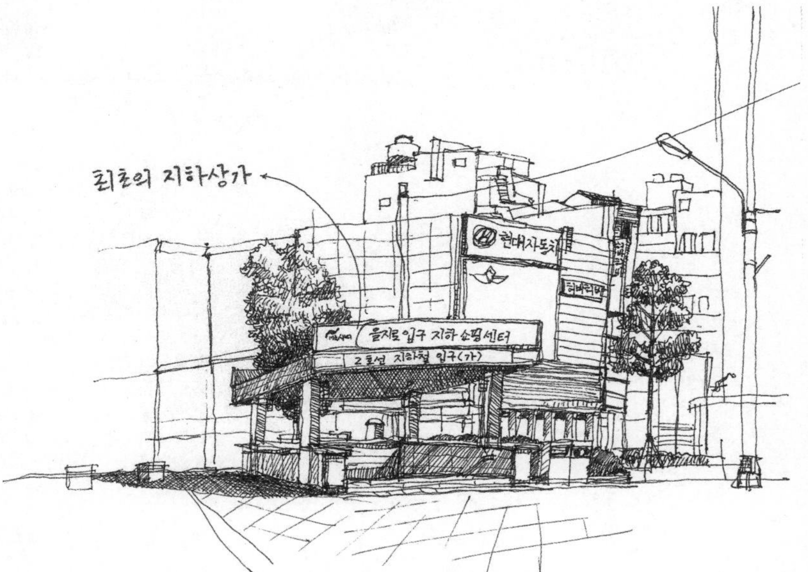


을지로입구역

우리나라 최초의 지하상가는 언제 생겼을까. 그 역사는 1967년 12월, 바로 이곳 을지로 새서울지하상가까지 거슬러올라간다. 한 재일교포가 도쿄와 오사카에 처음으로 생긴 지하상가를 보고 당시 김현옥 서울시장에게 건의해 만들어졌다고 한다.

이 지하보도는 2호선을 따라 시청역에서 동대문운동장을 지나 을지로6가까지 연결되어 있다. 이 지하보도의 시작부터 끝까지 걸어본 사람이 서울에 몇이나 될까. 학창 시절 비 내리던 날, 우산을 쓰기는 귀찮고 마냥 걷고 싶을 때면 이 지하보도를 찾았다. 시청역에서 시작해 그 끝을 알지 못한 채 걷던 이 길이 왜 그렇게도 길어 보였는지. 동쪽으로, 동쪽으로 가다보면 동해까지 뚫려 있는 건 아닐까 싶었다. 훗날 어느 책을 읽다가 이 지하도가 도심부의 교통체증 해소를 위한 보행자 공간의 확보라는 명목으로 만든 대규모 민방위 대피시설이란 사실을 알게 되었다. 공산화 도미노 현상이 있던 1970년대 후반의 당시 아시아 정세는 북한의 남침에 민감했다. 그 결과로 탄생한 이 긴 지하보도는 이제 노숙인들과 파리만 날리는 텅 빈 가게로 가득한, 정말 따분한 길이 되어버렸다.

## 을지로 풍경

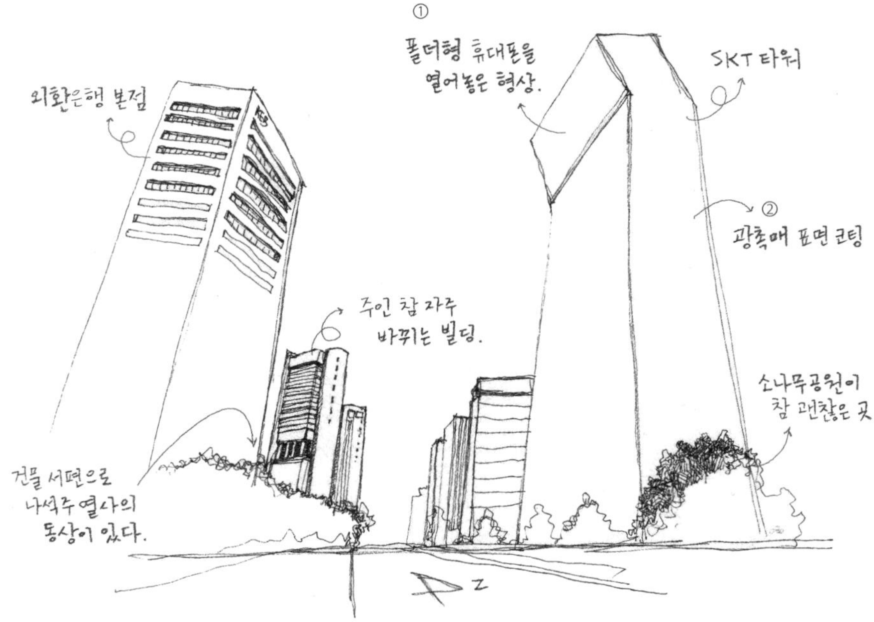


① 33층인 이 건물은 27층 이상의 상층부가 앞으로 꺾여 있다. 세계 최초 굴곡형 커튼월 공법! 건물이 고객을 향해 겸손히 인사하고 있다. SK의 모체인 선경그룹 본사가 이곳에 있었다. 제각기 다른 각도로 붙인 창문 유리체가 무질서 속에 질서를 보여주면서 건물의 모습을 더욱 다양하게 변화시킨다.

② 유리 표면에 광촉매제를 코팅해 오염물질이 스스로 제거될 수 있도록 했다. 이렇게 건물이 자동으로 청소되면 이제 더이상 줄에 매달려 고층건물을 닦는 인부의 모습을 볼 수 없게 되는 건가.

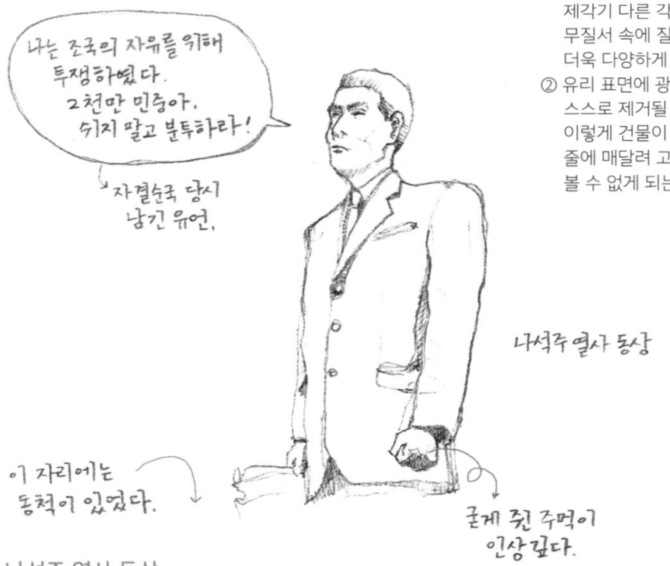


나석주 열사 동상

나석주 열사는 조선식산은행에 폭탄을 투척해 여러 명의 사상자를 내고 동양척식주식회사로 와서 또다시 폭탄을 던지지만 불발된다. 이어 조선철도회사에 가서 일본인을 저격하고 도망가며 총격전을 벌이다가 자결한다.

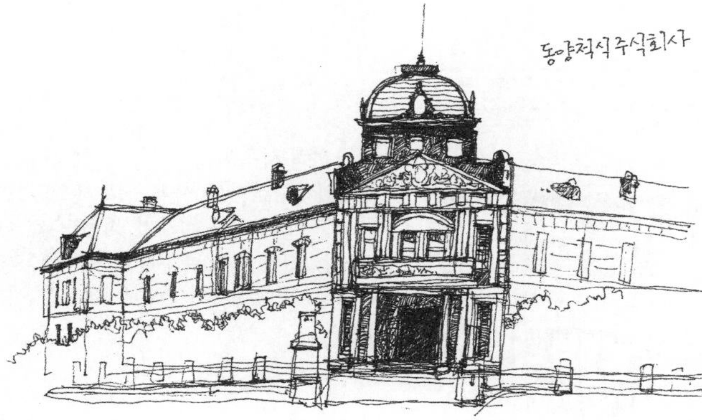


## 동양척식주식회사

지금 외환은행 본점 자리에는 조선시대 궁중음악 관장기구인 장악원이 있었다. 일제강점기에는 경제 분야에서 조선 백성을 가장 괴롭혔다는 동척, 즉 동양척식주식회사가 있었다. 동양척식주식회사는 영국이 인도를 식민 지배하는 데 활용한 동인도회사를 본떠 만든 것으로 경제 독점과 토지 자원 수탈을 위한 기구였다. 동양척식주식회사 건물은 공교롭게도 광복 후에는 내무부로 쓰이다가, 1977년 외환은행이 들어섰다. 수많은 돈이 오간 터라는 사실이 이유였을까. 외환은행은 급성장을 하다가 외국계 자본 론스타에 매각되는 등 수렁 속을 헤맸다.

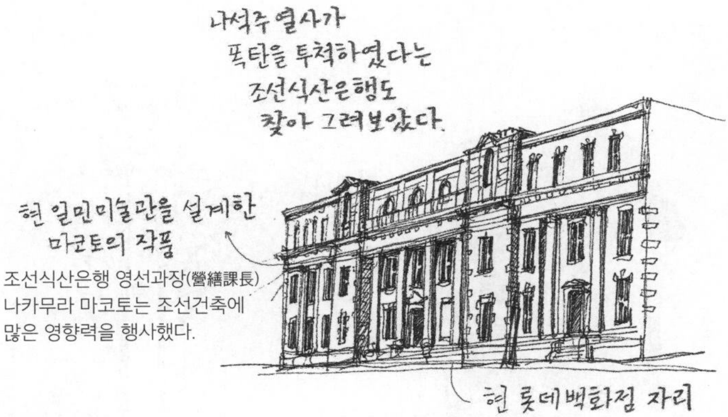


조선식산은행 영선과장(營繕課長) 나카무라 마코토는 조선건축에 많은 영향력을 행사했다.

## 조선식산은행

농촌 및 산업기관을 상대로 경제 침략을 담당하던 일제의 대표적 어용 금융기구였다. 조선총독부 다음으로 경제정책을 주물렀던 은행으로, 일본의 식량 및 원료 공급과 대륙침병을 위한 발판을 마련했다. 1930년대까지는 산미증산계획의 일환으로 농업개발을 지원하다가 중일전쟁 이후 군수업 지원에 주력했다. 광복 후에는 한국산업은행으로 바뀌었고 여의도로 본점을 옮겨 이 자리에는 롯데백화점이 들어서게 된다.

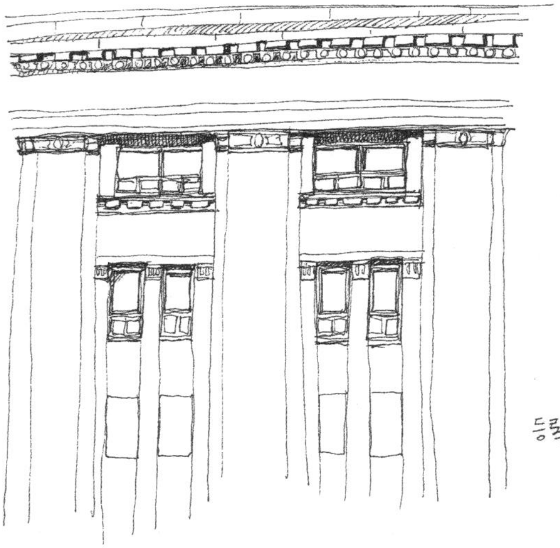

한국전력 사옥

경성전기주식회사 사옥으로 세워졌으며, 우리나라 최초로 내진·내화 설계가 적용된 건물이다. 원래는 5층이었지만 해방 후 두 개 층이 증축되었다. 전국에 있는 한국전력의 건물은 대부분 이와 비슷한 모양이다.

등록문화재 제1호
한국전력 사옥

등록문화재란 문화재 보호법에 따라 지정되는 것이 아니라 소유인이 직접 등록하는 문화재를 말한다. 일단 지정이 되면 지방세 50퍼센트 감면 혜택이 있다고 하는데, 지정문화재에 비해 규제가 약해 외관을 크게 변화시키지 않는 범위 내에서는 내부 개조도 가능하다. 선진국에서는 이런 등록제가 무척 활성화되어 있는데, 전통 양식 건축물을 보존하는 한 방법으로 우리나라에서도 다양하게 활용할 수 있겠다.

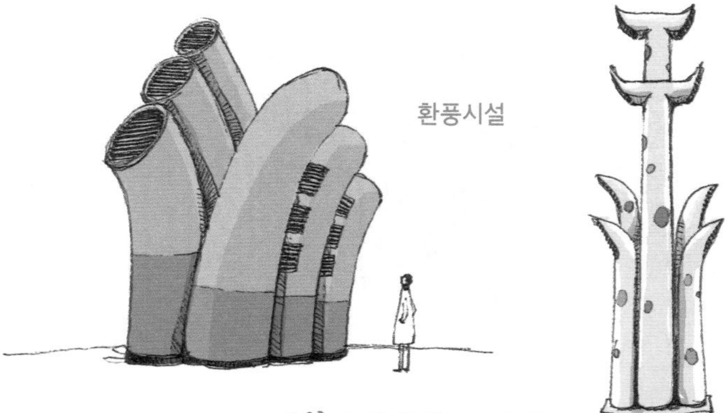

환풍시설

이렇게 꾸민 환풍구에서는
상쾌한 바람이
나올 것만 같다.

조금만 신경을 쓰면 도시의 풍경도
이렇게 달라질 수 있다.

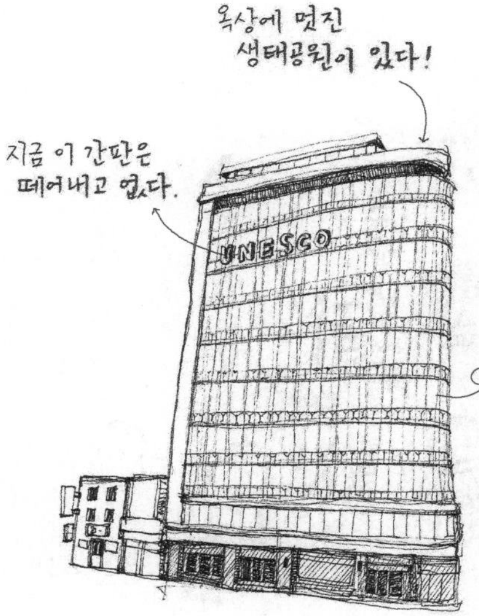


1968년에 만들어진 유네스코 회관 빌딩.
지금은 유리 건물이 흔해 특별해 보이지 않지만,
우리나라에서는 유리를 창문이 아닌 외장재로
사용한 최초의 건물이다.

작은누리 생태공원

'인간과 자연의 조화로운 공존'이라는 유네스코의 의미를 십분 느낄 수 있는 공간. 유네스코 회관 빌딩 옥상에 있다. 작은누리는 소생태계를 의미한다는데, 여느 공원과 달리 습지로 꾸며 도심에서 느낄 수 없는 색다른 기분을 맛보게 한다. 이런 요소가 아니었다면 명동에 유네스코 빌딩이 있다는 것에 관심을 갖고 기억할 사람이 몇이나 될까. 명동에 네온사인 번쩍이는 간판만 있는 것이 아니라는 걸 보여주는 사례.

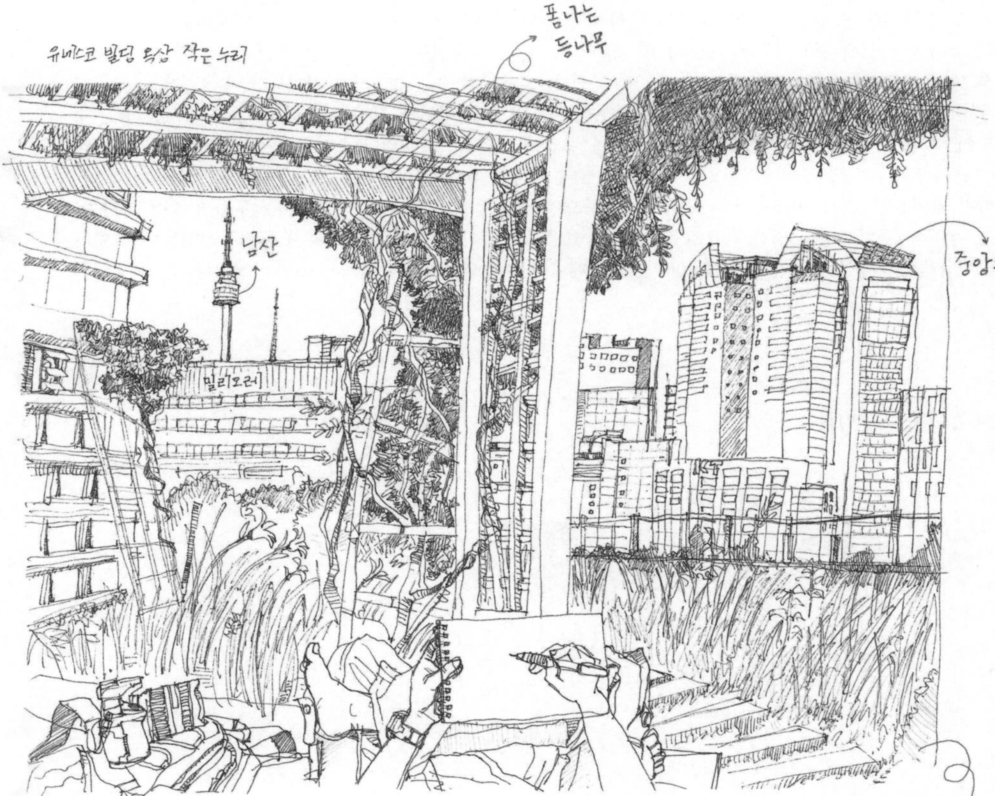

# 명동예술극장

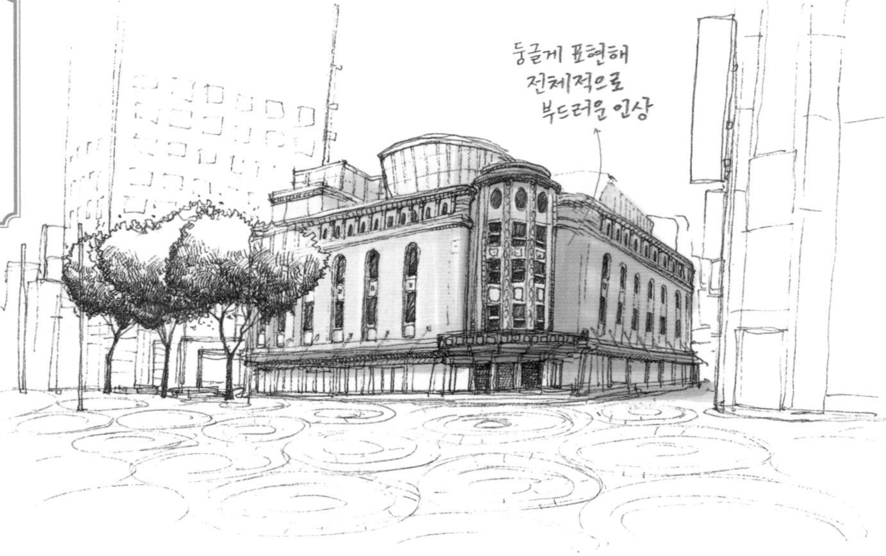


대부분의 사람들은 명동을 거대한 상업지구로만 인식한다. 하지만 한때 명동은 문화와 예술의 중심지였다. 그리고 그 중심에 국립극장이 있었다. 그 나라의 문화와 예술을 알려면 국립극장을 둘러보라는 말이 있다. 이런 국립극장이 위치한 명동은 예술의 한 축이었다. 많은 예술인들이 국립극장의 단원이 되는 것을 꿈꿨고, 그들을 보고파 하는 많은 이들이 이곳에 모였다. 일제강점기인 1936년에 지어진 국립극장은 한국전쟁 때 많이 부서져 전후 다시 보수하긴 했으나 부족한 재정으로 제대로 유지·관리가 되지 못했던 모양이다. 냉난방이 잘 되지 않아 여름에는 더워서, 겨울에는 추워서 문을 닫아야 했다니 이걸 웃어넘겨야 할지. 심지어 1967년 겨울에는 내한공연을 온 영국의 피아니스트가 너무 추워 연주를 못하고 공연중 무대에서 내려가는 일까지 벌어졌다. 결국 1973년 극장 크기 문제 등으로 장충동에 새로운 국립극장을 번듯하게 지어 이사 가면서, 명동의 국립극장은 역사 속으로 잊혀갔다. 그렇게 또하나의 문화재가 사라지는구나 싶었는데 다행히 문화체육관광부에서 이곳을 인수해 2009년 리노베이션을 마쳐 명동예술극장으로 재탄생했다.

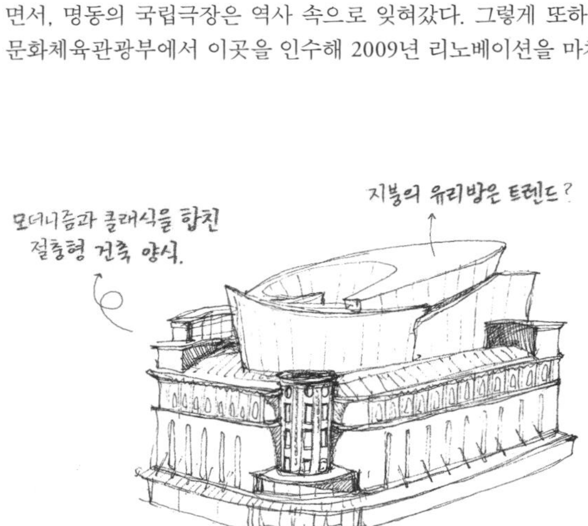


'유행'은 촌스럽고, '트렌드'는 그럴싸한 걸까? 옛 건물에 붙인 현대식 건축 양식을 보면 마치 기생식물 동충하초 같다!

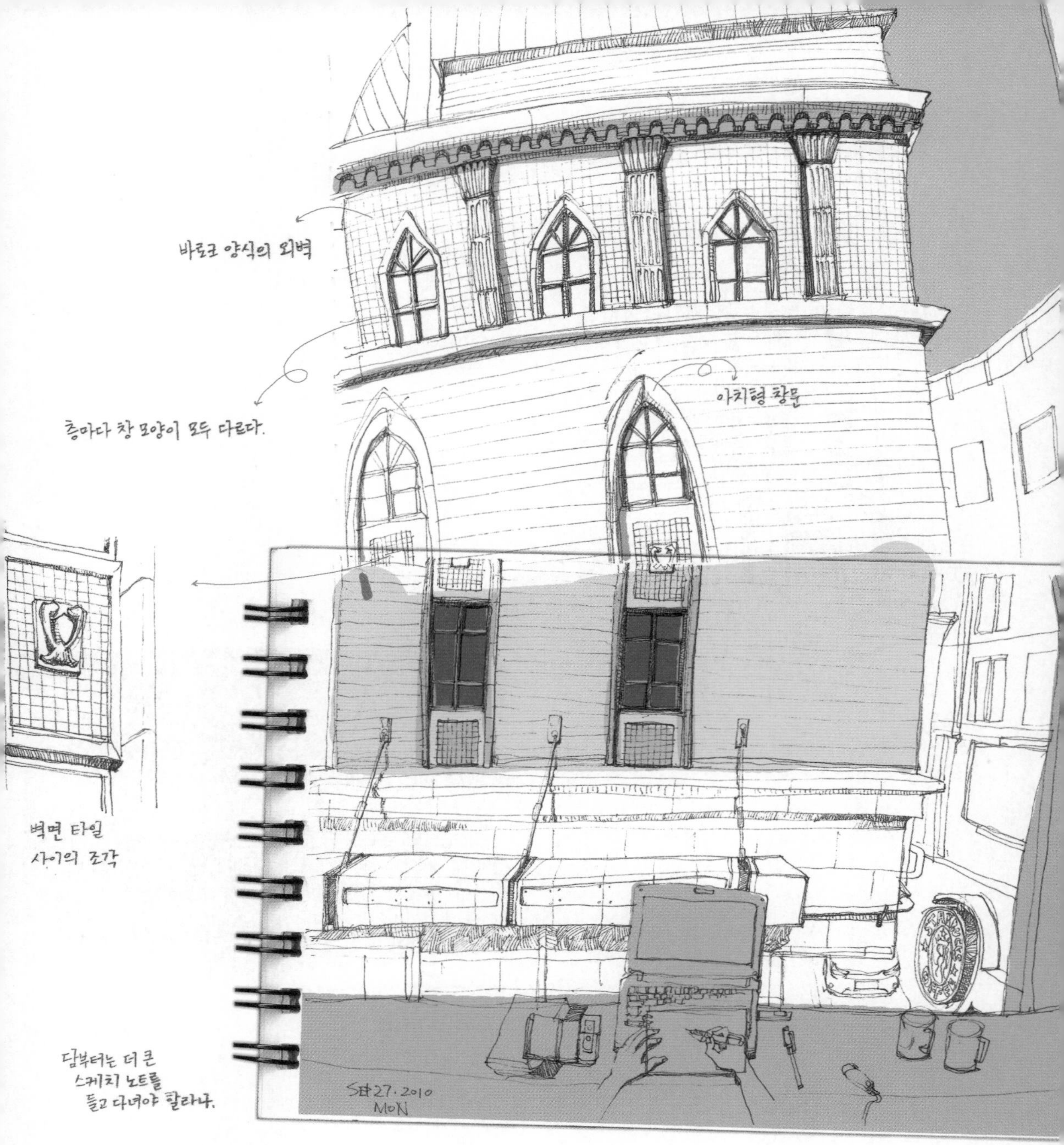


### 명동예술극장 창가

명동예술극장은 1956년, 이곳에서 열린 전당대회에서 당시 야당 대표 장면 부통령이 저격당한 사건으로도 역사의 한 장을 차지한다. 4·19혁명 이후에야 사건의 배후가 밝혀졌는데, 이승만 대통령 시절 자유당의 2인자 이기붕이었다.

이 건물은 일본 도쿄의 유명한 건물 다이쇼칸의 복제로 밝혀졌다. 다이쇼칸은 현재 없어져 사진으로만 확인해봤는데 정말 똑같았다. 다만 벽면에 붙은 타일 조각의 디테일은 일본의 것이 더 훌륭한 듯했다.

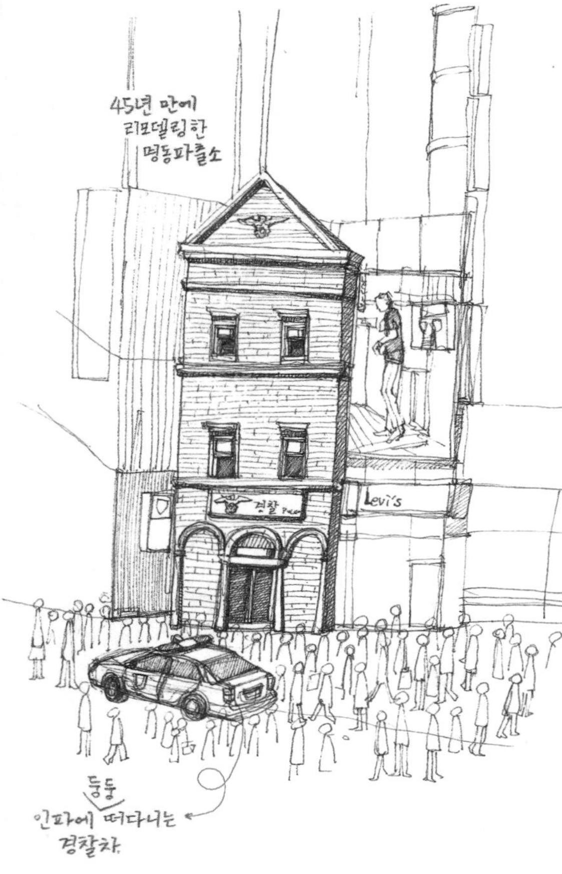


명동파출소
근처 명동성당을 고려한
붉은 벽돌과 삼각형 지붕 디자인.
우리나라에서 외국인이
가장 많이 찾는 파출소라고 한다!

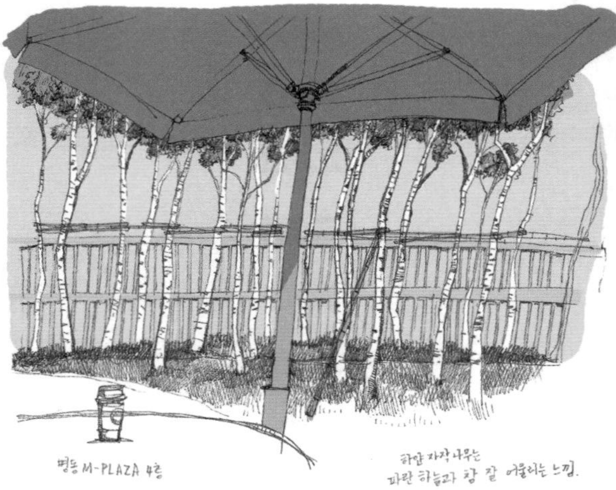


명동 플라자 실내

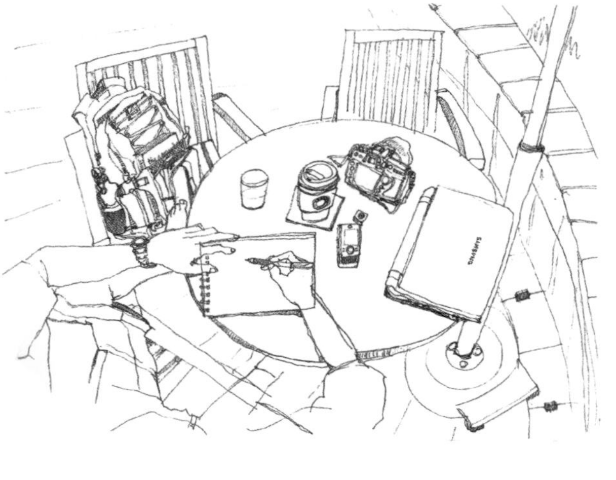

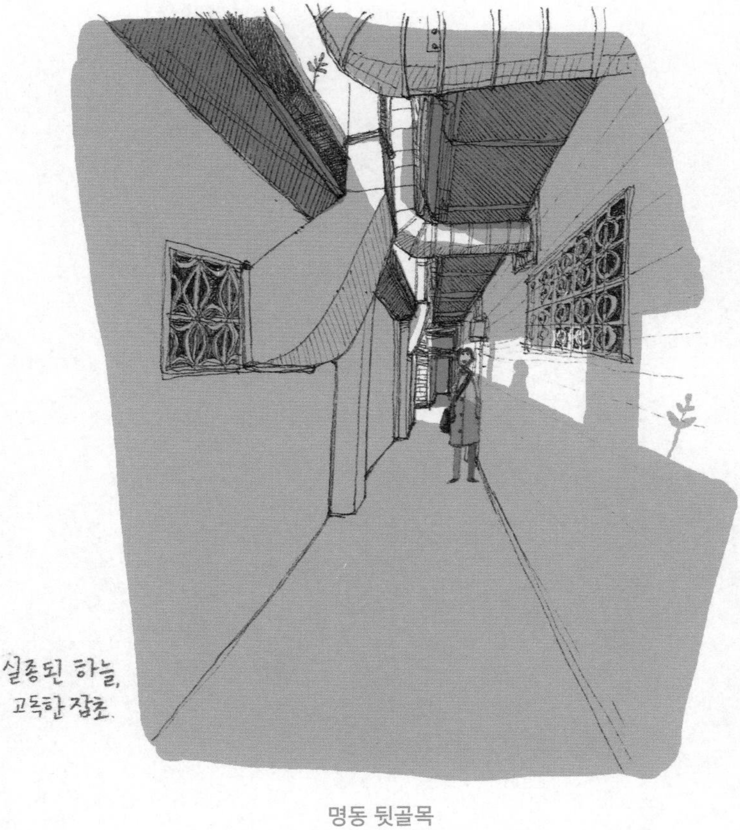


명동 뒷골목

소란스러운 명동의 길을 잠깐 벗어나 뒷골목에 서면
새로운 적막이 있다.
명동의 조각난 빛이 한없이 낯설어 보였다.

3장

# 수진궁

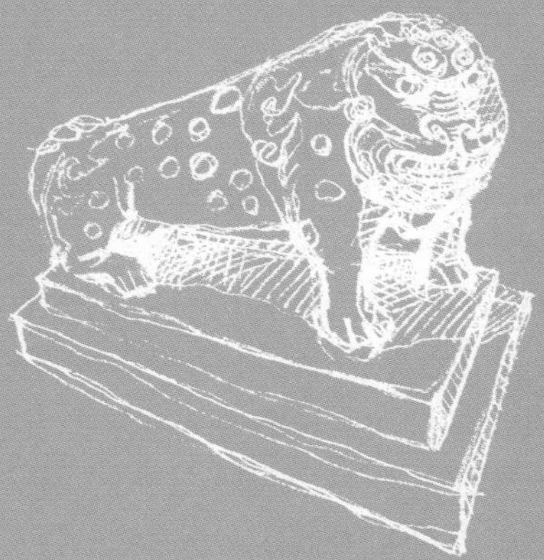

서울의 풍경을 담으러 돌아다니면서 내가 머문 장소에 역사를 살포시 포개놓으니, 많은 의미가 새롭게 생겨났다. 이 땅에 사람이 살기 시작한 이래 태어나고 죽기를 반복하면서 어딘들 사연이 없겠냐마는 여러 전쟁과 정변, 혁명이 끊임없이 일어난 수도 서울에는 기구하고 억울한 사연이 참 많았다. 번잡한 광화문광장을 등지면 미국 대사관 뒤편, 수송동 길가에 종로구청이 있다. 그곳에서 '수진방' 이야기를 접하며 나는 다시 여러 한(恨)과 마주했다.

서울에는 왕족이 살았던 여러 궁집이 있었는데, 지금까지 남아 있는 곳은 거의 없고 대부분 그저 이름만 전한다. 그중 지금의 종로구청 부근인 수송동에는 수진궁이라 하여 예종의 둘째 아들 제안대군이 살았던 궁집이 있었는데, 그 규모가 거대했다고 한다. 그러나 수진궁의 규모보다 더 유명한 게 있었는데, 바로 수진궁 귀신이다.

어릴 적 비디오를 보려고 비디오테이프를 비디오덱에 넣으면 영화에 앞서 늘 경고 영상이 하나 나왔다. "옛날 어린이들은 호환, 마마, 전쟁 등이 가장 무서운 재앙이었으나 현대의 어린이들은 무분별한 불량, 불법 비디오 때문에……"라는 공익성 계몽 영상이 그것이다. 이제 비디오라는 미디어마저 도태되어 사라졌다니 새삼 격세지감을 느낀다. 지금은, 그 옛날 어린이들이 무서워했다던 전쟁을 실감하는 이는 거의 없을 테고, 마마 즉 천연두는 치료약이 생겨 오래전 자취를 감췄으니, 남은 하나가 호환이다. 호환이란 무엇일까? 주위에 물어보니, 컴퓨터에 익숙한 세대라 그런지 서로 잘 들어맞는다는 의미의 호환(互換)은 알아도 호환(虎患)은 생소해했다. 그도 그럴 것이, 지금은 호랑이를 동물원에 가야 겨우 볼 수 있는데, 그 '호랑이에게 피해를 입는 것'을 재앙으로 여긴다는 말이 쉬이 와닿을 리가 있겠는가. 하지만 일제강점기까지만 해도 인왕산에서 호랑이가 목격되었다 하니, 우리 앞세대에게 호환은 결코 웃어넘길 일만은 아니었다. 만일 산속에서 멧돼지를 만나도 등줄기가 오싹할 텐데, 그 상대가 말 그대로 백수의 제왕인 호랑이라면 어떨까!

그런데 조선시대 서울에는 이런 호랑이보다 더 무서운 존재가 있었다고 한다. 바로 수진궁 귀신! '한양 호랑이는 수진궁 귀신이라야 쫓을 수 있다'는 말까지 나올 정도였다고 한다. 그 전말은 다음과 같다.

어느 날 한양 호랑이 한 마리가 북악줄기를 타고 먹이를 찾아 한양까지 내려와 마침 아기가 울던 어느 집 앞에 멈춰 주위를 엿보고 있었다. 우리나라 아기 울음소리는 크기로 유명하여 그 울음소리가 중국까지 소문날 정도였는데, 특히 한양 아기의 울음소리가 컸다고 한다. 엄마가 아기를 이리저리 달래도 딱히 먹혀들지 않았다. 호랑이가 문밖에 왔다 해도 멈추지 않았고, 곶감을 준다 해도 그칠 기미가 보이지 않았다. 그런데 엄마가 "수진궁 귀신 왔다!"는 말을 꺼내기가 무섭게 아이가 울음을 멈춰, 그 자리에 있던 호랑이도 겁먹고 줄행랑 쳤다는 것.

그렇다면 아기가 호랑이보다도 더 무서워한 수진궁 귀신의 정체는 과연 무엇이었을까? 수진궁에 살았던 제안대군은 극심한 여성기피증 환자였다. 혈통을 이어야 할 왕실에서는 그를 장가보내지 못해 안달내지 않을 수 없었다. 궁녀 중 누구라도 제안대군의 여성기피증을 낫게 하면 대군의 첩으로 삼아 후한 상을 내린다고 현상문을 내걸었지만, 누구 하나 성공하지 못했다. 궁녀들이 갖은 술수로 접근해 성공하는 듯했으나, 서로 피부가 닿는 순간 대문 밖까지 도망치다 못해 한 달 남짓이나 목욕을 할 정도로 대단한 결벽증이 있었던 제안대군. 결국 그는 장가를 못 가고 수진궁에서 죽어 몽달귀신이 되었다. 그후 수진궁에는 사람이 살지 않고 그의 신주를 모시는 사당을 만들어 혼령을 모셨다. 더불어 왕손으로 장가, 시집 못 가고 죽은 이들을 수진궁에 합사했다 하니 몽달귀신, 처녀귀신의 집합소가 된 셈.

귀신 가운데서도 시집 장가 못 간 귀신이 가장 무섭다고 하지 않던가! 그래서일까? 한양 호랑이가 인왕산은 물론이고 우리나라에서 아예 자취 없이 사라졌으니 말이다. 별 싱거운 생각까지 다 한다.

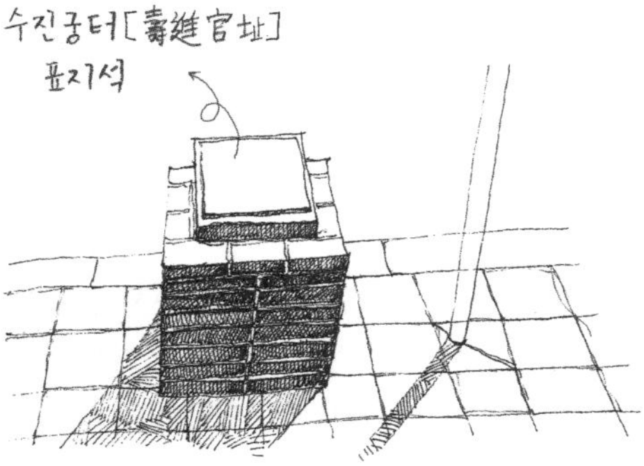


## 수진궁터 표지석

종로구청 일대인 수송동은 근처에 미국 대사관이 있어서인지 거리를 지나는 사람만큼이나 경찰이 많이 보인다.

재개발과 재건축이 합쳐져 만들어진 그럴싸한 이름 '도시환경정비사업'. '피맛길' 같은 낡은 풍경을 밀어내고 생기는 초고층 빌딩이 과연 경복궁을 아우르는 서울 도심과 어울릴까?

## 버거킹 앞 삼거리

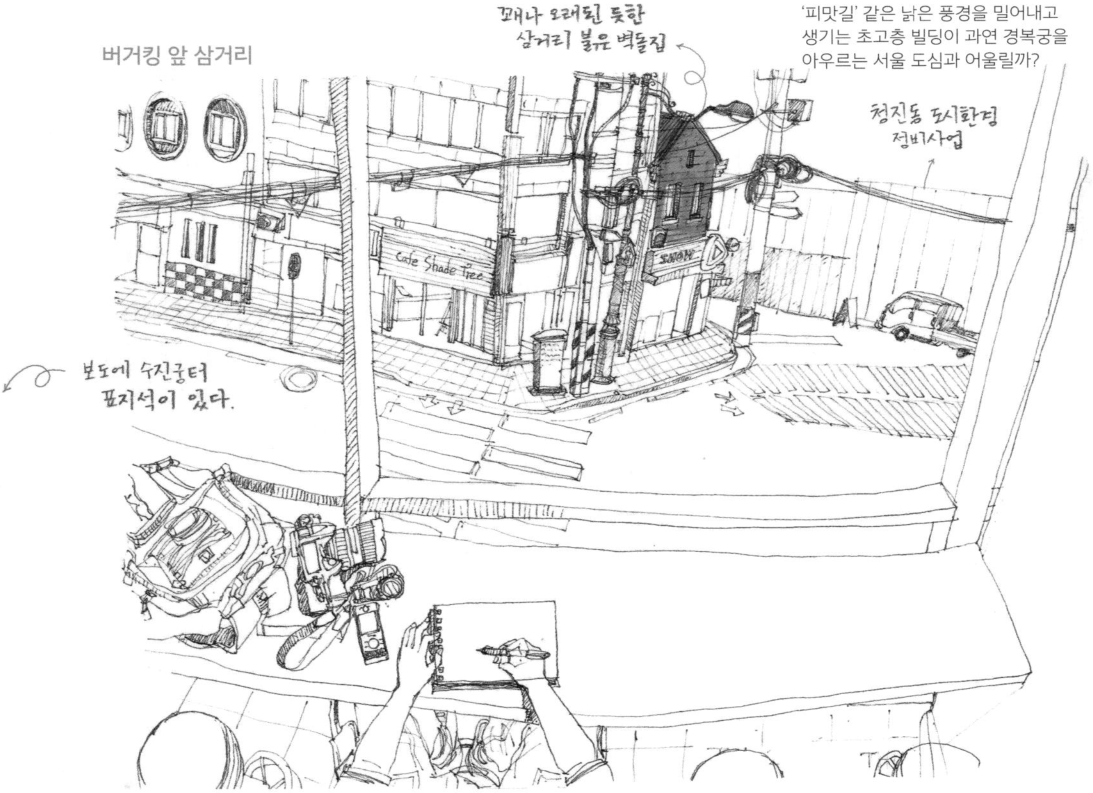

# 정도전 집터

수진궁 자리는 원래 조선 초에는 정도전의 집터였다.
태조 이성계는 일찍이 정씨 성의 두 사람, 즉 양정(兩鄭)의 중요함을 논하곤 했는데, 그 둘이 바로 고려 말 정몽주와 조선 초 정도전이다. 정몽주는 절개를 강조하며 새로운 왕조에 협력하지 않아 이방원(태종)에게 죽임을 당하였고, 정도전은 태조의 엄청난 신임을 받으며 개국공신으로 권세를 누렸지만 이방원과 뜻이 달라 죽임을 당했다. 태조는 양정이 모두 아들 이방원에게 제거되는 역사의 형국을 과연 어떻게 받아들였을까.
조선의 제도, 규모, 시설이 모두 정도전의 머리와 손에서 나왔다 해도 과언이 아닐 정도로 조선 초 정도전의 공헌은 지대했다. 궁궐과 거리 이름도 대부분 그가 지었다. 정도전은 실질적으로 조선을 만들고, 서울을 만든 사람이다. 하지만 서울을 거론할 때 그의 존재는 거의 드러나지 않는다. 혹자는 광화문광장에 동상이라도 세워야 할 정도로 중요한 인물이라 피력하지만, 서울을 담으며 찾은 그의 자취는 종로구청 주변에 있는 정도전 집터 표지석 외에는 없었다. 아마도 이방원이 정도전을 제거하면서 그의 흔적을 없앤 것도 한몫했으리라. 오죽했으면 이방원이 정도전을 죽인 후 그의 집을 마구간으로 만들 생각까지 했을까.
한 가지 흥미로운 사실은 정도전의 집은 풍수설에서 말하는 명당으로 서당, 마구간, 안채 등을 지을 정도로 터가 무척 넓었다고 한다. 그런데 훗날 서당 자리에는 수송초등학교가 생겼고, 마구간 자리에는 궁중 마구간인 사복시가 들어섰다가 훗날 경찰 기마대로 바뀐 걸 보면 풍수의 위력은 결코 무시하지 못할 것이라 하지 않을 수 없겠다!

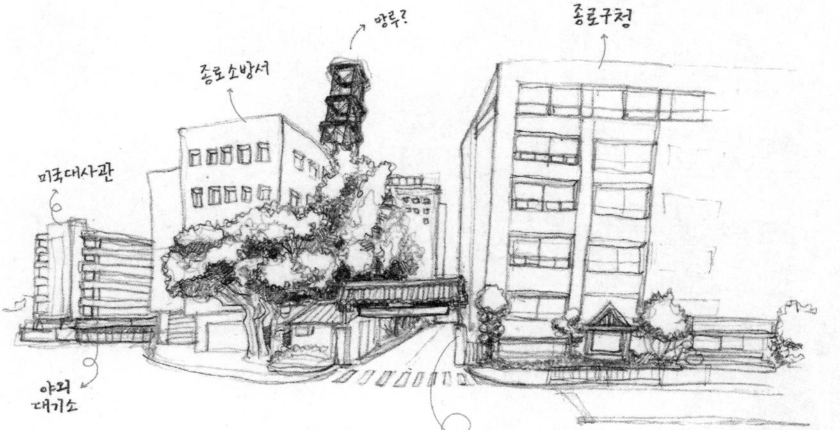


이곳에 있던 초등학교는 폐교된 후 종로구청이 되었고,
기마대 자리는 소방서가 되었다.

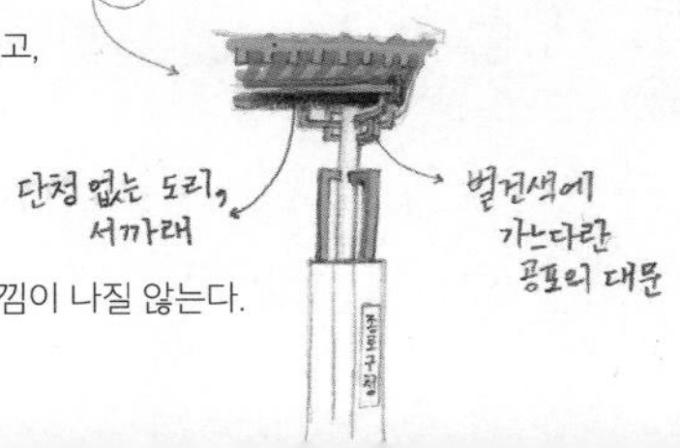


우리 건축의 느낌이 나질 않는다.

정도전은 성품도 꽤 소탈했던 것 같다. 언젠가 그가 말을 타고 관청으로 들어오는데 한쪽은 검은 신을, 다른 쪽은 하얀 신을 신었다고 한다. 한 아전이 정도전에게 짝신을 신고 나오셨다고 조심스레 아뢰자, 정도전은 머쓱하게 발치를 살피고는 빙긋 웃으며 이렇게 말했다고 한다.
"말의 왼편에서 보는 사람은 흰 것만 볼 것이고, 오른편에서 보는 사람은 검은 것만 볼 것이니 걱정할 것이 없다."
그는 자신이 사는 곳의 지명도 장수를 비는 뜻에서 수진(壽進)이라 지었다고 하는데, 그렇게 되지 못했을 뿐 아니라, 가족까지 모두 죽임을 당하니 하루아침에 뒤바뀌는 많은 인생 중에서도 정도전처럼 허무한 삶이 또 있을까 싶다. 그 한은 수진궁이란 이름으로라도 남아 이어지는가 싶더니 몽달귀신, 처녀귀신의 사당으로 변했다가 그마저도 몽땅 사라져 현대에 와서는 그저 값나가는 노른자위 땅이 되어 앞다투어 높은 건물 올리기에 바쁜 곳이 되어버렸다.
진정 돈이란 곶감이나, 호환, 그리고 수진궁 귀신보다도 위에 있는 가장 무서운 존재임이 분명해 보인다.

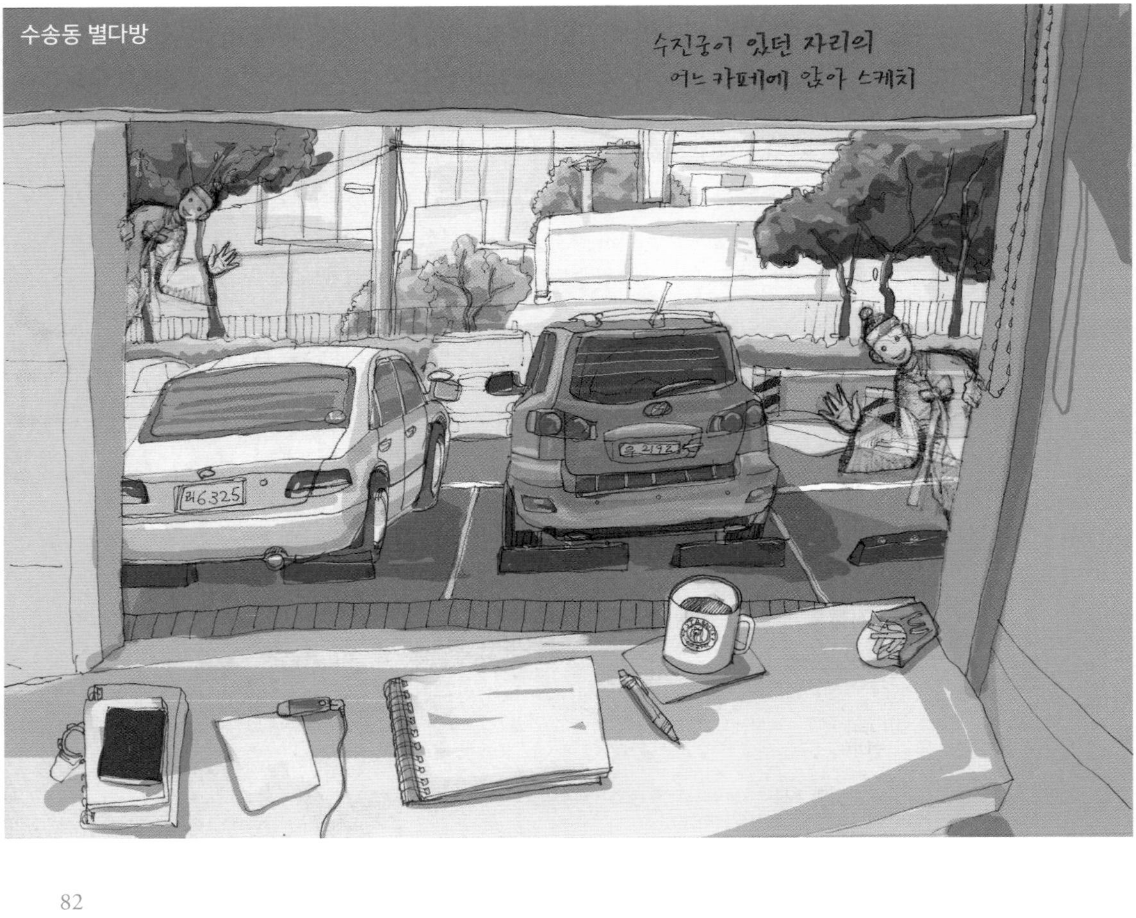

수진궁 주변 스케치

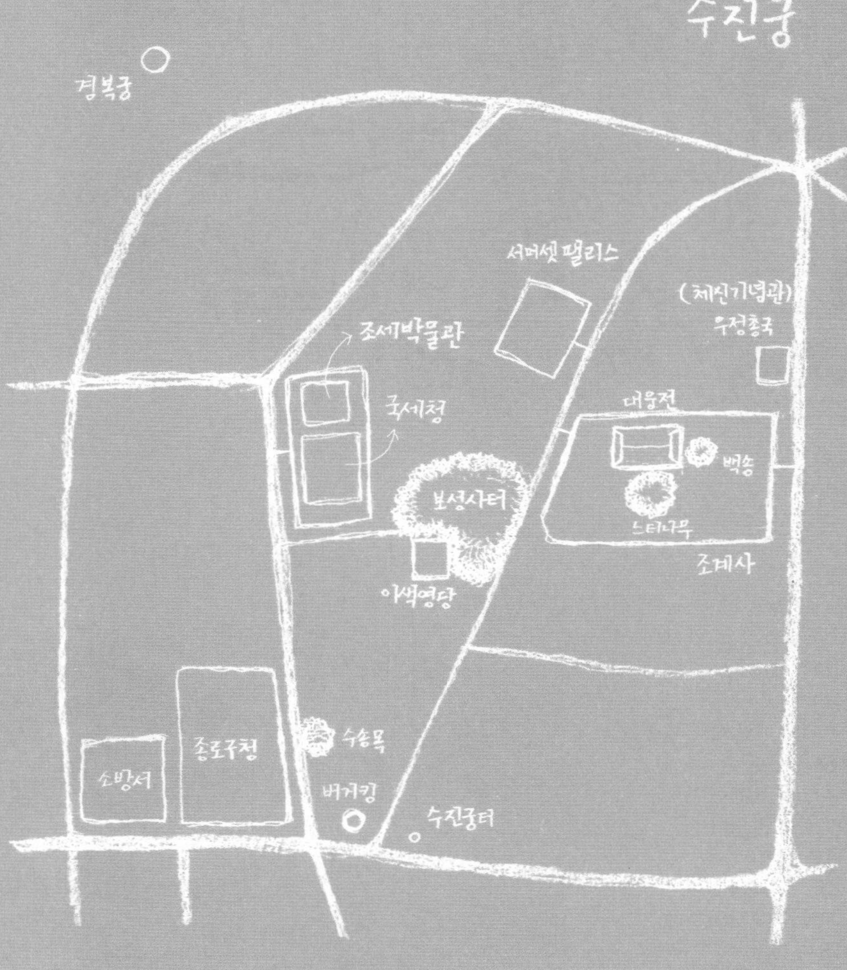
수진궁
경복궁
서머셋팰리스
(체신기념관)
우정총국
조세박물관
국세청
대웅전
백송
보성사터
느티나무
조계사
이색영당
수송목
종로구청
소방서
버거킹
수진궁터

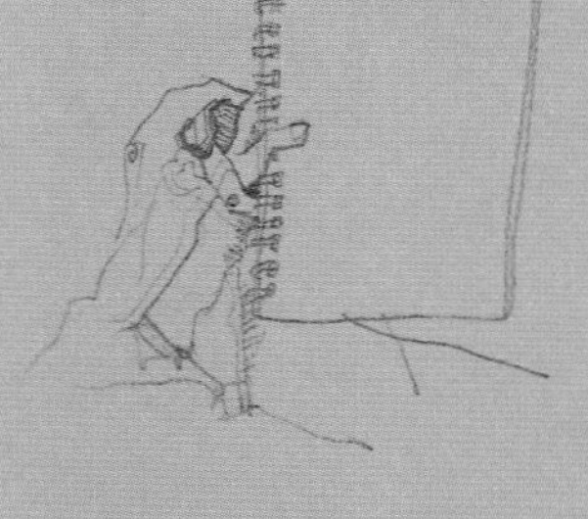

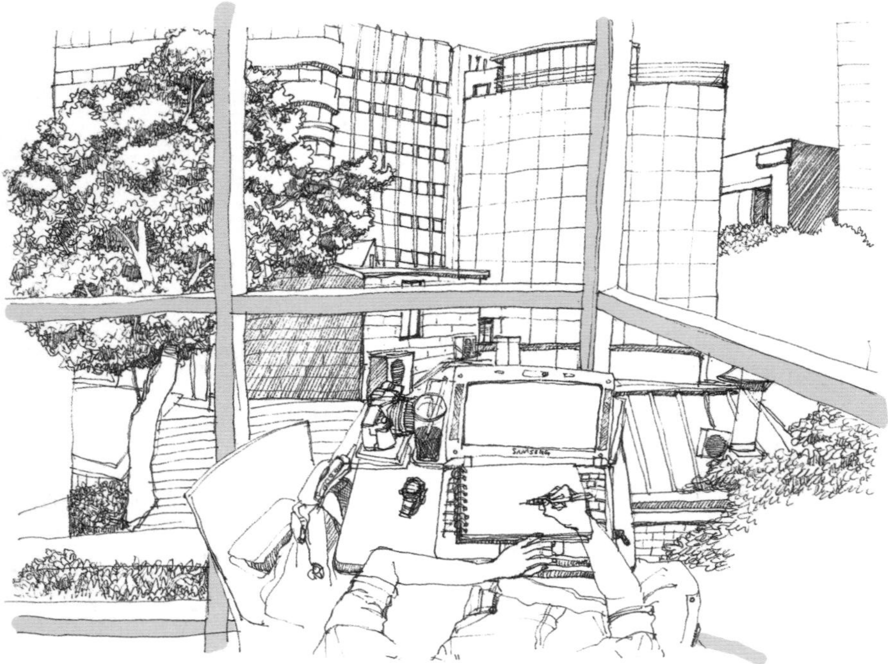

수송동 버거킹 2층
구석 창가 자리

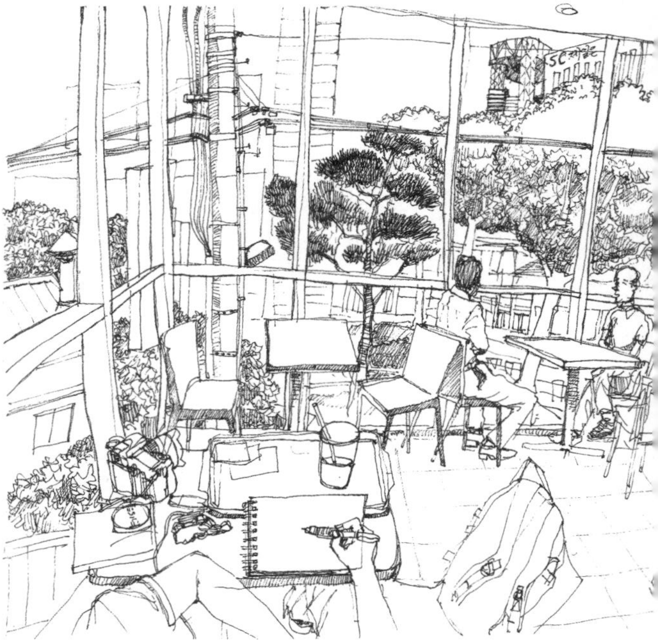

햄버거 하나 거하게 먹고
콜라를 리필한 후
남은 감자튀김 벗삼아
음악을 듣다가
클라이언트에게 메일 하나 발송.
다시 음악을 들으며
식은 감자튀김을 위장에
우겨넣으며 바라본 창밖.
문득 그 넓은 창에 비친
풍경이 하도 그럴싸해 보여
스케치노트를 꺼내 담아본다.
이러고 있으니 마치
개인 사무실 같네그려.

언젠가 다시 방문
하지만 그 자리는
타인에게 선점된 이후!

이제 비었지만
옮기기도 귀찮다~

<아름다운 비상飛上>
정국택 작가의 작품에 곧잘 등장하는 단순화된 인물 하나. 매끈한 은색 스테인리스 스틸로 와이셔츠에 넥타이를 맨 서류가방을 든 샐러리맨의 모습은 전형적인 현대인의 단면을 보여준다. 서울시립미술관 남서울분관에도 똑같은 것이 있는데 조형물이기에 회화와 달리 같은 작품이 여럿 존재할 수 있다. 이 조형물은 역동적인 모습으로 도시 풍경과 겹쳐지는데 광화문 근처의 커다란 현대식 레지던스 호텔 앞에서도 훨훨 날 듯한 기세로 서 있다.

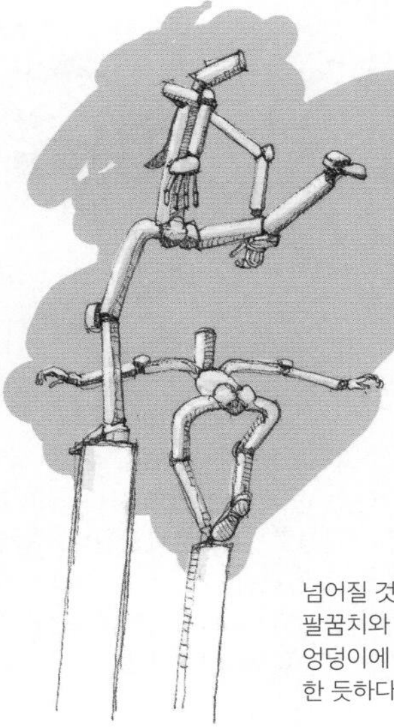

넘어질 것 같아서일까?
팔꿈치와 무릎,
엉덩이에 보호대를
한 듯하다.

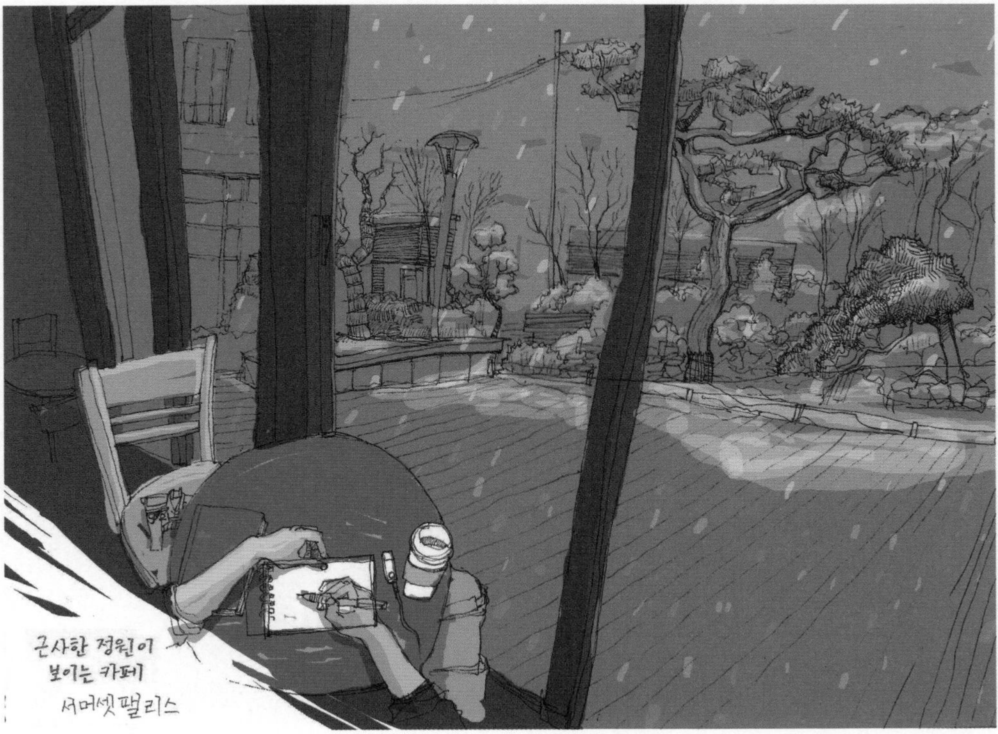

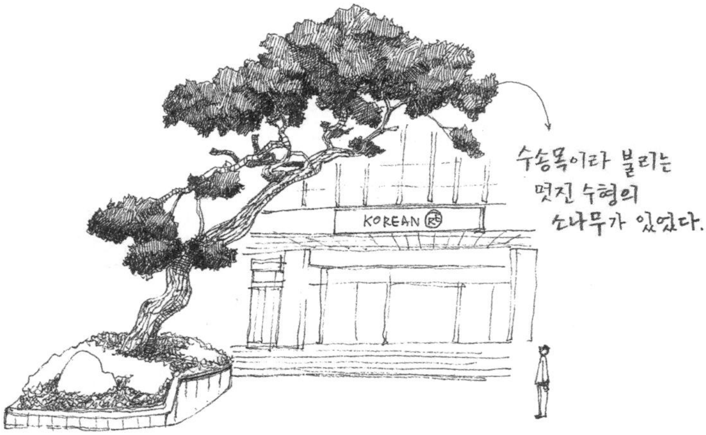


우리나라 최초로 공식적인 벼슬을 한 서양인은 '목참판' 즉 독일인 묄렌도르프다. 묄렌도르프는 목린덕(穆麟德)이라는 한국식 이름으로 바꾸고 고종 밑에서 총세무사로 일했는데, 임오군란으로 살해되어 주인이 없던 박동의 민겸호 집을 하사받는다. 현재 그 집터에는 코리안리 빌딩이 들어서 있다. 당시 그는 독일에 있는 아내에게 보낸 편지에서, 집은 더없이 크고 좋지만 천장이 너무 낮고 문지방이 너무 높아 뛰어넘어야 할 판이라고 적고 있다. 호텔이 없어 조선을 여행하는 서양 사람들은 예외 없이 그의 집에서 묵어갔기에 서양 문명의 문호 구실을 하기도 했다.


맨해튼에 있는 WFC 3(World Financial Center 3)와
비슷한 느낌. 마치 축소판 같다.

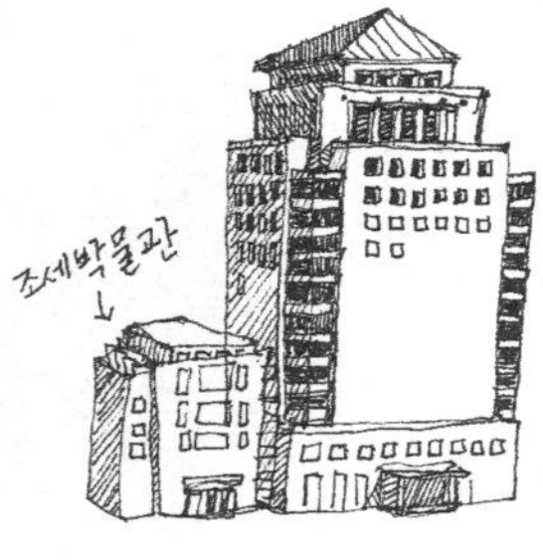


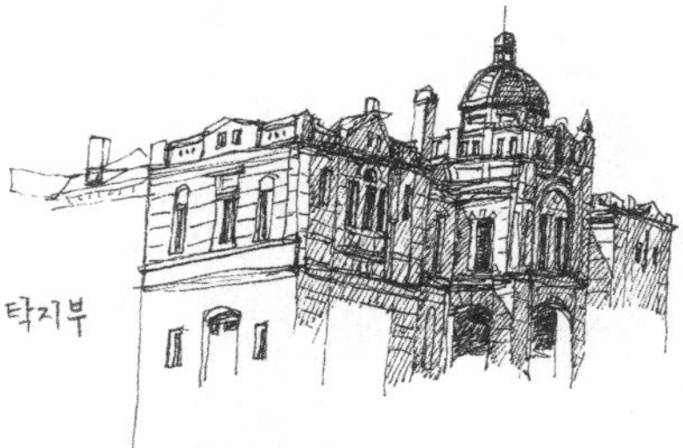


국세청의 맥을 이어온 건물이기 때문인지
조세박물관 안에는 탁지부의 건물 사진이 보였다.

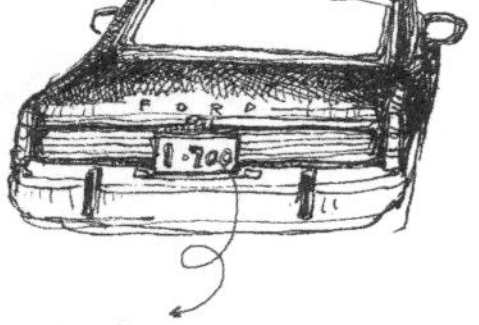


국가의 한 해 세금 수입이 700억 원이라는 것에
격세지감이 느껴졌다. 그런데 그 피 같은 세금으로
외제차 뽑아 세수 달성을 기념하는 이유는 대체 뭘까?

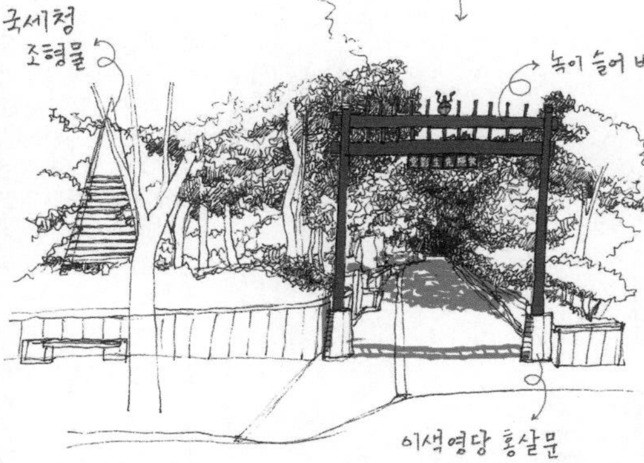


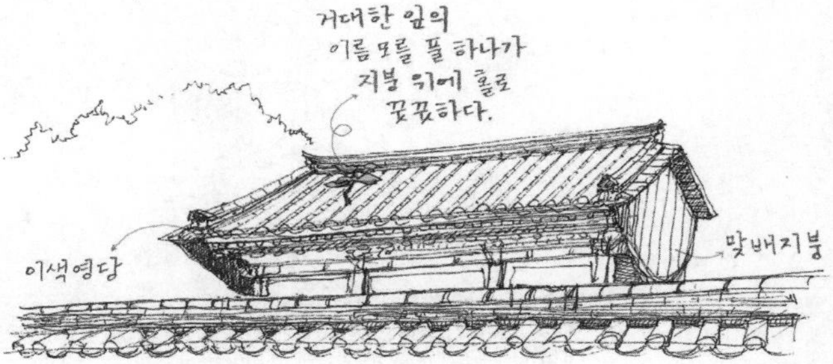


### 이색영당

수송동 건물 사이에는 작은 쌈지 공원이 하나 있다.

고려 말의 대성리학자 목은 이색 선생 영정이 모셔진 이색영당이 있는 곳이다. 고려 3대 문장가로 '삼은(三隱)'을 꼽는데, 포은(圃隱) 정몽주, 야은(冶隱) 길재, 목은(牧隱) 이색이 그들이다. 이들은 모두 조선이라는 새 나라의 정치에 출사할 것을 종용받았으나 끝까지 지조를 지켰다. 무엇보다 서울에서는 보기 드물게 고려시대의 흔적을 찾을 수 있는 곳이다. 목은의 지조가 서린 장소라 해도 좋겠다. 하지만 영당의 출입은 극히 제한돼 있어 그 주변 숲을 거닐어보는 것으로 만족해야 했다. 하지만 이 작은 공원도 3·1운동 당시 독립선언서를 인쇄한 보성사가 있던 곳이기에 의미는 남다르다.

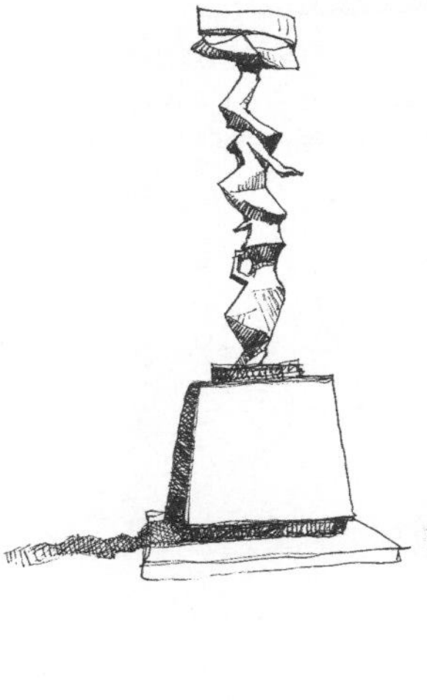

3.1운동 기념물 보성사의 흔적을 기념하며 세웠다.

## 조계사

돌기둥을 초석 위에 올려
평주(외곽 기둥)가 전체적으로 높아져
더욱 웅장해 보인다.
이는 전라도 정읍에 있는 일제강점기 때
교세를 떨친 보천교의 전실을 헐어다
지은 것으로 원래 기둥이 짧아 마련한
대책이라고 한다.

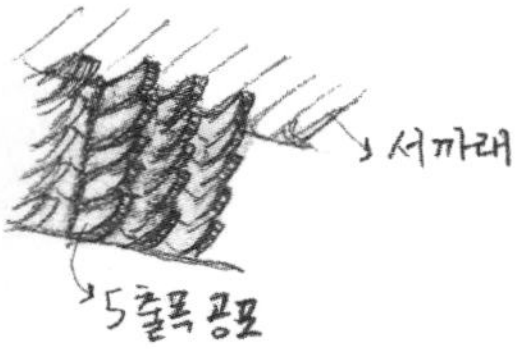


우리나라 전통건축 가운데
가장 출목수가 많다.

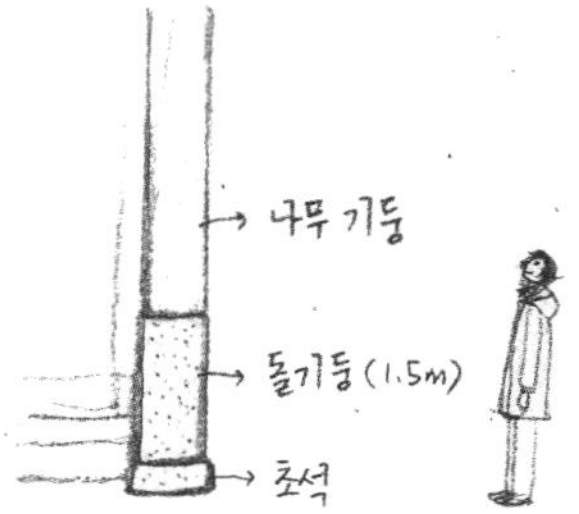


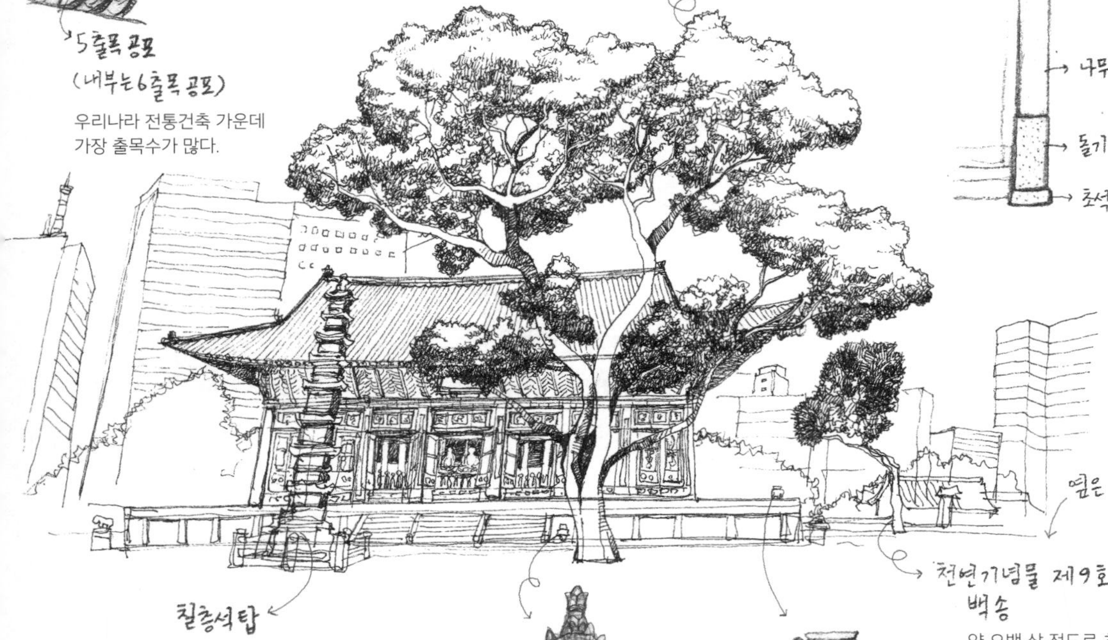


아무 보호 난간도
없이 천연기념물
바로 옆이
주차장이라니.

약 오백 살 정도로 추정.
조선시대에 중국을 다녀온
사신이 가져와 심었다고 한다.

왜색이 짙다 혹은 너무 작고 솜씨가
조잡하다 등의 혹평을 받던 석탑.
결국 2009년 새로운 석탑으로 교체되었다.

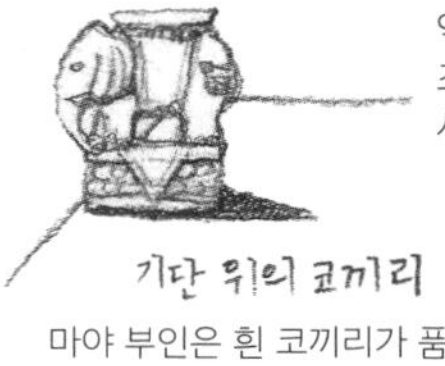


마야 부인은 흰 코끼리가 품 안으로
들어오는 태몽을 꾸었다고 한다.
그리고 낳은 아들이 석가모니 부처님.

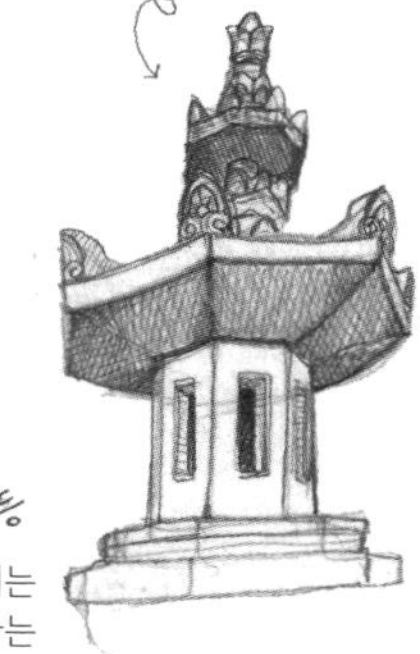


불교에서 석등은 불을 밝히는
기능보다는 부처에게 불을 공양한다는
상징적 의미가 강하다.

우리나라 불교는 기독교와 마찬가지로 꽤나 많은 종단으로 갈라져 나왔는데,
그중 한국 최대 불교 종단인 조계종의 총본사찰이 조계사다.
이 조계사의 대웅전은 궁궐에 버금가는 장대한 규모다.
도심 한복판에 위치한지라 잘 갖춘 가람 배치까지 기대할 수는 없겠지만,
일주문부터 떡하니 건물에 반쯤 가려진 모습이 아쉬운 것은 사실이다.

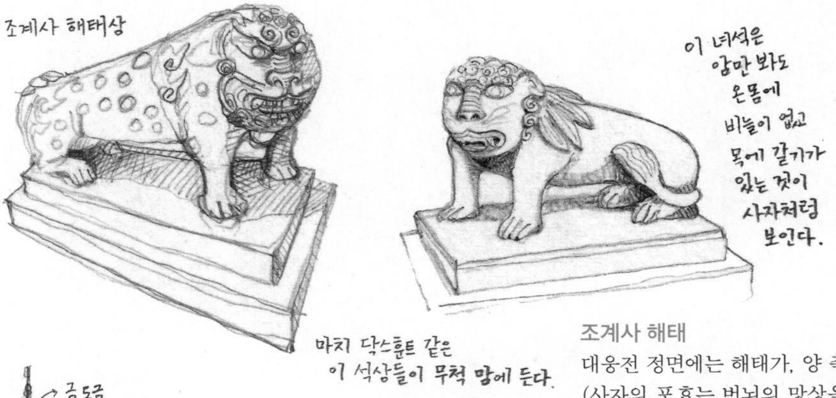


## 조계사 해태

대웅전 정면에는 해태가, 양 측면에는 사자(사자의 포효는 번뇌의 망상을 깨치는 힘이 있다고 한다)가 으르렁대고 있다.
우리나라 석상의 해학적인 모습은 보는 이에게 더욱 친밀감을 심어주는 듯.

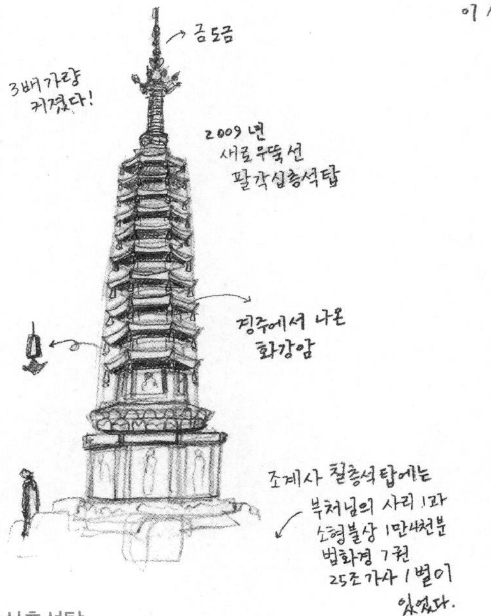


## 팔각십층석탑

조계사 창건 100주년을 기념하여 기존의 칠층석탑을 대신해 세웠다. 불교에서 팔각은 완전한 경지인 원을 향해 나아가는 과정으로, 완성의 단계를 뜻한다. 즉 사람의 생각을 사각형으로 여겨 꾸준히 수행하면 팔각을 거쳐 원이 된다고 보는데, 이렇게 깨달음을 얻은 자의 머리 뒤에는 원이 생긴다는 것.

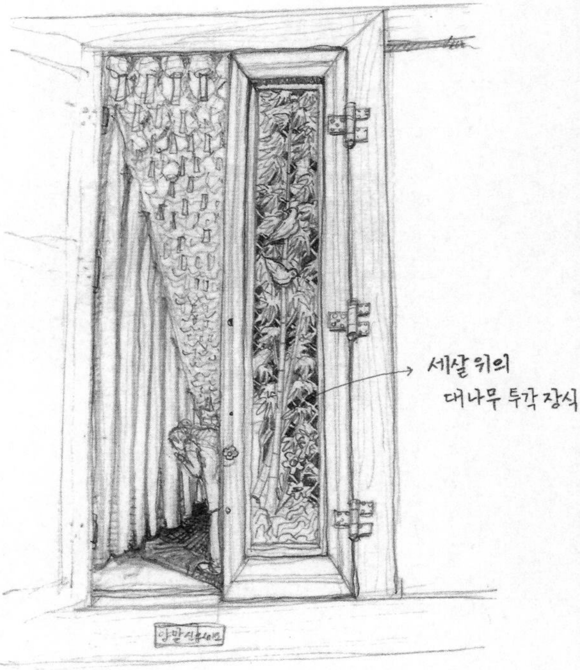


## 조계사 문

문마다 다른 투각 장식을 돌아보는 것만으로도 무척 즐거웠다. 하지만 한편에서는 대웅전의 과다한 장식이 건물의 격을 떨어뜨린다고 하기도 한다.
그러고 보면 언제나 적당한 것이 좋은 듯.

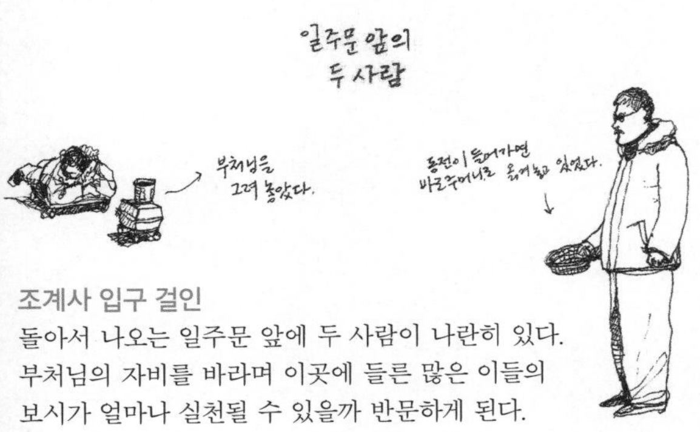


## 조계사 입구 걸인

돌아서 나오는 일주문 앞에 두 사람이 나란히 있다.
부처님의 자비를 바라며 이곳에 들른 많은 이들의 보시가 얼마나 실천될 수 있을까 반문하게 된다.

4장

# 효자동

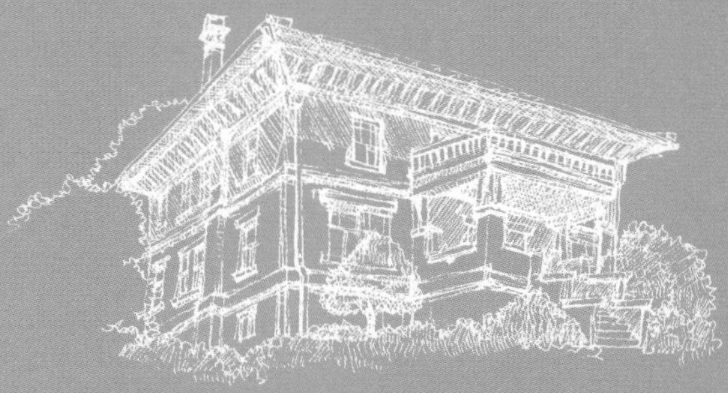

최근 서울에 관심을 갖는 이가 많아지면서 서울의 숨겨진 명소가 여럿 발굴되기 시작했다. 경복궁 왼편의 삼청동이나 가회동은 '북촌'으로 불리며 이제는 사람들에게 많이 알려졌다. 그에 비하면 '서촌'이라 불리는 경복궁 오른편은 상대적으로 유명세가 덜하다. 개인적으로 사람 많은 곳을 싫어해서인지 서촌이 북촌보다 더 정감이 간다. 그리고 그곳에는 듣기만 해도 절로 훈훈해지는 이름의 동네, 효자동이 있다.

조선 중기 문신 조원에게는 네 아들이 있었는데 모두 효성이 지극했다. 그런데 임진왜란 중 희정과 희철 형제가 모친을 구하려다 목숨을 잃자 이를 기리기 위해 나라에서 두 개의 효자문을 세웠다. 본디 충신이나 열녀, 효자를 표창하는 문은 붉은색으로 칠했기에, 처음에는 쌍홍문이라 부르던 것이 쌍효자거리로 변해가면서 오늘날 효자동의 시초가 되었다고 한다.

효심 있는 아들, 딸의 이야기가 긴 역사에서 이곳에만 있었겠냐마는 임진왜란 이후 전후의 기틀을 다잡을 필요가 있었던 데다가 이왕이면 궁궐 근처에서 그런 의미를 부각함으로써 더욱 모범을 보이고픈 의도가 아니었나 싶다.

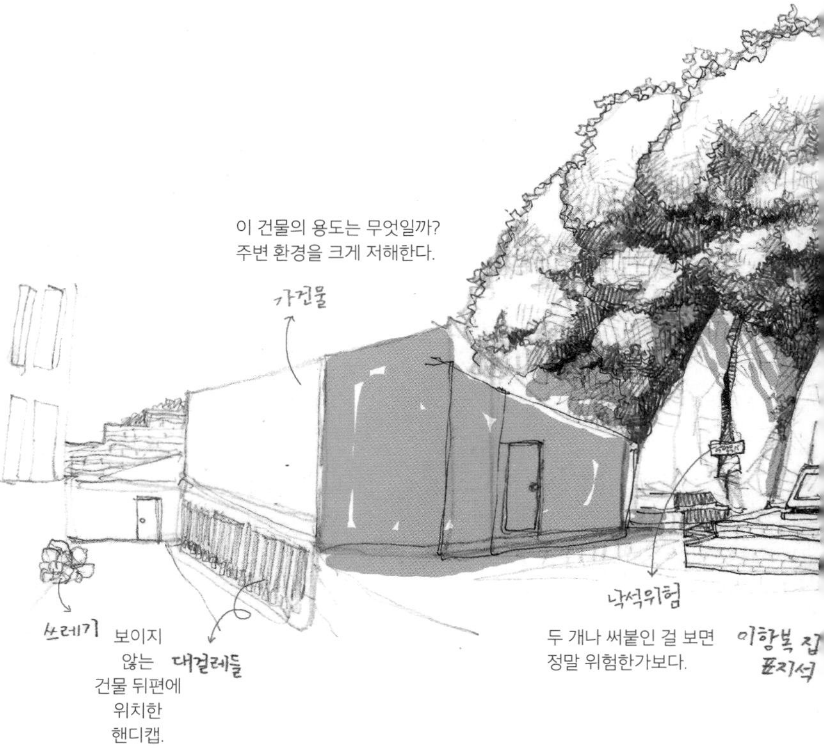

## 경복궁의
## 오른편

서촌에 있던 유서 깊은 문화재나 아름다운 풍광은 모두 사라져 표지석으로만 산재해 아쉬움을 더한다. 그나마 옛 자취를 찾아볼 수 있는 조그마한 단서로 바위에 새겨진 세 개의 각자(刻字)가 있다.

'필운대(弼雲臺)' '백세청풍(百世淸風)' '운강대(雲江臺)'가 그것. 백세청풍과 운강대를 누가 언제 새겼는지는 명확하지 않지만, 경복궁 서편을 이야기할 때 빼놓을 수 없다는 생각에 '서촌 여행'은 이 세 개의 각자를 찾는 일에 초점을 맞추었다.

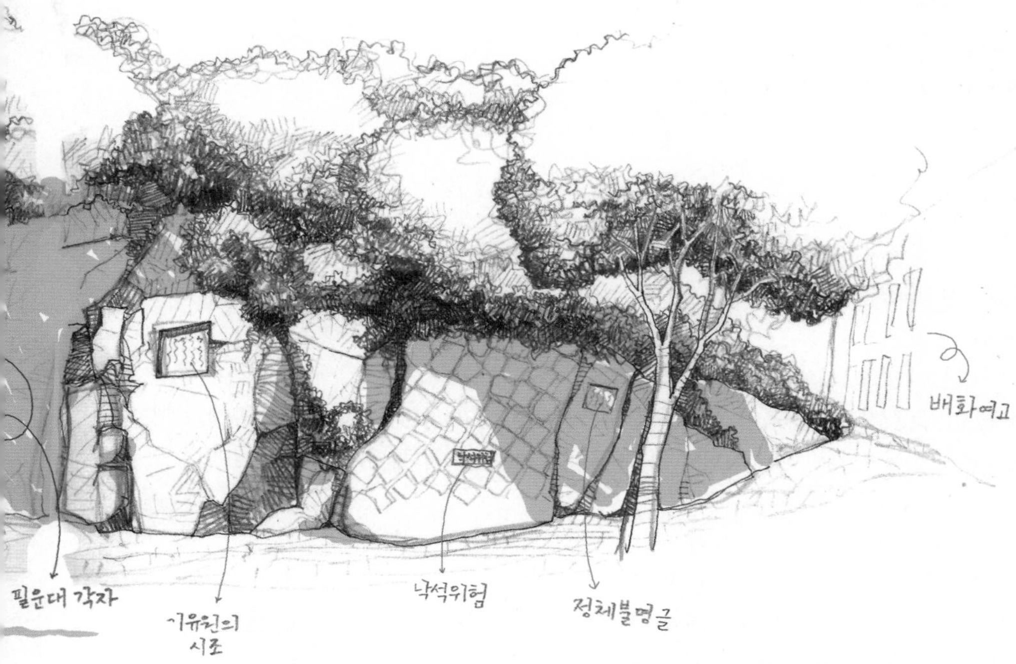


필운대
배화여고 건물 뒷편.

먼저 필운대 각자는 배화여고에 있다. 필운이란 이름은 우필운룡(右弼雲龍), 즉 임금을 우측에서 보필한다는 뜻에서 왔다. 명나라 사신 공용경이 서울에 왔을 때 중종은 경회루에서 그를 후하게 대접했다. 옛날 접객 풍습 중 손님에게 지명이나 산, 누각의 이름을 지어달라 부탁하는 것이 있었는데, 이는 최고의 대접 중 하나였다. 우리 풍속에서는 이름 하나에도 큰 의미를 부여했는데 그런 일을 손님에게 맡긴다니 의아할 수도 있지만, 이는 단지 환대의 의미일 뿐 실제 개명까지 하지는 않았다고 한다. 그날 공용경은 북악산과 인왕산 이름을 지었는데 북악산은 공복산으로, 인왕산은 필운산이라 했다. 인왕산이 경복궁의 우측에 서서 임금을 보필한다는 의미에서 필운산이라 한 것이다. 이 필운이라는 이름은 선인들도 무척 마음에 들었는지 산 아래 계곡 이름으로 명맥을 유지하였다. 그러던 중 이곳에 살던 이항복이 이를 자신의 별호(別號)로 정하여 집 뒤에 있던 석벽에 직접 필운대라는 글씨를 써놓았다고 한다. 지금 남은 각자는 이항복의 후손으로 고종 때 영의정을 지낸 이유원이 새긴 것인데, 그는 이 자리에 들러 느꼈던 감회를 시로 담아 그 옆에 덧붙이기까지 했다.

> 예전 사시던 곳에 후손이 찾아오니
> 푸른 소나무와 바위벽에 흰 구름만 깊었구나.
> 백 년의 오랜 세월이 흘렀건만 끼쳐진 풍속은 가시지 않아
> 조상들의 차림새는 예나 지금이나 같아라.
> 我祖舊居後裔尋 蒼松石壁白雲深
> 遺風不盡百年久 父老衣冠古亦今
> 癸酉月城李裕元 題白沙先生弼雲臺

이항복은 권율 장군의 사위로 이곳에서 처가살이를 했다고 알려져 있다. 이항복과 권율은 어릴 적 담 하나를 사이에 둔 이웃이었는데, 권율의 아버지 권철과 이항복 간의 일화가 유명하다.

이항복이 어린 시절, 그의 집 감나무가 권대감댁 담을 넘어가자 권대감댁 하인들이 감을 따먹는 사건이 발생했다. 이항복의 항의에도 아랑곳하지 않고 하인들이 몰래 감을 계속 따먹자 어느 날 이항복은 맹랑하게 권철의 방에 주먹을 들이밀고 말한다.

"대감님! 이 주먹이 뉘 주먹입니까?"

"이놈아, 그건 네 주먹이 아니냐?"

"그럼 감나무에 달린 감은 누구의 것입니까?"

그제야 상황을 이해한 권철은 하인들에게 주의를 주었다. 나아가 아들 권율에게 이토록 당돌한 이항복을 훗날 사위로 삼으라 조언까지 했다 하니, 권철이 이항복을 얼마나 마음에 들어 했는지 미루어 짐작해볼 수 있다. 하지만 이런 생각도 잠시, 필운대 바위 옆에 못을 박아 주르륵 세워놓은 수많은 대걸레를 보며, 생각보다 더욱 냉혹한 현실에 탄식만 나온다.

백세청풍

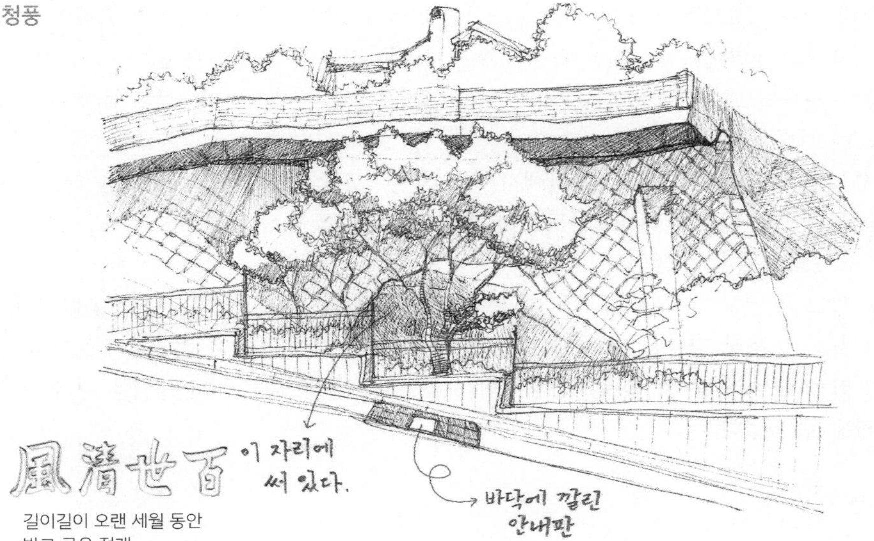


길이길이 오랜 세월 동안
밝고 곧은 절개.

백세청풍 각자를 찾는 일은 필운대 각자를 찾는 것처럼 간단하지 않았다.

이 골목 저 골목을 방황하다가 마음에 드는 골목길이 나와 조금은 자포자기하는 심정으로 주저앉아 스케치를 하자, 순찰하던 경찰관이 다가와 무얼 하느냐고 묻는다. 사정을 설명해 그의 도움으로 백세청풍 각자를 찾을 수 있었다.

'청풍계'란 경복궁 서쪽에 난 계곡 이름이었다. 지금은 전형적인 서양식 주택과 아파트가 들어서 있고 현대그룹의 사유지로 통행금지구역 골목까지 있는지라 그 계곡의 풍경은 상상조차 불가능하다. 하지만 과거 청계천이 흐르던 시절만 해도 이곳은 물이 시작되었던 곳으로, 청계천이라는 이름의 근거가 된 장소이기도 하다. 정선의 〈청풍계도〉에서도 바위와 나무가 어우러진 그 수려한 풍경을 엿볼 수 있다. 앞으로 서울은 어떤 식으로 얼마만큼이나 더 변해 옛 모습을 잃어갈지 두렵기까지 하다.

백세청풍 각자는 조선시대 충신들이 백세청풍이란 글을 현판으로 걸거나 거주지의 바위에 새겨 그 뜻을 받들곤 했기 때문으로 전한다. 지금은 멀거니 골목에 바위만 남은 이 근처에는 조선 중기 문신으로 충신의 대명사였던 김상용의 집이 크게 자리하고 있었다. 김상용은 인조 14년 병자호란 때 강화로 피란갔다가 이듬해 강화성이 함락되자 화약에 불을 붙여 자결한 인물로 글씨에 뛰어났다. 그의 곧은 절개는 오랜 세월이 지난 지금까지 길이길이 회자되고 있으니, 각자가 새겨진 바위는 '백세청풍'이란 이런 것이라 항변하는 듯 더욱 묵직해 보인다.

백세청풍을 뒤로하고 최종 목적지인 운강대 각자로 향했다.

운강대 각자는 효자동 지명의 유래인 조원을 기리기 위해 손자가 할아버지 조원의 호를 바위에 새긴 것이라 하는데, 이름에 걸맞은 정자나 누각이 있던 기록은 없어 그저 기념으로 새겼다 추측될 뿐이다. 운강대 각자는 미리 인터넷으로 찾아봤는데 경복고등학교 안에 있다고 해 가벼운 마음이었다!
하지만…… 기대와 달리 경복고 안에서 운강대 바위를 찾기는 앞선 두 각자를 찾는 일보다 훨씬 어려웠다. 아무리 둘러보아도, 수업을 파한 학생 몇을 붙들고 물어보아도 그 위치의 근거조차 알아낼 수가 없었다.
잘못 알고 온 건가? 더운 여름의 열기 속에 녹아버릴 듯한 갈증이 더욱 나를 옭아맸다.
그러던 중 운동장 그늘에 있던 한 학생의 아이디어로 도서관 사서 선생님의 도움을 받을 수가 있었다. 여러 곳에 전화를 돌린 그의 도움으로 마침내 다른 한 선생님을 따라 그 각자를 만날 수 있었다.

경복고

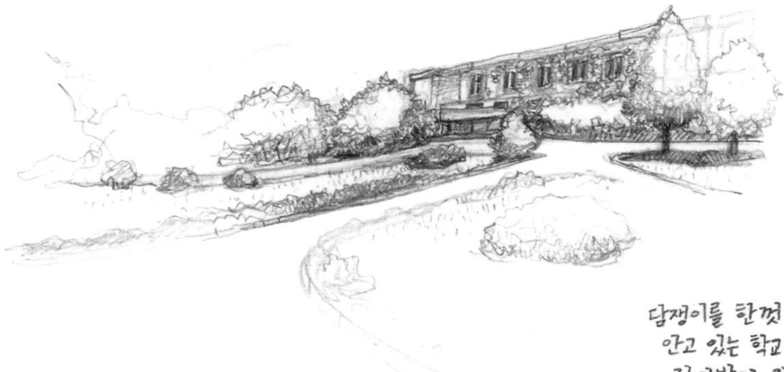


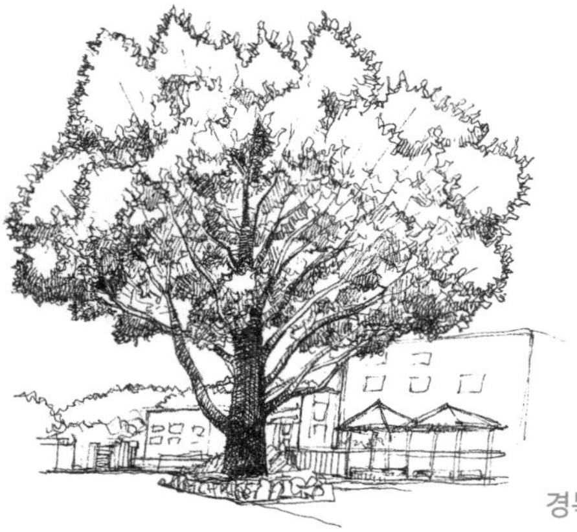


경복고 느티나무

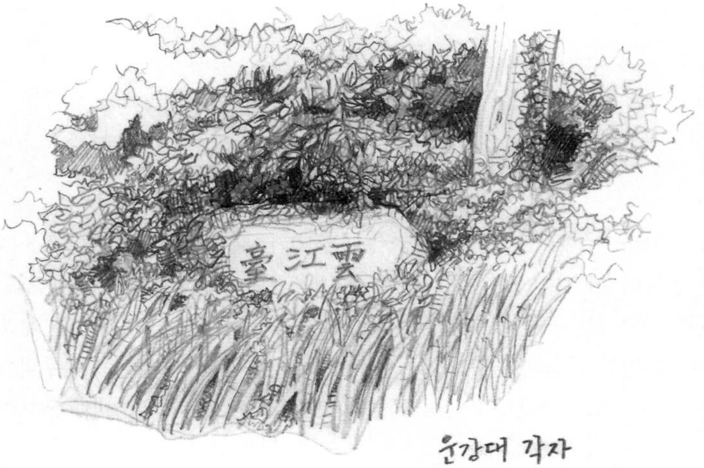


운강대 각자

풀숲이 바위까지 가릴 정도로 크게 웃자라 각자가 숨어 있었기에 그 앞을 몇 번이나 지나치면서도 알아볼 수 없었던 것이다! 나를 이곳에 인도해주고 풀숲까지 헤쳐준 선생님조차 머쓱하게 웃으셨다.

아, 드디어 여기가 효자동의 수원지 운강대로구나. 절로 한숨이 내쉬어졌다. 이렇게 험난한 각자 여행은 끝을 맺었다.

오늘날에도 많은 이들이 바위에 각자나 페인트로 자신의 흔적을 남기려 애쓴다. 특히 명당으로 알려진 바위에는 낙서를 한 흔적이 집중적으로 발견되는데, 서울대학교가 내려다보이는 관악산 바위에 써놓은 합격 기원이나 강화도 마니산 바위의 소망이 대표적이다. 거기에 한발 더 나아가 세계 곳곳에 자랑스러운(?) 한글의 족적을 남기는 일부 여행객을 보며 진정한 의미는 마음속에 담아두는 것, 내가 세상을 떠나며 가져가는 것이 아닐까 하는 생각을 해본다.

우리나라에서는 이런 낙서를 하다가 적발되면 3천만 원 이하의 벌금이 부과된다고 한다. 낙서 한 번의 대가치고는 적지 않은 금액이지만 바위에 새긴 낙서는 원상 복구도 어렵다고 하니 이해가 간다. 그렇다면 과거와 현재의 낙서는 무슨 차이일까. 오늘날 우리가 하는 낙서도 아주 먼 훗날 우리 후손이나 다른 별에서 온 외계 생명체에게 어떤 가치를 줄 수도 있는 건 아닐까. 그런 날이 오려면 지구인은 손에 셀 정도로 희박하게 남아 우주인 사이에 거래가 이루어져야 할 테지만.

## 석함집
## 이야기

등에 짊어진 가방이 흐르는 땀줄기를 만든다. 내가 너무 많은 짐을 들고 다니나 생각하다 언젠가 본 동화에 나오는, 집이 큰 달팽이를 떠올렸다. 그 달팽이는 결국 집이 너무 무거워 아무데도 못 가고 굶어죽는 비극을 맞이했다. 그 생각에까지 미치자 안 되겠다 싶어, 근처 가게를 찾아 시원한 얼음과자 하나를 사서 입에 물었다. 삼거리에는 원두막처럼 생긴 지붕 있는 평상이 하나 있었지만, 이미 동네 할머니들로 만원이라 평상 옆 벤치 나무그늘 아래 앉았다.

이 부근은 내가 효자동을 좋아할 수밖에 없는 전설(?)이 얽혀 있는 곳이다. 바로 석함집 이야기!

어릴 적 『보물섬』을 읽으며 설렌 기억은 결국 보물지도 하나로 압축된다. 그리고 자라면서 그 이야기가 어떤 장난감을 살까에 대한 것이 아니라 인간의 탐욕에 관한 이야기라는 걸 알게 되면서, 보물지도가 복권으로 변신하게 된다. 이런 보물지도 같은, 아니 복권 같은 이야기가 효자동에도 있다.

외란·내란이 잦았던 우리나라에서는 당연히 피란도 잦아 재물을 아예 땅속에 묻어두는 관습이 있었다. 때로 피란중 미처 다른 사람에게 위치를 알리지 못하고 주인이 죽어 임자 잃은 보물이 훗날 출토되기도 하는 것이다. 그중 석함집의 전설은 듣는 이의 군침을 돌게 하기에 충분하다.

옛날 이 지역에 살던 공주가 자식 없이 죽자 소중히 모아온 보물을 석함, 즉 돌상자에 담아 울타리 안 땅 밑 어딘가에 깊이 묻었다고 한다. 이 전설 같은 이야기는 광해군 때 만들었다는 역사 속의 거대한 궁궐 인경궁의 위치와도 일치해 주장에 어느 정도 힘이 실린다. 또한 대원군 때만 해도 이 인근의 집을 시중의 두 배가 넘는 가격으로 매입해 석함을 찾아 헤맨 사람까지 있었다고 하니, 웃어넘기기에는 허망하지 않을 수 없다.

이에 관련된 흥미로운 일화가 하나 더 있다. 「시일야방성대곡」을 쓴 장지연이 서민들의 전기를 담아 엮은 『일사유사』란 책에 나오는 김성학이라는 인물에 관한 이야기다.

김성학의 모친은 일찍이 과부가 되어 삯바느질로 아들을 키웠다. 그러던 어느 비 오는 날, 처마 밑에 물 떨어지는 소리가 이상해 그곳을 파보았더니 보물이 든 석함이 있었다는 것이다. 어머니는 한참 고민하다 석함을 닫아 더 깊이 묻어두고는 이사해버렸다.

어머니는 죽기 직전 그 석함 이야기를 꺼냈다. 아들이 "왜 취하지 않으셨습니까?"라고 묻자 어머니는 말했다. "재(財)는 곧 재(災)이니라. 아무런 노력 없이 큰 재물을 얻으면 반드시 뜻밖의 재앙이 있는 법이다. 사람이 태어나 마땅히 궁핍한 것이 있어야 하는 법인데 너희가 어릴 적부터 안일에 습성이 들면 공부에 힘쓰지 않을 것이요, 만약 가난하고 어렵게 자라지 않으면 어찌 재물이 오는 것이 쉽지 않다는 것을 알겠는가. 그래서 내가 집을 옮겨 스스로 단념한 것이다. 지금 집에 저축해놓은 약간의 재물은 모두 내 열 손가락으로 만든 것이니 창졸간에 눈앞에 닥친 재물은 비할 것이 아니다" 하고 숨을 거뒀다. 어머니는 끝내 전에 살던 집의 위치를 알리지 않았고, 김성학도 어머니의 유언을 지켜 그 집을 찾으려 하지 않았다고 한다.

찾지도 말라는 것을 왜 굳이 얘기는 꺼내셨을까. 혹시 김성학의 어머니가 석함의 위치를 새겨놓은 각자가 서촌 어딘가 풀숲에 가려져 있는 건 아닐까, 혼자 이런저런 상상을 하며 웃었다.

그때 어디선가 나타난 한 할아버지께서 낮술이라도 한잔 걸치셨는지 홍조 띤 얼굴로 고래고래 큰소리를 내셨다.

"왜 할머니들만 좋은 평상에 앉고 우리는 늘 지붕 없는 벤치냐고!"

그러나 어느 할머니도 그의 말을 신경쓰지 않았다.

"내가 당장 동주민센터에 가서 원두막 두 개 만들어 올리라고 해야지, 이거 원. 내가 말만 하면 모두 된다 이거야!"

내가 앉은 벤치 주변의 할아버지들은 그저 허허거리기만 하셨다. 오늘날 열녀동이나 효녀동은 없지만 결국 실세는 안주인이 쥐고 있다는 것을 효자동 할아버지는 술의 힘이라도 빌려 성토하고 싶으셨던 걸까. 하지만 할아버지가 쏟아내는 끊임없는 불만은 삼거리 허공에 소리만 요란했지, 울어대는 매미 소리에 묻혀 누구 하나 들어주는 이 없이 공허한 메아리가 되어 효자동을 맴돌 뿐이었다.

그나저나 새 원두막 만들면, 바닥 팔 때 석함이라도 나오는 거 아냐?

# 효자동 스케치

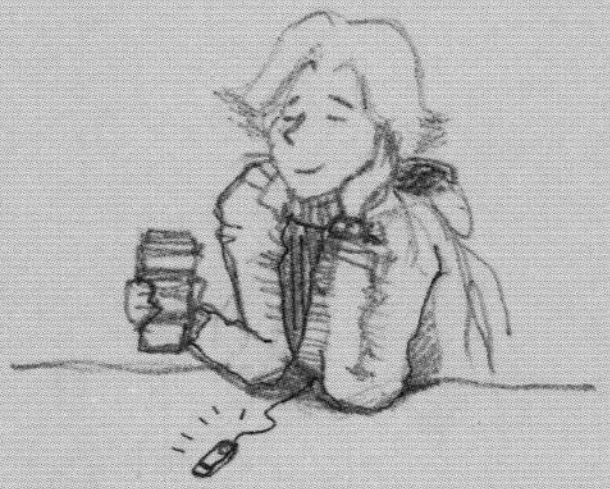

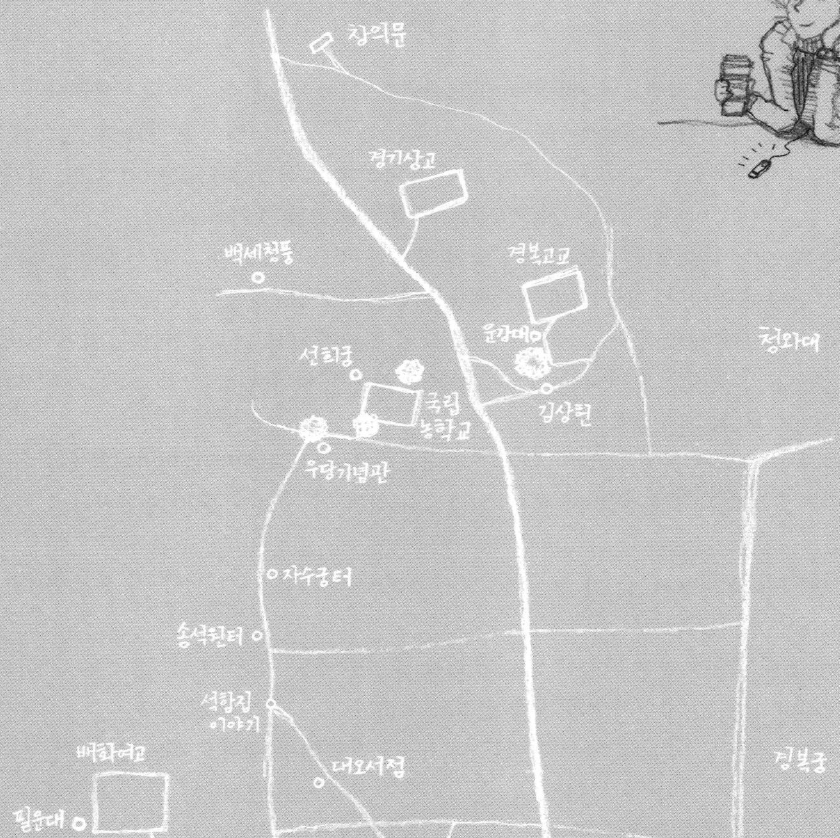
창의문
경기상고
백세청풍
경복고교
운강대
청와대
선희궁
국립
농학교
김상헌
우당기념관
자수궁터
송석원터
석항집
이야기
대오서점
경복궁
배화여고
필운대
이상집터
종로도서관
단군성전
어린이
도서관
세종대왕
나신곳
통의동 백송
사직단
경복궁역

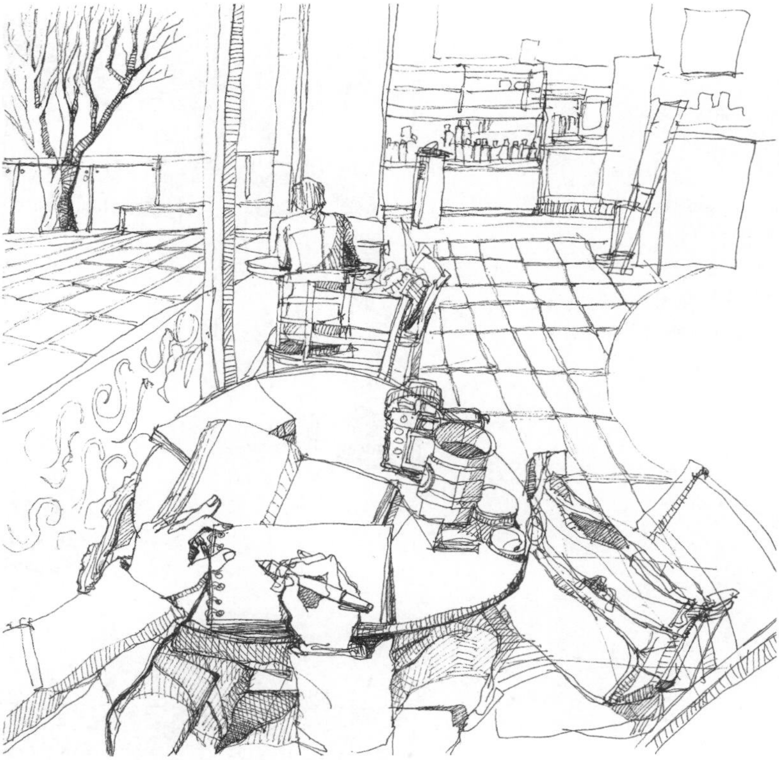

효자동 답사 전

사직 스타벅스
효자동 답사를 시작하기 전, 사직단 정문이 보이는 스타벅스에서 오늘 갈 곳의 약도를 그려보았다.

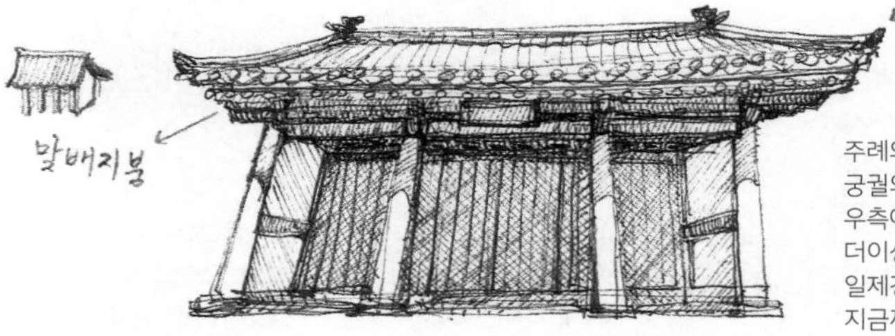


주례의 예법인 좌묘우사(左廟右社)를 지켜
궁궐의 좌측에는 종묘를
우측에는 사직단을 두었다.
더이상 농업국가가 아니기 때문일까.
일제강점기 사직공원으로 격하된 이후
지금까지도 공원으로 남아 있다.

### 단군성전

일제가 절을 지었던 곳인데, 1968년 사직단을 재단장하며 단군성전으로 바뀠다. 단군은 우리나라 신화 속 시조로 굳건히 명맥을 유지해오고 있는데, 초등학교 운동장 한편에 주로 위치하는 동상 덕분에 친숙하다. 전국에 여러 단군성전이 산재해 있는데, 이곳도 단군과는 연고가 없는 곳이라 의미가 약하지만 해마다 개천절에는 이곳에서 단군제를 올린다고 하니 의미란 만들어가는 것인가.

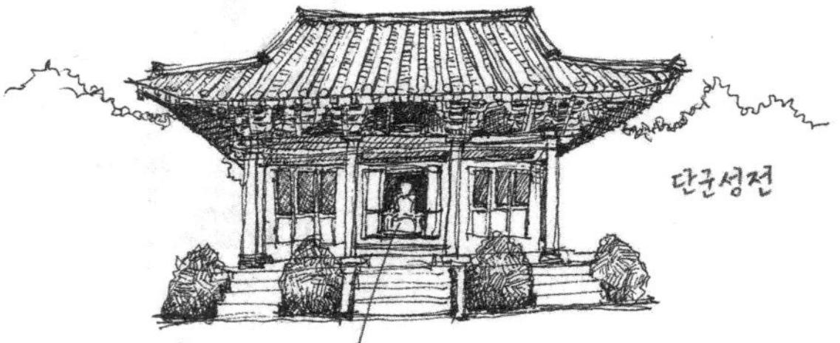


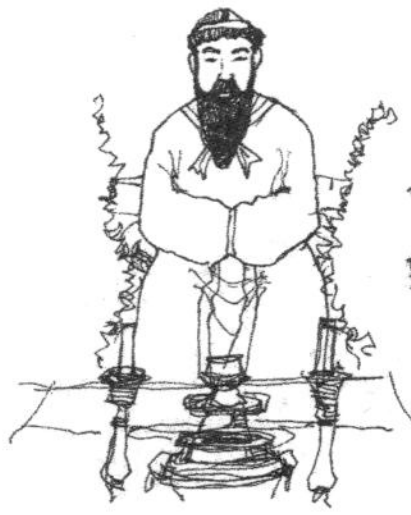


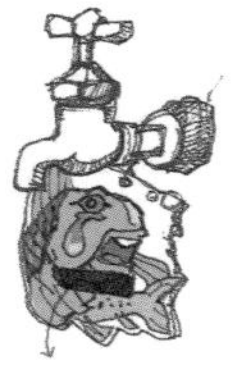


서울 한복판에 식용 가능한
지하수가 있으면 오히려 신기할 듯.

### 종로어린이도서관

1979년 설립된 우리나라 최초 어린이 전용 도서관.
내가 간 날은 공사중이라 문을 닫은 관계로
마당에 앉아 등나무만 끼적거렸다.

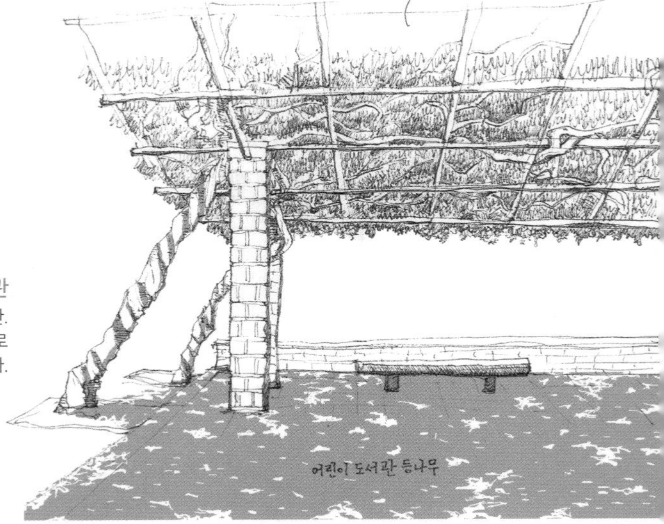


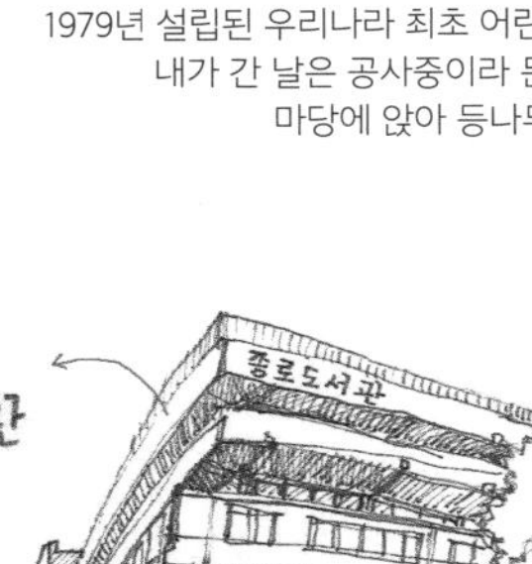


### 서울시립종로도서관

1920년에 개관한 서울에서 가장 오랜 역사를 가진 공공도서관. 외국의 오래된 공공도서관처럼 고풍스럽고 묵직한 분위기까지 기대하지는 않았지만, 우리의 서러운 근대사를 보는 듯해 아쉽다. 애초의 모습과 위치나 건물 모양이 모두 바뀌었다. 입구 한쪽에는 이 도서관의 전신인 경성도서관을 세운 이범승 선생의 흉상이 자리하고 있다. 해방 후 고위직까지 두루 거친 인물인데 최근 『친일인명사전』에 등재되었으니 그저 씁쓸할 따름.

# 배화여고

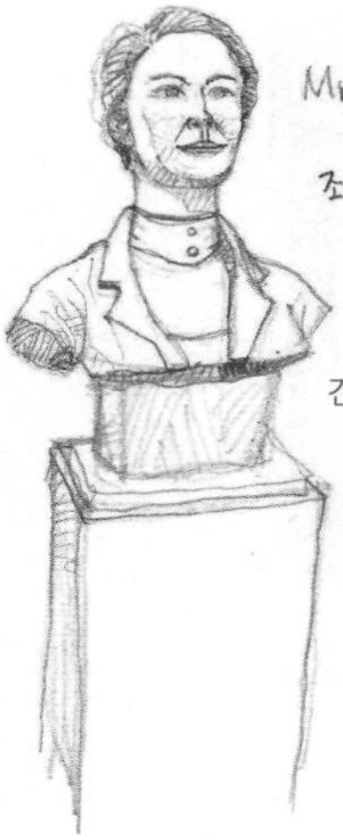

Mrs. Josephine Peel Campbell

조세핀 필
캠벨 여사의
흉상

건물 뒤에 있다.

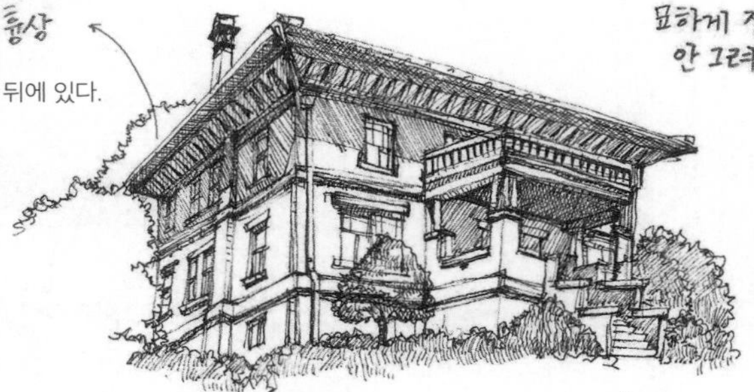

묘하게 잘
안 그려지던 건물

스케치를 하다보면 잘
안 그려지는 건물이 있는데
이는 건물 구조의 복잡함이나
구도의 문제라기보다
그날의 컨디션 때문!

배화여고 생활관

캠벨 여사가 1898년
캐롤라이나 학당으로 개교한 것이 배화여고.
1916년 선교사 거주를 위해 지어진 건물이라고 하니,
거의 100여 년이나 되었다.

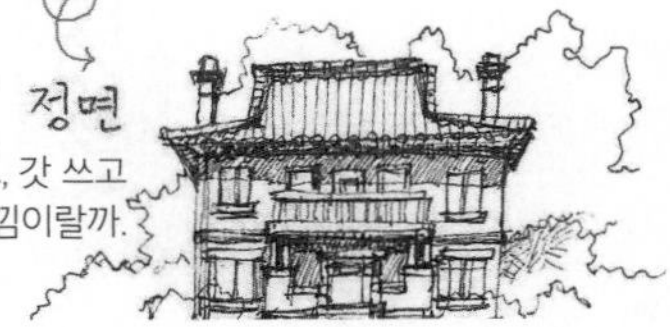

정면

양복 입고, 갓 쓰고
깃털 꽂은 느낌이랄까.

대저택 계단처럼
나오면서 펼쳐져 있다.

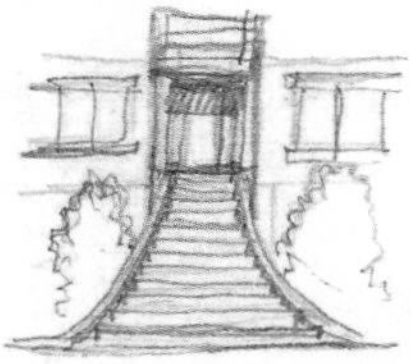

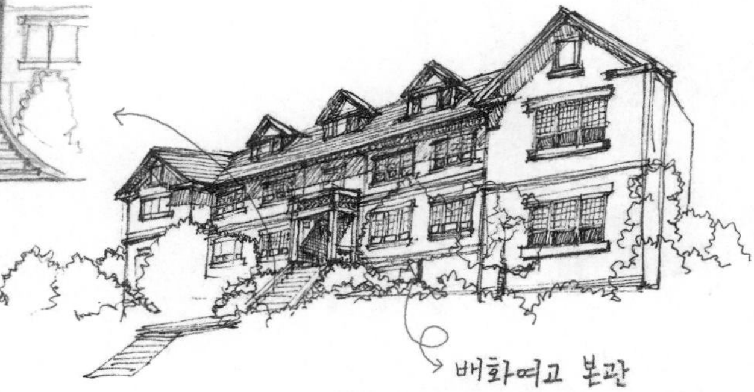

배화여고 본관

1962년 캠벨기념관으로 건립.

배화여고 과학관

예전에는 교사로 사용했으나 지금은 과학관.
운동장 구석에 홀로 외톨이처럼 서 있다.

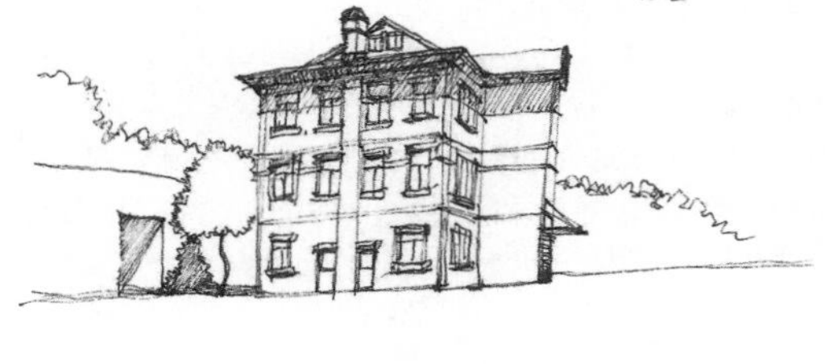

# 대오서점

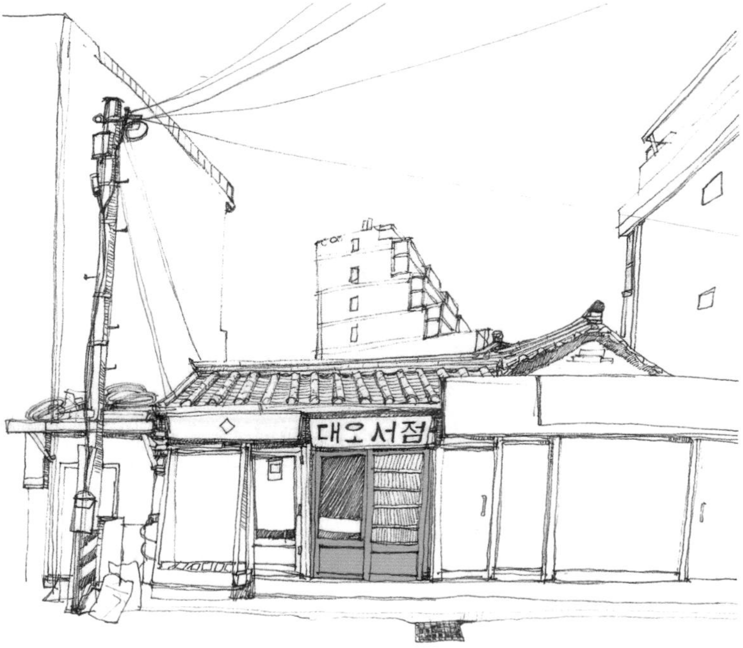


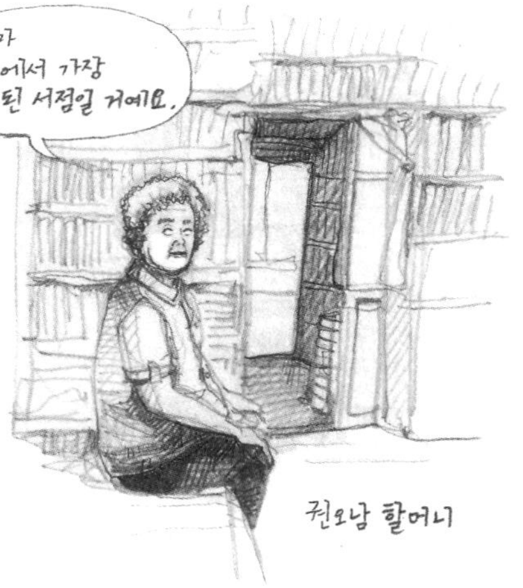


올해 일흔아홉 살이라는 주인 할머니는 무척 정정하고 고와 보이셨다. 할아버지와 할머니 성함의 중간 자를 따서 '대오서점'이라 이름 지었는데, 자그마치 65년이나 된 고서점이다. 외국의 유명한 헌책방과 비교하면 규모가 밀리니 그리 귀한 줄 모르겠지만 서울 시내에서 대오서점의 가치는 비교, 환산이 불가능할 것이다. 요즘은 들고나는 책이 없어 발길이 뜸하지만, 할아버지 살아 계셨을 때에는 꽤 잘나갔단다. 마루에 걸린 액자 속 사진에는 파일럿 복장의 한 남자와 그의 뒤로 구식 비행기가 보였다.

"아들이에요. 이 집에서 책을 팔면서 2남 4녀를 다 키웠다니까." 할머니가 뿌듯하게 힘주어 말씀하신다.

"할머니 근처 구멍가게가 어디에요?"

할머니께 음료수라도 하나 대접해야겠다는 생각이 들어 자리에서 일어서며 여쭈어보았다. 할머니는 "에구 사람 온 것만으로 반가운데 뭘. 괜찮아요"라며 만류하셨다. 기어이 가게를 찾아 문을 나설 때쯤 할머니는 내게 소리치셨다. "딸기우유~ 딸기우유~"

한 건축학도가 와서 집 도면을 제대로 된 겹처마
자세하게 그려가기도 했단다.

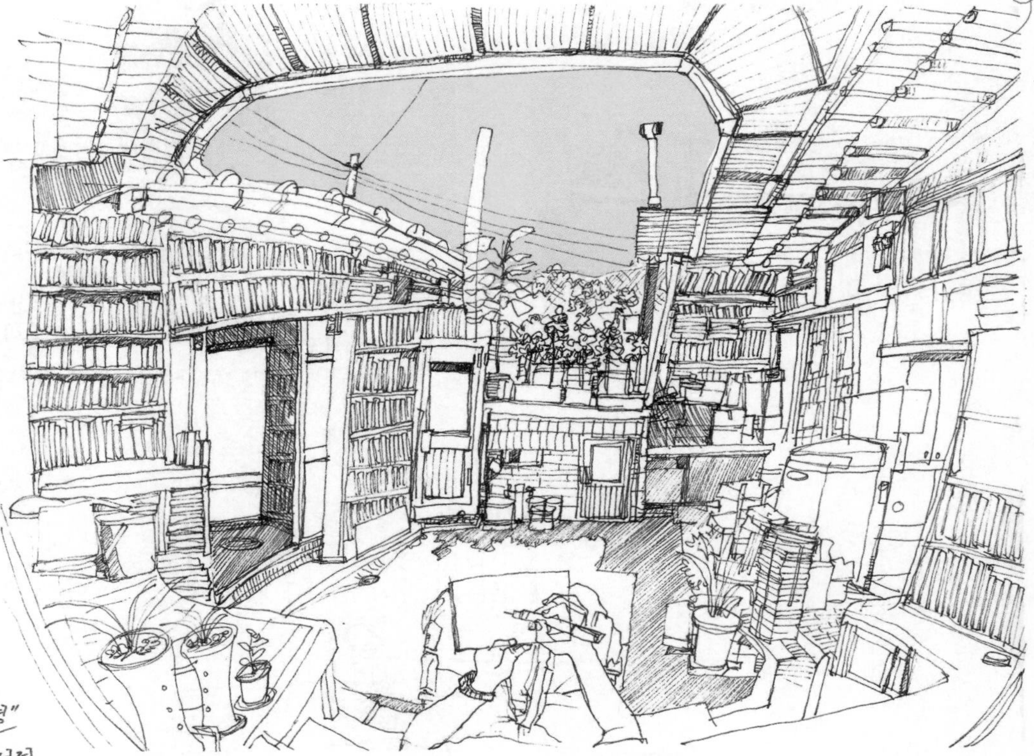


그러나 결코 작게 보이지 않던 곳.

대오서점 내부
기념으로 책이라도 하나 살까 하고 골라봤지만,
끝내 아무것도 선택하지 못한 채 스케치노트를 펼쳤다.
작은 덧마루에 앉아 그림을 그리는 동안 할머니는
항상 그 시간에 보는 프로그램이 있다며 텔레비전에 열중이셨다.
넓지 않은 중정에 햇살이 한가득이다.

서당은 사라지고 현재 어떻게 활용할지 고민중인 곳.

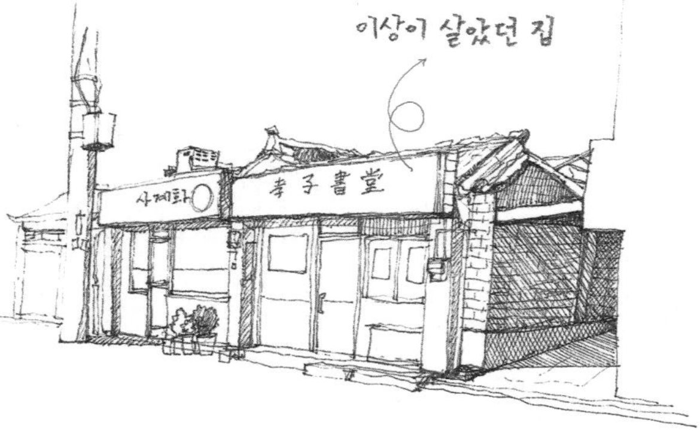


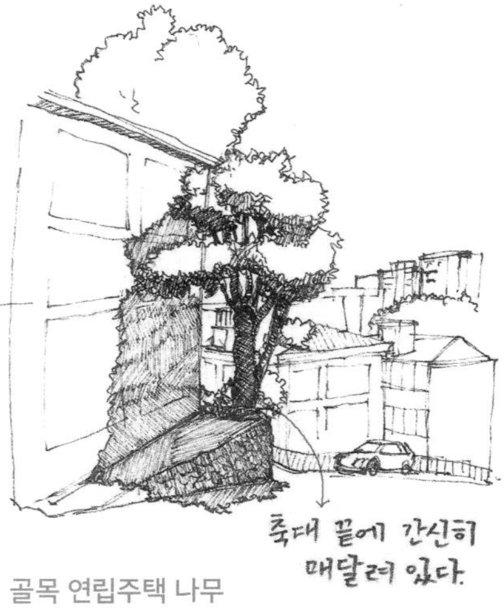


골목 연립주택 나무

옥인아파트 근처. 옥인아파트는 철거되어 공원이 되었다.

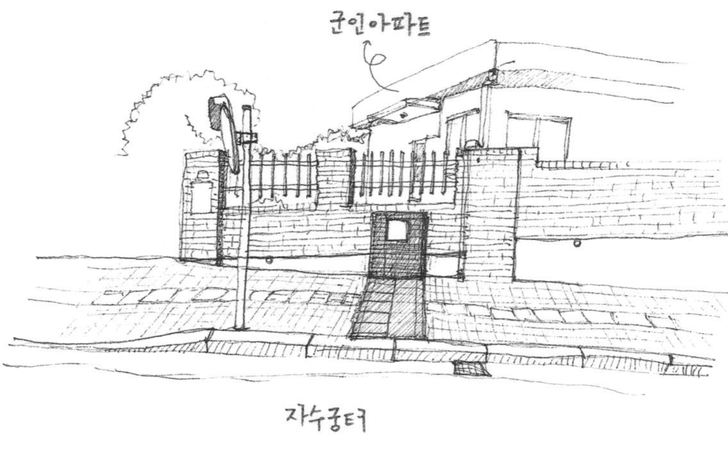


자수궁터

자수궁은, 광해군이 풍수지리설에 입각해 왕기가 서린 곳을 누르고자 지은 궁궐 중 하나로 옥인동에 있다. 군인아파트 앞에는 자수궁터 표지석 하나만 덩그러니 담벼락에 붙어 있는데 명목상 2개국어로 쓰여 있지만 정작 영어로 써 있는 건 세워진 연도와 왕의 이름뿐, 따분하기 그지없다. 언제 만들었느냐만큼 중요한 것이 왜 만들었느냐인데 건물이 현존하는 것도 아니고 표지석만 덩그러니 있을 뿐인데 이런 표지석은 없느니만 못하다는 생각.

자수궁 하면 청나라에서 온 궁녀 굴씨를 빼놓을 수 없다. 명나라 출신의 궁녀 굴씨는 후금에 의해 명이 멸망하고 청나라로 바뀌면서 계속 궁녀살이를 강요받는다. 이를 못마땅하게 생각하던 차에 병자호란 때 청나라에 인질로 끌려간 소현세자와 봉림대군이 풀려나면서 함께 나와 조선에 귀화하게 된다. 그후 그녀의 소원은 청나라가 망하는 것. 효종의 북벌 계획을 전해 듣지만 실현되는 것을 못 보고 죽게 되자 죽어서라도 효종이 청나라 정벌하러 가는 모습을 볼 수 있게 중국 가는 큰길 옆에 묻어달라는 유언을 남겼다고 한다. 지금 그녀의 묘는 고양시에 있다. 그녀는 살아생전 휘파람과 손짓 하나로 인왕산 짐승과 새를 뜻대로 다룬 것으로도 유명하다. 사람들이 별다른 비술이라도 있느냐고 물으면 그녀는 늘 같은 대답을 했다.

“사랑만이 그 비술이지요.”

그런 이야기가 이 군인아파트 앞 담벼락 표지석 하나에 조금도 묻어날 리 없지 않은가.

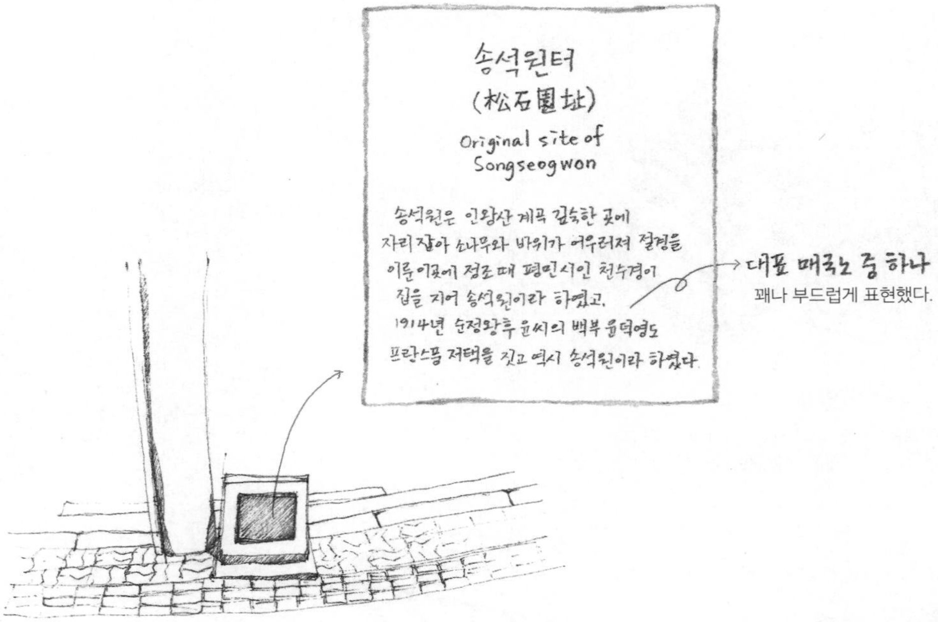


꽤나 부드럽게 표현했다.

## 윤덕영의 아방궁

송석원터 표지석만 보면 인왕산 깊은 계곡은커녕
소나무나 바위조차 상상할 수 없다.
이곳은 아방궁으로 불리던 매국노 윤덕영의
대저택이 있던 곳으로도 유명하다.
1966년 화재로 소실되었는데,
사진으로 그 실체를 보고
경악하지 않을 수 없었다.

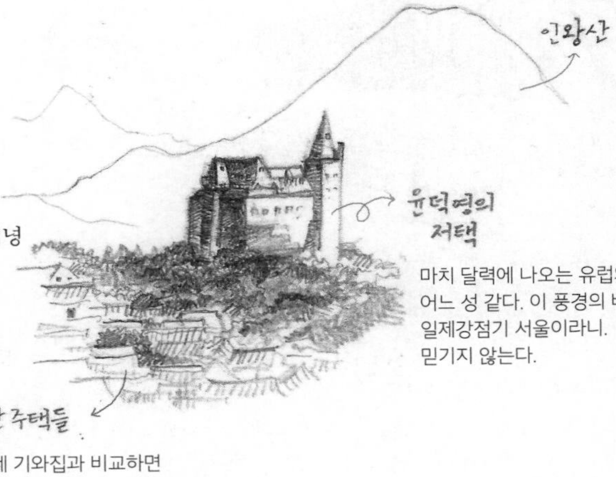


마치 달력에 나오는 유럽의
어느 성 같다. 이 풍경의 배경이
일제강점기 서울이라니.
믿기지 않는다.

동네 기와집과 비교하면
전혀 다른 세상.

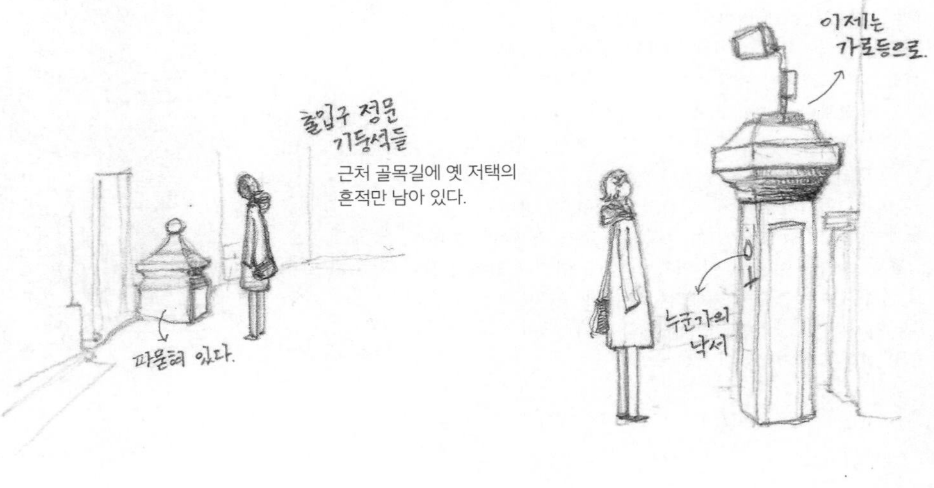


근처 골목길에 옛 저택의
흔적만 남아 있다.

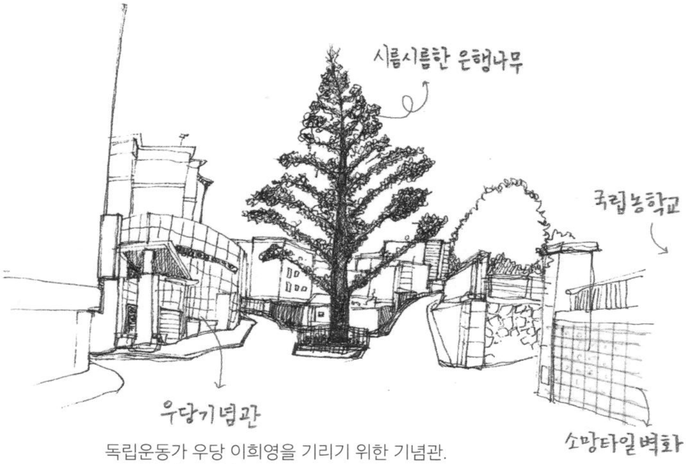


100여 년이 된 청각장애인학교,
선희궁이 있던 곳.

독립운동가 우당 이회영을 기리기 위한 기념관.
그 역시 일본 경찰의 심문 끝에 순국하였다.

아이들의 들리지 않는 세상과 마음을
수화 타일로 만들어 벽화를 만들어놓았다.
하나하나 보노라면 시간 가는 줄 모르고
끝에 다다른다.

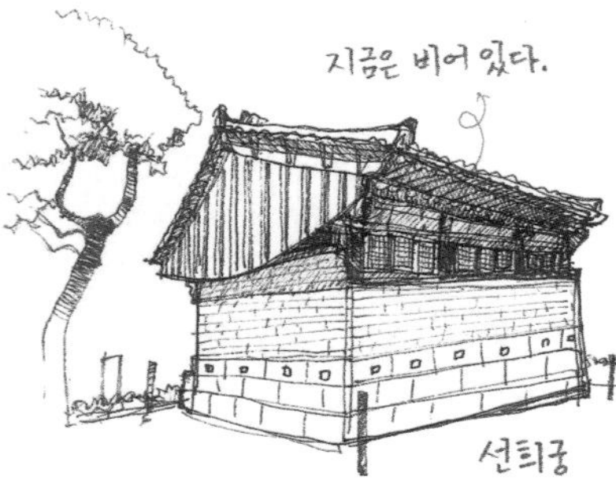


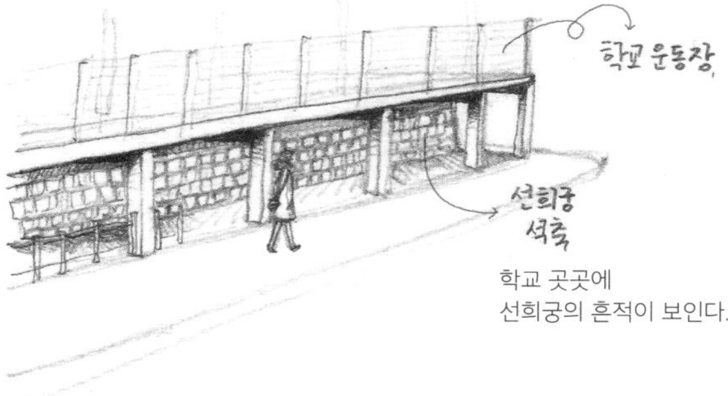


학교 곳곳에
선희궁의 흔적이 보인다.

영조의 후궁이며 사도세자의 어머니인 영빈 이씨의 사당.
고종 때 신위를 육상궁(현 궁정동 칠궁)으로 옮긴 관계로
지금은 빈 사당만 남아 있다.

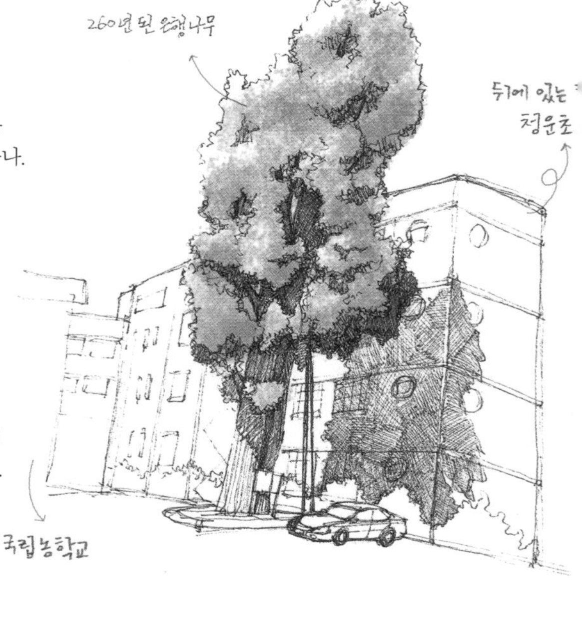


선희학교 은행나무

효자동에 위치해서인지 선희학교에는 커다랗고 고풍스러운
나무가 많다. 이 나무도 260년이나 된 서울의 보호수 중 하나.
마치 바람에 나부끼듯 뒤로 기울어진 모습이 인상적이다.
(받침 기둥 덕분에 더이상 쓰러지진 않는다.)
지금은 국립농학교로 이름이 바뀐 옛 선희학교는
선희궁터라 그렇게 불렸었는데, 그래서인지
다른 학교보다 조용하고 적막한 느낌.
사진을 찍거나 스케치하는 일도 무척 조심스러워진다.
이 그림을 그릴 때도 학부모로 보이는
어느 아주머니가 다가와 "뭐하러 오셨어요?"라며
조금은 퉁명스럽게 물었다. 그러고는 흘끗 스케치를 보더니
말없이 자리를 떠난다. 이 머쓱함! 나도 아이가 있어서일까.
그 아주머니의 기분이 이해되는 이유가……
덧붙이자면 이 자리는 가사 문학의 대가
송강 정철의 생가터였다.

녹색 하늘 골목

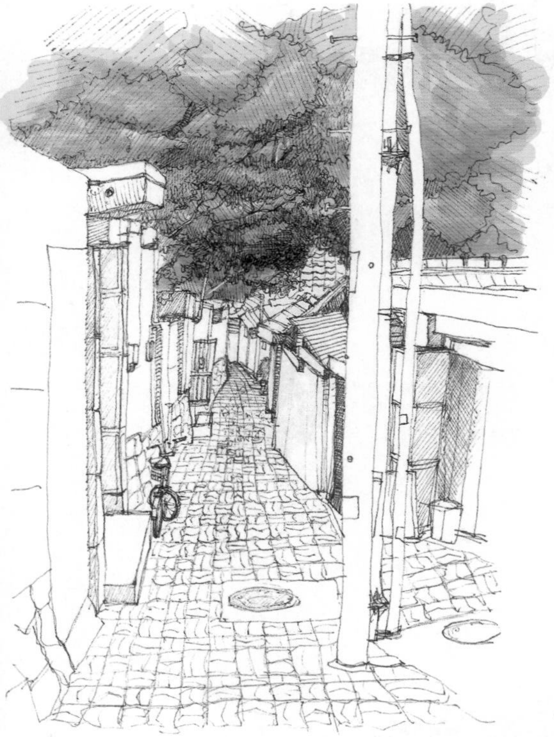

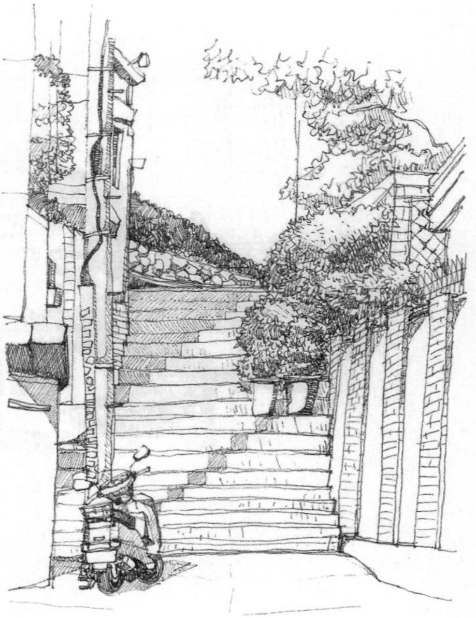

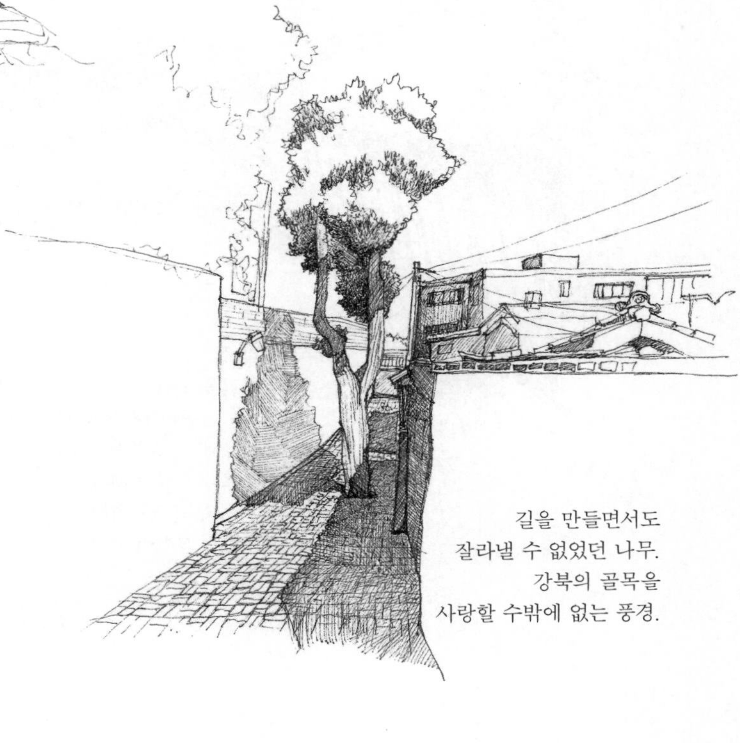

길을 만들면서도
잘라낼 수 없었던 나무.
강북의 골목을
사랑할 수밖에 없는 풍경.

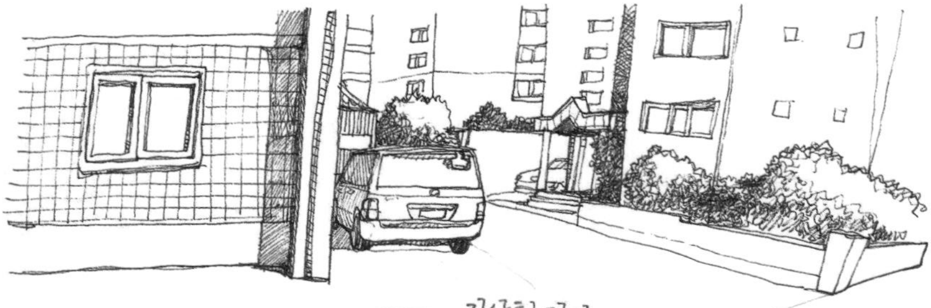

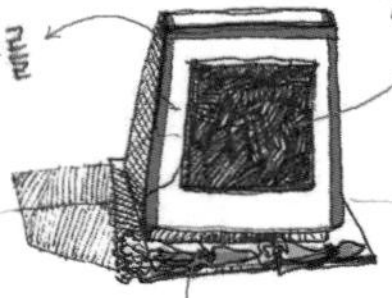


병자호란 때 청나라와 끝까지 싸우자고 했던 척화파 김상헌이 살았던 곳.

집이 건축선 후퇴로 물러났는지 어중간한 위치에서 자동차를 경계하며 서 있다.

가끔 표지석에 놓은 이런 꽃다발을 보면 이 표지석이 누군가에게는 다른 의미로 서 있구나 하며 다시 한번 그 존재를 생각해보게 된다.

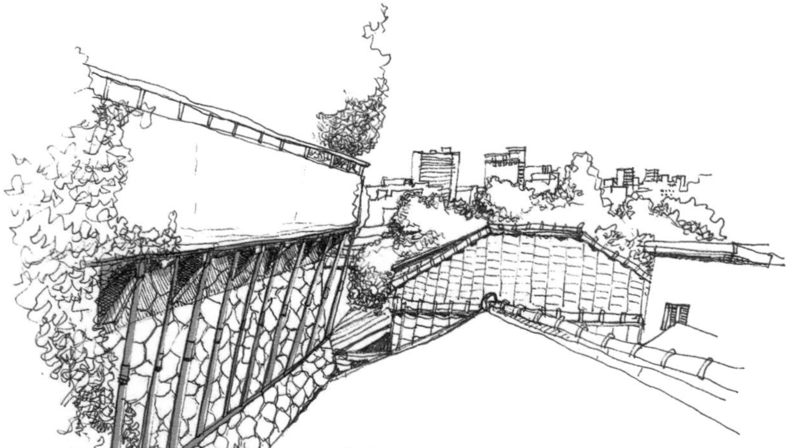


축대 아래 집

어머니가 집을 고를 때 늘 고려하셨던 것 중 하나. 축대 밑에 살지 말 것.
"어릴 적 살던 동네에서 축대가 무너져서 그 아래 있던 집이 그냥 사라졌다니까."
어렸을 때부터 그 말씀을 들어서인지 집을 구할 때 축대 아랫집은 새로 지은 아파트라도 일단 제외하게 되던 나.
어느 날 종로를 스케치하러 돌아다니다 만난 풍경. 축대에다가 버팀기둥까지!
우리 어머니가 보시면 뭐라 하실까!

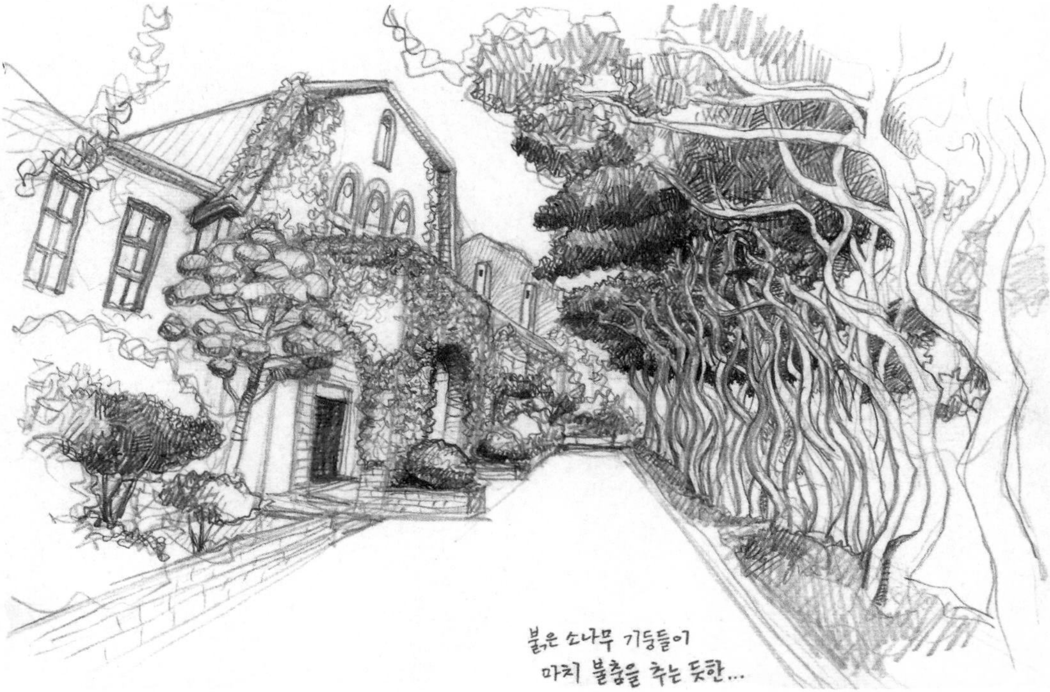


경기상고
나무를 좋아하는 사람이라면 꼭 한 번 둘러봐야 할 곳. 처음 이 반송(盤松)을 심은 사람은 이런 멋진 교정을 예상했을까.(채색한 그림도 있지만, 그 불결은 직접 가서 보는 게 훨씬 나을 것 같아 그냥 스케치로.)

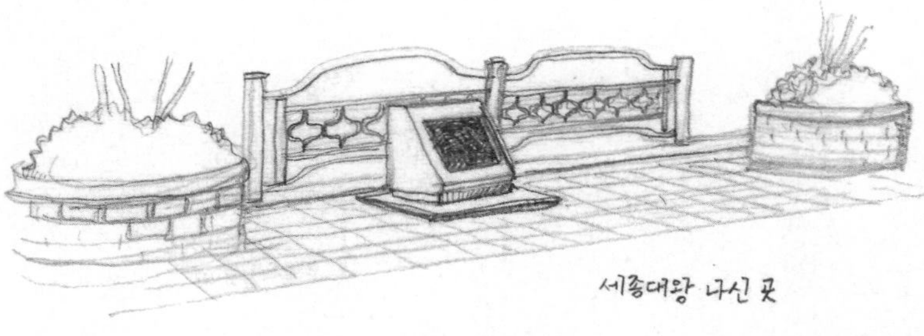


마지막으로, 효자동을 나올 때 꼭 지나치게 되는 세종대왕 나신 곳. 우리나라에서 가장 위대한 임금이라고 칭송받는 세종대왕의 생가터가 보도블록 한쪽에 표지석으로만 남았다니 참 아이러니하다. 서촌을 돌다보면 '한옥보존을 취소하고 재개발을 허용하라'거나 '우리는 한옥이 아니라 아파트를 원한다'는 현수막을 곳곳에서 만난다. 재산권에 대한 권리 표출과 옛 모습의 보존이라는 극단적인 상황은 여전히 풀기 힘든 복잡하고도 어려운 문제임에 분명하다. 단적인 예로, 광복 후 개발이 한창일 때에는 건물이 문화재로 지정될 것 같자 사유재산에 대한 권리 행사를 다하지 못할 것을 우려한 소유주가 일찌감치 옛 건물을 철거하고 빌딩을 올렸다고 하니 진정 한숨만 나올 노릇. 지금 글을 읽는 우리는 앞으로 100년 후 대부분 이 세상에 없으리라. 그저 남는 것은 건물뿐. 그 모습이 이곳 서울을 어떻게 바꿀 수 있는지, 진지하게 생각해봐야 하지 않을까.

5장

# 광화문광장

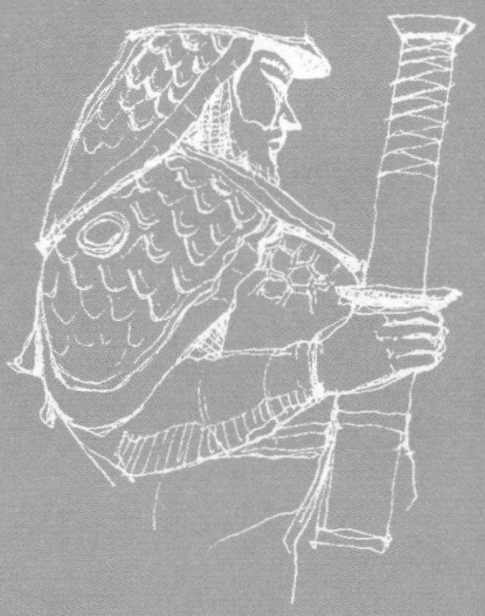

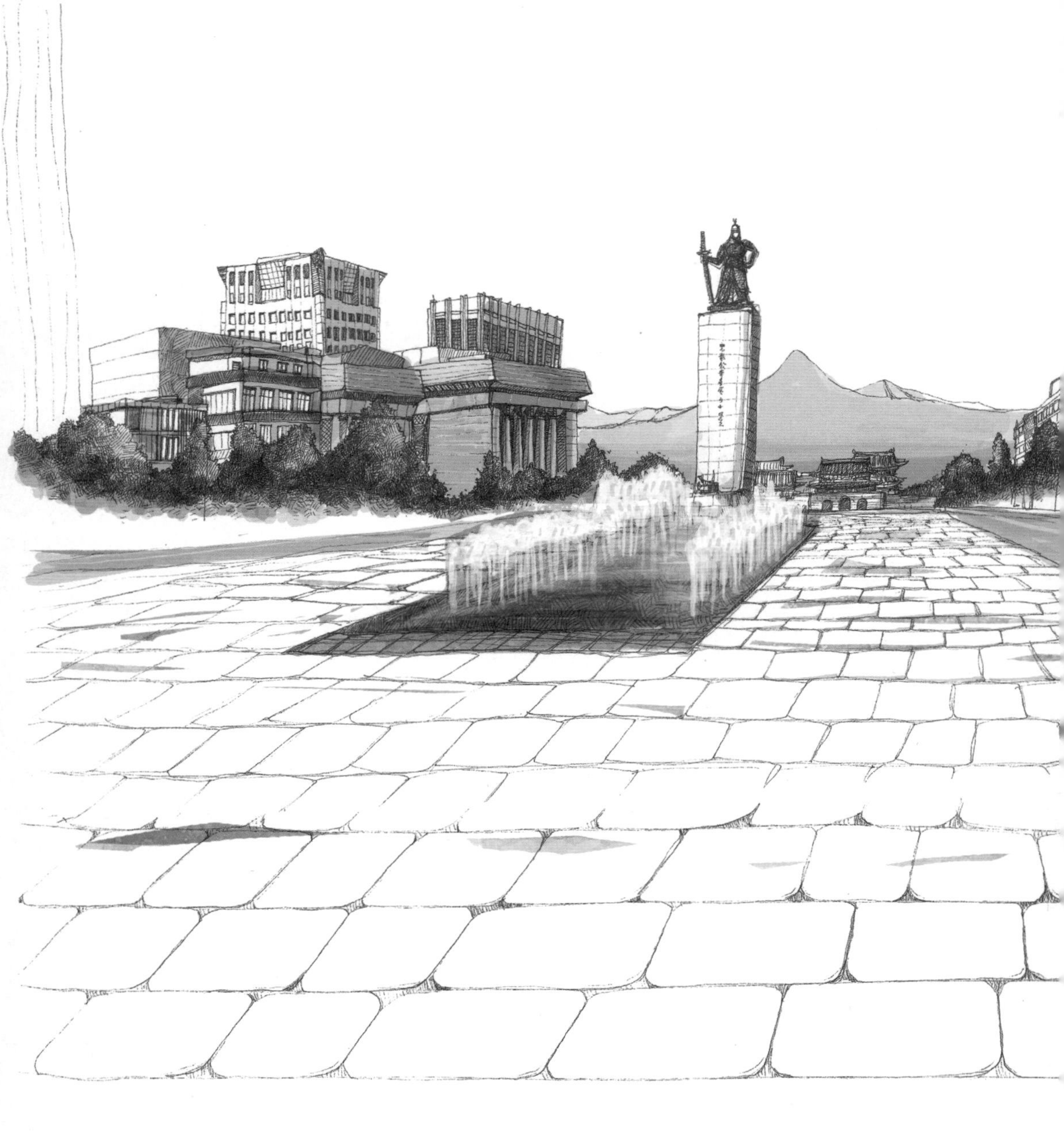

폭 100여 미터 왕복 16차로.
세계에서도 손꼽힐 만큼 넓은 도로, 세종로.
나는 지금 그 한가운데 서서 북악산에 겹쳐진 기와지붕을 바라보고 있다.
얼마 전까지만 해도 상상할 수 없었던 일.
만일 조금이라도 이런 감동을 느낀다면,
당신은 이미 서울을 사랑하고 있다는 증거.

## 세종로,
## 육조거리

도로(道路)의 도(道) 자는 우두머리가 행차하는 모습이라 했던가. 세종로는 조선 개국 이래 권력의 의미를 가장 충실하게 표출해온 과시용 길이었다. 공간을 낭비하면서까지 자신의 권위를 드러내는 모습은 권력이 존재한 이래 이어져온 전형적인 현상 중 하나. 수도의 틀을 다지면서 제후칠궤(諸侯七軌)라 하여 궁궐 앞 도로를 마차 일곱 대가 나란히 지날 수 있는 폭으로 만든 것도, 장엄하고 화려한 행차로 왕의 위엄을 드러내려는 의도에서였다.
이 넓지만 짧은, 도로 아닌 도로는 왕과 백성 사이의 거리감의 상징이나 소통의 공간 이상의 의미를 가졌던 것이다. 그러던 것이 1912년 일제의 도로정비계획이 시행되면서, 도보의 시대는 막을 내린다. 바야흐로 근대화의 시대로 접어들며 차도와 인도가 분리되고 자동차가 길의 주인인 시대가 도래한 것이다. 이후 지금까지 줄곧 자동차 중심으로만 발전해온 것이 문제였다. 한국전쟁 후 1960년대 서울을 꾸린 서울시장들은 그저 크고 죽 뻗은 도로만 많이 뚫으면 교통난이 해결될 줄로만 알았다. 이 때문에 서울 여기저기에 지하도와 육교, 고가도로가 급속하게 늘어났다. 그들은 사람과 자동차가 도로 위에서 만나는 걸 극도로 꺼려했다. 신호등이 있는 도심 한복판 교차로에까지 지하보도를 뚫거나 육교를 올렸다. 보행약자를 배려해 횡단보도가 필요하다는 건 지프만 타고 다니던 윗사람들에게는 그저 달나라 이야기였을 뿐.
그러다 어느 순간 변화가 찾아왔다. 2005년 세종로에 횡단보도가 생기자 세종로 차도 위로 다시 행인들이 오갔다. 38년 만의 일이었다. 그날의 기분을 아직도 기억한다. 자동차의 강이 보행자를 위해 잠시나마 흐름을 멈추던 그날. 정지한 차 앞으로 유유히 세종로를 가로질렀다. 마치 물위를 걷는 기분이었다. 그리고 4년 뒤. 세종로에 광장이 생겼다! 실로 대단한 변화가 아닐 수 없다. 세종로에 아예 차가 없었으면, 하는 꿈도 꿔보지만 일단 현재로 만족해야겠다. 세종로 중앙에서 광화문을 볼 수 있다는 것만으로도 서울의 미래가 긍정적으로 변해가는 것이라 생각해야지.

이 길이 세종로라 불린 건 비교적 최근인 광복 후부터였다. 조선시대까지만 해도 이곳은 여섯 개의 정부 부처인 육조(이조, 호조, 예조, 병조, 형조, 공조)가 있다 하여 육조거리라 불렸다. 재미있는 사실은 당시 육조거리는 지금의 세종로보다 좁았기에 도로 부분까지 활용하면 육조 복원이 전혀 불가능하지는 않다는 견해도 있다는 것. 현실적으로는 불가능하겠지만.

광화문광장이 생긴 건 2009년 8월 1일. 도로를 줄여 시민을 위한 광장을 만들었다! 청계천 복원과 함께 서울의 가장 큰 '가시적' 변화였다. 그런데 이걸 '광장'이라고 하기는 조금 망설여진다. 광장은 단순히 열린 공간으로 끝나는 것이 아니다. 도시의 한 요소로서 다른 부분과 유기적으로 연결되어야 비로소 광장으로 완성된다. 그러나 광화문광장은 사방으로 4차선이나 되는 넓은 자동차 길을 울타리 삼고 있다. 그것도 교통량이 얼마나 많은 도로인가! 이보다 더 확실하고 튼튼한 경계는 없어 보인다. 한가운데 섰을 때 편안한 기분이 들 리 만무하다. 거대한 자동차의 바다에 홀로 떠 있는 섬 같다. 머무르는 곳이 아니라 그저 들렀다 가는 곳 같은 느낌.

이 거리의 이름은 세종로다. 세종로라는 이름으로 부르면서까지 세종대왕을 기억하려 했다면, 이곳에서는 세종대왕을 우선해야 했을 터였다. 하지만 박정희 대통령의 대북 반공정신은 냉전시대라는 전 지구적 분위기와 맞물려 세종로에 왕도 문신도 아닌 무신을 홀로 세워놓기에 이른다. 조선시대에는 같은 품계라 해도 무신이 상대적으로 문신보다 차별받던 걸 생각하면 확실히 시대는 변하는 것일까.

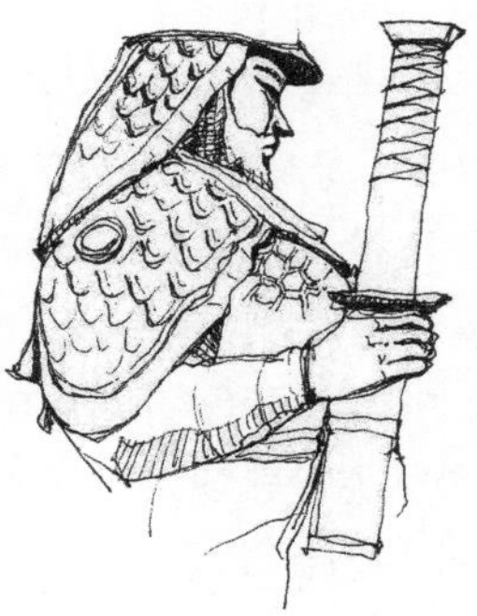

요즘에는 이순신 장군상을 그 이름에 걸맞게 충무로로 옮기자는 의견이나, 신하가 왕에게 등 돌리고 있는 것은 말도 안 된다거나, 이순신 장군상에 오류가 많다 또는 문신의 대표인 정도전 동상도 세워 균형을 맞추자는 등 여러 의견이 쏟아져나온다. 하지만 사실 나도 이순신 장군이 없는 세종로는 쉽게 상상이 가질 않는다. 수십 년에 걸쳐 우리 안에 깊숙이 그의 존재감이 자리잡았으니까.

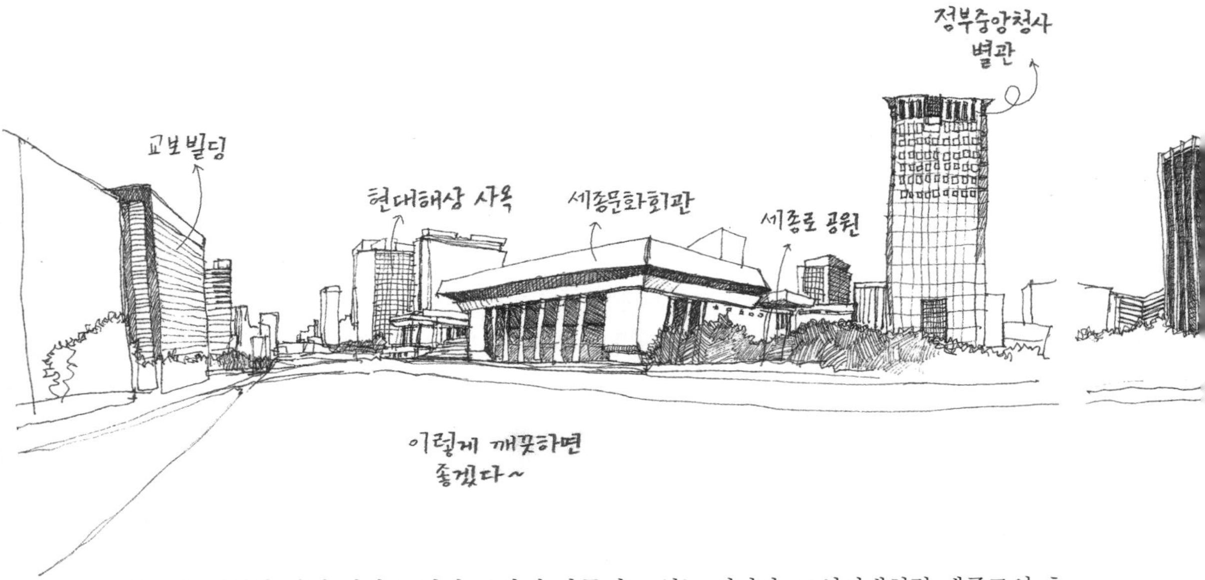


하지만, 진정한 나의 바람은 광장 중앙에 아무것도 없는 것이다. 조선시대처럼 세종로의 초입부터 중앙으로 걸어가면서 광화문이 가까워지는 걸 느껴보고 싶다. 북악산 윤곽과 겹쳐진 경복궁 전체의 실루엣을 느낀 후, 광화문을 향해 걸어가면서 점점 다가오는 광화문의 웅장함과 처마의 곡선, 섬세한 단청과 홍예문 안의 그림, 그 사이로 보이는 경복궁까지 음미하고 싶다. 그렇게 조선시대 평민들이 느꼈을 광화문과 경복궁을 오롯이 마음속에 담아보고 싶다. 그러나 이 광장은 나의 그러한 바람을 허락해주지 않는다. 중앙에는 동상을 비롯해 꽃밭이 있고 최대 복병인 자동차 대로까지 도사리고 있다. 이렇게 광화문과 사람들을 단절했으면서 왜 광화문광장이라 이름 붙였을까. 오히려 도로 이름을 살려 세종로광장이라고 하는 게 더 어울리지는 않았을까.

경복궁 옆 통의동은 세종대왕의 생가가 있는 동네다. 하지만 이를 아는 사람은 거의 없다. 언젠가 더운 여름날 그곳을 찾기 위해 행인을 비롯해 일대를 순찰하던 경찰관 몇 명에게 물어본 후에야 겨우 만나게 된 길가 표지석 하나. 세종대왕의 위상이 다시금 모호해지는 순간이었다.

세종로가 끝나는 지점. 세종로 사거리에 섰다.
세종로 사거리에는 조선시대까지만 해도 작은 언덕이 있었다. 일단 바뀌고 나면 예전 모습은 이내 잊히는 것이 우리네 삶이라고는 하지만, 단순히 건물 하나 바뀐 것도 아니고 언덕 하나가 사라진 것인데, 관악산 화기를 막기 위한 언덕이었다고 하니 얼마나 중요한 숲이었을까 싶다. 하지만 일제가 자동차 도로를 만들면서 언덕과 그 뒤로 있던 숲은 깡그리 사라졌다.
아쉬움에 그 언덕마루에 올라 광화문까지 뻗은 세종로를 내려다보는 상상을 해본다. 차분한 거리의 모습, 경복궁과 육조의 기와가 넘실 물결치고, 북악산도 덩실 춤을 추었을 그 모습이 자동차의 숲이 아닌 나무숲 사이로 잡힐 듯 요연하다.
이야말로 600년 도읍지를 필마로 돌아드는 기분이 아니겠는가.

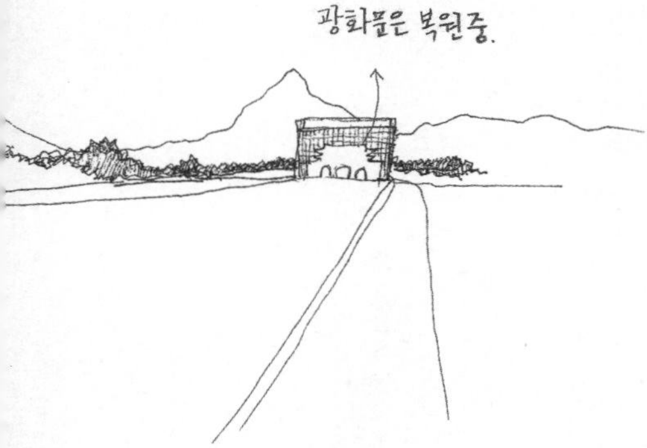

세종로 사거리의 상상
광화문광장은 볼 때마다 반가움과 아쉬움 그리고 또다른 가능성을 품게 되는 곳이다.
훗날 차도가 모두 없어진 세종로를 꿈꾸어본다. 그날이 오면 서울은 좀더 역사도시로서,
세계 속에서 분명한 색깔로 존재할 근거를 찾게 될 것이다.

# 광화문광장 스케치

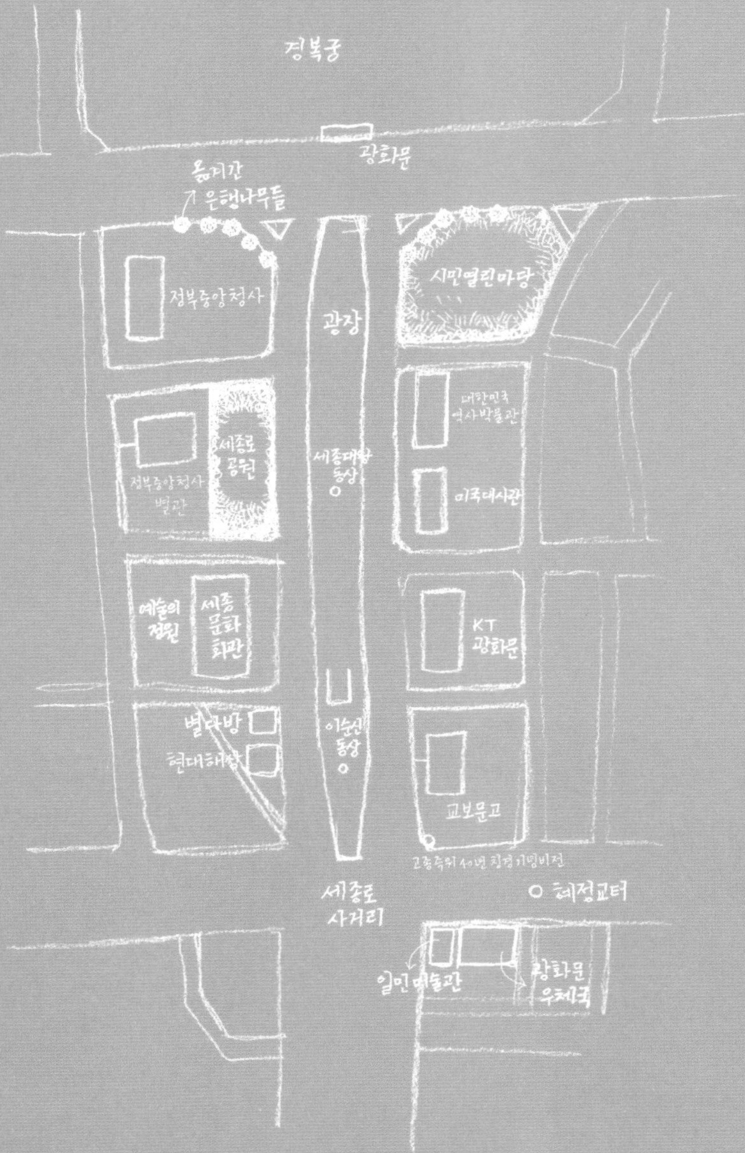
경복궁
광화문
옮겨간
은행나무들
정부중앙청사
광장
시민열린마당
대한민국
역사박물관
세종로
공원
세종대왕
동상
정부중앙청사
별관
미국대사관
예술의
정원
세종
문화
회관
KT
광화문
별다방
현대해상
이순신
동상
교보문고
고종즉위 40년 칭경기념비전
세종로
사거리
혜정교터
일민미술관
광화문
우체국

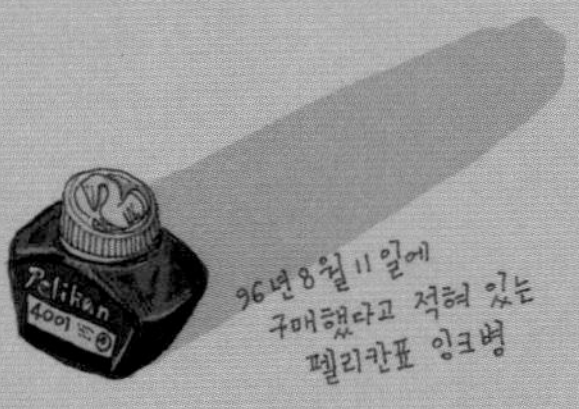
Pelikan
96년 8월 11일에
구매했다고 적혀 있는
펠리칸표 잉크병

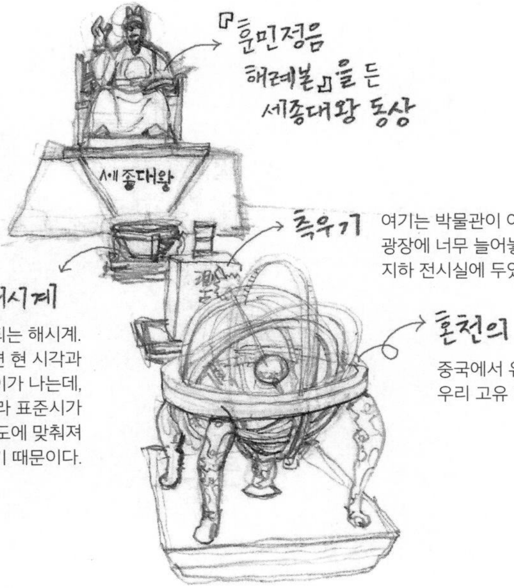


### 세종대왕과 이순신

광화문광장에는 우리 역사에서 손꼽을 수 있는 두 인물이 있다. 바로 세종대왕과 이순신 장군.
비슷한 시기에 산 것도 아닌데 이들이 함께 도마 위에 오르기 시작한 건 1968년 비슷한 시기에 두 분의 동상이 만들어지면서부터다. 한국전쟁이 끝난 후 1960년대까지 국민교육의 일환으로 37명의 성인 동상을 석고로 만들어 세종로에서 숭례문까지 죽 세워놓았다고 한다. 그 광경을 못 봐서 유감이지만, 지금까지 유지되지 않아 다행스럽다. 석고상이 관리가 되지 않아 흉측하게 변하면서 새로운 동상 설립이 거론되었고, 둘의 동상이 만들어지자 둘 중 어느 동상이 세종로로 갈 것이냐 의견이 분분했다. 당시 박정희 대통령이 우리나라의 분단상황에 비추어 반공을 강조하면서 이순신 동상에 대한 명분이 생겼다. 즉 글 읽는 임금의 이미지보다 적을 무찌르는 장군의 이미지가 정세에 더 맞는다는 것. 이로써 이순신 장군은 세종로에, 세종대왕은 살아생전 보지도 못했던 덕수궁으로 밀려나게 되었다. (덕수궁은 선조 때부터 행궁으로 사용되었다.) 그 후에도 반론이 계속되었지만 익숙함이란 무엇보다 강한 명분이 되는 법. 40년이 지나는 세월 동안 이순신 장군은 세종로 사거리 높다란 기단 위에서 지나가는 사람들을 내려다보았고, 세종대왕은 세종로를 등지고 의자에 앉아 궁궐에 놀러온 관광객을 바라보며 지냈다. 그러던 것이 광화문광장이 만들어지면서 다시금 둘의 위치 문제가 불거졌다. 결국 여론을 수렴하고 각계의 조언을 구한 끝에 2009년 두 동상을 모두 광화문광장에 세우기로 한다. 바야흐로 두 위인의 세종로 동거가 시작된 것이다.

1968년에 이순신 동상과 같이 만들어진 덕수궁의 세종대왕 동상을 광화문광장으로 옮겨오려 했으나 이순신 동상에 비해 너무 작고 초라해 기존의 것보다 두 배 크게 새로 만들었다. 이로써 서울 중심부에는 비교적 멀지 않은 곳에 세 개(광화문, 덕수궁, 여의도)의 세종대왕 동상이 있다. 모두 같은 모습으로 어좌에 앉아 있는데 그 연령대는 제각각이다. 가장 호평을 받는 것은 역시 광화문광장의 세종대왕.
가장 후덕하고 푸근한 인상이라나. 하지만 정작 세종대왕의 용안에 대해서는 전해지는 그림이나 생김새에 대한 묘사가 없어 누구도 실제 얼굴은 모른다. 결국 작가의 상상에 의해 만들어진 모습.
행여 세종대왕이 타임머신을 타고 현재로 날아와 길거리를 활보해도 그 누구도 못 알아볼 거라는 얘기!
덕수궁에 있던 동상은 현재 홍릉 세종대왕기념관으로 옮겨졌다.

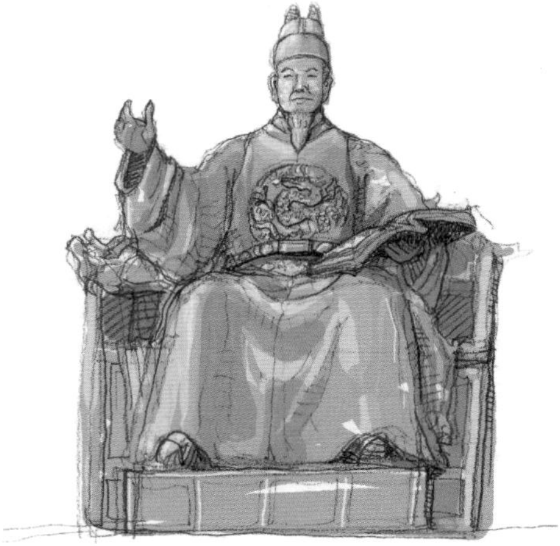

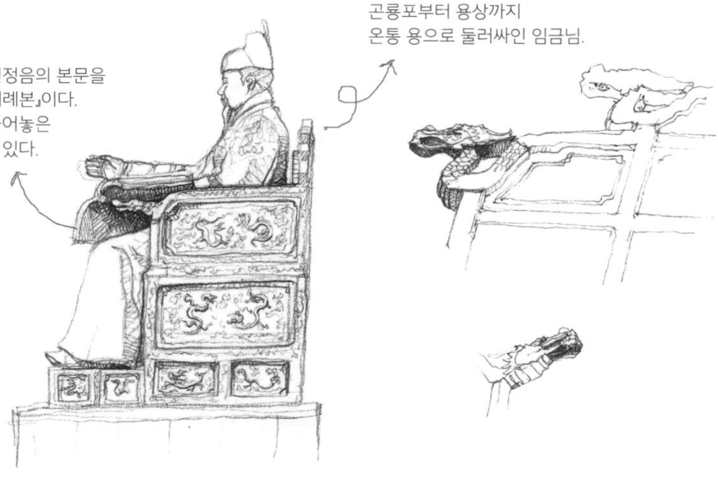

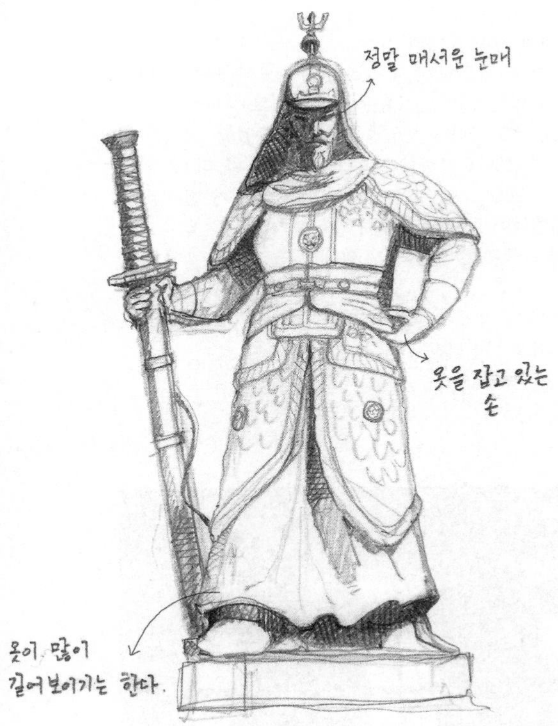


### 이순신 동상 아래에서

처음에는 동상의 크기가 5미터로 계획되었는데 세종로 폭이 확장되면서 '고위층'의 지시로 6.5미터로 더 커졌다고 한다. 그 덕분에 김세중 작가는 자택 마당 작업실 천장을 뚫어야 했다. 당시 열악한 경제 사정으로 구리 공급이 어려워 해체한 선박에서 나온 엔진, 놋그릇, 놋숟가락 등을 녹였는데 이마저도 충분치 않자 청록색 페인트와 동분을 섞어 표면을 칠했다고 한다. 또한 여섯 개로 나누어 만든 동상을 결합하는 기술이 없어 미군부대에서 용접봉을 빌려 사용했다. 동상을 세우는 작업도 쉽지 않았다. 8톤 규모의 동상을 세울 장비가 서울에 없어 청평댐 인근에서 작업하던 크레인을 갑자기 밤새 부랴부랴 서울로 불러와 동상을 세웠다. 이순신 동상에 대해서는 일일이 나열하기 힘들 정도로 많은 오류가 지적된다. 그만큼 관심이 높다는 것이고, 그래서 얼마나 중요한 동상인지 느낄 수 있다. 그는 최근에 훨씬 발달된 고급 기술로 전신 마사지를 시원하게 받고 다시 일어섰다. 아마도 한동안 서 계시는 데 무리는 없을 듯!

사실 고개 숙인 충무공이 탄생하게 된 계기는 작가의 작업실 높이의 한계 때문이라는 말도 있다. 사다리를 타고 위를 쳐다보며 고달프게 작업해야만 했던 작가의 노고의 결과라는 것이다.

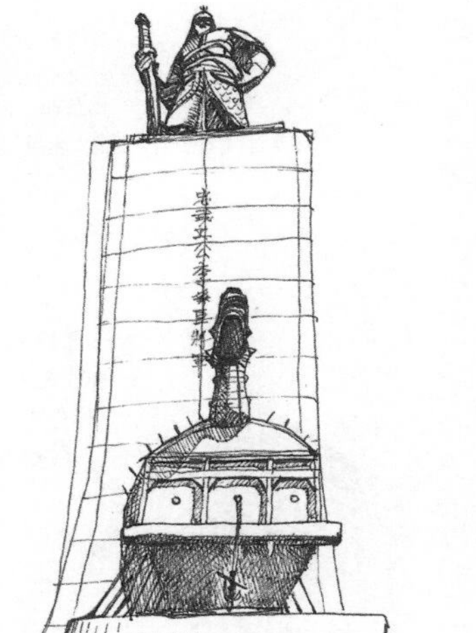

동상 아래 서서 장군님을 올려다본다. 장군님의 눈매가 꽤나 매섭다. 군인이기에 엄격함이나 비장함이 느껴지는 게 당연한 걸까. 왠지 지나가는 이들에게 뭐라 한말씀하시는 것 같다. 과연 어떤 말이 어울릴까? 이순신을 등용했던 문관 류성룡은 『징비록』에서 이순신에 대해, 말과 웃음이 적고 얼굴이 단아하여 근신하는 선비와 같다고 표현했다. 다른 건 둘째 치더라도 사람들에게 그의 온화한 모습을 상상해볼 기회조차 없앤 건 아닌가, 못내 아쉬워진다.

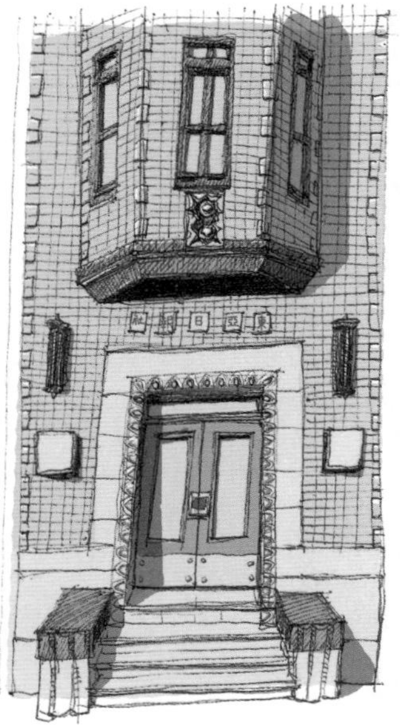

## 일민미술관

세종로 사거리에서 가장 오래된 건물.
1926년 동아일보 사옥으로 만들어졌는데 규모가 커짐에 따라 새로운 사옥으로 이전하고 이 건물은 미술관으로 새로 단장하여 조금이나마 세종로에 문화적 숨결을 불어넣어주었다. 그런데 사람들에게는 미술관보다도 1층에 있는 카페 '이마'가 더 잘 알려져 있는 것 같다. 그도 그럴 것이 카페의 음식 냄새가 전시장 깊숙한 곳까지 배어들어 때로는 관람이 불편하다는 생각까지도 든다. 가끔은 미술관에 딸린 카페인지 카페에 딸린 미술관인지 의심스러울 정도.
그렇지만 이 카페의 와플은 오래된 건물만큼이나 묵직하여 마음에 드니 식탐의 아이러니라고나 할까.

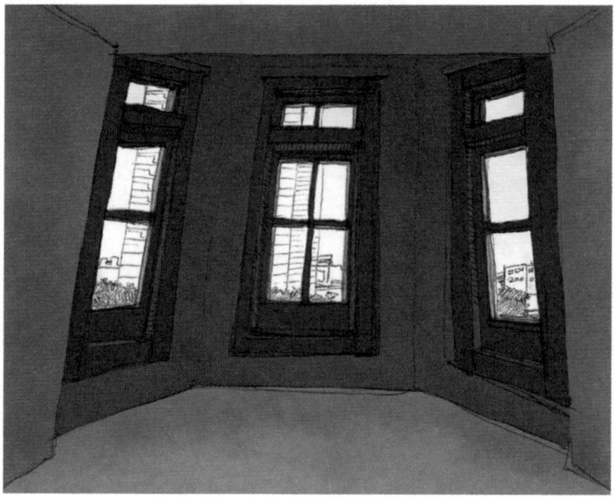

일민미술관 창문

사람도
창틀도
풍경도
모두 바뀌었겠지만,
80년이 훨씬 넘은 그 오래전
햇살 조각만은 여전한 창가.

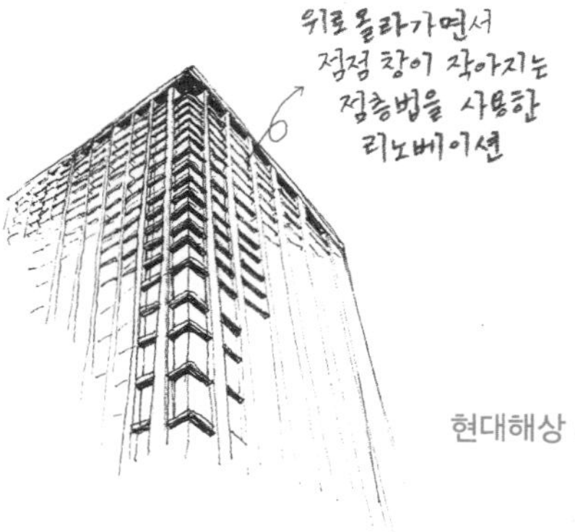


현대해상 사옥

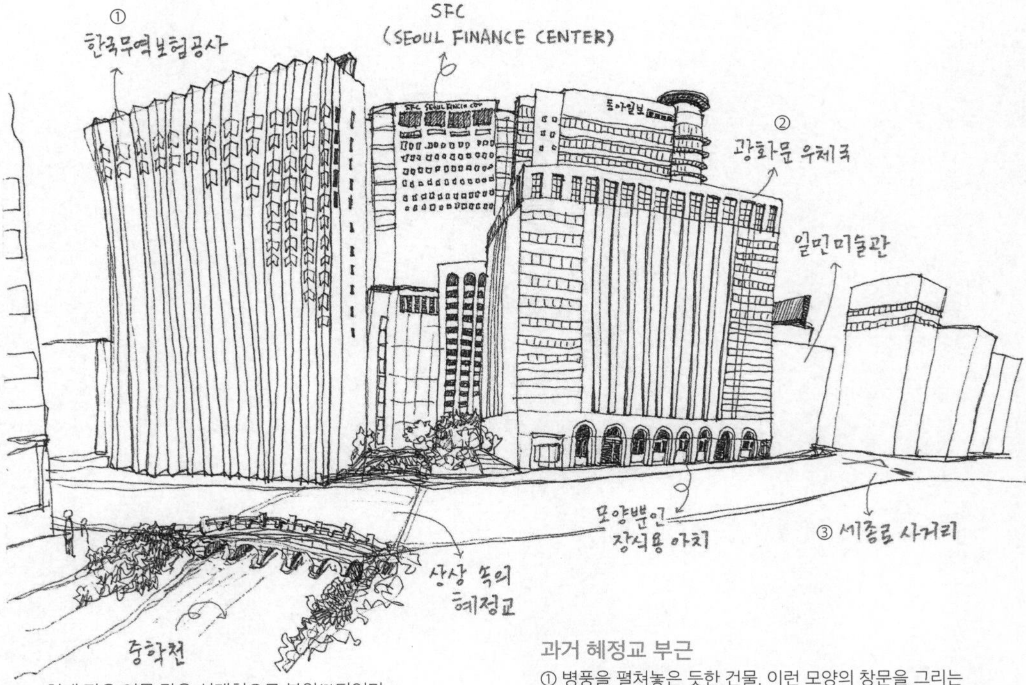


현재 작은 연못 같은 실개천으로 복원(?)되었다.

과거 혜정교 부근

① 병풍을 펼쳐놓은 듯한 건물. 이런 모양의 창문을 그리는 일은 정말 인내심 테스트!
② 조선시대 감옥, 서린옥이 있던 곳.
③ 전국에서 교통사고 많은 교차로 중 하나. 전문가들은 도로가 넓어 교차로가 길기 때문이라지만, 어떤 이들은 근처에 위치한 서린옥에서 죽은 영혼들이 떠돌기 때문이라며 찍어다 붙인다.

### 혜정교의 팽형

서울에 있던 많은 개울이 일제강점기를 기점으로 사라져갔다. 개발이 가속화되면서 땅 한 치가 아쉬워지자 물이 흐를 공간은 하수도라는 이름으로 자연스럽게 지하로 밀려났다.

광화문 우체국 옆에도 중학천이 흘렀는데, 당시 종로와 중학천이 만나는 곳에 혜정교가 있었다. 이 다리 부근은 탐관오리를 공개처형했던 장소로 유명하다.

팽형(烹刑)이라 불렸던 이 형벌은 끓는 물이 담긴 가마솥에 탐관오리를 넣어 삶아 죽이는 것이었지만, 실제 시행했다기보다 상징적인 의미가 강했다. 탐관오리가 팽형에 처해지면 가마솥에 들어가게 해 불을 피우는 정도로 형식만 취하고 풀어줬다고 한다. 하지만 이렇게 팽형을 당한 죄인은 살아 있는 시체가 된다. 가문의 명예를 목숨보다 중요시했던 조선 사회에서 죽은 사람으로 살아야 했던 것이니 그들에게 얼마나 무서운 형벌이었을까. 실제로 죄인을 죽은 사람 취급해 심지어 가족들은 그의 장례도 치르고 문상도 받았고, 상주도 옷을 입고 곡을 했다 한다.

게다가 호적이나 족보에서도 사라져 자식이 태어나도 아비 없는 아이가 되고 마는 것이니 죽느니만 못한 삶이다. 오늘날 뇌물과 비리로 가득한 뉴스를 보면서 살아 있는 시체보다 못한 사람들이 공직에 앉아 있는 건 아닌가 하는 생각을 해본다.

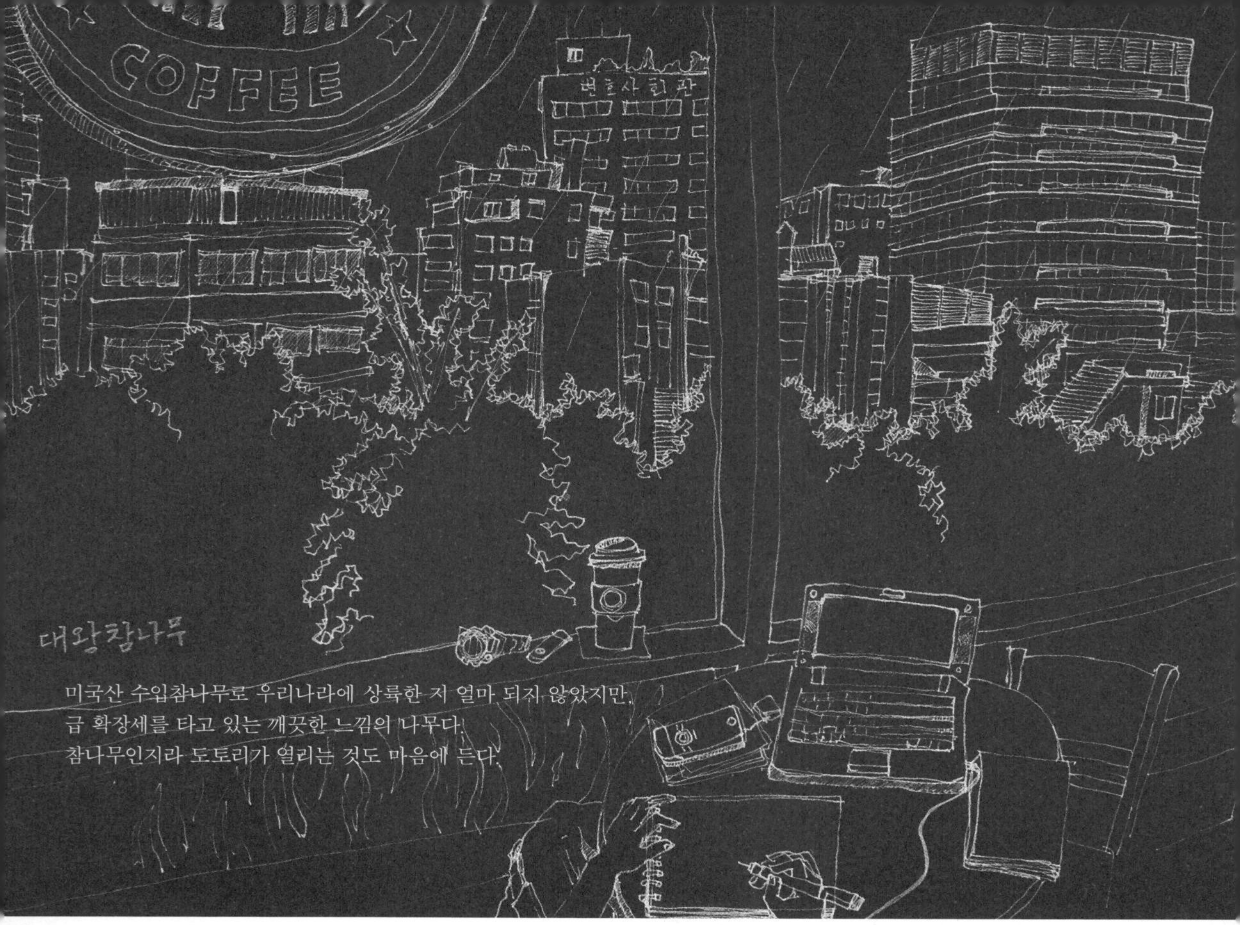


대왕참나무

미국산 수입참나무로 우리나라에 상륙한 저 얼마 되지 않았지만,
급 확장세를 타고 있는 깨끗한 느낌의 나무다.
참나무인지라 도토리가 열리는 것도 마음에 든다.

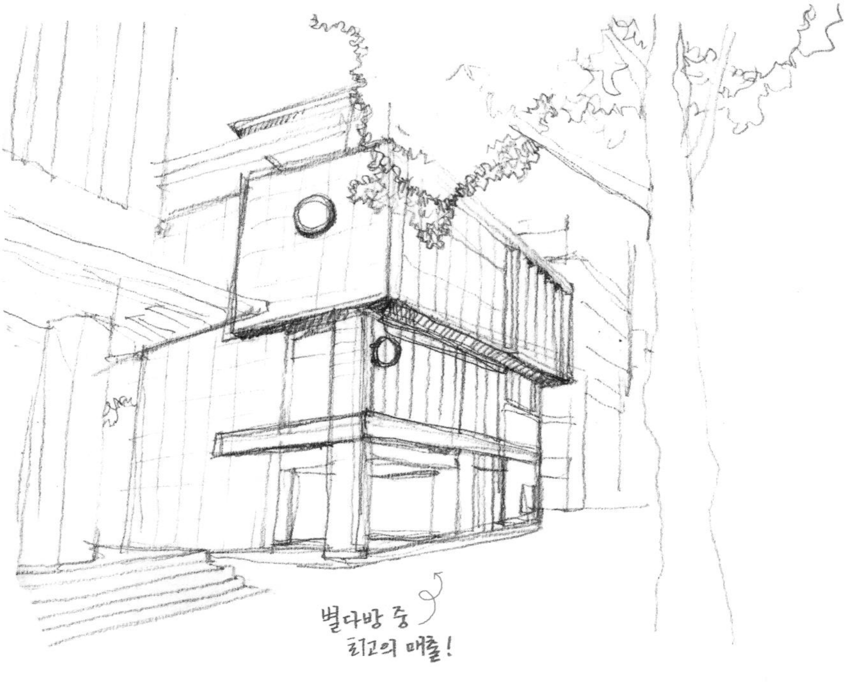


별다방 광화문점은
한국 스타벅스 중에서
가장 장사 잘되는 곳.

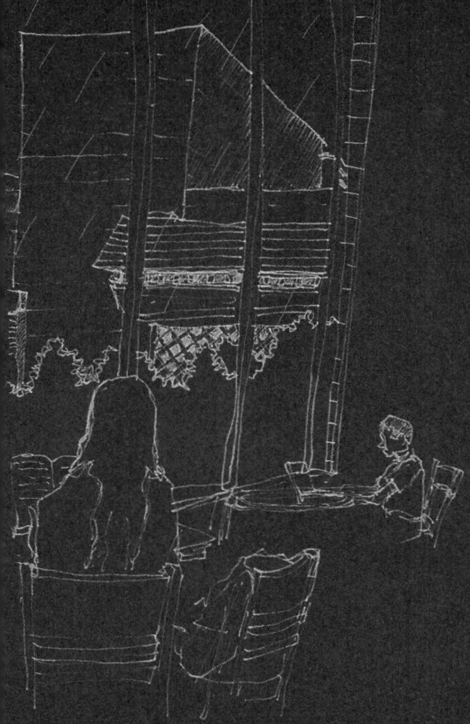

비 오는 날

광화문 별다방

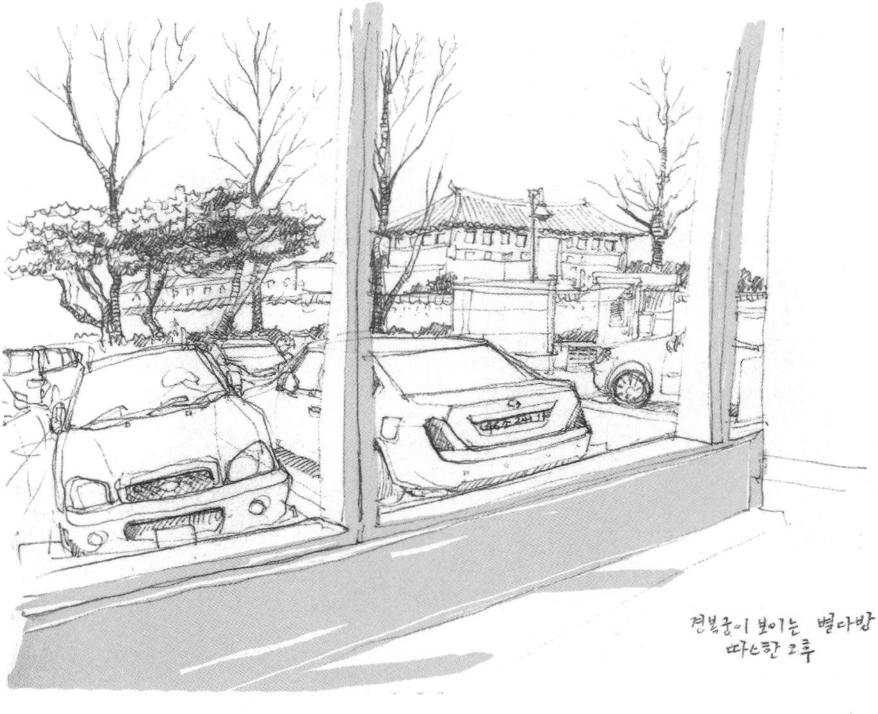

경복궁이 보이는 별다방

따스한 오후

# 세종문화회관

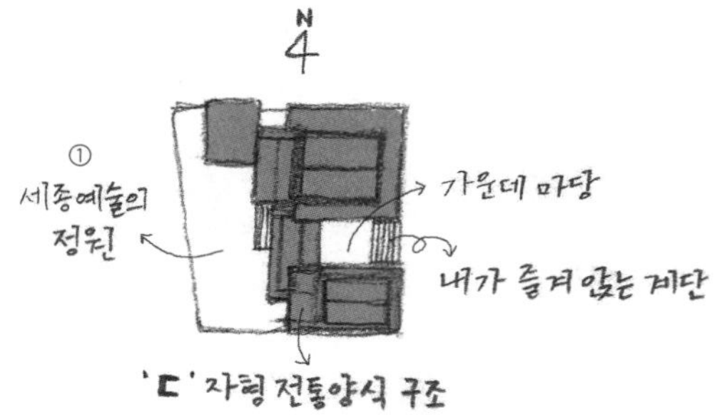


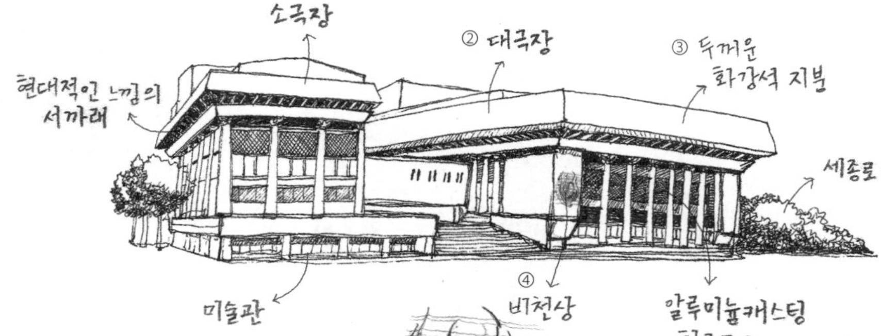


세종문화회관 전경

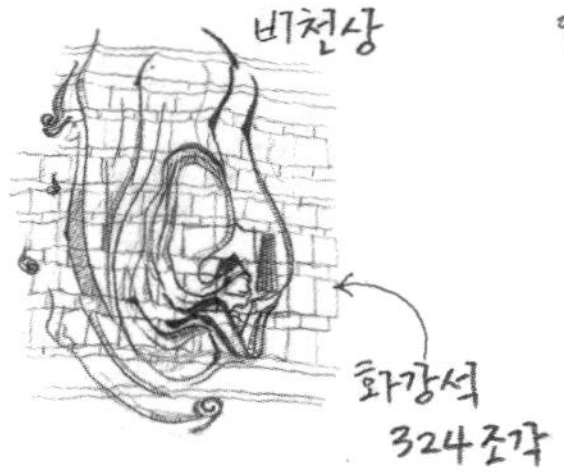


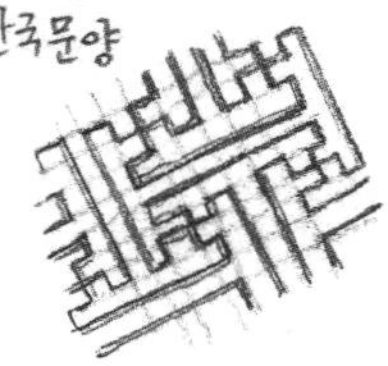

이 자리에 있던 시민회관이 1972년에 화재로 전소되자 서울시가 공모하여 엄덕문의 설계안으로 만든 문화공간. 크게 대극장과 소극장으로 구분되고 가운데에는 마당을 만들어 진입부를 두어 전체적으로 한국 전통양식의 하나인 'ㄷ' 자형으로 건물 배치를 했다. 한국 정서를 표현하는 열주, 문양, 서까래, 처마, 지붕 등을 토대로 디자인했는데, 전통과 현대의 조화라는 어려운 사안을 잘 소화해낸 건물.
한국의 대표적 문화공간이라 말하고 싶지만, 한편으로는 이곳에서 공연을 본 사람이 우리나라에 얼마나 많을까 싶을 정도로 멀게 느껴지는 곳이다.
무지한 나의 바람은 국립중앙박물관과 세종문화회관 위치를 바꾸어놓으면 좋겠다는 것!

① 뒤쪽에 있던 옥외 주차장을 없애고 공원을 조성해 세종문화회관의 거리감을 그나마 좁혀준다.
이곳에서는 봄, 가을에 세종뜨락축제가 열리는데 계단에 앉아 멋진 공연을 보노라면 절로 마음이 풍성해진다.
② 높이 11미터, 무게 45톤에 8098개의 파이프로 구성된 아시아에서 두번째로 큰 오르간이 있다.
③ 꽤나 육중한 모습이다.
④ 조각가 김영중이 1년 3개월에 걸쳐 만든 화강석 324조각으로 된 부조 작품.

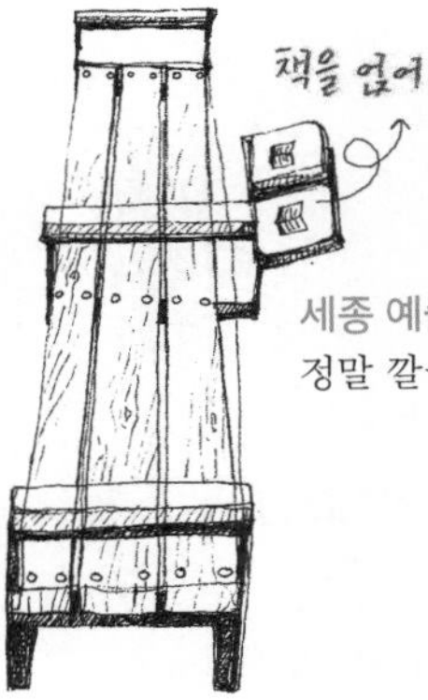


세종 예술의 정원 벤치
정말 깔끔한 센스~!

세종문화회관 계단
자동차가 오가던 풍경에 관광객이
오가는 풍경도 추가되었다.

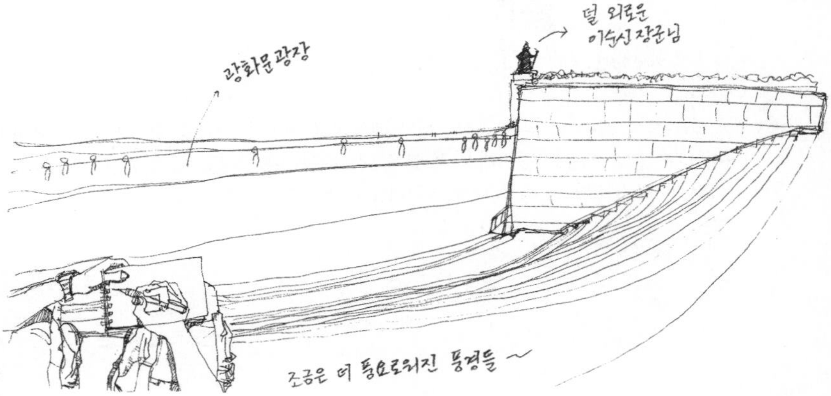


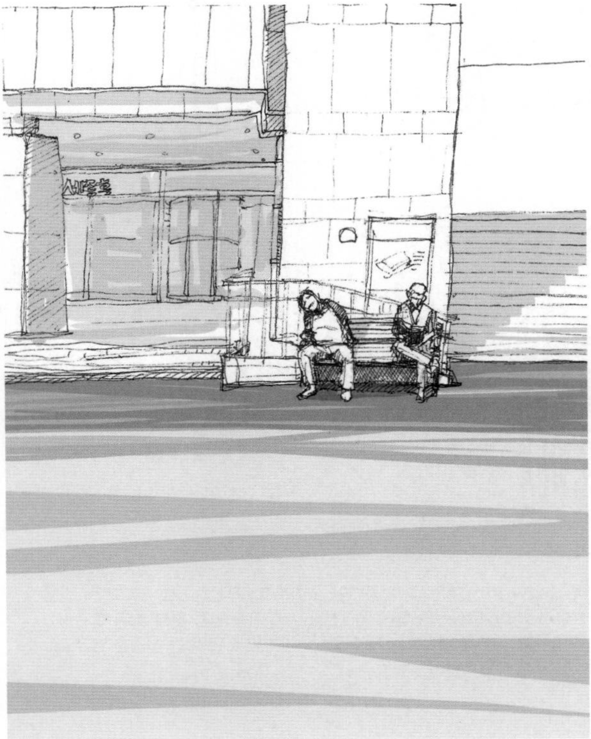

세종문화회관 벤치
출근길 세종문화회관 계단 밑 벤치의 두 남자.
이른 아침 정장 차림의 책 읽는 신사가
자연스러운 건지, 밤새 술을 마신 듯한
노숙인의 모습이 당연한 건지.
사실, 저 둘 중 하나는 동상.
색을 칠하지 않은 내 그림 안에서
어느 한쪽은 진실을 외면하고 있다.
진실 같지 않은 진실과 거짓 같지 않은 거짓이
불가피한 동거를 하는 이 세상 안에서
또하나의 아이러니를 본다.
때로 진실은 거짓보다 거북하다.

### 세종로공원 기념비들

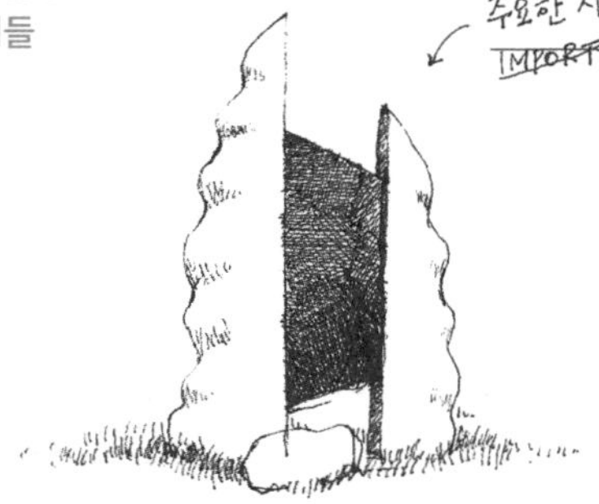


주요한은 대표적인 일제 부역 문인.
시 「빗소리」가 새겨져 있다.

사역원이 있던 이곳에는 후에 첫 전신시설이 있던 한성 전보총국이 들어선다. 그걸 이어받아 광화문 전화국도 있었다. 당시 황제의 전화를 받을 때는 착관 정장하고 전화통 앞에 엎드려 예를 갖추고 엎드린 채 전화를 받았다고 한다!

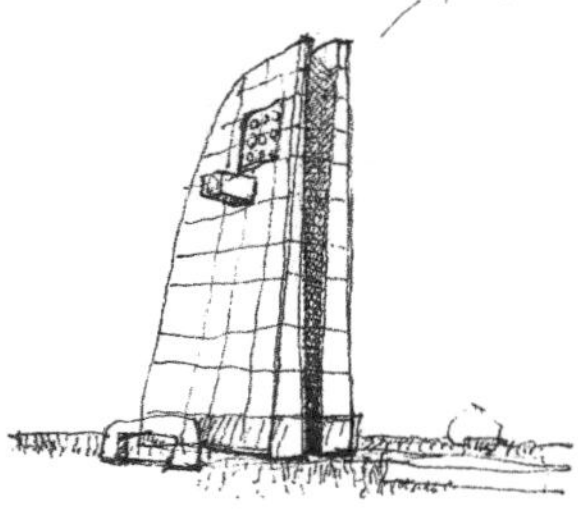


세종로에서 가장 중심이 될 듯한 공원이지만 예상외로 서울에서 가장 한적한 공원 중 하나다. 벤치 하나보다 기념비 하나를 더 세우고 싶어하는 '윗분들' 스타일이 잘 반영된 이 공원에는 여기저기 기념비가 난립해 있다. 지금은 수풀을 없애고 광장 느낌으로 바꾸었다.

### 4·19혁명 50주년 기념탑

길 건너 맞은편에는 광화문이라는 특성상 4·19민주혁명 50주년 기념비도 볼 수 있다.
1960년 4월 19일 이곳에서 경찰이 자유당 정권의 부정선거에 항의하는 시위대에게 발포해 많은 시민이 피 흘리며 쓰러졌다.
지금은 없어진 중앙청 앞에서 8명이 숨졌다고 한다.
이 부근을 지날 때 민주주의에 대해 다시금 생각해보는 것도 좋겠다.

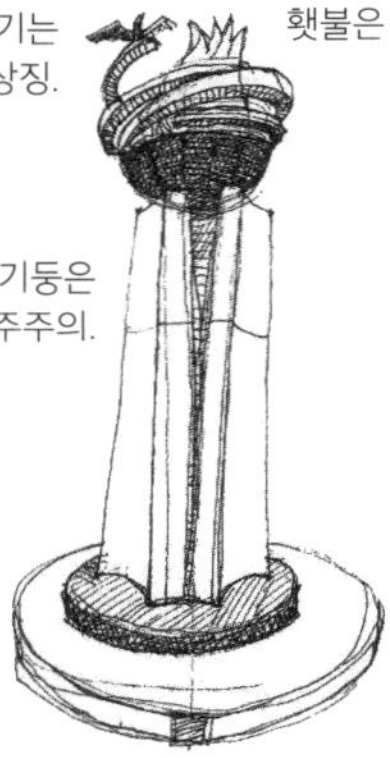

나선으로 돌고 있는 비둘기는 평화통일의 상징.

횃불은 정의를 나타낸다.

세 개의 기둥은 민주주의.

원형기단은 자유.

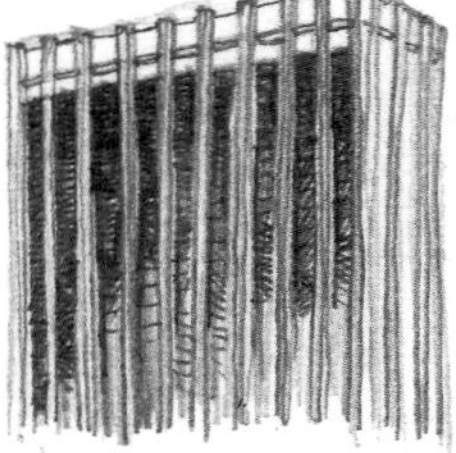

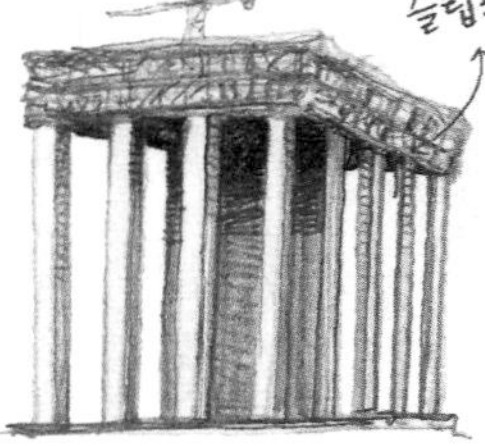


당시 공사 현장의 모습은 마치 거대한 그리스 신전 같은 열주가 인상적이다.

### 정부중앙청사

수직성이 강조된 건물로, 거푸집 없이 쌓아올리는 특수 공법인 '슬립폼'이 국내 최초로 사용되었다. 1970년 당시 정부의 현상설계공모로 나상진의 설계가 당선됐는데, 이를 믿지 못해, 착공 후 진행중이던 공사를 취소하고 미국회사 PA&E에 맡겨 완공되었다. 이런 말도 안 되는 사건은 당시 우리나라의 행정 수준을 단적으로 보여준다.

쫓겨난 은행나무
붕대를 감은 나무에도
봄은 온다.

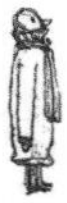

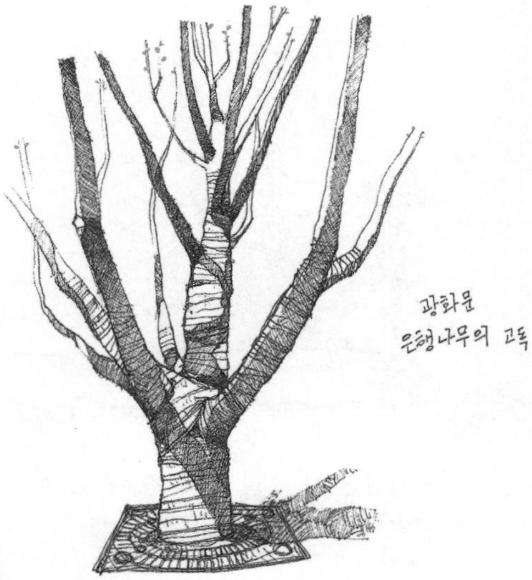


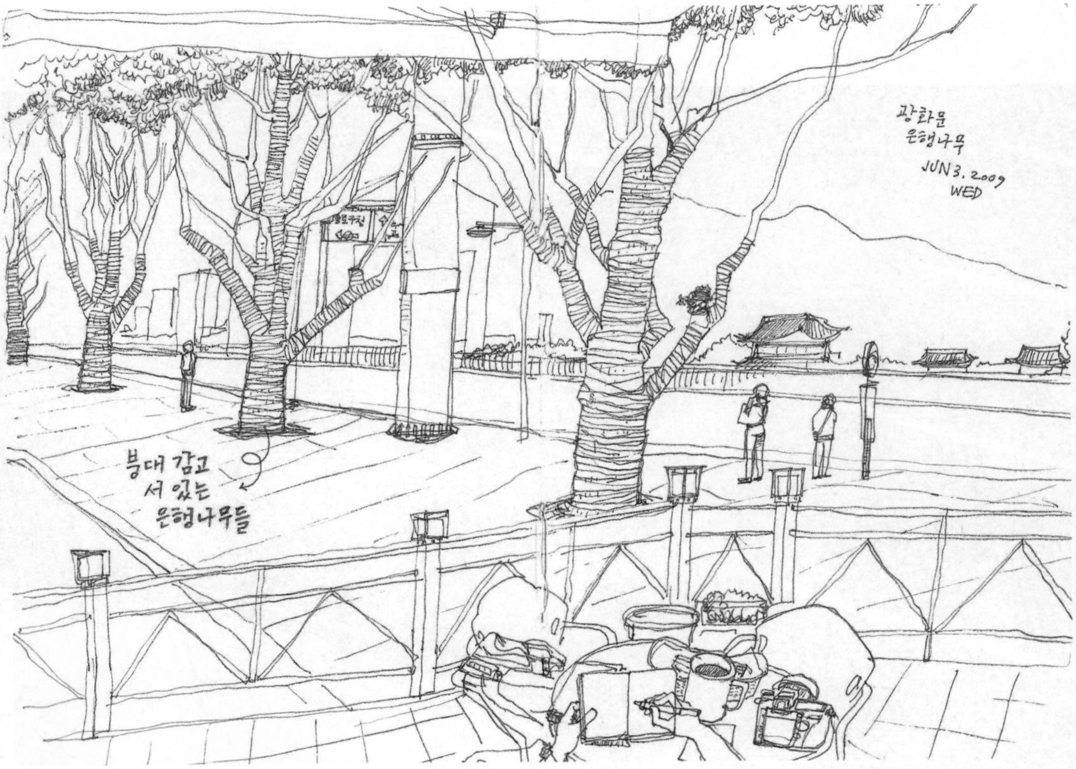


광화문광장이 생기기 전 세종로 중앙에 있던 거대한 은행나무들은 사직로 보도로 강제이주되어 힘겨운 시간을 보내고 있다. 이 은행나무는 일제강점기 세종로를 한가운데에서 가르려는 의미로 심은 것. 왕조의 중심축선을 영원히 훼손하려는 의도로 일부러 수명이 긴 은행나무를 골라 심었다고 하니, 애꿎은 은행나무만 인간이 만든 역사란 미명 아래 피해자가 됐다.

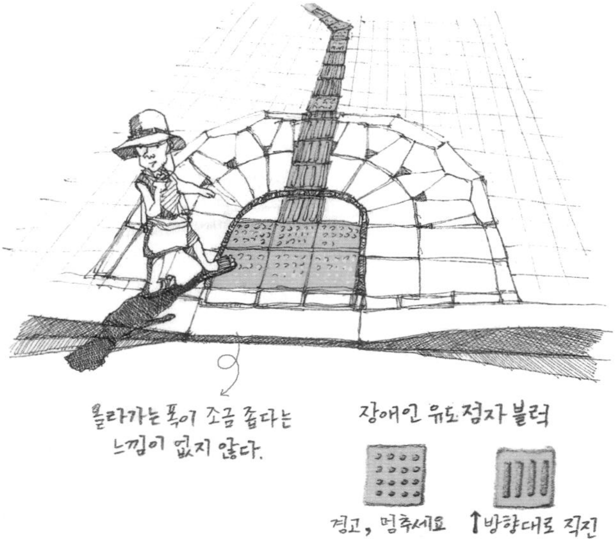


광화문 보도 턱

광화문광장 여기저기 세심하게 신경쓴 흔적들.
장애우를 위해 낮춘 연석과 보도블록 디자인도
꽤 감각적이다.

봄이 좋아진다. 가지 한가득 파릇파릇
돋아나는 싹. 아, 이 생명력이란.

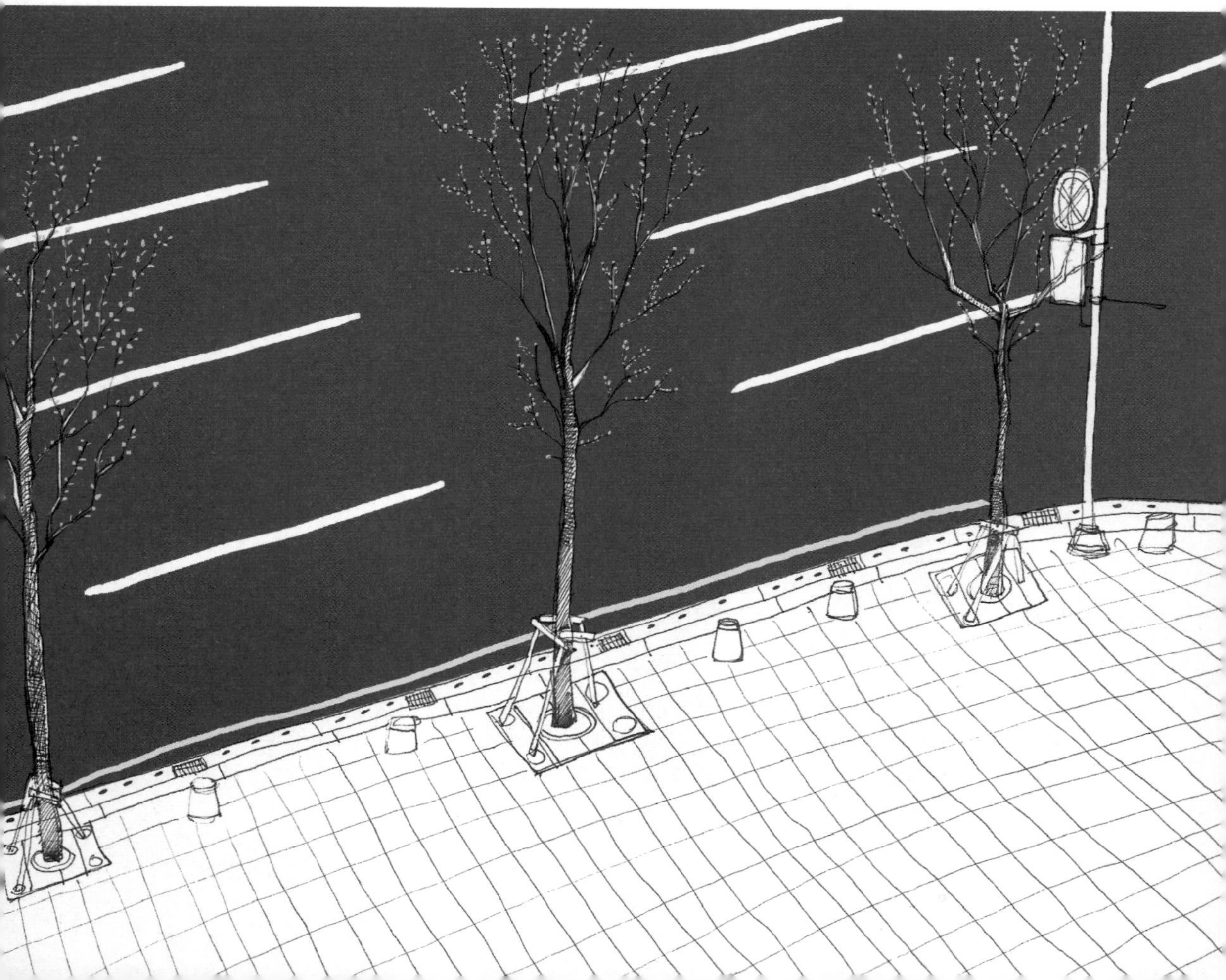

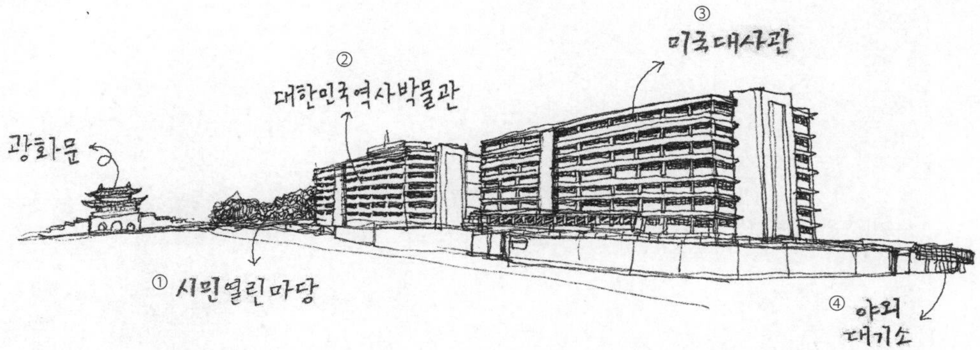


미국 대사관과 대한민국역사박물관

① 서울 중심부에서 가장 한적한 공원. 일제강점기 한성은 수도로서의 지위를 잃고 경기도로 편입됐었는데 이때 경기도청이 이 자리에 있었다. 광복 후 경기도청 건물은 사라지고 광장으로 조성되었다.
② 미국 대사관과 쌍둥이 빌딩. 국기와 색깔만 다르다. 대한민국역사박물관으로 바뀌기 전에는 맨 처음 경제기획원 청사였는데 4차에 걸친 경제개발5개년 계획 수립의 산실.
그후 문화체육관광부 청사로 바뀌었으며 2012년 12월 대한민국역사박물관으로 개관하였다.
③ 미국이 1961년에 지었다. 경복궁과 가까운 곳에서 가장 오래된 건물인 셈이다. 층고를 최소화하여 8층 건물이지만 높아 보이지 않는다. 건물 주변에는 2미터 간격으로 예쁜 가로등 모양의 고성능 카메라가 설치돼 있고, 자체 독립적인 전기발전소 시스템을 갖고 있다고 한다.
④ 미국 비자면제프로그램이 시행되기 전에는 이 앞에 비자 인터뷰를 위한 줄이 늘 길게 늘어서 있었다.

교보문고를 지나 광화문 KT빌딩 앞까지 넓고 여유롭게 깔린 보도는 미국 대사관 앞에서 갑자기 좁아진다. 그와 동시에 많은 전경이 나타나면서 분위기가 급격히 무거워진다. 이런 곳에서 누가 웃으며 사진을 찍을 수 있을까. (그나마 예전에는 사진을 찍으려고 하면 경찰이 제지하는 일이 다반사였다.) 그나마 광화문광장이 생긴 뒤 조금 여유로워졌다. 이제 미국 대사관이 용산으로 이전될 거라 하니 반가울 뿐이다.

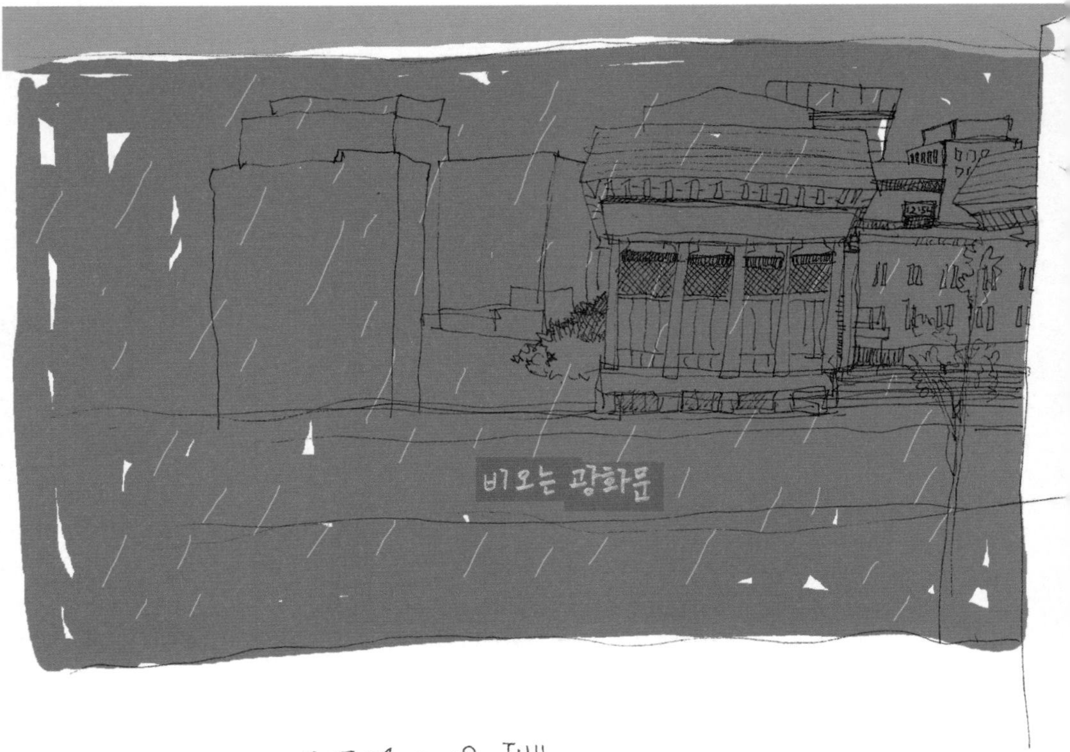


OCT 01. 2009 THU

Jazz and the City

광화문 KT빌딩

1층에 위치한 KT아트홀에서 재즈 아티스트의 공연을 접할 수 있다.
천 원 한 장으로 멋진 연주를 들을 수 있다.
꼭 공연이 아니더라도 지나다 들러, 마음 편하게 쉴 수 있는 공간이기도 하다.
이런 공간이 서울과 시민들을 더욱 가깝게 만들어주는 시작점이 아닐까.

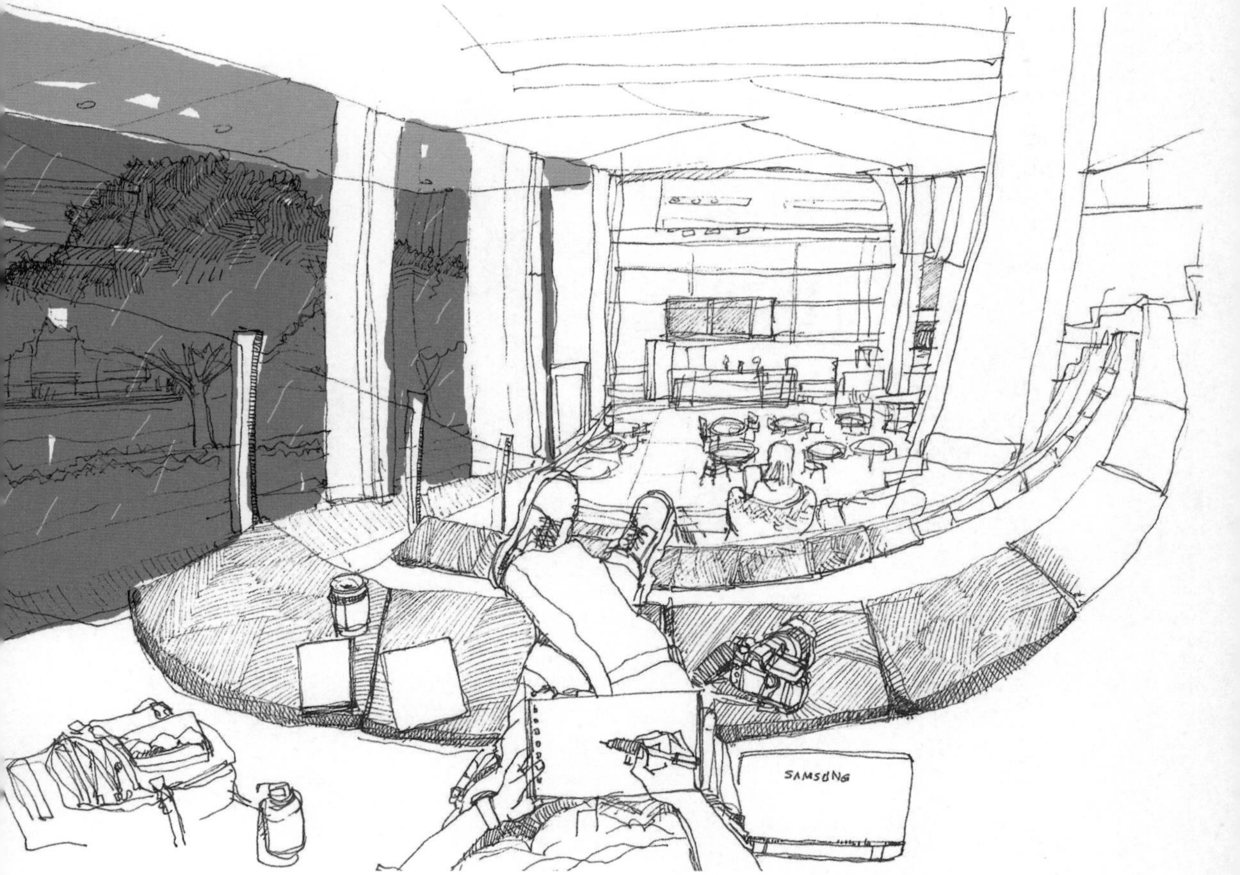


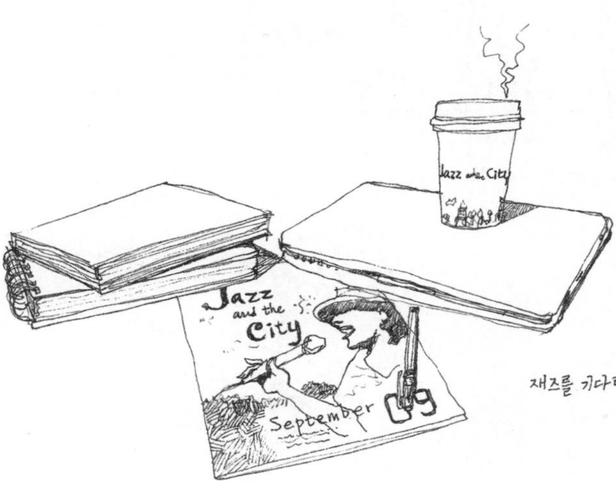


재즈를 기다린다...

# 교보문고

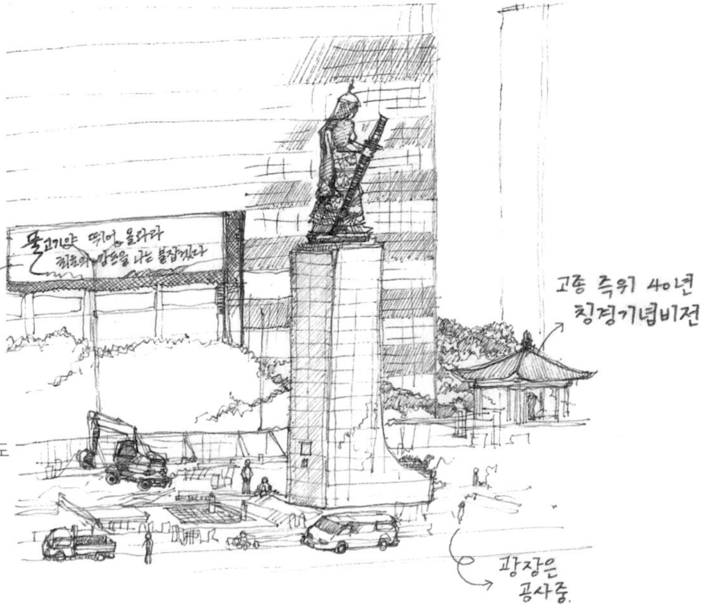


계절마다 바뀌는
교보빌딩의 글판.
글판과 함께 세월도
흐르는구나.

1980년에 완공된 이 빌딩은 서울의 대표적인 문화공간이자 랜드마크다. 지하에는 우리나라 최대 크기의 서점이 있다. 1980년대부터 교보문고를 찾았던 나에게도 서울에서 가장 친근하게 느껴지는 건물이자 함께 나이들어가는 친구 같은 느낌.

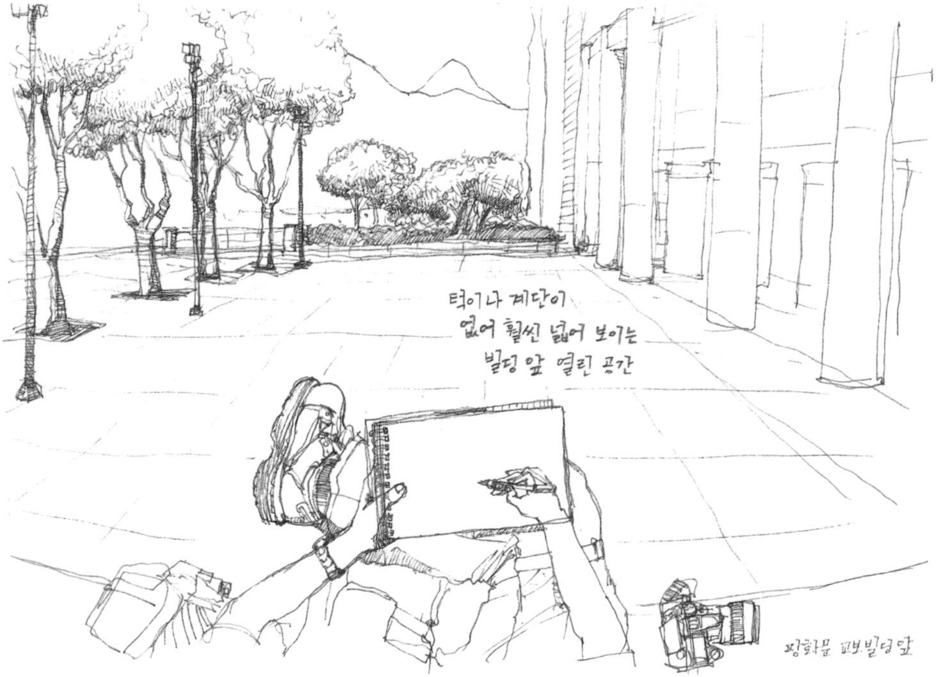


두번째 책이 나오던 날 설레는 맘으로 책을 받아들고
이 자리에 앉아 그 기분을 스케치노트에 담았다.

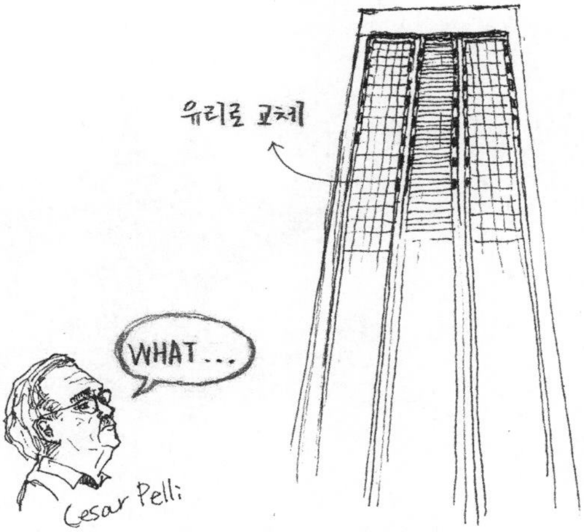


교보빌딩 리모델링

교보빌딩은 말레이시아에 있는 페트로나스 트윈 타워를 설계한 세계적 건축가 시저 펠리의 작품이다. 문제는 이 빌딩의 디자인이 도쿄에 있는 미국 대사관과 똑같다는 것! 비슷한 정도가 아니라 일본의 조형적인 특성을 살려 설계한 것까지 그대로 따왔다. 서울에 온 일본인 관광객들도 잠깐 도쿄인가 하고 혼동한다는 우스갯소리가 있을 정도. 당시 교보생명 창업주는 도쿄 주재 미국 대사관의 디자인을 너무 마음에 들어해 펠리가 한국의 특성을 고려한 새로운 설계안까지 내놓았지만 고집을 꺾지 않아 지금과 같이 아류작일 뿐인 교보빌딩이 탄생했다. 철학의 부재가 낳은 해프닝으로 보기에도 참으로 아쉬운 일이다. 이에 한술 더 떠 이후에 지은 교보문고 건물을 모두 같은 모습으로 찍어내어 설계자 펠리가 법적 소송까지 걸었다. 과연 그는 자신의 포트폴리오에 한국의 교보빌딩을 넣을까?
최근에는 가장 일본적인 요소라 생각했던 옆면을 유리로 리노베이션하면서 그나마 있던 건물의 특색마저 잃었다. 건물 입주자를 내보내지 않고 시행한 최초의 공사 사례라고 하는데 한 층을 공사하면 완성된 곳으로 입주자들을 이사 시키는 방식이었으니 이사가 끊임없었을 듯.
어쨌거나 같이 늙어가던 빌딩은 최근 유행하는 유리 커튼월 리모델링 후 조금 더 젊어졌지만, 개성은 부족해졌다. 성형이란 인간에게나 건물에게나 획일적인 공장형 제품처럼 찍어내는 일임에는 어쩔 수 없나보다.

# 고종칭경기념비전

1902년에 세워진 이 비는 간단하게 '고종 즉위 40년 칭경기념비'라 불린다. 하지만 이 비각의 제대로 된 이름은 대한제국대황제보령망육순어극사십년칭경기념비(大韓帝國大皇帝寶齡望六旬御極四十年稱慶紀念碑). 아, 이 장엄함. 다시 듣고 싶지 않을 정도로 길고 무서운 한자의 나열이지만, 막상 하나씩 뜯어보면 그다지 어렵지 않다.
고종의 나이 쉰한 살이 되고 황제로 등극한 지 40년을 기념해 세운 비로, 대한제국 선포와 고종이 기로소(耆老所)에 가입한 걸 더불어 축하한다는 의미다.

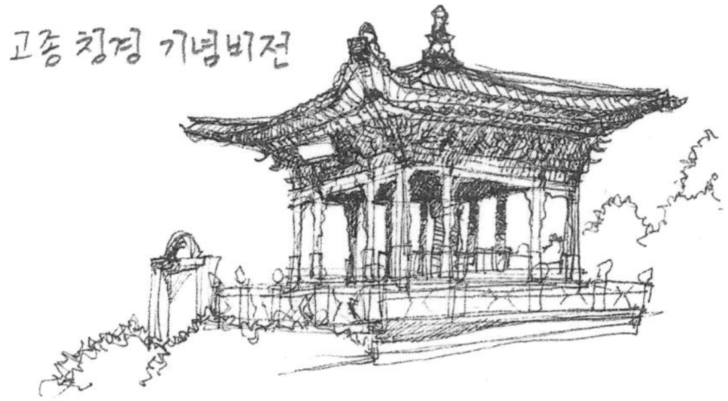


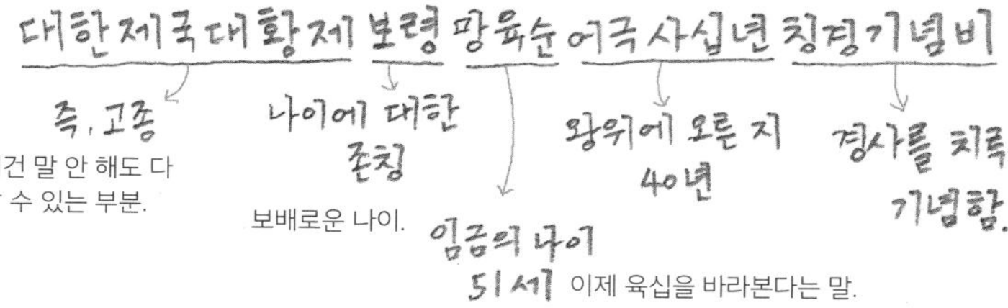


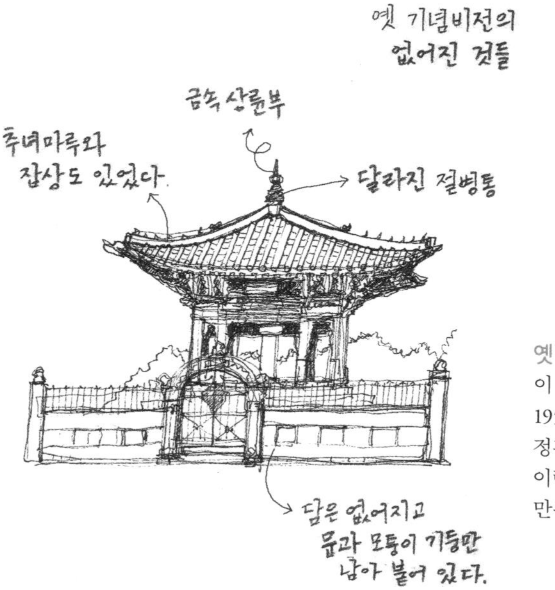


옛 기념비전
이 기념비전은 한국전쟁 때 일부 파손된 것을 1954년 보수하면서 모습이 많이 바뀌었다. 정확한 모습의 옛 사진도 남아 있는 이런 문화재를 복원하면서 그저 손 가는 대로 만든 그 의도는 과연 무얼까?

조선시대에는 '기로소'라 하여 일흔 살 이상의 정2품 이상 문관을 특별히 우대하는 조직이 있었다. 기로소는 단순히 경로당 수준이 아닌, 나라의 경사가 있을 때는 잔치에 초대하고 나아가 국가적인 회의에서 왕이 의견을 물을 정도로 입김이 센 곳이었다. 그러니까 원로원 수준의 왕립 경로당쯤 되는 기관이었다. 왕도 기로소 회원이기에 그 권세는 더욱 높을 수밖에 없었다. 왕은 특별히 예순 살 이상으로 연령 제한 기준을 다소 완화했지만. 조선의 왕 28명 가운데 기로소에 명부를 올린 사람은 고작 태조, 숙종, 영조, 고종 4명뿐이었다. 지금은 의학이 발달해 평균수명이 길어져 주변에 일흔 살 이상의 노인을 찾는 것은 일도 아니지만 조선시대를 통틀어 기로소에 든 사람이 700여 명에 불과했다. 양반이 이 정도였으니 과거 평민들은 이보다 더 짧은 생을 살았음을 짐작해볼 수 있다.

그렇다면 어떻게 고종은 쉰한 살에 기로소에 들었던 걸까? 사실 왕의 수명이 길지 못해 기로소에 들어가는 이가 거의 없자 숙종, 영조가 쉰한 살에 예순 살을 바라본다 하여 앞당겨 기로소에 들어갔었다. 고종도 이 같은 전례를 따른 것이다. 그렇게 만든 이 비전은 조선 왕조가 전통 양식으로 세운 마지막 작품이라는 기록을 남긴다.

기로소의 위치는 육조거리 동편 끝. 그러니까 지금의 교보문고 근처로 추측된다. 아마도 이 기념비전의 위치가 고려된 이유 중 하나가 아닐까. 원래 처음 위치는 세종로 교차로 복판 쪽에 있었다는데, 당연하게도 도로에 밀려 지금의 모퉁이로 옮겨졌다. 어쨌든 이런 요지에서 일제강점기를 무사히 잘 버틴 것도 신기하지만, 이 비전의 존재를 아는 사람이 많지 않은 것도 놀랍다.

심지어 교보빌딩의 부속 장식품 정도로 아는 사람도 있다고 하니!

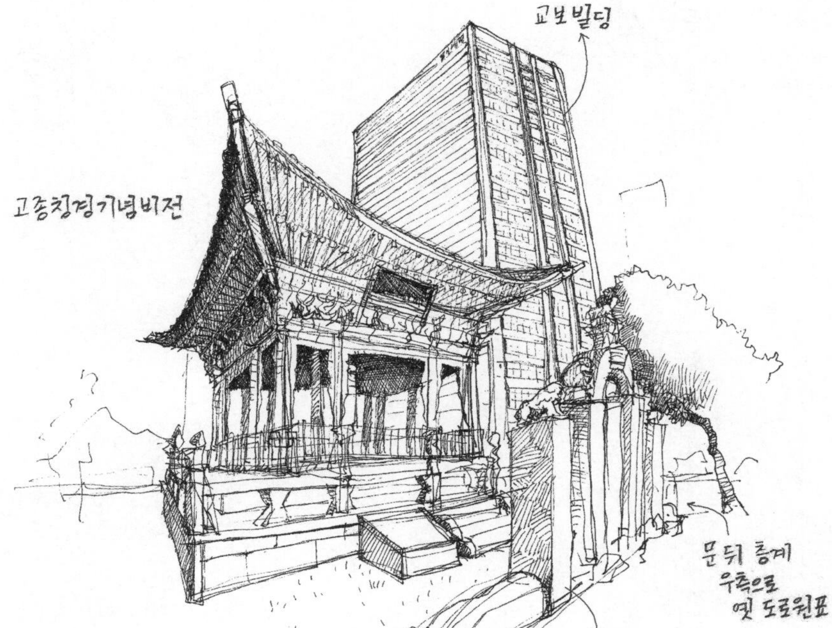


교보문고와 겹친 비전

세종로 사거리에서 가장 눈에 띄는 위치에 있지만 그냥 무심히 지나치는 옛 건물을
하나 꼽으라면? 바로 이 비전이 아닐까?

지금 비전은 월대 위는 고사하고, 근처에도 못 가게 난간을 둘러놓아 안에 뭐가 어떤 모습으로 있는지 알기 어렵다. 의미는 만들고 세우는 걸로 끝나는 건 아니다. 만들었다면 알려야 하는 것.
이 비전은 표지석 하나만 남기고 사라진 문화재가 아니다. 결국 관리 측면에서나 이를 보는 사람의 입장에서 모두 관심이 부족해 벌어지는 일. 그나마 최근 문화재 재정비로 설명판을 세워 내용물이 무엇인지, 무엇을 기념하는 것인지는 알 수 있게 되었다.
하지만 여전히 비석의 형태는 제대로 알 수 없기에 직접 찾아 그려보았다.

비석

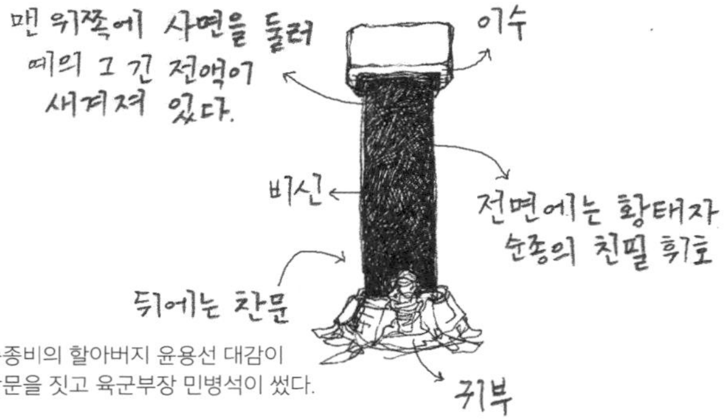


순종비의 할아버지 윤용선 대감이
찬문을 짓고 육군부장 민병석이 썼다.

석물

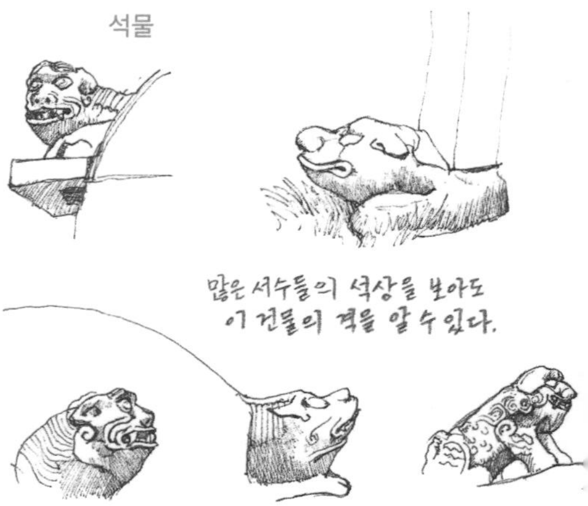


만세문

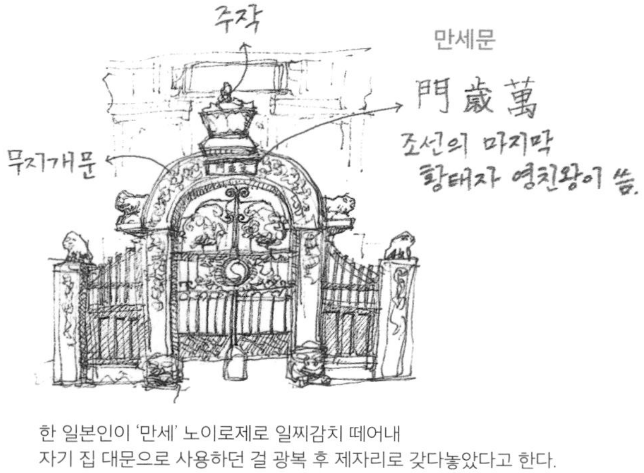


한 일본인이 '만세' 노이로제로 일찌감치 떼어내
자기 집 대문으로 사용하던 걸 광복 후 제자리로 갖다놓았다고 한다.

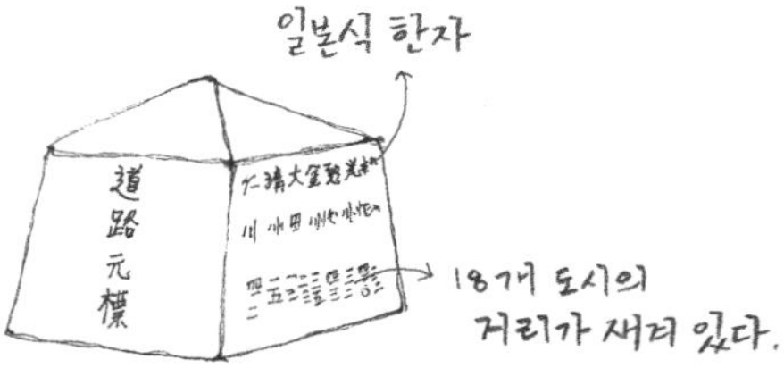


옛 도로원표

전국 지역의 거리를 측정하는 기준점.
워싱턴의 도로원표와 똑같이 생겼다.
북한 지명까지 표기된 것을 보며,
그때는 한 나라였겠구나 싶어 낯설다.

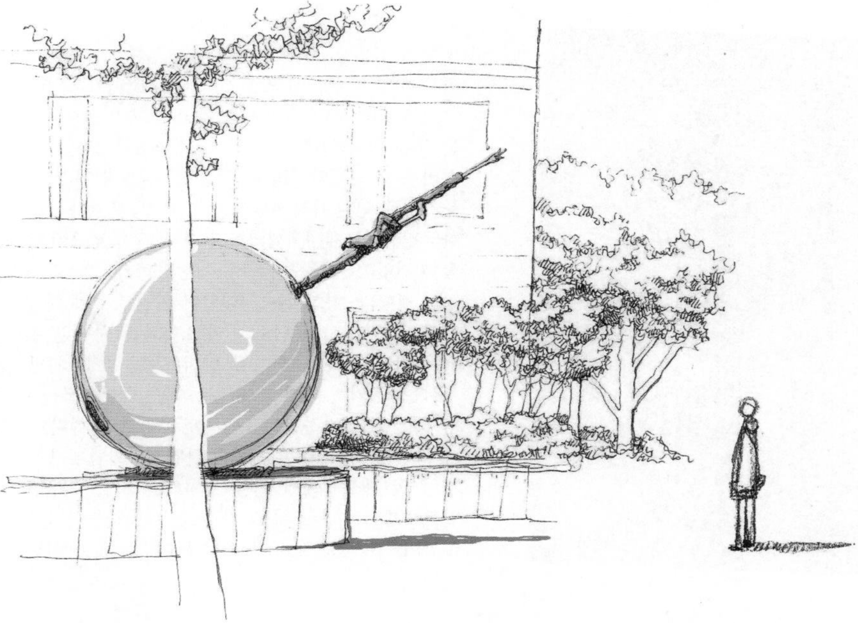

<맑은 아침>

광화문 근처에는 안타깝게 죽은 한 예술가의 흔적이 남아 있다. 고(故) 구본주의 〈맑은 아침〉이다. 구본주는 서른일곱 살의 나이로 음주운전 차량에 치여 목숨을 잃었다. 당시 미술계에서 유망한 작가로 인정받았지만, 자동차 보험사에서 예술가로서 보상하는 것이 아니라 '무직자에 준한 배상'을 하려 해 많은 예술인의 공분을 샀다. 이 사건은 한국 사회에서 예술이 어떤 의미인지 다시 생각하게 한 중요한 계기였다. 과연 예술가의 노동은 어떻게 평가되어야 할까.

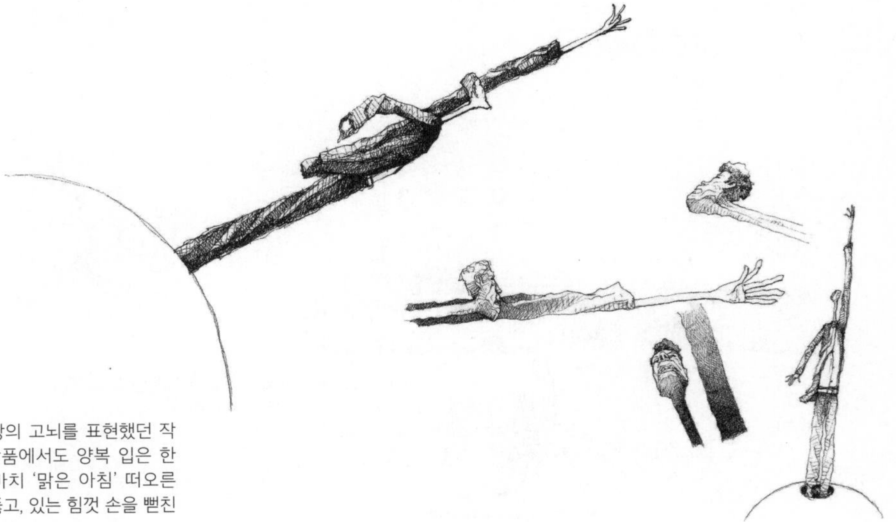

주로 가장의 고뇌를 표현했던 작가. 이 작품에서도 양복 입은 한 사람이 마치 '맑은 아침' 떠오른 태양을 뚫고, 있는 힘껏 손을 뻗친 것 같다.

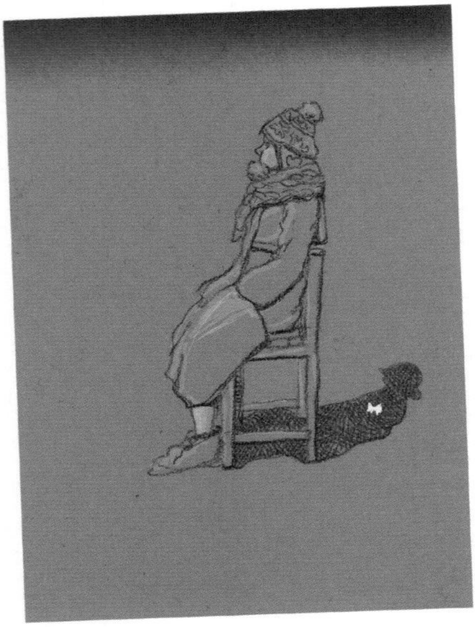

평화비

작은 의자에 살포시 앉은 단발머리 소녀가 정면을 응시하고 있다. 눈 하나 깜박이지 않고 그녀가 뚫어져라 쳐다보는 곳은 바로 일본 대사관. 이 소녀상은 일본군 위안부 평화비다. 시민들의 모금과 김운성, 김서경 부부 작가의 재능기부로 만들어진 이 작품은 사실 무허가 건축물이다. 한국정신대문제대책협의회(정대협)가 종로구에 평화비 건립 허가를 요청했으나 이를 거절당하자 그대로 강행해 설치한 것이다. 평화비는 정대협이 위안부 문제 해결 촉구를 위해 일본 대사관 앞에서 수요집회를 시작한 지 천번째 되는 날 세워졌다. 허가를 받지 않고 설치했지만, 종로구에서는 "공익에 해가 되지 않는다면 국민감정을 우선시하여 강제로 철거하지는 않을 것"이라고 밝혔다. 평화비는 그 크기는 작지만, 설립 직후 한일정상회담에서 일본 총리가 한국 대통령에게 이를 철거해줄 것을 요구할 정도로 일본에게는 부담스러운 작품이었나보다. 아마도 오늘날 공공미술의 영향력을 가장 잘 보여주는 것이 아닐까.

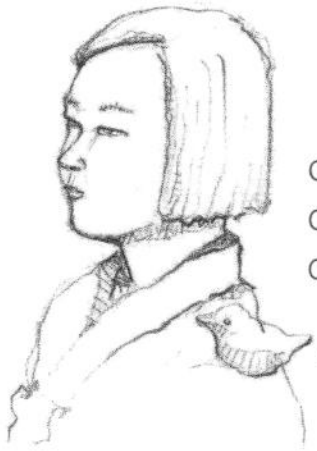

이 작은 새는 저승과 이승의 영매로
이미 돌아가신 할머니들을 이곳과
이어주는 역할을 한다.

소녀상 옆 빈 의자는
누구를 위한 것일까?

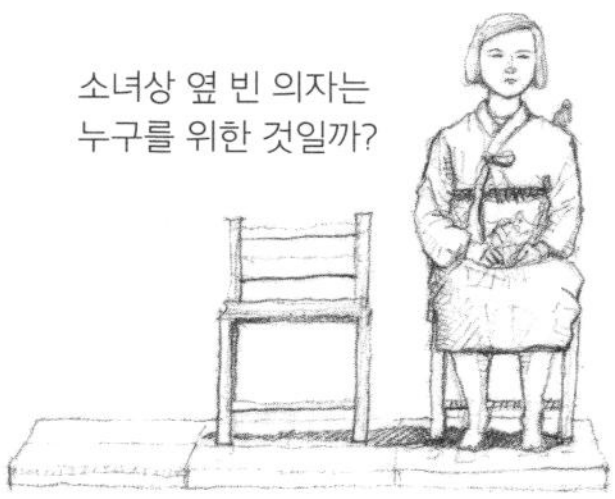

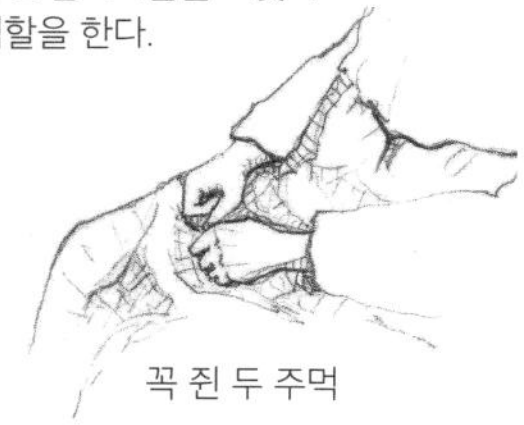

꼭 쥔 두 주먹

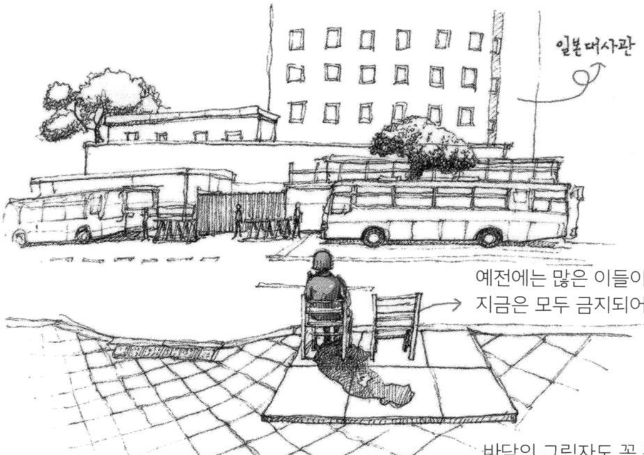


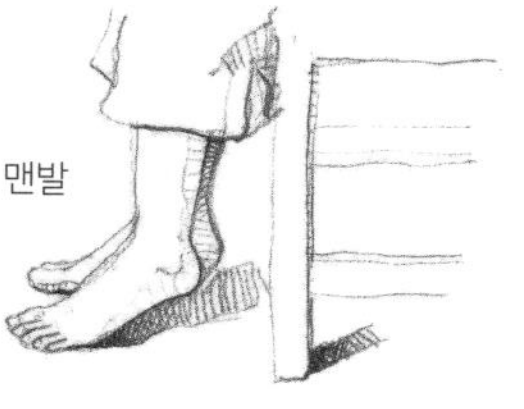

맨발

예전에는 많은 이들이 꽃과 옷가지를 갖다놓았는데,
지금은 모두 금지되어 깨끗하다.

바닥의 그림자도 꼭 눈여겨보자.
소녀의 그림자는 오랜 세월을 견딘 할머니의 그림자로 형상화했다.
가슴에 있는 나비 한 마리는 슬픔과 괴로움을 안고 세상을 떠난
할머니들의 영혼을 뜻한다.

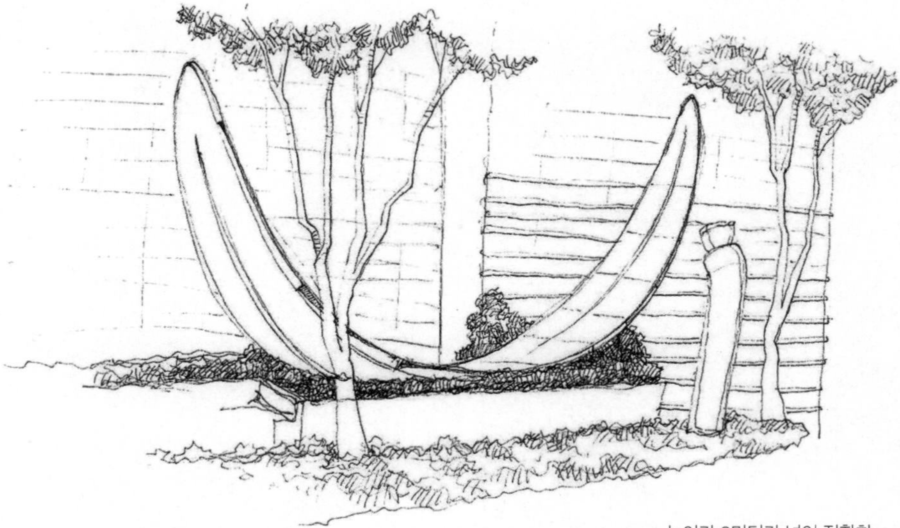

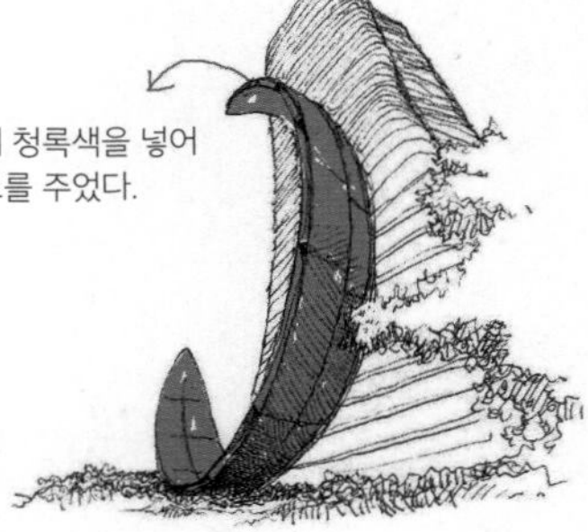


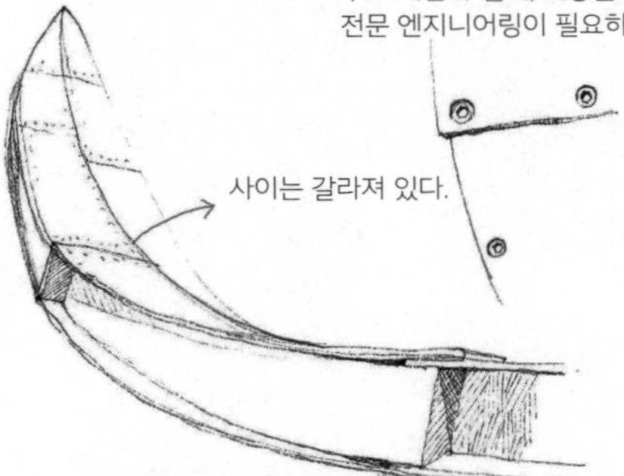


Twin leaves

양옆으로 자란 두 개의 잎이 세련된 유리 커튼월 건물 앞에 시원스럽게 솟아나 있다. 나무 기둥을 형상화한 트윈트리 타워에 걸맞은 세련된 장식이다. 이 자리에도 사연이 많다. 한국 건축계의 대표적 건축가 고(故) 김수근이 설계했던 한국일보사가 있던 자리이기 때문이다. 1954년 처음 이 자리에 들어선 종합일간신문사 한국일보는 '미스코리아 선발대회'를 처음 개최한 것으로도 유명하다. 인터넷 시대라 종이 신문이 많이 힘들어지는 것도, 김수근의 옛 건물이 사라진 것도 아쉽기만 하다.

6장

# 종로

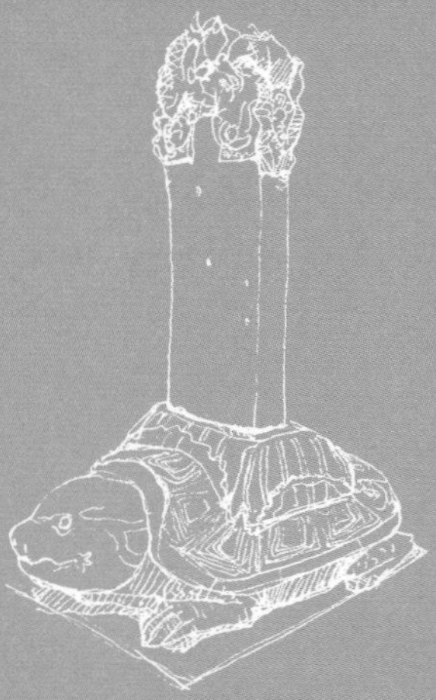

종소리를 더 멀리 내보내기 위하여
종은 더 아파야 한다
—이문재, 「농담」(『제국호텔』, 문학동네, 2004)

종로에 종소리가 없어지면서, 종로는 더이상 종로답지 않게 되었다.
이제는 “종소리를 더 멀리 내보내기 위해” 아파할 종도, 그 소리를 들어야 할 사람도 없다. 유럽의 광장에서는 몇백 년 된 종탑에서 흔하게 울려퍼지는 종소리가 서울에서는 행사성 타종식으로만 남아 종의 의미 자체가 무색해져버렸다. 이렇게 의미를 상실한 채 명맥만 겨우 유지되는 것이 서울에는 얼마나 많은가. 종소리는커녕 성벽이나 문조차 제대로 남지 않은 것이 서울의 현실.
고도(古都)가 궁궐이나 옛집 몇 채 복원한다고 완성될 수 있을까. 문화재뿐 아니라 전통문화가 살아 숨쉬는 도시로의 복원. 고도 서울로 가는, 멀지만 가야 하는 그 길의 첫 단추가 아닐는지.

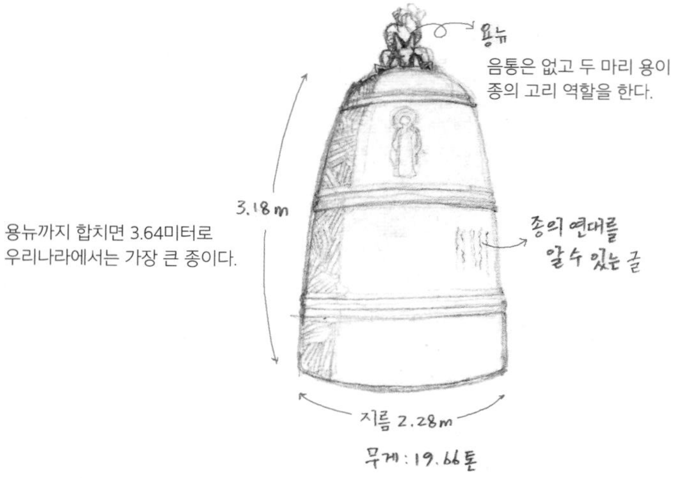


옛 보신각 동종(원각사종)
조선시대 세조 14년(1468)에 만들어 정릉사에 있었으나 절이 없어지면서 원각사로 옮겨지는 등 숱하게 옮겨 다닌 역마살을 타고난 종이다. 전형적인 조선 초기의 종으로 보신각의 동종으로 사용되다가 1963년에 보물 제2호로 지정되었다. 두 번의 화재를 겪으며 원형이 손상돼 음향이 다소 변한데다, 균열로 인해 종으로서의 생명을 다하고 현재는 그 이름이 ‘옛 보신각 동종’으로 바뀌어 국립중앙박물관에서 안식하고 있다.

## 야간통행금지

보신각종은 조선시대의 시계 역할을 했다. 성곽도시였던 서울은 항상 문을 열어놓지 않았고 종소리로 사대문 여닫는 시간을 사람들에게 알려주었다. 파루(罷漏, 새벽 4시)에 33번 종을 친 뒤 문을 열고, 인정(人定, 오후 8시경)에 28번 종을 쳐 문을 닫음으로써 조선시대 사람들의 하루 생활의 기준이 되었다. 또한 종이 울림과 동시에 통행금지도 시행되었는데 이를 어길 시에는 신분에 관계 없이 즉결로 곤장 10~30대를 맞았고, 여자도 예외가 없었다고 한다. 이런 일련의 모습이 생소해 보이지만 사실 1980년대까지도 우리나라에서는 야간통행을 금지했으니, 그리 먼 옛날얘기만도 아닌 듯하다. 자정부터 다음날 새벽 4시까지 통행금지라니 지금은 생각만 해도 신기한데, 당시에는 큰 동요 없이 이를 받아들였다고 하니 놀라울 따름이다. 전쟁 후 이어진 시스템에 그냥저냥 무감각해진 때문이었다. 밤 11시 이후 거리는 막차나 택시를 타려는 사람들로 북새통을 이루었고, 심지어 집까지 마라톤 하듯 뛰어가는 무리까지 있었다고 한다. 이 웃지 못할, 그렇지만 지금과는 또다른 서울의 번잡한 밤거리가 쉬이 상상이 가지 않는다.

동대문 상가 근처를 비롯해 24시간 문을 여는 식당과 편의점으로 오늘날 서울은 세계에서 생동감 있는 도시 중 하나로 손꼽힌다. 하지만 아쉽게도 대중교통은 이를 받쳐주지 못한다. 대중교통 수단 중 택시를 제외한 버스와 지하철은 자정을 조금 넘으면 모두 운행이 중단되어버린다. 뉴욕만 해도 차편이 뜸해질지언정 버스와 지하철이 24시간 운행되고, 이로 인해 더욱 다양한 형태의 문화가 발현될 수 있는 걸 감안하면 못내 아쉽다. 서울에는 여전히 통행이 불편한 시간이 남아 있는 듯하다.

종소리는 사라졌어도 다행히 보신각이라도 잘 남아 있다기에는 수정되어야 할 여러 오류가 있다. 보신각의 오류는 이름에서부터 시작된다. 원래 '각(閣)'이란 단층에만 붙이는 명칭이다. 따라서 지금과 같이 중층으로 된 모습에는 2층을 뜻하는 '루(樓)'란 명칭을 사용하여 '보신루'라 부르는 게 어울린다. 그렇다면 왜 보신루가 아니라 보신각이 된 걸까?

흥미롭게도 서울의 사대문을 여닫는 시간을 알리던 종과 그 종을 걸었던 건물은 처음엔 종로 사거리 한복판에 2층 종루로 만들어졌다고 한다. 아래로는 사람과 말이 오갈 정도로 컸다고 한다. 동월이라는 명나라 사신이 이 종루를 보고 "높고 크다 함은 바로 이것을 말하느니라" 했을 정도니 그 규모를 짐작할 수 있다. 그러던 것이 임진왜란 때 완파된 후 재정 부족으로 단층으로 재건되면서 당연한 듯 길가로 밀려나게 되었다.

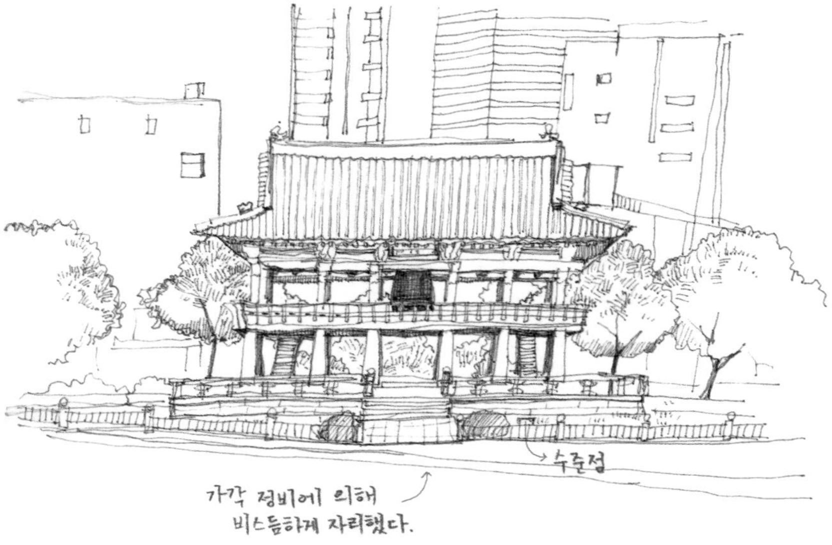


보신각 전경

'가각 정비'로 비스듬히 틀어진 보신각. 가각 정비란 도심부 사거리 교차로의 모서리를 잘라 예각을 없애는 것인데, 이는 한국에만 있는 특이한 도시계획이라고 한다. 1970년대 구자춘 서울시장이 처음 시행했으며, 나중에 아예 제도화되어 전국의 도시계획에 적용했다.

그후 여러 화재로 연거푸 재건되는 동안에도 단층으로 유지되었고, 고종 때에 보신각이란 이름을 하사받게 되었다. 그러나 또다시 한국전쟁으로 전소됐다. 목조건물의 끝없는 수난이었다. 마침내 1979년에 복원하면서 화재 따위 영원히 걱정하고 싶지 않았는지 튼튼하게 시멘트 건물로 만들면서 넉넉하게 2층으로 올렸다. 그러면서도 이름은 고종 때 하사받은 보신각을 그대로 사용해 모양과 이름이 맞지 않는 어색한 건물이 되어버린 것이다. 문헌의 기록처럼 교차로 한복판으로 옮겨 상징성을 높이지는 못할지언정, 도로 확장을 이유로 원래 자리에서 뒤로 물러나게 한데다가 비스듬히 비틀기까지 했으니. 문화재 관리의 험난한 뒷걸음질은 끝이 없다.

종로를 따라 남북 이면으로 난 작은 골목이 피맛길이다. 종로하면 이 피맛길을 빼놓을 수 없는데, 사람들에게 점점 잊히는 현실이 안타깝다. 종로의 보도(步道)를 걸으면서, 차도는 이렇게 넓은데 사람 다니는 길은 왜 이토록 좁은 걸까 불평하다가 발견한 것이 이 피맛길이었다. 골목 이정표에는 '피맛골'이라 쓰여 있어 처음에는 '피맛 나는 골목'인 줄 알았다! 그도 그럴 것이 이 골목은 정체불명의 고기 익히는 냄새로 범벅되어 말 그대로 피맛이 느껴지는 듯했기 때문이다. 그후 '피마(避馬)'라 하여 '말을 피해 가는 곳'이라는 의미임을 알고는 이처럼 실용적인 시스템이 있던 조선시대라니 하고 은근 감탄했다.

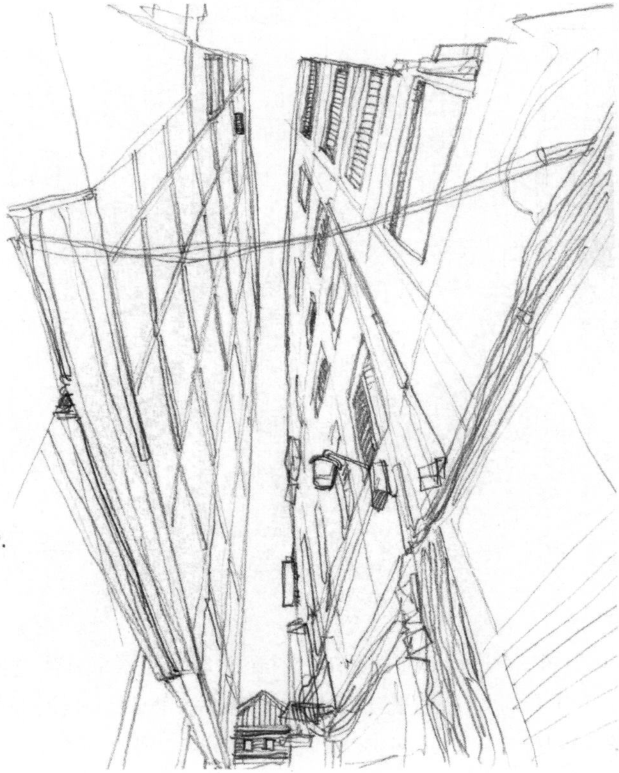

피맛골

종각 부분은 재개발로
20층 건물이 대거
들어설 계획이란다.

종로는 예로부터 한양의 동서를 관통하는 가장 중요한 거리라 많은 고관대작이 이 길을 지나다녔다. 옛 풍습에 고관이 지나가면 서민이나 낮은 관직의 사람은 말에서 내리거나 가던 길을 멈춰서 그들이 지나갈 때까지 엎드려 예를 표해야 했다. 예를 표하는 것까지는 좋은데, 문제는 종로가 워낙 큰길이다보니 걷는 시간보다 말에서 내려 엎드려 있는 시간이 더 많았다는 것. 때로 질주하는 말이 보행자에게는 공포의 대상이 되기도 했다. 그래서 길 양옆으로 이면도로를 만들어 이를 피해갈 수 있는 길을 만들었는데, 이 골목이 피맛길인 것이다. 그런 거창한 의식부터 간소화했으면 더없이 좋았을 테지만 그건 단지 바람일 뿐. 그런 관습 안에서 생긴 이런 실용적인 골목길이 오늘날 없어지는 것이 못내 아쉽다. 이 피맛길이야말로 역사 속의 종로를 이해하는 데 종소리만큼이나 현장감 있는 문화의 한 단면이 아닐까.

하지만 나라에서는 이런 피맛길의 의미에는 그다지 관심이 없는 듯하다. 피맛길은 계속되는 재개발로 점점 없어지고, 끊어지고, 막혀 이제 걷기에 더없이 불편한 길이 되어버렸다. 현재의 개발이 어떤 식으로 완성될지는 몰라도 피맛길이 시끄럽게 굴러다니는 많은 자동차를 피해갈 수 있는 말쑥한 '피찻길'로 다시 태어나기만을……

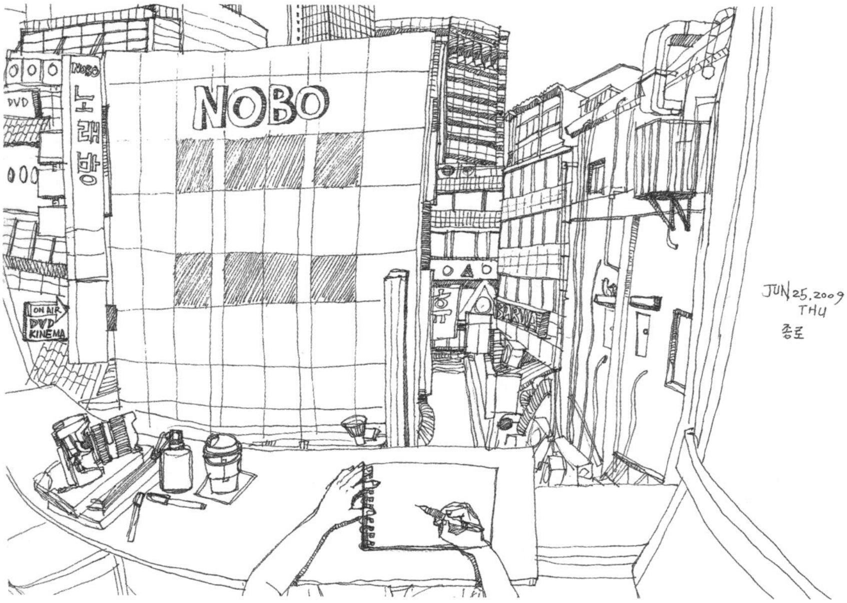


2009년 어느 가을날. 교보문고와 지금은 없어진 종로서적 근처를 둘러보느라 종로에서 오래전부터 함께 방황한 단짝과 함께 오랜만에 종로를 거닐어보자며 만났다. 우리는 도심 재개발로 폐허처럼 변한 피맛길을 걸었다. 한국전쟁이 시작되고 많은 이들이 피란을 가서 당시 서울에는 10만여 명이 채 남지 않았다는 글을 어디선가 읽은 기억이 있다. 10만 명 남짓이 살던 서울, 그때의 고요가 이러했을까. 다시 전쟁이 일어나서는 안 되겠지만, 1천만 명 넘는 사람들이 모여 사는 지금의 거대한 서울에서, 난 종종 텅 빈 서울 거리를 상상한다. 그래서인지 내 스케치 안에는 일상으로 분주한 사람과 자동차는 사라진 경우가 많다.

조선시대에는 많은 사람이 구름처럼 몰려들었다 해서 종로를 '운종가(雲從街)'라 부르기도 했다. 그만큼 종로는 예전부터 한양의 중심, 조선의 중심이었다. 혹자는 운종가를 조금 다르게 해석하기도 한다. 구름 운(雲) 자를 그대로 해석해, 구름이 모이는 길이라는 것. 청계천 개울물에서 피어오른 물안개가 자욱하게 낀 구름 속 종로를 떠올린 것이다. 생각해보면 꽤 감성적인 해석인데, 나도 이 느낌을 더 좋아한다. 이제는 청계천 복원으로 물안개를 꿈꾸는 것이 전혀 불가능하지 않지만, 자동차 매연과 꽉 막힌 고층건물로 이내 스모그의 회색빛으로 바랜다.

우리는 종로 사거리에 다다라 나무 밑 벤치에 앉아 이야기를 나누었다.

"있잖아. 물안개가 낀 운종가를 거닐며 시작하는 서울의 하루는 어떤 모습일까?"

종로의 플라타너스 가로수 대열에 낀 메타세쿼이아가 이질적인 나무 그늘을 만들었다. 친구는 건너편 보신각을 바라보며 말했다.

"그런 서울의 아침은 분명 멋진 시작일 거야."

문득 보신각 종소리가 들리는 듯했다.
우리는 타종 소리가 들리는 운종가의 새벽 물안개 속을 걸었다. 번잡한 자동차 소음도, 북적거리던 사람도, 하늘을 가리는 고층건물도 그곳에는 존재하지 않았다. 안개 속 어스름하게 비치던 길 한가운데로 전차 한 대가 딸랑딸랑 소리를 내며 다가와 멈췄다. 사뿐, 우리는 그 위에 올랐다. 전차 안에는 장터에 가기 위해 이른 새벽부터 먼길 떠나온 커다란 봇짐을 든 할머니와 눈썹 밑까지 중절모를 푹 눌러쓰고 가만히 거리를 응시하는 중년의 신사가 앉아 있었다. 객차가 출발하고 나지막한 진동이 느껴졌다. 그 너머 짙푸른 안개 속에 울리는 종소리마저 내게는 침묵처럼 들렸다.
나는 이 느긋한 서울의 시작에서 가슴속에 차오르는 행복한 낭만을 향하여 조용히 눈을 감았다.

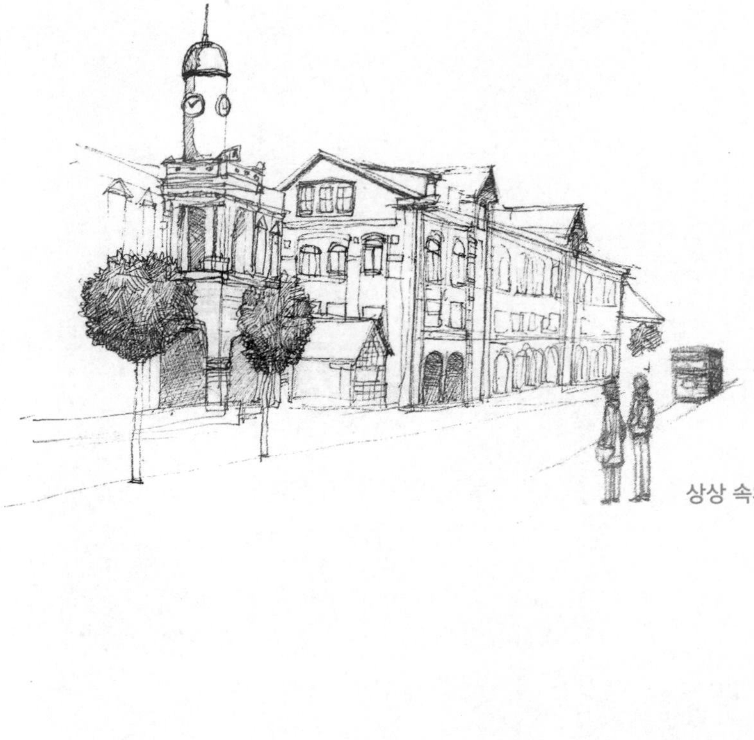

상상 속의 종로

# 종로 스케치

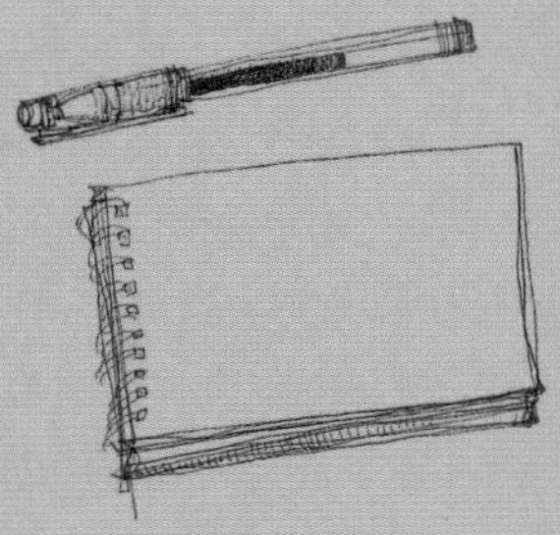

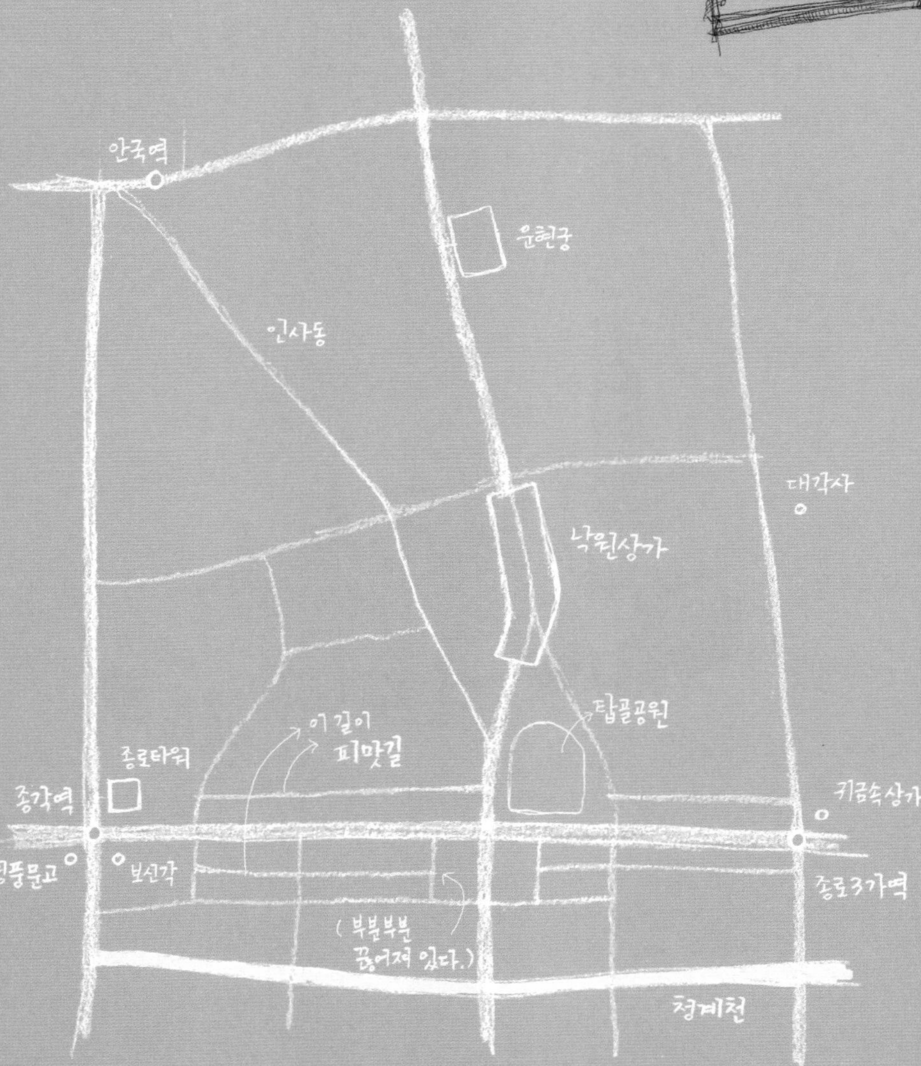
안국역
운현궁
인사동
대각사
낙원상가
탑골공원
이 길이
피맛길
종로타워
종각역
귀금속상가
영풍문고
보신각
종로3가역
( 부분부분
끊어져 있다.)
청계천

# 종각

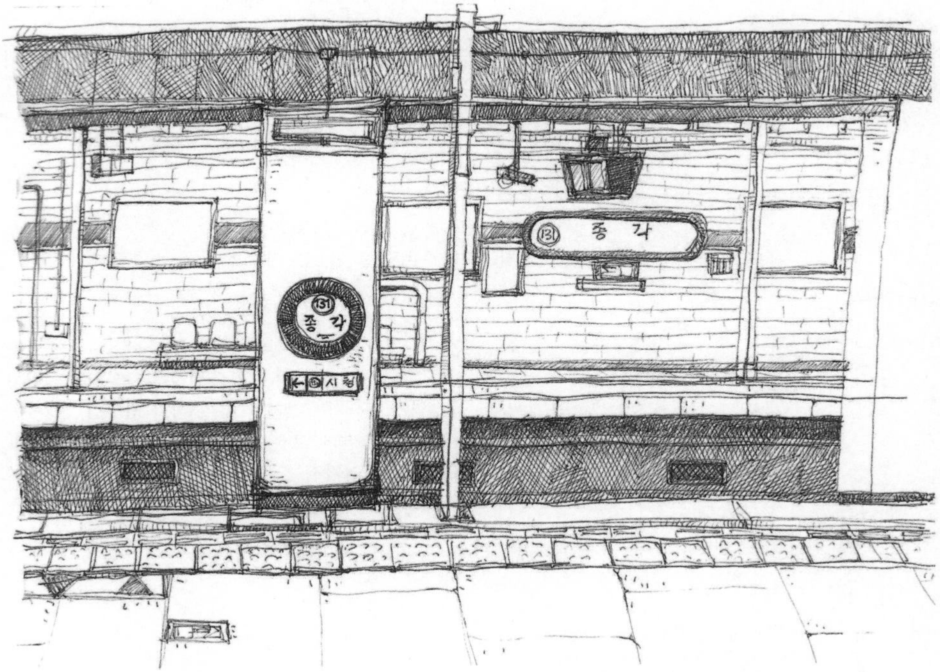


정확히 3개월 2주 걸려 완성한 그림. 종각역에서 항상 지하철을 타는 것이 아니라서 종각역에 갈 때마다 같은 의자에 앉아 조금씩 그렸다. 늦은 밤의 황량함. 열차가 오기 전 느껴지는 길지 않은 시간의 즐거움. 언젠가 학창 시절 종각역에서 열차를 기다리던 중 잠시 정전이 된 적이 있었다. 임시등이 켜진 역내는 참으로 생경했다. 몇몇 사람이 임시등 아래 의자에 앉아 웅성거릴 무렵, 난 노트에 간단히 낙서를 했었다. 그저 그 낯선 느낌이 좋았던 걸로 기억한다. 지금 같으면 환불이다 뭐다 야단법석이었을 것 같은데 그 시절 사람들은 조금 더 여유로웠던 걸까?

스크린도어 설치로 이제는 가려진 풍경. 철로의 모습도 그림으로만 기억할 수 있게 되었다. 한여름 찜통 사우나 같던 종각역 지하도 이제는 추억일 뿐. 그래서 내게는 조금 더 특별한 스케치. 그나저나 정전 때 끼적였던 그 낙서는 어디에 처박혀 있을는지.

종각역과 시청역 구간은 서울에서 몇 안 되는 90도 급커브 구간이다. 시카고에서 고가철도로 다니는 전철을 보며 직각으로 꺾이는 아찔한 광경에 흠칫 놀랐는데, 막상 타보니 전철이 느려서인지 크게 실감나지는 않았다. 보이는 것과 보이지 않는 것의 차이일까. 일명 '종각 드리프트'라고 부르는 이 구간도 지하라는 점이 다를 뿐, 완벽한 직각 꺾기 구간이다. 종각역에서 시청역으로 가는 안쪽 철로를 타보면 속도가 상당히 느려지면서 쇠를 긁는 듯한 엄청난 접지음이 들린다. 시속 25킬로미터 정도인 이 구간은 지하철 1호선 전체 구간의 평균 속도를 깎아먹고 차량의 마모 또한 가장 심한 구간이라고 한다.
이렇게 직각 철로가 된 이유는 다름 아닌 동아일보 사옥의 지하시설물 때문. 1960년대 세종로 사거리에 만들려던 광장이 무산된 이유도 동아일보의 이전 거부 때문이었는데, 문화재도 옮겨다니는 판국에 언론의 막강한(?) 힘이 느껴진다.
어쨌거나 이 철로가 시카고처럼 지상에 있었다면 큰 구경거리가 되었을 듯하다. 늦은 밤 인적 드문 시간에 객차와 객차 사이의 문을 유심히 보다보면 앞칸이 사라지는 듯한 묘한 체험도 할 수 있다!

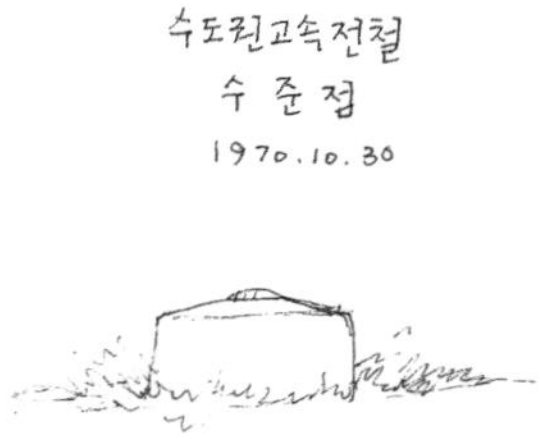


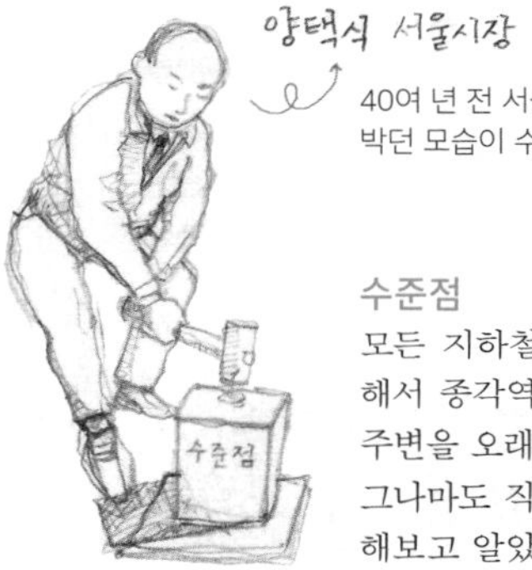


40여 년 전 서울시장이 수준점을
박던 모습이 수준점을 찾는 단서가 되었다.

수준점
모든 지하철 깊이의 척도가 되는 원점. 종각역에 있다고 해서 종각역에 문의해보았지만 아는 이가 없었다. 결국 역 주변을 오래 헤맨 끝에 보신각 앞마당에서 발견!
그나마도 직접 들어가서는 못 보고 망원렌즈로 찍어 확대해보고 알았다.

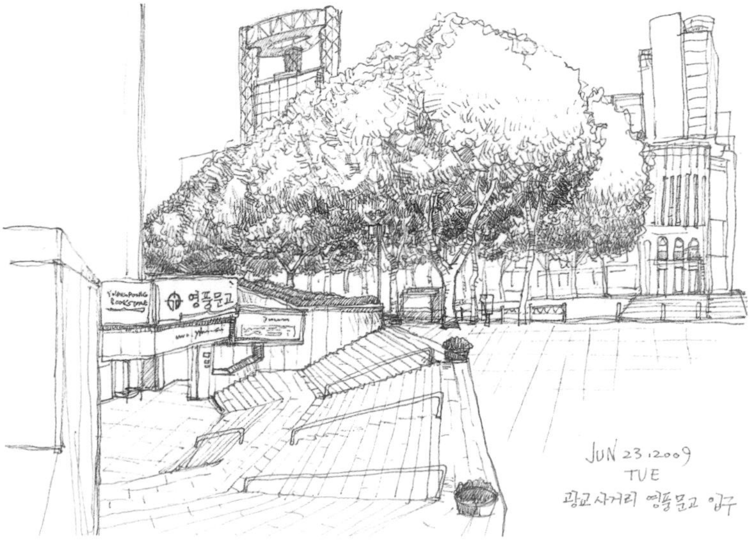

광교 사거리 영풍문고 입구 자리는 대한제국 시기에 설립된 근대적 민간은행인 한성은행이 있던 자리다. 은행이라지만 전당포에 가까운 수준이었던 터라 첫 대출자는 당나귀를 맡겨 돈을 빌렸다고 전해진다. 후에 러시아나 일본의 경제 침략에 위협을 느낀 고종은 사촌형 이재완을 은행장으로 임명하고 은행을 안국동으로 옮긴다. 행원은 한 사람이었는데 한문으로 된 구식 장부를 보는 것 때문에 필요했지 대부분의 일은 총무 둘이 처리했다 한다. 방 두 칸에 마룻방 하나인 약 66제곱미터(20평)짜리 기역자 여염집에, 방 하나에는 은행장이 다른 방에는 두 총무와 행원이 있어 고객들은 마루에 쭈그리고 앉아 대기했다고 한다. 당시 대출 이자는 월리가 아닌 일리였는데 일본 은행에서 2.7리로 빌려다 6리씩 받고 빌려주었으니 대단한 고리 차익이었다. 한성은행은 결국 친일은행이라는 오명과 양반의 돈놀음이라는 반발에 밤이면 돌멩이가 날아들고 백주에 집단 난입이 자행되는 등 곤욕을 치렀다. 후에 여러 은행을 합병하면서 조선이 부흥하길 바란다는 의미로 '조흥은행'으로 이름을 바꾸고 영업했으나 몰락하는 조선의 길을 따르듯 1997년 IMF 이후 쓰러져 신한은행에 합병되면서 사라졌다.

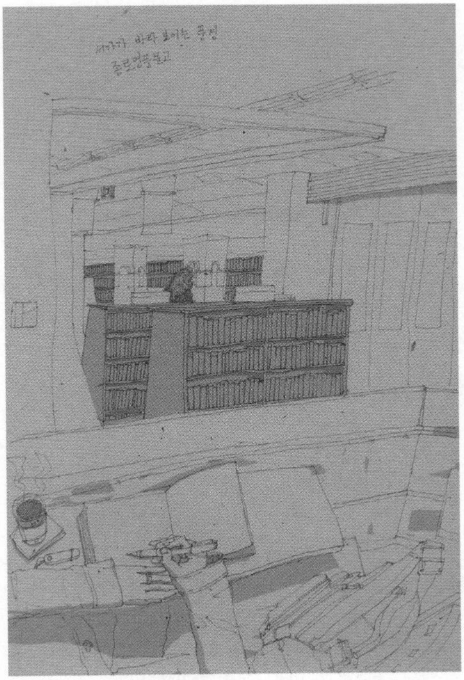

영풍문고 지하
서가가 보이는 카페.
지금은 풍경이 바뀌었다.

길한 풍년이란 뜻의 이름에서도 알 수 있듯 영풍은 해방 직후 농수산물 수출로 일어선 회사다. 후에 철광석 관련업으로 탄탄해졌고 1992년 영풍문고가 문을 열면서 당시 종로서적과 함께 종로 서점가의 쌍벽을 이루었다.

1907년에 생긴 최초의 근대식 서점 종로서적은 종로라는 문화 중심지로서의 입지조건과 넓은 공간으로 명성을 쌓았지만, 교보문고와 영풍문고의 개점으로 큰 위기를 맞았다. 종로타워가 생길 때 입주할 것을 먼저 제안받았지만 성사되지 못한 것이 명맥을 이을 마지막 기회를 놓친 셈이 되었다. 후에 그 자리에 반디앤루니스가 들어섰으니 아직도 종로의 서점가 전쟁은 끝나지 않았다. 어찌되었든 가쁜 숨을 몰아쉬던 종로서적은 명성보다 실용을 따져야 했고 살아남기 위한 다각도의 노력이 필요했다. 하지만 가장 접근성 좋던 2층에 위치한 기독교관을 끝까지 고수하는 것이 설립정신만 내세운 무리수는 아닌가 싶더니, 끝내 2002년 경영난으로 최후를 맞았다. 지금도 그 시절 5층을 오르내리며 발품 팔아 구입한 책이 책장에 꽂혀 있는 걸 보면 옛 기억이 아련하게 떠오른다.

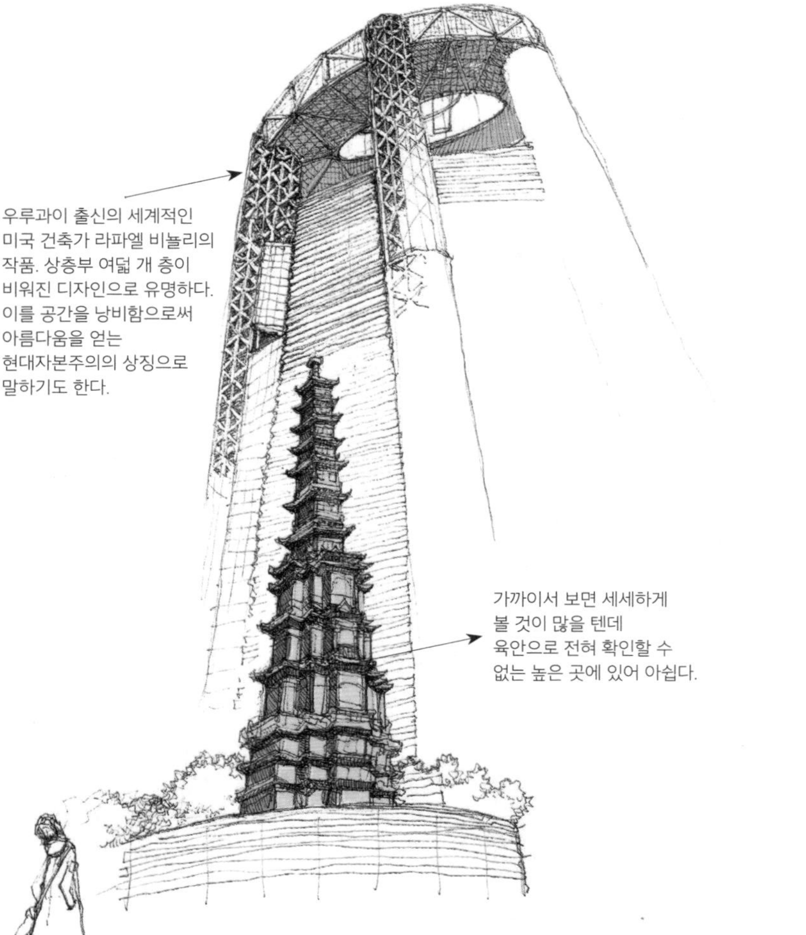


### 황급탑 세기의 선물

종로타워 건물 앞에 있을 법한 공공조형물은 아무리 둘러보아도 보이지 않는다. 그저 종로의 오래된 플라타너스 대열에 건물만큼이나 이질적인 자태로 꼿꼿하게 선 메타세쿼이아만 보일 뿐이다. 그렇다면 종로를 대표한다는 이 건물의 공공조형물은 어디에 있는 걸까? 건물의 분위기와 맞지 않아 정면에 서지 못했다는 문제의 조형물은 바로 건물 뒷편에 있다. 그것도 주차장 입구 한켠의 시설물 위에 얹혀 있다. 의도된 것인지 모르겠지만, 다가가 볼 수가 없다. 또한 작품명도, 작가 이름도 없다. 완벽한 찬밥 대우일까? 그런데, 아이로니컬하게도 이 작품을 알음알음으로 많은 이들이 알고 있다. 작가가 유명하기 때문이다. 바로 최정화. 아마도 한국에서 세계적으로 러브콜을 많이 받는 작가 중 하나일 것이다.

이 작품은 잘 알려져 있다시피 국보 제2호인 원각사터 십층석탑을 토대로 여러 탑을 섞어 만든 것이다. 게다가 석재가 아닌 플라스틱에 금칠까지 했다. 동네 문방구에서 팔 듯한 아이들 장난감을 크게 부풀려놓은 것만 같다. 최정화의 '키치'적 요소가 돋보이는 모습이다. 보는 이에 따라 판이하게 해석될 수 있을 포스트모더니즘으로 왜 이 작품이 건물 뒷편 시설물 위에 올라가 있는가를 어렵지 않게 이해할 수 있을 것만 같다. 하지만 나는 오래전 이 작품을 처음 보았을 때 받은 신선한 충격이 지금도 잊혀지질 않는다. 그 기억은 점점 익숙함과 융합되면서 종로와 종로타워라는 이미지로 굳혀졌다. 만일 이 작품이 없었다면 지금의 종로타워는 어떤 느낌으로 변해 있을지 궁금해질 정도다.

이곳과 멀지 않은 탑골공원에 있는 진품 원각사터 십층석탑은 현재 유리보호각을 뒤집어쓴 채 보존되어 있다. 소중한 문화재를 완벽하게 보호하고 싶은 건 당연하겠지만, 왠지 그 선물 상자 같은 유리 박스 안에 든 탑을 볼 때마다 밀려드는 측은함은 어쩔 수가 없다. 그래서 이 작품이 왠지 진짜 문화재보다 더욱 살아 있고, 더욱 친근하게 느껴지는 건 아닐까. 탑은 지금 이 순간에도 보기 좋게 허탕한 금빛 웃음을 날리고 있었다. 그것도 가을 햇살에 아주 반짝반짝거리는 살인 미소를……

종로타워

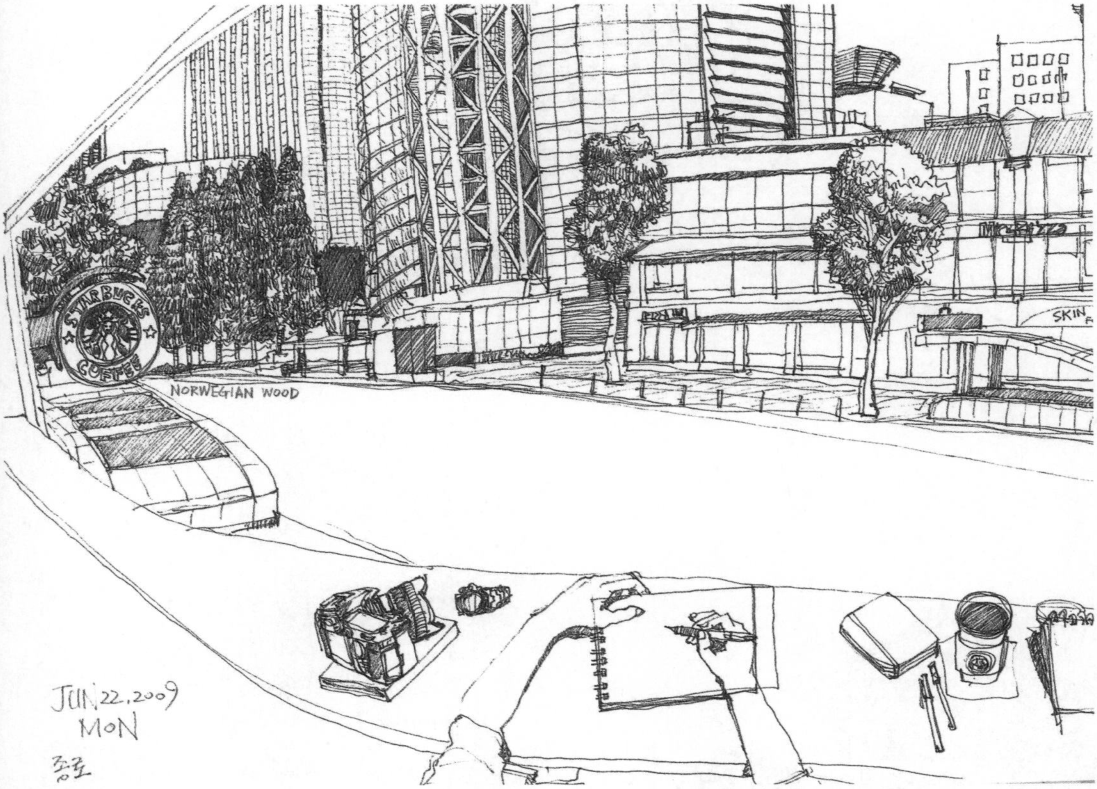


종로를 내려다본다. 대보름날 달을 보며 소원을 비는 것은 오늘날까지 내려오는 풍습이다. 조선시대에는 대보름 전날 부잣집 마당에서 흙을 퍼와 자기 집 마당에 뿌리면 부자가 된다고 믿었다. 하지만 남의 집 담을 넘어 흙을 퍼오는 일이 결코 만만치는 않았기에 사람들은 그 대용으로 종로의 흙을 퍼왔다. 종로에 국가 공인 상점인 육의전이 있어 이곳을 돈줄이 흐르는 길로 여겼기 때문이었다. 그리하여 대보름 전날 종로는 땅이 여기저기 움푹 패여 마차도 못 다닐 정도로 엉망이 되었다니 그저 웃음만 나올 뿐. 이제는 아스팔트와 보도블록 가득한 종로를 보며 굴착기 하나 대동하기 전에는 흙 한 줌 퍼내기도 힘들겠구나 싶지만.

## 대각사

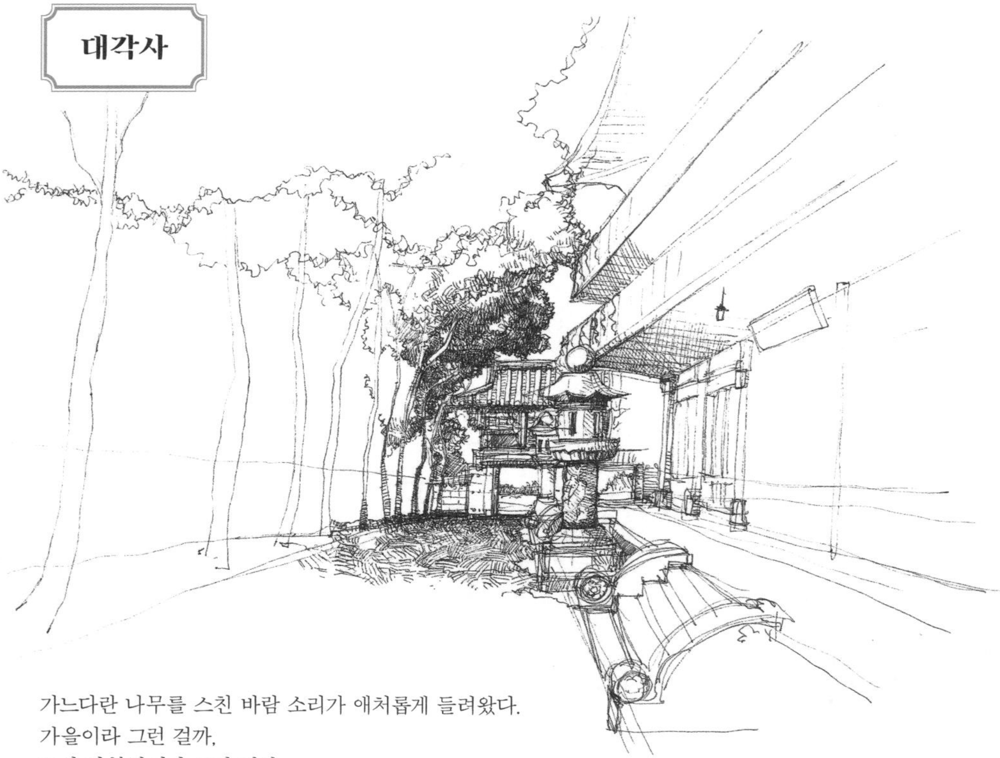

가느다란 나무를 스친 바람 소리가 애처롭게 들려왔다.
가을이라 그런 걸까,
도심 한복판이라 그런 걸까.

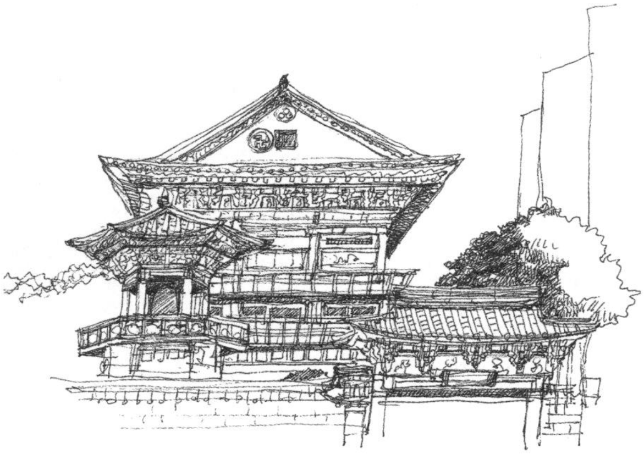

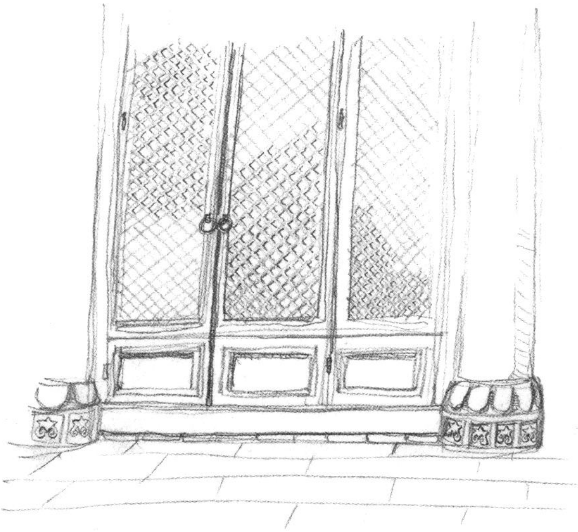

나른한 햇살, 바람 소리.

대각사 전경

종로의 고층건물 사이에 위치한 대각사는
속세에 절을 지어 불교를 혁파했다는 용성 스님에 의해
1911년 세워졌다. 용성 스님은 3·1운동
민족대표 33인 중 불교계 대표로 참여한 이다.

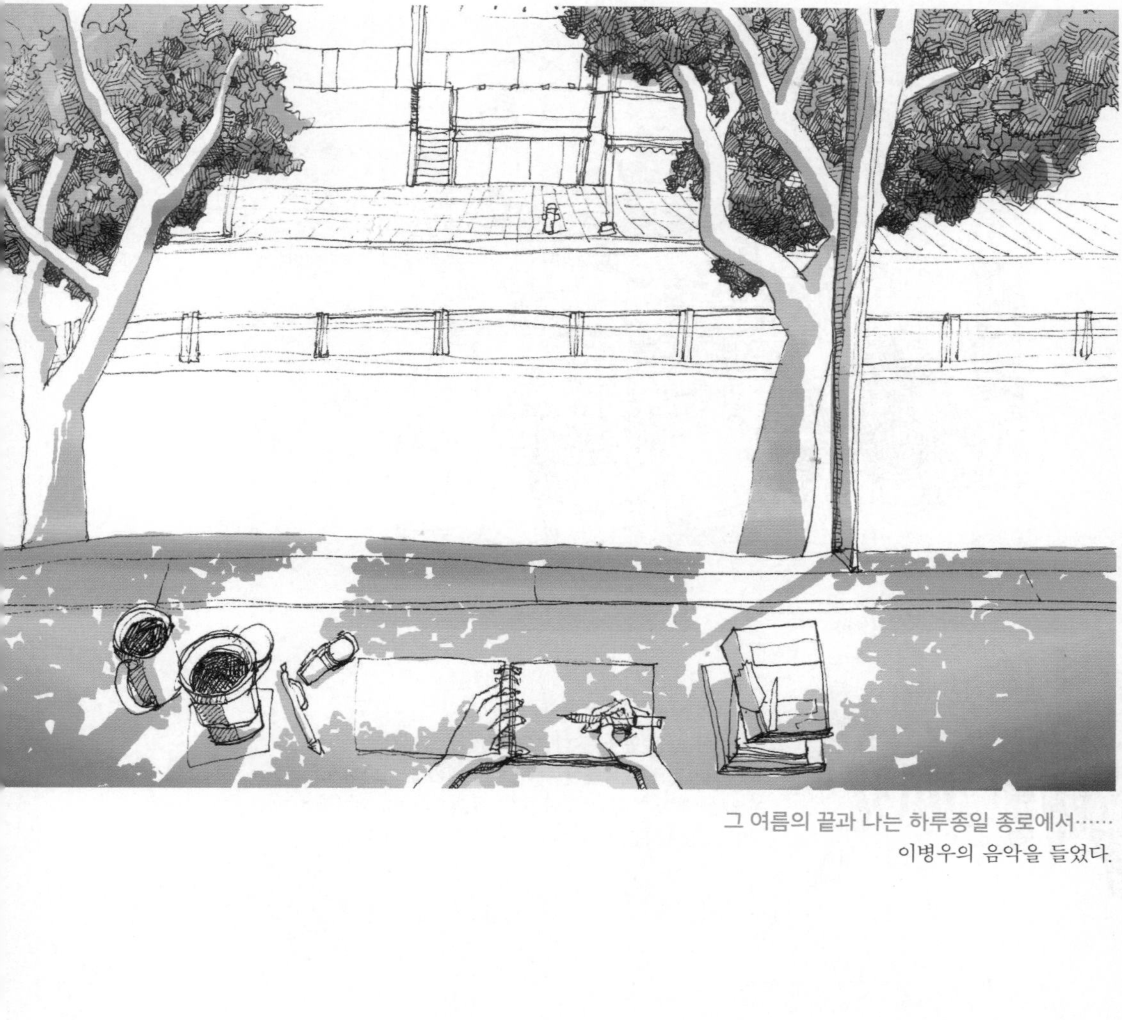

그 여름의 끝과 나는 하루종일 종로에서……
이병우의 음악을 들었다.

# 종로 풍경

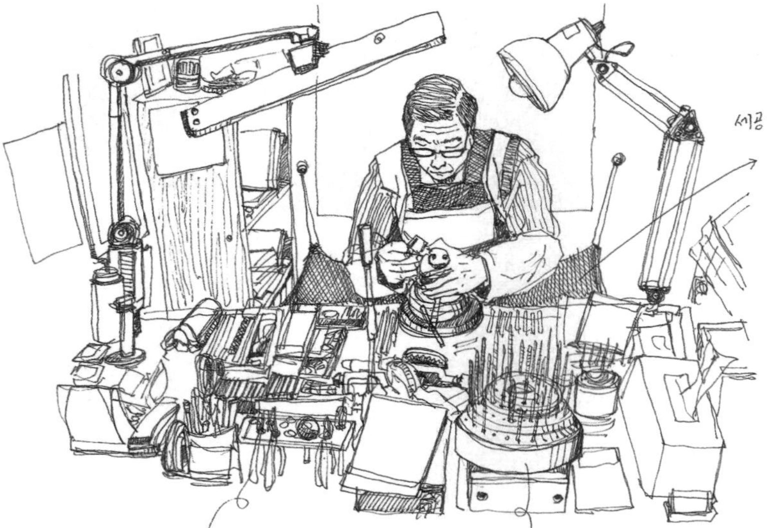


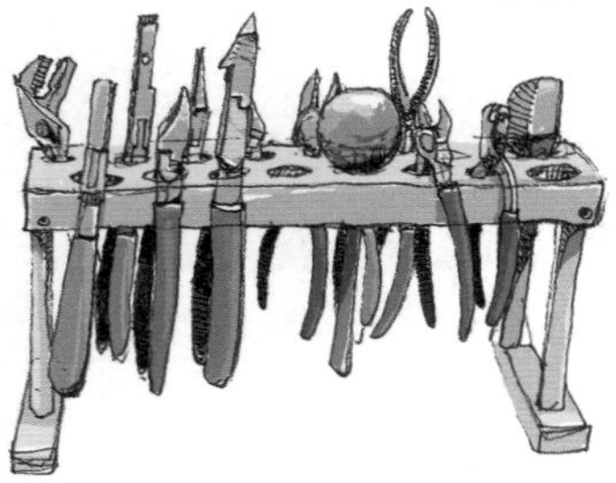

종로3가 보석세공 아저씨
"와~ 이 많은 공구를 다 사용하기는 합니까?"
"그럼요. 모든 녀석들이 다 필요한 데가 있다니까요.
이 세상에 필요 없는 것이 어디 있겠습니까? 태어나는 순간
어떤 모양으로든 존재 이유가 생기게 마련이죠."

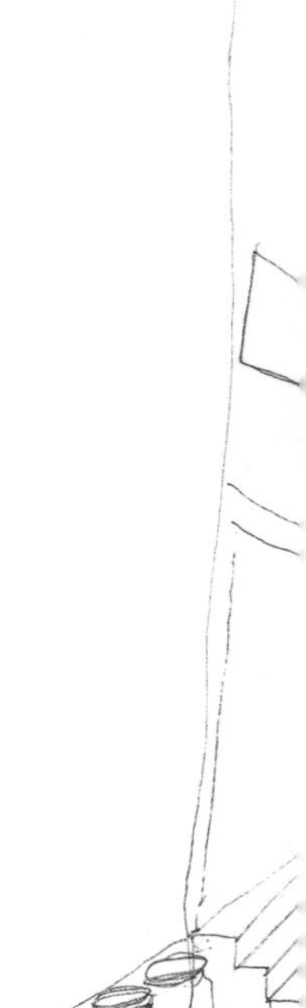

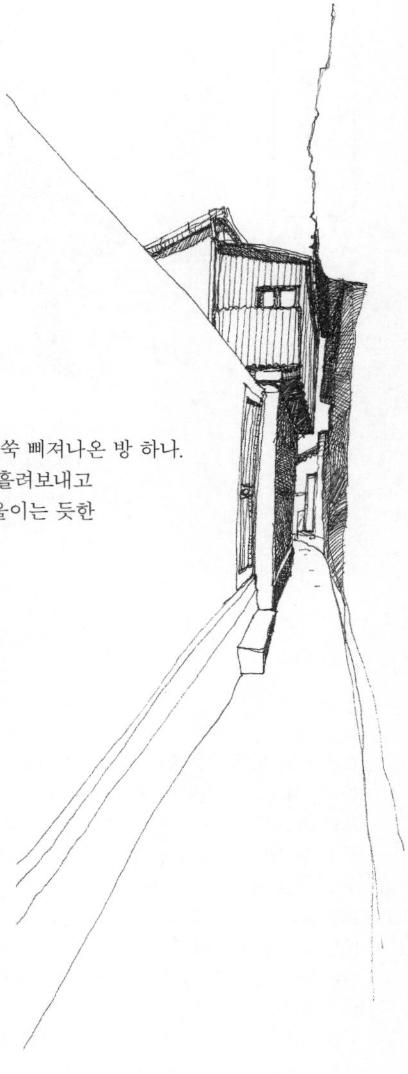

원남동 함석방
사람 하나 지나다닐 만한 골목 위로 불쑥 삐져나온 방 하나.
한밤 골목길 구둣발 소리를 발아래로 흘려보내고
맞닿은 이웃집 심야 라디오에 귀를 기울이는 듯한
함석판처럼 얇은 삶의 그림자여.

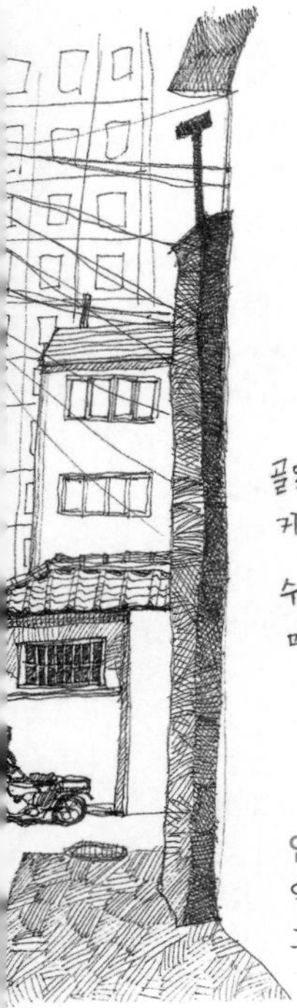

골목길 접어들 때에 내 가슴은 뛰고 있었지.
커튼이 드리워진 너의 창문을 말 없이 바라보았지.

수줍은 너의 얼굴이 창을 열고 볼 것만 같아.
마음을 졸이면서 너의 창문을 말없이 바라보았지.

-노래 <골목길> 중에서

연지동 골목길
언젠가 이런 노래 가사도 추억 속에만 남을지도 모르겠다.
고층 아파트에 사는 창가의 그녀라. 아무래도 어울리지 않는다.

# 탑골공원

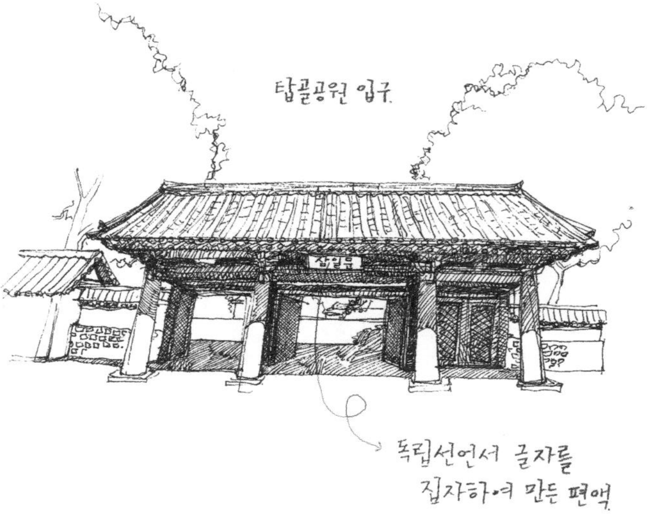


원래 있던 편액을 박정희 대통령의 자필 편액으로
바꿔 달았는데, 일부 단체에서 일본군 장교 출신이 쓴
편액을 탑골공원 입구에 걸 수 없다며 뜯어내
지금의 것으로 새로 제작하여 달았다.

탑골공원은 서울에 생긴 최초의 시민공원이다. 조선시대 서울은 원칙적으로 모두 국유지라 당시 국가관으로 볼 때 시민공원 건립은 공공의 이익을 위한다는 의미에서 커다란 선전이 아닐 수 없었다. 외국 대도시에 가보면 최초의 공원이라는 점을 그 나라 혹은 그 도시의 자랑거리로 부각시키는 경우를 곧잘 본다. 그에 반해 서울 최초의 시민공원인 탑골공원의 위상은 그리 커 보이지 않는다. 이곳이 공원이라는 느낌이 약한 이유는 두 가지로 생각된다. 하나는 공원을 가득 채운 노인들 때문이다. 소일거리가 없고, 갈 곳이 부족한 노인들이 교통편이 좋은 중심부로 모여들었다. 게다가 언제부턴가 이곳에서 무료배식을 하면서 탑골공원은 노인들의 만남의 거점이 되었다. 하지만 한때 정부가 공원 이용시간을 1시간 이내로 제한하는 믿지 못할 짓을 벌여 노인들을 몰아냈다. 이제 그런 제한은 사라졌으나, 노인들의 새로운 사랑방은 종묘로 옮겨간 상태. 다른 하나는 폐쇄성을 보여주는 담장의 존재다. 일제는 3·1운동을 진압하고 접근성을 차단하기 위해 공원에 담장을 둘렀는데 그 담장은 지금까지도 존재한다. 3·1운동 때에도 담장이 있었다면 탑골공원에서 거사가 일어나지 않았을지도 모른다. 지금도 탑골공원의 관계자는 이렇게 말한다. "성소에는 담장이 있어야 합니다."
탑골공원은 아침 9시에 열고 저녁 6시에 문을 닫는다. CCTV와 감지기는 또 얼마나 많은지. 서울 최초의 시민공원은 공공이 아니라 역사를 위해 서울 한복판에 존재하는 느낌이다. 어찌되었든 이 북적거리는 과다 인구밀집지 서울 한복판에 최초의 공원이 생길 수 있었던 것은 배불정책을 폈던 조선시대에도 사대문 안에서 유일하게 버틴 절, 원각사가 있었기 때문이다. 태종의 아들 효령대군이 불심에 귀의한 후 양주에서 법회를 열었는데 그때 천상에서 부처가 나타나 새로운 절의 창사를 예언하자 효령대군처럼 불심이 뛰어났던 세조가 그 예언에 따라 서울 복판 흥복사터에 절을 중건하여 원각사가 생겨났다. 원각사라는 이름은 당시 효령대군이 외던 『원각경』에 근거한다. 이 절은 조선시대 내내 수난을 당했다. 연산군 때는 기녀의 숙소로 쓰이다가 중종 때는 관청건물로 사용했는데 관청 책임자가 이유 없이 죽자 불교를 금한 벌이라 여겨 누구도 이 터에서 살기를 꺼려했다. 세월이 지나면서 서서히 민가가 들어섰지만 큰불로 절터에 있던 민가 200여 호가 모두 불타 석탑과 사적비만 남은 빈터가 되어버렸다. 이후 불법 가옥만 있던 이곳을 고종 때 영국인 고문 브라운의 건의로 공원으로 꾸민다. 파란만장했던 최초의 시민공원 탄생이 아닐 수 없다.

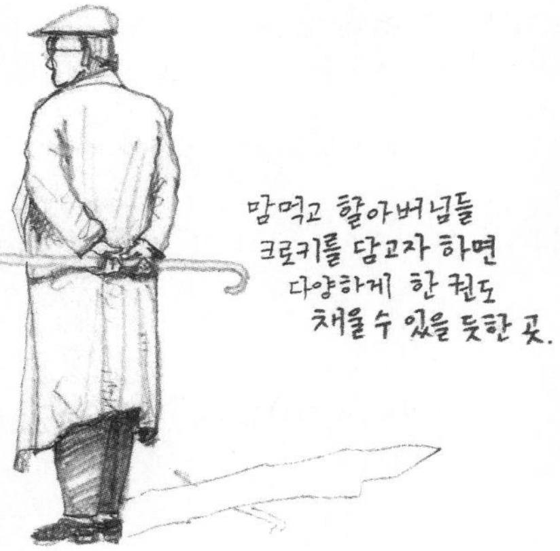


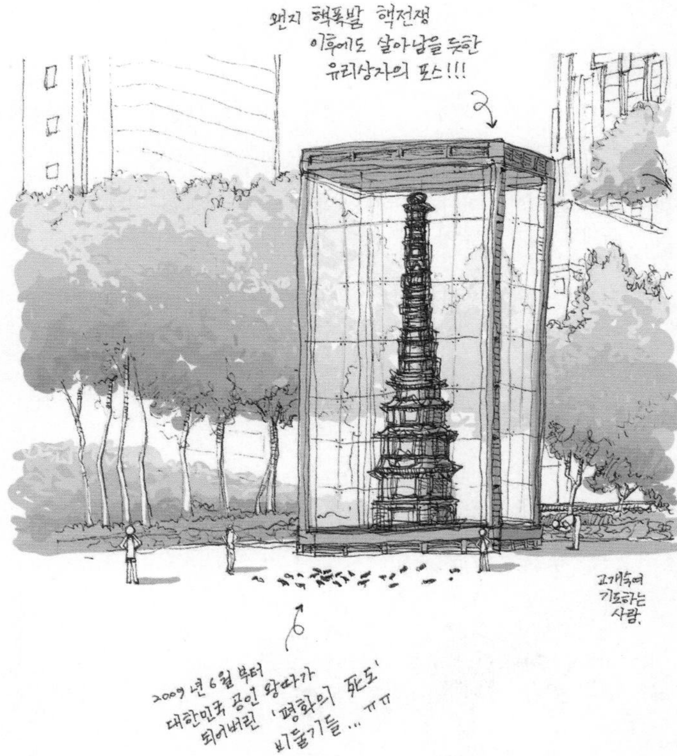


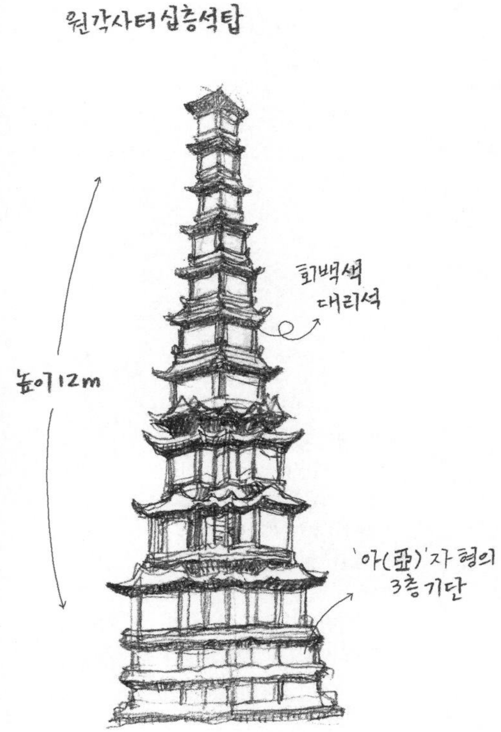


국보 제1호 숭례문은 알아도 국보 제2호는 잘 모른다면서, 일등지상주의를 우려할 때 거론하는 우리나라 국보 제2호 원각사터 십층석탑.
서울 한복판인 탑골공원 안에 있지만 주위에 물어보면 의외로 못 본 사람도 많고, 본 사람조차도 "이게 그거였어?" 하니 일등만 기억하는 세상이 맞나보다.
이 탑은 고려시대의 경천사터 십층석탑과 비슷한데, 아닌 게 아니라 그 영향을 많이 받았다고 한다. 세조 13년인 1467년에 만들어졌다고 탑 상단부에 정확히 기록되어 있어 더욱 가치가 높다. 특이하게도 대리석으로 만들어져 풍화와 산성비에 약한데다, 비둘기 배설물에 손상되어 2000년에는 유리 보호각을 뒤집어썼는데, 뭐랄까 옛 탑에 현대적 장치가 얼버무려진 기묘한, 최악의 관람 환경이 연출되기도 했다. 마치 잘 포장된 장난감 같다고 해야 하나? 모름지기 조각은 자연광에 의해 입체감이 나타날 때가 최고라는데 표면에 양각된 부처님과 용, 사자, 연꽃 무늬 등 다양한 문양을 가까이서 직접 보지 못하는 게 안타까울 따름이다.

한때 이 공원은 석탑의 영어 표현인 파고다를 사용해 '파고다공원'으로 불렸으나 지금은 다시 탑골공원으로 고쳤다.
탑 바로 뒤쪽에 이완 장군의 집터가 있었다.
육전(陸戰)의 명장이었던 이수일의 아들이 이완이다. 원래 이완의 집은 낙산 밑 인평대군 옆집이었는데 훈련대장으로 임명받자 높은 관직인 자신이 왕족의 이웃에 산다는 것은 법도에 어긋난다 하여 탑골공원 뒤로 이사 갔다.
이사 와 손수 심었다는 탐스러운 배가 많이 열렸다던 배나무는 사라져 해방 후 그 자리에 아케이드 상가가 들어섰다가 계약기간 만료와 동시에 철거되어 이제는 담벼락만 남았다.

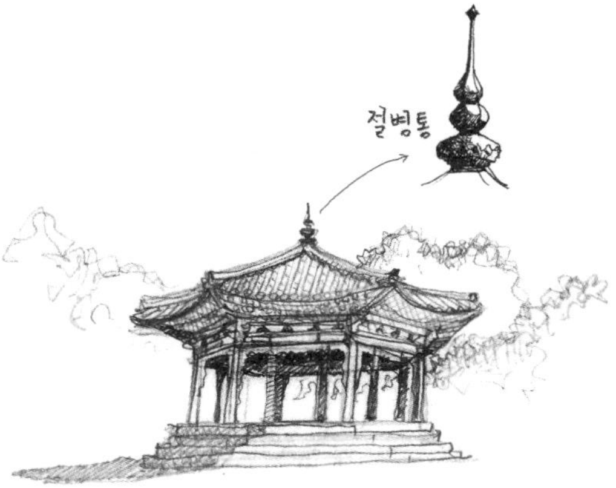


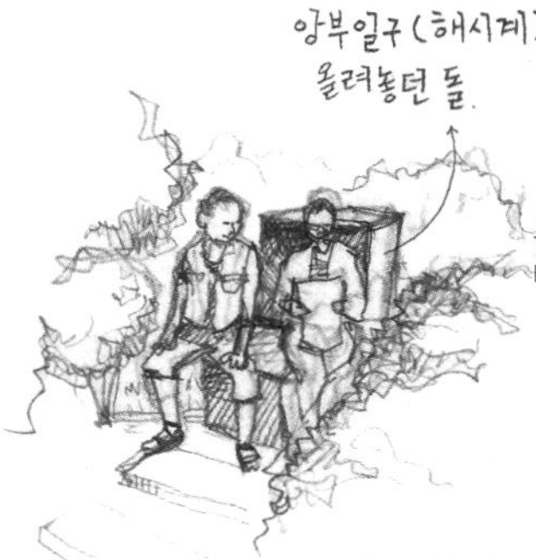


유물보다는 벤치 하나가
더 절실해 보이는 풍경.

앙부일구

팔각정

공원 한가운데 위치한 팔각정은 황제가 민권을 인정한다는 상징이다.
3·1운동 때 이곳에서 「3·1 독립선언서」를 낭독했던 배경이 된다.
이 자리에 서면 왠지 그날의 함성이 들리는 것만 같다.

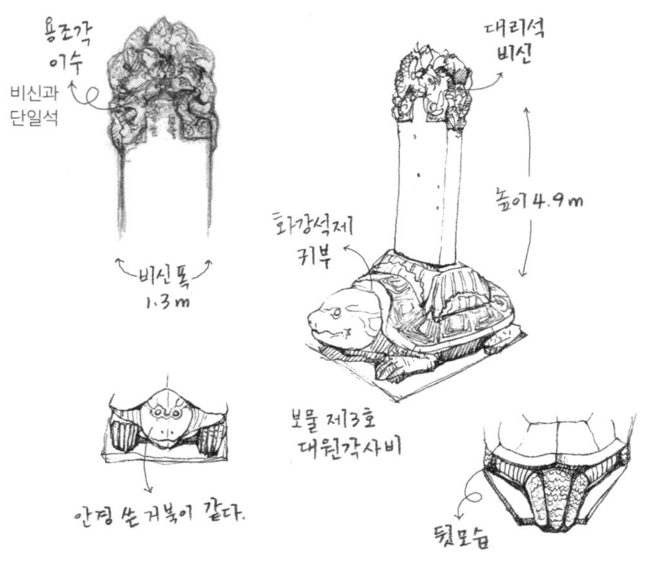


원각사비

1471년 건립, 1464년에 세운
원각사의 내력이 적혀 있다.
국보 제1호는 숭례문,
제2호는 원각사터 십층석탑,
제3호는 북한산 신라 진흥왕 순수비.
보물 제1호는 흥인지문,
제2호는 옛 보신각 동종,
제3호는 원각사터 대원각사비.
알고 보면 이 여섯 개,
은근히 서로 가까이 있다!
진품이 국립중앙박물관에
있는 것도 있지만.

## 종묘

감실은 천상계와 지상계의
중간을 뜻한다.

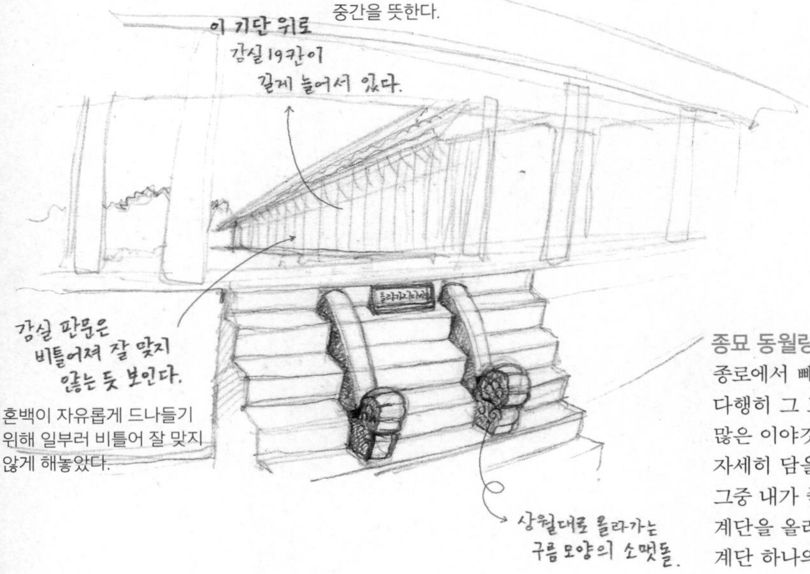


혼백이 자유롭게 드나들기 위해 일부러 비틀어 잘 맞지 않게 해놓았다.

**종묘 동월랑 구름 계단**

종로에서 빼놓을 수 없는 곳이 종묘.
다행히 그 모습을 잘 간직하고 있고,
많은 이야깃거리가 있지만 지면 관계상
자세히 담을 수 없어 안타깝다.
그중 내가 좋아하는 구름 계단.
계단을 올라서면 이미 천상계라는 이야기.
계단 하나의 의미가 무척 흥미롭다.

돗자리를 씌운 장방형,
혼이 밟고 오르내릴 때 사용.

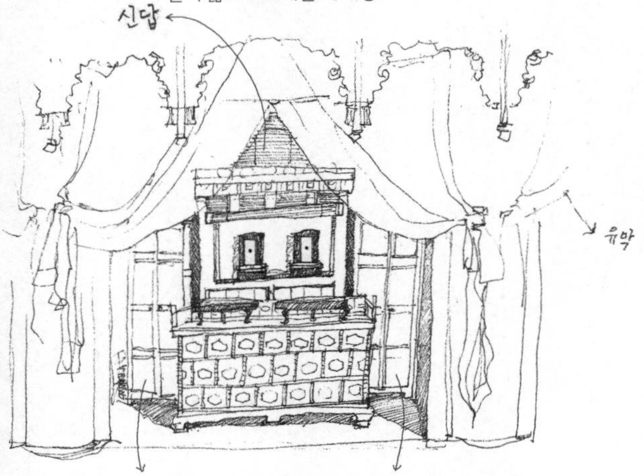


왕의 사적을 적은 『국조보감』 등의 책을 넣음.

보물을 넣어둠.

**감실 내부**

감실은 제사 때를 제외하고는 판문을
열어두지 않아 내부를 볼 수 없지만
고궁박물관에 똑같이 재현해둔 것을 볼 수 있다.
감실은 혼을 위해 어둡게 해놓는다고 한다.

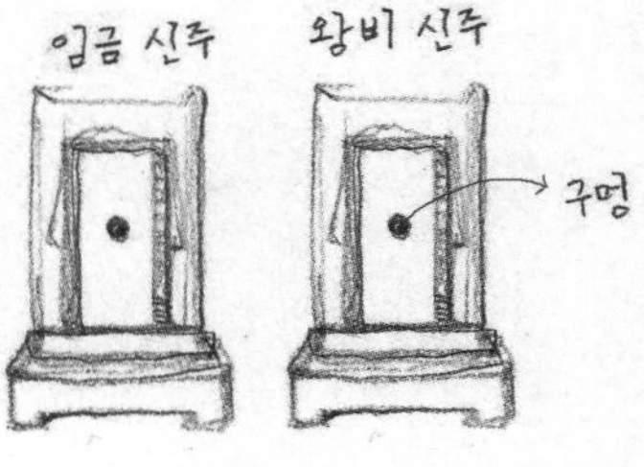


신주에는 정면, 좌우, 상하에
여섯 개의 구멍을 뚫어놓았는데
이는 혼백이 드나드는 '혼구멍'이다.

# 7장
# 청계천

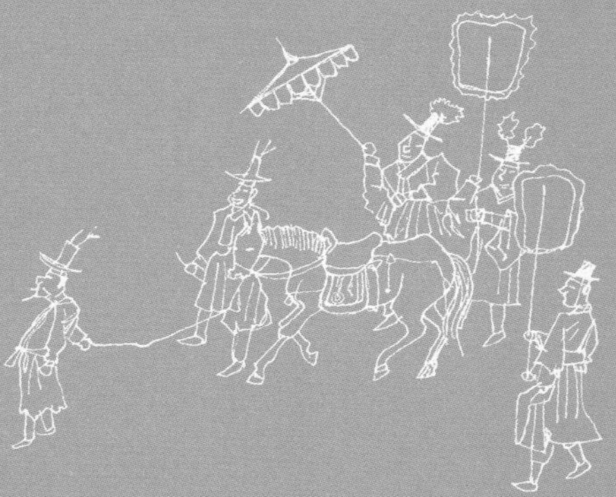

청계천이 지금 같은 모습이 아닌 시절.

퇴근 후 늦은 밤 집에 돌아오던 길에 늘 청계고가를 지났다. 혼자였던 그 밤, 차가 막히지 않는 서울의 풍경은 잔잔하고도 평화로웠다. 그 늦은 밤, 음악을 들으며 그 모습이 서울이라고 착각했었다. 그렇게 자주 지나다니면서도 발아래에 개울물이 흐른다고 한번도 상상해 본 적이 없었다. 도로 이름은 그저 이름일 뿐 청계천은 원래부터 쭉 고가도로가 만든 어둘한 그늘과 무질서, 주차 전쟁이 난무하는 동네라고 여겼을 뿐이었다. 가끔 고가 아래 도로에 차를 세워두고 자판기 커피를 마시면서, 죽은 듯 웅크리고 있는 교각을 올려다보며 하루를 마감했다. 라디오에서 다음날로 넘어가는 시보가 울릴 때의 적막함과 도로 위 자동차

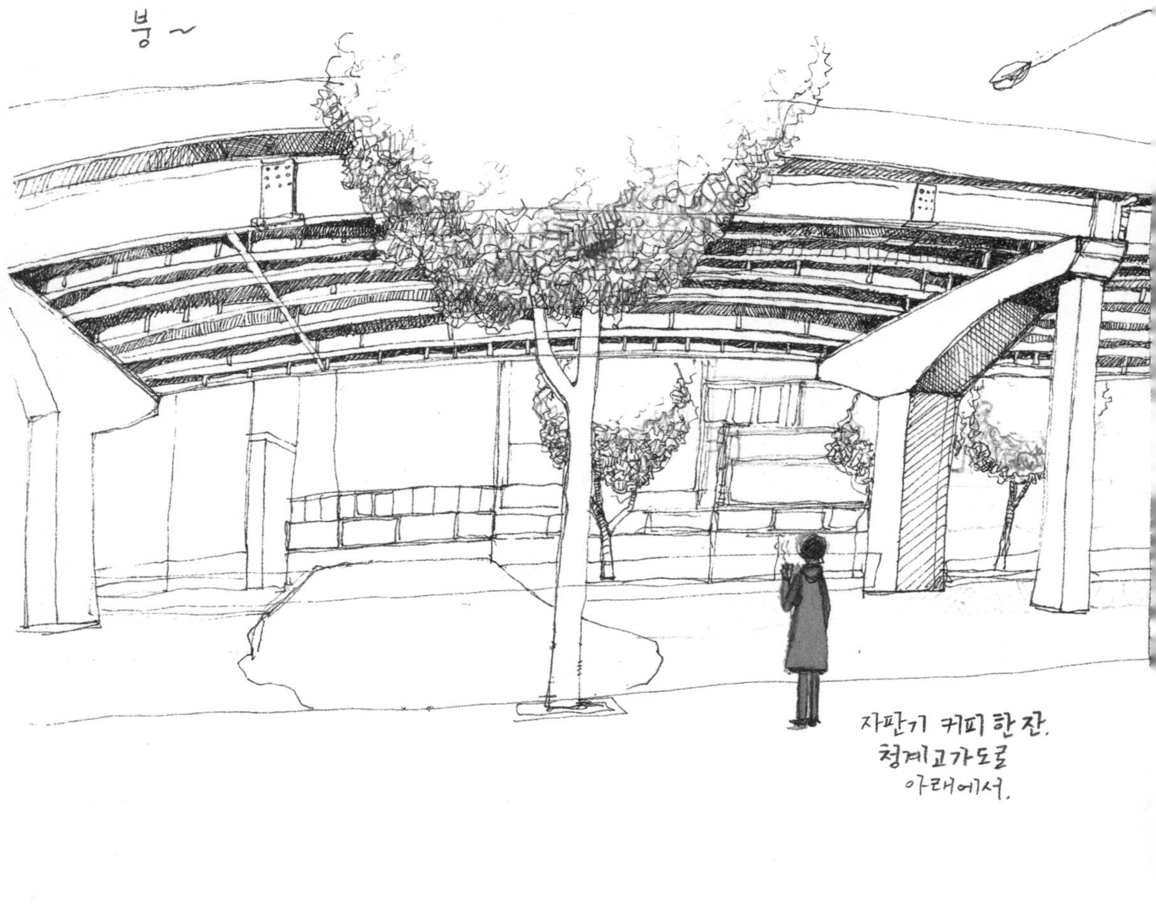

가 내는 굉음 사이에 개울물이 비집고 들어올 틈은 어디에도 없었다.
2003년 7월, 청계고가에 지표를 덮었던 상판까지 뜯어내자 그 아래에 물이 흐르고 있었다. 이럴 수가. 이 아래 물이 있다니! 마치 황야에서 수맥을 찾은 듯한 기분이었다. 그렇게 관심이 생겨 100년 전 서울지도를 찾아보고는 깜짝 놀랐다. 베네치아 정도는 아니지만 서울 안에도 많은 물길이 있었다. 도대체 그 물길은 모두 어디로 간 걸까?

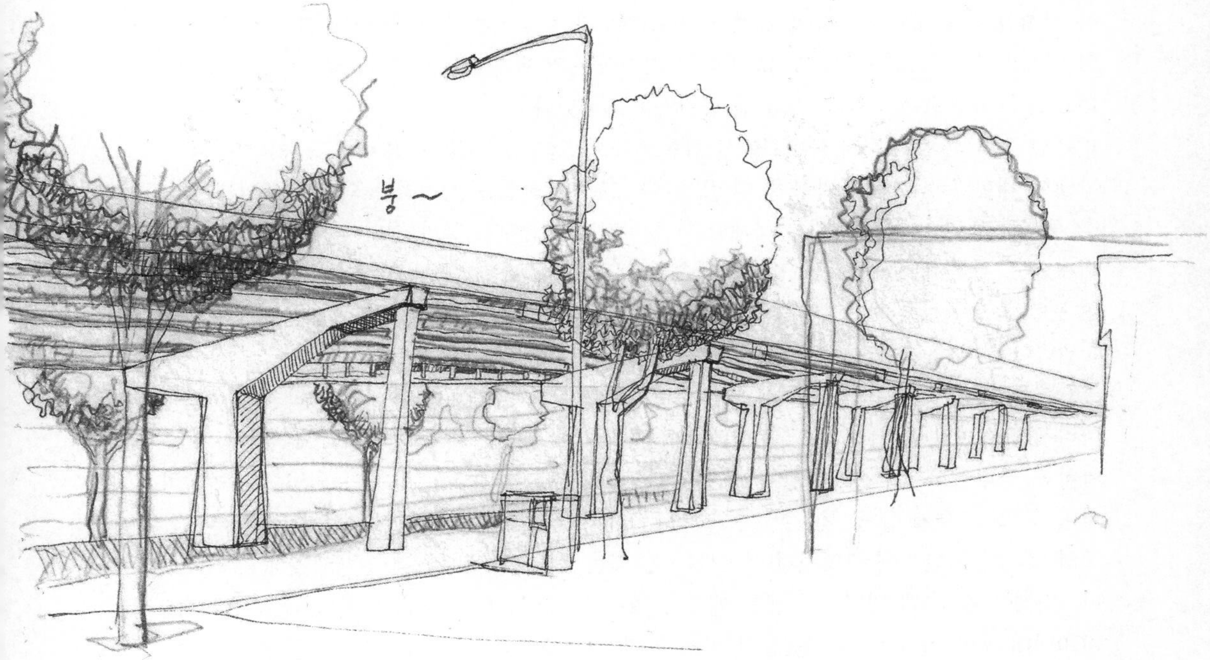

## 명당수의
## 수난시대

청계천은 한양을 둘러싼 내사산(內四山) 중 인왕산과 북악산, 남산의 수원지에서 발원한 물줄기가 만나 한양을 관통하는 하천이다. 그만큼 서울에서 의미가 큰 명당수(明堂水)였다. 고려시대까지만 해도 인구가 그리 많지 않아 특별한 관리가 필요 없었지만 조선시대에 한양이 수도로 정해지고 인구밀도가 높아지자 하천의 범람과 오염을 그냥 방치할 수 없는 지경에 이른다. 이에 하폭을 넓히고 제방을 쌓는 일이 여러 왕의 주요 치세 중 하나였다. 오죽했으면 청계천의 원래 이름이 개울의 흙을 파낸다는 의미로 '개천(開川)'이었을까.

조선총독부에서도 전염병과 홍수 때문에 청계천에 큰 관심을 가졌다. 하천 현황을 조사하고 수질 개선을 위해 노력하는가 하면, '개천'이라는 이름을 북악산 계곡 이름 '청풍계(淸風溪)'에서 따다 '청계천(淸溪川)'으로 바꿨다. 정작 오늘날 청풍계곡은 사라지고 청계천만 남은 것도 참 아이러니하다. 지금이나 그때나 적지 않은 유지비가 든 청계천은 일제의 연이은 패전과 이로 인한 재정 악화로 수질이 급격히 나빠졌다. 이후 중일전쟁이 본격화되면서 일제는 청계천을 군수물자 수송을 위한 교통로 확보라는 명목하에 복개하기로 결정한다. 개천이 언제부터 흘렀는지는 알 수 없지만 그 마지막은 20세기 즈음으로 기록되는 순간이었다. 1937년 바야흐로 한국에서 가장 긴 공사가 시작되었다.

1945년, 광복을 맞이하자 태평로에서 광통교까지 그리 길지 않는 구간만 공사가 진행된 상황에서 대한민국 정권이 바통을 이어받았다. 그런데 하천을 살리려는 의미보다 일제가 세운 복개의 뜻만 이어받은 것이 문제였다. 한국전쟁이 끝나고 얼마 지나지 않아 복개공사가 재개된다. 처음에 잘못 끼운 단추를 계속해서 잠가나갔다. 더불어 전쟁 후 우후죽순 들어선 판잣집이 청계천과 떼려야 뗄 수 없는 풍경이 되면서, 말도 많고 탈도 많은 공사가 강행군되었다.

놀랍게도 이 복개공사는 사람들에게 더러운 도심 한복판 개천이 복개되면 악취와 슬럼이 사라지고 길까지 생기니 그야말로 일석삼조라고 인식되었다. 이로 인해 우르르 휘몰리기 좋아하는 우리나라 전국에 복개 '붐'이 불었다. 1960년대는 '복개의 시대'라 일컬어도 과언이 아닐 정도! 그렇게 많던 물길이 하수도라는 이름으로 사라져갔다. 부족한 재정과 무허가 주택 철거라는 난관에 부딪쳤지만 공사는 돈 되는 대로, 힘닿는 대로 진행되었다. 그러다보니 1년에 고작 수백 미터를 복개할 때도 있었지만, 무엇이든 시작이 있으면 끝도 있는 법. 1970년대 초반 마장동 앞을 덮으며 마침내 기나긴 복개공사가 일단락된다. 공사기간만 따져봐도 30여 년이 넘게 진행된 셈이다. 우리나라 역사상 가장 긴 공사일 듯하지만, 가장 훌륭한 공사는 아니었다. 반세기도 지나지 않아 다시 뜯어내는 공사에 들어갔으니 말이다.

물건에 하자가 있으면 제조사에서 책임을 지고, 건물이 무너지면 설계자든 시공자든 누군가 책임을 진다. 하지만 길은 잘못 만들어 많은 이가 고생하거나 심지어 재공사를 한다 해도 누구 하나 책임지지 않는다. 이 점이 도시계획의 가장 위대(?)하면서도 위험한 점이라던 어느 교수님의 말씀이 생각난다.

## 청계천의 악몽

사실 이 거대한 공사가 여기서 끝나지 않았다는 것이 더 큰 문제였다. 이 위에 고가도로까지 올려버린, 지금 보아도 실로 대단한 발상은, 근시안적 행정의 표본이 아닐까. 청계고가 아이디어는 당시 불도저라 불렸던 김현옥 서울시장이 발의해 건축가 김수근에 의해 구체화된다. (훗날 김수근이 자신의 이력에 넣지 않는 건축물이 몇 있는데, 한국 최악의 건축물 중 하나로 꼽히는 세운상가와 이제는 사라진 청계고가 등이 그것이다.) 일설에는 박정희 대통령의 워커힐 나들이를 편하게 하게끔 계획했다고도 하는데, 많은 반대에도 1967년 기어이 착공되었다. 일단 기공식부터 거행한 후 추가경정예산을 편성해 기공 후 설계와 동시에 공사를 진행하는, 이른바 무예산 무설계 공사를 즐겨했다던 김현옥 시장의 대표적인 막무가내 공사 중 하나였다.

우리나라에서 광복절은 많은 공공사업의 준공일이기도 하다. 청계고가도로 역시 1971년 광복절 때, 당시 대북상황과 맞물려 '삼일고가'라는 이름까지 하사받으며 탄생한다.

자재비가 부족해 비싼 철근은 적게 쓰면서 이를 시멘트로 대체하는 바람에 교각은 투박해졌고 다리 밑은 항상 그늘져 시야가 답답했다. 하지만 이것이 환경 적응에 빠른 서울 사람들의 활기마저 꺾을 수는 없었다. 기존에 형성된 주변 상가와 함께 끊임없이 발전해온 청계천 상가는 돈만 주면 잠수함도 만들어낼 수 있는 상상을 초월하는 동네로 성장했다.

고가도로는 완공된 후에도 계속해서 몸살을 겪었다. 고가 설계 당시, 서울의 자동차수는 3만 대가 채 되지 않았는데 2000년대 초반에는 300만 대로 기하급수적으로 늘어났으니 일일 고가이용 차량수 예측은 당연히 불가능했으리라. 안전상의 문제 때문에 청계고가는 수리 및 보수가 불가피했다. 주한미군 또한 안전상의 이유로 사용을 자제한다는 소문이 떠돌았고, 트럭 출입도 금지되어 그 위험성이 충분히 노출되었다. 결국 이명박 서울시장이 자신의 대표 공약이었던 '청계천 복원'을 보란 듯이 실행해 2년도 채 걸리지 않아 청계고가와 함께 복개된 청계천 상판도 깨끗하게 사라졌다.

미국 보스턴에서도 도심을 통과하는 고가도로를 없앤 사례가 있다. 그런데 그 절차와 과정이 우리와 판이하다. 보스턴의 경우 공사 구간이 두 배가 넘게 길고 도로를 지하화하는 등 다소 차이가 있어 단순 비교는 어렵지만, 논의 13년, 설계 7년, 공사 18년이라는 길고 긴 과정을 거쳐 최근에야 끝마쳤다. 그에 비하면 청계천 복원공사의 속도는 가히 빛의 속도라 하지 않을 수 없다. 보스턴의 사례도 청계천 복원 모델 중 하나였다는데, 거기서 무엇을 받아들인 걸까? 30여 년이 걸린 최악의 대공사가 과연 2년여 만에 끝날 정도로 단순한 일이었을까.

청계천 졸속공사의 대표적인 모습 중 하나가 만들 때부터 의문의 소지가 다분했던 '윗길 보도'다. 1.5미터 폭으로 만들어진 이 보도는 두 사람이 가까스로 지날 수 있는 너비다. 과연 편안한 산책로가 될 수 있을까 싶었는데, 거기에 가로수까지 간격 맞춰 착실하게 심어주었으니 휠체어나 유모차는 고사하고 한 사람만 지날 수 있을 정도의 오솔길이 돼버렸다. 결국 얼마 후 확장공사를 진행했지만 확장된 도로는 1킬로미터 구간이 채 되지 않아 '일방통행 보도'라는 오명은 청계천의 꼬리표로 내내 남게 되었다.

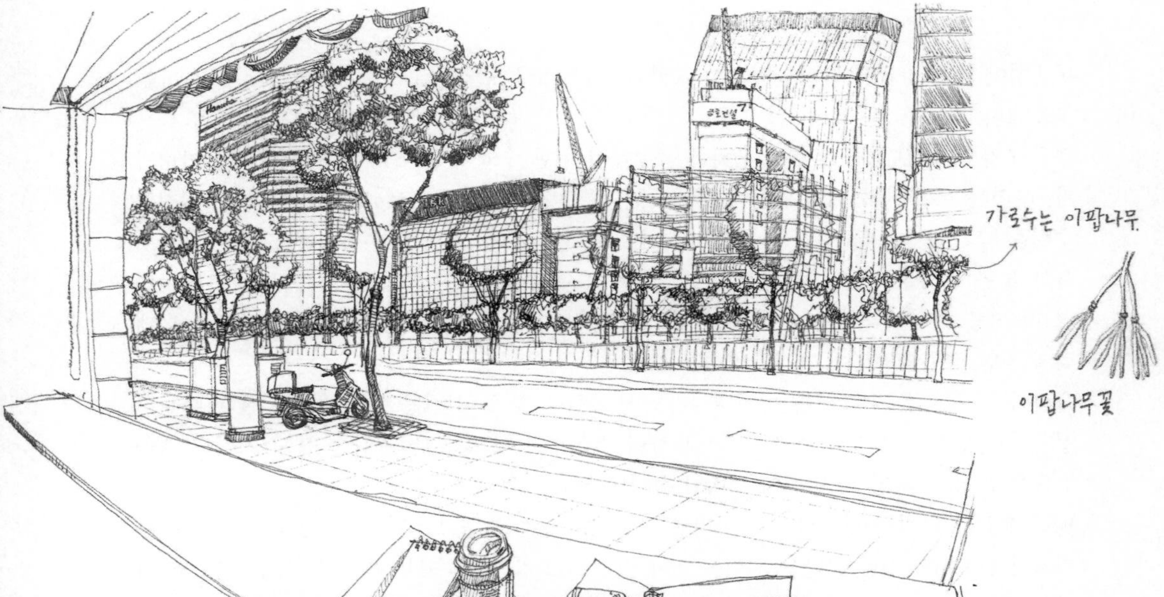


**청계천 보도**

봄에 하얗게 피는 꽃이 흰 쌀밥처럼 보여
'이밥나무'라고 부르던 것이 후에 이팝이 되었다고 한다.
종로에는 사과나무를 심자던 〈서울〉의 노래 가사처럼,
청계천에 실제로 사과나무를 심은 구간도 있는데
사과가 채 익기도 전에 모조리 따가는 바람에
익은 사과는 구경도 못할 정도.

## 수표교야
## 미안해

청계천이 너무 성급하게 만들어지지 않았나 하는 의구심을 떨칠 수 없는 이유들 중 하나는 수표교다.

수표교가 무엇이던가? 청계천 수위를 측정하기 위한 수표가 있기 때문에 수표교가 아니던가. 다리는 1420년에 처음 만들어졌으나 별다른 이름이 없다가 1441년에 이곳에 청계천의 수위를 측정하기 위한 수표가 세워지며 수표교라 불리게 되었다. 수표교는 교각을 마름모꼴로 놓아 물의 저항을 줄이면서 돌다리의 아름다움까지 표현한, 현존하는 조선시대 다리의 진수 중 하나였다. 청계천 복개공사로 철거되어 신영동으로 옮겼다가 1965년 겨우 현재의 위치인 장충단공원에 자리잡았다.

그러나 새로 놓은 수표교는 웃어넘기기도 안쓰러울 정도. 상판은 고동색으로 칠한 나무와 철판으로 만들었고 교각은 둥근 철제 파이프에 브이 자 철골을 용접해 붙여 거기에 색을 칠했을 뿐이다. 과연 이 다리에 어떠한 철학이 담겨 있을까?

파리 센강의 다리 하나하나는 저마다 이야기와 예술성을 품고 있다. 이런 것까지는 너무 큰 기대일까? 600년이란 시간을 견뎌온 청계천 다리도 세계 유수의 다리 못지않은 역사와 사연을 담고 있다. 그런 다리를 원위치로 복귀시키지는 못할망정 이렇게 가교처럼 만들어서야 후대에 떳떳하게 물려줄 수 있을까. 물론 새로운 시대에 따른 참신한 해석이 있을 수 있고, 새로운 형태의 다리도 얼마든지 만들 수 있다. 하지만 어느 신도시에서나 쉬이 볼 수 있을 법한 개성 없는 다리가 청계천의 역사를 상징하기에는 그 대표성을 너무도 쉽게 본 건 아닐까.

우리에게는 한강이라는 자랑스러운 강이 있다. 그러나 한강은 그 스케일이 매우 크고 넓어 살갑게 다가가기 힘들다. 그렇다면 대안은 단연, 청계천이다. 청계천은 걷고 이야기하면서 서울을 느끼기에 가장 적합한 공간이다. 하지만 지금 청계천은 자연하천으로 복원된 것도 문화재가 제대로 들어선 것도 아닌, 그저 재현된 인공수로일 뿐이다. 초고층건물을 비집고 축대 사이에 들어선 수로를 걸으며 무슨 감동을 기대하겠는가.

청계천이 복개된 지표와 고가도로를 벗고 하천으로 거듭나게 된 것은 더없이 반가운 변화다. 하지만 청계천은 시간을 두고 더 많은 이들이 고민하고 지원을 받으며 천천히 완성되었어야 했다. 우리가 바랐던 것이 단지 차량에 방해받지 않는 천장 뚫린 지하도를 걷는 건 아니었으니까.

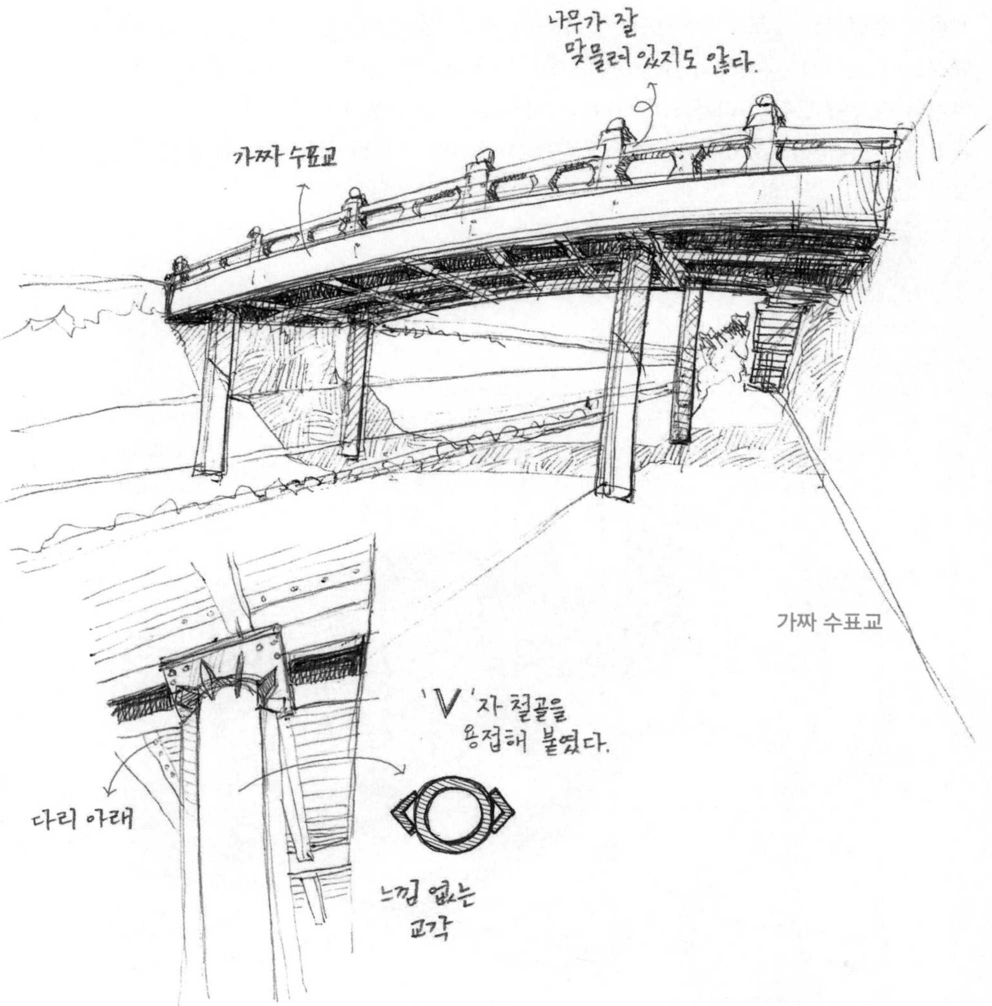


가짜 수표교

물론 하천은 물이 흐르기 위해 존재하기에 배수기능이 우선이지만, 청계천변을 축대로 막을 것이 아니라 폭을 더 넓혀 주변 상업시설과 유기적으로 연계했으면 어땠을까 상상해본다. 청계천 복원 모델 중 하나였던 미국의 샌안토니오에 간 적이 있다. 샌안토니오 도심을 흐르는 샌안토니오강 리버워크는 과거의 청계천처럼 슬럼화 때문에 문제가 많았었다. 그러나 지금은 세계에서도 인정하는 멋진 수로로 변모했다. 홍수를 대비해서 지하에 대용량 저수조와 배수 시스템을 갖췄다. 리버워크가 청계천보다 수량이 더 많기도 하지만, 주위 상업시설과의 근접성이 훌륭하게 느껴졌다.

바르셀로나의 가우디 성당은 착공한 지 100년이 지났지만 아직도 미완성이다. 물론 통행 제한이 수반되는 토목공사를 도심 한복판에서 무한정 할 수는 없겠지만, 많이 고민할수록 완성도가 높아지는 게 사람 일 아닌가. 장기적인 계획과 완벽한 공사로 센강의 다리처럼 이야기와 철학이 담긴 다리가 하나하나 만들어지고 주변건물과 연계된다면 분명한 색깔의 청계천이 탄생하지는 않았을까. 지금 우리는 자동차만 우대했던 반세기 전과 또다른 모습의 시행착오를 되풀이하는 건 아닐까.

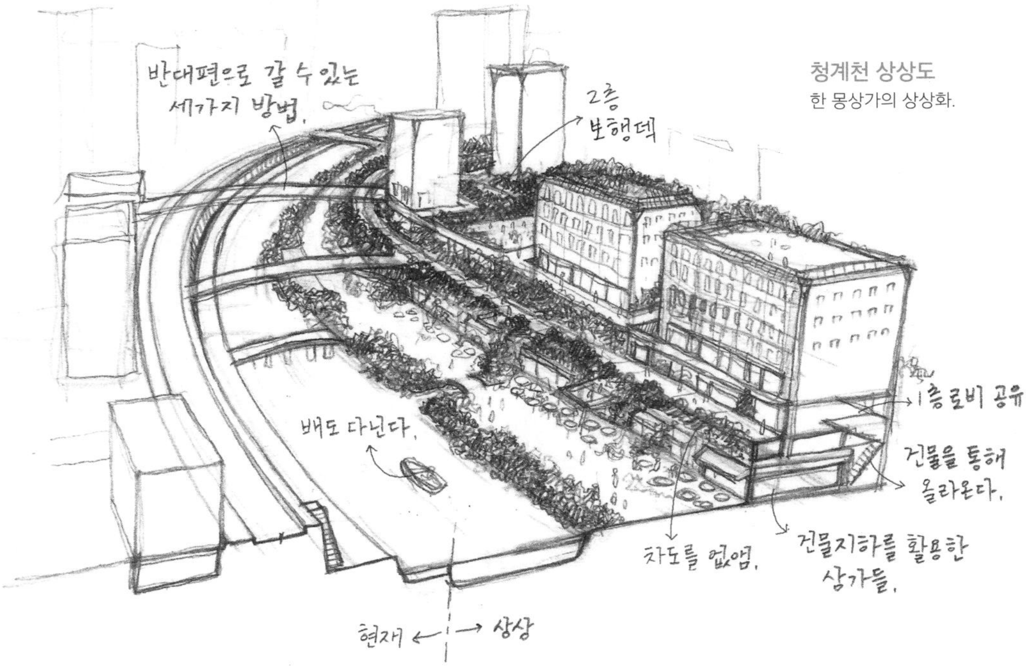


청계천 상상도
한 몽상가의 상상화.

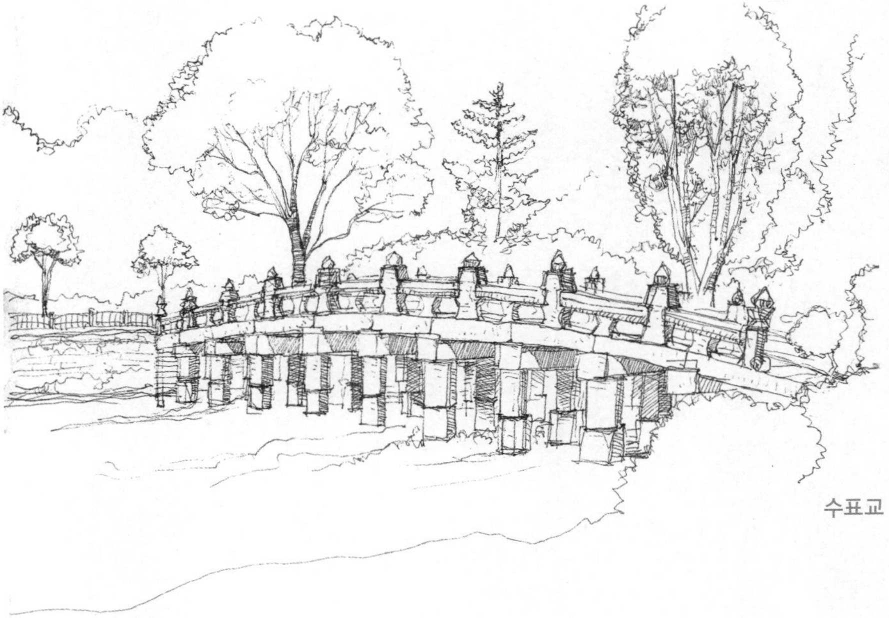

수표교

남산에 갔다가 내려올 때 방향이 맞으면 장충단공원에 들러 수표교를 거닐곤 한다. 서울의 풍속 중 대보름날 청계천 열두 다리를 밟던 '답교놀이'가 있었는데, 수표교가 그 절정이었다. 하지만 오늘날 진짜 수표교는 그 밑을 흐르는 물도, 그 위를 건너는 사람도 없는 이름뿐인 다리가 되었다. 그나마 지금은 다리를 거닐 수 있게 해준 것에 안도해야 하나?

난간을 쓰다듬어보았다. 수표교는 한낮 따사로운 햇살을 잔뜩 머금고 있었다.

아, 돌에도 부드러움이 있구나.

한양의 통금이 잠시 해제되던 설레는 명절 밤, 한 해의 재앙을 막고 좋은 일이 생기기를 비는 간절한 마음으로 수표교를 거닐던 옛 서울 사람들의 마음이 전해지는 것만 같았다.

문득, 수표교가 원래 자리로 돌아가지 않아 오히려 다행이다 싶어졌다. 나무도 어우러져 있고 자동차 소리도 덜한 이곳이 어쩌면 원래 자리보다 더 어울린다고, 그렇게 마음속으로 수표교를 위로해주었다.

청계천 주변 스케치

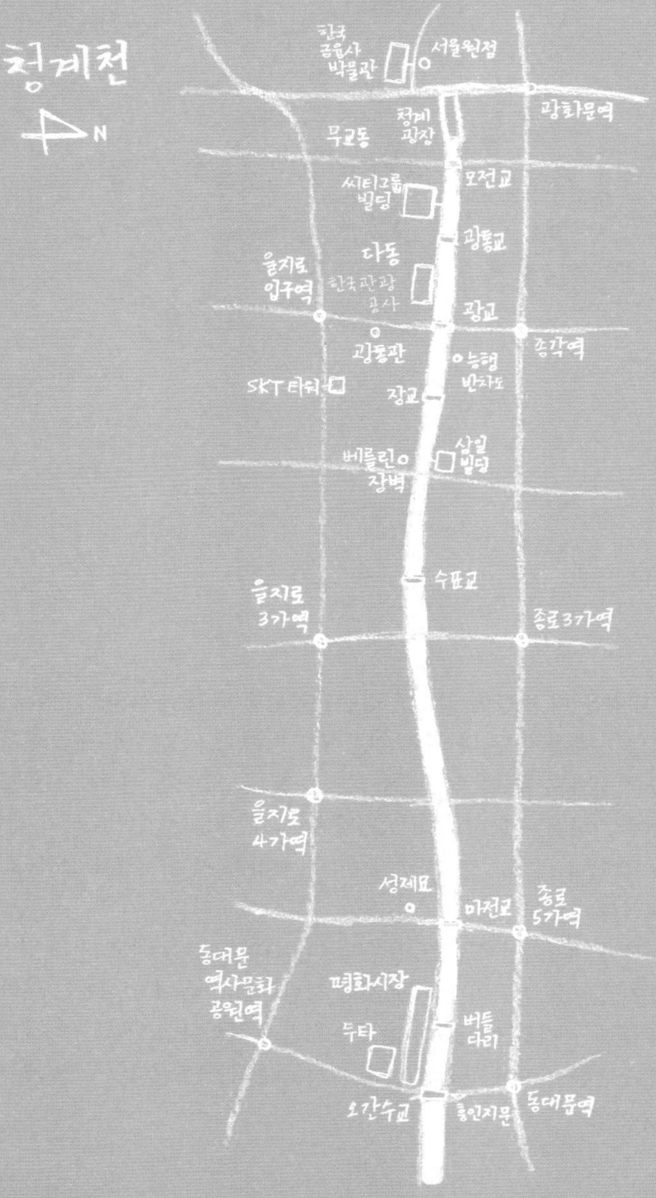

청계천
N
한국 금융사 박물관
서울원점
광화문역
무교동
청계 광장
모전교
씨티그룹 빌딩
광통교
다동
을지로 입구역
한국관광공사
광교
종각역
광통관
능행 반차도
SKT 타워
장교
베를린 장벽
삼일 빌딩
수표교
을지로 3가역
종로3가역
을지로 4가역
성제묘
마전교
종로 5가역
동대문 역사문화 공원역
평화시장
버들 다리
두타
오간수교
흥인지문
동대문역


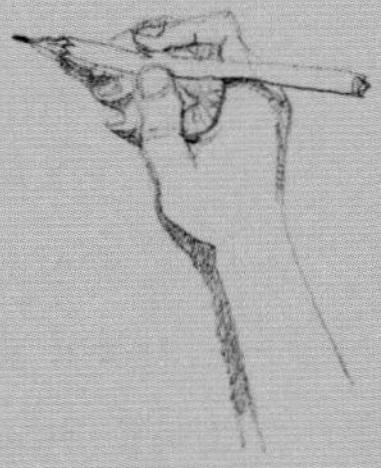

스프링
DNA 이중나선 구조를 상징하는 붉은색과 푸른색 리본은 한국의 옷고름에서 힌트를 얻었다고 한다. 이 나선은 생명의 복원을 상징하는데, 그 끝에서 샘물이 흘러나와 발원지를 이룬다는 의미.

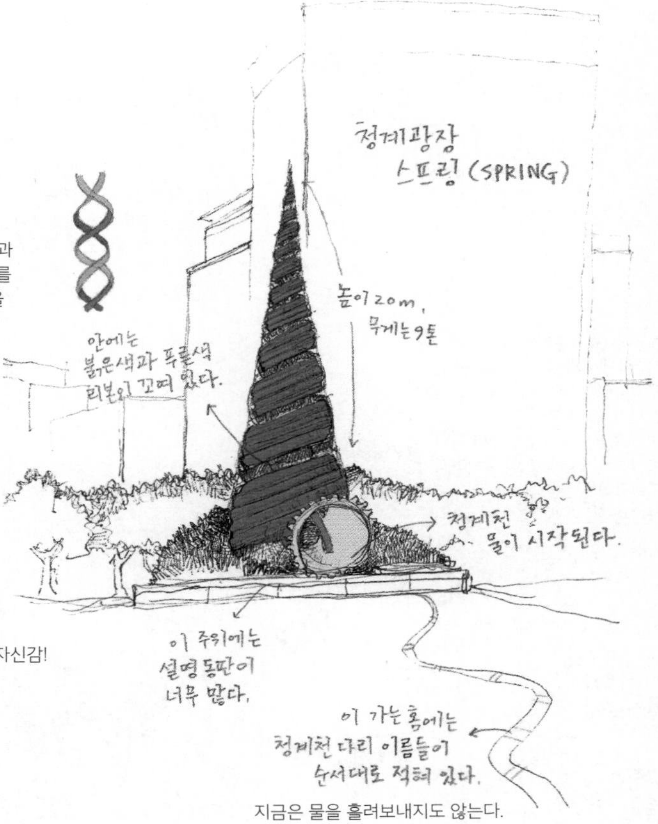


지금은 물을 흘려보내지도 않는다.

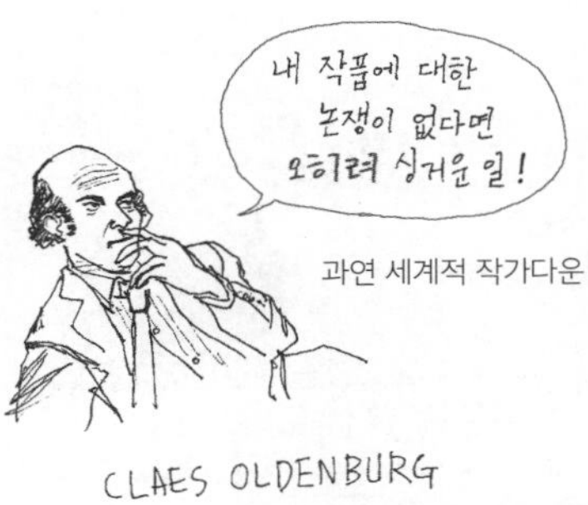


과연 세계적 작가다운 자신감!

청계천이 재현된 청계천의 시작에 청계광장이 있다. 광장에 위치한 거대한 다슬기에서 나오는 물이 가느다란 홈을 따라 흘러들어가 청계천이 시작된다는 의미였지만, 이제는 중학천까지 복원되어 모든 물이 합쳐지고 있다.

거대한 소라인지 다슬기인지 알 수 없는 이 조형물의 이름은 '스프링(Spring)'. 영어 좋아하는 우리나라답게 또 영어 이름인가 싶지만 영어로 스프링은 '샘 또는 근원'이라는 멋진 뜻. 이 조형물은 KT에서 당시 국내 공공조형물로는 최고가인 30억 원이 넘는 거액을 들여 세계적으로 유명한 부부 조각가 올덴버그와 브루겐에게 의뢰하여 만든 창작물이다. 올덴버그는 일상에서 쉽게 접하는 물건을 거대하게 만들어 과장함으로써, 상대적으로 가치를 얻지 못해온 사물에 기념성을 부여하는 작업으로 세계적인 호응을 얻고 있는 작가. 나 역시 여러 나라에서 그의 작품을 본 적이 있는데 지금까지도 상당히 인상 깊다. 하지만 우리나라에서는 사정이 약간 달랐다. 청계광장의 작품은 올덴버그보다 대부분 부인인 브루겐이 디자인하고 만들었다고 하는데, 문제는 그녀가 청계천에 와보지 않고 만들었다는 것. 즉 그냥 유명 조각가의 조형물을 사온 셈이 되어버렸다. 인도양 조개에서 모티프를 따왔다는 이 조형물은 청계천의 의미를 녹여내지 못했기 때문인지 어느 여론조사에서 서울시민이 없애고 싶은 공공조형물 1위에 뽑히는 불명예를 얻었다. 또한 불의 형상이라서 풍수지리상 일제가 북한산에 쇠말뚝을 박은 것보다 더 치명적이라는 등 말이 많다. 하지만 이제 시작일 뿐. 세월이 지나 익숙해진 다음 사람들이 어떻게 이 스프링을 바라볼지 조금 더 기다려보는 것은 어떨까.

신한은행 소속의 한국금융사박물관에서 해방 후 최초로 발행된 한국은행권을 일목요연하게 순서대로 볼 수 있었다. 이승만 정권 당시의 화폐에는 모두 이승만 대통령의 초상이 들어 있었다는 점은 흥미롭다. 또한 이승만 대통령의 초상이 처음에는 좌측에 위치하다가 중앙으로, 다시 우측으로 이동하는데 그 사연이 실소를 금치 못하게 한다. 여느 일제강점기 때 화폐처럼 좌측에 있던 초상화를 한쪽에 치우침 없이 중심에 둔다는 개념으로 중앙으로 옮겼는데, 돈을 반으로 접어 다니면 가운데가 해질 수밖에 없었다. 이에 측근들이 용안을 훼손시킬 수 없다 하여 발행을 중지하였고 즉시 우측에 초상화를 넣는 새로운 화폐 디자인이 나오면서 그 형식이 오늘날까지 이르고 있다. 생존한 사람의 초상이 기념주화말고 현행 화폐에 들어간 역사가 있을까?

차를 몰아 북쪽에서 세종로 사거리를 따라 내려오다보면 코리아나 호텔 앞에서 두 개 차로가 갑자기 줄어든다.
이는 조선일보 소유인 코리아나 호텔이 꿋꿋이 버티어 오히려 도로가 확장된 때문.
우리 사회의 단면을 보는 듯하다.

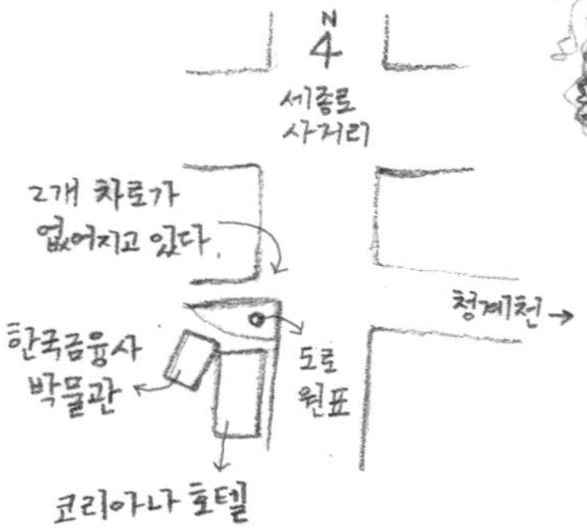


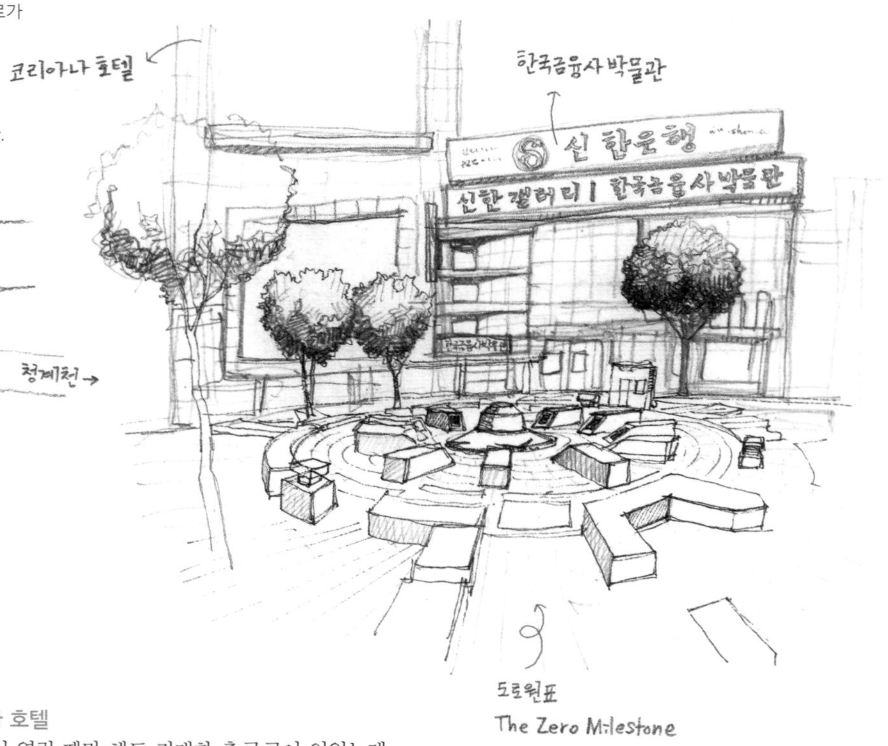


도로원표와 코리아나 호텔
2002년 한일 월드컵이 열릴 때만 해도 거대한 축구공이 있었는데
이제 축구공은 사라지고, 커다란 도로원표가 만들어졌다.
이 도로원표는 축구공을 20면체로 편 의미를 가진 조형물이라 한다.
이곳에서 세계 여러 도시까지의 거리가 적혀 있다.

모전교 석상

청계천 다리 중 하나인 모전교는 경복궁 영제교를
모델로 만들어졌다.
그래서 서수도 영제교와 같은 모양의 용이 올라가 있다.
청계천이 복원되고 많은 인파 때문에 인도교와
차도교 사이로 사람이 떨어져 사망하는 사고가 발생하자
지금은 투명판으로 막아놓았다.
왜 진작 해놓지 못했을까.

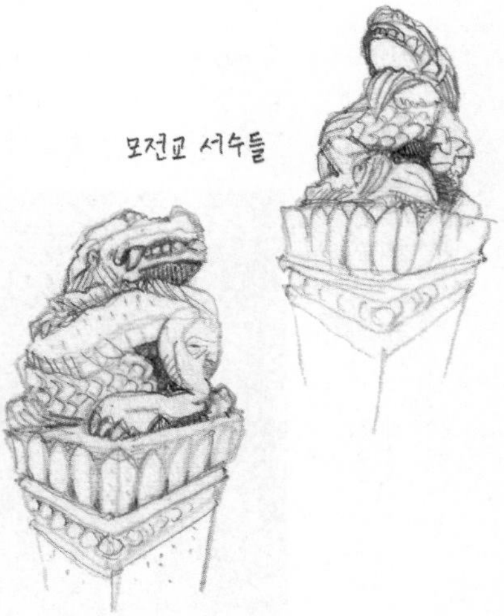


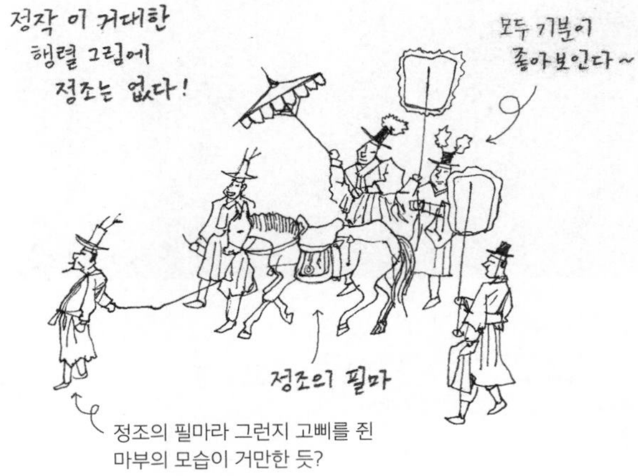


<능행반차도>

신한은행이 기부한 이 거대한 타일 벽으로 된 〈능행반차도陵幸班次圖〉는 청계천의 명물 가운데 하나다. 〈능행반차도〉는 경기도 화성에 위치한, 아버지 사도세자의 묘를 참배하러 가는 정조의 모습을 당대 최고 화가였던 김홍도가 그린 것으로 원본은 서울대 규장각에 있다. 가로 15미터 세로 18미터에 이르는 대작이다. 1779명의 인원과 778필의 말이 담긴 〈능행반차도〉를 백자 도판 4960장으로 재현한 이 도자 벽화는 세계 최대로 그 길이만도 200미터에 가깝다.
안내판에 적혀 있는 이야기를 하나하나 읽으며 맨 앞의 경기감사부터 대열을 따라가다보면 어느새 마지막 병조판서에 이르게 된다. 그런데 정작 이 반차도에 정조는 그려져 있지 않다. 이 거대한 그림에 주인공 정조는 왜 출현하지 않은 걸까? 보안상 얼굴이 알려지는 걸 방지하기 위한 신변 보호로? 또는 용안을 그린 그림이 훼손되는 것을 막기 위해? 모두 틀린 말이라고 할 수는 없지만, 옛 그림에서 왕을 그리지 않은 결정적인 이유는 왕조국가의 위엄에서 찾을 수 있다. 왕은 '지극히 존엄한 자'이기 때문이다. 감히 단순한 그림 따위로 보여줄 수 없었다는 것이 그 이유라고나 할까. 이것은 문장을 지을 때 역대 왕의 이름에 사용된 한자를 사용할 수 없었던 것과 마찬가지 이유다.
이승만 대통령이 집권 당시 자신의 초상이 잔뜩 들어간 화폐를 만들고 수많은 동상을 세웠던 흔적을 보자니, 왕조국가를 꿈꾸며 군림하고자 했던 한 대통령이 정작 왕의 위엄에 대해서는 모른 게 아닐까 싶다. 나는 왕이 타지 않은 빈 말을 보며 한참을 서 있었다.

## 무교동

일방통행로로 비교적 성공한 곳이 무교동 아닌가 싶다. 무교동 '세계의 거리'에는 자동차와 보행자 모두를 위한 아낌없는 배려가 곳곳에 스며 있다. 넓은 보도나 올스톱 횡단보도 등은 도심 한복판에도 걸을 만한 곳이 존재할 수 있다는 걸 보여준다.

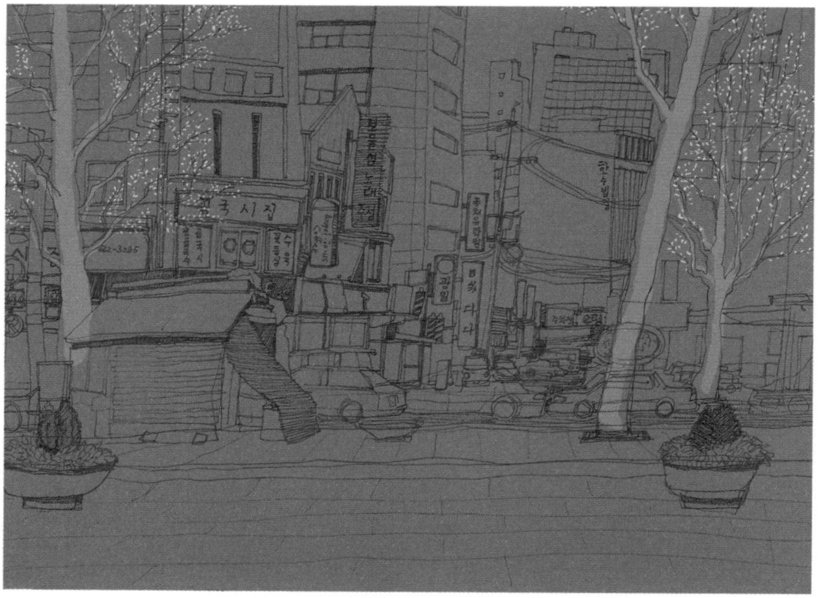

Spring Waltz
봄에는 봄만 보기.

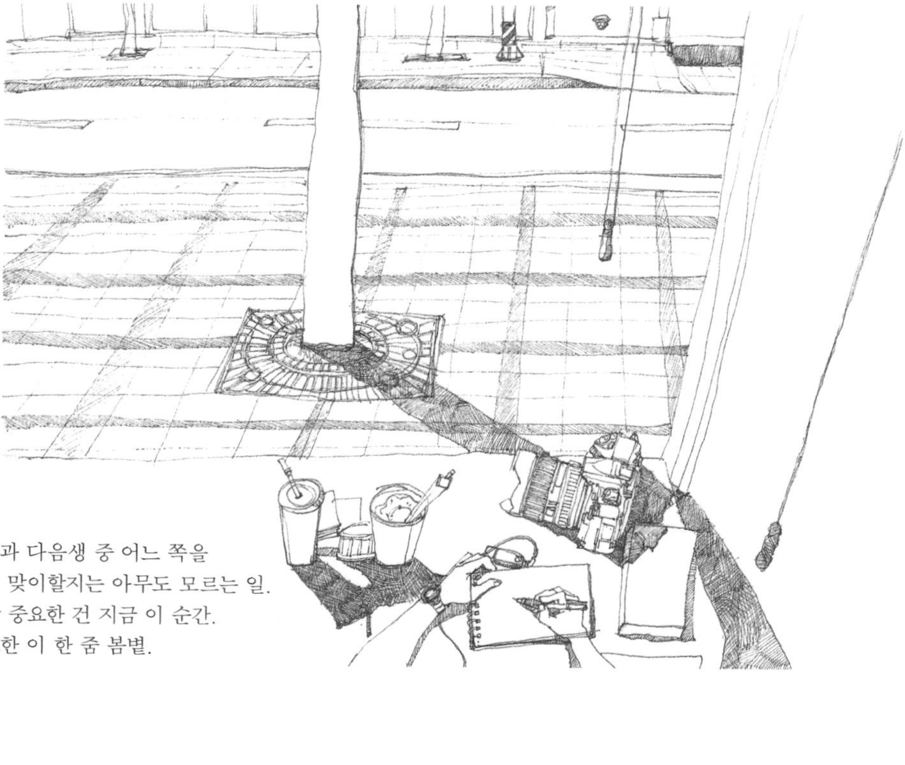

내일과 다음생 중 어느 쪽을
먼저 맞이할지는 아무도 모르는 일.
가장 중요한 건 지금 이 순간.
따스한 이 한 줌 봄볕.

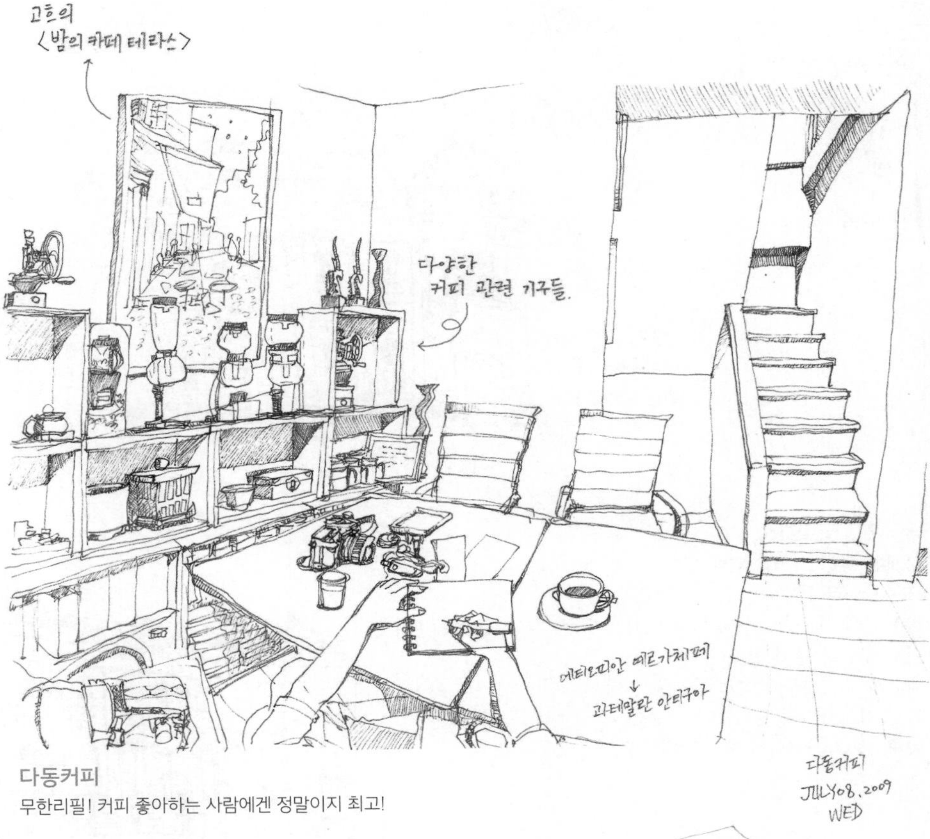


다동커피

무한리필! 커피 좋아하는 사람에겐 정말이지 최고!



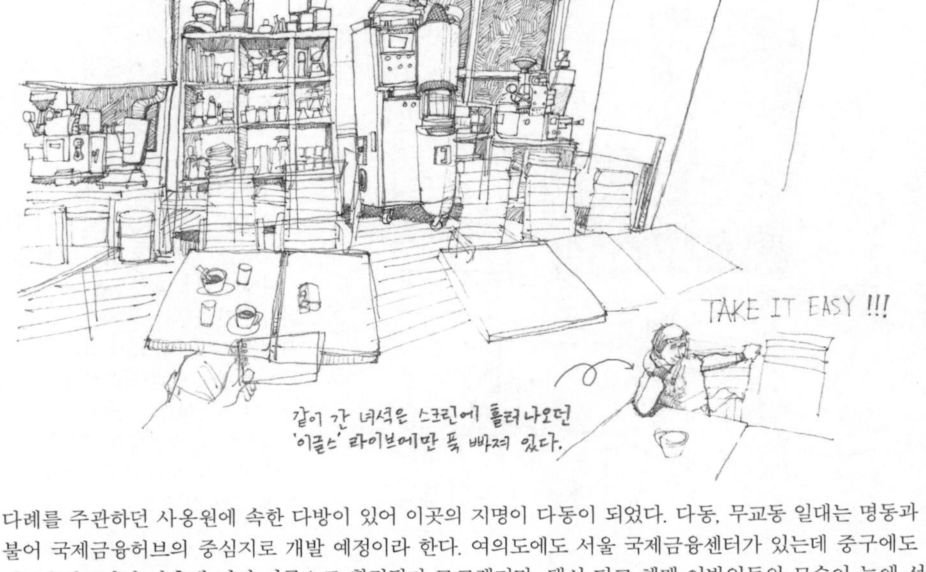


다례를 주관하던 사옹원에 속한 다방이 있어 이곳의 지명이 다동이 되었다. 다동, 무교동 일대는 명동과 더불어 국제금융허브의 중심지로 개발 예정이라 한다. 여의도에도 서울 국제금융센터가 있는데 중구에도 국제금융허브라니 차후에 어떤 이름으로 확정될지 모르겠지만, 택시 타고 헤맬 이방인들의 모습이 눈에 선하다. 조감도가 보통 화려하지 않던데 훗날 다시 펜을 들었을 때 빽빽한 빌딩 일색은 아니길 바란다. 다동이 그 이름처럼 편안히 차 한잔 마실 수 있는 곳으로 남아야 한다는 내 바람이 욕심이 아니길……

# 광교

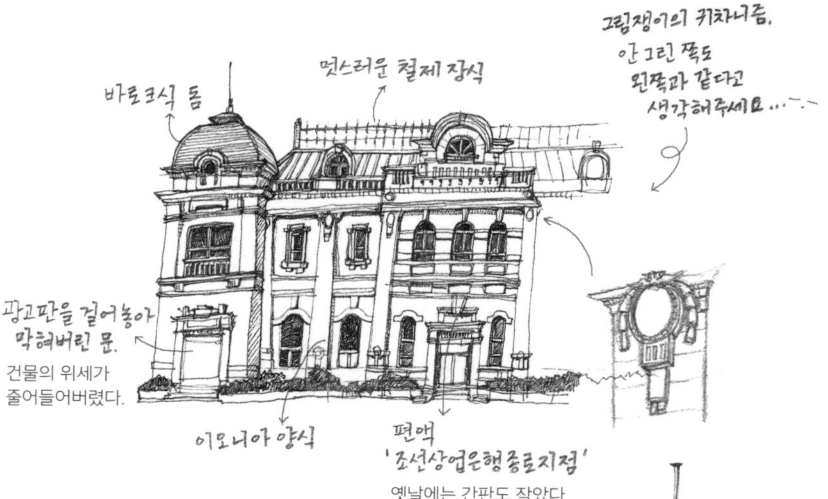


우리은행 종로지점

청계천 광통교 바로 옆에 있어
광통관이라 불렀다.
1909년에 만들어졌는데 1914년 화재가 난
이후 지금과 같이 변했다.
대한제국 탁지부가 설계한 건물 중에
가장 정교하다는 평가를 들었는데,
화재 전보다 조금 더 세련되어진 듯.

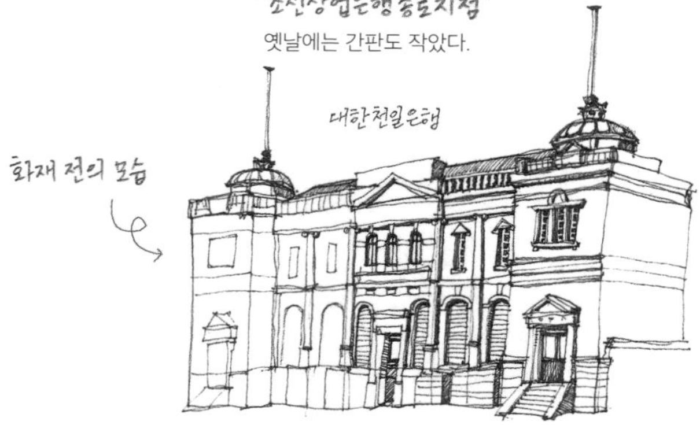


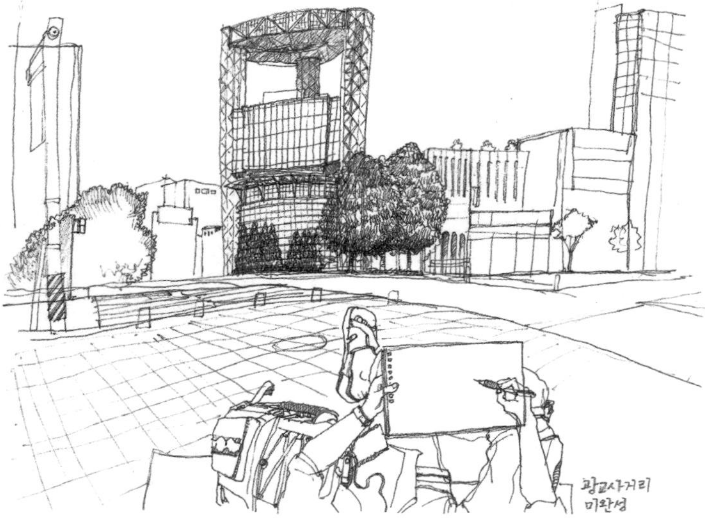


광통교 교각의 초석은 신덕왕후 묘의
신장석(神將石). 태종 이방원이 복수한
흔적이다. 이 그림은 한 흡연가 때문에
결국 완성하지 못했다.
그림을 그리고 있는데 옆에서
어떤 사람이 담배를 태워 담뱃재가
계속해서 그림 위로 날아와 앉았다.
주의해줄 것을 당부했는데도
여전히 안하무인.
계속해서 허공에 재를 떤다.
결국 한바탕 얼굴을 붉히며 싸웠다.
끝까지 미안하다는 말 한마디 없이
똥 밟았다는 표정으로 자리를
떠나는 그를 보며 나도
스케치노트를 덮었다.

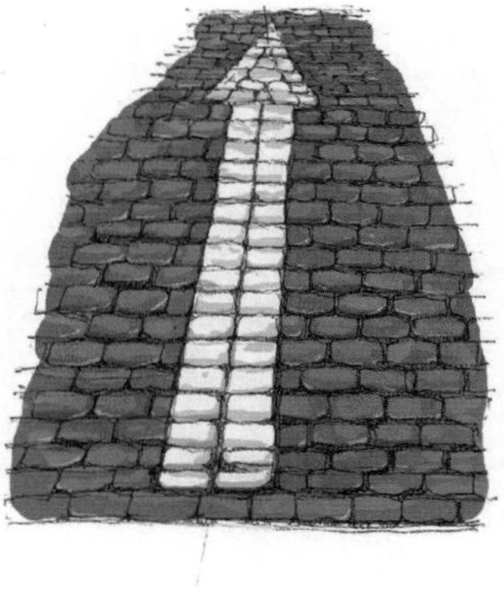

청계천이 복원되면서 일부 도로는 자갈길이 되었다.
유럽에서 쉽게 볼 수 있는 자갈길은 사실 자동차와 잘 맞지 않는다.
하지만 차량 감속 효과에 빗물 투과율도 좋고, 열섬 방지 효과까지
있다 하니 비싸긴 하지만 장점 많은 도로포장이 아닐 수 없다.
게다가 분위기도 괜찮지 않는가!
뉴욕 맨해튼 남부에도 스톤 스트리트라는 뉴욕 최초의 자갈길이 있다.
오래전 네덜란드가 뉴욕을 관할했을 때 그 길에 살던 총독 부인이
진흙길에 드레스가 망가지는 걸 극도로 꺼려, 남편을 졸라 고향처럼
자갈을 깐 것이 원조라는 것. 그런 이야기는 오래될수록 더
맛깔스러워지는 법. 긴 드레스가 끌릴까 유난히 신경쓰며
걷는 총독 부인을 상상하며 그 길을 걷는 것은 여행의 소소한 재미였다.
비록 그 옛날 청계천에는 자갈길이 존재하지 않았지만,
이왕 깐 것 지금의 시점으로 먼 훗날에도 찾을 정도로
잘 유지되어 많은 사람들의 추억이 담긴 길로 남아주었으면.

비 갠 광통교 사거리

무작정 걷고 싶은 날이 있어.
비가 개고,
건물 사이로 스미는 햇살에 웃음이 나와.
스쳐가는 사람이 흘깃, 쳐다보더군.
난 속으로 외쳐댔지.
당신은 아무것도 모를걸!

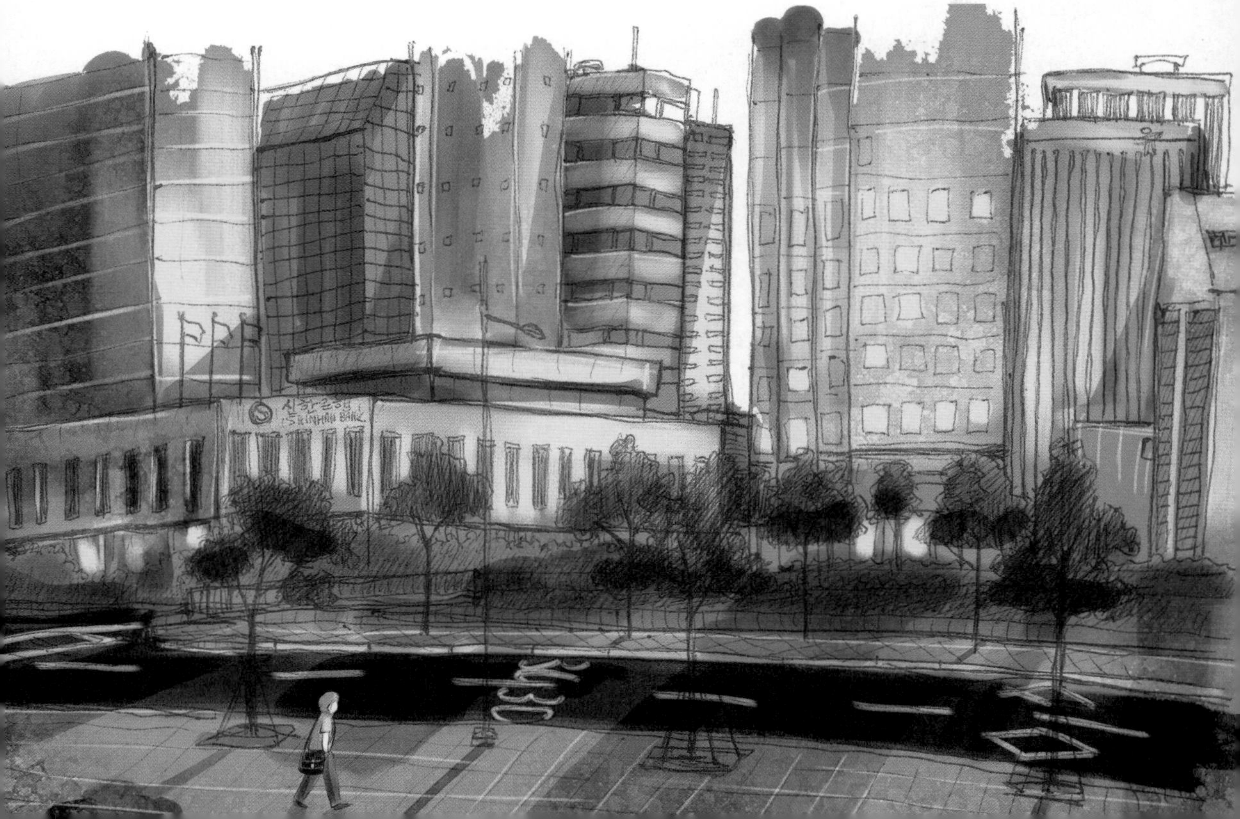

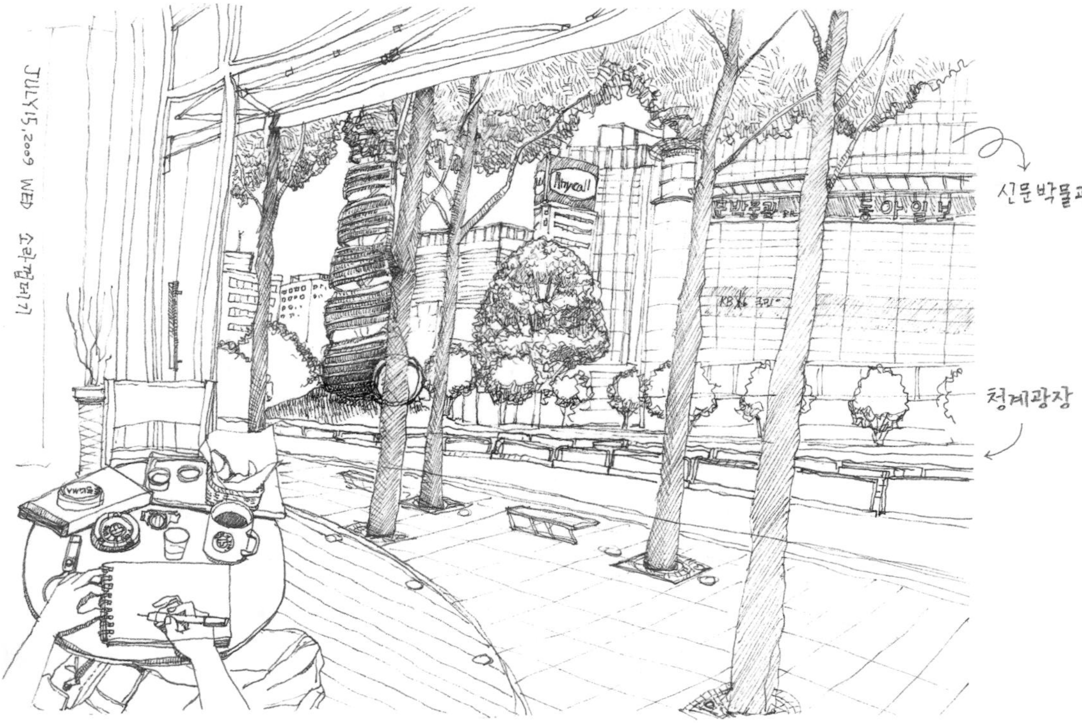


다슬기가 보이는 풍경

서울시에서는 인공청계천을 만들고 자연하천으로의 복귀를 꿈꾸며 2006년부터 2009년까지 약 300만 마리의 다슬기를 방사했다고 한다. 그러나 청계천 시멘트 바닥에 그 다슬기는 거의 보이지 않는다. 다슬기 조형물이 다슬기 위령탑으로 남지 않기를 바랄 뿐.

구한말 청계광장의 남쪽 부근에서 부래상(富來祥, Plaisant)이라는 프랑스 상인이 나무를 팔았다고 한다. 지금은 SFC와 작은 굴뚝공원(건물 모두 흡연이 금지되면서 고층빌딩 주변 공원은 흡연자로 가득 차 별칭을 붙여봤다)이 있는데 나무를 사고파는 나무 시장이라니 무슨 전래동화처럼 믿을 수 없는 풍경이 떠오른다. 부래상은 당시 유일한 외국 상인이었는데, 땔감 시장은 최순영이 휘어잡고 있어서 그와의 경쟁을 피할 수 없었다. 그리하여 외국인이라는 핸디캡을 보완하여 세운 책략이 커피. 당시 커피는 부유층만 맛볼 수 있는 귀한 음료였는데, 부래상은 보온통에 커피를 담아 산에서 나무를 해서 내려오는 나무꾼을 상대로 유객행위를 하여 성공을 거두었다. 나무꾼들 사이에서 이 이상하고 검은 물은 '양탕국'으로 불리며 인기가 좋았지만, 양탕국에 독이 들었다는 최순영의 방해 작전이 고종 피살설과 맞물린데다가 다동의 다모들이 공짜로 차를 준다고 항의해 부래상은 끝내 파산한다. 묘하게도 나무 시장과 얼마 떨어지지 않은 곳에 위치했던 프랑스 쁘렝땅 백화점이 토종 백화점에 밀려 철수했는데 이래저래 타지에서 장사하기는 쉽지 않나보다.

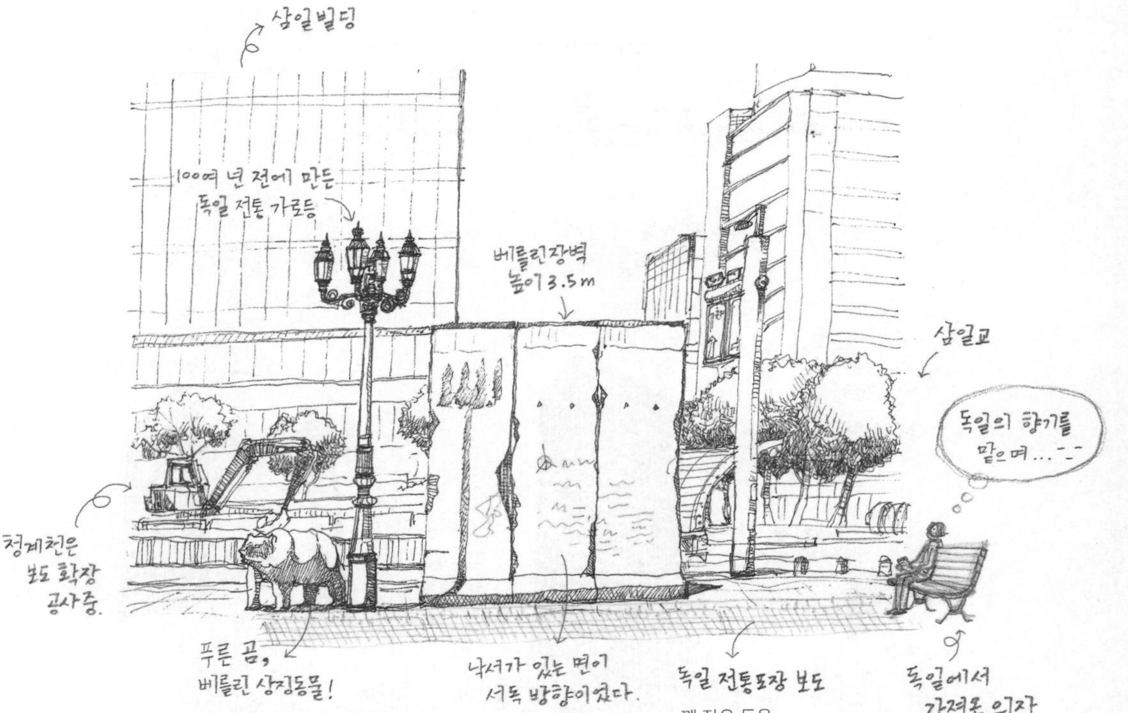


양면에 각각 숭례문과
브란덴부르크 문이
그려져 있다.

당시 동독에 설치된 것인데,
서독에서는 장벽에 접근이 가능해
많은 서독 국민이 통일의
염원을 담아 한 낙서가 가득하다.
그런데 그 사이에 보이는
한글 낙서는 무엇인지.

꽤 작은 돌을
촘촘히 깔았다.

의자의 나무 사이와 주변에 꽁초가
말도 못하게 많았다. 설마
이 담배꽁초도 독일에서 온 것?

베를린장벽

우리나라 사람들보다 외국인들이 더 관심 있게
유심히 보는 곳. 우리나라의 휴전선과는 느낌이
사뭇 다르다. 1989년 독일이 통일되면서 철거한 베를린장벽 중
일부를 분단국가인 한국에 기증, 설치했다.
자리를 잡고 앉아 시야를 좁혀 독일에 있다고 상상해봤지만
감정이입이 되지는 않았다. 휴전선에서 군생활을 해,
오랜 기간 철책을 보며 생활했기 때문인지
장벽에 대한 애틋함이 더해진다. 철조망과 콘크리트 철근벽.
보이는 것과 보이지 않는 그 너머에 양분된 이데올로기가
왜 그토록 많은 이를 아프게 하는 것일까?
지구에 외계인이 침략해오기 전까지 지구인이
하나가 되는 일은 결코 없을 듯한 세상.

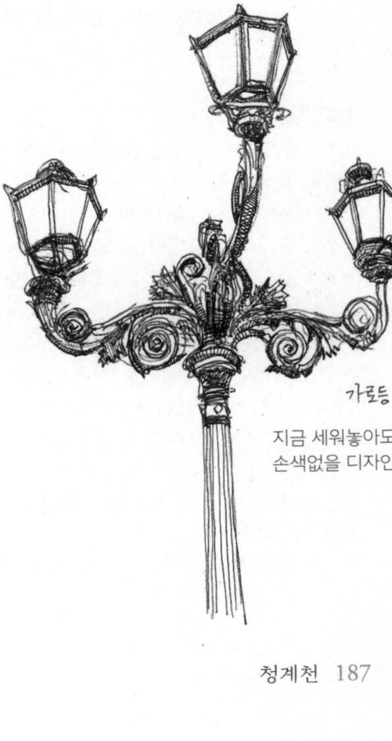


지금 세워놓아도
손색없을 디자인.

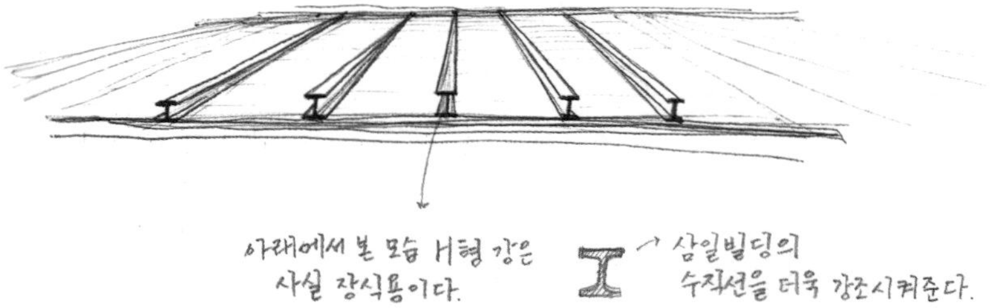


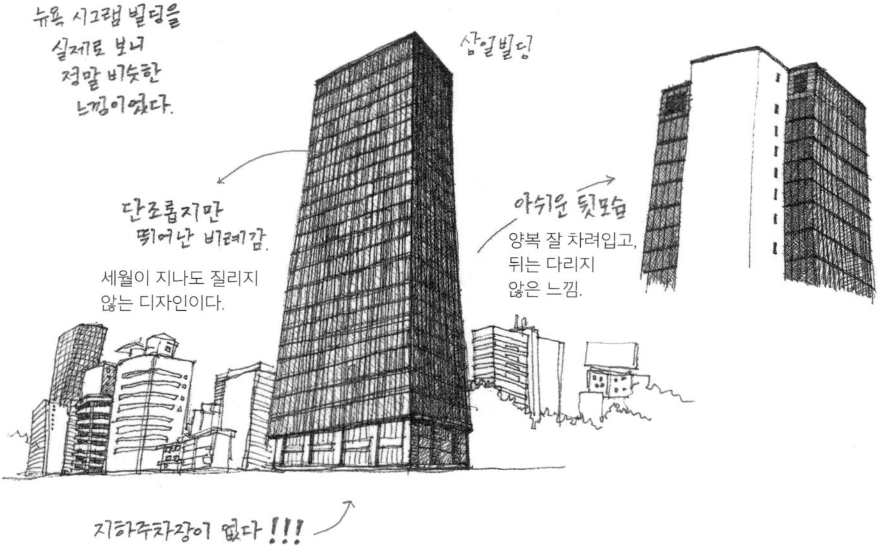


삼일빌딩

1970년에 만들어진 삼일빌딩은 서울의 고층건물 시대를 연 선구적인 빌딩이다.

삼일로에 맞춰 높이도 31층으로 지었다. 당시 박정희 대통령이 "최고층건물을 통해 일제의 잔재를 청산하겠다"는 의지를 담아 세웠는데 이 빌딩의 층수를 세는 것이 서울의 관광 코스였을 정도. 설계는 건축가 김중업이 맡았다. 미스 반 데어 로에가 설계한 뉴욕의 '시그램 빌딩'과 비슷하다고 말이 많았는데, 더 큰 문제는 지하주차장이 없다는 사실! 그래서 주변건물에 비해 가격이 싸다고 한다. 도심에 주차장시설을 없애 자동차 유입을 막으려는 미래지향적인 건물이 아닐까 하는 생각이 들기도 한다.

원래 이 자리에는 대표적인 개화사상가 유대치의 집이 있었다.

당시 그의 집은 누추하기는 이를 데 없었지만, 개화사상을 가진 청년들의 소중한 아지트였다. 철종의 사위 박영효, 조선 말기 근대적 사상가 김옥균, 승정원 동부승지 서광범, 후에 독립협회를 이끌었던 윤치호 등이 모두 이 오두막집 문턱을 닳도록 넘어 다녔다.

갑신정변이 있던 날에는 이들이 스승 유대치를 찾아가 미리 계획을 알렸더니 그는 일본을 믿지 못하여 적극 말렸다고 한다. 그러나 결국 갑신정변은 일어났고, 그 소식을 들은 유대치는 집을 떠나 어디론가 사라져버렸다고 한다.

그 개화사상가들의 젊은 정신을 삼일빌딩은 알고 있을까.

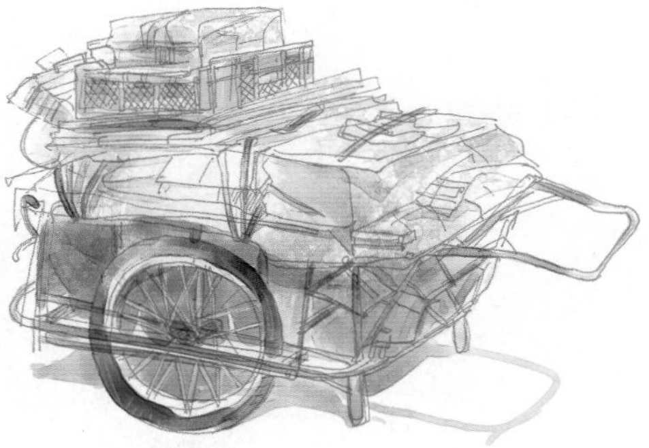

도로변에 세워둔 리어카 하나.
천천히 폐지를 모으던 등이 굽은 어느 할아버지.
스케치하는 동안에도 꾸준히 무언가를
짊어 나른다.
삶의 무게와는 딱 반대로 무거워져라.
허허 웃으시며, 등 한 번 펴신다.

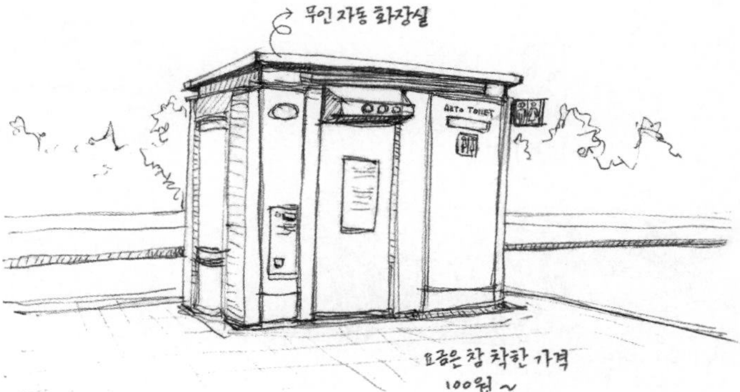


유료 화장실
시민의식 부재로 쉴새없이 망가진다는 무인 자동 화장실.
입구에 "10분이 경과하면 자동으로 문이 열립니다"라는 안내문이
가히 압권! 직접 사용해보니 휴지도 잘 구비되어 있고
꽤 깨끗해 급할 때 요긴했다.

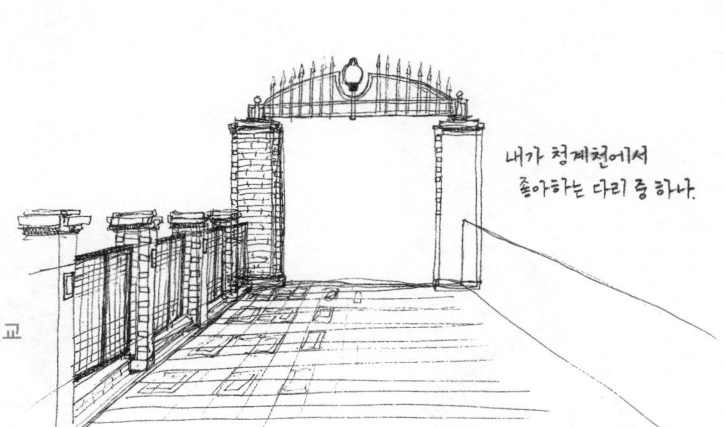


마전교

성제묘

인터넷에서 검색해 위치까지 알아보고 갔지만
목적지에 가까워지면서도 설마설마했다.
그 앞에 도착하고서야 정말 있구나!
하며 그제야 믿게 되었다.
그도 그럴 것이 내가 성제묘를 모를 때부터
이곳은 수도 없이 지나다녔던 길!
물구나무선 코모도왕도마뱀이 찐 옥수수를
뜯어먹으며 내 앞을 유유히 지나간들
관심이 없으면 모르겠구나, 싶었다.
문화재를 이토록 좁은 곳에 잘도 숨겨놓다니.
일종의 어떤 경외감?
우리나라의 문화재 은닉보존 기술은 단연 수준급.

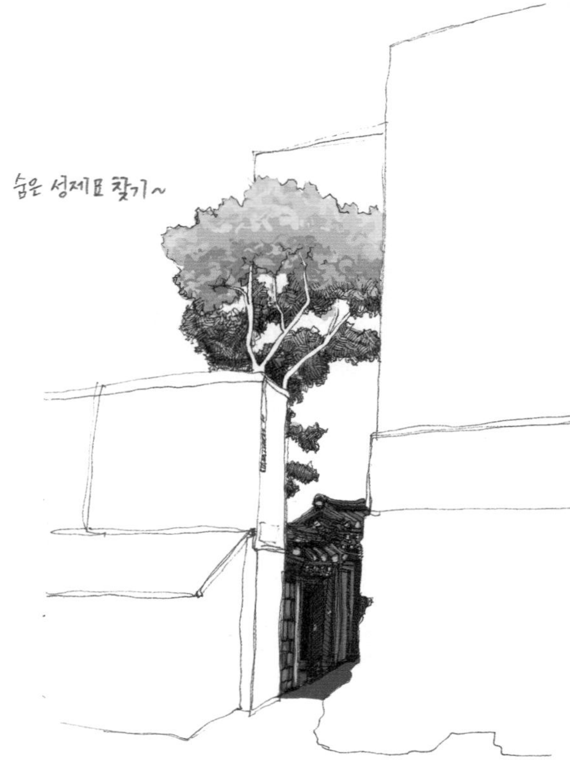


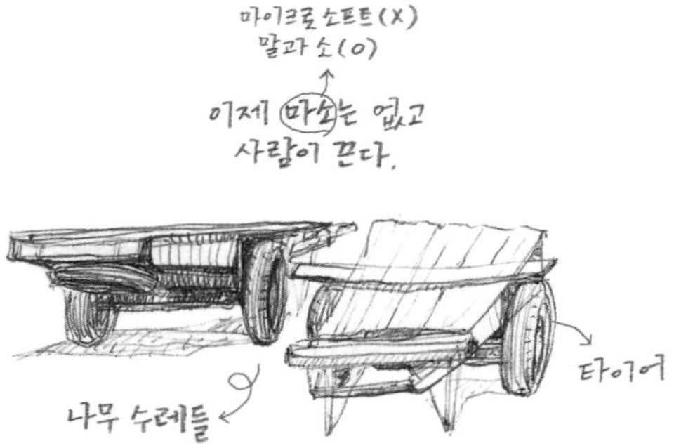


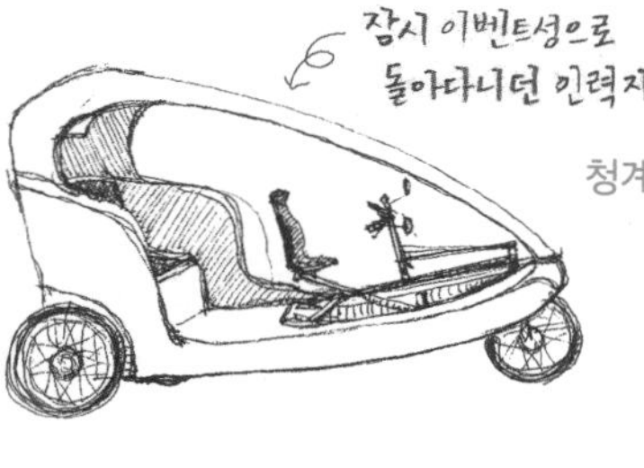


청계천 자전거

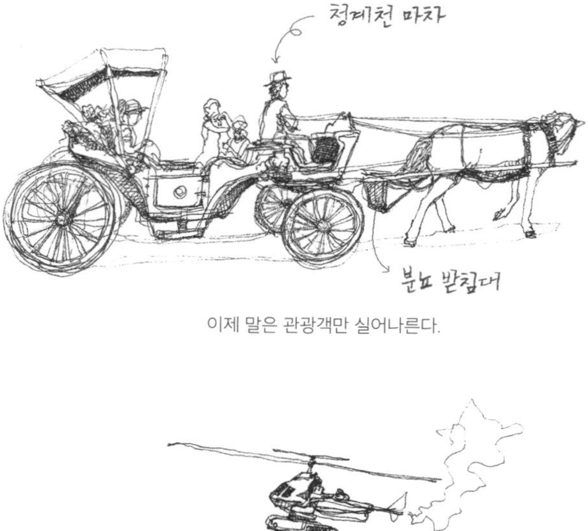


이제 말은 관광객만 실어나른다.

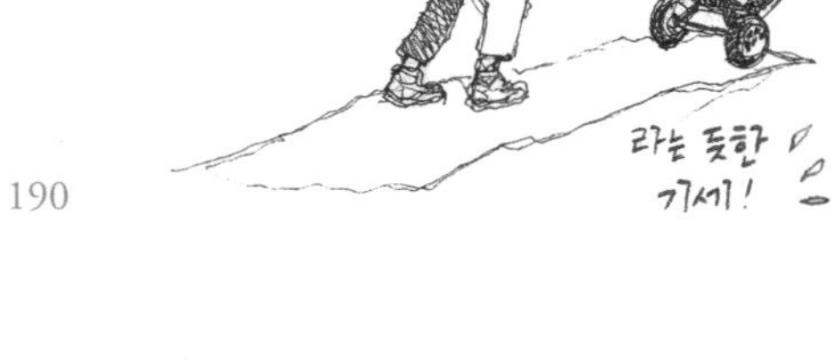


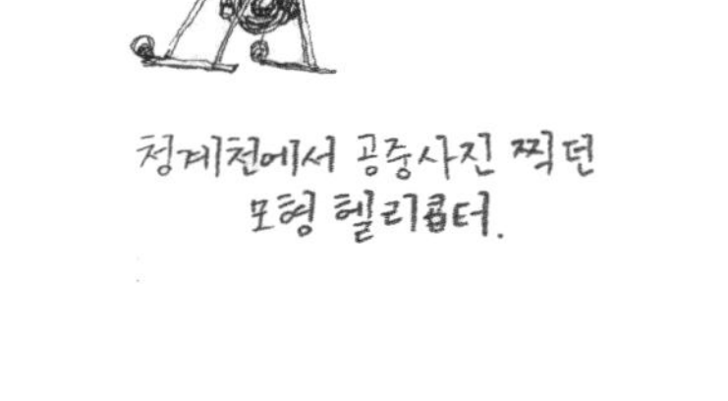

## 평화시장

버들다리 위에 세워진 동상 하나.
그 동상은 청계천이 덮여 있던 시절
스물두 살의 나이로 다리 부근에서
분신자살한 '아름다운 청년'
전태일이다.

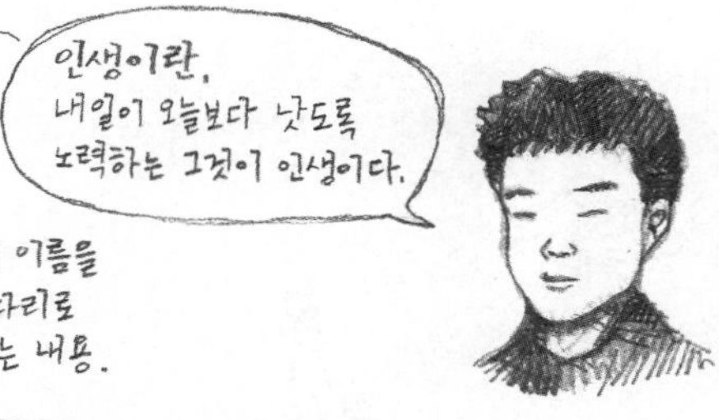


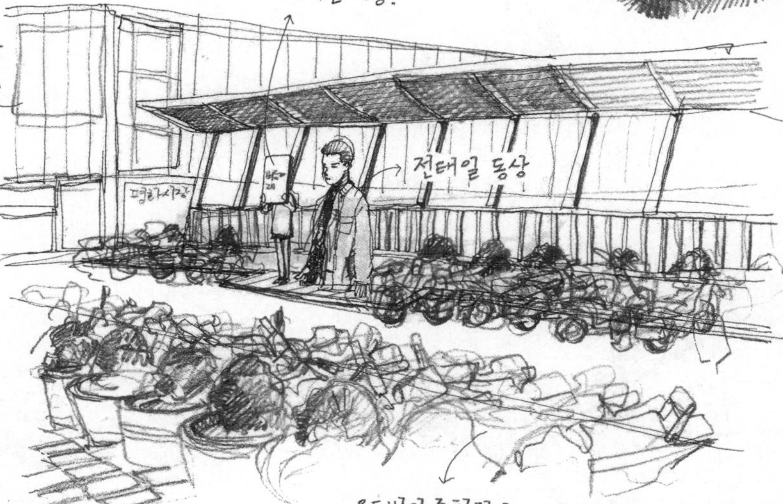


전태일이 일한 곳.

시민들의 모금으로 많은 이들의
소원을 새겨 만들었다.

버들다리 위는 수많은 오토바이로
주차 공해. 여유를 갖고 볼 틈도,
걸을 틈도 주지 않는다.
근처에 서서 잠깐 크로키를 하는데
오토바이 한 대가 와서 내 가방을
치는 바람에 몸이 옆으로 휙 젖혀졌다.

대구에서 태어난 전태일은 가정 형편 때문에 초등학교 4학년도 채 마치지 못하고 서울로 올라와 취직을 했다. 그곳이 버들다리 아래 있는 평화시장. 과거 의류산업의 출발지였던 곳이다. 열악한 노동 환경에 분개해 개선을 위한 투쟁을 하였으나 사회의 무관심 앞에 그는 너무나도 무력했다. 1970년 11월 13일 형식적인 당시의 '근로기준법' 화형식을 갖고, 전태일은 『근로기준법전』을 안고 분신한다. 이 일은 사회에 큰 반향을 일으켜 그후 대한민국 노동자 인권 개선의 발판이 되었다. 그러나 그것은 단지 시작일 뿐. 노사관계는 늘 멀고도 험한 일임을 더 말해 무엇하랴.

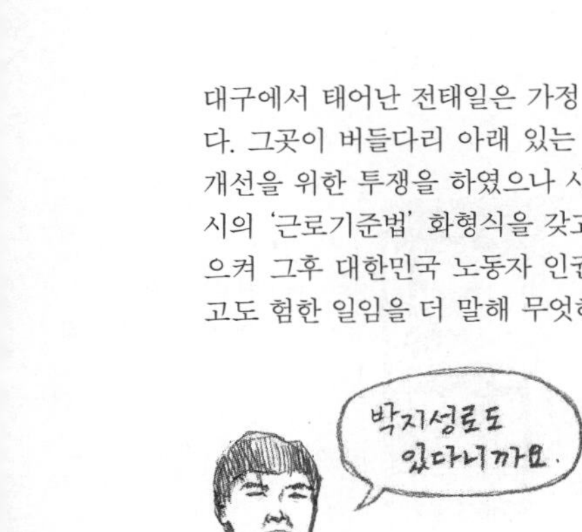


버들다리를 전태일 다리로 바꾸는 운동을 하고 있다는 전태일재단의 상황실장과 몇 마디 나누었다. 사실 이 다리는 최근 전태일 다리로 명칭이 변경되었지만 문제는 '병행 표기'라는 것. 버들다리이건 전태일 다리이건 어떻게 불러도 상관없다는 말. 정부는 교량에 100년 이내에 살았던 인물 이름을 넣는 것은 원칙에 위배된다는 입장이지만 시민들의 의견을 십분 받아들여 병행 표기까지 하겠다는 모양이다. 어쨌거나 이순신 대교 이래 최초의 인물명 표기 다리라는 것. 다리 이름을 넘어서 많은 이들이 그의 이름 석 자를 기억했으면 좋겠다.

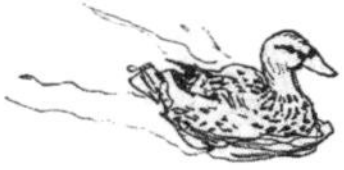

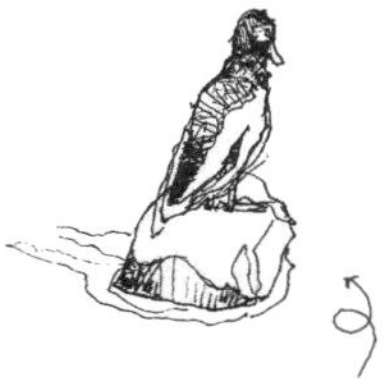


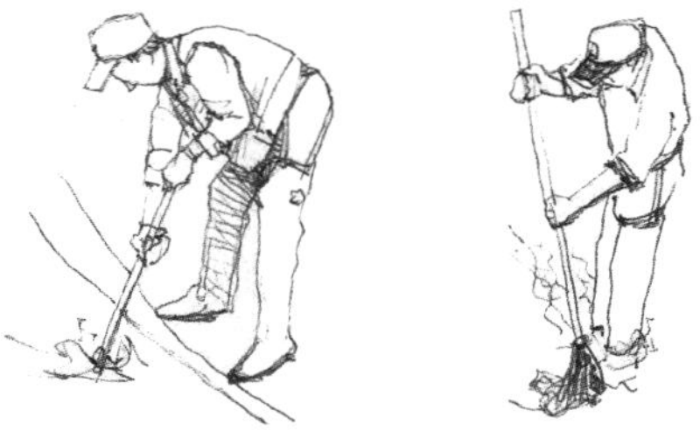


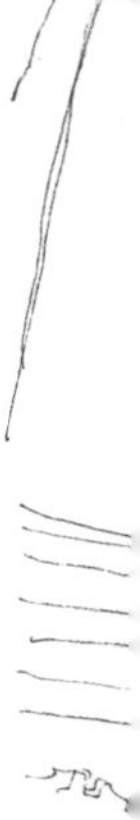

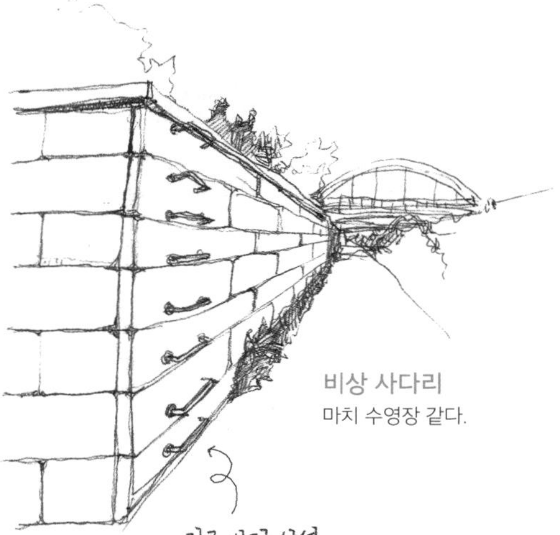


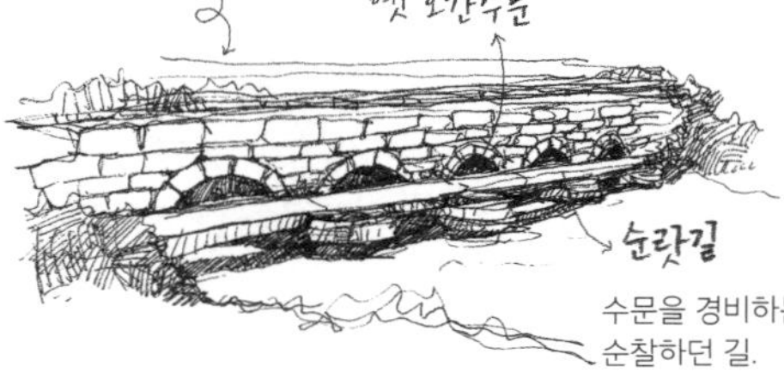


청계천에는 250여 개의 수문이 있다. 천변 다리 밑의 돌문을 본다.
청계천 바닥은 차수막을 설치한 시멘트 바닥이다.
즉 진짜 하천이 아니라 인공수로라는 얘기.
청계천 옆 도로와 바닥 밑에 하수관이 있는데, 비가 와서
그 관이 용량을 넘어서면 이 수문을 열어 물을 쏟아내도록 한다.
한마디로 우리는 거대한 인공수로를 산책하는 셈.
이런 구조라 수문이 열리면 오염 물질까지 함께 유입되어 때로
청계천에 사는 생명체가 집단 폐사하기도 한다. 이래저래 그들
사이에서 청계천으로 이사 가는 건 그리 내키지 않을 듯싶다.

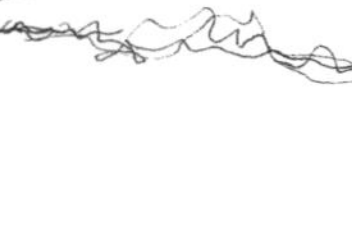

## 오간수교 전경

1760년 영조가 청계천 준설을 치하하며 내린 준설가의 어필(御筆)을 재현해 다리 아래 대리석에 새겨놓았다. 홍수 때 매번 물이 넘치자 영조는 백성들의 피해를 줄이기 위해 대대적으로 청계천 준설을 하기에 이른다. 한번은 오간수문 근처에서 준설 현장을 바라보던 중 비바람이 거세게 몰아쳤는데 신하들이 궁궐로 돌아가자 권했으나 거절하고 공사를 지켜보았다고 한다. 영조가 청계천 준설이라는 대규모 토목공사에 얼마나 신경썼는지 알 수 있는 대목이다.

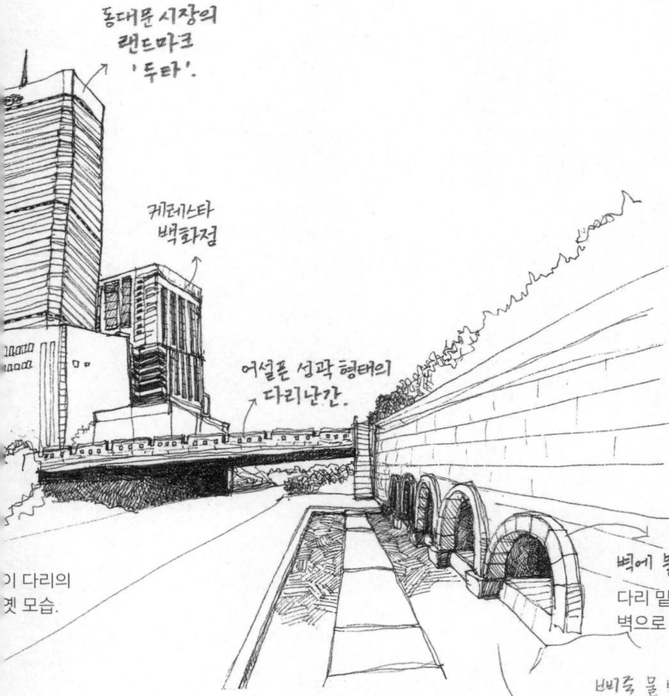


이 다리의
옛 모습.

오간수문

다리 밑으로 있어야 할 수문이
벽으로 옮겨가 있다!

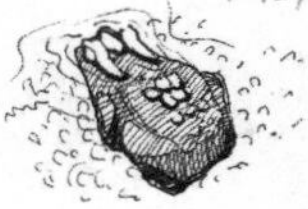


오간수문은 청계천 위를 지나는 서울 성곽 밑에 있던 문이었다. 명종 때 임꺽정도 이 문을 통해 한양에 드나들었다고 한다. 1907년 토사의 흐름을 원활하게 한다는 이유로 성벽을 없앴고 이듬해에 오간수문마저 헐었는데, 그 대신 콘크리트 다리가 놓여 오간수교가 되었다. 오간수문 근처에는 모래산이 있었는데 이것은 청계천을 준설할 때 퍼올린 흙이라 가짜 산, 즉 가산이라 불렀다고 한다. 옛날에 범죄를 저지르면 얼굴이나 팔뚝에 먹물로 죄명을 새겨넣었는데 이를 '경을 친다'고 표현했다. 경을 치면 아무것도 할 수 없어 결국 가산에 모여 땅굴을 파서 거처를 마련하여 구걸할 수밖에 없었다. 그리하여 가산은 조선 초기부터 한양 거지들의 소굴이 되었고 땅거지라는 말도 생겨났다. 이들은 세력이 점점 커지면서 세도가와 야합했다. 이에 조정에서도 함부로 건드릴 수 없게 되었고 그 나름, 직업도 갖게 된다. 다름 아닌 궂은일 하기. 개화기에는 독립협회 회원이 가두연설회를 하면 보수파에서 이들을 고용하여 방해 작전을 벌이기도 했는데, 연설회장에서 각설이판을 벌인다든가 뱀을 풀어 청중을 도망가게 하는 등 오늘날의 조직폭력배와 크게 다르지 않았다. 가산에 사는 사람이 많아지자 나름 대표를 선출하게 되는데 이 대표를 '꼭지딴'이라 불렀다. 꼭지딴의 큰 수입원은 수구문에서 미꾸라지를 잡아 추어탕 팔기였는데 수구문 추어탕은 서울의 명물이 되기도 했다.
이제 가산 같은 건 흔적도 없이 사라져버린 청계천 오간수문 근처에 앉아 스케치 답사를 마무리했다. 오래전 영조는 이쯤 어딘가에서 백성들을 걱정하며 내려다보셨겠지? 당시 이곳을 그린 그림을 보면 그 시절의 그림쟁이 또한 이 근처에 앉아 그림을 그렸을지도 모르겠다.
스케치노트를 덮고 가만히 서서 청계천을 볼 수 있는 곳까지 멀리 바라보았다. 끝없이 축대로 이어진 인공수로가 아득히 멀게만 느껴진다.

# 8장
# 우정총국

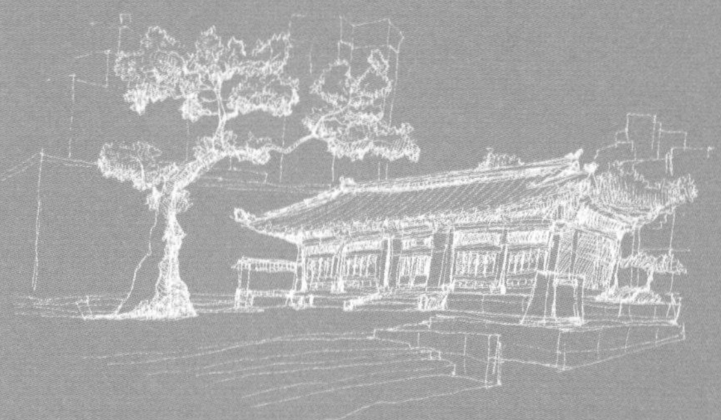

## 편지,
## 그리운 아날로그 정서

시대의 흐름도 못 따라가는 구세대라는 소리를 들을지 모르겠지만 나는 오늘날 편지라는 매체가 사라져가는 것이 무척이나 아쉽다.
내가 학교 다닐 때만 해도 직접 편지를 써서 주고받는 일은 흔한 일이었다. 당시 몇몇 친구와 편지로 소식을 왕래했었다. 어릴 적부터 일기를 쓰던 습관 때문에 글 쓰는 것이 그리 싫지만도 않았다. 늦은 밤 서울 한복판, 열어둔 창밖에서 지금은 아파트 단지로 깡그리 없어진 작지 않은 산에서 들리던 소쩍새의 울음소리를 들으며, 한 줄 한 줄 편지를 적어 내려가던 일이 컴퓨터 자판 두드리기와 다른 맛이 있다는 사실은 두말할 나위가 없다.
내용 수정도 쉽고 클릭 한 번으로 간편하게 전송하는 이메일과 달리, 우체국으로 가거나 미리 구입해둔 우표를 봉투에 붙여 집에서 가장 가까이 있는 우체통으로 달려가 써놓은 편지를 구멍 속에 떨어뜨렸다. 다른 편지 위에 떨어져 툭, 하는 둔탁한 소리가 나거나 때로는 통, 하는 맑은 소리를 내며 바닥에 부딪치는 그 느낌을 지금도 잊을 수 없다. '잘 가겠지?'라는, 소심함과 조바심을 편지와 함께 우체통에 남기고 되돌아오는 것으로 편지를 보내는 과정이 마무리된다. 단지 '보내기' 버튼을 누르는 이메일과는 아무래도 비교할 수 없는 정서가 있다.
편지 안에 곧잘 감초처럼 동봉한 것이 있었으니 바로 시. 편지지 여백에 큼지막하게 시를 적기도 했는데 그런 편지를 받으면 그 편지지는 코팅을 하거나 서류철에 따로 보관했다. 친구들 사이에서 황동규의 「즐거운 편지」나 곽재구의 「사평역에서」, 서정윤의 「홀로서기」 등의 시가 인기 있었는데, 그중 편지라는 의미 하나만 놓고 보아도 빠질 수 없는 시가 우체국 창문 앞에서 편지를 쓴다는 시구가 담긴 유치환의 「행복」이 아닐까 싶다. 내가 지금까지도 외는 몇 안 되는 시다.

아마도 이 시가 어린 시절 나에게 적지 않은 영향을 주었던지, 지금도 멀리 여행 갈 때면 편지봉투나 엽서를 챙긴다. 타지에서 편지 쓰기는, 이른 새벽 여행지 걷기, 여행지의 서점에서 책을 구입하여 낙서하기와 함께 여행할 때 빼놓을 수 없는 소중한 일정이 되어버렸다. 주로 틈날 때마다 글을 써서 우체국을 발견하면 부치지만, 시간이나 장소가 허락된다면 우체국 근처에 앉아 편지를 쓰기도 하는데 그 시간만큼 여행이 행복한 때가 없다. 또한 편지나 엽서에 때로 그림을 그려넣는데, 그때의 상황을 그림으로 표현하는 일이 사진을 찍는 것보다 훨씬 신나는 일이라고, 지금도 확신하고 있다. 편지를 쓰는 대상도 친구부터 가족까지 특별히 제약은 없다. 가끔은 나에게 쓰기도 했다. 긴 여행 초반에 쓴 편지가 나보다 먼저 집에 와 있기도 하고, 때로는 나보다 늦게 도착해서 잊고 지내던 여행의 한 시점으로 나를 데려가기도 했다. 그런 기억 때문인지 세계 여러 우체국의 표정은 매우 다양하고 사랑스럽게 기억된다. 그런데 세계에서 손꼽을 정도로 오래된 우체국 중 하나가 우리나라에 있다는 것을 이번 서울 여행을 하면서 알게 되었다. 이럴 수가!

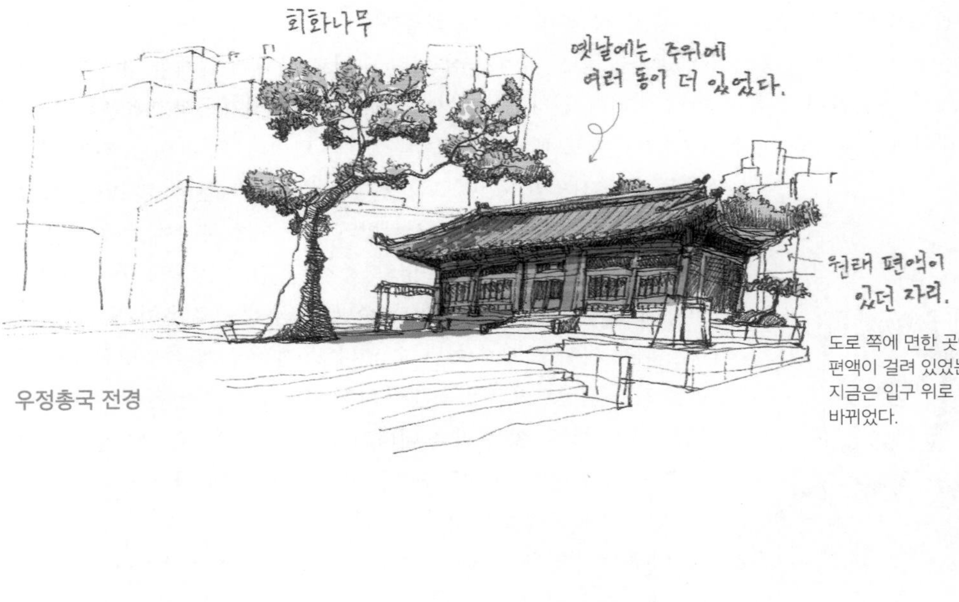


도로 쪽에 면한 곳에 편액이 걸려 있었는데 지금은 입구 위로 바뀌었다.

우정총국 전경

근대화의 물결을 타고 조선에 들어온 신문명은 여러 가지가 있지만, 그중 19세기 말 들어온 우편업무를 일컫는 우정사업을 빼놓을 수 없다. '편지 왕래라는 것이 친구 사이의 우정을 돈독히 해줘서 우정사업'인 줄 알았던 어린 시절을 생각하면 지금도 피식, 웃음부터 나온다. 어쨌든, 현존하는 가장 오래된 우체국이 서울 한복판, 종로에 있다.

종각역에 내려, 5분도 채 걸리지 않는 큰길가에 있는 팔작지붕 기와집 하나. 우체국이라 생각하며 바라보니 세계 어느 나라 우체국과 견주어도 손색없을 정도로 고풍스럽고 멋지다. 사실 이곳은 우체국으로 그리 오래 사용되지 못했다. 우정총국은 1884년 11월 18일 개설돼 업무를 시작해 12월 4일 개화파가 일으킨 갑신정변으로 폐쇄되었으니, 약 20여 일이 안 되는 기간이 전부인 셈. 세계에서 가장 오래된 우체국이긴 하지만, 가장 짧은 기간 우정업무를 보지 않았을까? 이 건물은 우체국보다 갑신정변의 발화점으로 기억하는 편이 더 의미 있을 듯도 하다.

우정총국 건물은 처음엔 의료 관련 행정과 교육을 관장하던 전의감 부속건물로 쓰다가 잠시 일본사절단의 숙소로도 사용됐다. 그후 1876년 강화도조약을 계기로 문호를 개방하면서 서양의 우편사업에 관심이 지대했던 홍영식이 우편제도의 필요성을 설파하였고, 이에 고종황제의 칙령에 따라 우정총국이 설치되었다. 홍영식은 우정총국의 책임자인 우정국총판으로 임명된다. 그렇다면 홍영식은 어떤 사람이었을까?

홍영식은 영의정 홍순목의 둘째아들로, 열여덟 살 어린 나이로 문과에 급제한 영재였다. 아버지 홍순목이 아들이 아직 어리다 건의하여 급제 후에도 2년간 사가독서(賜暇讀書)를 하다가 관료생활을 시작했는데 이후에도 내내 초고속 출셋길을 달렸다. 허나 아는 것이 많으면 생각도 많아지는 법. 결국 그의 운명은 연암 박지원의 손자였던 박규수 문하에서 김옥균, 박영효, 서광범과 함께 개화사상에 눈을 뜨면서부터 뒤바뀐다. 그리고 그 운명의 종지부였던 우정국총판이 되었을 때가 겨우 스물아홉 살. 재능이 특출났고, 꿈 많던 젊은이가 사그라지기에는 너무 아까운 때가 아닐 수 없다. 우정총국 개국에 맞춰 갑신정변이란 거사를 일으키고 일순간 우의정 자리에 오르지만, 청나라의 개입으로 삼일천하로 짧은 막을 내리고 말았다. 홍영식은 갑신정변 실패 후 주위의 망명 권유도 뿌리친 채 끝까지 왕의 곁에 남았다가 군인들에게 죽임을 당한다.

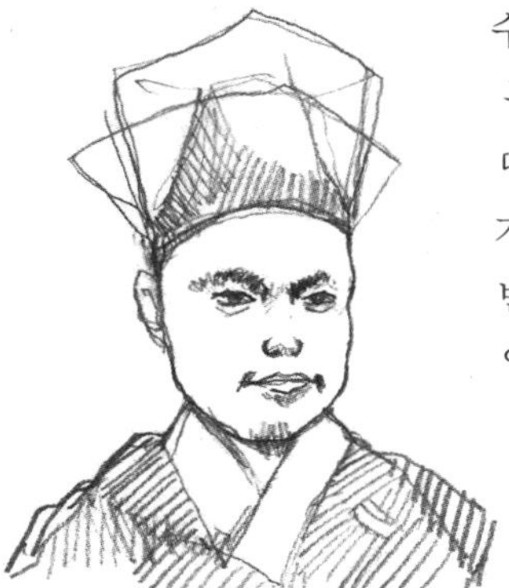
홍영식

이후 우정업무는 중단되었고 우정총국 건물은 학교로 사용되다가 다양한 주체 관리하에 이리저리 방황하다가 서울시 관할이 되었다. 서울시는 이 건물을 해체해 홍인지문의 보수 재료로 쓰려 했는데, 해체 직전 체신부에서 사들여 작은 박물관으로 꾸며 오늘날에 이르고 있다. 건물 앞에 있는 전의감터 표지석 옆에 나란히 표지석 친구로 남을 뻔했던 것이 우여곡절이란 말이 딱 어울리게 살아남아 이제 세계에서 가장 오래된 우체국으로 서 있다. 지금은 우정박물관 자료를 일부 복제해 전시하고 있는데 소장자료보다는 건물 자체의 의미가 더 큰 곳이다.

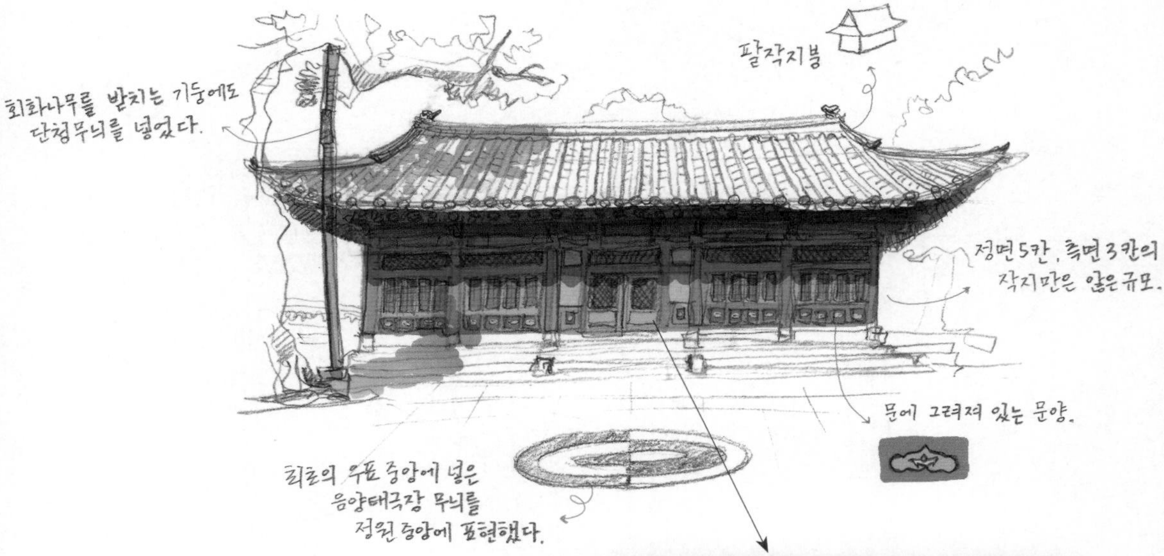


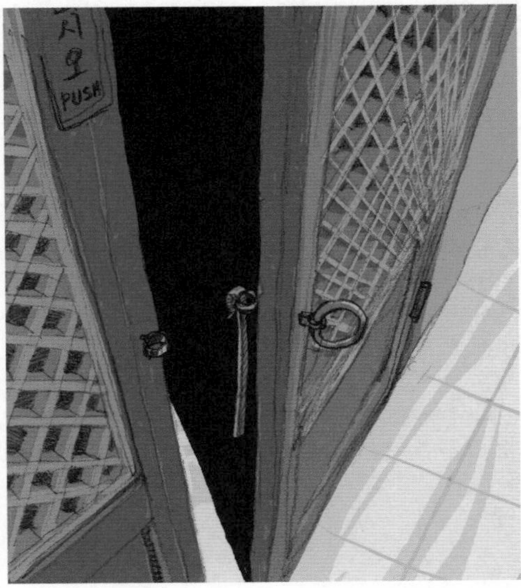

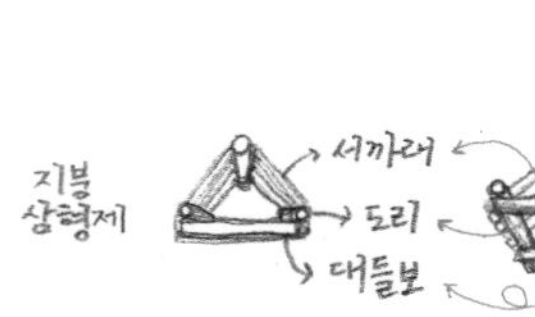


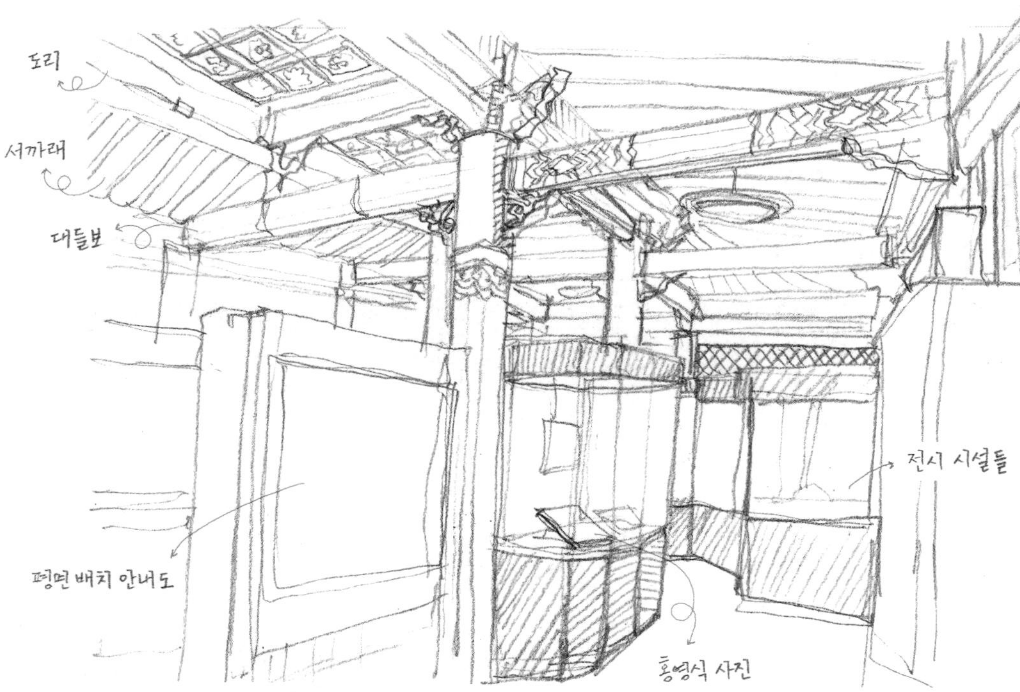


우정총국 실내

전시장은 상당히 협소하다. 그 좁은 공간에 진열장들을 잘도 우겨넣었다. 어릴 때 외갓집 뒷산에 있던 커다란 헛간을 탐험할 때가 떠오른달까. 전시물에 더해 옛 건축 요소까지 볼 수 있어 나쁘지 않다.

들어서자마자 안내판 옆에 우정국총판이었던 홍영식의 사진이 있다. 한때 출셋길을 달렸던 홍영식은 갑신정변 후 군인에 의해 살해당했다. 그후 10년도 지나지 않아 갑오개혁 때 죄를 씻어 정2품으로 추증되었지만 죽은 이가 다시 돌아올 리는 없다. 그저 그의 아픔을 후손이 알아주는 것으로 만족해야 할 뿐. '우리나라 근대 우정제도의 창시자', 이 짧고 간단한 설명 하나로 그의 파란만장한 삶을, 그 생의 아픔을 짐작이나 할 수 있을까? 사진 속 홍영식은 그저 담담해 보일 뿐이었다.

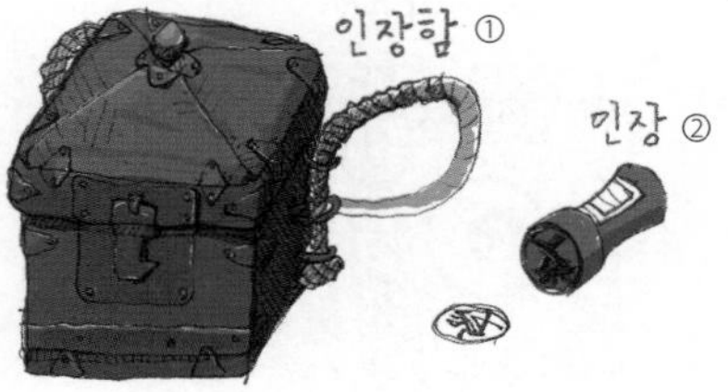


① 상자 마니아인 나에게 이런 인장함은 은근히 탐나는 아이템.
② 이제 온라인에서는 공인인증서가 오프라인에서는 사인을 공공연하게 사용하는 시대라 도장을 쓸 일이 점점 없어지고 있다. 어릴 적 아버지께서 도장 잘 파기로 아주 유명한 곳이라며, 시골 어느 가게에 직접 내려가서 만들어오신 각각 서체가 다른 도장 두 개를 받고 뛸 듯이 기뻐하며 이곳저곳에 마구 찍고 다녔던 기억이 났다.

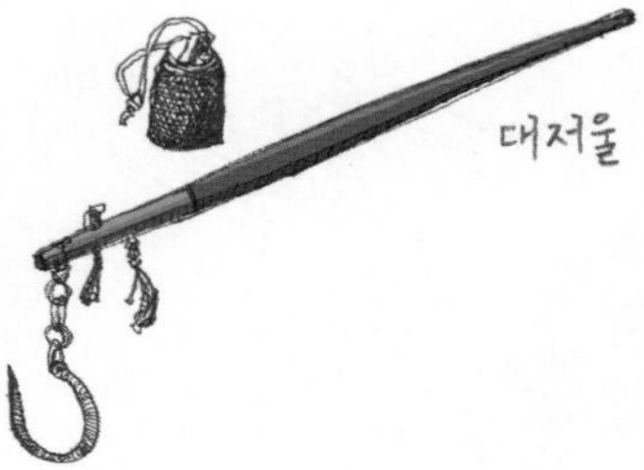


막대기와 추만 있으면 꽤 정확하고도 간편하게 돼지의 무게까지도 잴 수 있는 선조들의 지혜가 담긴 물건. 아쉽게도 그 원조는 로마인들이지만.

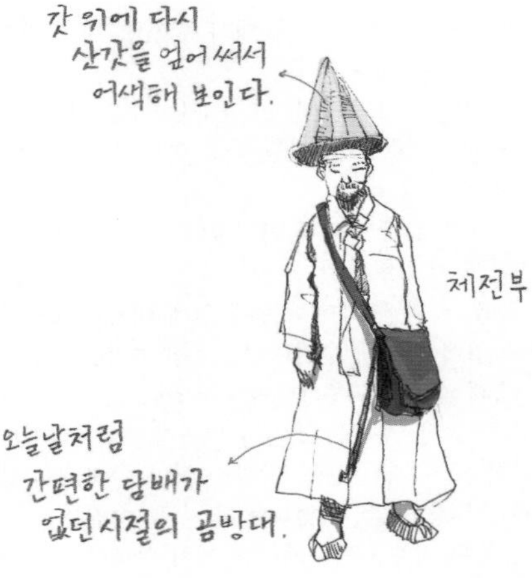


당시 우편배달부는 '체전부'라 불렀는데, 그들은 양반들의 멸시 속에서도 신문물을 전하는 기수 역할을 하였다. 후에 사람들이 우편의 편리함을 알게 되면서 그 이용량이 증대되자 체전부를 소중하다는 의미로 '체주사' 혹은 '체대감'이라 부르기도 했다.

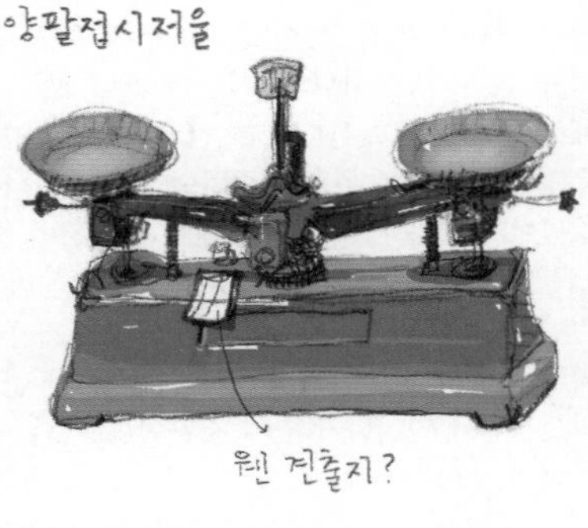


당시에도 견출지를 사용했나?
전시물에 이 견출지가 굳이 붙어 있어야 할까.

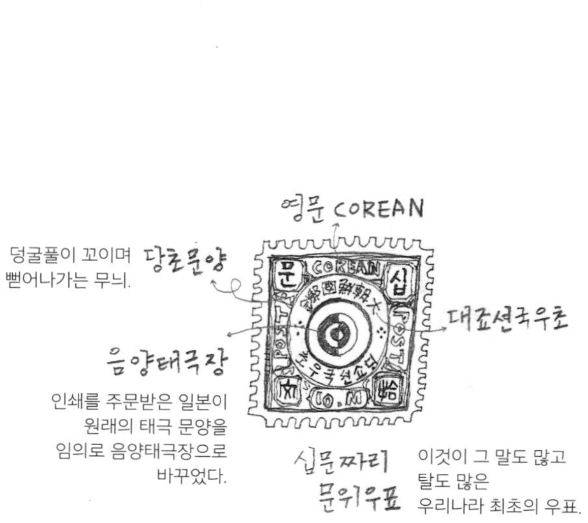


문위우표

어릴 때는 우표를 직접 만들어 붙여 도장까지 임의로 그려넣은 편지를 학교 친구들에게 주곤 했다. 그때의 추억을 되살려 오랜만에 우표를 그려보았다. 설마 위조범으로 잡혀가지는 않겠지.

당시 화폐 단위가 '문'이었기 때문에 우표 수집가들 사이에서 '문위우표'로 불리던 이 우표는 사실 희소성이 아주 높은 편은 아니다. 지금은 마니아들 사이에서 보통 10~30만 원 사이에 거래된다고 하는데 주로 외국에서 들여온다고 한다. 그 이유를 알고 나면 참으로 서글프다.

우정총국에서는 우표를 디자인하긴 했으나 인쇄시설이 없어 일본에 우표 인쇄를 의뢰한다. 하지만 곧 갑신정변이 일어나 제대로 사용해보기도 전에 홍영식이 죽고, 우정제도는 초토화된다.

그런 일련의 사건이 있은 후에야 인쇄를 마치고 들어온 우리 우표. 일본은 당연히 우표 인쇄 대금을 요구했지만, 지불할 돈도 필요도 없어졌기에 조선 정부는 이 우표를 독일계 회사에 우격다짐으로 떠넘겨버린다.

이렇게 우리 우표 수십만 장이, 제 땅 한 번 돌지 못하고 고스란히 외국으로 흘러나가게 되었다.

갑신정변이 일어나기 전에 소량이 들어와 사용됐지만, 고작 18일. 보통 우표는 소인이 찍히지 않은 것이 더 비싼데, 18일이라는 이 짧은 기간이 몸값을 올리는 계기가 되어 소인 찍힌 문위우표는 1천만 원에 가까울 정도로 귀하다고 한다. 현재까지 우리나라에서 이 우표가 30여 장 정도 발견되었다는데, 우표 수집가들 사이에서 엔타이어(entire)라 불리는 '소인 찍힌 우표가 붙어 있는 봉투 전체', 즉 우체국을 거쳐 왕래했음이 분명한 편지봉투는 아직까지 나오지 않았다고 한다. 분명 문위우표 엔타이어가 있기는 할 터인데, 단 한 통도 발견된 적이 없다 하니 나오기만 하면 부르는 게 값일 거라는 전문가들의 예측. 이 때문에 그간 위작 사건도 꽤 여러 번 있었다고 한다. 당장 그림 그리는 일 집어치우고 외갓집 다락방부터 뒤져보아야 할까.

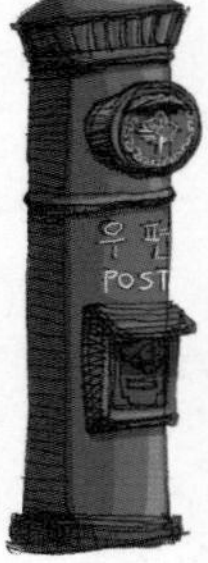

옛 우체통
지금은 없어졌다.

자작나무 정원
우정총국을 나와서 뒤뜰로 가보면 자작나무 정원을 만날 수 있다. 꾸민 지는 꽤 됐는데, 아직까지 나무들이 뿌리를 잘 내리지 못했는지 별로 건강해 보이지 않는다.

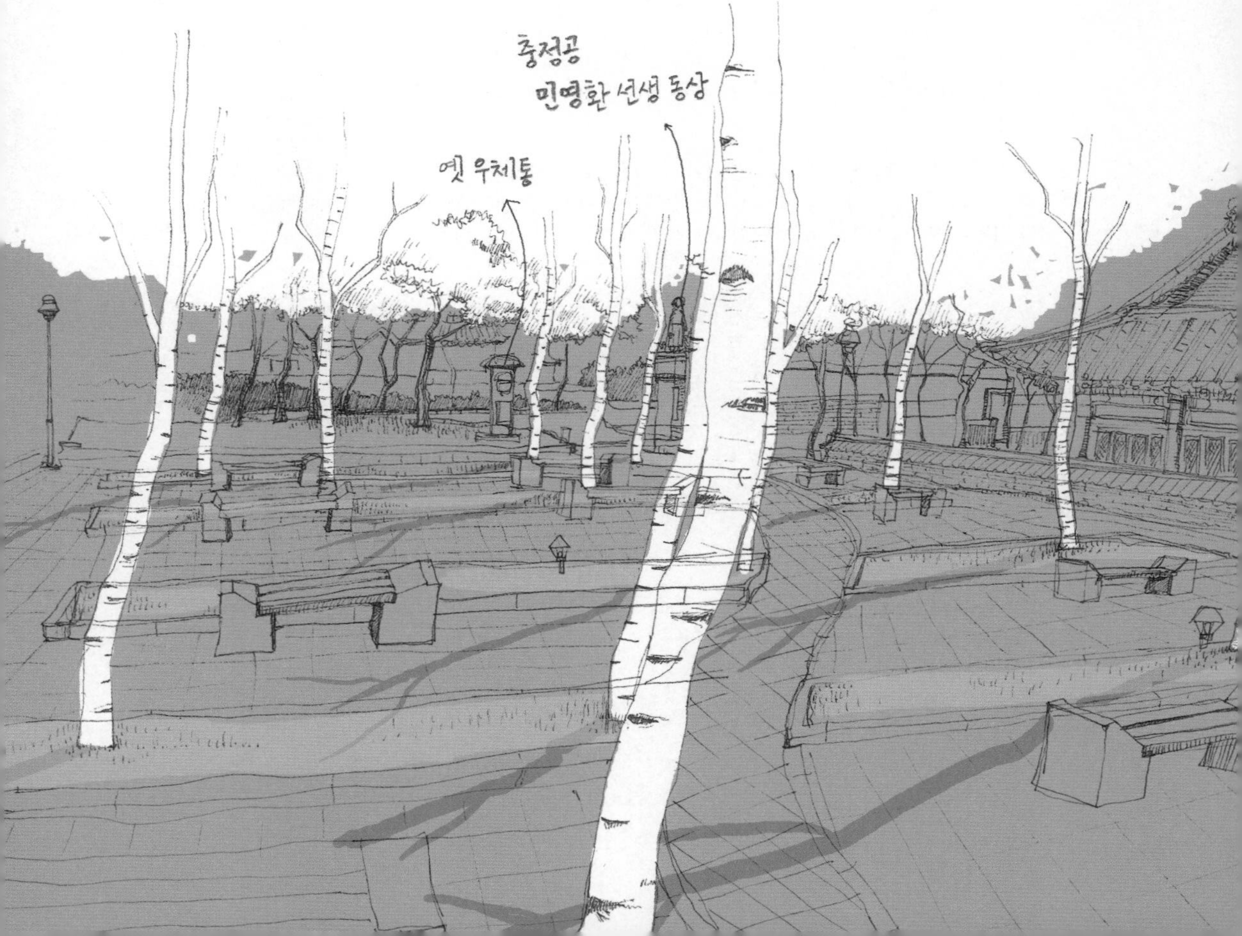

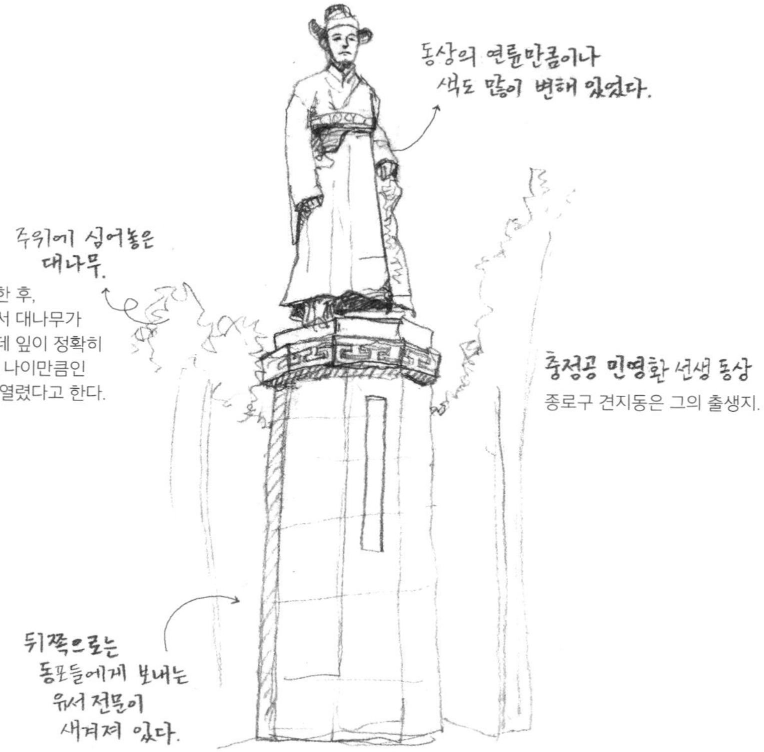


민영환이 자결한 후,
걸어놓은 옷에서 대나무가
자라 올라왔는데 잎이 정확히
그의 자결할 때 나이만큼인
마흔다섯 개가 열렸다고 한다.

종로구 견지동은 그의 출생지.

내용인즉 독립을 위해 끝까지 싸워달라는 말.

민영환은 을사늑약이 체결되고 순국 자결한 이로 익히 알려져 있다.
한국전쟁 후 세워진 이 동상은 반세기가 넘는 연륜을 자랑한다. 안국동에 처음 세워졌다가 도로 확장으로 여기저기 떠밀려다니는 수모를 겪은 후 이 자리까지 오게 되었다.

사랑 메시지창
동상 옆에 있는 '사랑 메시지창'이라는 게시판에는 여러 엽서가 글과 함께 붙어 있다. 세계 각국의 사람들이 한국을 여행하고 남긴 것인데 그중 어느 일본인의 글귀가 눈에 들어왔다. 나라 잃은 설움으로 자결한 충신과 그 나라에 무력을 가한 나라의 여행객이 남긴 글.
한 세기가 지나고 참 많은 게 변했음을 실감한다.

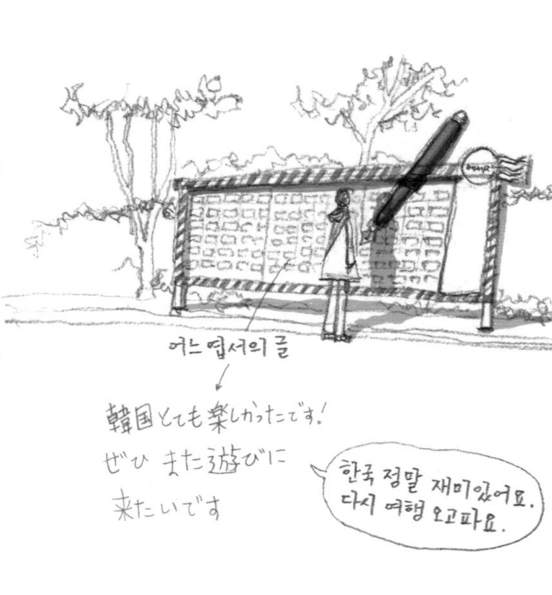

# 다시,
# 우정총국을 바라보며

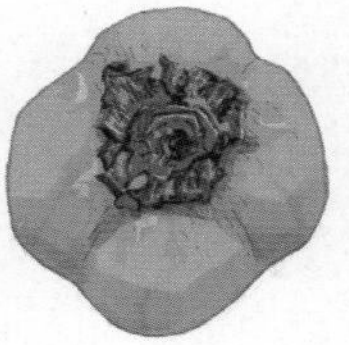

회화나무 아래 앉아 가장 오래된 우체국을 본다. 반갑게도 우정총국은 2012년 8월 다시 우체국으로 개국하여 현재 기본적인 우편 서비스 업무를 하고 있다.
편지, 라는 말이 어느 순간부터 메일이라는 외래어로 바뀐 것 같다.
편지는 아날로그시대로, 메일은 디지털시대로 두 단어가 하나의 분기점쯤으로 사람들에게 인식되는 것 같다. 친구가 보낸 편지가 대문에 걸린 우편함에 꽂혀 있을 때의 그 설렘. 몇 번이나 반복해서 편지를 읽던 기분 좋은 밤이 다시 찾아올까? 물론 이메일이 현대인의 일상이 되어버린 모습을 부인하지는 않겠다. 그저 옛날의 기억과 다른 모습의 감동, 다른 빛깔의 느낌일 뿐이다. 결국 세상은 계속 변해가는 것이니…… 그래도 노란색 지로용지나 간혹 날아오는 분홍빛 과태료 딱지뿐인 우편함에 친구가 보낸 편지 한 통이 고이 놓인 풍경이 문득 그리워지는 걸 보면 나도 어쩔 수 없는 아날로그시대의 사람인가보다.
집에 돌아오는데 아파트 우편함 안에 무언가 주황빛 물건이 하나씩 들어 있다. 꺼내보니 단감! 경비 아저씨께 여쭈니 아파트 단지 내 과실수에서 수확한 것이란다. 그래. 가끔 이런 감동이라도 없으면 어떻게 살아갈까?
오늘 밤에는 멀리 외국에 있는 친구에게 편지를 쓸 작정이다. 오랫동안 쓰지 않았던 편지지도 편지봉투도, 우표도 찾아봐야 할 것 같다. 그나저나 요새는 우표 한 장에 얼마일까? 우체통은 어디에 있는 거지? 편지 하나를 부치기 위해 해야 할 일이 꽤나 많다.

9장

# 정동

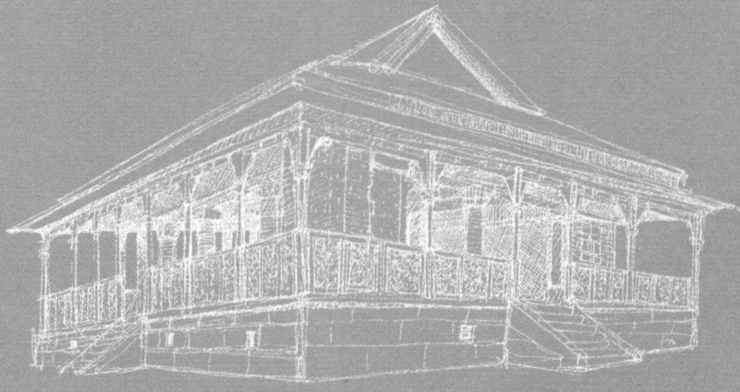

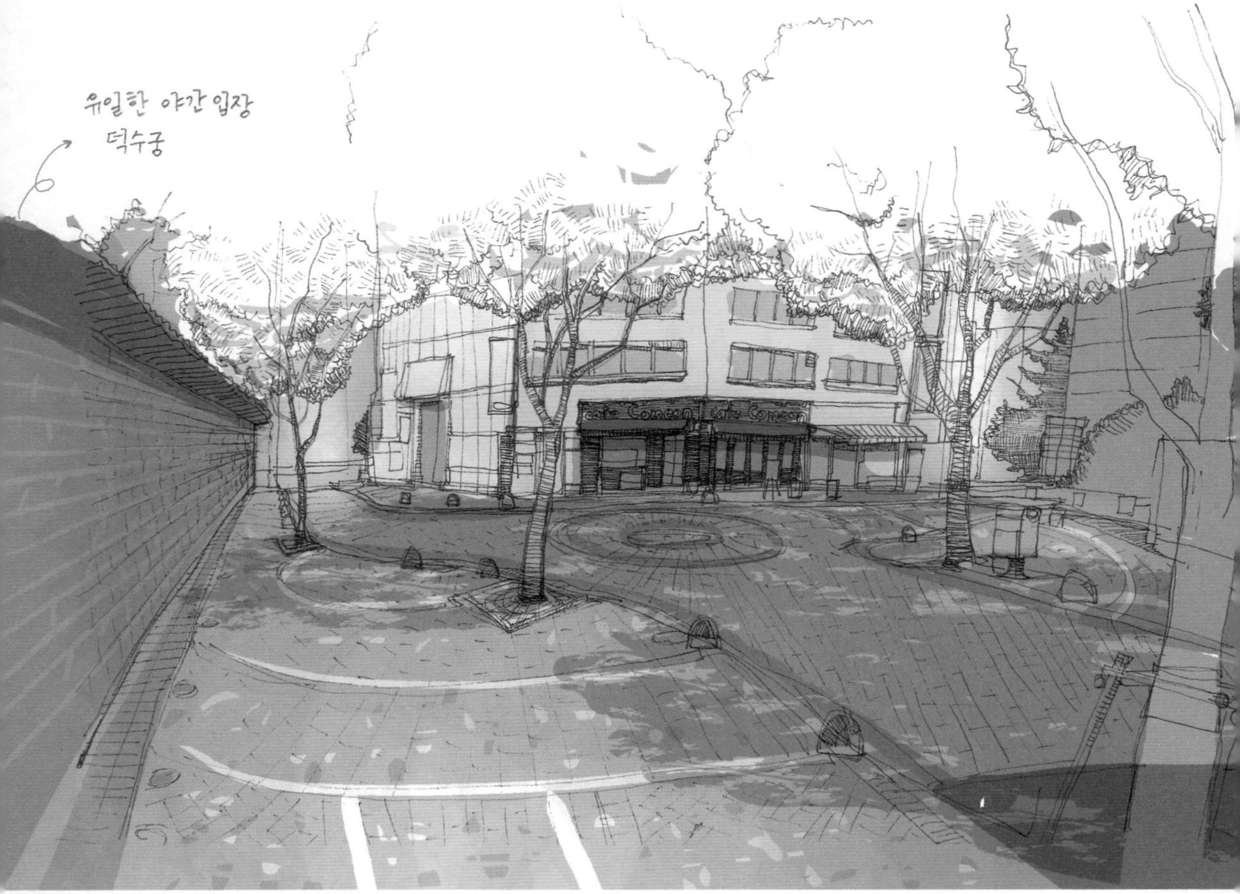


덕수궁 돌담길

걷고 싶은 서울 거리를 꼽을 때 정동길은 빠지지 않는다. 그러나 정동이라는 지명에 얽힌 아픈 사연을 알고 나면 정동은 좀더 '정동스러워'진다.

태조의 둘째 왕비는 신덕왕후. 첫째 부인 신의왕후가 조선 건국 전에 죽었기 때문에 사실상 조선의 첫번째 왕비다. 하지만 자신이 낳은 아들을 왕세자로 만드는 과정에서 신덕왕후는 신의왕후의 다섯째 아들 태종 이방원과 사이가 멀어질 수밖에 없었고, 끝내 화병으로 죽는다. 이에 태조는 부인에 대한 애정 때문에 법도를 어겨가면서까지 사대문 안 궁궐 근처에 정릉(貞陵)을 만드니, 이곳이 오늘날 정동 자리다. 하지만 죽었다고 모든 게 끝나지 않는 것이 옛날이야기. 이방원이 무덤인들 신덕왕후를 온전하게 놔둘 리 없었다. 태조가 죽자 기다렸다는 듯 신덕왕후의 지위를 격하시키고 묘는 지금의 성북구로 이장하고 묘석은 청계천 광통교 밑돌로 사용해 사람들이 밟고 지나가게 했다. 그래도 정동이라는 이름만은 지금까지 남아 전해지는 걸 보면 한 번 굳어진 인식의 끈은 상당히 질기고 오랜 듯하다.

이런 사연을 담은 정동은 국운이 기울던 조선 말기, 열강이 힘을 겨루는 중심이기도 했다. 명성황후가 일본 낭인에 의해 시해된 후 일본이 부쩍 두려워진 고종은 경복궁을 떠나 러시아 공사관에 잠시 머물다가 덕수궁을 정궁 삼아 이궁한다. 덕수궁 주위에 밀집한 여러 나라 공사관의 힘을 빌려 일본을 견제하면서 꺼져가는 조선의 불씨를 살려보겠다는 의도였으나 태풍 같은 일본의 욕망 앞에 불씨가 되살아날 리 만무했다.

## 아,
## 덕수궁

덕수궁으로 이궁까지 했지만 명성황후 시해 사건 이후 고종은 밤이 두려웠는지 새벽 까치 소리를 듣고서야 잠자리에 들었다고 훗날 상궁들은 전한다. 어둠이 두려웠던 고종은 밤에도 궁을 낮같이 환히 밝힐 목적으로 전기사업을 명한다. 경복궁에 머물던 시절에 시도했다가 이미 실패한 전기사업에 재도전한 것. 드디어 1900년 전기소가 완성되었고 시등식에 맞춰 잔치가 준비되었다. 그러나 연회가 시작하자마자 전등이 꺼져 덕수궁은 온통 암흑천지가 되었다. 책임자였던 서양 사람이 당황해서 황급히 전기소로 달려가 기계를 만졌지만 그 저녁에 불은 끝내 들어오지 않았다. 왠지 그 허탈한 잔치를 복선처럼 여겼을 고종의 근심어린 이맛살이 느껴지는 듯하다.

이 전기소는 어찌나 시끄럽고 요란했던지 덕수궁 전깃불을 '덜덜불'이라 하고 이 골목을 '덜

덜 골목'이라 불렀을 정도. 환구단에서 임금에게 통달되는 신성한 천명이 덕수궁에 가닿기도 전에 이 요란한 소리 때문에 사그라져 나라 안 변란이 끊이지 않는다는 여론이 거세지면서 전기소는 철거된다.

한 나라의 국왕이 자기 나라, 그것도 궁 안에서 살해당할까 겁을 먹고 이사를 다니고, 밤이 무서워 불을 밝혀야만 했던 시대. 덜덜 골목에서 나는 요란한 전깃불 소리가 아니라, 왕이 덜덜 떠는 모습이 비춰지는 것 같아 안타깝기 그지없다.

이제 덕수궁의 밤은 환한 야간 조명으로 가득하고, 이 골목에는 최신식 엔진을 달고 간간히 지나가는 조용한 자동차 소음만이 남아 있을 뿐이다.

정동 로터리

로터리는 신호가 필요 없는 교차로다. 이론상으로 정지할 필요가 없다.
그저 돌고 돌다가 자신이 필요한 방향이 되면 그 길로 나가면 된다.
이 얼마나 멋진 시스템인가.

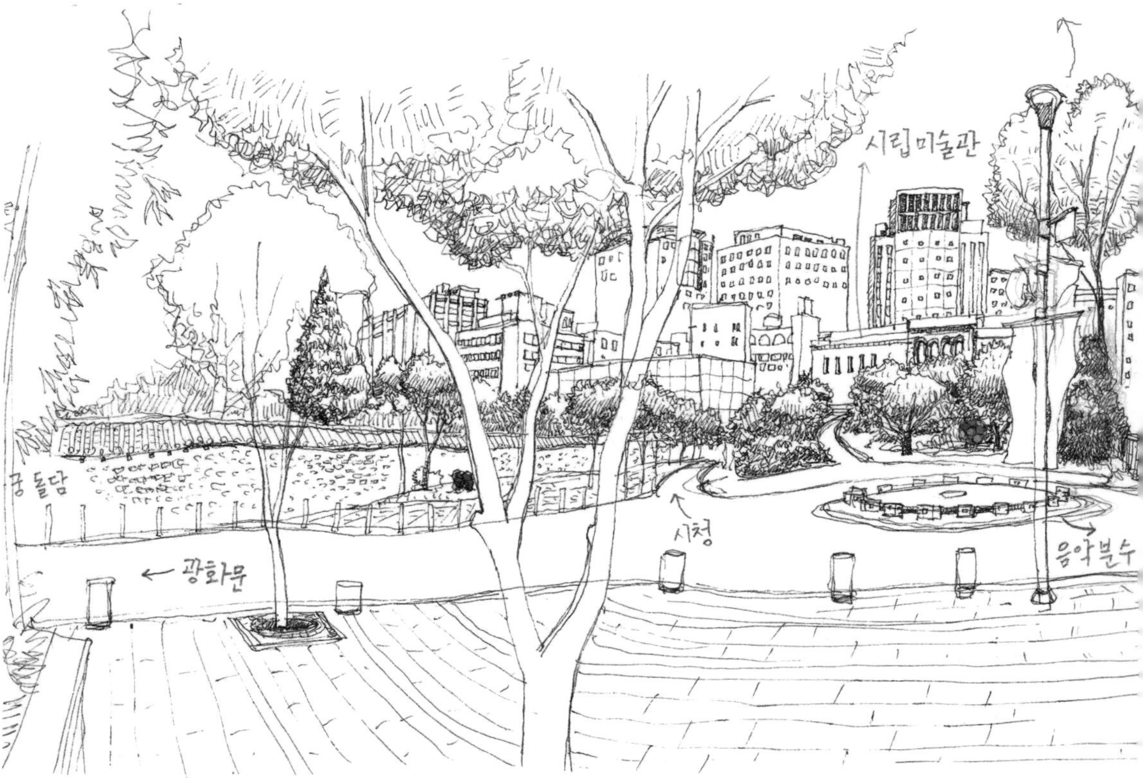

덕수궁 돌담길을 따라가다보면 로터리 하나를 만난다. 이 로터리는 덕수궁길이 재정비되며 생긴 정동의 중심. 로터리가 나오면 여행자는 이제 어느 쪽으로 갈지 선택을 해야 한다. 나는 최근 다시 정비하여 개방된 '중명전(重明殿)'을 둘러보기로 했다. 중명전은 덕수궁의 일부였지만 덕수궁 주변 일부가 외국 공사관에 할애된 후 덕수궁으로 복원되지 못하고 홀로 궁 밖에 남았다. 을사늑약이 강제된 비극적인 장소라 그 비참함은 무게를 더한다.

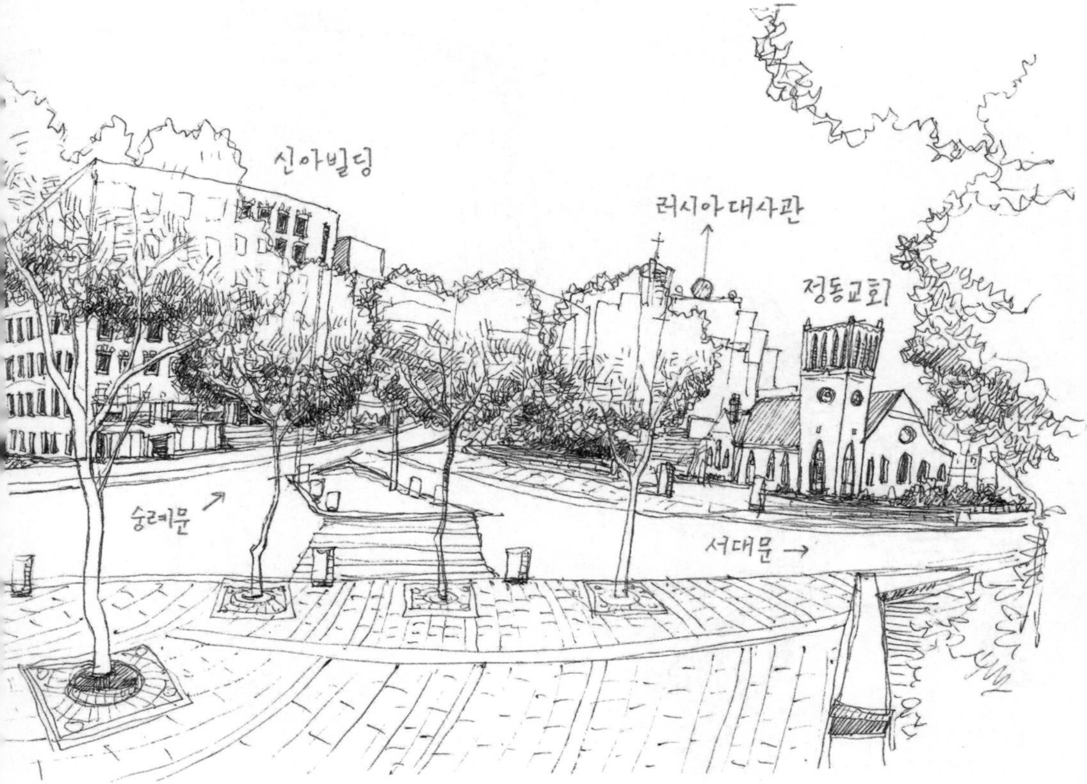

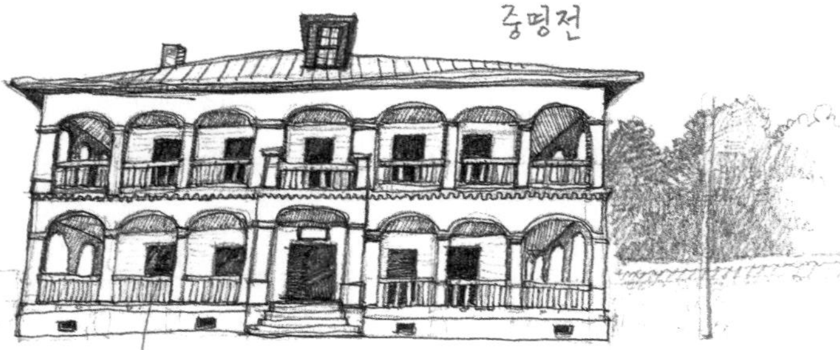


**중명전 전경**
중명전은 원래 황실 도서관으로,
'수옥헌'이라 불렸다.
1904년 덕수궁에서 일어난 원인 모를
대화재로 모든 전각이 전소되자,
고종이 이곳을 집무실이자 외국사신 알현실로
사용해 중명전으로 격상되었다.



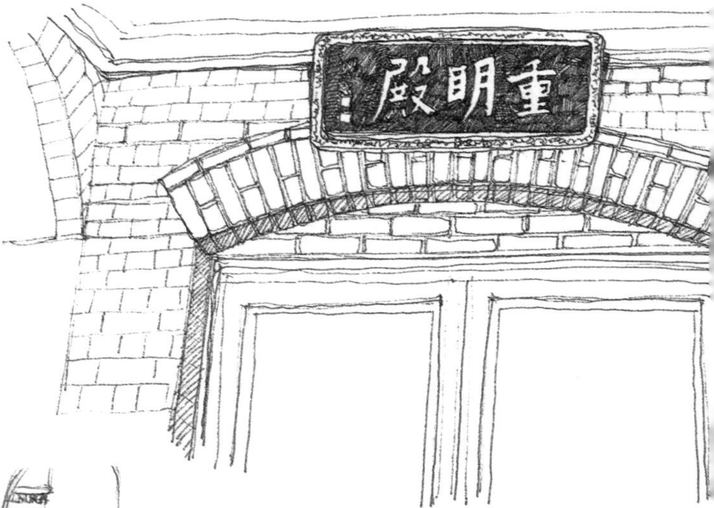


**중명전 편액**
여기서 '중'은 거듭된다는 의미.



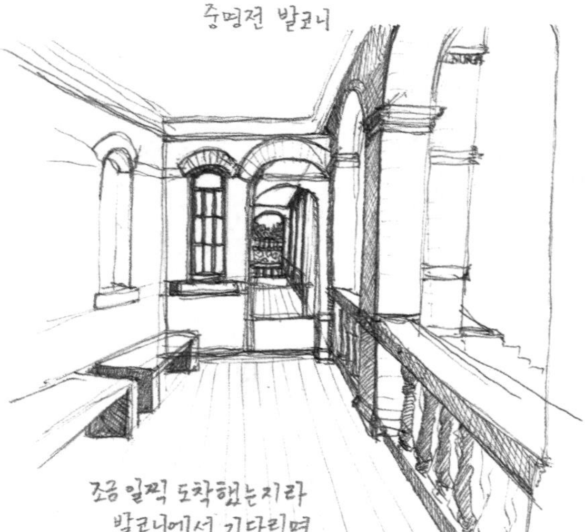


예약제로 운영되는 중명전.
지금은 평일 오전 자유 관람이 가능하다.



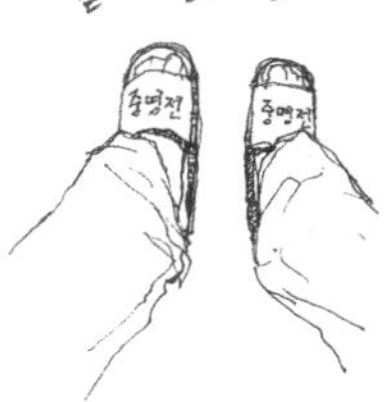


새로 보수된 건물인데 원래 신을 벗고
들어가는 곳이 아니었다면,
이 정도의 관리는 조금 과하다 싶다.
결국은 관리의 편의성 때문일까.

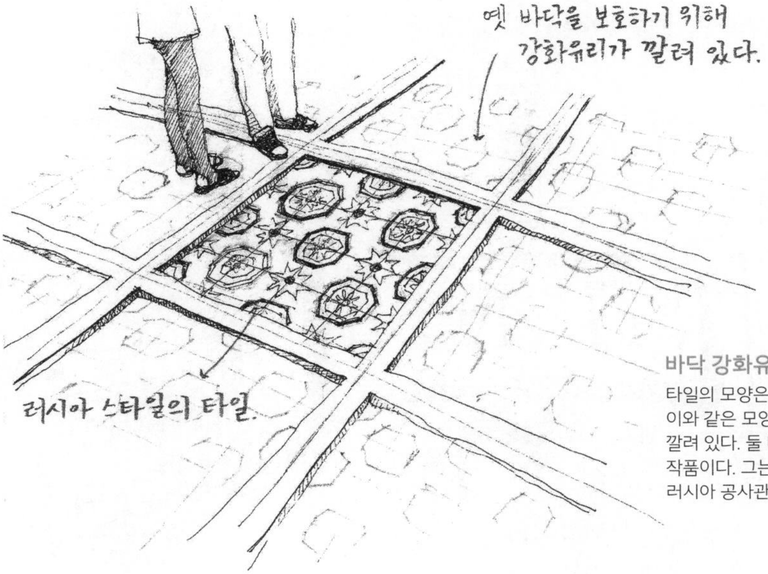


### 바닥 강화유리

타일의 모양은 원래 것과는 다르다고 한다. 이와 같은 모양의 타일이 덕수궁 정관헌에도 깔려 있다. 둘 다 알렉세이 사바친이 설계한 작품이다. 그는 중명전을 비롯해 덕수궁 정관헌, 러시아 공사관, 손탁호텔 등을 설계했다.

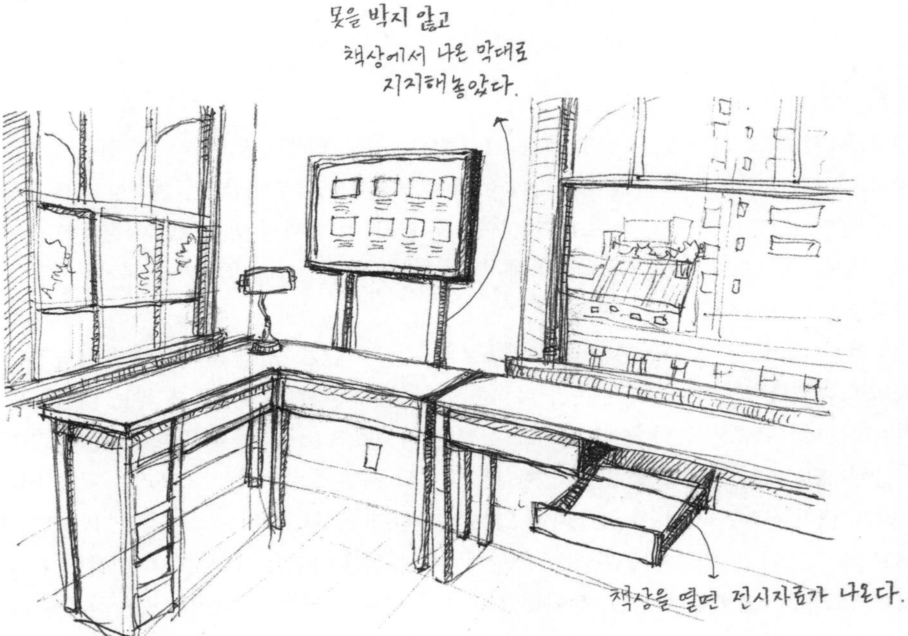


### 중명전 내부

방은 전시실이라기에는 무척 깨끗하게 비어 있었다. 소장하는 유물이 거의 없어 건물 자체에 초점을 맞췄다고나 할까. 유물은 커다란 박물관에서 한꺼번에 보는 것보다 원래 장소에서 그 분위기를 느끼며 보는 것이 가장 좋다고 생각한다. 관리라는 현실적인 어려움이 더해지니 어쩔 수 없겠지만.

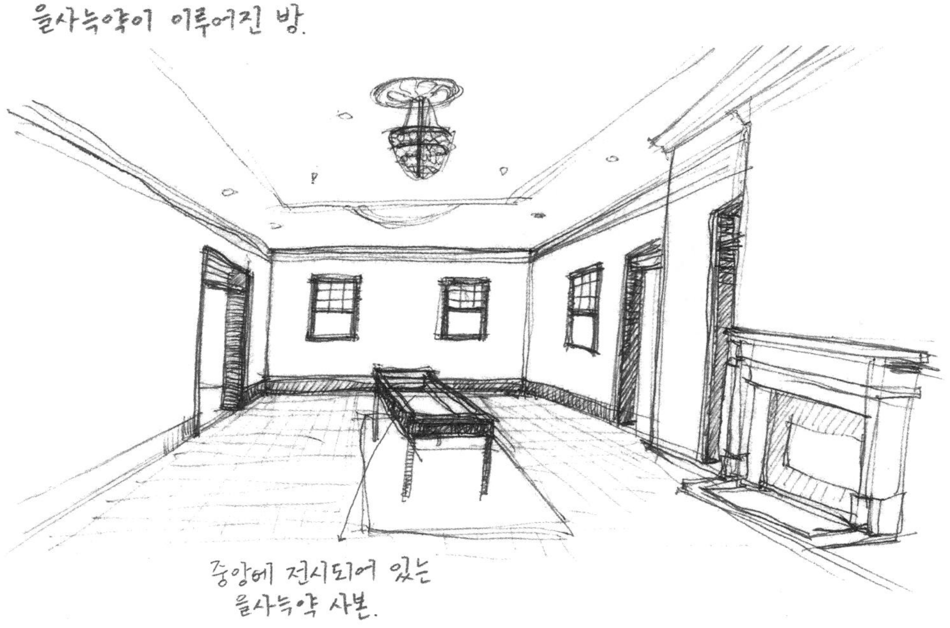


공식 문서인데 제목조차 없다.

중명전에서 가장 의미 있는 방일 듯해 그려보았다. 1층에서 가장 큰방으로 접견이 가능한 방이 이곳밖에 없어 여기서 을사늑약이 이루어졌을 것으로 추측할 뿐, 정확한 사료는 남아 있지 않다고 한다. 방 한구석 스피커에서는 을사늑약에 끝까지 반대했던 참정대신 한규설의 증언을 바탕으로 한 당시 상황이 재구성되어 흘러나오는데, 음악까지 무거워서인지 비장함을 더한다.

중명전을 겹겹이 포위한 일본 군대와 약소국의 조정 대신들. 눈을 부라리며 을사늑약 문서를 내미는 일본인. 이토 히로부미가 나직하게 말한다. “너무 어리광을 부리는 대신들은 죽여버리시오.” 고종은 몸이 좋지 않다고 참석을 거부했고 옥새를 숨기는 등 갖은 방법으로 저항했지만, 그저 가냘픈 몸부림이었을 뿐. 다음날 새벽 을사오적으로 불리는 다섯 대신이 옥새도 없이 찬성한다는 ‘가(可)’ 자를 일본에 전하며 을사늑약은 이루어진다. 1905년 11월 18일 해가 뜨기 전 짙은 어둠과 함께 그렇게 519년 조선 왕조는 사라져가기 시작했다.

열린 창으로 가을바람이 산들, 불어들었다. 비록 나라를 잃은 그 밤처럼 서늘한 바람은 아닐 테지만, 방 안을 휘돌아 나가던 그 바람이 내내 을씨년스러웠다.

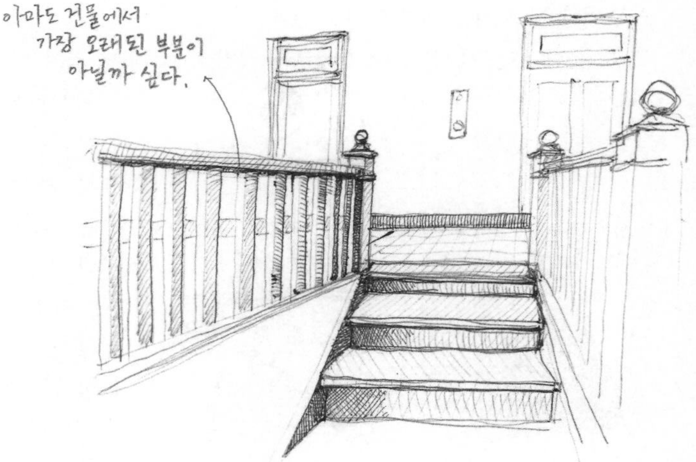


**중명전 2층 계단**

1925년 화재로 중명전은 전소되었는데
그때 이 계단 난간이 유일하게 남았다.

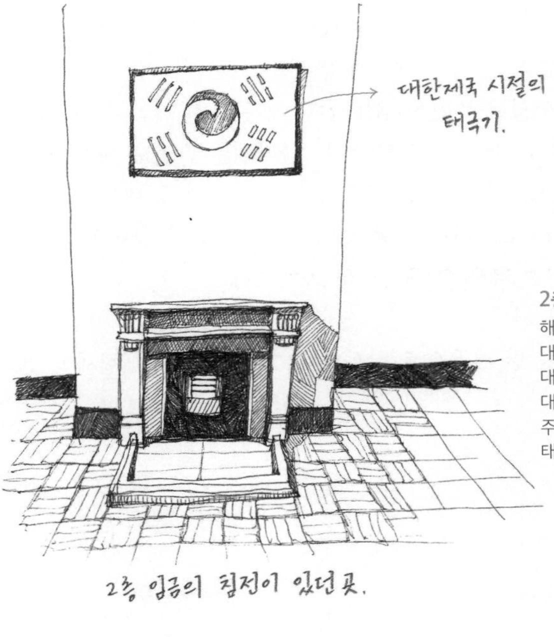


**2층 벽난로**

해설사가 얼마 사용하지도 못했던
대한제국의 국가를 들려주었다.
대한제국이 없어지고 100여 년이 지난 뒤
대한민국의 어느 방에 나지막이 울려퍼지는
주인 없는 음악은 옛 모습을 한 이질적인
태극기에 겹쳐 정동 하늘을 떠돌았다.

중명전을 나서니 다시 정동길 로터리다.
그 한쪽 구석에는 몇 년 전 작고한 작곡가 이영훈의 추모 조형물이 있다.
〈옛사랑〉이라는 노래가 입가를 절로 맴돈다. 내가 이 노래에서 단연 좋아하는 부분은 역시 사랑이란 게 지겨울 때가 있다는 부분.
그래, 사람 사는 데 공기 말고 때로 지겹지 않은 게 또 뭐가 있을까.

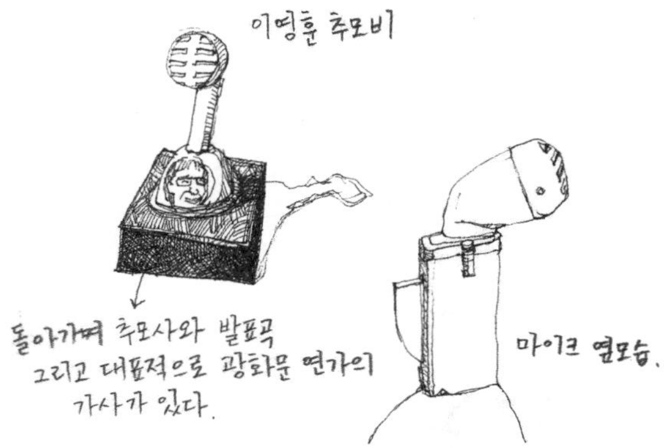


아무리 편한 자세도 얼마 못 가고, 아무리 쓰라린 기억도 결국은 잊히는 걸. 로터리를 돌다가도 언젠가는 한 곳을 선택해 나가야 하는, 마지막 순간까지 갈림길을 만나는 것이 삶이겠지. 나는 그 로터리에 멈춘 채 어디로 갈지 한참 생각했다. 집으로 갈까? 아니면 스케치를 하나 더 할까? 근처에서 일하는 친구가 마치길 기다렸다가 저녁이나 함께 먹을까? 갈등은 쉬이 끝나지 않았다.
아들 간의 권력투쟁을 보던 아버지의 마음은 어떠했을까? 무너져가는 나라를 바라보는 왕은? 우국지사는? 고종의 국상에 모여든 수많은 백성은? 친일파들은 쾌재를 불렀을까?
몸은 멈춰 있었지만, 많은 생각이 끊임없이 주변을 맴돌았다. 자동차 한 대가 로터리로 진입한다. 자동차는 갈 길을 모르고 잠시 멈춰 섰다. 빠앙. 눈 깜박이는 순간도 참지 못하고 터지는 뒤차의 경적. 한 바퀴 돌며 뒤차를 보냈다면 그런 따가운 재촉 따위, 받지 않았을지도 모른다. 한바탕 씨름하던 차가 사라지고 다시 정동 로터리에는 고요가 찾아왔다. 그와 동시에 돌고 돌던 생각이 뿔뿔이 흩어져 역사 속 제자리로 돌아갔다.
'세상 모든 것에는 각자의 자리가 있는 거니까.'
문득 편안해졌다. 나는 그들을 보낸 텅 빈 마음으로 한동안 그 자리에 서서 대한제국 말기의 정동을 그렇게 한참 바라보았다.

# 정동 스케치

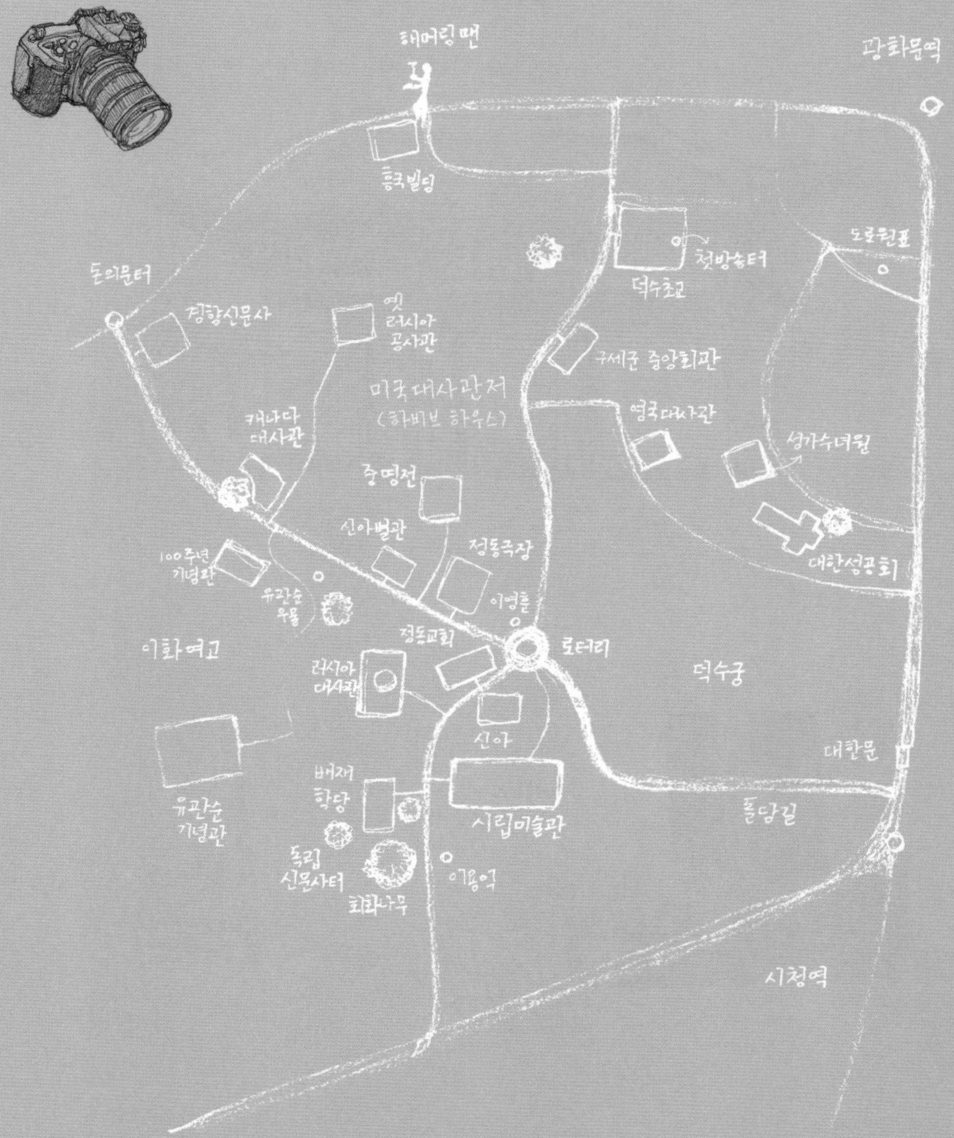

해머링맨
광화문역
흥국빌딩
돈의문터
경향신문사
옛 러시아 공사관
덕수초교
첫방송터
도로원표
구세군 중앙회관
미국 대사관저 (하비브 하우스)
캐나다 대사관
영국대사관
성가수녀원
중명전
신아별관
정동극장
100주년 기념관
유관순 우물
대한성공회
이영훈
이화여고
정동교회
로터리
러시아 대사관
덕수궁
신아
유관순 기념관
배재 학당
시립미술관
대한문
돌담길
독립 신문사터
이용익
회화나무
시청역

# 대한문

덕수궁은 정말 곳곳에 많은 사연을 담고 있는데, 간단하게
덕수궁의 정문 대한문의 위치부터 짚어본다.

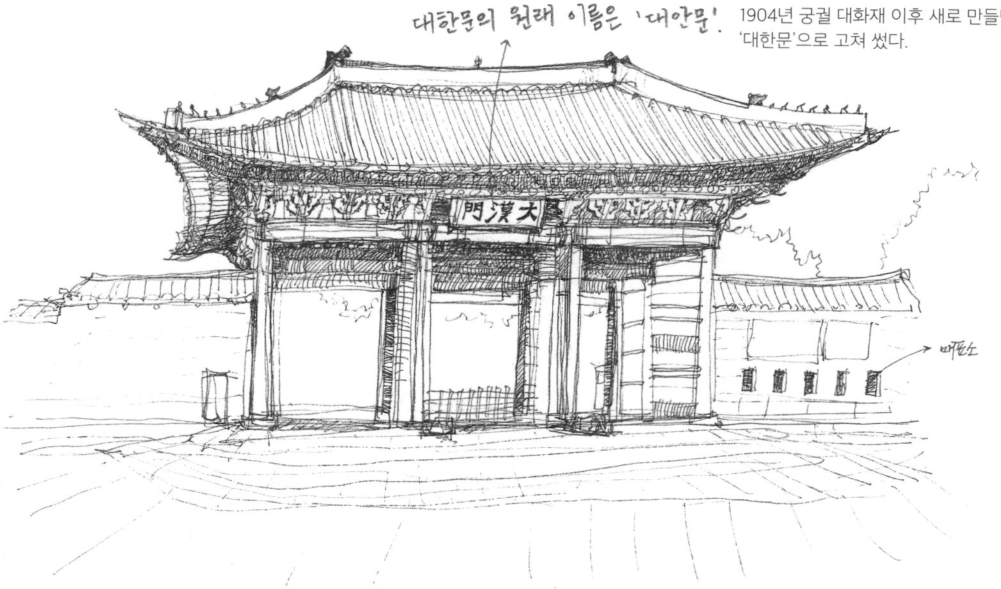


1904년 궁궐 대화재 이후 새로 만들면서
'대한문'으로 고쳐 썼다.

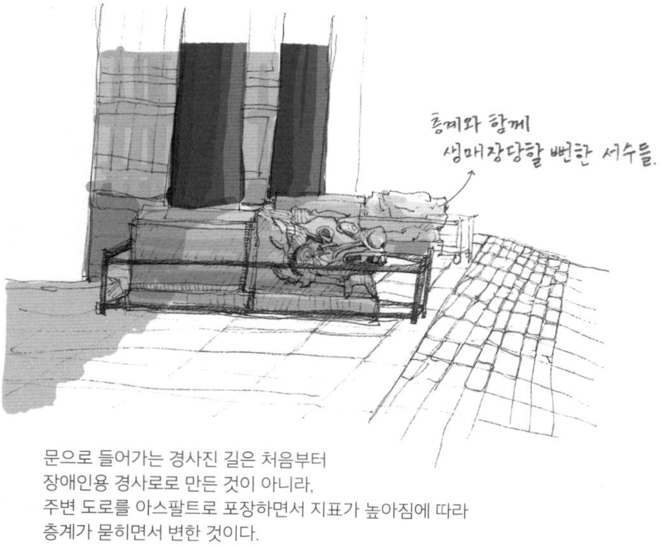


문으로 들어가는 경사진 길은 처음부터
장애인용 경사로로 만든 것이 아니라,
주변 도로를 아스팔트로 포장하면서 지표가 높아짐에 따라
층계가 묻히면서 변한 것이다.

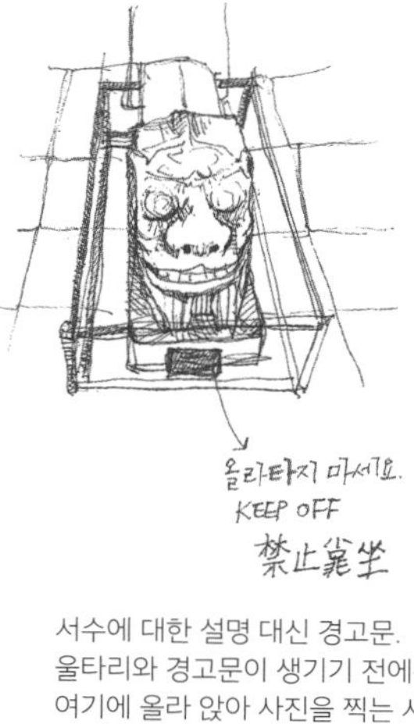


서수에 대한 설명 대신 경고문.
울타리와 경고문이 생기기 전에는
여기에 올라 앉아 사진을 찍는 사람도
많았다!

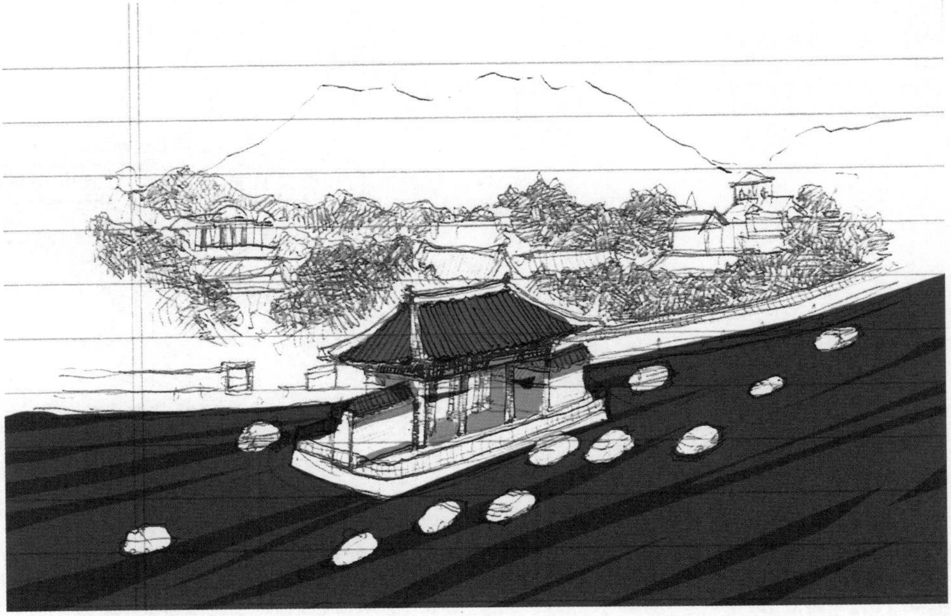

1960년대 후반 대한문
대한문의 위치에 관한 이야기는 1960년대로 거슬러올라간다.
교통섬에 홀로 고립된 이 익숙한 건축물은 숭례문이 아닌 대한문이다. 얼마나 많은 문화재를 이렇게 교통섬 안에 고립시켰던가. 덕수궁 정문인 대한문은 왜 길 가운데 홀로 나앉았던 것일까? 당황스럽게도 이는 문이 앞으로 나온 것이 아니라, 담이 뒤로 물러났기 때문! 세종로에서 이어지는 태평로를 확장하는 과정에서 담을 뒤로 옮기며 이런 형상이 되었다.
시청을 뒤로 물리는 것보다 덕수궁의 규모를 줄이는 것이 더 간단했을까. 이런 당혹스러운 일이 일본이 아니라 우리나라 정부에 의해서도 일어났었다. 어찌되었든, 그뒤 대한문은 도로 한복판에 있는 것이 꽤나 고독했는지, 어느 날부터인가 담 쪽으로 걸어들어갔다. 엄밀히 표현하면 조금씩 뒤로 옮겨진 것인데, 그러한 이전 작업은 목수가 아닌 '드잡이' 장인 김천식이 맡았다고 한다. 드잡이란 무거운 물건을 그대로 옮기거나 기울어가는 건축물을 바로잡는 사람인데, 그는 대한문을 이동시킬 때 무게를 줄이기 위해 기와를 걷어내고 기둥을 동아줄로 묶어 문 자체를 조금씩 통째로 뒤로 옮겼다. 나무로 만든 아시아 건축물이기에 가능한 일. 이 모습이 마치 뒤로 걸어가는 것 같았는지 당시 신문에서도 '걸어간다'고 보도했다고 한다. 이 엄청난 광경은 고종의 국상 이래 가장 많은 사람이 모여 지켜봤다고 전해진다.
대한문을 바라보자니 문득 그런 생각이 들었다. 언젠가 그런 날이 올는지 모르겠지만, 혹시라도 덕수궁 원형을 복구하는 날이 온다면 진보된 드잡이 기술로 대한문뿐 아니라 대한문이 담장과 함께 손잡고 '걸어 나오는' 광경이 재현된다면 어떨까. 이루어지기만 한다면야 그 장관을 보기 위해 지구 어디에 있든 애써 돌아오는 수고를 마다하랴!

오얏꽃(李花)은 자두나무꽃으로,
배꽃(梨花)과 비슷하지만 엄연히 다르다.

이씨 왕조의 상징인
오얏꽃이 새겨져 있다.

### 덕수궁 관람권

특별히 관람권을 달라고 요구하지 않으면,
인원수가 한꺼번에 찍힌 관람권을 주는 경우가 많아
관람권을 모으는 나 같은 여행객에게는
안타까운 상황이 발생하기도!

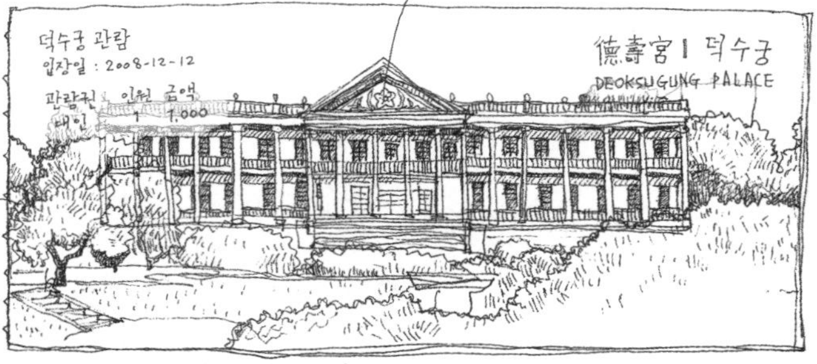


이 수양 벚나무는
벚꽃 피는 봄에
빠지지 않고
불려오는 나무다.

예전 입장권은
석조전이 주연이었다.

지금은 주연이
중화전으로 바뀌었다.

석조전이 보수공사에 들어가서인지,
전통 양식을 밀어주려는(?) 것인지,
언젠가부터 관람권의 주인공이 바뀌었다.

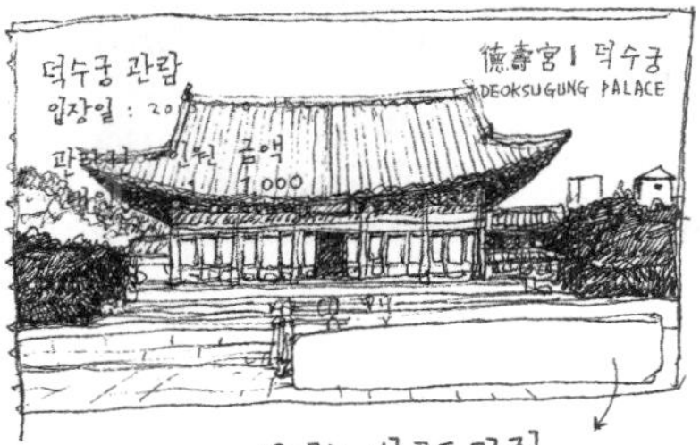


여기는 바코드 자리,
뒤로 가면 안 되었을라나?

관람권에는 그곳의 랜드마크가 출연하기 마련인데, 인쇄된 사진의 품질도 그렇지만 사진 한가운데 멋없게 인쇄된 글씨가 그저 아쉬울 따름이다. 외국의 경우 관람권 디자인도 다양해 차마 버릴 수 없게끔 만드는데, 디자인 수도를 표방한다면 문화재 관람권부터 맛깔나게 만들면 좋으련만.

조선 왕조에서 마지막으로 지은 궁궐건물.
1층은 외빈 접견장, 2층은 황제가 거처했다.

석조전

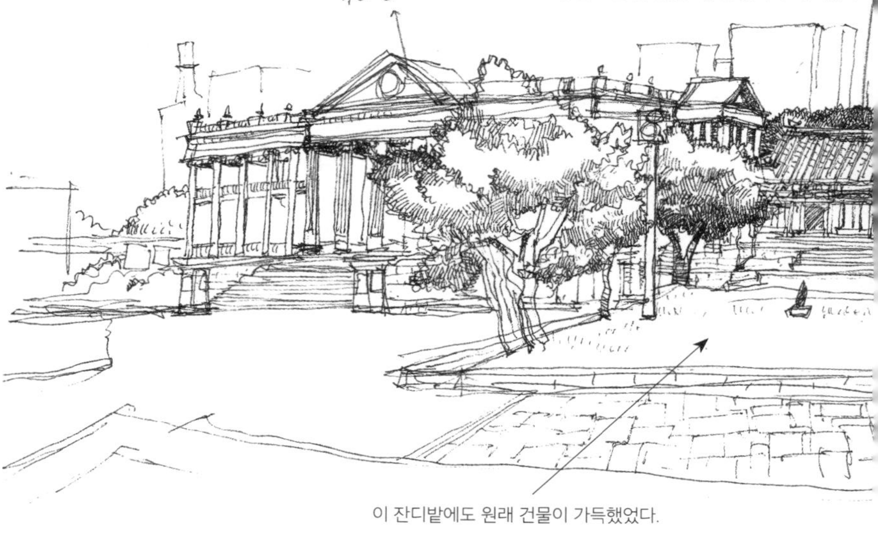

이 잔디밭에도 원래 건물이 가득했었다.

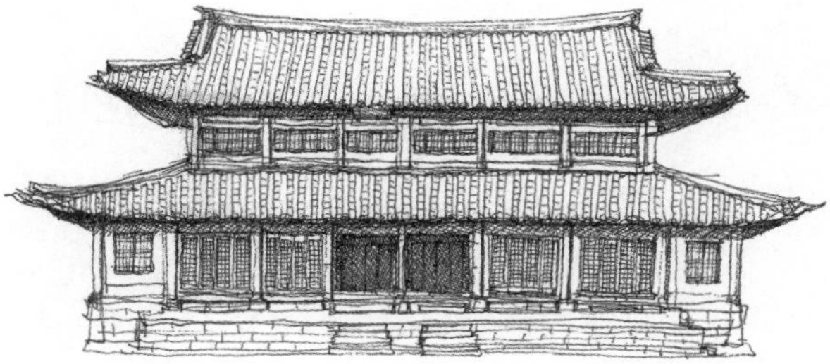

석어당

단청이 없는 백골집. 덕수궁 내에 유일한 2층 목조건물이다.
인조반정으로 폐위된 광해군이 문책을 당하기도 했던 곳.
사진으로 본 2층 내부의 모습도 멋있던데 언제 한번 올라가볼
기회가 있을까.

덕수궁 전경

덕수궁의 원래 명칭은 '경운궁'이다. '덕수'란 상왕이 머무는 거처라는 일반명사로 봐야 한다. 고종이 일제의 강압 때문에 순종에게 황위를 물려주면서 경운궁은 덕수궁으로 바뀌어버렸다.

고종이 덕혜옹주를 위해
유치원을 만든 곳으로 유명하다.
잘 살펴보면 옹주의 안전을 위해
월대에 난간을 설치한 흔적도 있다.

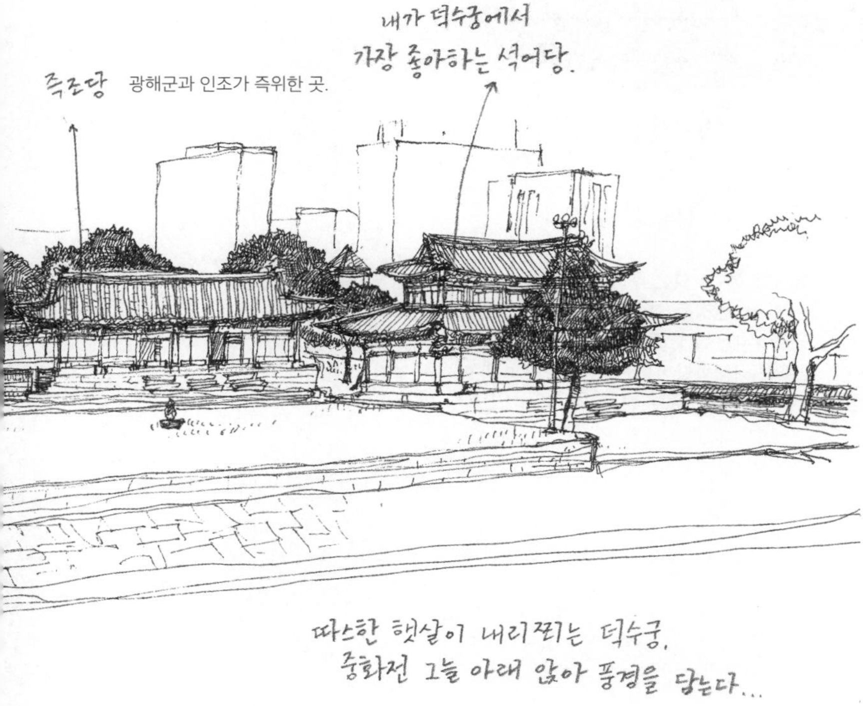

## 덕수궁 돌담길 주변

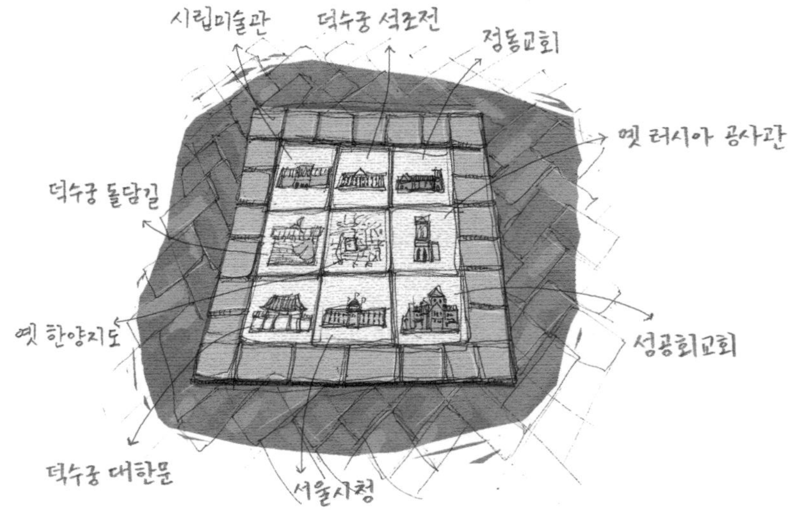


돌담길 타일 블록

정동길에서 볼 수 있는 문화재를 모아놓은 바닥 타일.
의미 있고 좋기는 한데, 선정된 장소가 조금 포인트가 빗나간 느낌이 있다.
다른 의도가 있었는지는 모르겠지만 서울시청이나 덕수궁 돌담길 대신
정동 안에 위치한 배재학당이나 구세군 중앙회관 또는 중명전 등을
넣었어도 괜찮았을 텐데.

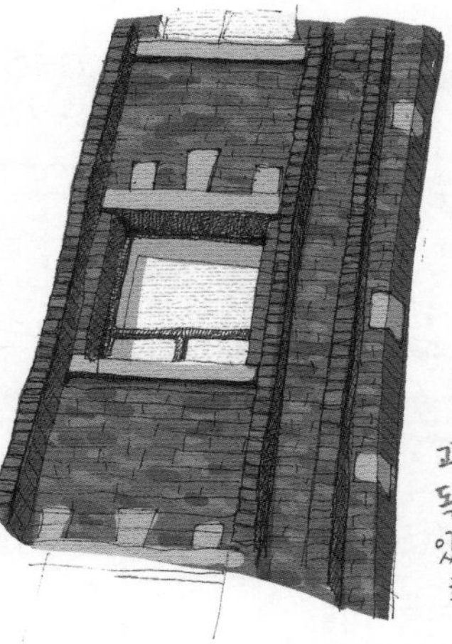


먼 과거도 아닌데 명확한 기록 하나
제대로 남지 못한 시절이었다.
(현재 독립신문사 표지석은 이곳과
별개로 배재학당에 있다.)

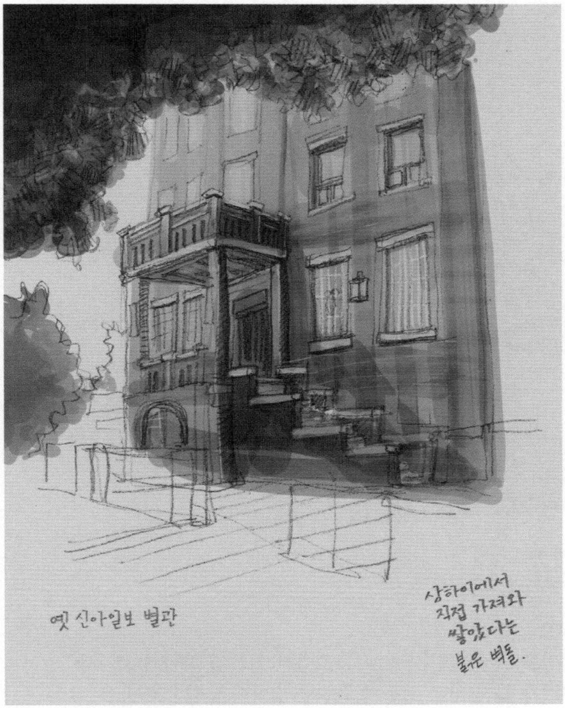


## 신아빌딩

정동 로터리에서 시야에 가장 잘 들어오는 붉은 벽돌건물은 신아빌딩. 이곳엔 과거 신아일보라는 신문사가 있었다. 신아일보는 종합지로는 한국 최초로 다색 인쇄를 시도했던 일간신문사. 매스미디어가 발달하면 할수록 과거 독재정권들은 언론사를 가장 먼저 장악하려 했다.

1980년 제5공화국을 세운 신군부 전두환 대통령은 언론계 구조 개선이라는 허울 좋은 명목으로 '언론통폐합'을 실시했다. 이 결과 여러 신문사, 방송사의 구조가 재편되었다. 대표적으로 신아일보는 경향일보에 흡수되었다.

증축된 위층은 벽돌 색깔이 다르다.

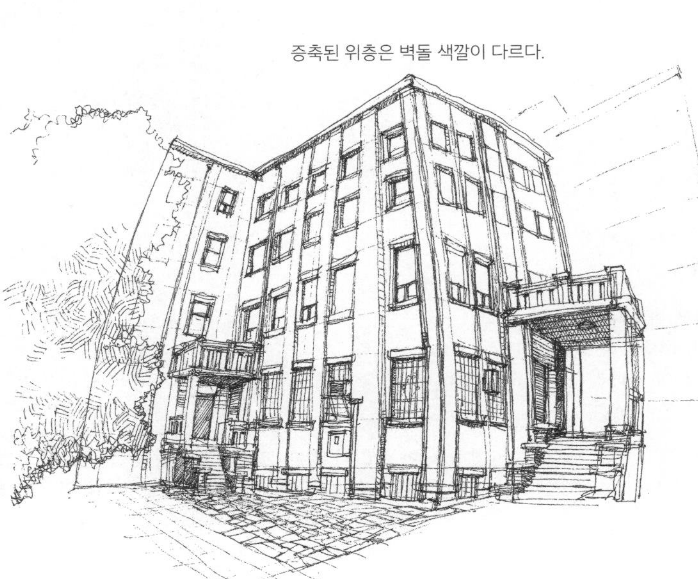

신아일보의 별관이었던 곳이
본관과 그리 멀지 않은 위치에 있다.
원래 2층 건물이었는데
1975년에 4층으로 증축되었다.
처음 만들어졌던 구한말에는
관세청사로 쓰다가 이후
외교 고문 묄렌도르프의 사무실로,
다시 미국 싱어 미싱의 한국지사로
사용된 후 신아일보사가 사들였다.
지금은 일반 사무실이다.
입구에는 등록문화재 간판이
걸려 있지만, 둘러볼 수 있는 곳은 없다.

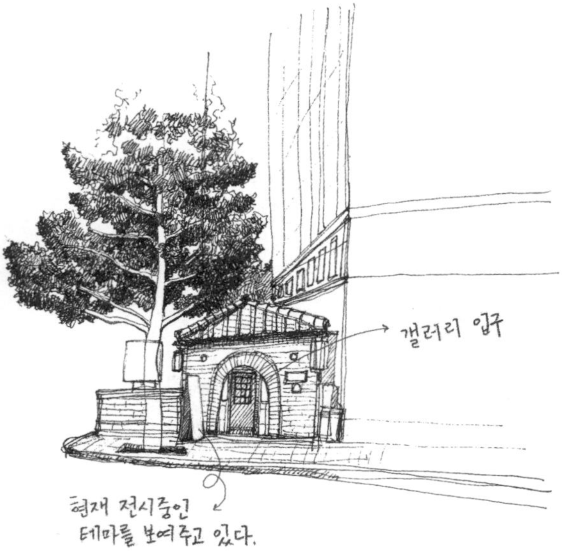


갤러리 내부

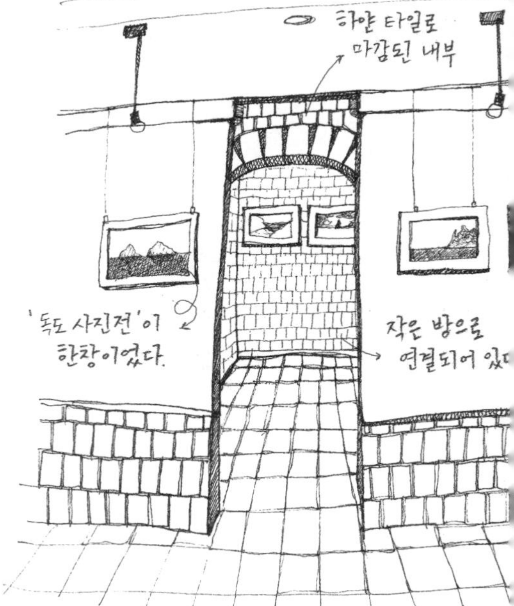


와우트래블 갤러리

신아일보 별관 빌딩 옆으로 조그마한 기와집 하나가 보인다.
갤러리가 많지 않은 정동의 달콤한 오아시스 같은 이곳은
여행사를 운영하는 정보상의 작은 갤러리였다.
원래 순화동에 있던 사무실을 단지 정동이 좋다는 이유만으로
큰 지출을 감수하고 옮겼다고 한다.

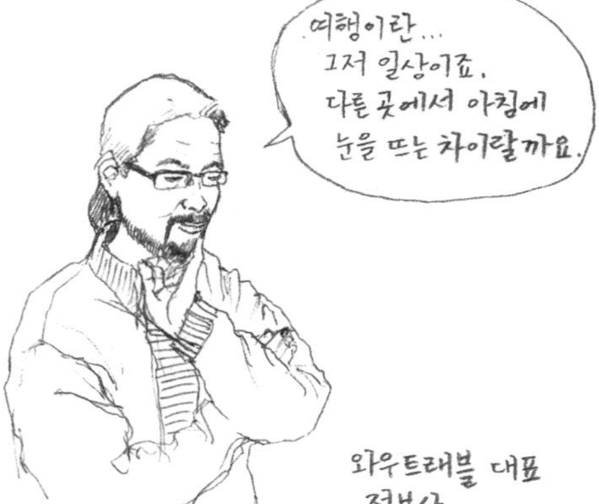


앞으로의 바람이 있다면 더 큰 갤러리로 확장해가는 것.
하고 싶은 말이 있느냐 묻자 "카메라가 떨어질 것 같아
불안하네요"라며 책상 모서리에 놓아둔 내 카메라를
가리키며 걱정해주었다. 문을 나서는데 불러 세워
책장을 뒤적인다.

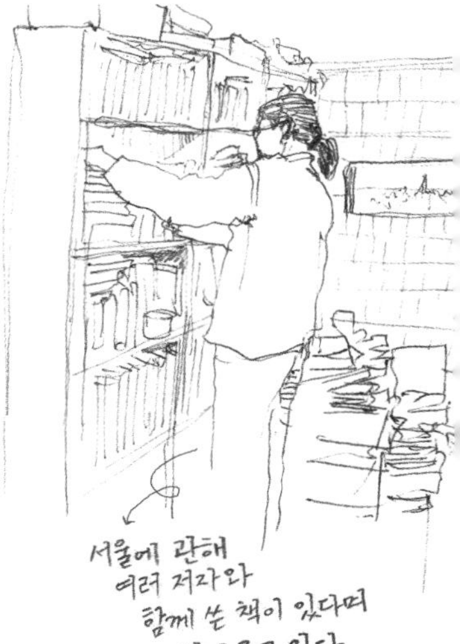


책을 받아들고 나설 때 그의 갤러리는 더욱 따스해 보였다.
현재 와우트래블 갤러리는 판교에 커다란 갤러리로
확장 이전하여 이 자리에는 레스토랑이 들어섰다.

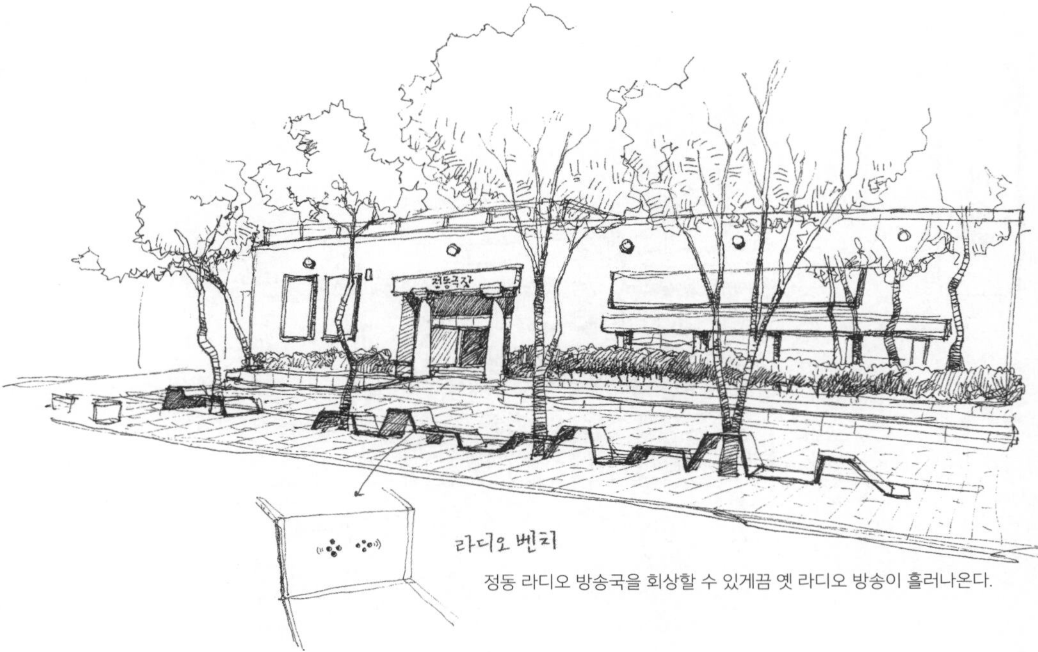


정동 라디오 방송국을 회상할 수 있게끔 옛 라디오 방송이 흘러나온다.

정동극장
근처에 있던 한국 최초의 서양식 사설극장 원각사(圓覺社)가
화재로 소실되자 그 뜻을 이어받는다는 취지하에 만들어진 전통예술극장.
지상에는 카페가 있고, 공연장은 모두 지하에 있다.

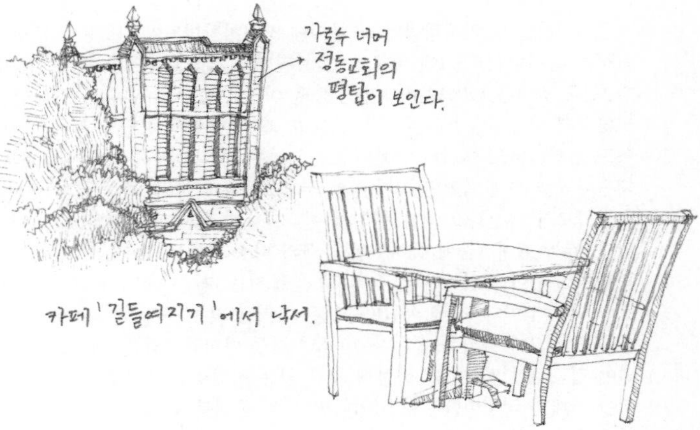


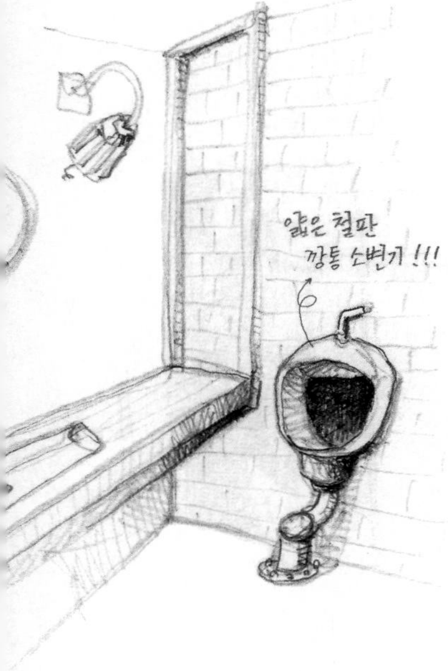


카페 '길들여지기' 화장실
이곳 화장실은 영화 <블레이드 러너> 속
미래도시처럼 착 가라앉아 있었다.

# 시립미술관

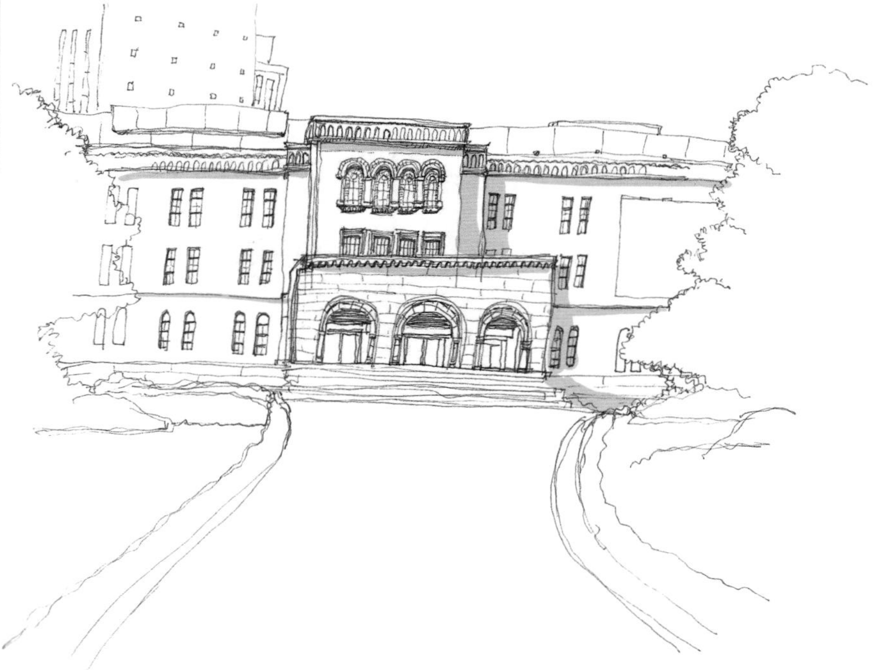

서울시립미술관. 일제강점기 이 자리에 경성지방법원이 있었는데 해방 후에도 법원으로 사용되었다. 하지만 인구가 늘어나면서 그에 비례해 법의 판단을 필요로 하는 사람도 늘어나 법원의 몸집도 커질 수밖에 없었다. 결국 법원은 1995년 비대해진 몸을 이끌고 한강을 건너 서초동으로 이사 간다.
그렇다면 국립미술관은 어디에 있을까. 잘 알다시피 경기도 과천 소재. 어차피 국립이니 우리나라 어디 있어도 상관없다고 얘기하기에는 수도와 너무 멀리 떨어져 있다. 1980년대 초반, 처음 국립미술관의 필요성이 대두되었을 때 물색했던 적지는 옛 서울고등학교 자리. 즉 지금의 경희궁터였다. 하지만 당시 서울시는 서울고등학교가 이전하고 남은 부지를 현대그룹에 헐값에 불하하였고, 현대에서는 이곳에 본사를 지을 계획이었다. 결국 현대그룹에 불하했던 금액의 다섯 배가 넘는 가격으로 정부가 다시 사들였고, 그 자리는 경희궁 복원에 초점이 맞춰지면서 국립미술관 부지는 다시 오리무중이 되어버린다. 무계획적인 행정이 세금의 낭비로 이어진 셈이다. 결국 국립미술관은 부지를 찾지 못해 헤매다가 서울시가 자연사박물관 부지로 정해둔 서울대공원 옆에 자리를 잡는다. 1986년 서울 아시안게임을 대비해 무척 서둘러 만들었다는데 서울에서 너무 멀어 접근성이 떨어지는 바람에 자주 찾는 사람이 거의 없었을 정도다. 만약 광화문광장 주변이나 명동, 종로에 거대한 국립미술관이 있었다면 서울 중심부의 이미지는 어떻게 달라졌을까. 모르긴 몰라도 지금보다 미술관에 가본 사람은 훨씬 많았을 터. 그나마 시립미술관이라도 정동에 있어 다행이다.

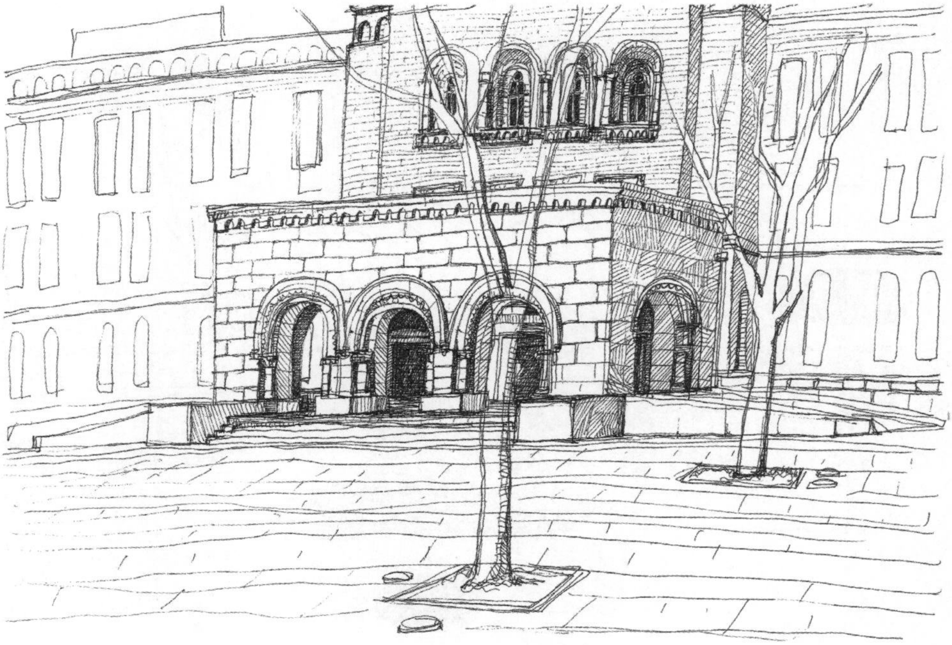

### 서울시립미술관 입구

예전에는 대법원 청사로 사용됐기에 이곳으로 가는 길인 덕수궁 돌담길이 연인들이 헤어지는 길로 회자되기도 했다. 지금은 행복한 연인들로 가득하다.

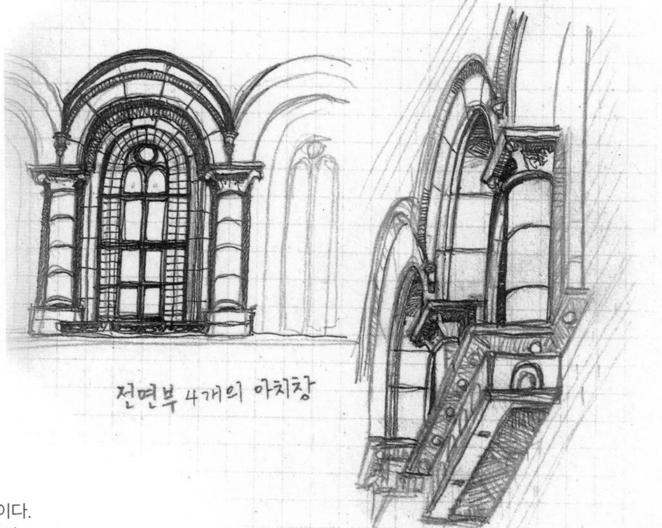


### 미술관 상세

전면 파사드를 남기고 복원. 엄밀히 말하면 새로운 건물을 만들고 전면을 갖다붙인 셈이다. 권위적이어서 접근하기 힘들었던 법원건물이 미술관으로 바뀌면서 서울에서 가장 사랑받는 곳 중 하나가 되었다.

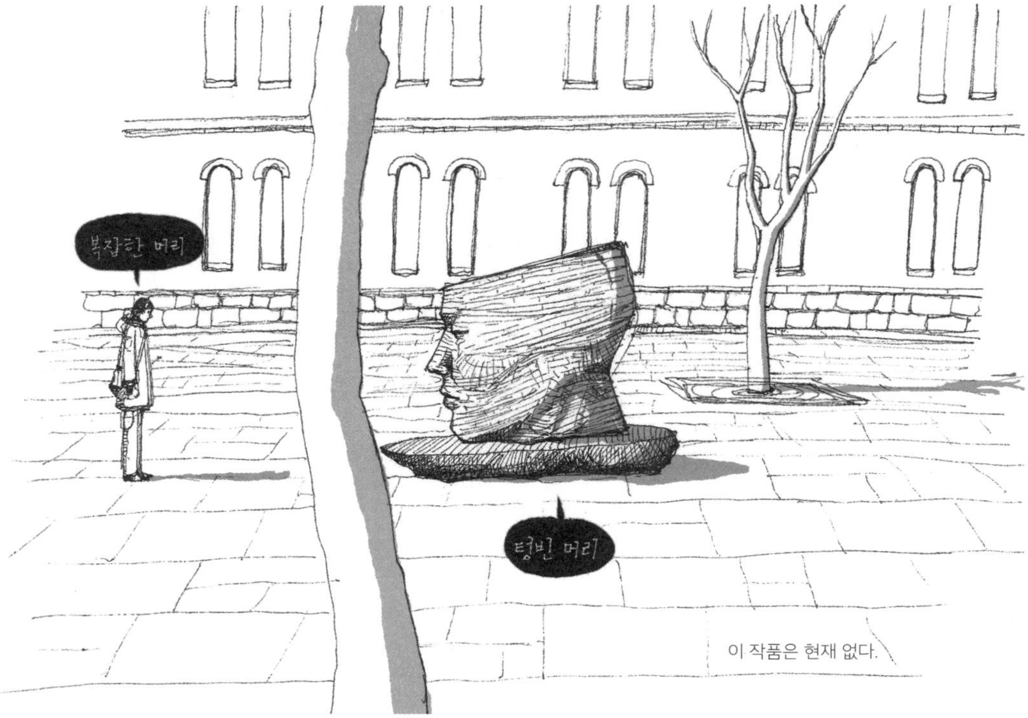

이 작품은 현재 없다.

두 묵상

하지만,
그의 묵상은 더욱 깊고 더욱 단단해 보였다.
없다고,
또는 없애기만 한다고
단순해질 거라 생각하는 건
어쩌면 순진한 착각.

때로 도려내었다고 생각한 과거가 스스로 부풀려져
당황스러운 적이 있었다.

기억은 추억을 재구성한다.

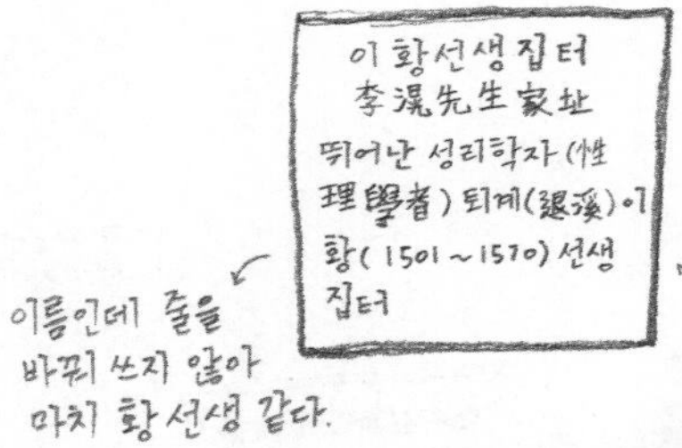


작업과정에 대해 잘 모르지만 마지막 줄이 많이 남은 것을 보면,
좀더 신경썼다면 매끄러운 표지석을 만들 수도 있었을 것 같다.

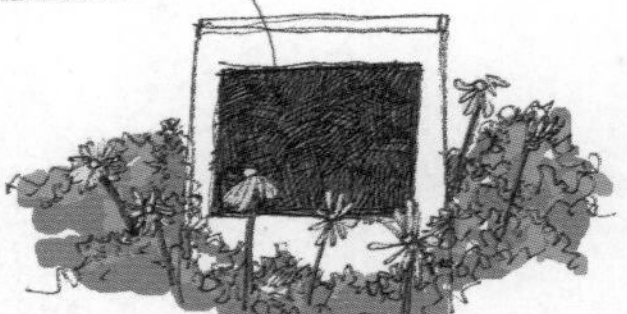

이황 선생 집터 표지석

미술관 앞에는 이황 선생의 집이 있었다고 한다.
이황 하면 수염 덥수룩한 모습이 익숙해서인지 젊은 시절이 선뜻 떠오르질 않는다.
집터 앞 바위에 앉아 첫사랑을 생각하며 한숨짓는 퇴계 선생을 상상해보면
그도 언젠가 이 낮은 언덕길을 올랐겠구나, 라는 애정 어린 공감도 피어오른다.

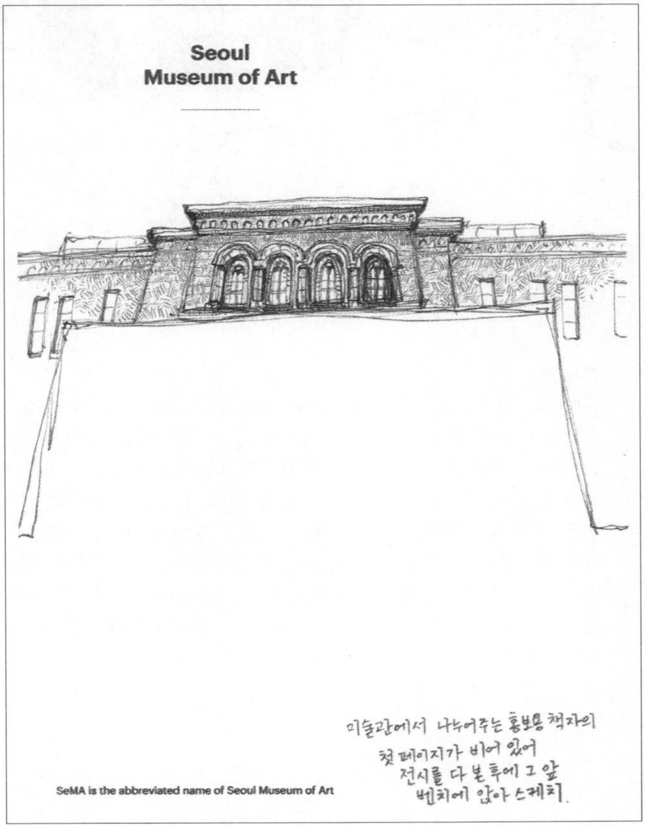


흰 종이를 보면 낙서하고 싶어 안달이 난다.

서울시립미술관 상부

정작 이 건물 어디서도 수많은
독립지사들이 판결을 받았다는
아픈 기억은 찾아볼 수 없다.
어떻게 생각하면 파사드를
살렸다기보다 말 그대로 껍데기만
남은 곳은 아닐는지.

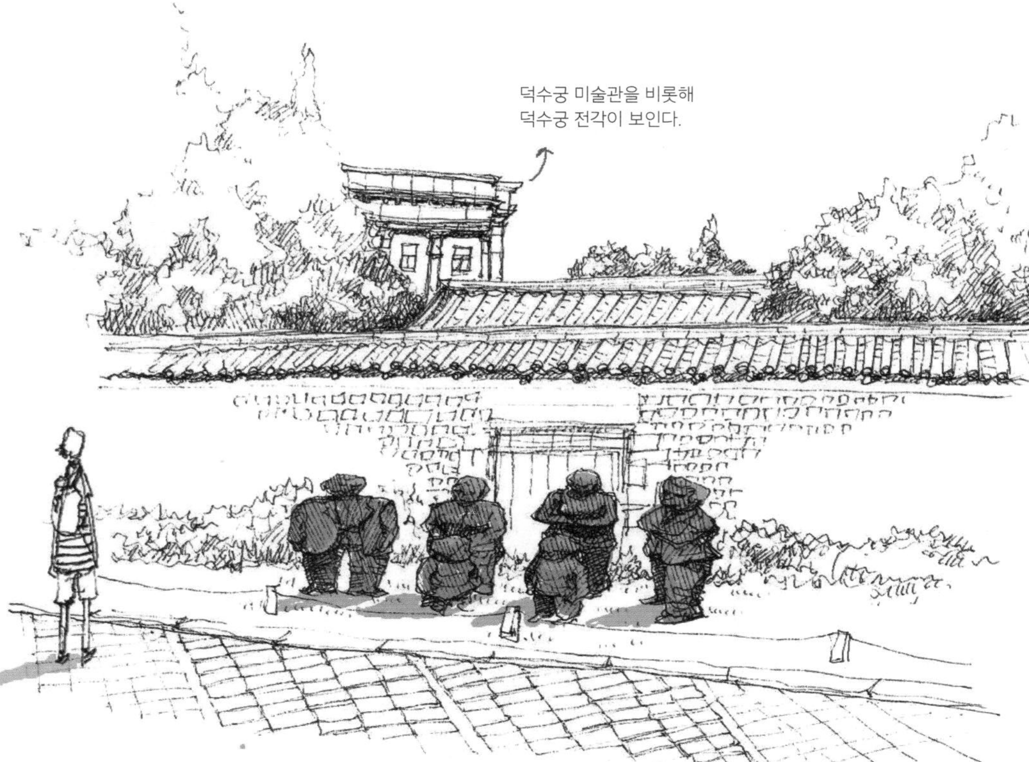


장독대

돌담길이 꺾이는 사거리에 로터리가 있다. 로터리에 서면 유서 깊은 건물과 조형물이 여럿 보인다. 덕수궁 돌담길 아래에 설치된 재미있는 조형물 중 하나가 이환권의 〈장독대〉라는 작품이다. 멀리서 보면 작품명처럼 장독이 옹기종기 모여 있는 것 같지만, 다가가보면 그것이 사람이라는 걸 알게 되고, 이내 심한 왜곡 때문에 눈이 혼란스러워지고 머리가 어지러워진다. 이는 키가 작은 사람을 표현한 것이 아니라 정상인을 눌러놓은 모양새다. 사람을 장독에 잘 눌러 담은 후에 항아리를 깨면 딱 이런 모습이 아닐까.

이환권은 인물을 잡아당기거나 늘린 듯한 작품으로 유명하다. 어느 한 부위가 아니라 전체적으로 변형된 인물들. 마치 포토샵에서 사진을 변환시킨 것 같다. 이를 3차원에서 보면 묘한 착시가 일어난다. 눈은 일반적인 사물을 보는데 머릿속은 복잡해진다. 얼마나 우리의 몸과 마음이 익숙한 것에만 적응돼왔는지 새삼 느끼게 해준다.

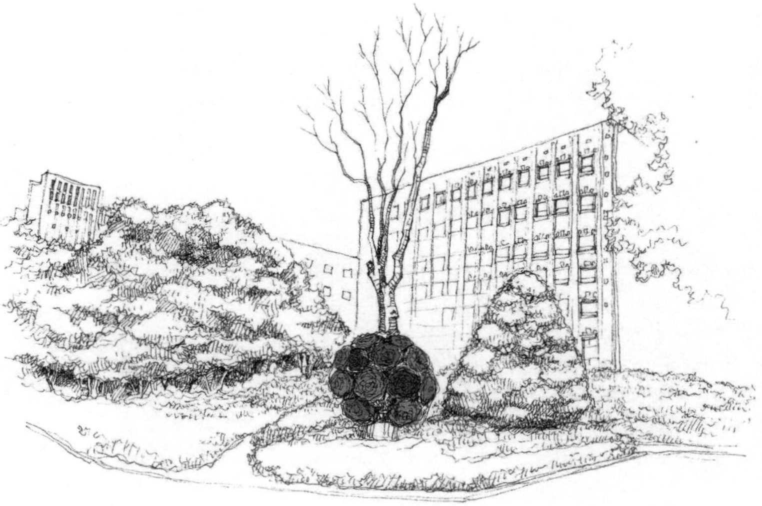

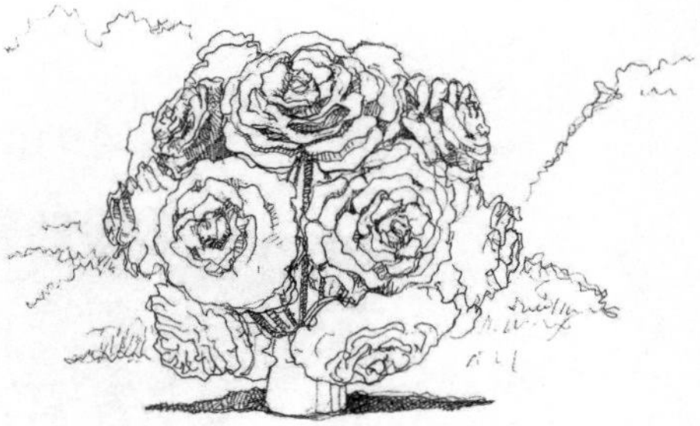

<장밋빛 인생>
로터리에서 시립미술관 쪽으로 올라가는 낮은 둔턱 옆에 있는 커다란 장미 꽃다발이 새롭다. 녹음 속에 유난히 강렬한 핑크빛으로 대비를 불러일으키는 꽃들. 최정화의 〈장밋빛 인생〉이다. 시원하게 밀어버린 머리에 검은 뿔테 안경을 쓴 남성 작가인 최정화는 현재 세계 곳곳에서 많은 작업 주문이 들어오는 대표적인 한국 작가다. 그의 작품은 키치의 정수를 보여주는 걸로 잘 알려져 있다. '키치'란 '저속한 작품'이란 뜻이지만 결코 저속하게만 볼 수 없는 것이 예술 작품이다. 원색 가득한 그의 작품을 보고 나면 뇌 속에 깊은 빛의 기억이 새겨진다. 종로타워 뒤편에 있는 종각의 대표적 랜드마크인 거대한 플라스틱 황금탑인 〈세기의 선물〉은 내게 그의 키치적인 세계를 각인시킨 대표작 중 하나다.
어쨌거나 로터리에 심어진 이 장미 꽃다발의 화사함이 반갑기만 하다. 그동안 시립미술관 앞마당에는 여러 조형물이 기획전시 형태로 순환 설치되었는데, 이제는 상설전시 형태로 반영구적인 야외조각공원을 조성할 예정이라고 한다. 이에 작품의 설치도 하나하나 심혈을 기울일 수밖에 없는데, 작품이 들어서는 속도만 보아도 세심한 정성이 느껴진다.
기억을 더듬어보면 예전에 이 자리 근처에는 빨간 공중전화박스가 오랫동안 자리를 지켰다. 그렇게 정동의 명물로 자리잡나 싶었는데 어느 순간 사라져버렸다. 또하나의 변화라면 조형물 뒤로 보이는 거대한 나무의 죽음이다. 훤칠하게 키가 컸던 나무는 다름 아닌 가죽나무. 로터리에서 거대한 수형을 자랑하며 서 있었다. 그런데 지금은 앙상한 가지만 남긴 채 죽어 있다. 2008년 말 그 수명을 다했다고 한다. 한여름 잎이 없는 식물의 처량함이라니. 결국 시간은 흐르고 시대는 변해가는 것이다. 나무도 죽어 사라지고, 공중전화도 없어져버렸다. 이제 그 자리는 영원히 지지 않을 거대한 장미 꽃다발이 강렬한 빛을 내뿜으며 자리했다. 이 풍경들은 훗날 어떤 익숙함으로 다가올까.

# 시립미술관 별관

서울시립미술관은 정동에 위치한 본관 외에도 여러 개의 별관을 운영한다.
그중 사당동에 있는 남서울분관에서 스케치한 그림이 몇 있어 덧붙여본다.

별관 약도

지하철 사당역에 내려 조금 걸어가면 고풍스러운 서양식의 아담한 건물 하나를 볼 수 있다. 1905년 벨기에 영사관으로 남산 아래 지어진 것을 재개발사업이라는 명분으로 강제로 이동시켰다. 이익을 우선시하는 이런 흐름이 어디 어제오늘의 일이던가. 건물이나 나무도 필요에 의해 옮기는 서울에서 어딘들 개발로부터 안전할까 싶다. 도심 안에 저층건물이 남아 있는 꼴을 두고 보지 못하는 현실.

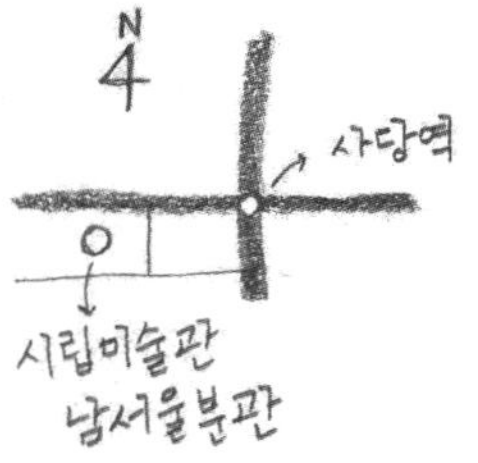


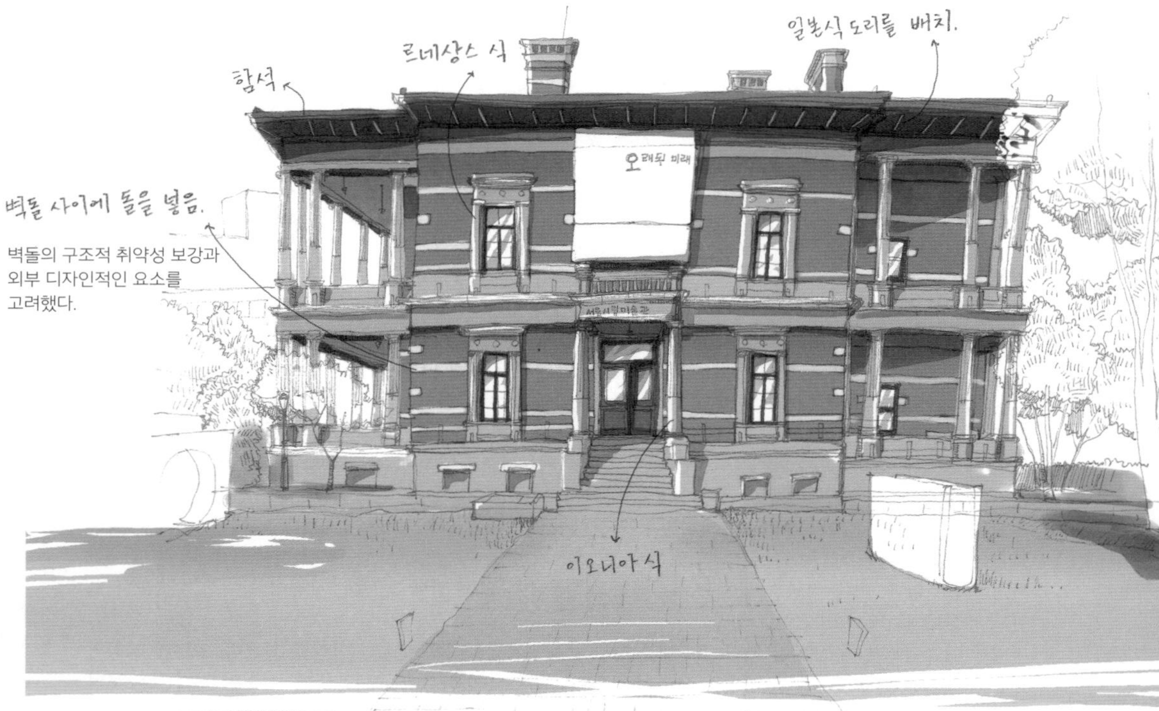

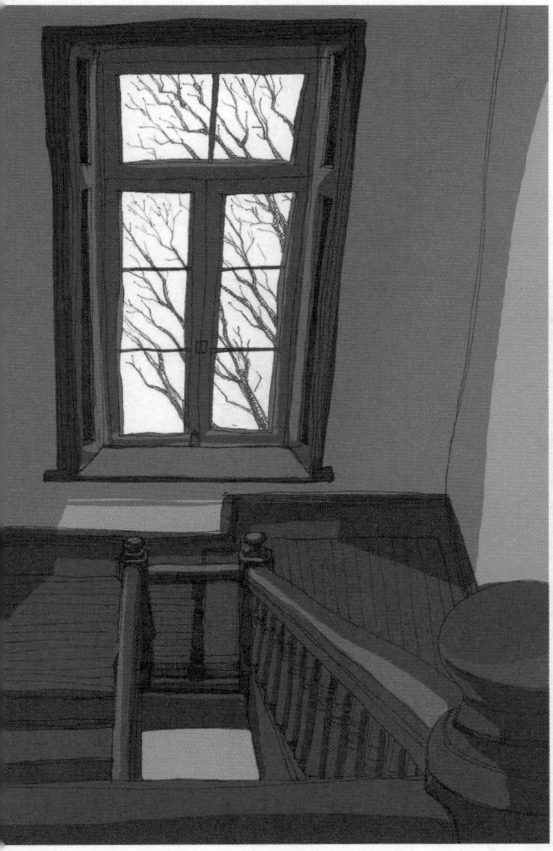

시립미술관 별관 계단
바람이 분다.
나무들이 춤을 춘다.

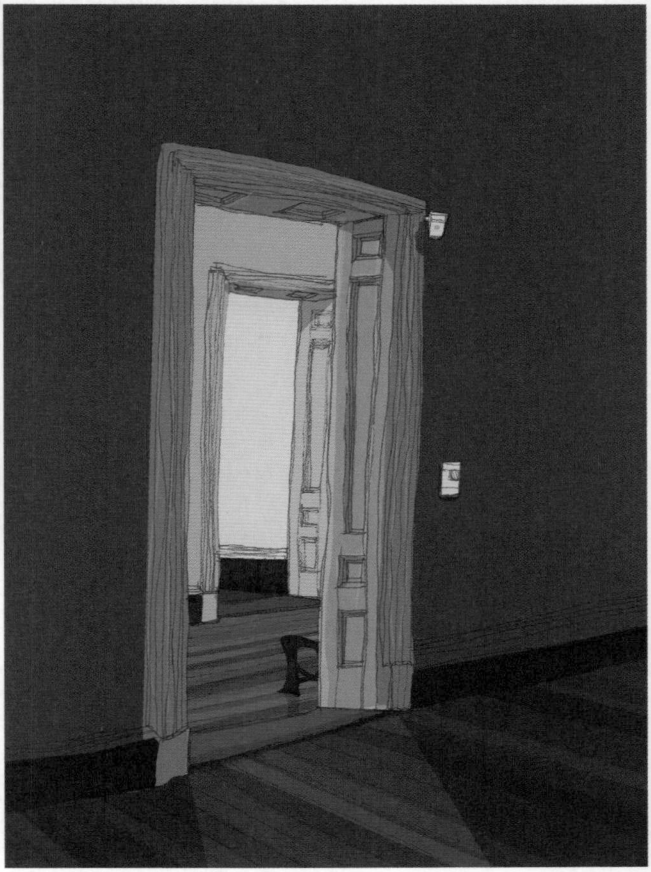

시립미술관 별관 문
걸을 때마다 삐거덕거리는 마루가
오래된 시간을 느끼게 해준다.

시립미술관 별관 전경
우리은행 소유였던 이 건물은 지금 서울시에 무상 임대되어 미술관으로 재탄생하였다. 당시 유럽의 조그마한 나라였던 벨기에가 이 먼 동쪽 나라에까지 영사관을 만들러 왔다는 것 자체가 신기하지만 한편으로는 당시 서구의 약소국 뜯어먹기 경쟁이 얼마나 치열했는가를 볼 수 있는 대목이라 씁쓸해진다.

# 배재학당



지금은 역사박물관으로 쓰이고 있다.
이와 똑같은 형태의 서관이
강동구로 이사 간 배재고 내에
그대로 옮겨졌는데,
직접 찾아가서 보니 쌍둥이같이
기시감이 느껴졌다.

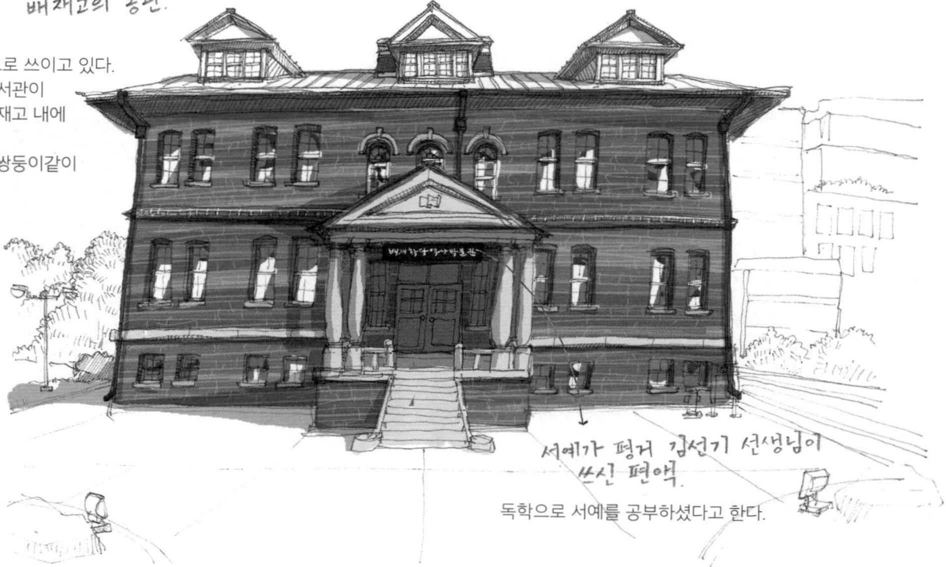


독학으로 서예를 공부하셨다고 한다.

배재학당 향나무

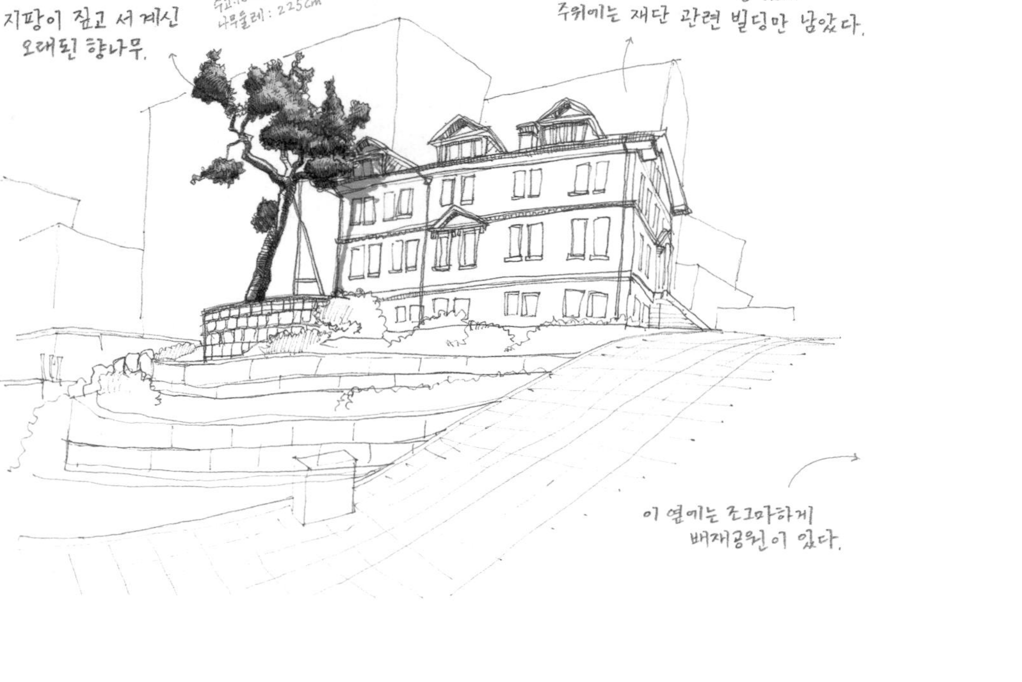

입구 측면

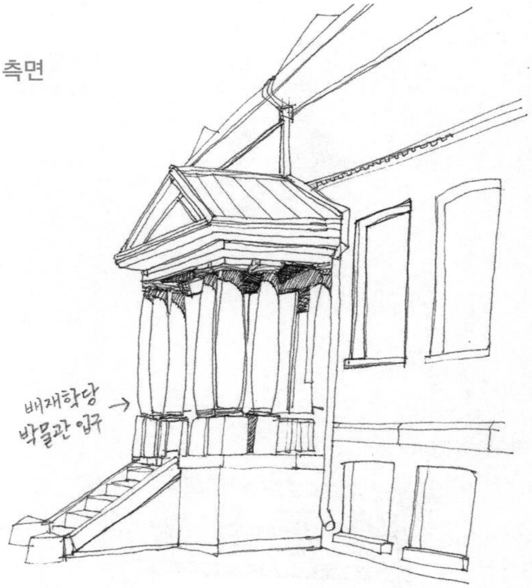


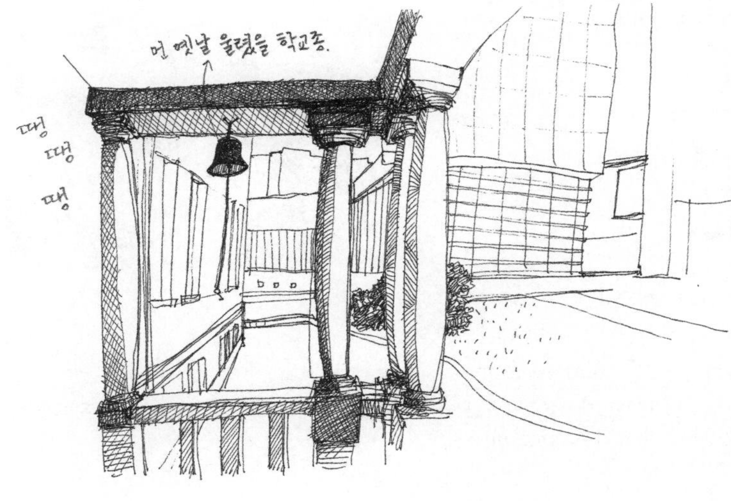


배재학당 입구

### 배재학당의 시작

배재학당은 1885년 미국 북감리교 선교사 아펜젤러가 세운 한국 최초의 근대식 중등교육기관이다. 아시아 선교에 관심을 가진 아펜젤러는 1884년 조선에 입국하나 선교사를 배타적으로 대하는 상황 때문에 선교보다 교육부터 시작하게 된다. 그가 집에서 두 학생에게 영어를 가르친 것이 배재학당의 시작이다. 아펜젤러는 당시 암기식 교육을 이해를 통한 교육으로 바꾸는 데 많은 노력을 했다고 하는데, 100년이 더 지난 지금까지도 변함없이 암기식 교육이 행해지는 걸 보면, 대체 언제부터 우리나라 교육의 단추가 잘못 채워진 걸까 싶다. 이 학교 졸업생 중에는 이름만 들어도 알 만한 인물이 수두룩한데 이승만을 필두로 서재필, 주시경, 김소월 등이 있다. 당시 첫 근대식 학교를 나온 이들이 성공가도를 달리는 상황은 지극히 당연한 건가?

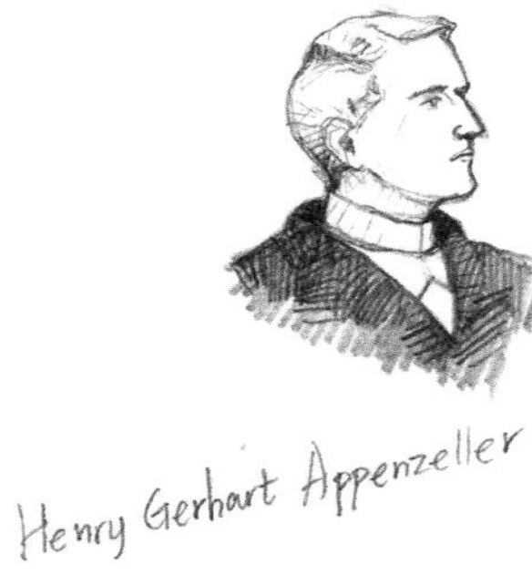


아펜젤러
욕위대자당위인역(欲爲大者當爲人役). 배재고의 교훈이다.
'크고자 하거든 남을 섬기라.'
공부를 잘하라거나 성실, 근면 등으로 획일화된 다른 학교의 교훈보다 꽤 마음에 든다.

배재학당 현판

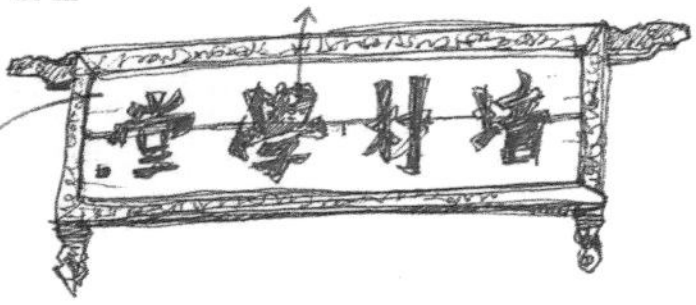


'배재'란 유용한 인재라는 뜻으로 고종이 직접 내린 교명이다.

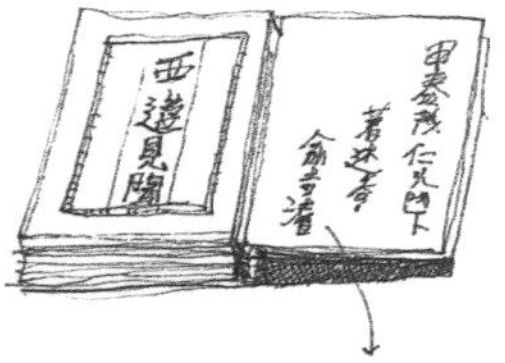


한글이 보이는 페이지를 펼쳐놓지 않아 아쉽다.

『서유견문』
내무대신 유길준이 서양을 답사하고 쓴 서양 기행문이다.
최초의 국한문 혼용으로 유명한데 1895년에 책이 발간된 이후 신문, 잡지에서도 국한문 혼용체를 따르기 시작했으며, 갑오개혁에 영향을 주기도 했다.

체험교실
모자와 의상까지 준비되어 있어 걸치고 앉아볼 수도 있다.

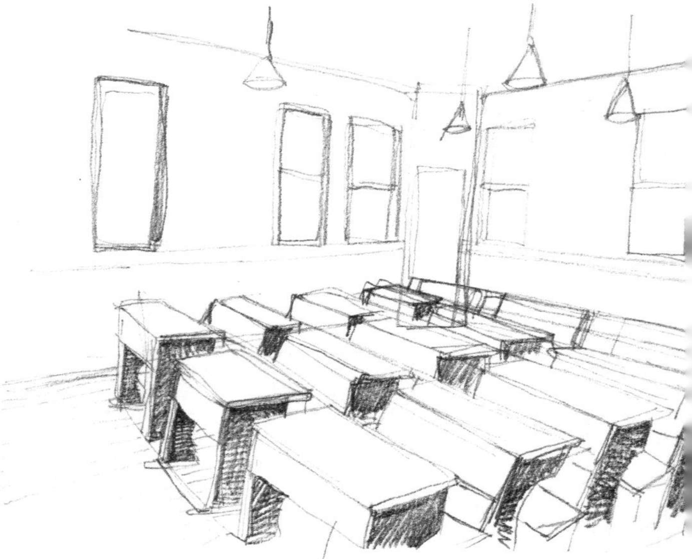


이런 의자는 상당히 피로하던데……

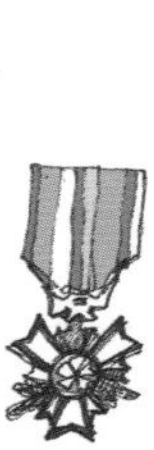

아펜젤러 훈장

고종 황제가 수여한 줄 알았더니
박정희 대통령이
추서한 문화훈장이었다.

옛 배재학당

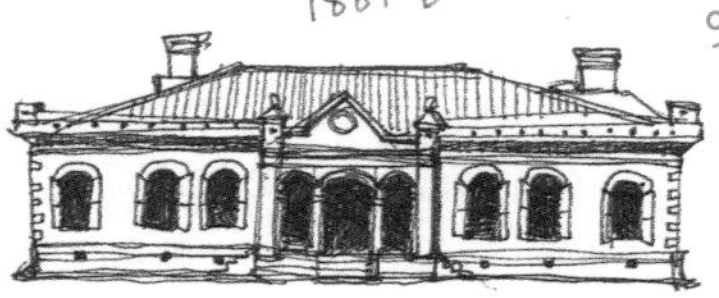


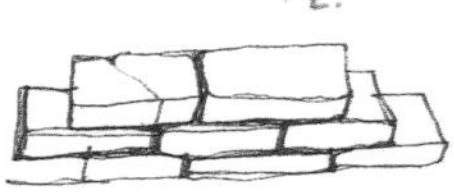


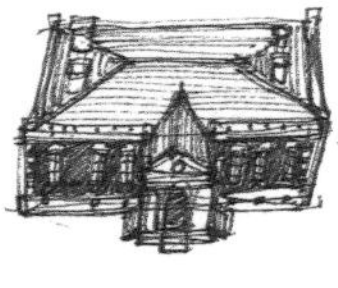

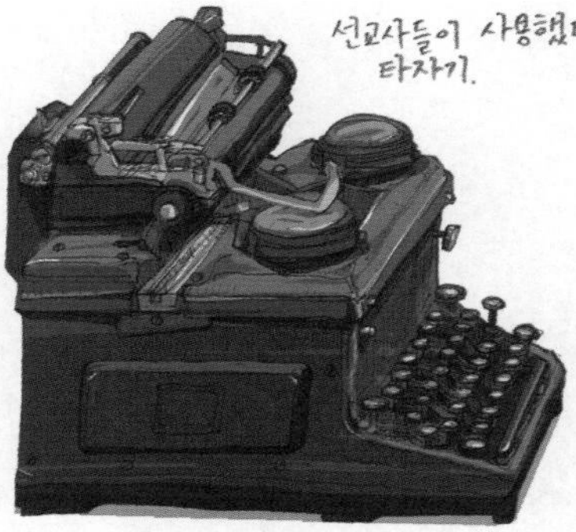


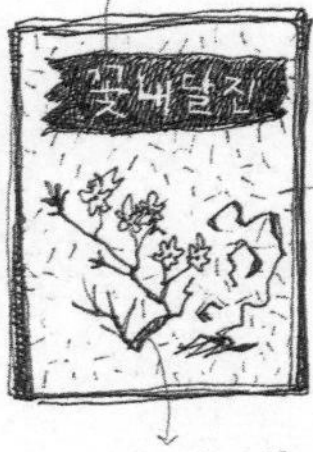


『진달래꽃』
시로든 유행가로든 우리나라 사람들이
가장 많이 외는 시는 김소월의
「진달래꽃」이 아닐까.
이 시집은 우리나라 근대문학 작품 중에
최초로 문화재로 등록되기도 했다.

아펜젤러 가방
아들의 이니셜이 새겨진
가죽 가방의 터진 틈이
연륜을 느끼게 해준다.

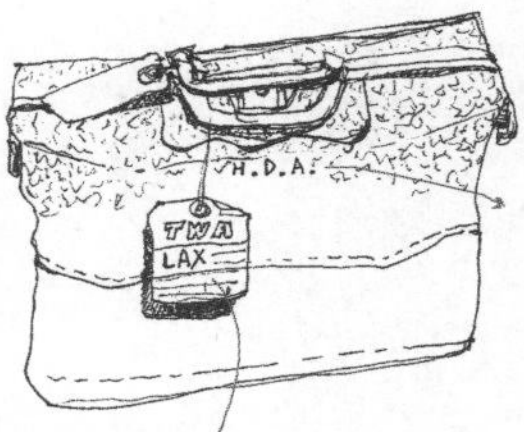


박물관 내부 계단
너무나 깔끔하게 새 목재로 마감된 내부시설이
옛 풍경에 대한 감정이입을 방해하고 있었다.
요즘 새로 만든 박물관 같은 느낌.

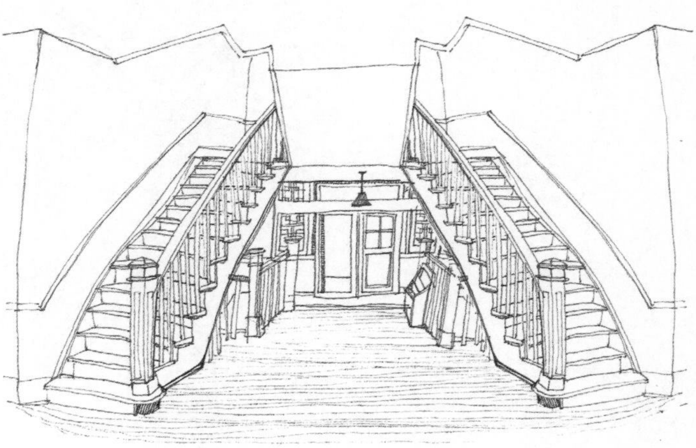

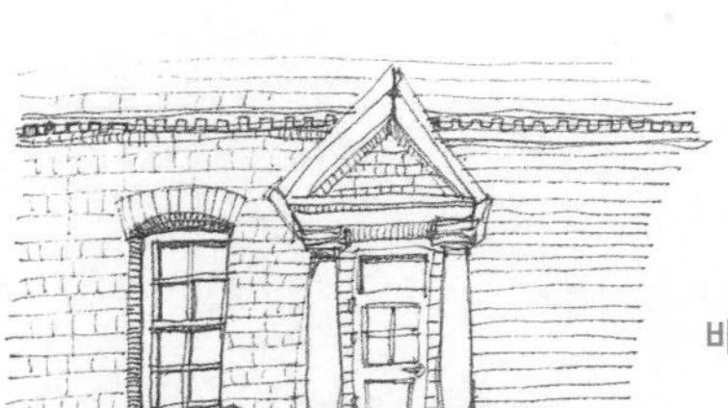


배재학당 측면

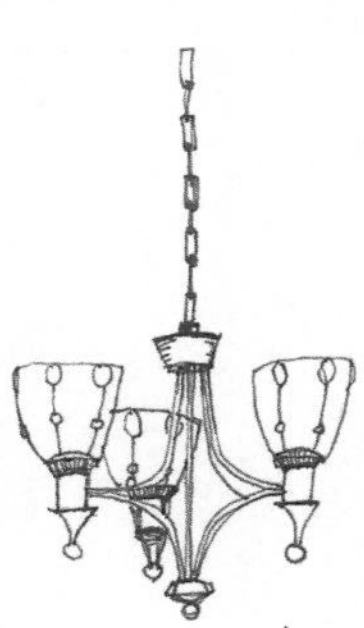

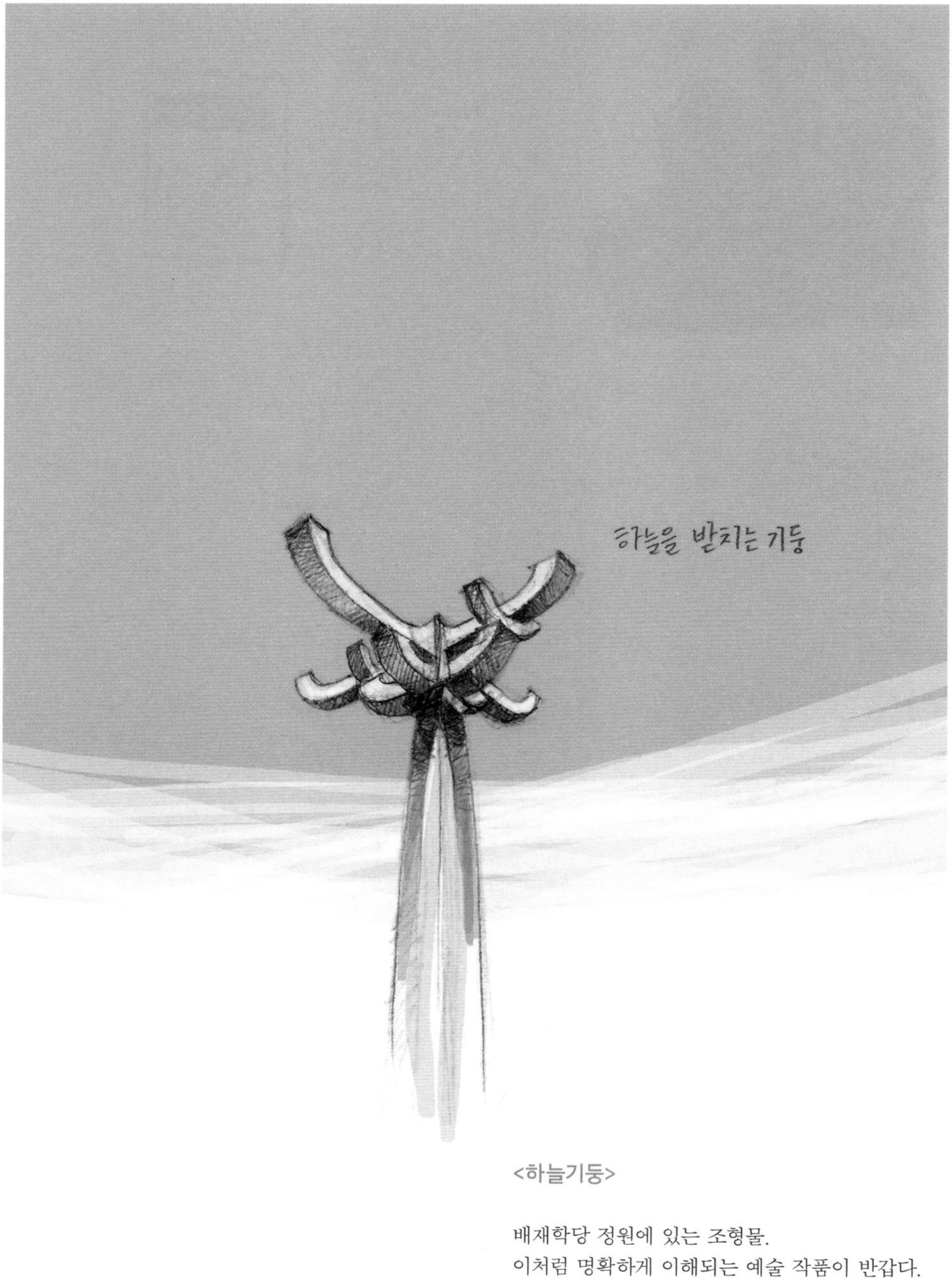


<하늘기둥>

배재학당 정원에 있는 조형물.
이처럼 명확하게 이해되는 예술 작품이 반갑다.
하늘에는 천천히 뭉게구름이 흐르고 있었고
기둥은 언제까지고 변화무쌍한 하늘을
변함없이 받치고 서 있으리라.

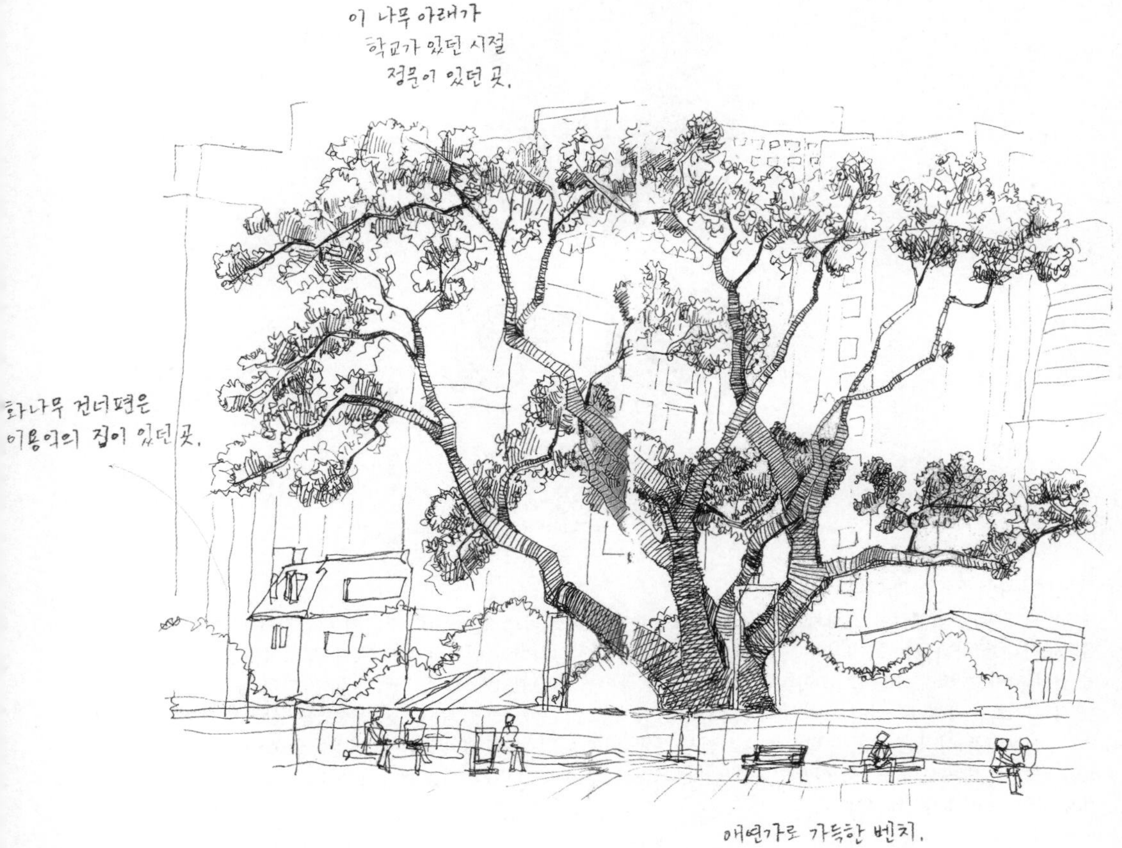


### 배재 회화나무

이용익은 고려대학교의 전신인 보성학교의 설립자로 잘 알려져 있다. 함경도 출신인 그는 물장수에서 한 나라의 살림을 주무르던 재정대신까지 올라간, 그야말로 초고속 승진을 한 비상한 인물이었다. 성공비법은 정확히 알 수 없지만, 명성황후의 조카 민영익과 알고 지낸 것이 시작으로 추측된다. 이용익은 물지게로 단련된 걸음 때문에 하루 500리를 달린다고 소문났는데, 임오군란으로 명성황후가 장호원에 숨어 지내면서 고종과 긴밀하게 교신할 때 중요한 역할을 했다고 한다. 그것이 인연이 되었는지 명성황후가 복귀한 이후 이용익은 전국의 금광을 손아귀에 쥐고 궁의 재정을 도맡아 흔들 정도의 실세로 부상했다. 언젠가 한 금광에서 비둘기 모양의 금괴가 나오자 이용익이 이를 고종에게 진상했다고 한다. 고종이 또다른 형상의 금괴도 있냐고 묻자 이용익이 "언젠가 금송아지 형상의 금덩어리도 반드시 구하여 바치겠습니다"라고 답했다 하니 초고속 승진의 비결을 미루어 짐작해볼 만하다. 이 일이 있은 후부터 고종이 이용익을 찾을 때 금송아지라 불렀기에 그의 별칭이 금송아지 대감이 되었다 한다. 정동의 외국인들은 그의 당돌함을 돈키호테에 빗대 '미스터 돈키'라 부르기도 했단다.

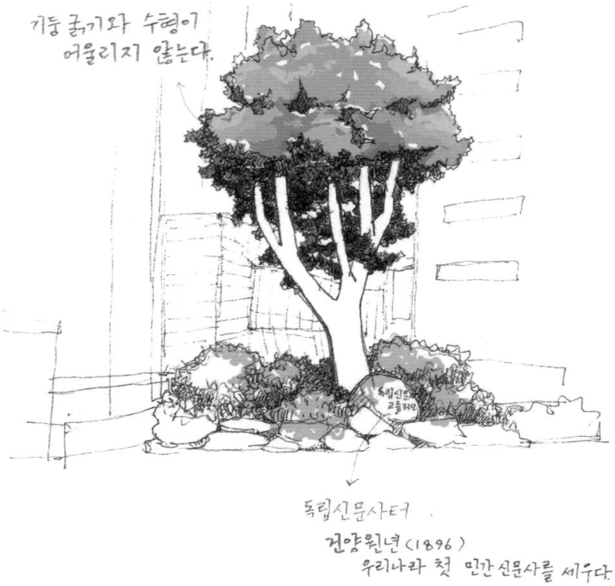


독립신문사터 표지석과 나무

배재빌딩 뒤로는 거침없이 가지치기 당한 기묘한 모습의 플라타너스가 있는데, 가까이 다가가면 그 아래 독립신문사터를 나타내는 표지석이 하나 있다. 독립신문은 갑신정변이 실패한 뒤 미국으로 망명했던 서재필이 필립 제이슨이라는 이름으로 시민권을 받고 다시 돌아와 창간한 신문이다. 그러나 이 자리에 독립신문사가 있었다고 추측할 뿐 실제로 어디에 있었는지는 아무도 모른다. 독립신문 창간호 광고에 "신문을 정기적으로 사 보고픈 사람은 정동 독립신문사로 와서 돈을 미리 내면 하루 걸러 신문을 가져다준다"라고만 나와 있어 일단 표지석을 이곳에 놓아두었다고 한다. 시대의 한 획을 그었던 주요 언론사의 위치조차 제대로 남기지 못한 그 시대가 안타깝다.

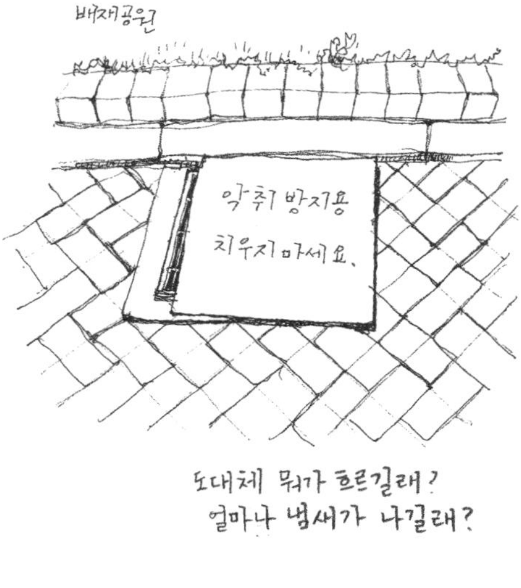

정동교회

가사를 읽기만 해도 머릿속에 멜로디와 풍경까지 연상되는 노래가 있다.
바로 이문세의 〈광화문 연가〉 속 작은 교회당.
처음 이 교회에 들어가본 건 대학 시절 선배의 결혼식 때였다.
청첩장 약도 속 어느 교회. 덕수궁 돌담길을 따라
5월의 봄바람을 맞으며 거닐던 그날 오후 정동의 풍경이
결혼식보다 선명하게 기억난다.

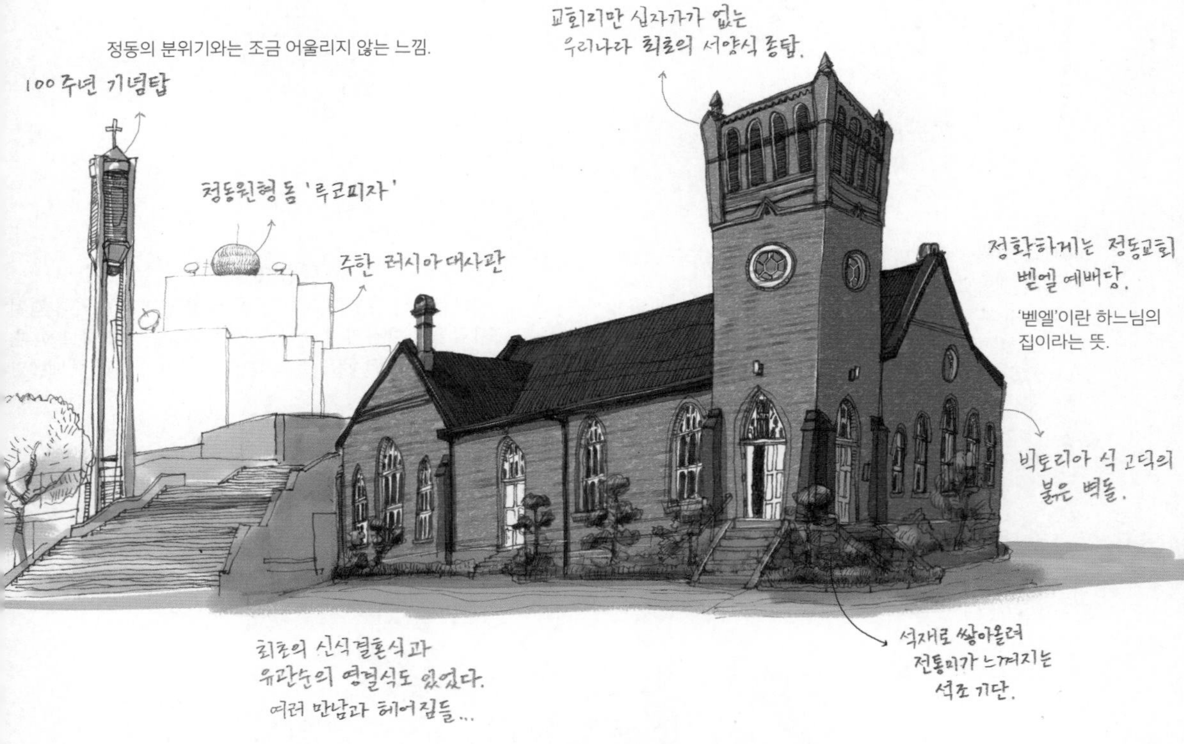


정동교회는 1897년에 만들어진 한국 최초의 감리교회로 이 역시 아펜젤러에 의해 세워졌다. 당시 선교는 비공식으로 이뤄졌기에 교회 건물에 십자가가 없는 것이 특징인데, 이 전통은 오늘날까지 이어져 지금도 십자가 없는 예배당으로 남아 있다. 아펜젤러가 딸 앨리스를 낳고서야 서양인도 아이를 낳는다는 걸 알자 배척이 약간 누그러졌다는 이야기는 당시 타종교의 입지가 어느 정도였는지를 짐작게 한다.
정동교회를 담으면 주한 러시아 대사관이 육중한 거구로 끼어든다. 보안을 중요하게 생각해 모든 걸 내부에서 해결하려는 러시아의 '토치카' 개념이 십분 발휘된 이 건물 안에는 병원, 숙소, 학교, 사우나 등 모든 시설이 들어가 있다고 한다.
문화재 근처의 사선제한으로 6층에서 시작해 뒤로 갈수록 높아지는 12층 건물의 모습.
중요한 내장공사는 자재 구입부터 인력 수급까지 모두 러시아인이 담당했다. 이 건물은 외부 도청을 원천 차단한, 말 그대로 '스텔스' 건물이라고 한다. 확실히 정동의 경관을 위압하는 서구 열강의 잔재 중 하나. 아직도 역사는 계속 반복된다.

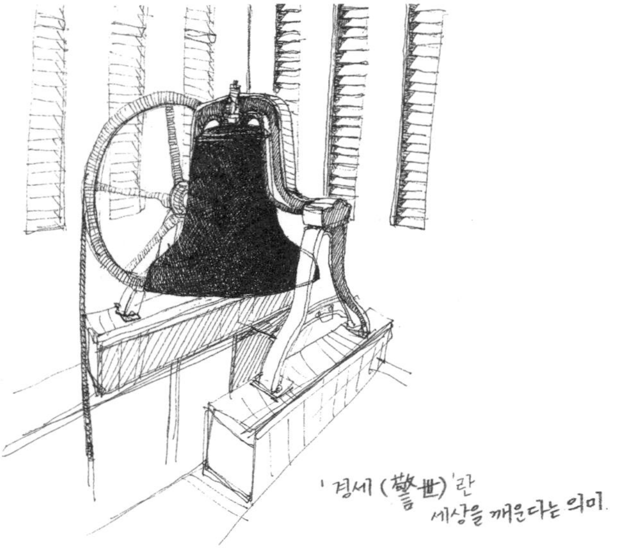


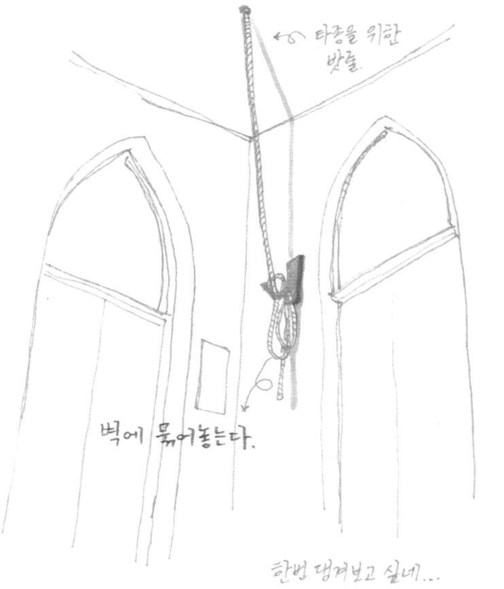


경세종

100달러권 뒷면에는 미국 독립의 상징이라 할 수 있는 독립기념관이 그려져 있는데 그 건물 첨탑에 있는 종이 '자유의 종'이다. 경세종은 그 종을 참고해 만든 것이라고 한다. 미국에서 직접 주조되어 먼 바다를 건너온 종.

타종 밧줄

대한제국의 선포와 교회 완공 타종 날짜가 우연히 겹쳐 사람들이 축하의 종소리로 여겨 호감을 가졌다고 한다. 지금은 종도 많이 낡아 송구영신 예배에만 타종한다고 한다.

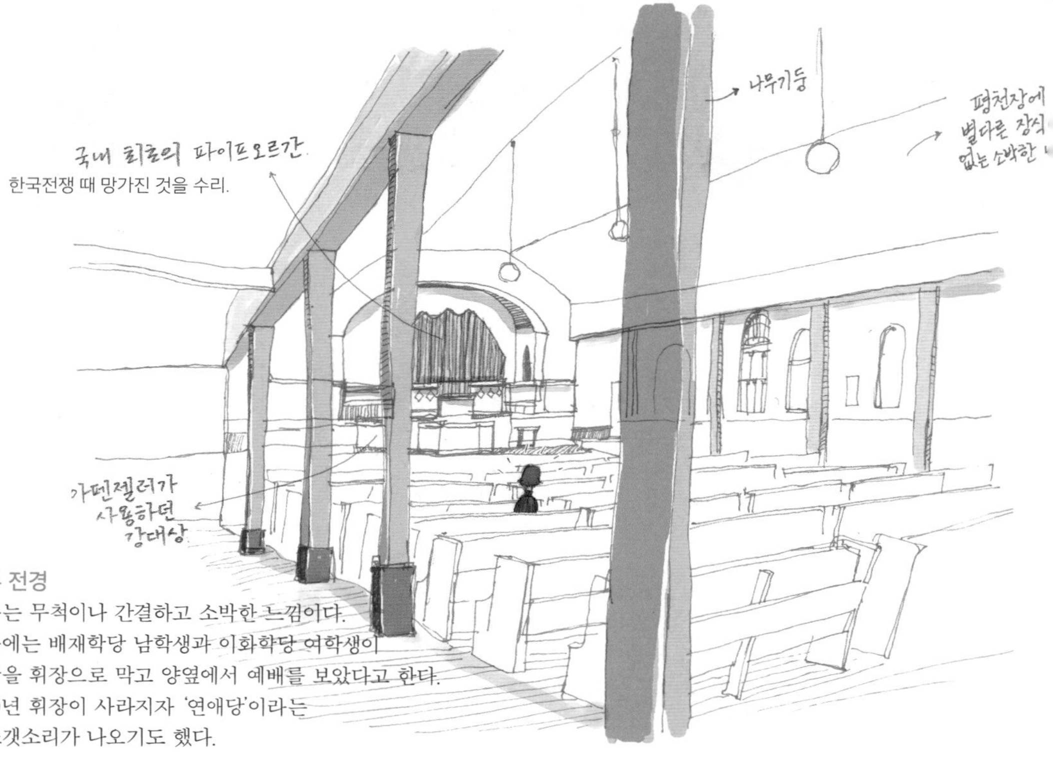


내부 전경

내부는 무척이나 간결하고 소박한 느낌이다. 처음에는 배재학당 남학생과 이화학당 여학생이 중간을 휘장으로 막고 양옆에서 예배를 보았다고 한다. 1910년 휘장이 사라지자 '연애당'이라는 우스갯소리가 나오기도 했다.

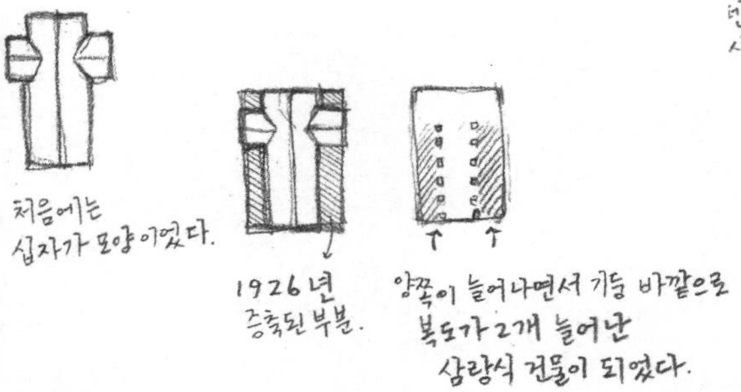


## 삼랑식 복도

예배당은 아펜젤러가 직접 디자인했는데 하늘에서 보면 십자가 모양이었다. 신도 수가 늘어나자 양 모퉁이를 확장하면서 기둥과 복도가 생긴 삼랑식 구조의 직사각형 예배당이 되었다.

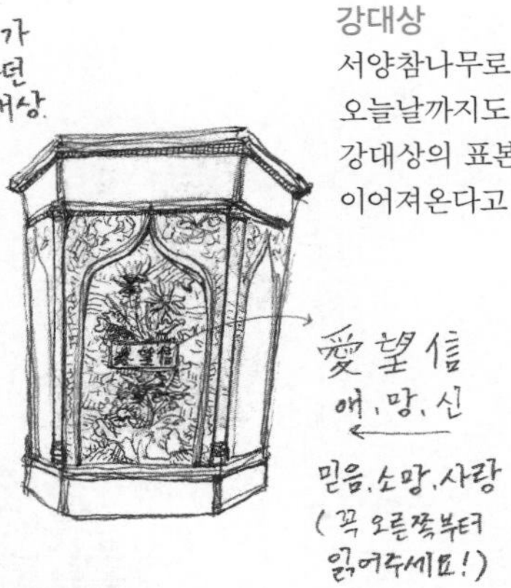


## 강대상

서양참나무로 만들어졌다.
오늘날까지도
강대상의 표본으로
이어져온다고 한다.

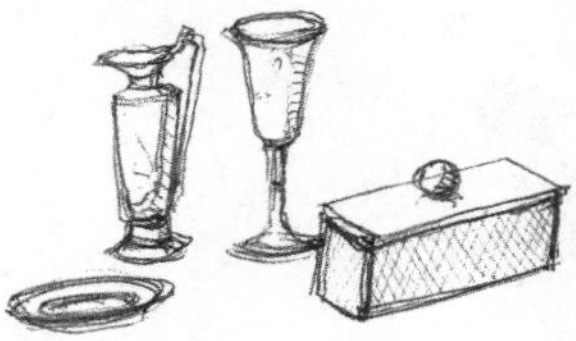


관람하려면 관리사무실에 문의해야 한다.
관람과 더불어 다른 관련 자료도 추가로 만나볼 수 있다.

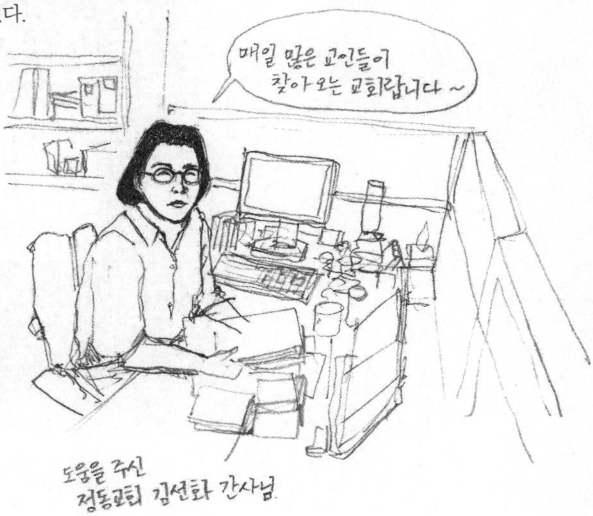


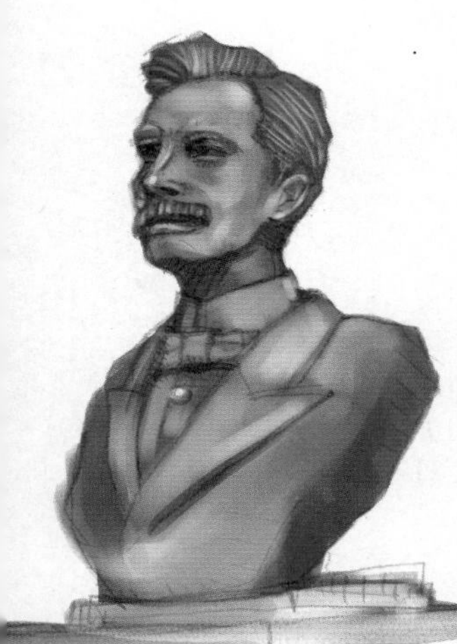

아펜젤러 흉상



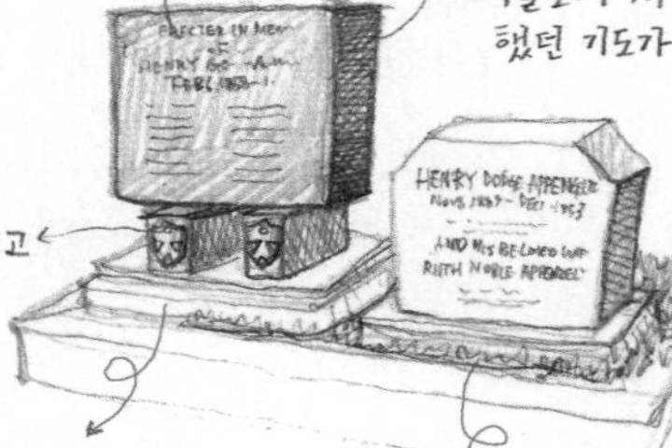


아펜젤러 묘비

교회의 작은 마당 한쪽에는 아펜젤러의 흉상이 놓여 있었다. 죽어서도 조선 땅에 묻히길 원했던 아펜젤러는 사고로 물에 빠진 여학생을 구하려다 1902년, 마흔여섯 살의 나이로 생을 마감한다.

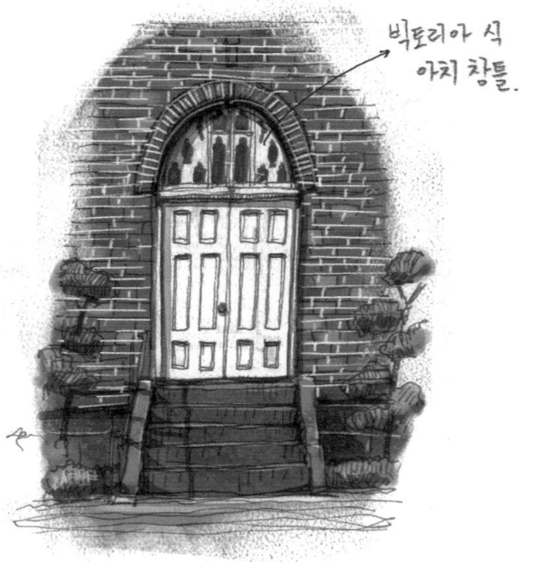


하얀 입구 문

마당에 앉아 풍경을 담고 있는데, 남학생 하나가 꽃다발을 들고 서성인다.
안에서는 예배가 한창이었고, 피아노 소리는 문틈 사이로 조용히 스며 나왔다.
문득 서울에서 꽃다발을 들고 누군가를 기다린다면 어디가 가장 좋을까, 라는
생각을 해보았다.
그래 정동,
정동만큼 꽃다발을 든 모습이 잘 어울릴 만한 곳이 또 있을까?

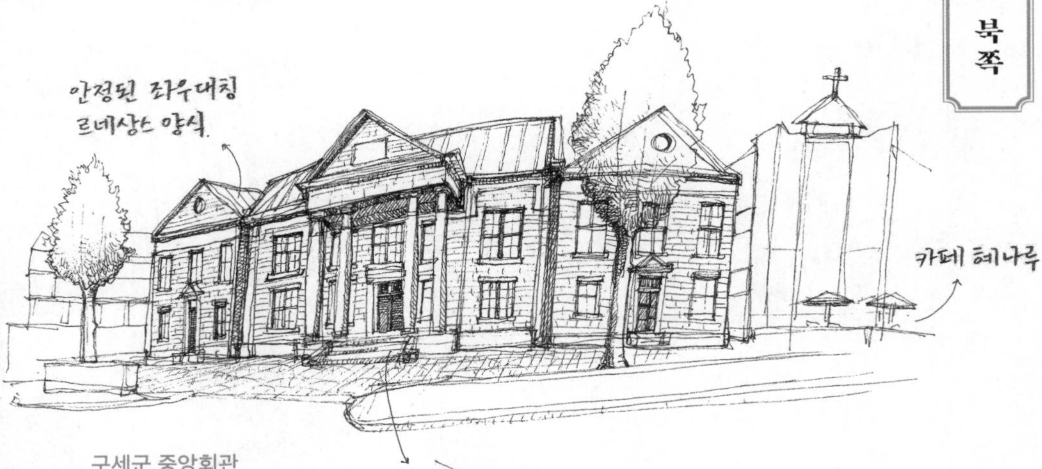


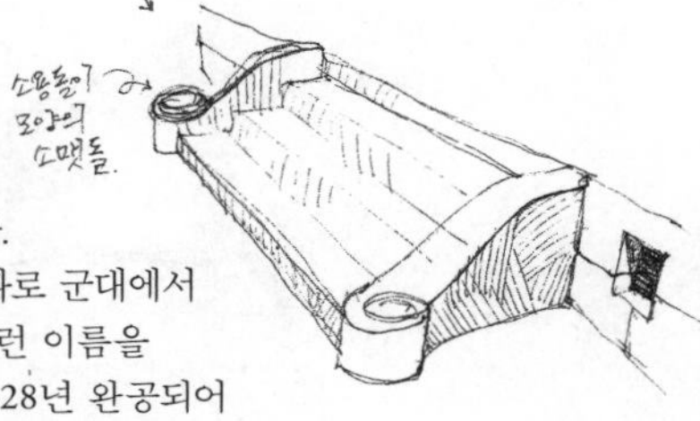


**구세군 중앙회관**
언덕을 내려갈 즈음
한적하게 커피 한잔
하고 싶을 때 가끔
구세군 중앙회관을 찾는다.
구세군은 개신교의 한 종파로 군대에서
조직체제를 가져왔기에 그런 이름을
갖게 되었다. 이 건물은 1928년 완공되어
초창기 모습을 간직한 채 증·개축되어
오늘에 이르고 있는 구세군 본부다.

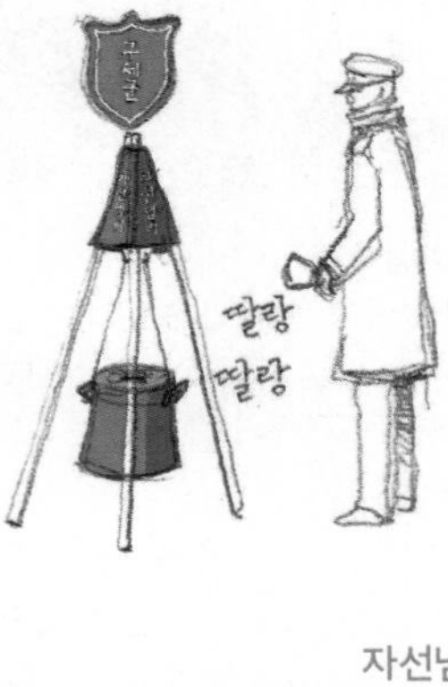


**자선냄비**
구세군 하면 가장 먼저 떠오르는 자선냄비. 냄비에 모금을 하게 된 사연이 꽤 흥미롭다.
19세기 말 미국 샌프란시스코의 한 구세군 사관이 도시 빈민의 슬픈 성탄을 해결하기 위해
주방에서 사용하던 큰 쇠솥을 걸어놓고, 이렇게 써붙였다.
"이 국솥이 끓게 도와주세요."
이 글은 많은 사람의 마음을 움직였고, 얼마 지나지 않아 충분한 기금이 마련되었다.
오늘날 자선냄비의 시작이었다. 때로는 직관적인 것이 가장 분명한 것!

한때 이곳에 미국 대사관 직원 아파트를 만들려 했으나 여론의 반대에 부딪혀
용산 쪽에 짓는 것으로 계획이 수정되었다. 덕수궁 복원을 위해서도 다행스러운 일이다.
대사관저의 부지는 옛 경기여고까지 넓게 이어진다.

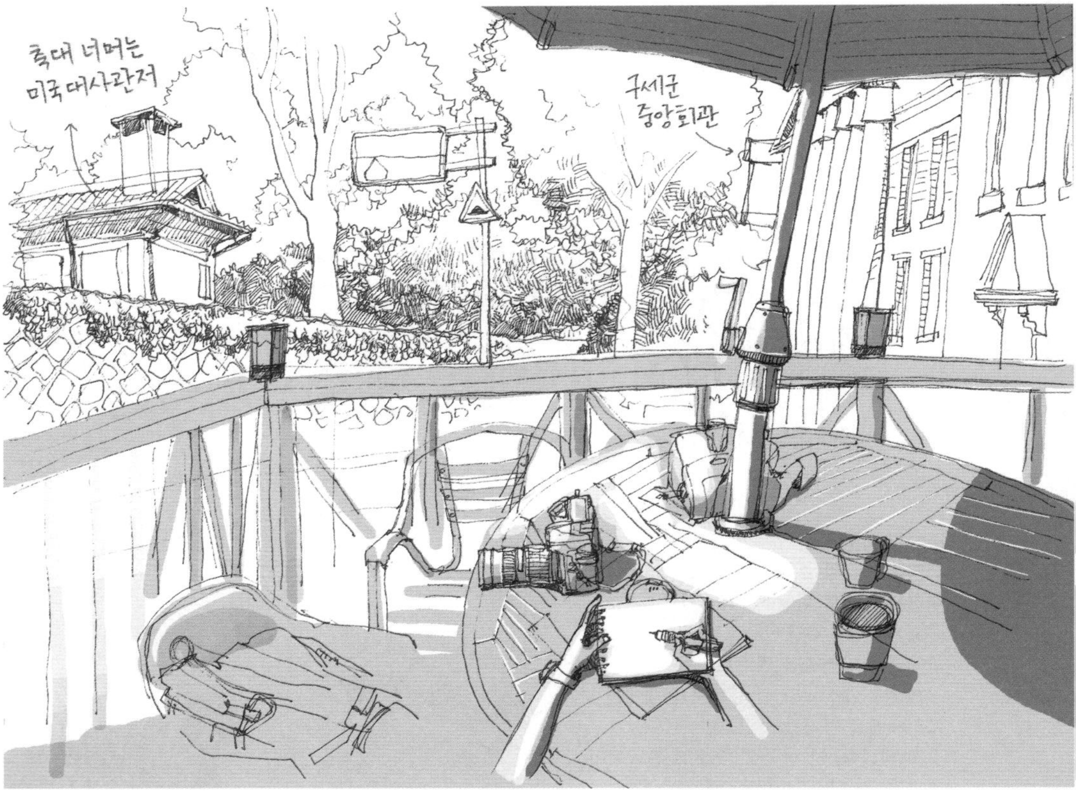


카페 헤나루
오랜만에 카페 헤나루 야외에 앉아 커피를 마셨다.
이 가을 이런 자리에 앉아, 이토록 저렴하고 맛있는 커피를 마시며 하는 스케치라니!
헤나루는 '은혜의 강가'라는 의미인데, 진정 은혜 받음이란 이런 것!

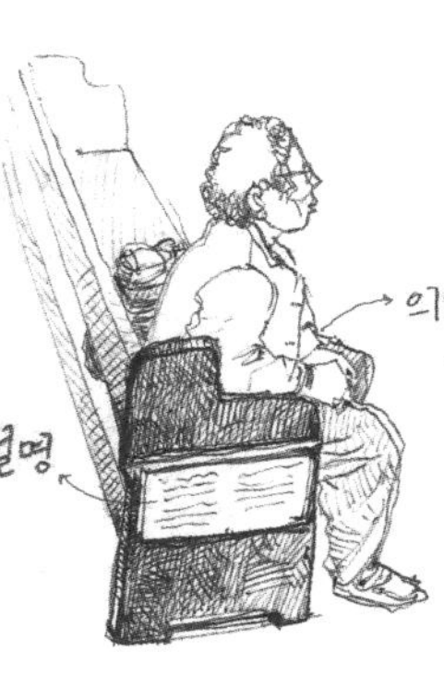


예배용 장의자
헤나루 내부에는 한국전쟁 직후부터 사용했다는
50년 넘은 예배용 장의자가 놓여 있다.
보수도 하고 색칠도 해서 그런지 그렇게까지 낡아 보이지는
않아서 계속 예배당에서 사용했으면 어땠을까,
하는 생각도 해봤다. 새것이 언제나 좋은 것만은 아닌데.

미국 부대사관저
일제강점기 동양척식주식회사 총재의 집이었다고 한다.

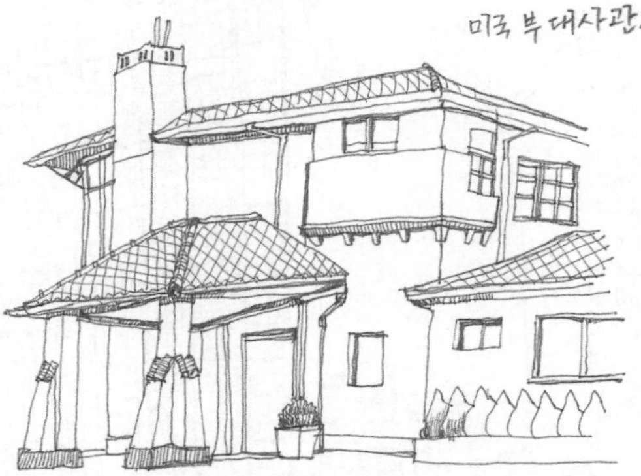


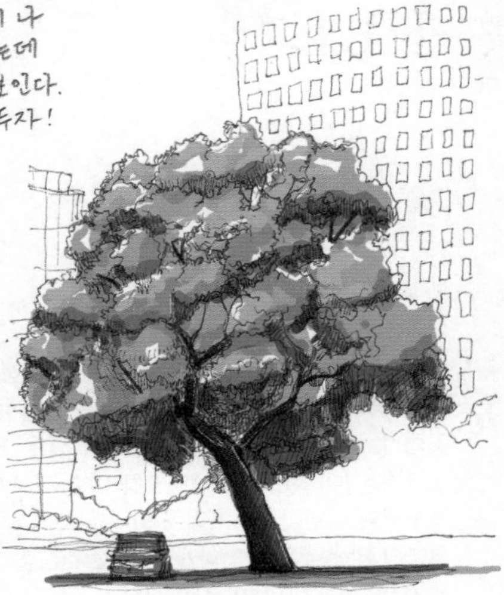


경기여고 회화나무
학교가 떠나 텅 빈 운동장, 굳게 닫힌 교문 사이로 운동장 한가운데에 자리한 200살 넘는 회화나무 한 그루가 아련하게 보인다. 학교가 있을 때부터 운동장을 지켰을 이 나무 그늘에 얼마나 많은 여고생들의 추억이 드리워져 있을까?

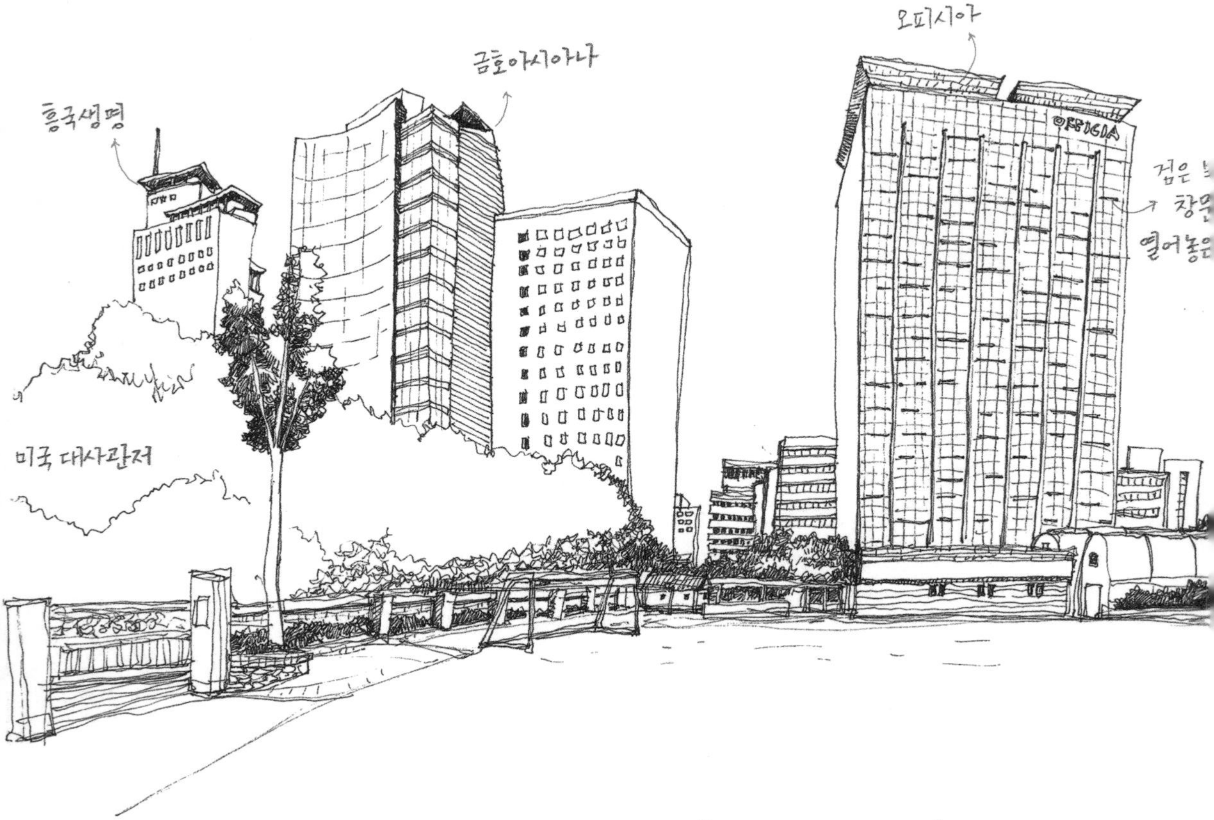


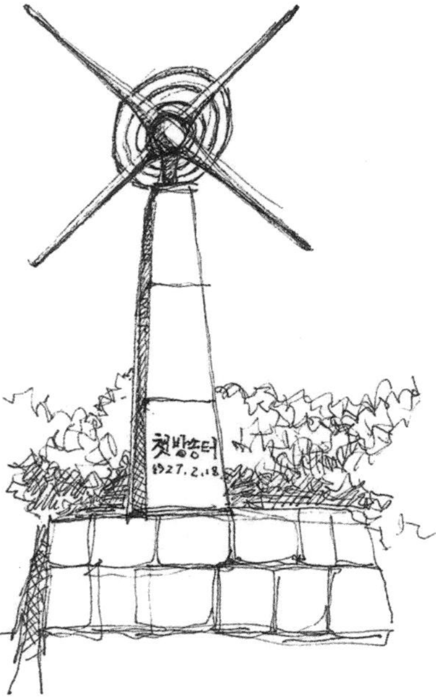


**첫 방송터**

덕수초등학교 교정에 위치한 첫 방송터.
학교 안에 날카로운 모습을 한 조형물이 하나 있는데
그 자리가 한국에서 첫 방송 전파를 발사한
곳이다. 현 KBS의 전신 경성방송국
(호출부호 JODK)으로 1927년 첫 방송 전파를
발사했다고 한다. 이 자리에 있던
최초의 방송국은 당연하게도(?) 한국전쟁 때
완파되어 흔적도 없이 사라졌다.
초기에는 인력 부족으로 방송이 불규칙하게
진행되었다고 한다. 청취료는 월 2원으로
당시 쌀 한 가마니가 5원이었으니 무척 고액이었다.
이 때문에 청취 허가증을 대문 밖에 붙여두고
들을 정도였고 도청을 하다가 적발되면 큰 벌금까지
물렸다고 한다. 라디오를 즐겨 듣는 나 같은 사람은
그 시대에 태어나지 않은 것이 그저 다행일 뿐!

덕수초등학교 운동장

1912년 개교한 오랜 역사를 간직한 덕수초등학교. 지금은 학생수가 줄어들어 특수학교와 공존한다. 또한 운동장 한쪽에는 비닐하우스를 설치해 관상용 화초를 키워 국무총리와 장관들에게 공급한다고 한다. 아마도 세종로 사거리에서 가장 가까운 비닐하우스가 아닐까. 이런 요지에 비닐하우스까지 들어서야 하나.

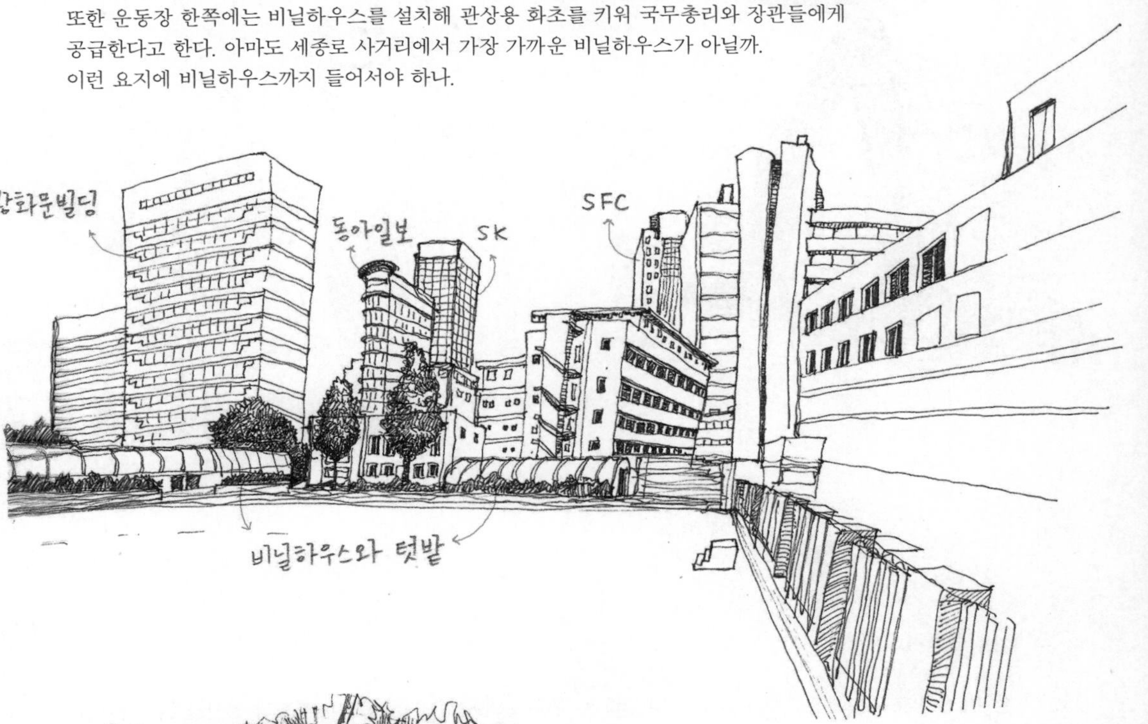


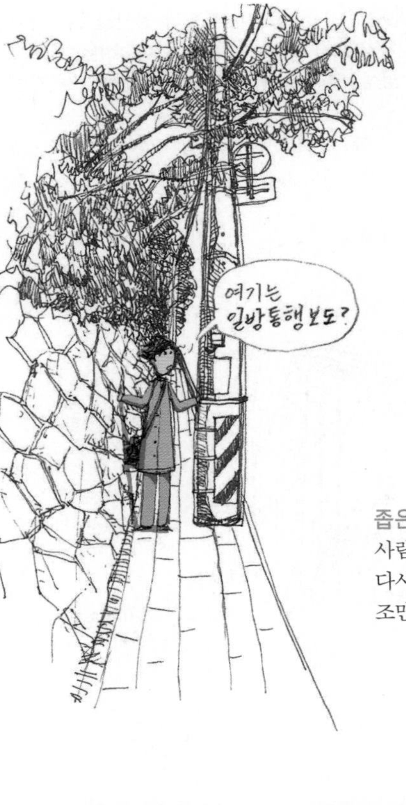


좁은 인도

사람은 어떻게 되더라도 '자동차님'은 불편하시면 안 된다! 다시 가보니 다행스럽게도 개선공사가 한창이다. 조만간 이런 기이한 모습은 모두 사라지길……

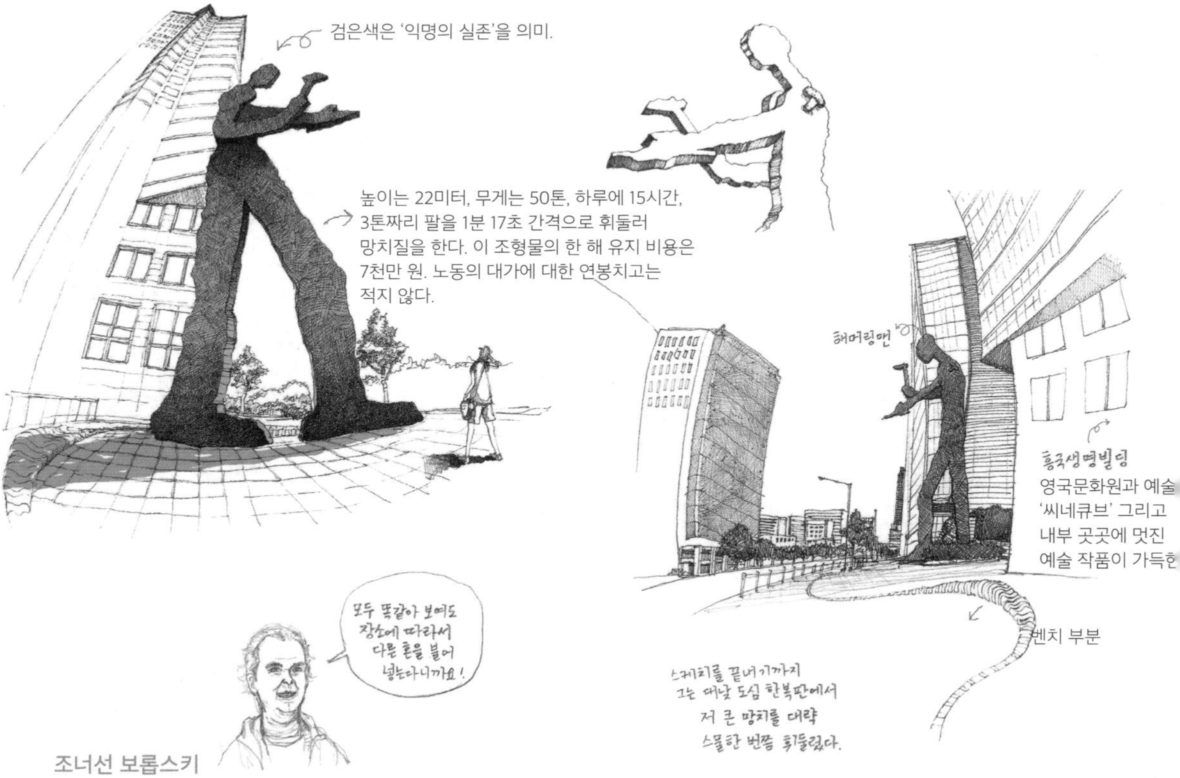


조너선 보롭스키

설치미술가 조너선 보롭스키가 만든 〈망치질하는 사람Hammering Man〉. 똑같은 모습의 망치질하는 사람 조형물이 전 세계에 이것 말고 여섯이 더 있는데, 서울의 것이 가장 크다고 한다. 왼손잡이나 오른손잡이도 있고 조금씩 다른 이들은, 현대인의 노동에 대한 신성함과 존엄성, 그리고 고독을 보여준다는데 개인적인 생각으로는 그보다 노동의 근성이 가장 어울리지 않을까 싶다.
조너선 보롭스키의 작품은 국립현대미술관과 화곡동에도 있는데, 끊임없이 입을 벌리며 왕왕거리는 〈노래하는 사람Singing Man〉과 수직으로 걸어올라가는 사람들이 있는 〈하늘을 향해 걷기Walking to the Sky〉가 그것이다.
개인적으로 좋아하는 작품이지만 역시 같은 것이 여러 개 존재하니 희소성이 떨어지는 것만은 사실이다.

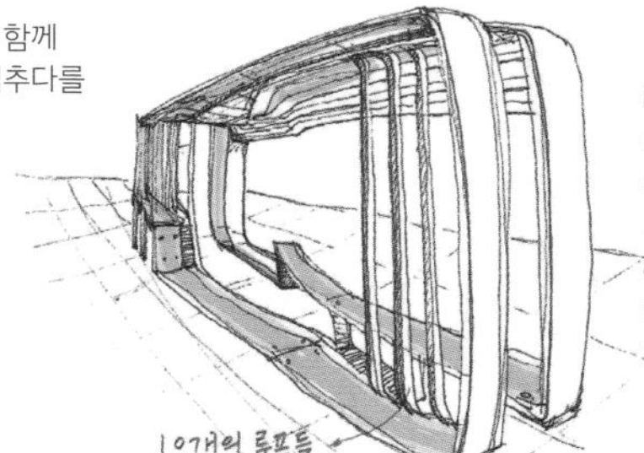

## 정동의 서쪽

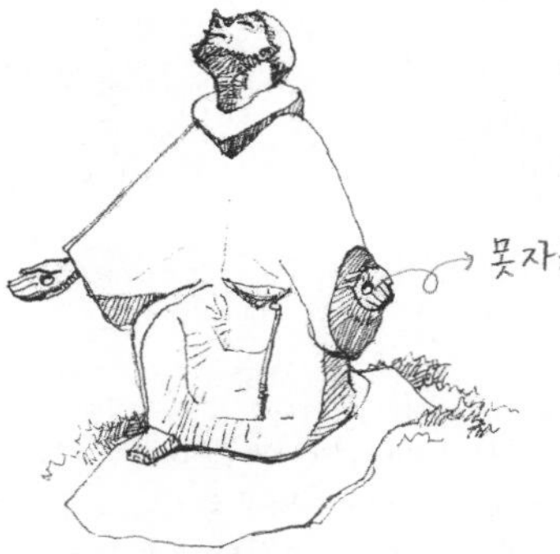


프란치스코 교육회관 앞에 있는 성 프란치스코가 지나가는 사람들을 향해 무릎을 꿇고 손을 벌리고 있다.

MBC와 경향신문은 겸영되다가 언론통폐합으로 분리되었다. 후에 MBC 방송국이 여의도로 옮겨가자 이 앞에 모여들던 여학생 무리도 모두 함께 사라졌다고 한다.

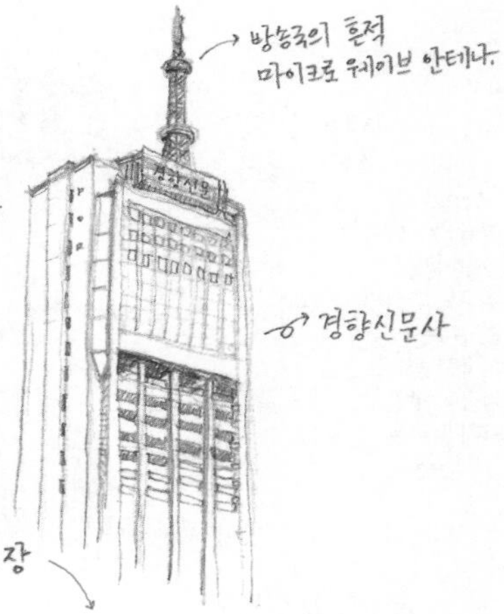


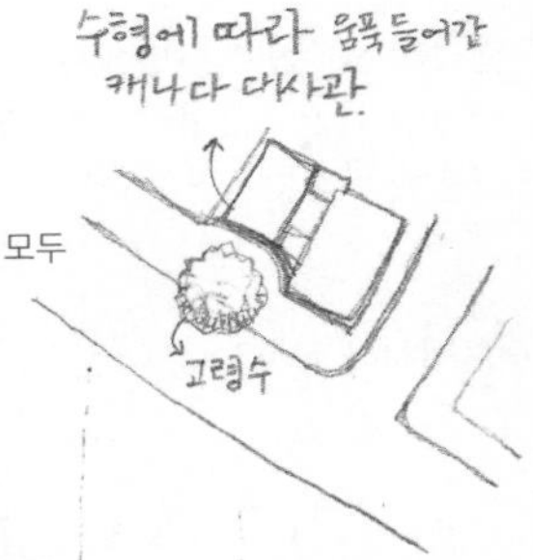


대사관을 지을 때 사용한 목재는 모두 캐나다에서 공수해왔다고 한다.

520년 된 회화나무 (보호수)

회화나무는 봄에 가장 늦게 잎이 돋고 가을에 가장 늦게 잎이 진다.

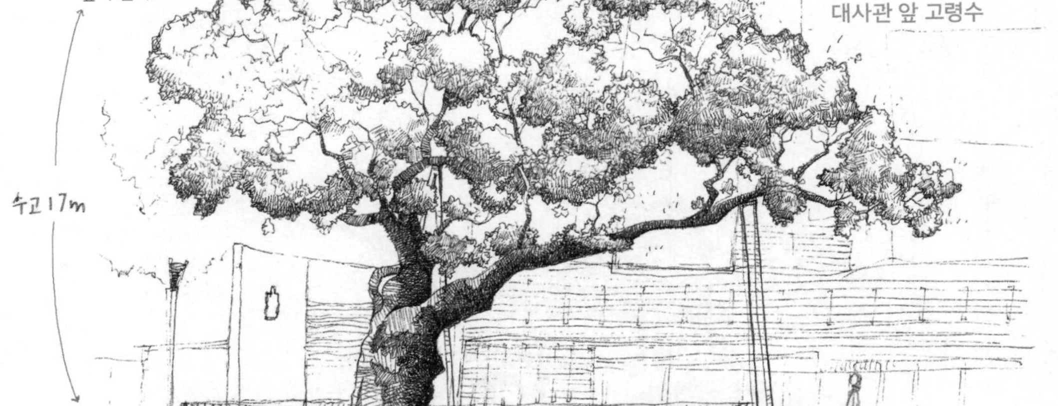


대사관 앞 고령수

캐나다 대사관은 2007년 건물을 신축하여 이곳으로 이전했는데, 건물 앞에 자리한 고령수가 다치지 않게 하려고 많은 노력을 기울였다고 한다. 건물 디자인도 한발 뒤로 후퇴해 진행했으며, 굴착 시기도 일부러 나무의 동면 주기에 맞춰 진행했다. 그 덕분일까? 오래된 회화나무의 빛깔은 오늘도 아름답다.

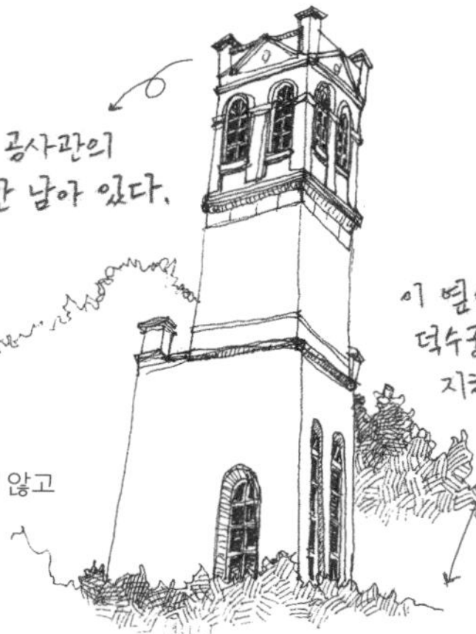


옛날에는 임금이
한 번 묵었던 집은
누구도 다시 쓸 수
없었다는데,
한국전쟁의 포탄은
임금이 앉았던
자리 따위는 개의치 않고
날려버렸다.

보수 전에는 지하통로 입구가
보이기도 했는데 지금은 그 흔적을
찾을 수 없다.

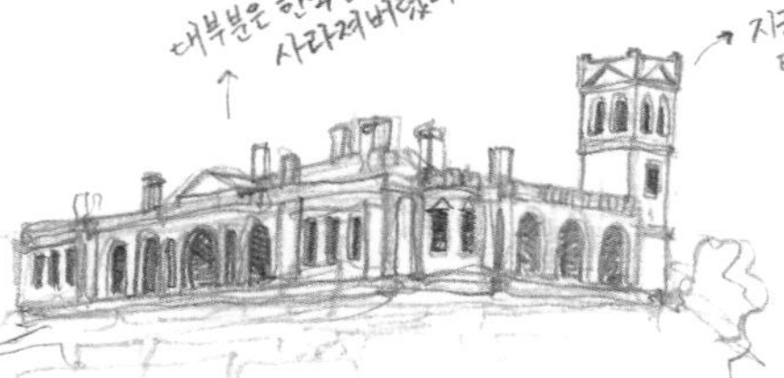


구 러시아 공사관
그리 높지 않은 이 언덕은
그래도 정동에서는
가장 경사진 길이었다.

공사관 탑 상세

역사책에 곧잘 등장하던, 고종이 러시아 공사관 발코니에 앉아 있는 사진. 바로 아관파천이다. 한 나라의 왕이 다른 나라의 공사관에 은신하던 1년여의 한스러운 시절. 당시 공사관 마당에는 100여 명의 러시아 해병대가 상주했고, 정문 밖 길목은 조선 병사가 지켰다고 하니 조금 덜 두려웠을까. 러시아 사관들이 조선의 귀족 자제를 뽑아 직접 훈련시켰는데 공관 마당에서 소년병들이 제식훈련하는 것을 지켜보는 것이 고종의 유일한 소일거리였다 하니, 풍운의 왕이 품었을 고통을 짐작할 만하다.

그래도 마음만은 편안했던지 세자와 함께 공사관을 떠나던 즈음에는 1년 전 옷이 맞지 않을 만큼 체중이 늘었다고 한다.

구 러시아 공사관 공원 전경

우리나라 유일의 패닉 룸이 설치되었다는 고급 빌라. 패닉 룸은 외부 침입이나
재해시 대피할 수 있는 밀실이다. 상림원이 생기기 전 이 자리에는
'팝콘 하우스'라는 뮤지컬 전용극장이 있었다. 경향신문사 소유였던 팝콘 하우스가
없어지는 것으로 기업이 문화산업에 관심과 애정을 갖는 일이 얼마나 어려운
일인지 짐작해볼 수 있다.

이 주탑은 당시 정동에서 가장
높았다는데 지금은 주위 고층건물에
묻혀 무척 왜소해 보인다.

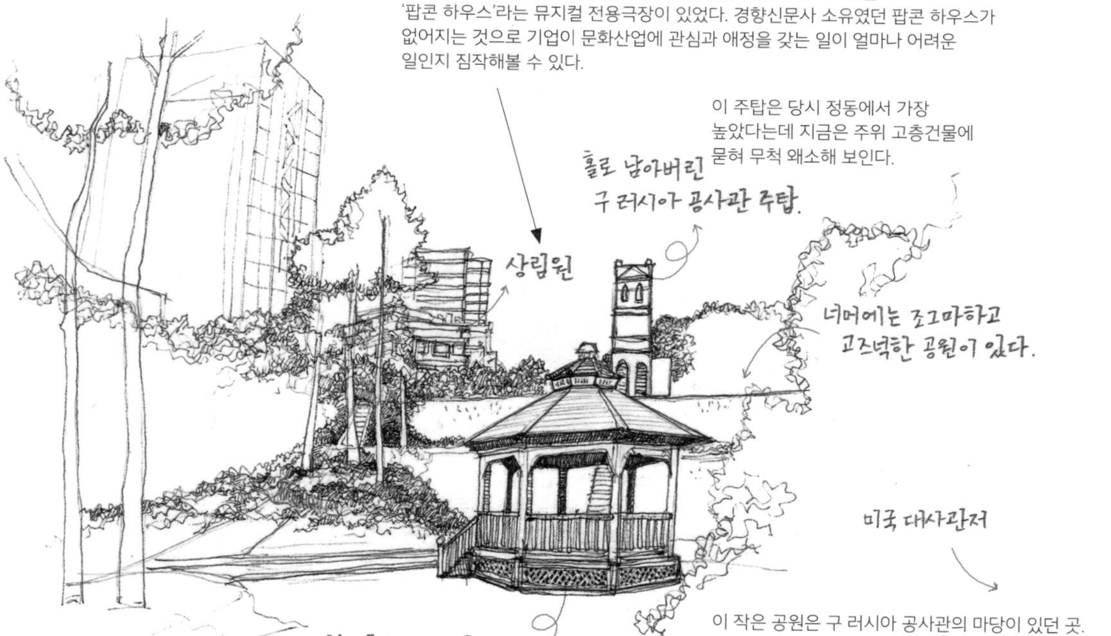


이 작은 공원은 구 러시아 공사관의 마당이 있던 곳.
이곳은 늘 경찰관이 지키고 있어 범죄로부터
안전한 장소. 그러나 정작 경찰관의 상주 목적은
오른쪽에 위치한 미국 대사관 때문.

예전에는 원두막 모양의 정자였던 걸로
기억하는데 서양식으로 바뀌어버렸다.

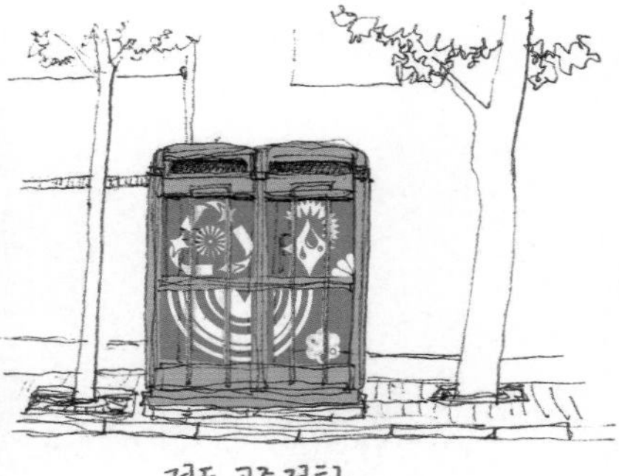

정동 공중전화

### 정동 공중전화

점점 쓰임새가 줄어드는 공중전화. 요즘은 공중전화를 찾기도 힘들다. 외모가 별난 정동 공중전화는 지나가는 사람들을 바라보며 심심해하고 있었다. 극도로 담배 연기를 혐오하던 한 친구가 전화박스에 공기정화시설을 설치해 흡연장소로 만들면 전화박스를 굳이 없앨 필요도 없고, 길거리에 담배 연기도 없으니 일석이조 아니냐며 성토해 웃었던 기억이 떠올랐다. 이 전화박스가 흡연하는 모습을 상상해보니 눈도 번쩍, 입가에 웃음도 싱글거리는 것이, 벌떡 일어나 뛰어다닐 것만 같다.

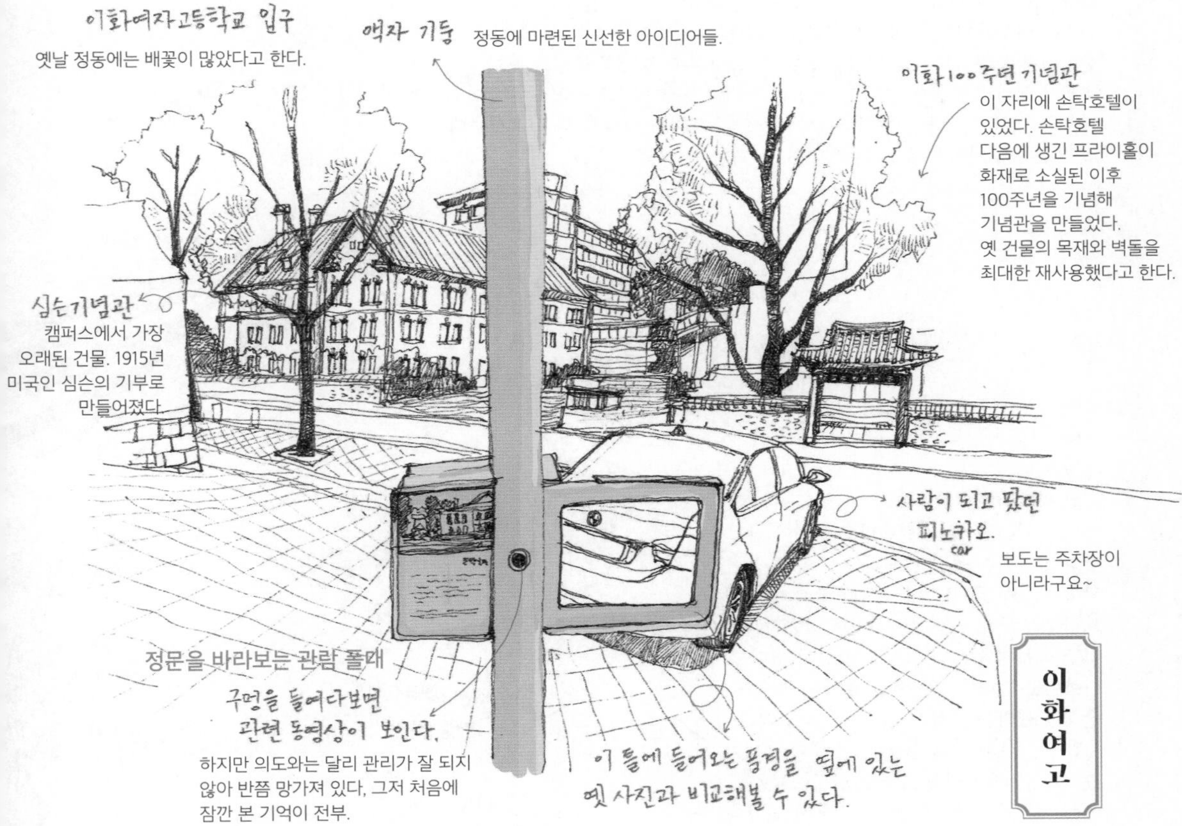


### 이화여고

이화여고는 선교사 스크랜턴 여사가 세운 한국 최초의 여성 교육기관이다. 1887년 고종이 이화학당이란 교명을 하사하면서 만들어져 지금까지 정동에 남아 있다. 100년이 훨씬 넘은 학교인 만큼 입구부터 예스러움이 느껴진다. 오래전 고등학생이었을 때 유관순 기념관에서 열린 음악회에 간 내게 적지 않은 충격과 부러움을 안기기도 했다.

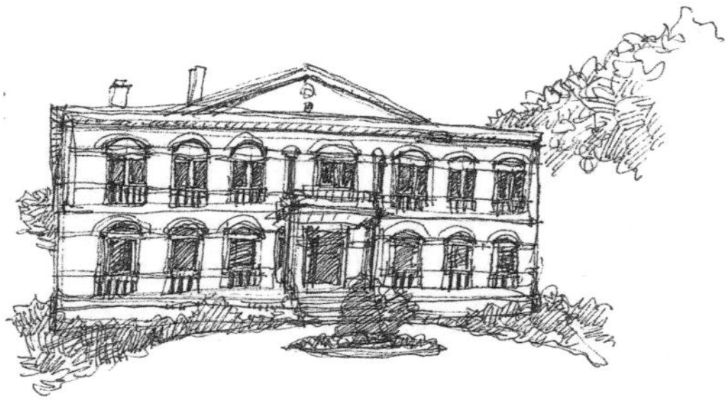

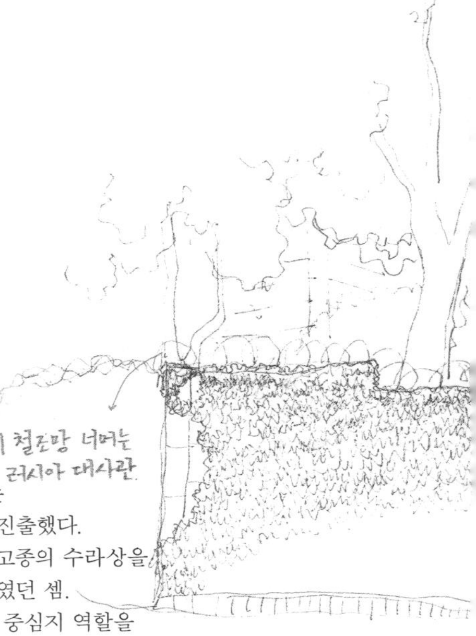


### 손탁호텔

고종과 독립협회 우국지사는 물론이고 종군기자였던 마크 트웨인도 러일전쟁 취재차 조선에 왔을 때 이곳에 묵었다고 한다. 게다가 을사늑약을 체결하러 온 이토 히로부미도 이곳에 투숙했다! 1902년, 독일 여성 손탁이 지은 한국 최초의 서양식 호텔로 이곳 1층에는 조선 최초의 커피숍도 있었다. 손탁은 명성황후에게 신임을 얻어 정계에 진출했다. 그녀는 아관파천에도 개입할 정도로 영향력이 있었고 독살 공포에 떨던 고종의 수라상을 한식에서 서양식으로 바꿨다고 한다. 사실상 손탁은 고종의 전속 요리사였던 셈. 호텔이 생기고 두말할 나위도 없이 많은 외국인들이 이곳에 묵어 정치의 중심지 역할을 톡톡히 했다. 손탁은 러일전쟁에서 러시아가 패하자 한국을 떠나야 했는데, 그후 건물은 이화여고에 매각되었다.

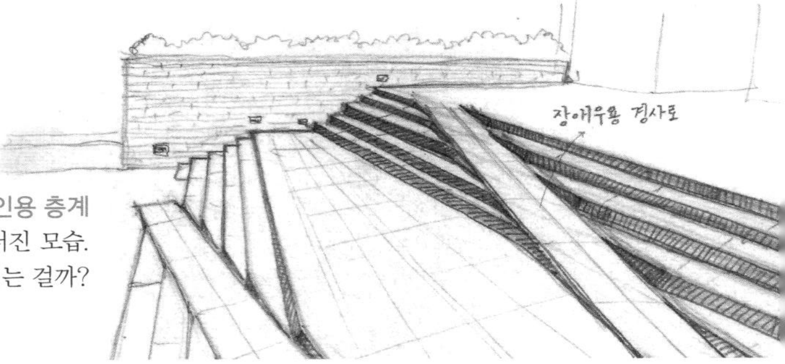


### 장애인용 층계

실용성과 디자인이 잘 어우러진 모습.
그래서 더 아름다워 보이는 걸까?

### 유관순 열사 우물

이화여고 하면, 대표적으로 떠오르는 사람. 누나로 불러야 할지, 할머니로 불러야 할지 항상 고민되는 유관순 열사다. 학창 시절에 줄곧 그녀의 죽음에 대해 과장된 묘사로 반공교육을 받아서인지 이승복과 더불어 무척 강렬한 인상으로 남아 있다. 이화여고 교내에 들어서면 유관순 열사가 빨래를 했다는 우물이 있다. 그 앞 돌계단에 앉아 그림을 그렸다. 우물 옆에는 그 옛날 그녀가 빨래를 할 때 시원한 그늘을 만들어줬을 굵은 기둥의 은행나무 한 그루가 서 있었다. 한 마리 새가 날아와 우물가의 물을 마신다. 가만히 앉아 끼적대던 나에게 경계심을 풀었는지, 물로 깃털을 다듬고 휴식까지 즐긴 뒤에야 날아오른다. 세상과 단절된 듯한 고요한 평화였다.

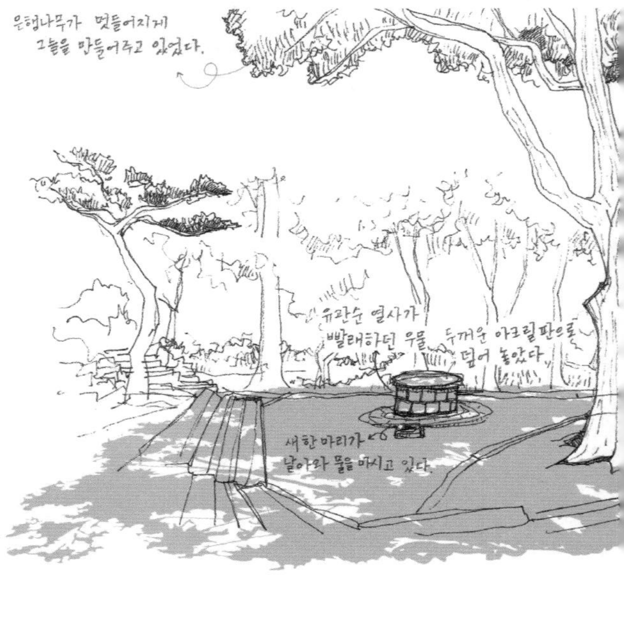

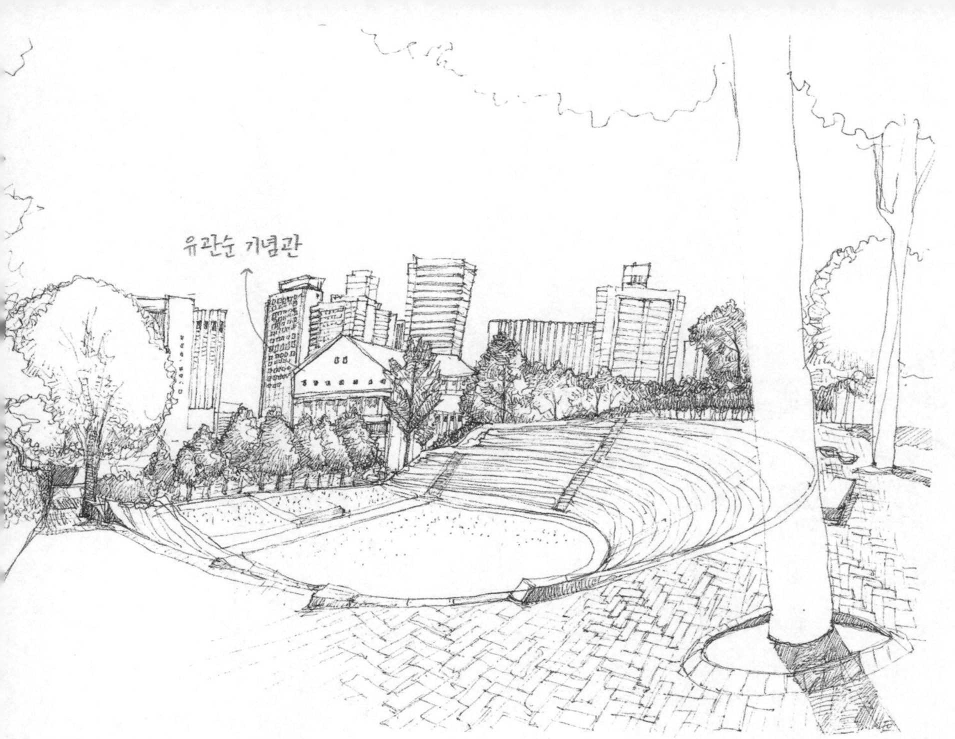


기념관으로 가는 길에 위치한 작지 않은 노천극장. 어지간한 대학 교정과 다름없어 보인다!

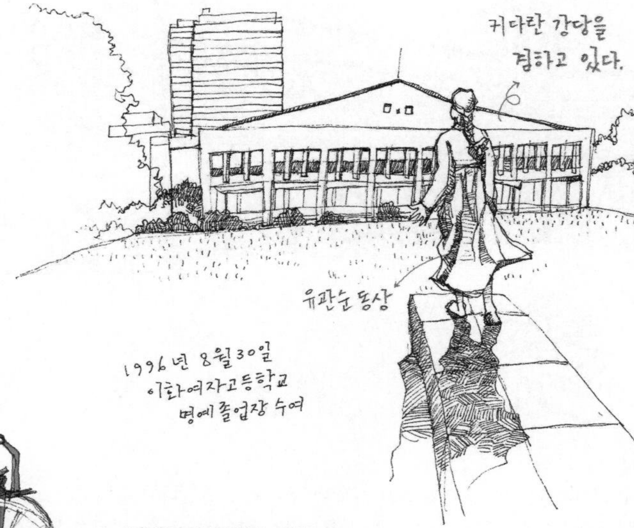


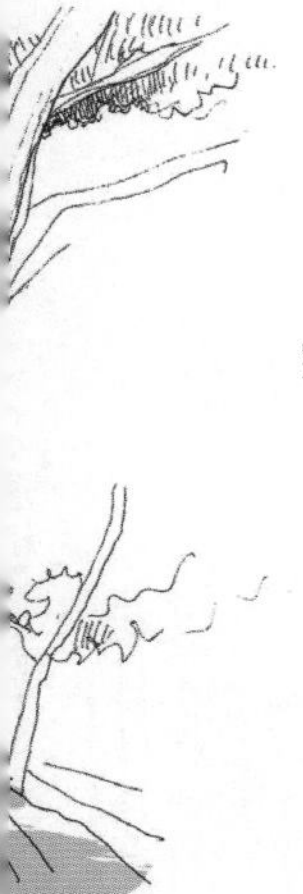


이동식 소화기



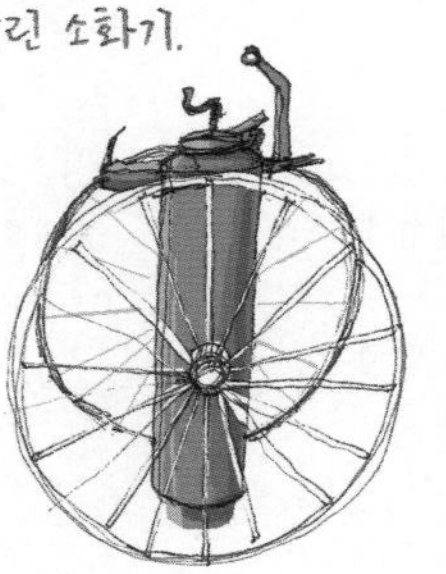

**기념관과 유관순 동상**

유관순 기념관이라지만 유관순 열사의 흔적은 복도에 방치(?)된 사진과 모조품 몇 개가 전부였다.
유관순 열사가 1962년에 받은 건국훈장과 1996년에 받은 명예졸업장을 볼 수 있었다.
그러고 보면 유관순 열사는 80여 년 동안 이화여고생이었다는 말.

# 대한성공회

성공회 전경

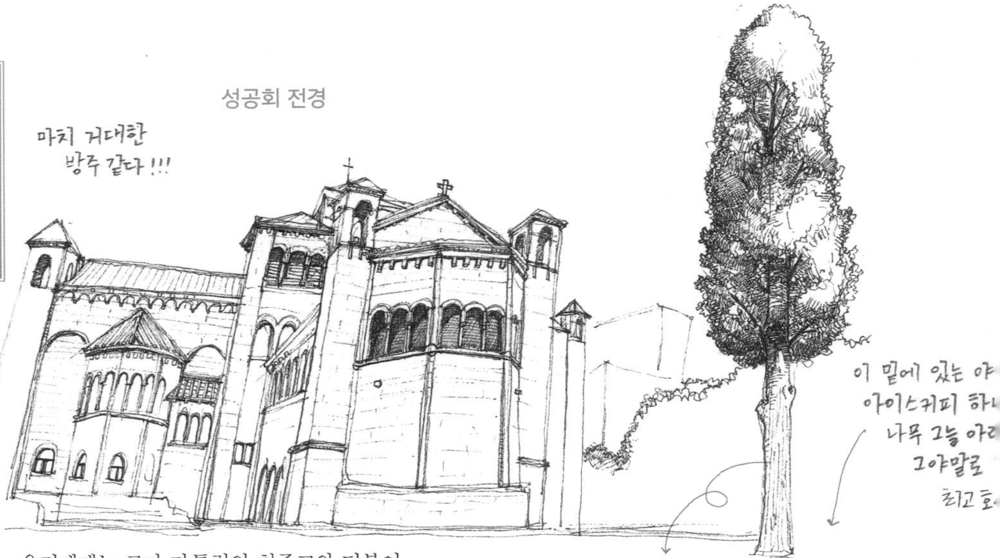


우리에게는 로마 가톨릭의 천주교와 더불어
개신교가 익숙한데 이와 성격이 다른 영국 개신교
대한성공회 본부가 정동에 있다.

가을날 노란빛이 특히나 멋있었는데
지금은 잔인한 가지치기로 볼품없어졌다.

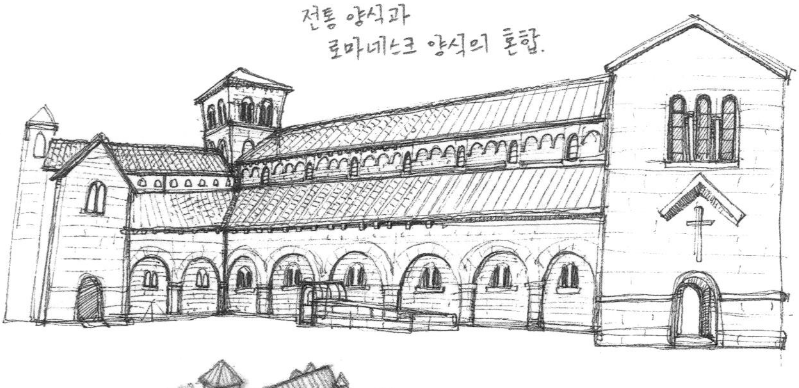


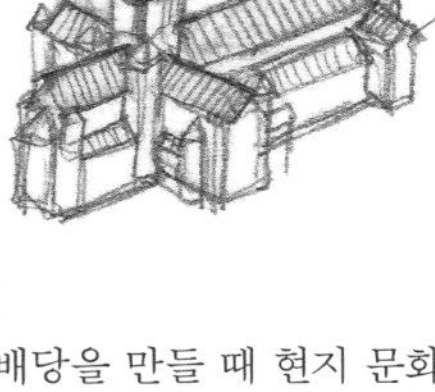


성공회 측면

성공회는 예배당을 만들 때 현지 문화와 융합된 분위기로 만든다고 한다.
우리나라에서도 처음에는 고딕 양식으로 계획했다가 덕수궁이라는 입지적 특수성과
한국 전통 양식을 고려해 로마네스크 양식으로 바꾸어 설계했다고 한다.
최종 설계도는 하늘에서 보았을 때 십자가 형태였으나 당시 경제 사정과 일제의
불허로 완성하지 못했는데, 1993년 한 영국 관광객이 예배당을 보고 돌아가
자신이 근무하던 렉싱턴 도서관에서 원래의 설계도를 찾아내 이례적으로
문화재임에도 증축 허가를 받아 현재의 모습을 갖추게 되었다.

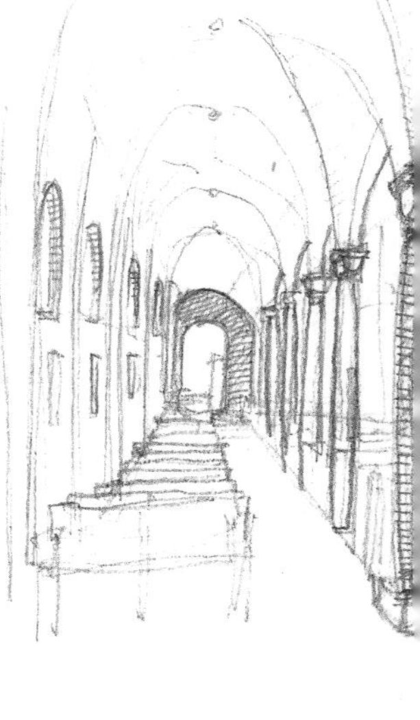

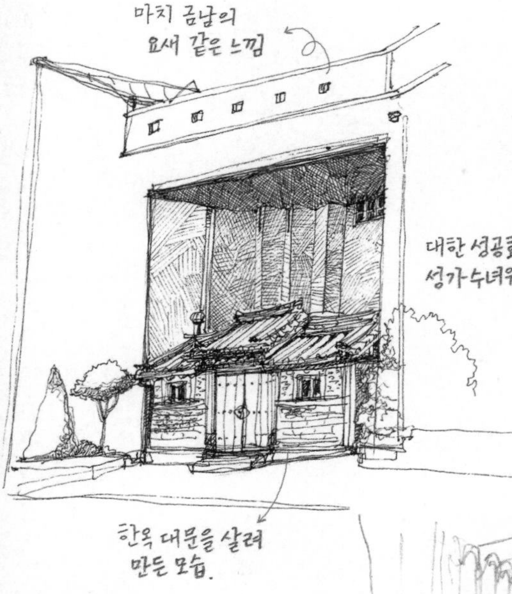


기마병

서울 기마병은 경찰이 아니라
관광용이라 조금 아쉽다.
포졸 같은 전통복장을 한
경찰이 있다면 어떨까?

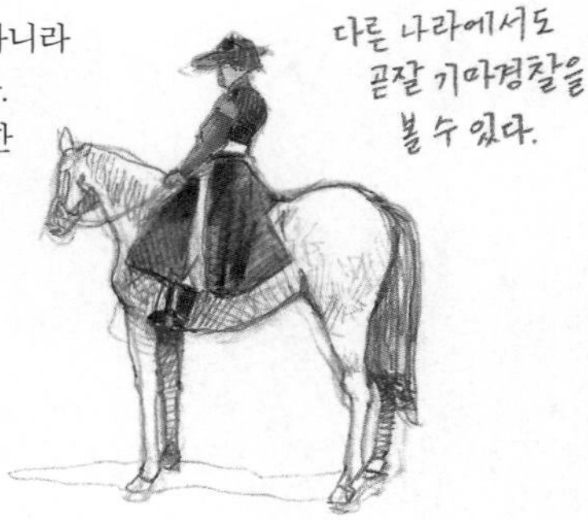


성공회 성가수녀원

번잡한 태평로 이면에 수녀원이 있다니
아이로니컬하다.
사진으로나마 접한 그 정원의 풍경은
무척이나 평화로워 보였다.

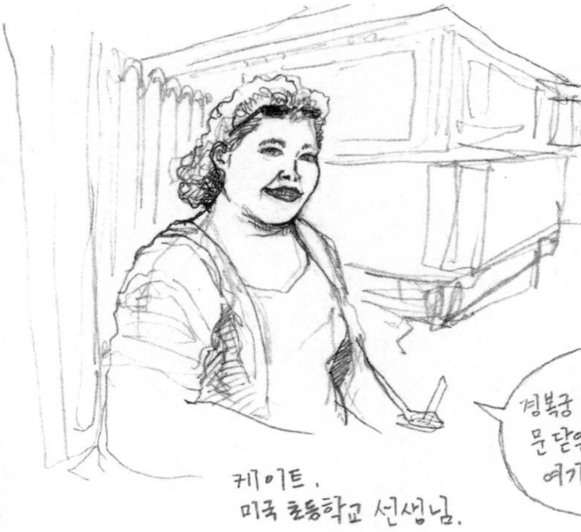


정동 관광 외국인

대한성공회 본부에서
스케치를 하다가 만난
어느 미국인 관광객과
야외 카페에서 아이스커피를
함께하며 잠시 이야기를
나누었다. 그녀는 정동이
그다지 한국적인 분위기는
아니라고 했다.

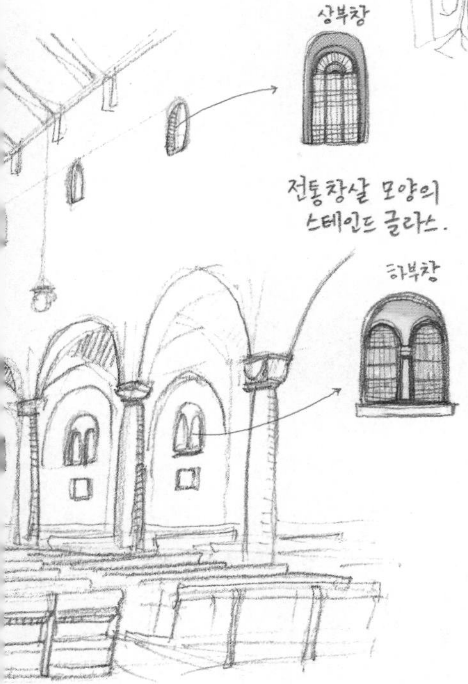


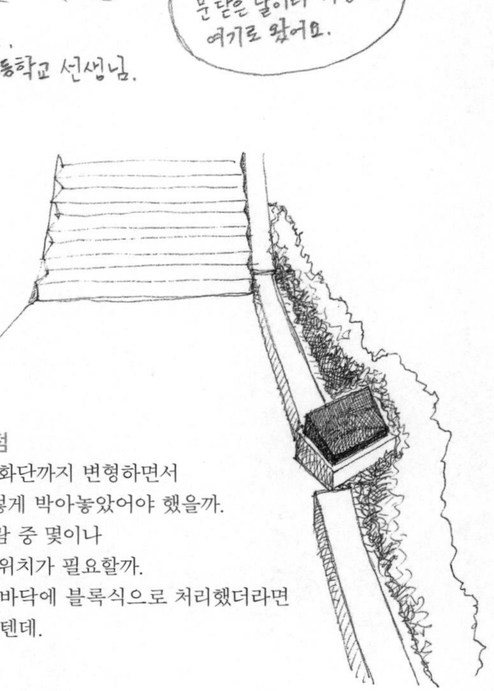

종로구 경계점

굳이 연석에 화단까지 변형하면서
경계석을 이렇게 박아놓았어야 했을까.
지나가는 사람 중 몇이나
그 경계점의 위치가 필요할까.
화단 안이나 바닥에 블록식으로 처리했더라면
더 깔끔했을 텐데.

10장

# 혜화동

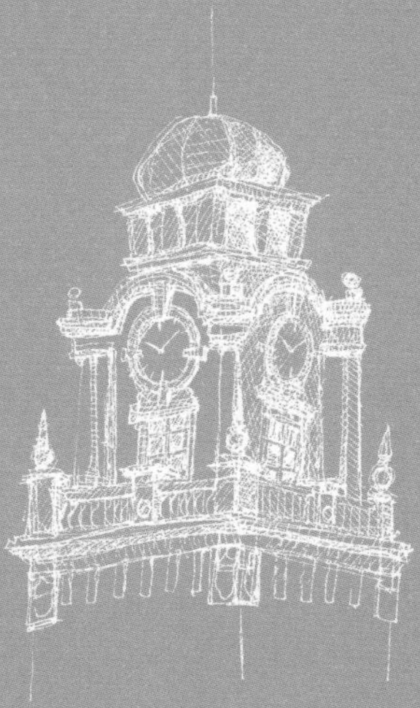

# 혜화동 스케치

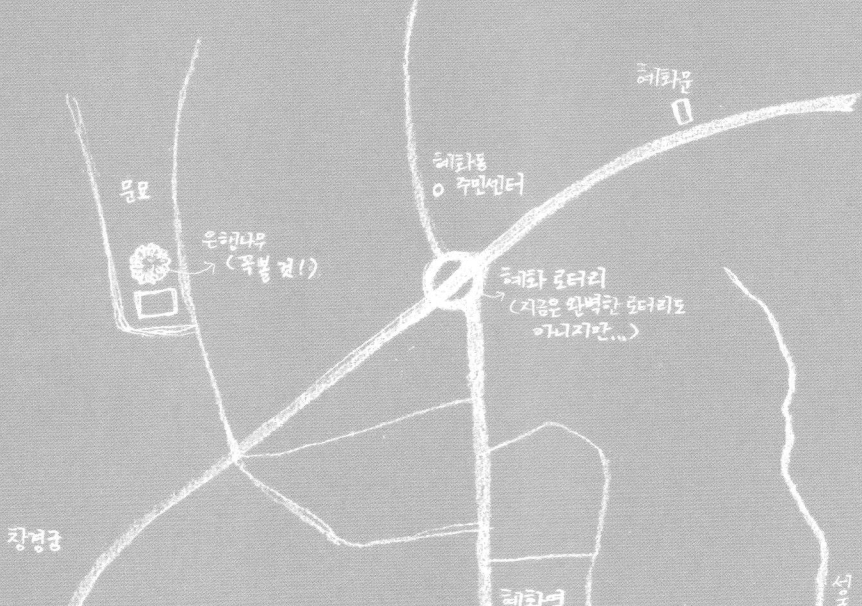
혜화문
혜화동 주민센터
문묘
은행나무 (꼭 볼 것!)
혜화 로터리 (지금은 완벽한 로터리도 아니지만…)
창경궁
혜화역
함춘원터
서울대학교 병원
마로니에 공원
문예회관
파출소
낙산공원
서울성곽길
대한의원
방송통신 대학교
이화동
옛 공업전습소
종로노인 종합복지관
P턴길

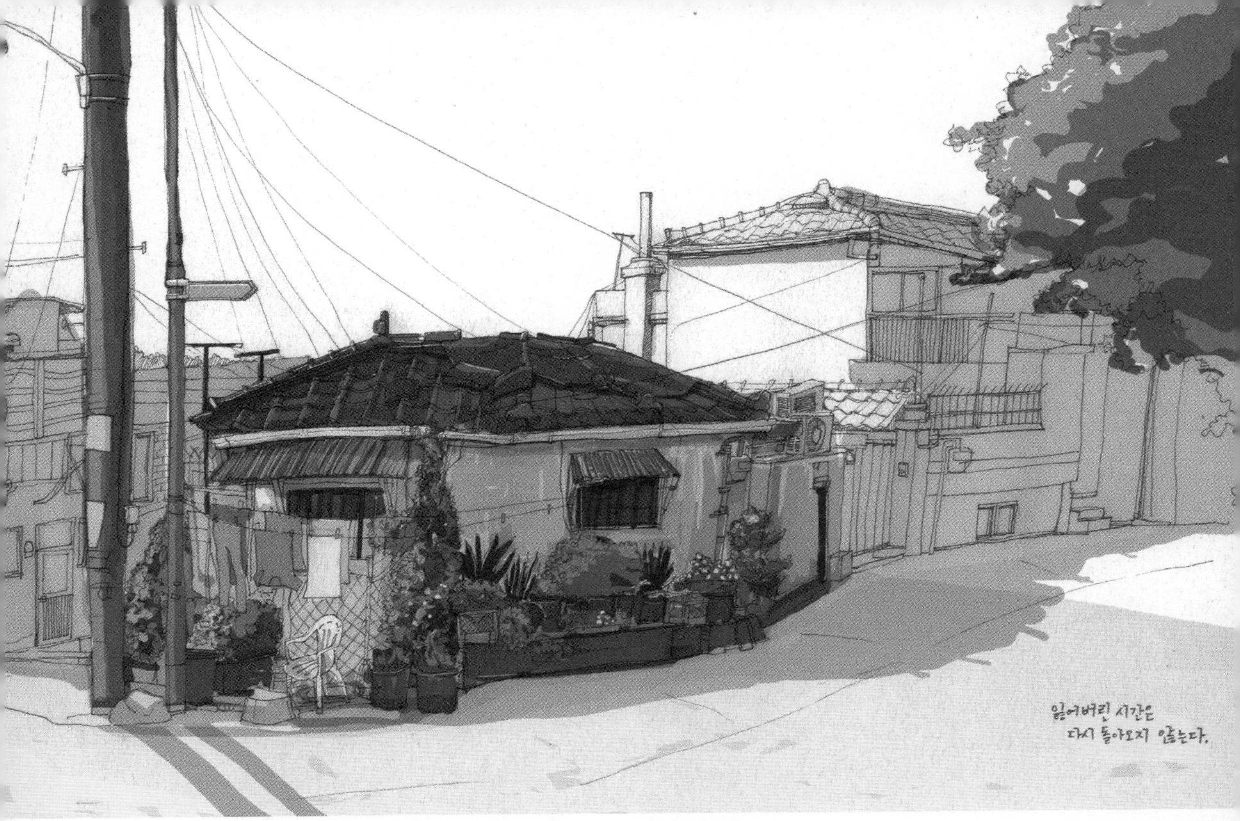


'대학로'처럼 개성 없는 이름이 또 있을까. 서울에 여러 대학이 있기에 서울을 잘 모르는 이방인에게 대학로에 가자고 말하면 열이면 열, 어느 대학이냐고 반문한다. 그래서 '역전' 같은 일반명사는 늘 따분할 수밖에 없다.

혜화동 대학로에는 현재 성균관대학교가 있어 성균관대와 관계된 것 같지만, 사실 이곳에는 1975년까지만 해도 서울대학교가 있었다. 서울대학교가 날로 커져 대부분 관악산 쪽으로 이전하고 옛 자리에는 여러 문화공간과 더불어 의과대학 그리고 병원만이 남았다.

대학로의 낭만은 다양한 연극 무대와 콘서트로 학생들에게 자연스레 녹아든다. 휴일에 플라타너스가 넘실대는 대학로를 걷고, 연극을 관람한 후 커피를 마시던 행복한 시절이 있었다. 한때 주말에는 차량이 통제되기도 했다. 하지만 무질서로 몇 년 후 자동차가 다시금 대학로를 접수해버렸다. 그 시절 밤새 거리에서 술판이 펼쳐져 보는 이의 눈살을 찌푸리게 했으니 이제 자동차가 점령한 그 거리에 대해 우리 세대가 뭐라 할 자격이 없는 것도 사실. 우리나라 대학가 풍경이 술집 같은 유흥시설로만 채워지는 것은 아닌가 안타까울 때도 있다. 세계 유수의 대학가를 거닐 때 느낀 고즈넉하고 차분한 분위기는 우리나라 대학가 풍경과는 상당한 거리감이 있다. 무엇이 더 좋다고 말할 수 없을지도 모르겠다. 사람마다 개인차가 있으니. 그러나 다시 한번 대학생활을 하게 된다면 이제 조용한 곳에서 미래의 계획을 세우고 싶다.

**이화동 달동네**

난간에 서서 한 시간 넘게 풍경을 담았다.
사람들이 이상하게 여기는 것만 같다.
그렇지만
그날,
하늘에는
구름이 짙게 드리워져 있었고
음악도 귀에 착 달라붙었다.
비가 올 듯한 그런 우중충함이랄까.
자리를 뜨려 했을 때 무릎이 약간 시렸던 기억만 빼고는 대만족.

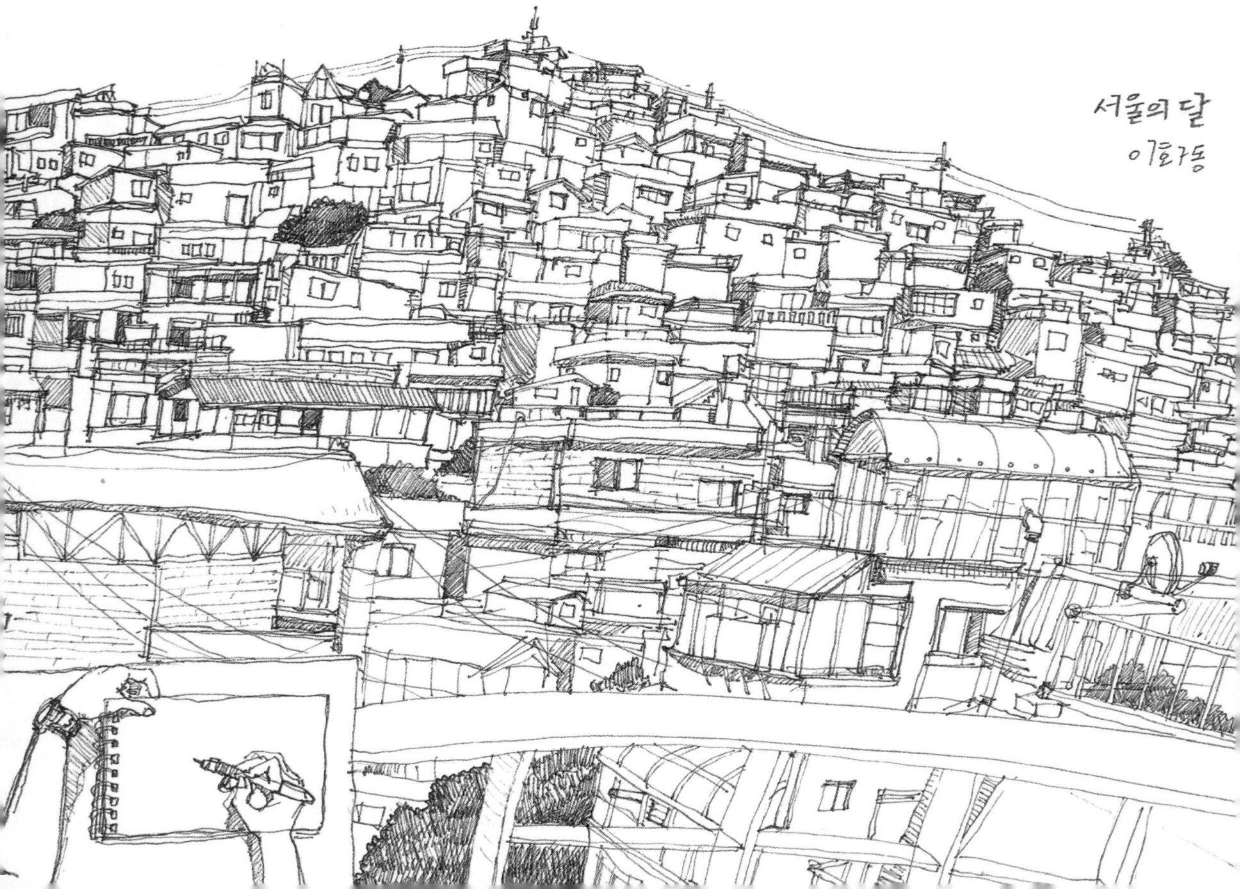

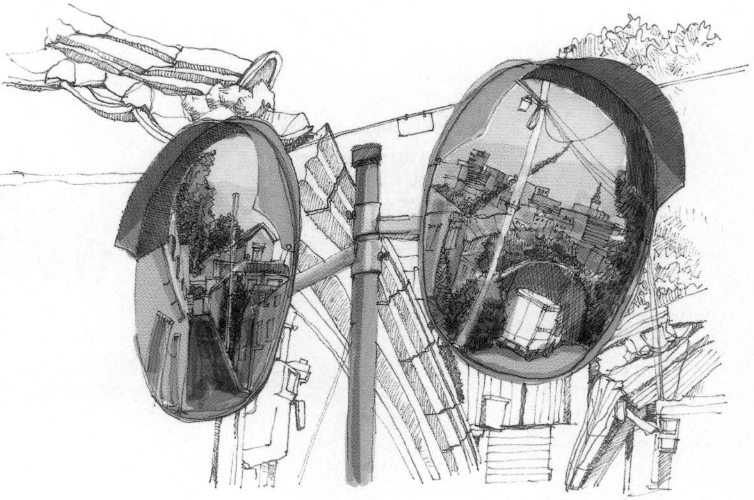

갈림길에 서서.

골목을 헤매다 만난 갈림길.
어디로 가야 하는 걸까.
분명한 건,
이쪽 아니면 저쪽.

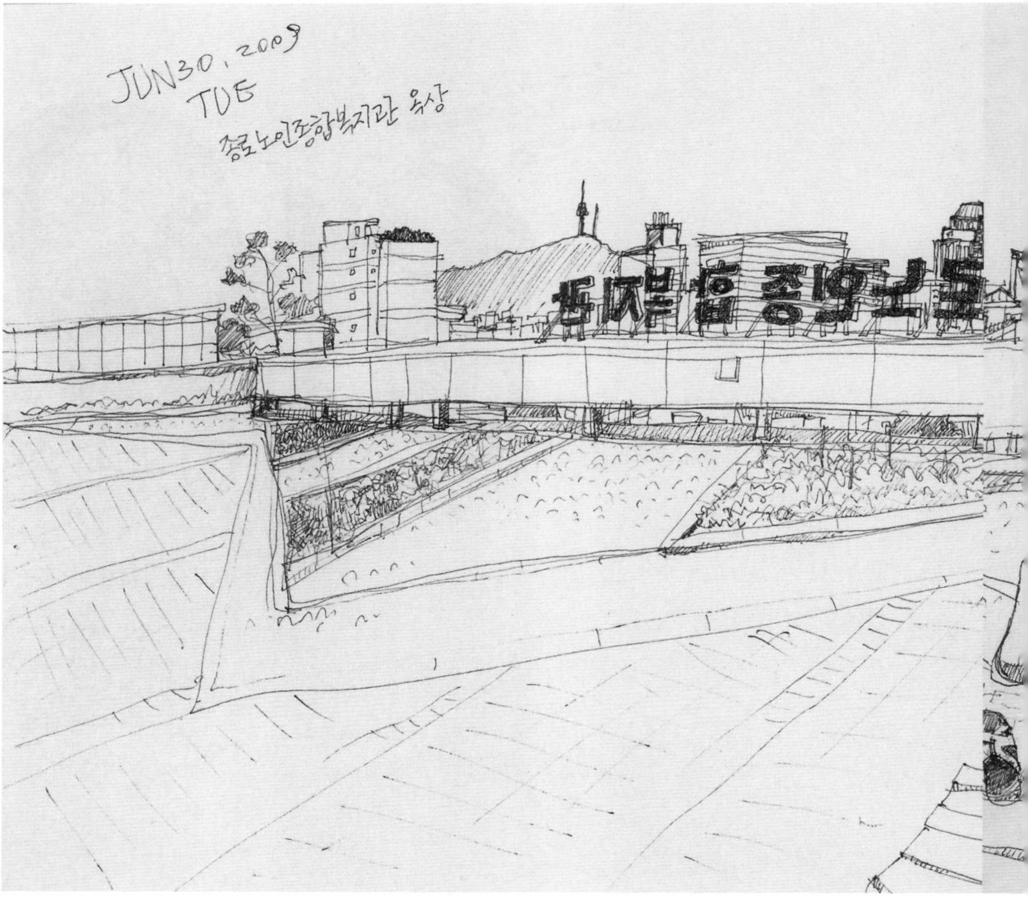


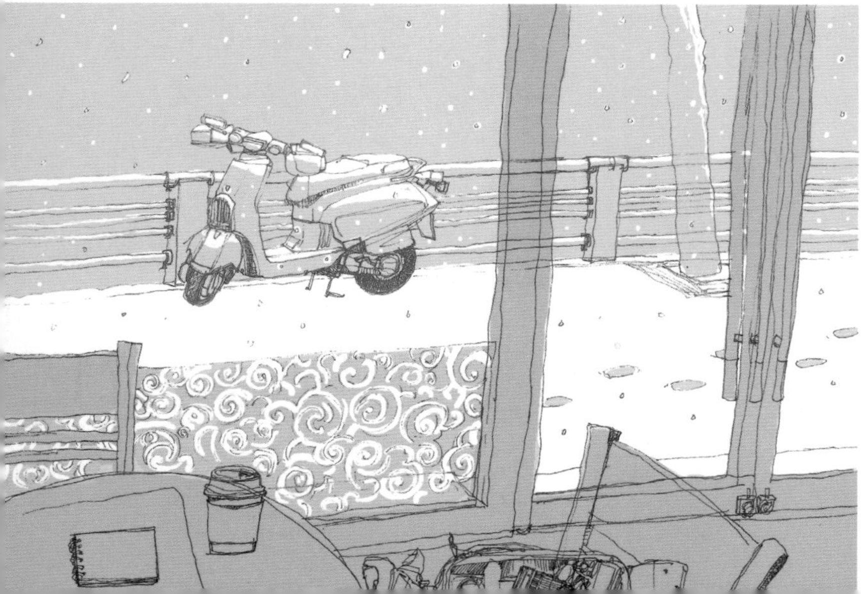

눈이 많이 내린다고 해서
무리해 렌즈를 몽창 싸들고 출근.
결국 마음에 드는 사진 하나
건지지 못한 하루.

오후에 커피 사러 카페에 들렀다가
잠깐 앉아 겨울 풍경 스케치.

눈이 내리는 것이 아니라
세상에 묻어나는 느낌.

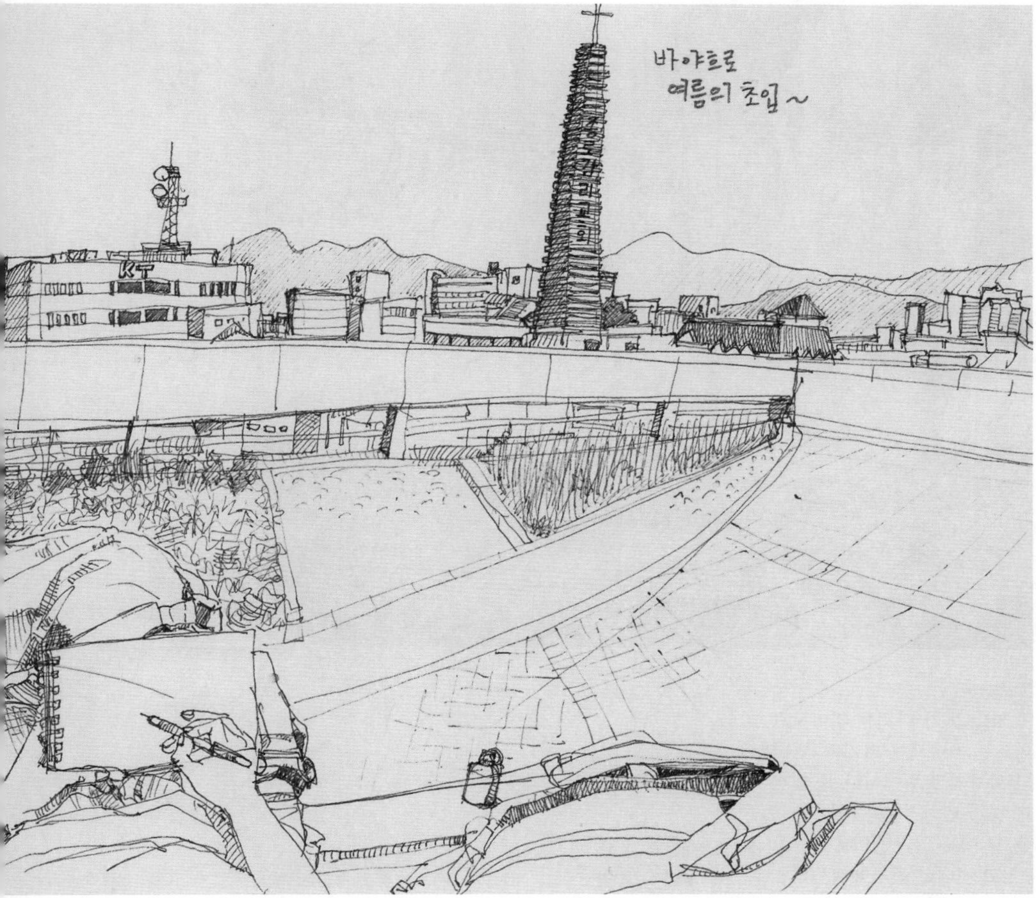
바야흐로
여름의 초입~
KT

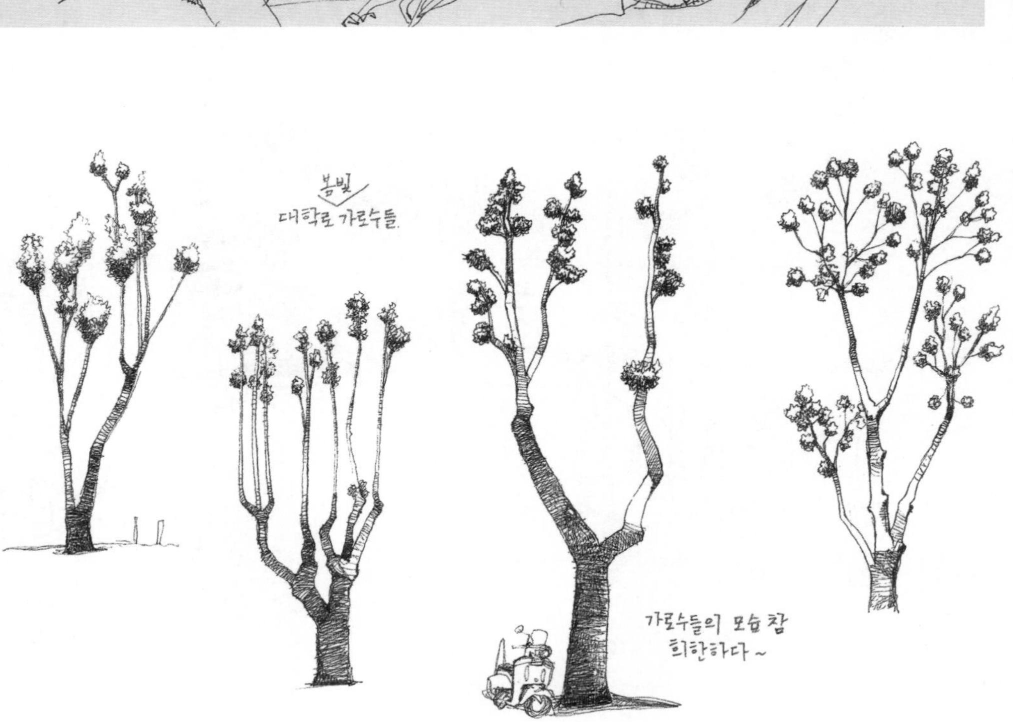
봄빛
대학로 가로수들.
가로수들의 모습 참
희한하다~

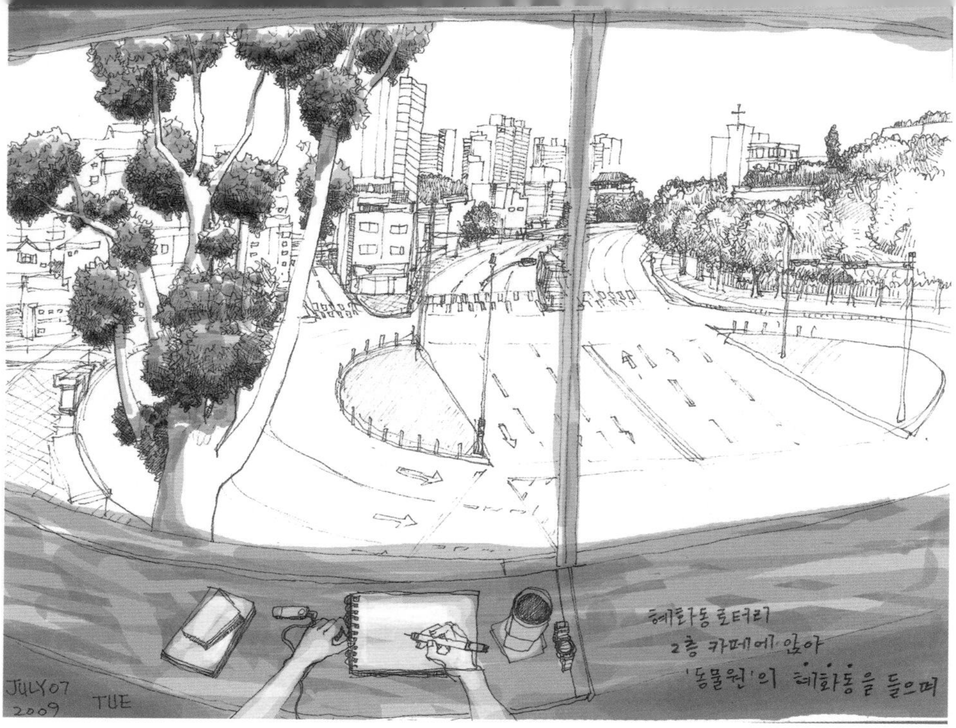


혜화 로터리

로터리에 있던 고가 다리는 없어지고,
플라타너스는 계속되는 가지치기로 인해
인상주의 화풍의 그림에서나 볼 법한 가로수가 되어간다.
변해가는 것과 변하지 않는 것.
혜화동은 그 이름 하나만으로도
어릴 적 잊고 지내던 친구에게서
전화가 걸려올 듯한,
그런 곳.

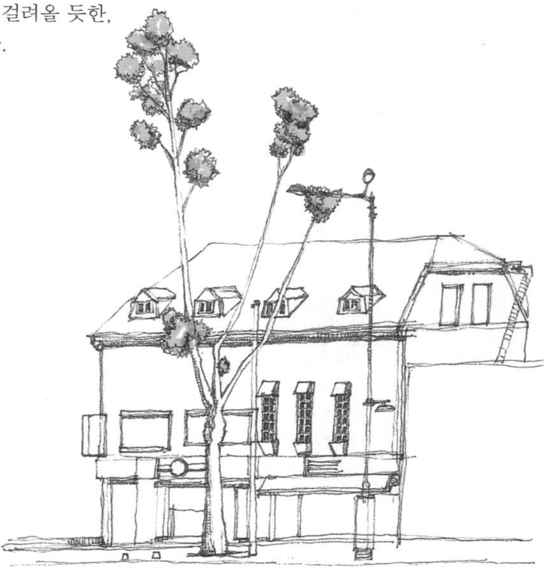


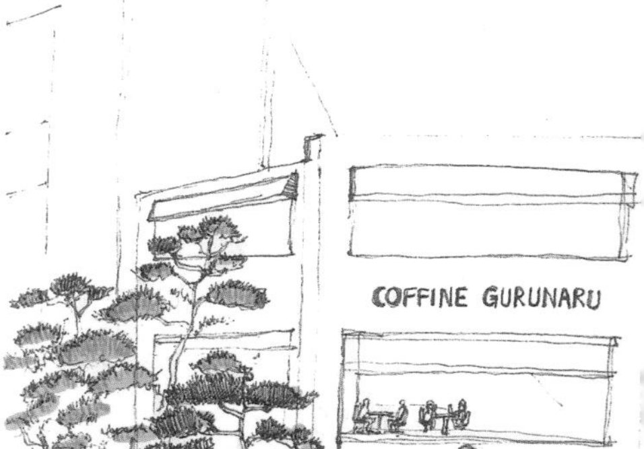


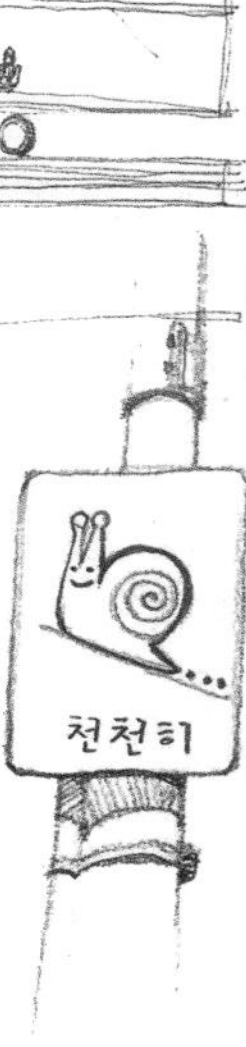

## 마로니에공원

일제강점기 이곳에 지중해 연안에서 배로 실어온 마로니에 나무를 심으며 마로니에공원이 되었다.

마로니에는 가시칠엽수를 말한다.
엄격히 얘기하면 가시칠엽수와 칠엽수는 다른 종류다.

보통 잎이 7장이지만 5장이나 9장짜리도 있다.

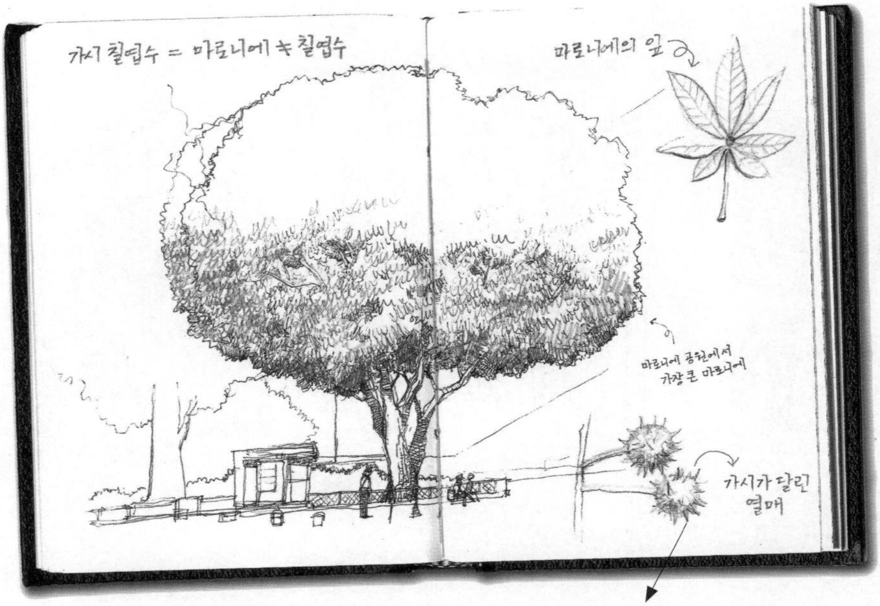


열매를 보아야 가시칠엽수인지
그냥 칠엽수인지 구분할 수 있다.

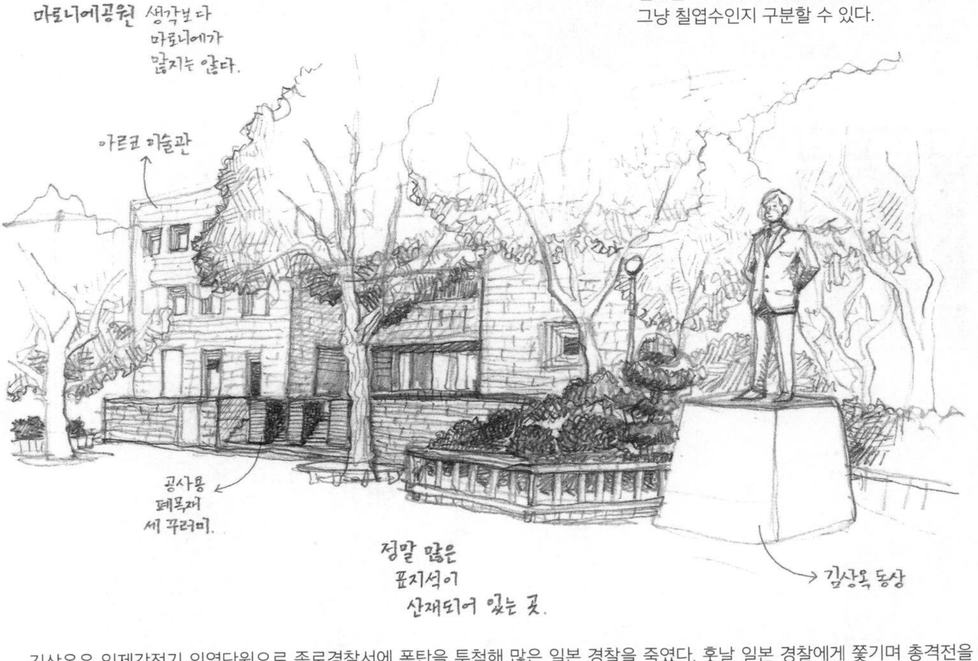


김상옥은 일제강점기 의열단원으로 종로경찰서에 폭탄을 투척해 많은 일본 경찰을 죽였다. 훗날 일본 경찰에게 쫓기며 총격전을 벌이다 마지막 남은 총알 한 발을 자결하는 데 사용하며 최후를 맞았다. 여기 서 있는 동상도 열중쉬어, 자세가 꽤나 의기 있어 보였다.

# 공업전습소

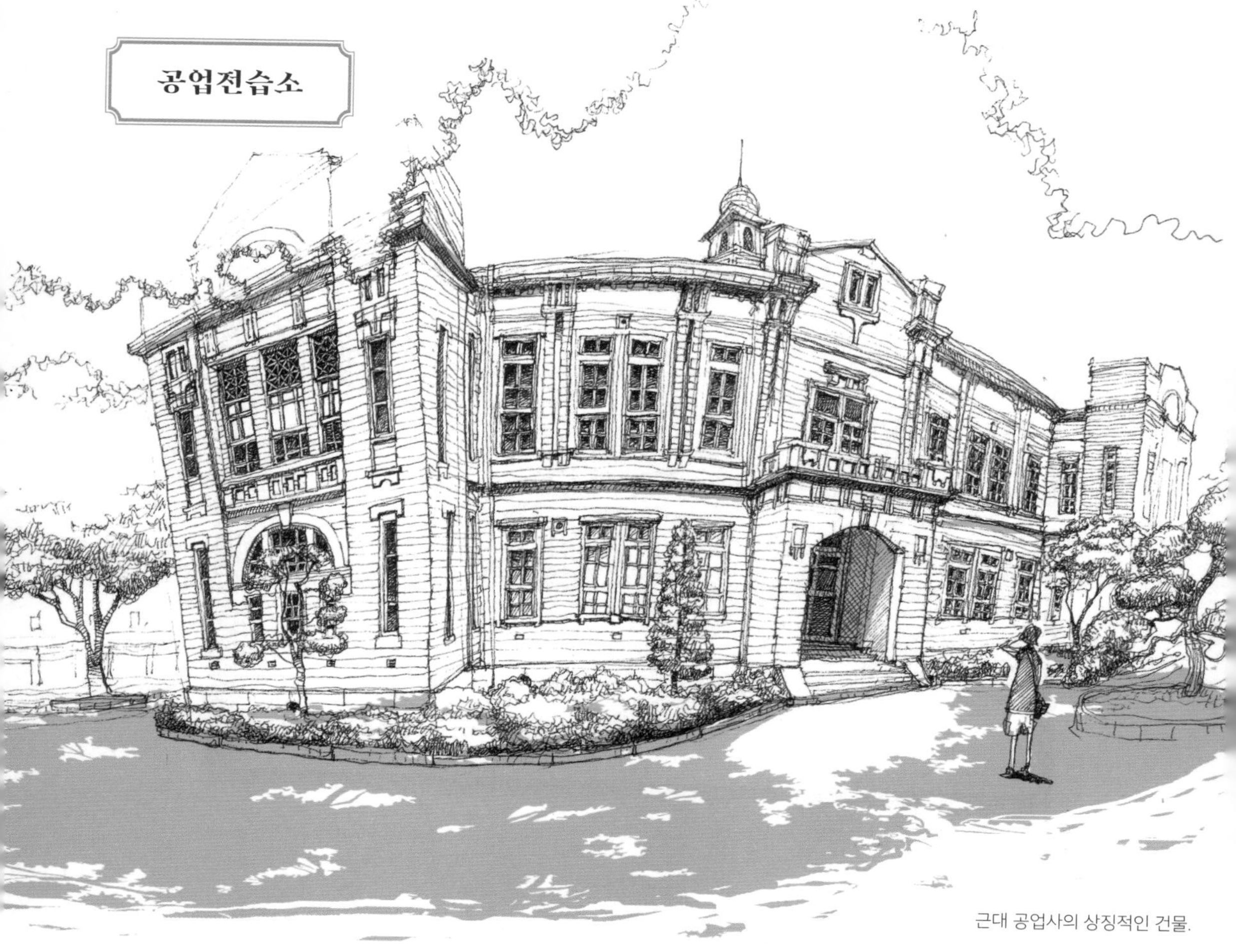

근대 공업사의 상징적인 건물.

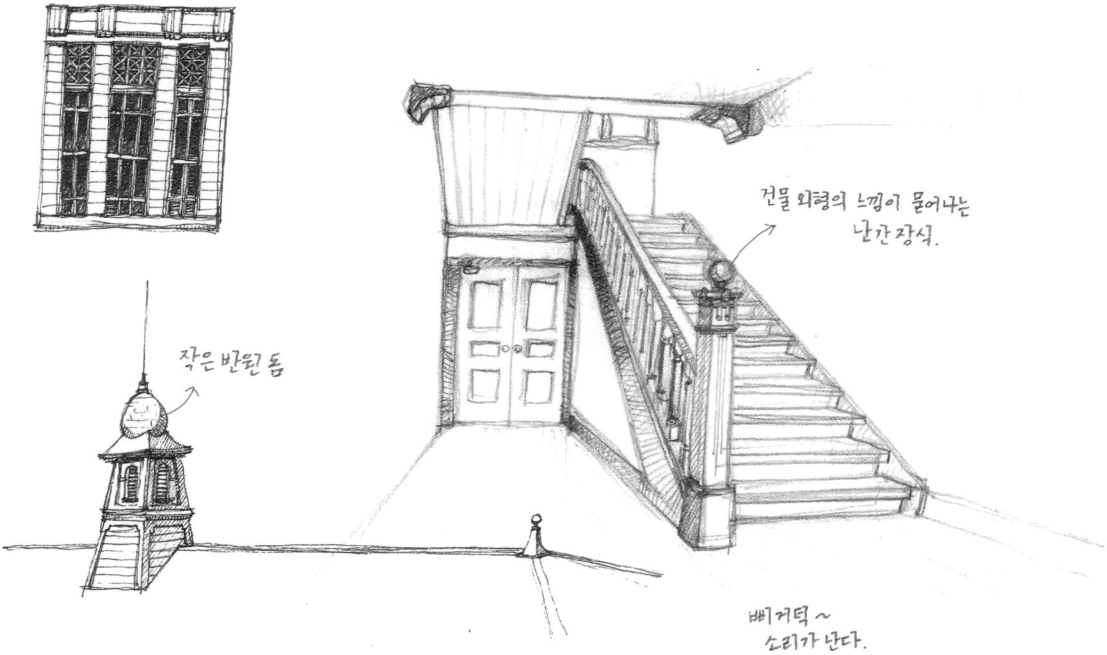

옛 서울대학교 본관
조선 유일의 대학 경성제국대학이었던 건물.
광복 후 서울대학교 본관이 되었다.
한국문화예술위원회로 사용되다
현재는 '예술가의 집'으로 사용중.
유려한 곡선과 타일이 여전히
깔끔하면서도 중후한 느낌을 준다.

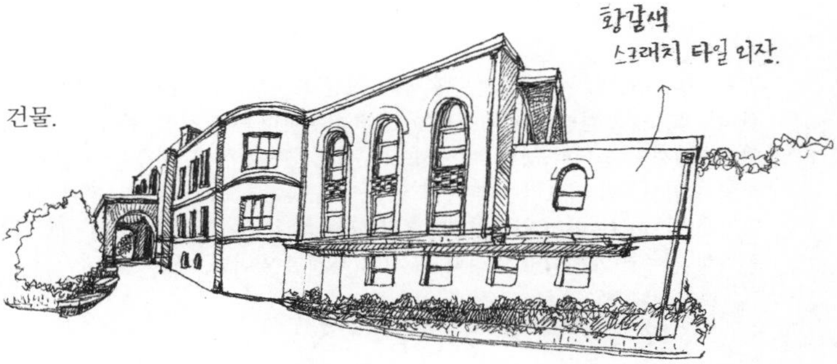


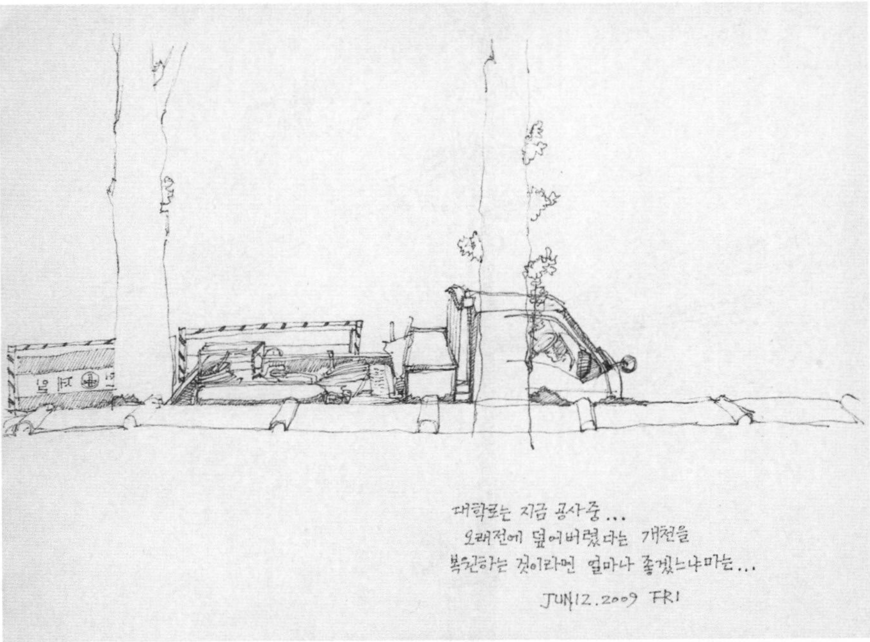


개천을 복원한다면서
하수도를 만들어버렸다.

처음에는 수로가 그대로 노출되어 있어 사람들이 빠지거나 다치곤 했다고.
그 대책으로 투명판으로 덮으니, 이제는 완벽한 하수도가 되어버렸다!

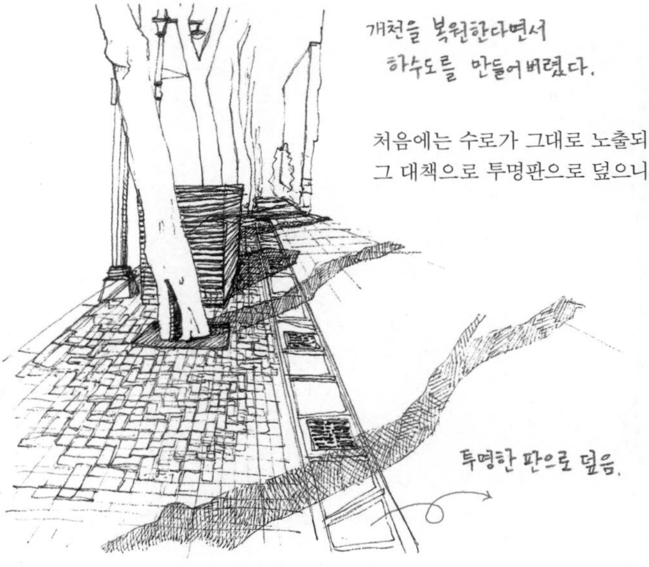

길을 가다 우연히 쳐다본 전주에 붙어 있던 표지 하나. '까치둥지 보호전주'.
한 해 정전사고 원인의 90퍼센트 이상을 차지한다는 까치집. 철사나 젓가락, 심지어 연탄집게까지 물어다 집을 지어 사고가 발생한다고 한다. 전주는 바람에 흔들리지 않아 까치가 집짓기를 선호하는데 특히 완금(腕金, 전선을 거는 가로막대) 위에 집을 짓게 된다. 과거 한전에서는 까치집을 없애려고만 했는데, 최근에는 완금 밑에 고압선을 설치하는 등 공존형 전주로 개선되고 있다니, 무척 고무적인 일이다.

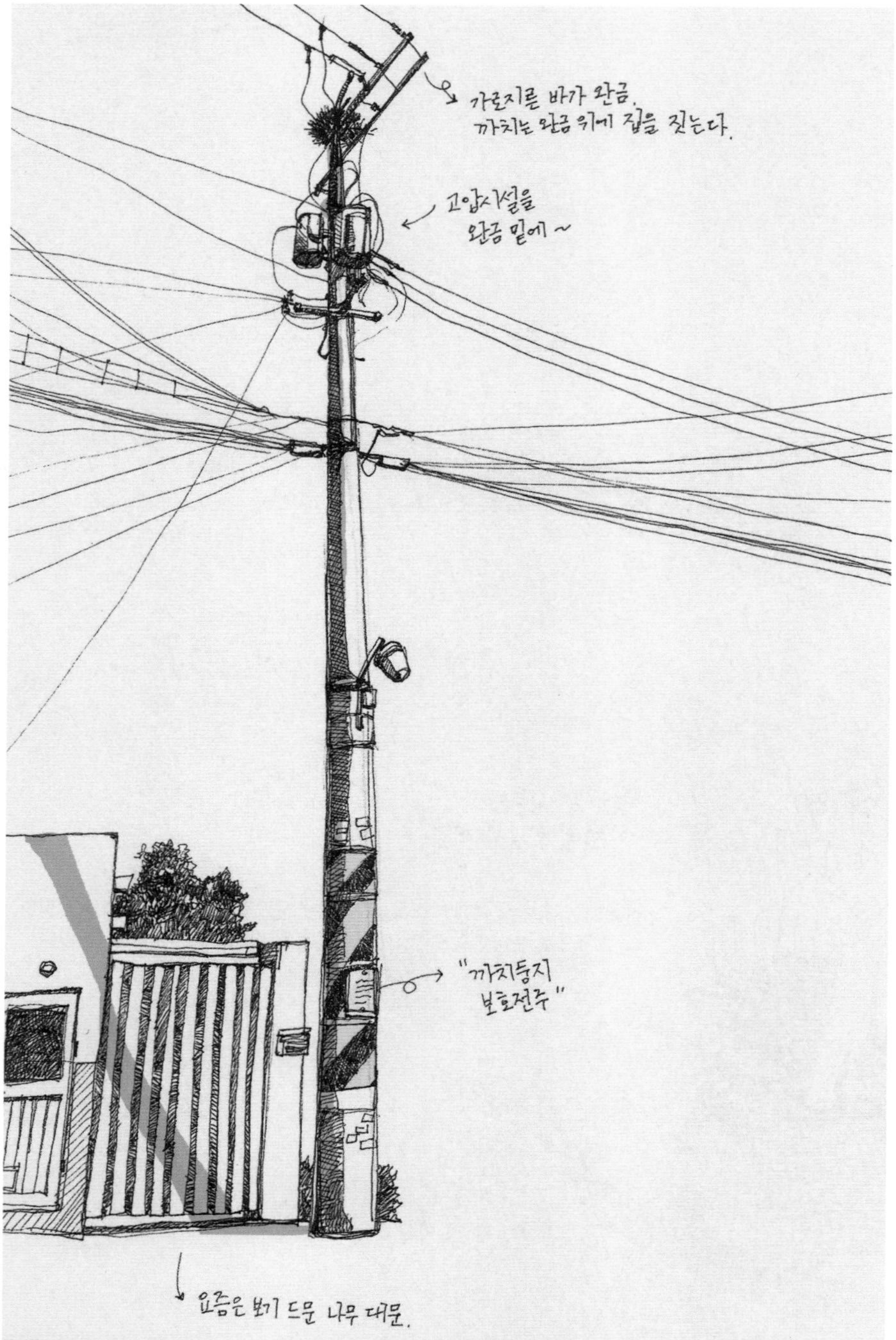

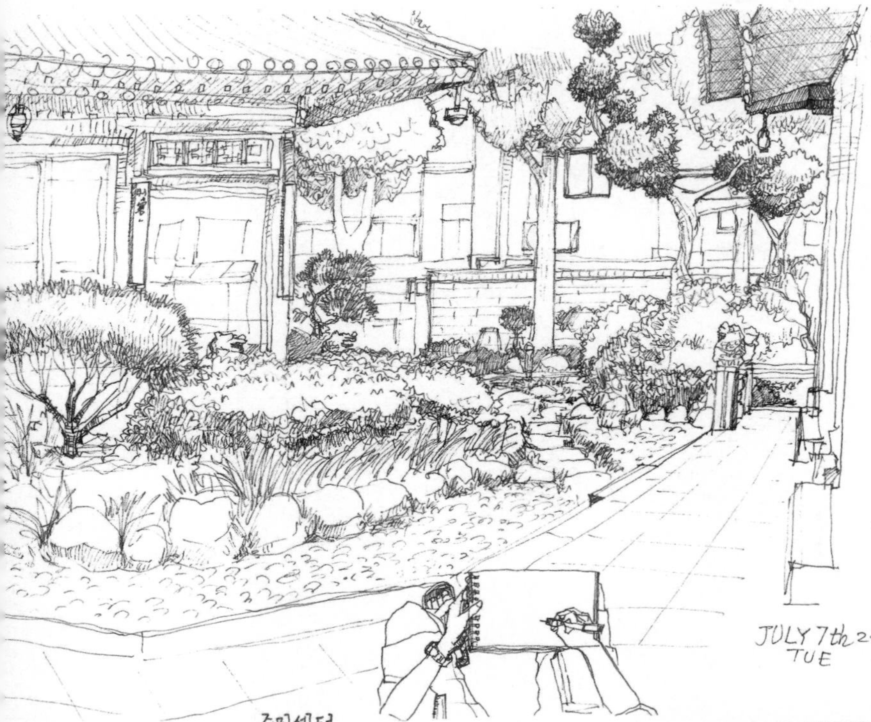


우리나라 최초의 여의사이자
한국걸스카우트의 전신 대한소녀단의
창시자였던 한소제가 살던 집.

혜화동 주민센터

김구의 글이 와닿아 적어본다.

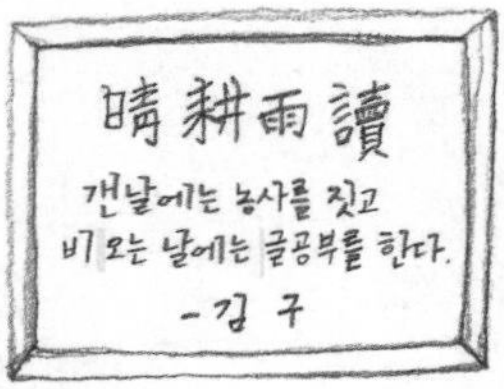


갠 날에는 그림 그리고
비 오는 날에는 글 쓴다.
정말 꿈만 같은 상상.

성균관 앞에 있는 탕평비.
골고루 인재를 등용하자는 뜻으로
영조가 세운 이 비를 보면
당시 사회가 얼마나 혈연과 인맥으로
얽혀 있었는지 짐작할 수 있다.
성균관 안에는 천연기념물로 지정된
거대한 은행나무가 압권인데,
스케치를 완성하지 못해 아쉬울 따름.

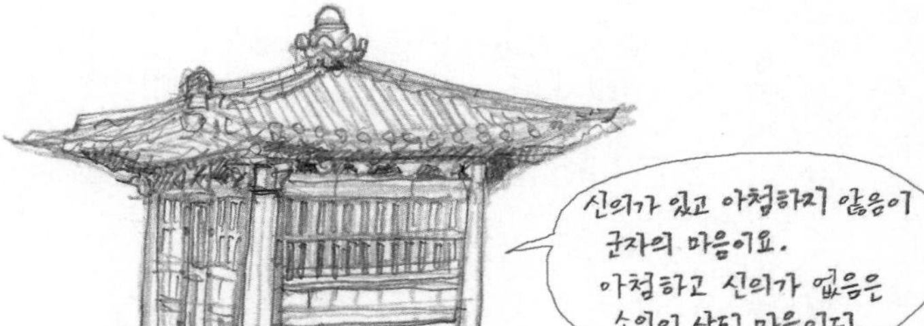

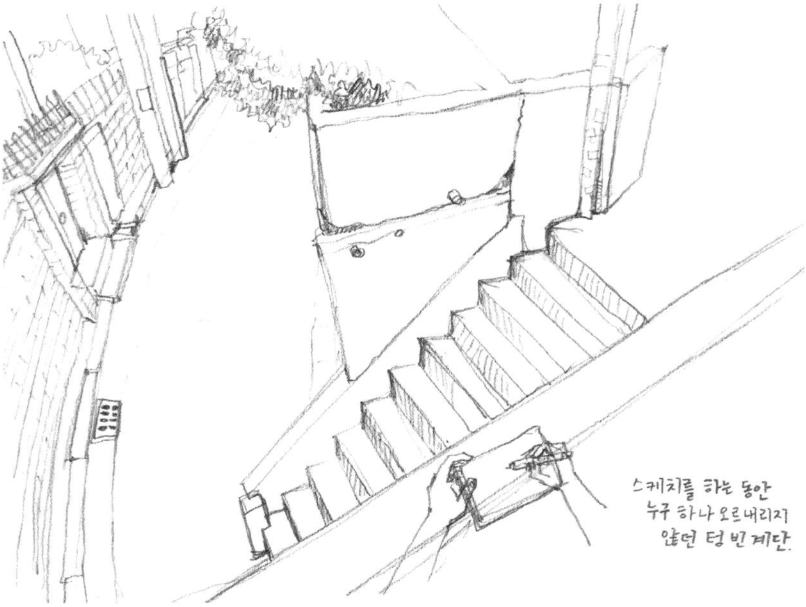

스케치를 하는 동안
누구 하나 오르내리지
않던 텅 빈 계단.

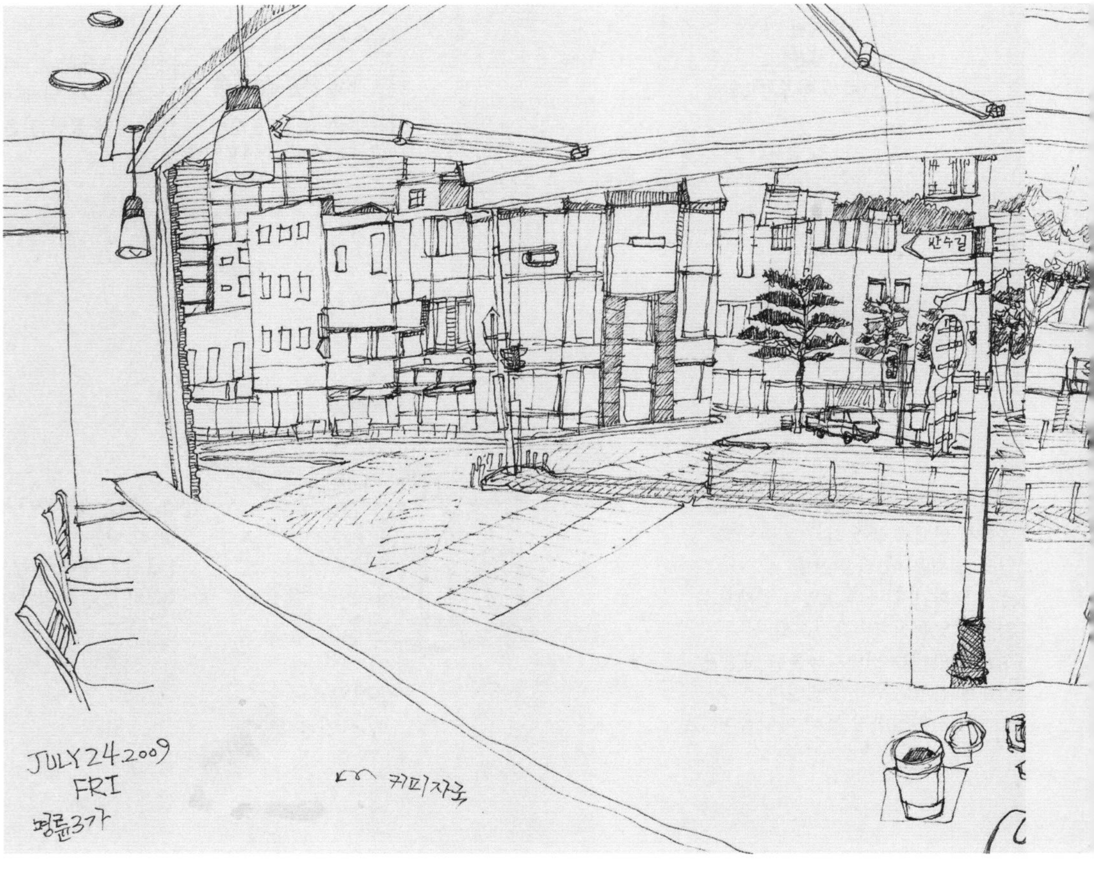

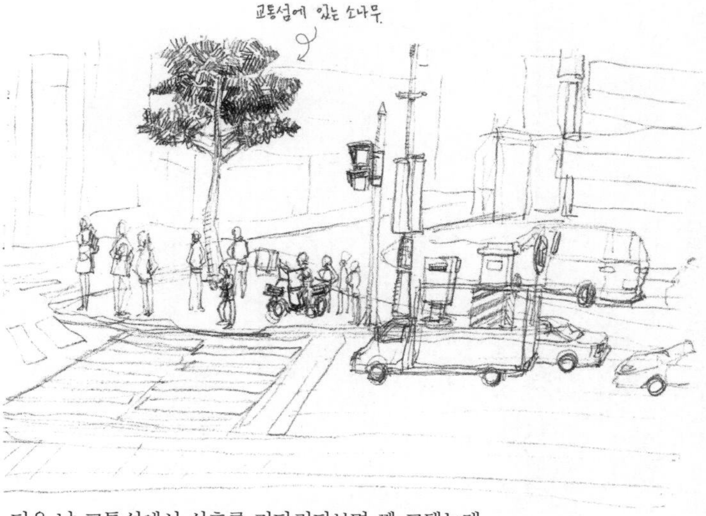


더운 날 교통섬에서 신호를 기다리다보면 꽤 고됐는데,
나무 한 그루 심어놓으니 분위기가 무척 달라졌다.

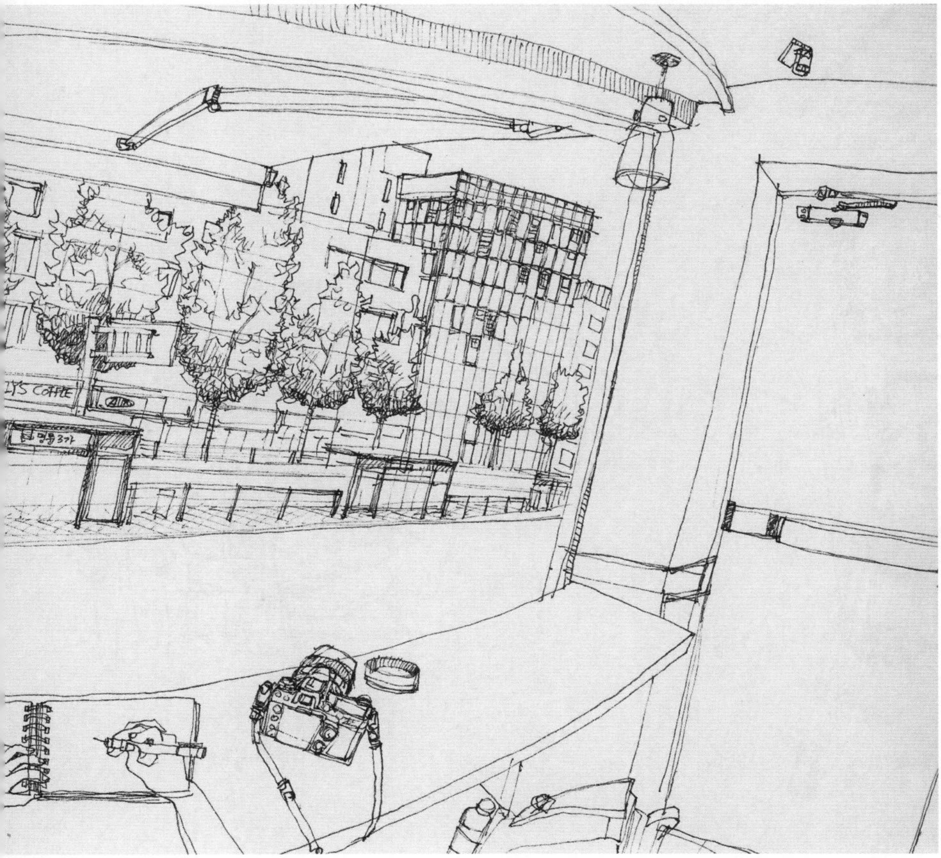


중앙 버스 전용차로

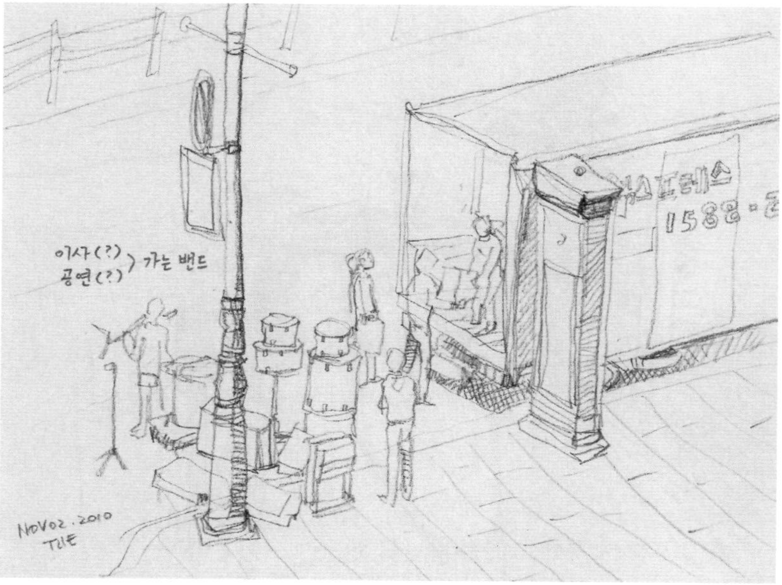


이사 가는 밴드
이사를 가는 건지, 공연을 하러 가는 건지
잘은 모르겠지만. 부디 좋은 방향이길!

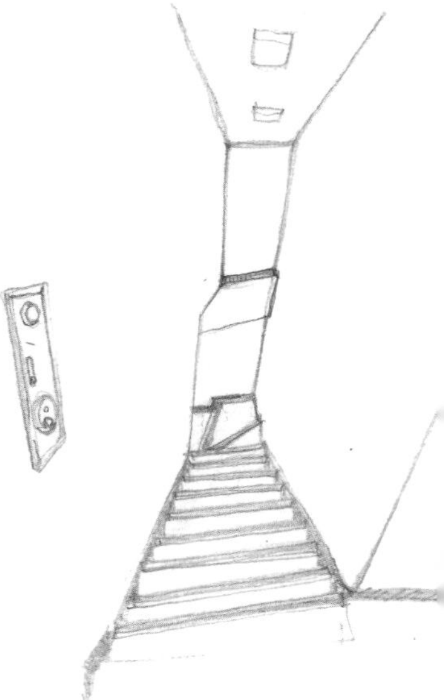

건물 계단
좁은 계단에 서서 크로키.

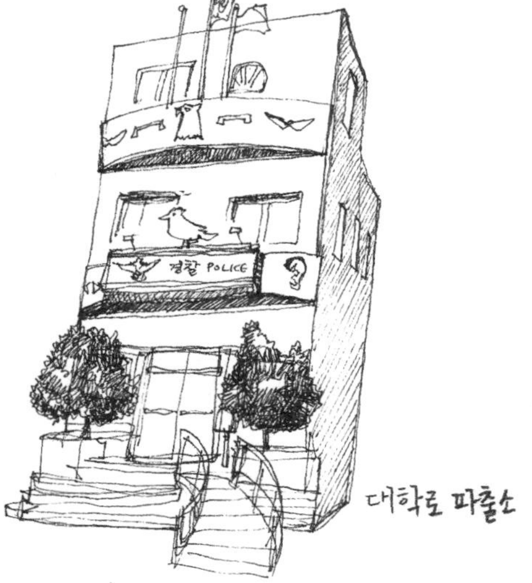


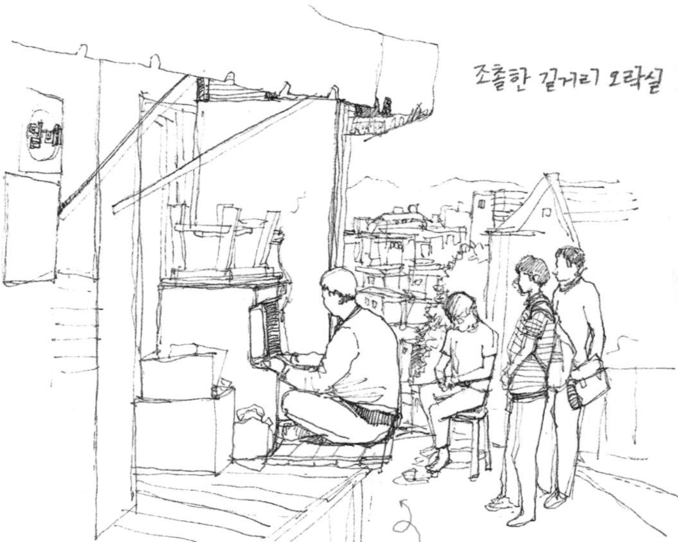

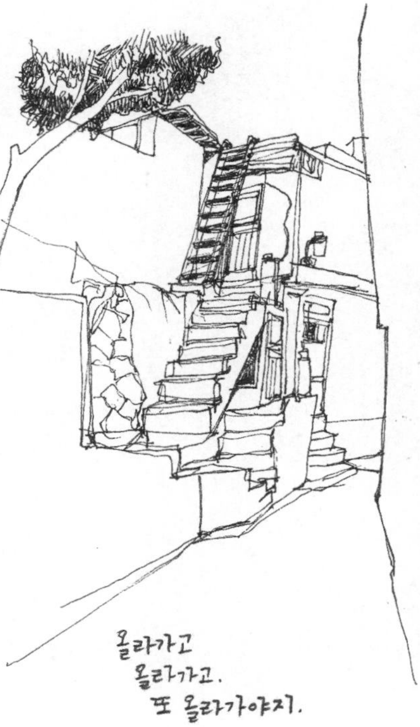
올라가고
올라가고.
또 올라가야지.

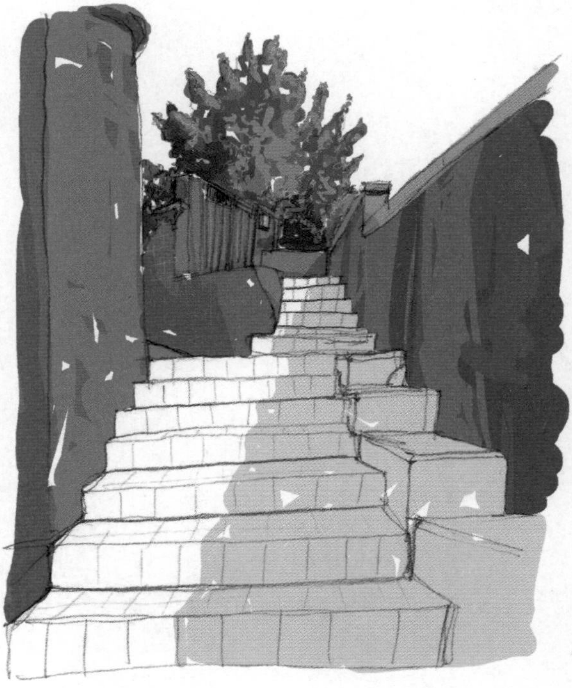
파란 나라를 보았니?

혜화문 골목길

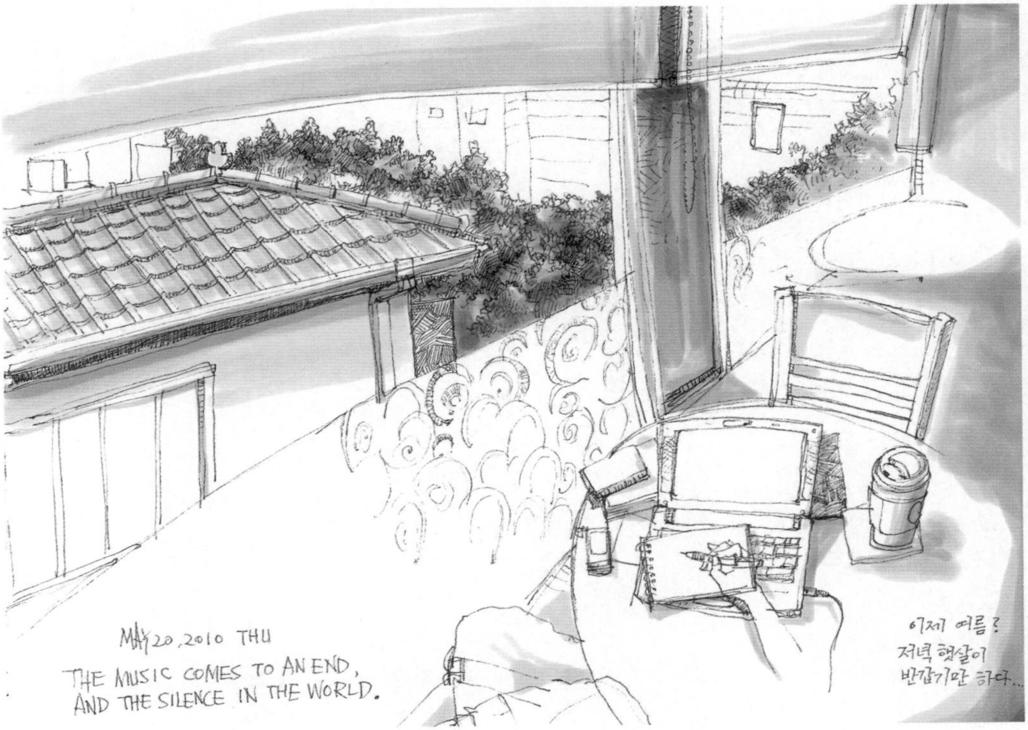
MAY 20, 2010 THU
THE MUSIC COMES TO AN END,
AND THE SILENCE IN THE WORLD.
이제 여름?
저녁 햇살이
반갑기만 하다...

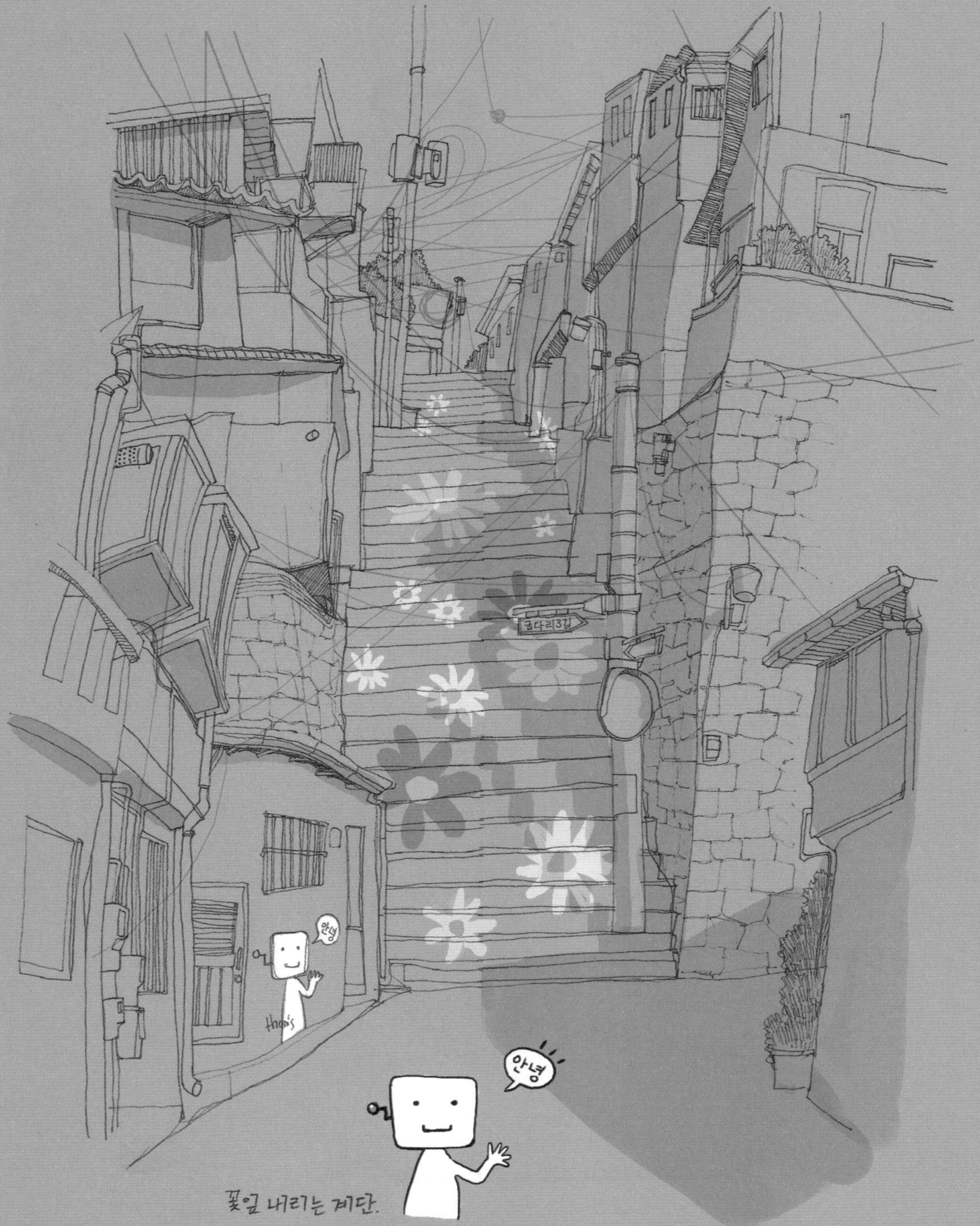


### 그림계단

문화체육관광부가 소외계층의 생활 환경 개선을 위한 문화사업의 일환으로 실시한 이화동 공공미술 프로젝트. 동네 풍경이 조금은 부드러워졌다고나 할까. 하지만 생활 환경은, 글쎄? 많은 미술품의 관리 주체가 분명하지 않아 향후 노후됐을 때의 문제도 있고 구경꾼이 늘어난 것에 대한 주민들의 반감도 있단다.

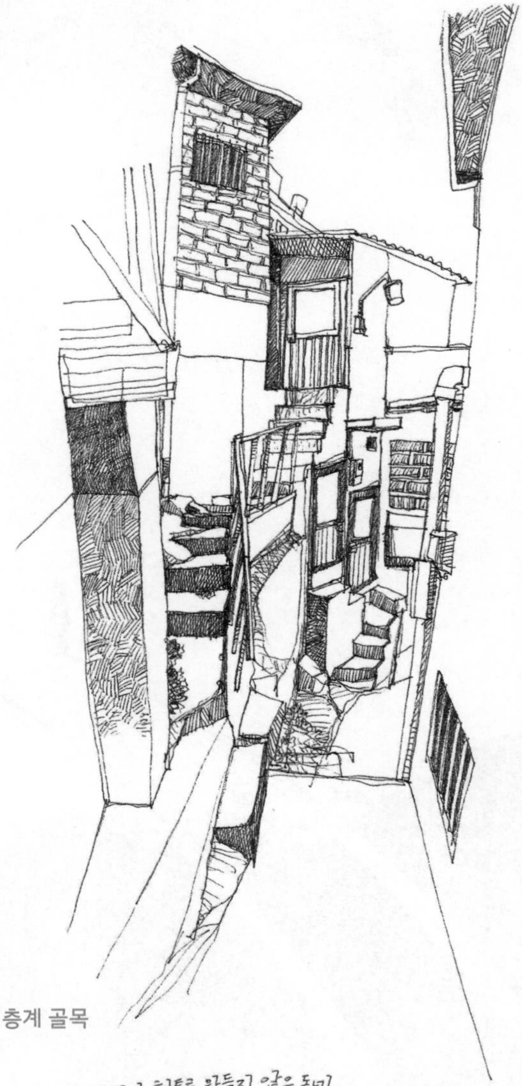


이화동 층계 골목

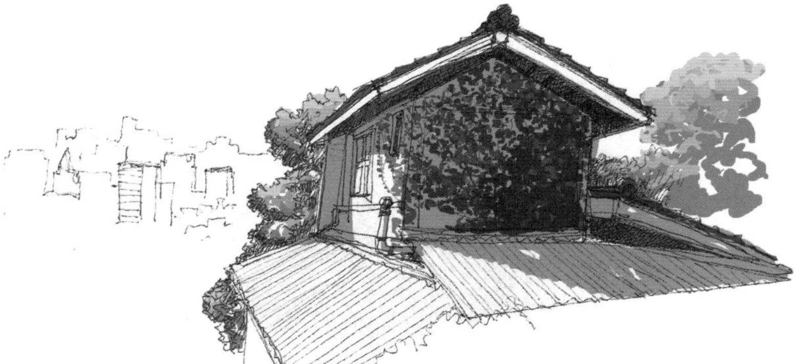

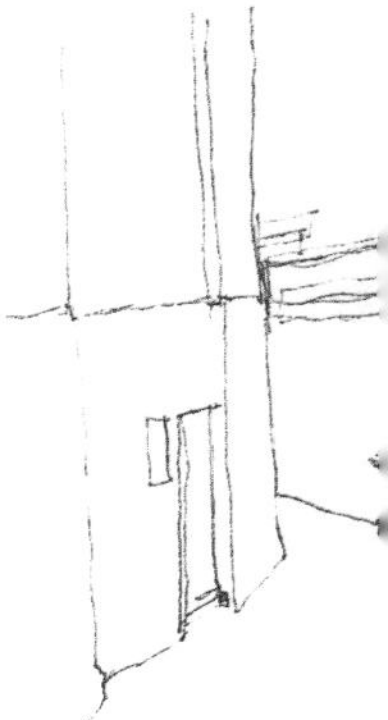

적산가옥,
오래된 담쟁이.

낙산 신사

신사와 강아지가
내디딜 다음 발걸
어디일까.

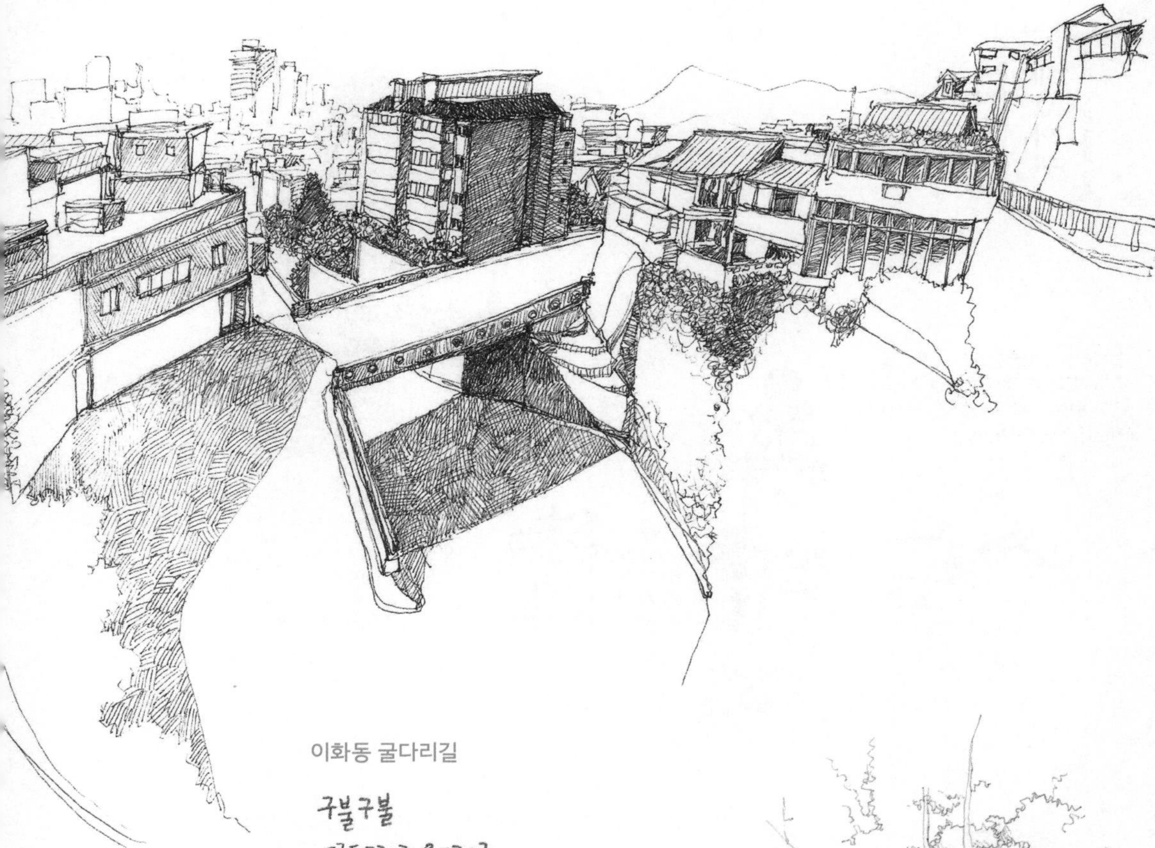

이화동 굴다리길

구불구불
자동차가 올라서
나선계단.

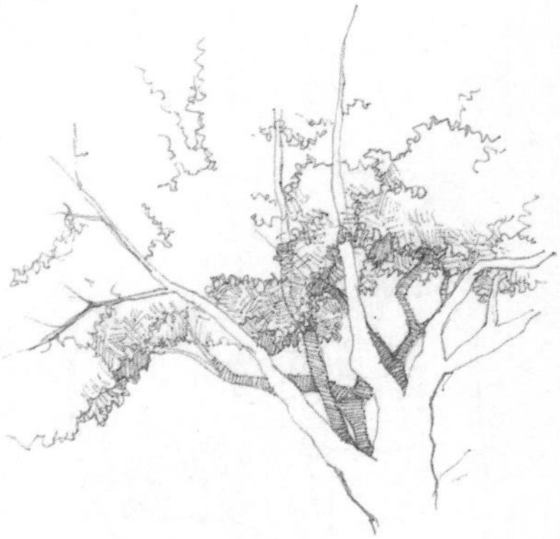

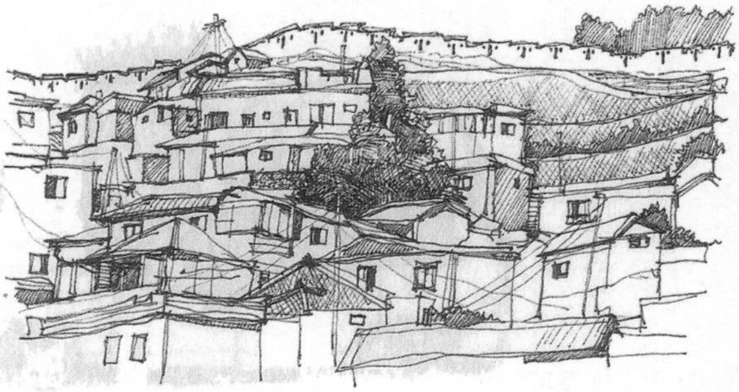

낙산 서울성곽

서울성곽은 한 마리의 용을
형상화했다고 하는데,
낙산은 그 용의 머리 부분.

# 대한의원

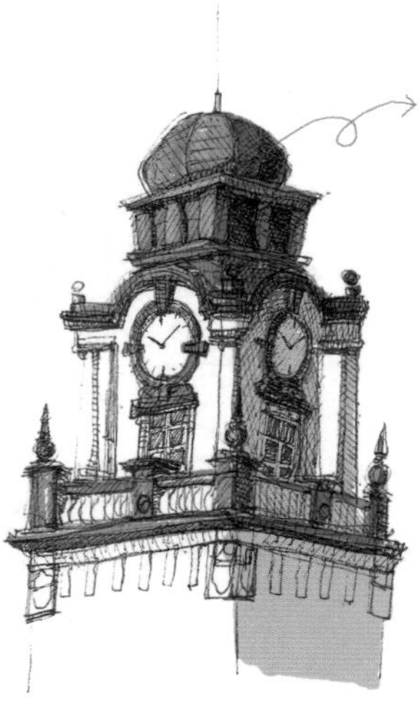


일제강점기에 전쟁 물자로 동판을 걷어 가 함석으로 대체했던 것을 최근 동파이프 회사로 잘 알려진 '풍산'에서 자재를 기증해 복원했다.

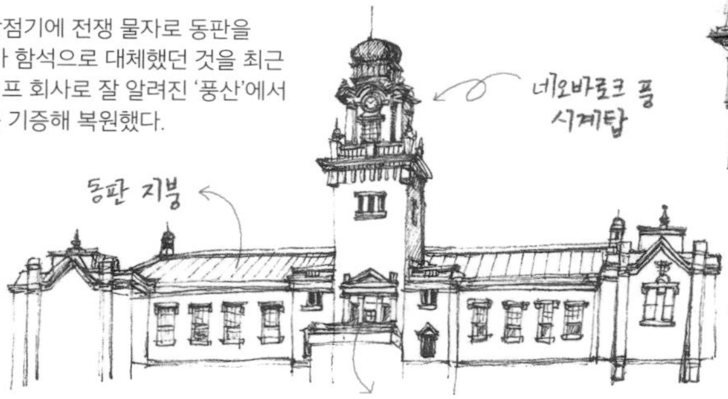


일본 국회의사당을 설계한 이다.

1900년대 초 우리나라 3대 건축물이라 불리는 조선은행(현 한국은행 화폐박물관), 동양척식주식회사, 대한의원 모두 일본인의 작품이었다. 어쩌겠는가, 기술이 충분하지 않던 시절이었던 것을. 이 건물을 보기 위해서는 혜화동에서 내려야 한다. 대학로에 만연한 젊음의 기운이 병원에 들어서면 갑자기 차분해진다. 하얀 가운이나 환자복을 입은 사람들 사이에서 어쩌면 당연한 일일까. 작은 고개를 따라 천천히 올라간다.

언덕 부근에는 세조 때 정승을 지낸 이석형이라는 학자가 살았다. 그의 집에는 '계일정'이라는 정자가 있었는데 '계일(戒溢)'이란 넘치는 것을 경계한다는 의미로 부귀영화를 넘치게 하지 말라는 뜻에서 지은 이름이다. 정자 앞에 연못을 파서 항상 물높이가 일정하게 유지되도록 잘 관리했다 한다. 연건동이라는 동네 이름은 이 연못의 연꽃에서 비롯한 연화방에서 따온 것이라 한다. 지금은 이 자리에서 의사를 양성하니 이석형이 부귀영화에 대한 경계를 피력한 건 어쩌면 정확히 들어맞은 걸지도……

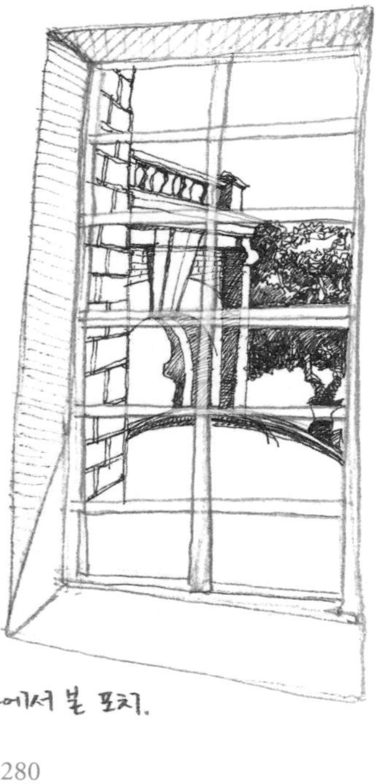

창가에서 본 포치.

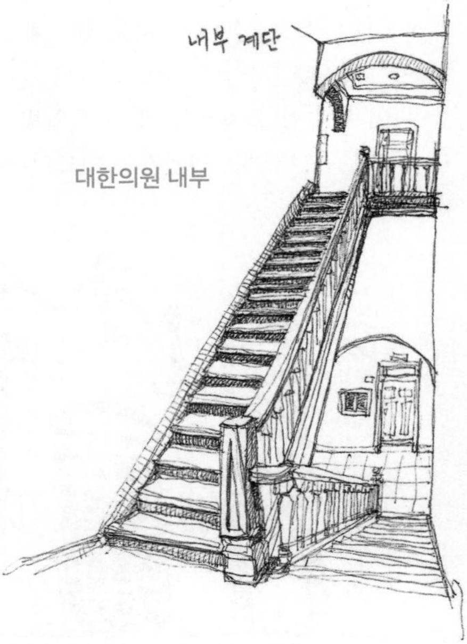


대한의원 내부

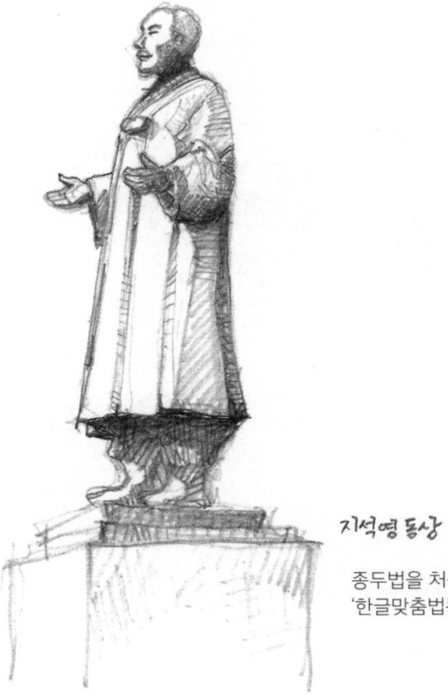


종두법을 처음 실시한 한말의 의사. 오늘날까지도 사용되는
'한글맞춤법통일안'의 문법체계를 확립한 국어학자이기도 했다.

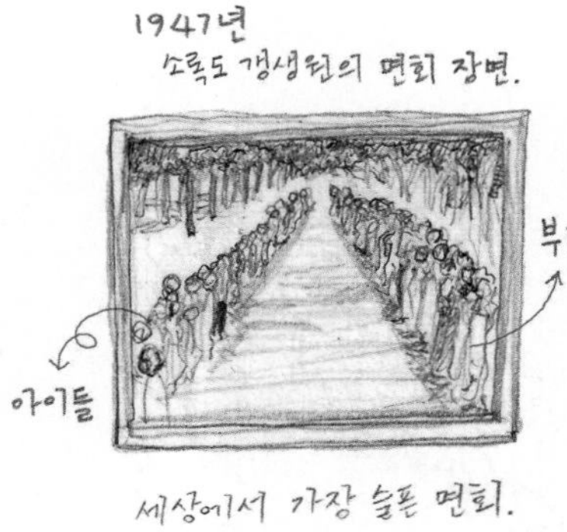


대한의원 전시물들

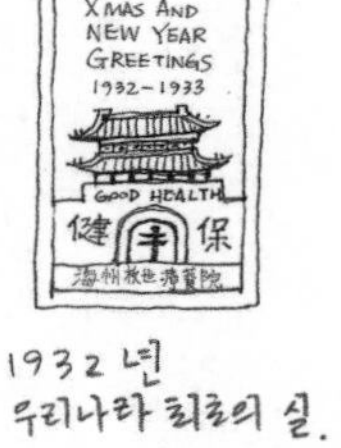


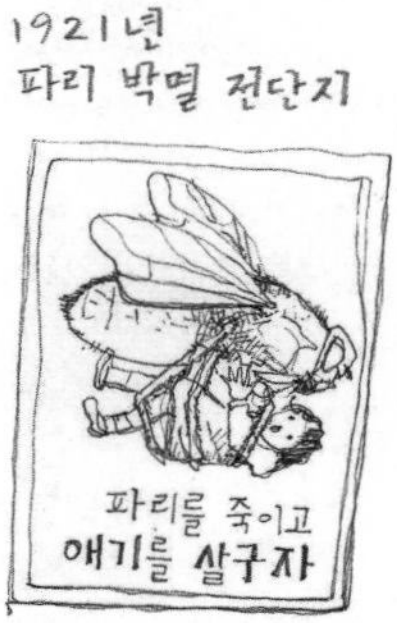


소록도에서 한 달에 한 번 있던 정기면회 시간. 면회 온 비감염자들은 감염을 막으려 바람을 등지고 섰는데, 자식을 한번 제대로 안아볼 수 없고 그저 바라보던 부모의 마음은 어떠했을까. 볼수록 가슴이 아파오는 사진이다.

당시 총독부에서 거북선 도안을 허가해주지 않아 최초의 실에는 남대문이 출현했다. 그나마 지금은 저 남대문마저 사라졌으니……

오랜만에 반가운 친구를 만난 것처럼 아이를 끌어안고 있는 거대한 파리라니! SF영화의 한 장면 같은 이 전단은 경성부청의 주도로 만든 것인데, 문안까지 놀랍다!

대한의원 의학박물관에서 나와 벤치에 앉아 몇몇 스케치를 마무리했다. 이 거대한 병원에서 얼마나 많은 사람이 삶과 죽음의 경계를 넘나들었을까. 완쾌된 기쁨, 병마에 대한 두려움 등이 무수히 교차했을 장소. 종합병원에는 탄생과 죽음이라는 양극단의 감정이 공존한다. 그리고 그 극단은 언젠가는 반드시 만나게 되어 있는 것, 그것이 삶.

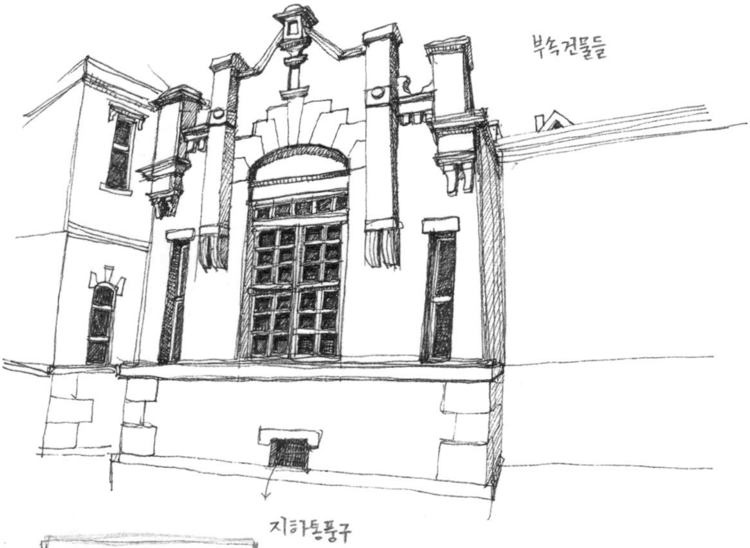


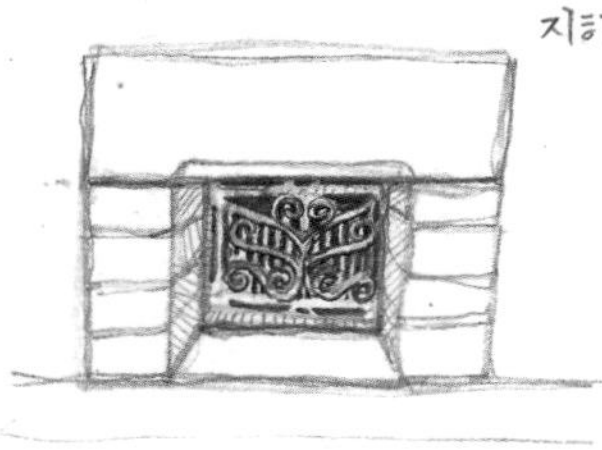

아쉽게도 지금 이 통풍구는
모두 판으로 막아
운치가 덜해졌다.

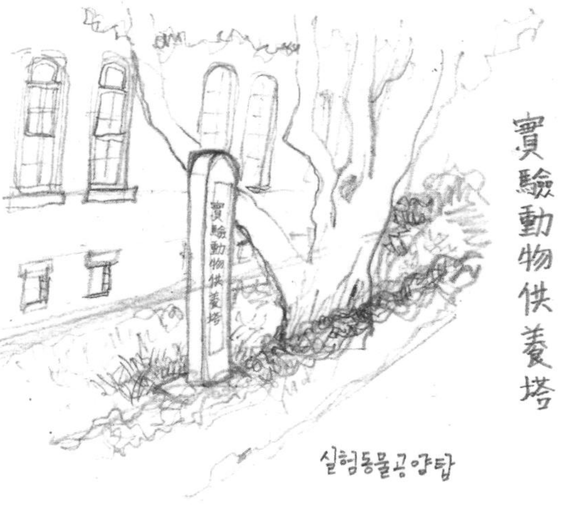


**대한의원 부속건물**

대한의원 뒤편으로
'실험동물공양탑'이라 새겨진 비가 있다.
실험실에서 죽은 동물의 넋을
위로하기 위해 세운 탑인데,
마루타 같은 일제의 만행을 떠올려보면
일제가 이런 인간미 있는 탑을
세웠다는 사실이 꽤나 흥미롭다.

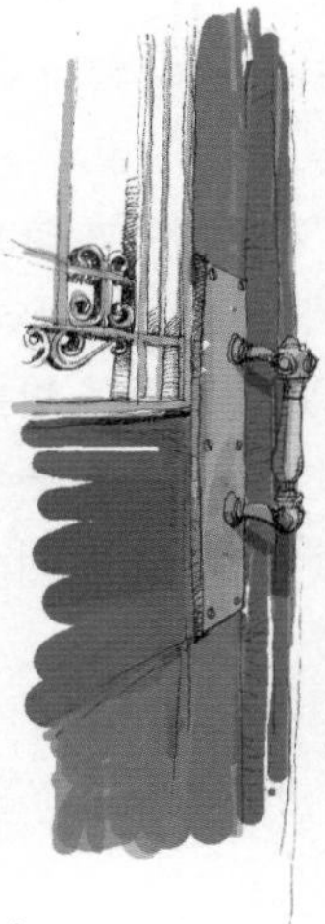

현관 문고리

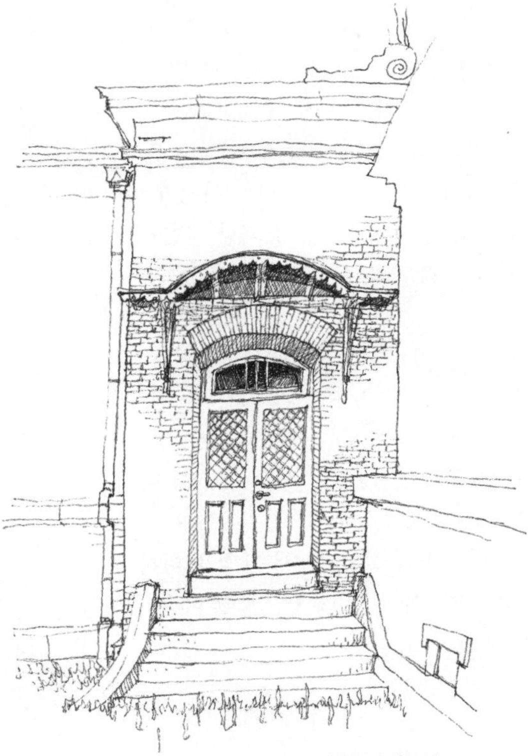

사용하지 않는 문.
계단 앞으로 맥문동이 만발했다.

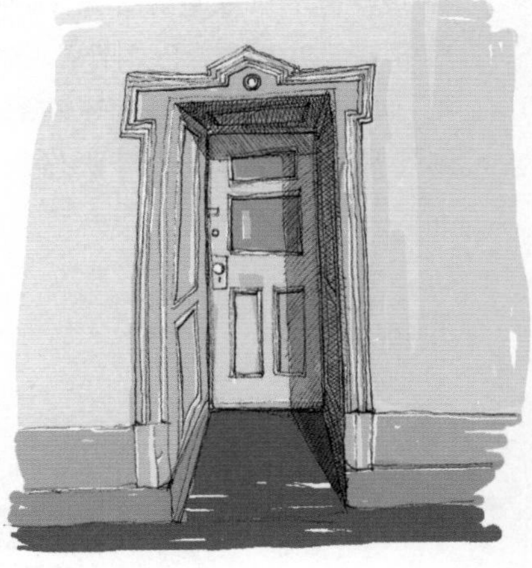

이 근처에서 살았다는 '남이 장군 이야기'도 빼놓을 수 없겠다. 억울하게 죽임을 당하면 그 원한이 이승을 떠돈다는 말이 있다. 무속신앙에서는 그렇게 억울하게 죽은 위인을 신으로 섬기곤 하는데, 고려 마지막 왕인 공민왕, 이성계에 맞서 싸웠던 고려 장군 최영, 단종을 몰아낸 수양대군에 저항해 생육신이 되어 전국을 방랑한 김시습 등이 대표적이다. 대강 면면을 보아도 할말을 잔뜩 품고 있을 것만 같다. 더불어 살았을 때부터 기가 세었다는 남이 장군도 빠지지 않는다.

태종의 외손자 남빈(南份)의 아들 남이는 무신이었는데 세조에게 두터운 신임을 얻어 스물여덟 살이란 나이에 지금의 국방부 장관 격인 병조판서까지 올랐다. 당시 평균 수명을 고려해보아도, 그렇게 젊은 나이에 병조판서라니! 대단한 인물이 아닐 수 없다. 하지만 너무 일찍 화려하게 핀 꽃은 일찍 져버린다 했던가. 어릴 적부터 사이가 좋지 않았던 예종이 즉위하자 유자광이 반역죄를 뒤집어씌워 병조판서가 되었던 같은 해에 고문으로 죽고 만다. 당시 남이 장군이 받은 형벌은 시행한 적이 극히 드물었다는 거열형. 거열형은 사지와 머리를 각각 소가 끄는 수레에 매단 뒤 소를 나아가게 하는 입에 담지도 못할 끔찍한 형벌이다. 당시 유자광이 반역음모의 증거로 든 남이 장군의 시를 살펴보면 다음과 같다.

> 男兒二十未平國 後世誰稱大丈夫
> 사나이 스무 살에 나라를 평정 못하면, 뒷세상에 누가 대장부라 하리오.

유자광은 '미평국(未平國)' 즉 나라를 평정하지 못한다는 글귀를 '미득국(未得國)' 다시 말해 나라를 얻지 못한다고 조작하여 반역의 증거로 제시했다.
남이 장군의 억울함은 지금쯤 어디를 떠돌고 있을까. 어쩌면 실험실에서 제명을 다하지 못한 채 사라져간 많은 실험동물들도 소에 매달리지만 않았을 뿐, 억울함으로만 따지면 무고죄를 덮어쓴 이 시대의 희생양은 아닐까.

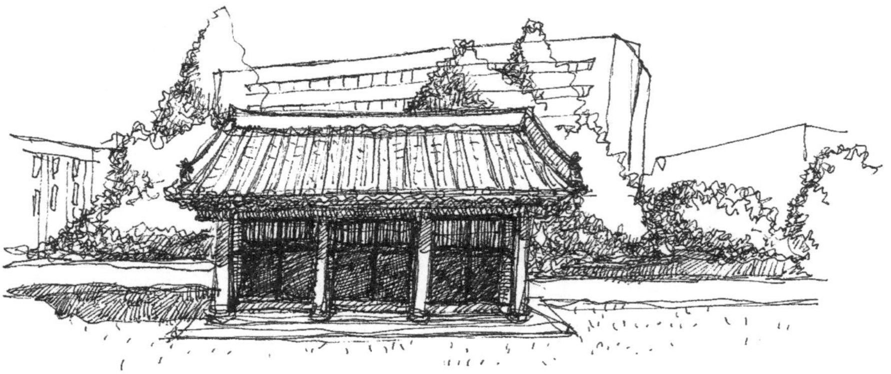

함춘문만 홀로 외로이...

나오는 길에 병원 내에 위치한 함춘원에 들렀다. 정조는 왕위에 오른 뒤, 억울하게 죽은 아버지 사도세자의 사당인 수은묘를 함춘원으로 옮겨와 경모궁이라 높여 불렀다. 사도세자를 장조로 추숭하고 신위를 종묘로 옮기면서 경모궁은 사실상 그 기능을 다한다. 후에 태조, 세조, 성종, 숙종, 영조, 순조 6성조의 어진을 이곳에 봉안했지만, 경성제국대학이 들어서면서 건물의 원형이 대부분 사라지고 한국전쟁 때 남은 옛 건물마저 불타버려 현재는 함춘문과 함춘원터만 남은 상태.

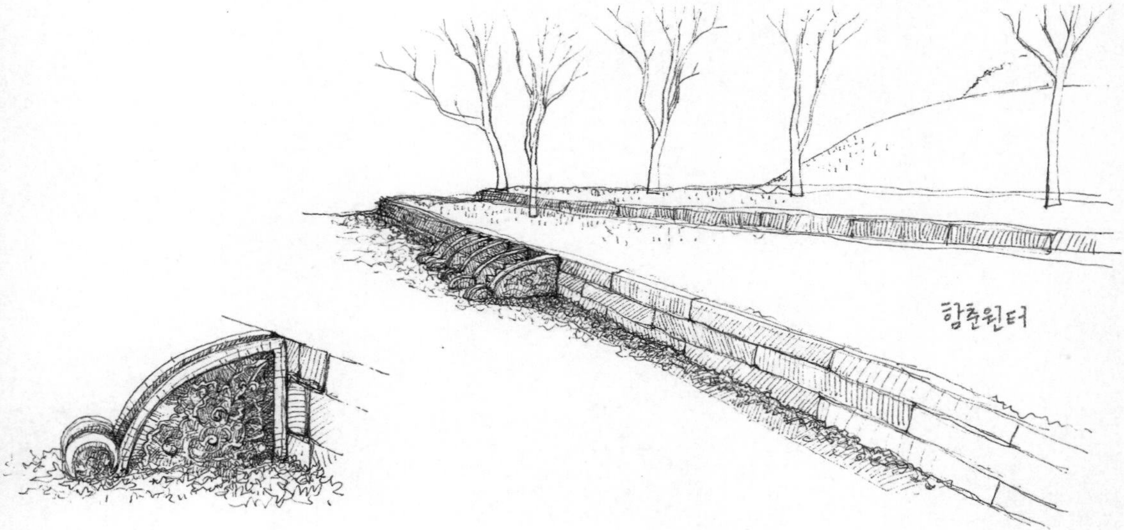


근처에 앉아 함춘원터를 스케치노트에 담는다. 그간 대학로의 소란스러운 분위기만 보았다면 가끔은 이런 이면을 보는 것이 혜화동 여행의 한 방법. 이름도 따분한 '대학로'가 조금은 진지하게 다가올 무렵, 바지에 묻은 낙엽을 털고 일어나 혜화역을 향해 걸었다. 저녁 바람이 스산하기만 했다.

11장

# 경교장

# 경교장 스케치

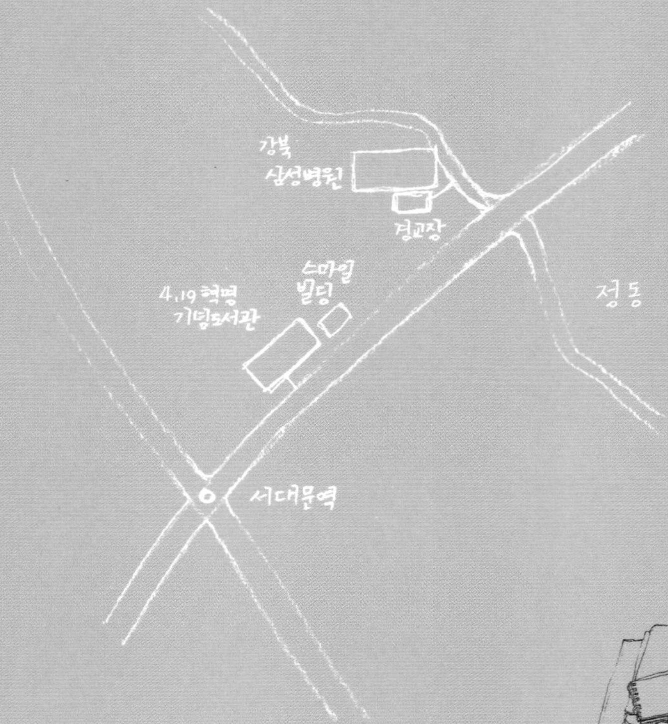


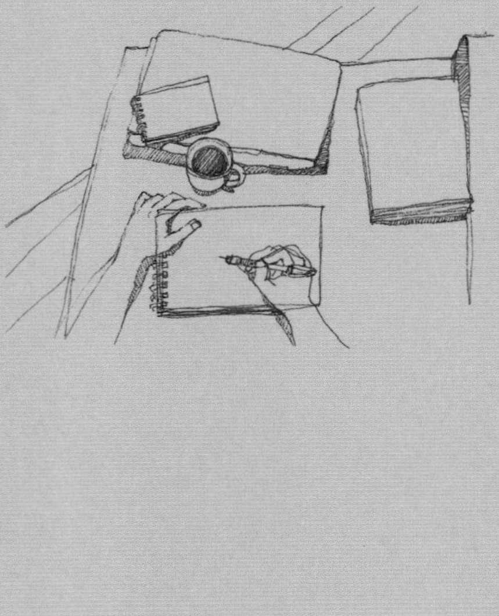

1996년 10월 23일 오전, 인천의 한 아파트에 '정의봉(正義棒)'이라는 글자가 새겨진 몽둥이를 든 남자가 들이닥친다. 당시 일흔아홉 살이었던 집주인은 남자가 휘두른 몽둥이에 맞아 운명을 달리한다. 그렇게 처참한 최후를 맞은 이는 안두희. 그가 1949년 백범 김구를 암살했을 때로부터 47년 뒤의 일이었다.
역사는 되돌릴 수 없다. 따라서 '만일 그랬다면 어땠을까?'라는 추측만큼 부질없는 일도 없다. 그럼에도 김구가 암살당했다는 사실에 많은 이들이 안타까워하는 것도 사실이다. 크게 보면 안두희도 결국 이데올로기가 낳은 피해자 중 한 사람. 죽기 전 배후라도 속시원하게 밝혔으면 좋았을 텐데. 추측하기가 그리 어렵지만도 않으니 허망한 고집이 씁쓸함을 더한다. 김구를 암살할 때 군인이었기에 안두희는 군 감옥에 수감되었는데 호의호식하다가 2계급 특진까지 하는 등 이해가 되지 않는 처분을 받았다. 얼마 후 한국전쟁이 일어나자 즉시 사면되어 군에 복귀, 참전하더니 전쟁 후에는 군납사업으로 크게 성공하여 생을 이어갔다.
역사란 늘 그런 식이다. 진실이 밝혀지는 것과는 별개로 새로운 역사가 그 위를 덮는다. 결국 힘있는 자가 승리하는 것처럼 보인다. 그러나 힘만으로 언제까지나 순리를 거스를 수는 없나보다. 반세기가 지난 지금 이승만은 독재자로 남았고, 김구는 민족의 등불로 기억되는 걸 보면.

## 경교장
## 가는 길

백범 김구의 발자취를 찾기 위해 경교장으로 향했다. 대한민국임시정부의 주석을 지낸 김구는 1945년 광복 이후부터 안두희에게 암살당한 1949년 6월 26일까지 경교장을 집무실 겸 숙소로 사용했다. 경교장이라는 이름은 당시 적십자병원 자리에 있던 경기감영(현 경기도청) 앞 개울에 놓인 다리 이름이 '경구교(京口橋)'라 이를 '경교'라고 줄여 부른 것에서 유래한다. 불과 50여 년 전만 해도 이곳에 개울에 경기도청까지 있었다니 쉽게 상상이 가질 않는다.

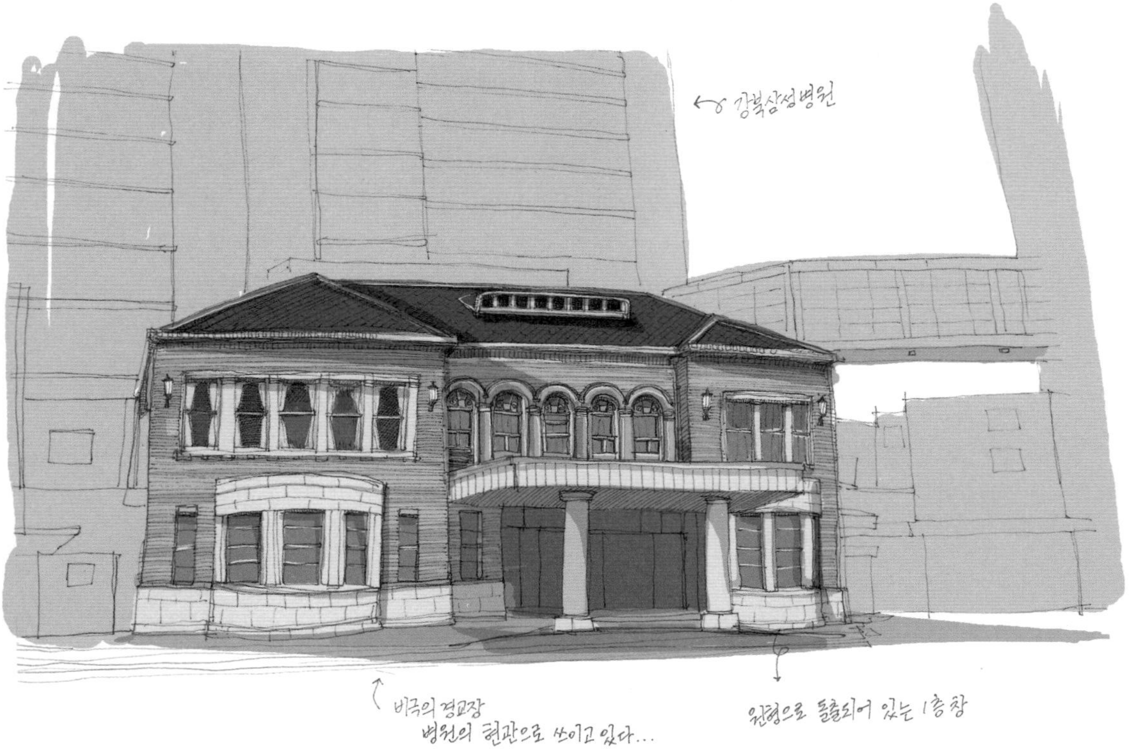


문화재 주변은 건축 규제가 까다로우므로 더 일찍 문화재로 지정되었더라면 이런 안쓰러운 모습이 연출되지는 않았으리라. 하지만 다행스럽게도 현재 서울시와 병원 측의 합의로 경교장은 원형대로 복원중이다. 백범 김구에 대해 더 알고 싶다면 용산의 백범기념관을 찾아보시길.

### 경교장

이럴 수가! 이 앞을 수없이 지나다녔으면서도 한 번도 들른 적이 없다니…… 그것은 나의 무심함 때문만은 아니리라. 경교장은 2005년 6월 사적 제465호로 지정되었으나 이 근처에 경교장이 있음을 알리는 안내표지판이 있기는커녕, 거대한 현대식 병원의 현관으로 쓰였으니 말이다.

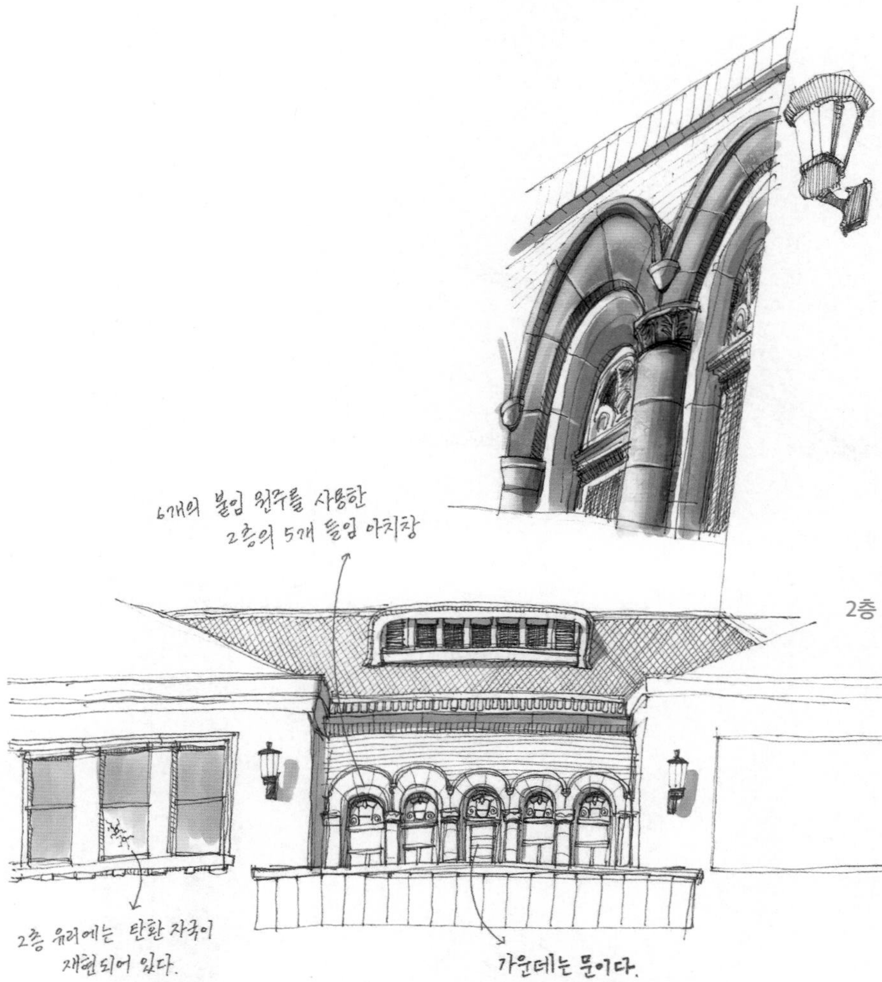


2층 모습

이 발코니로 나와 연설하곤 했다.

사전에 모르고 갔다면, 건물 내부에 백범기념실이 있다는 사실조차 쉽게 알 수 없었을 것이다. 일단 병원에 들어가야 하기 때문. 머쓱하게 2층으로 올라간다. 안두희가 백범 김구를 암살하기 위해 총을 들고 지났을 그 계단을 따라. 병원 중앙공급실 옆 2층 구석에 마련된 기념실은 초라하기 이를 데 없었다.

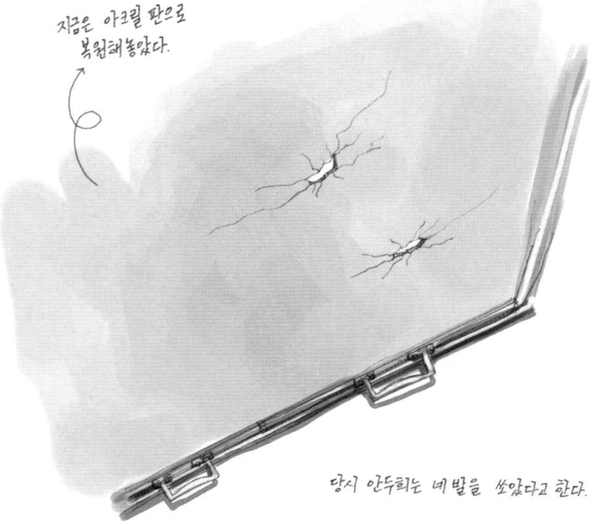


그는 이 자리에 앉아 창밖을
바라보며 독서를 즐겼다.

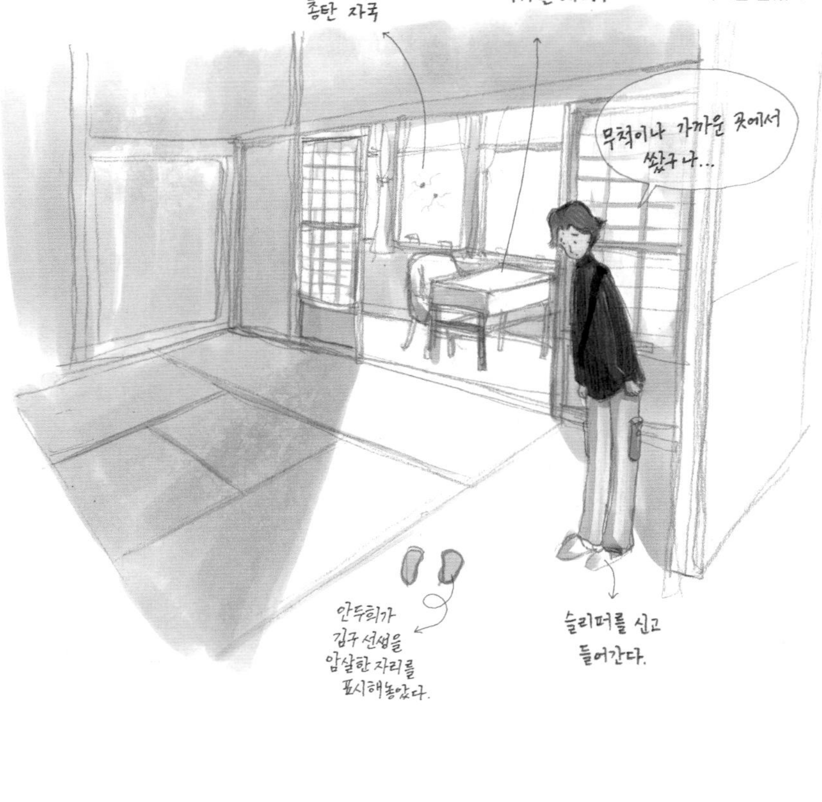

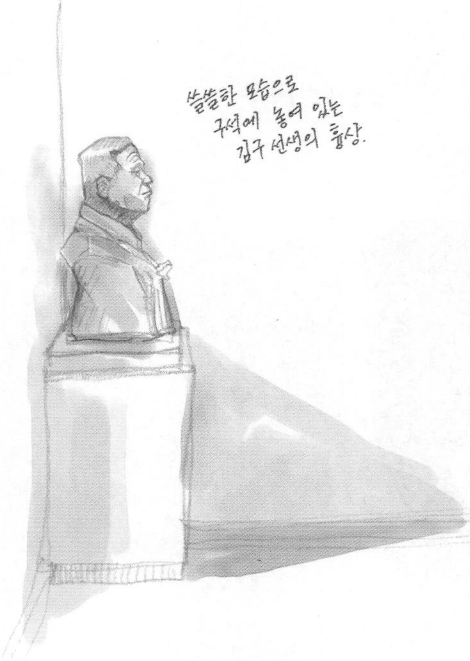


처음 임시정부가 광복을 맞아 중국에서 돌아올 때 조선총독부 건물이나 덕수궁을 청사로 사용하려 했다. 하지만 미국이 이를 허락하지 않아 부득이 거처로 기증받은 경교장을 청사로 사용하게 되었다. 이승만 대통령이 살았던 이화장은 여전히 잘 보존되고 있는데, 그에 비해 경교장은 홀대받고 있어 더 초라해진다.

우리 헌법 첫머리에 나오는 말. "우리 대한민국은 3·1운동으로 건립된 대한민국임시정부의 법통과 불의에 항거한 4·19민주이념을 계승"한다. 그런 말이 무슨 의미가 있을까. 국회의원들이 가장 감명 깊게 읽었다는 책 『백범일지』. 너무도 잘 알려진 한 부분을 발췌해본다.

세 가지 소원

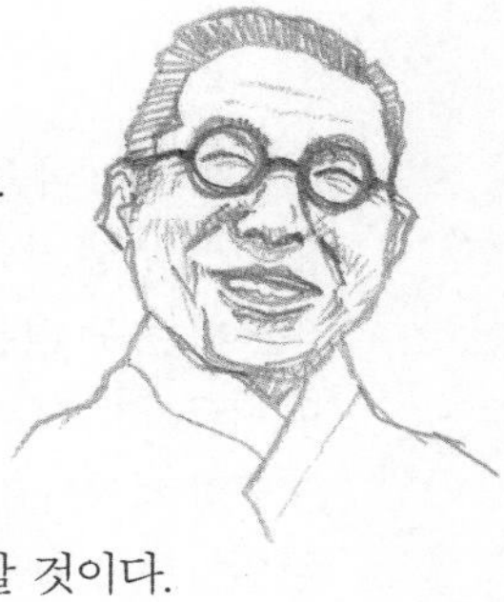

"네 소원이 무엇이냐?" 하고 하느님이 물으시면,
나는 서슴지 않고 "내 소원은 대한독립이오" 하고, 대답할 것이다.
"그다음 소원은 무엇이냐?" 하면,
나는 또 "우리나라의 독립이오" 할 것이요,
또 "그다음 소원이 무엇이냐?" 하는 세번째 물음에도,
나는 더욱 소리를 높여서
"나의 소원은 우리나라 대한의 완전한 자주독립이오" 하고 대답할 것이다.

그가 떠난 지 60여 년.
아직도 자주독립은 멀어만 보인다.

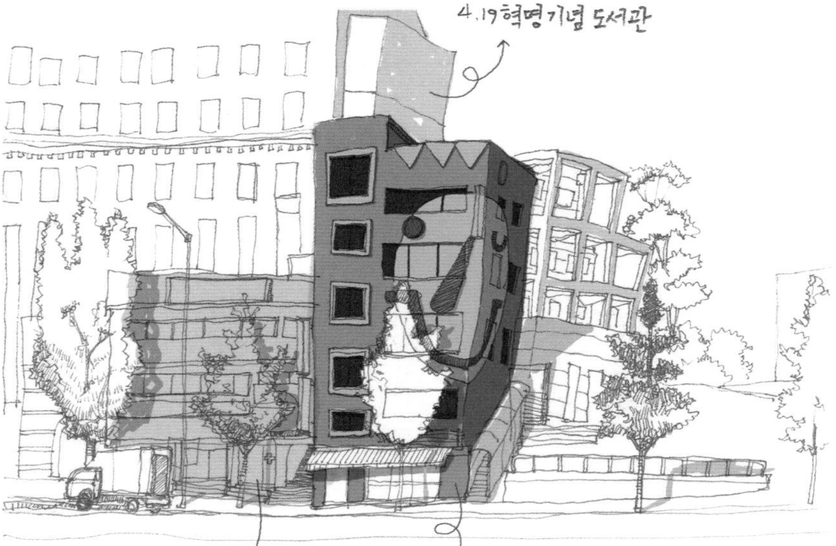


경교장 근처에서 발견한 웃는 얼굴이 그려진 빌딩.
도시의 활력은 작은 변화에서부터 시작된다!

당시 미국이 이승만의 후계자로 지목할 정도로 실세였던 이기붕. 대통령비서실장과 서울시장, 국방부장관까지 역임한 명실상부 이승만 정권의 제2인자였다. 하지만 계속되는 부정선거를 더는 못 참은 성난 시민들이 1960년 4월 19일에 일어났다. 이 혁명으로 224명이 죽었고 지금까지 수많은 사람들이 육체적, 정신적 피해로 고통받고 있다. 4·19혁명으로 이승만은 급히 하와이로 망명하였고 이기붕 일가는 경무대(지금의 청와대) 지하에 숨어 있다가 며칠 후 일가족이 모두 자살로 생을 마감한다. 대통령 임기제인 우리나라에서 누가 청와대에서 눈을 감을 수 있을까? 그렇게 권력을 누리고 싶어한 사람이 청와대에서 삶을 끝마친 것이 그저 아이러니일 뿐. 지금도 그 건물에서 한번 살아보고 싶어하는 많은 정치인들을 본다. 과연 당선되어 5년간 그 집에 살면서 지하실 한 번 내려가본 대통령은 있을지 궁금해진다.
어찌되었든 그때 부정선거의 원흉으로 불렸던 이기붕의 집이 있던 곳이 지금의 4·19혁명 기념도서관 자리다. 국가에 의해 강제몰수된 뒤 여러 차례 경매에 나왔으나 아무도 매수하려는 이가 없어 결국 4·19유족회에서 사들여 도서관으로 만들었다.

경교장 근처에 최초의 공중전화가 설치됐었다.

1903년까지 전국에 한성, 인천, 개성, 평양 등을 비롯해 10개소 정도에 공중전화가 설치되었는데 그중 한 곳이 경교 근처 사거리였다. 사용료는 5분에 50전이었고, 뒷사람이 기다릴 경우 10분 이상 통화할 수 없다는 규정도 있었다. 전화기 바로 옆에는 장리(將吏, 조선시대 관리)가 앉아 통화 내용을 듣고 감시했다는데 기밀탐지를 위한 것이 아니라 서로 보이지 않는다 하여 상대방에게 욕을 하거나 도의에 어긋난 말을 해 언쟁이 벌어지는 것을 미연에 방지하기 위함이었다 하니, 오늘날처럼 휴대전화가 일상이 된 우리에게 많은 것을 생각하게 한다. 소리 없는 문자와 얼굴 없는 음성으로 우리는 얼마나 배려라는 것을 잊고 살아왔던가.

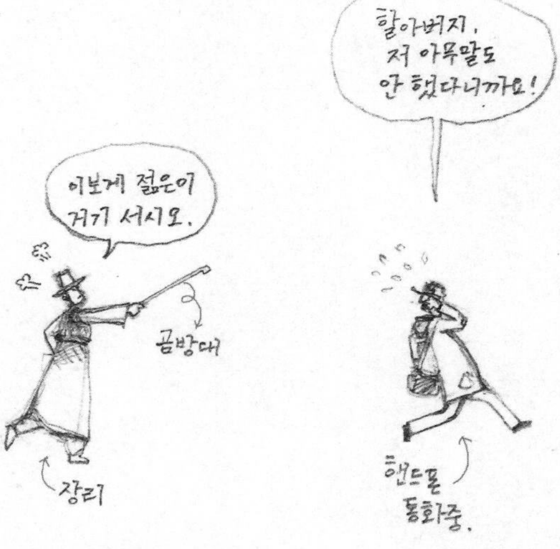


휴대전화와 장리
지금도 장리가 있다면 세상은 얼마나, 어떻게 변해 있을까?

12장

# 딜쿠샤

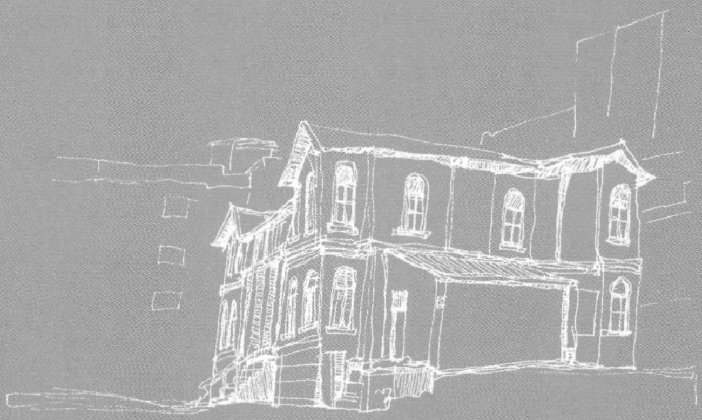

DILKUSHA, 딜쿠샤.
힌두어로 이상향이라는 뜻.
이 생소한 단어를 아는 사람이 우리나라에 몇이나 될까. 이국적인 모습을 한 이상향은 종로구 행촌동의 어느 골목, 빽빽한 다세대주택 사이에 끼어 금방이라도 쓰러질 듯 낡은 모습으로 서 있었다. 텔레비전에서 우연찮게 딜쿠샤를 다룬 다큐멘터리를 봤을 때 가장 인상 깊었던 것은 딜쿠샤 앞을 지키는 거대한 은행나무였다. '저 좁은 골목에 저 큰 은행나무가 잘도 서 있구나'라는 어떤 경이로움.
사람만큼이나 고달픈 생을 사는 서울의 나무들이여!

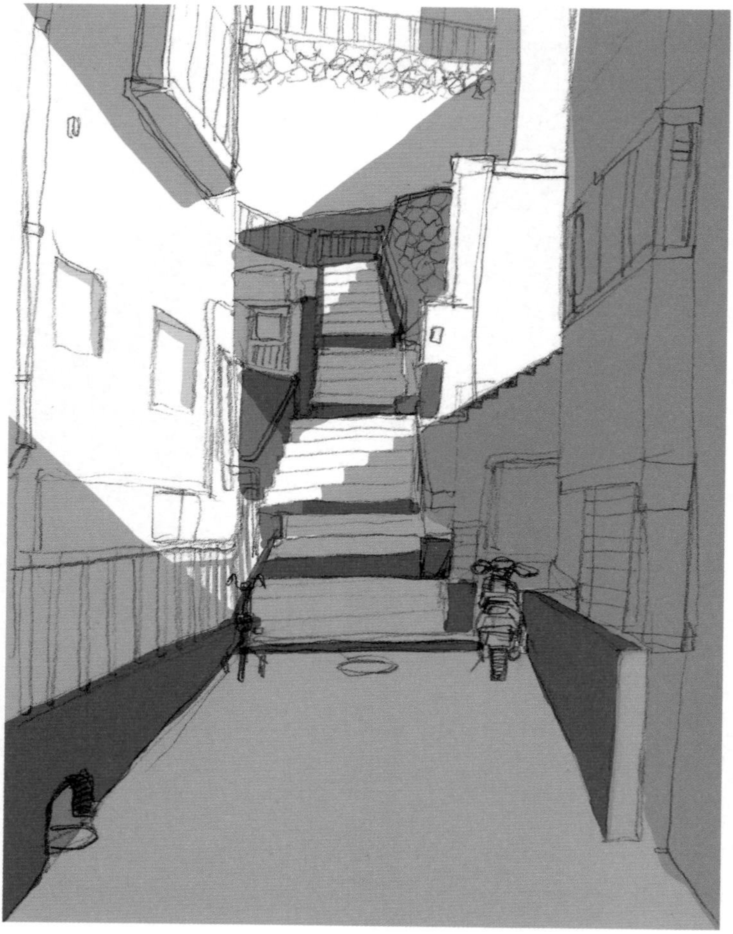

행촌동 골목길
파란 띠를 따라 올라간 계단 너머에는 21세기 한국형 '오즈의 나라', 다세대주택으로 꾸려진 동네, 행촌동이 있다.

## 서울,
## 이상향

딜쿠샤를 지키는 이 나무에 대한 궁금증은 무작정 며칠 후 3호선 독립문역으로 나를 데려갔다. 지금 생각하면 참 무모했다 싶은데, 당시에는 큰 나무니 지나가는 사람에게 물으면 누구라도 위치를 알려줄 것이라 여겼다. 이렇게 순진하다니! 옆집에 누가 사는지도 관심 없는 서울 사람들이 동네에 있는 나무를 알 것이라 생각한 나는 큰 대가를 치러야 했다. 행촌동 일대를 돌고 돌다가, '딜쿠샤'를 '귀신 나오는 집'으로 가르쳐준 이가 있었으니 바로 동네 작은 부동산 주인 할머니였다. "거기 귀신 나올 것 같이 으스스해. 앞에 큰 나무도 있어서 어렵지 않게 찾을 거예요"라며 할머니는 들고 있던 효자손으로 벽면에 걸린 커다란 지적도를 콕콕 짚으며 알려주셨다.

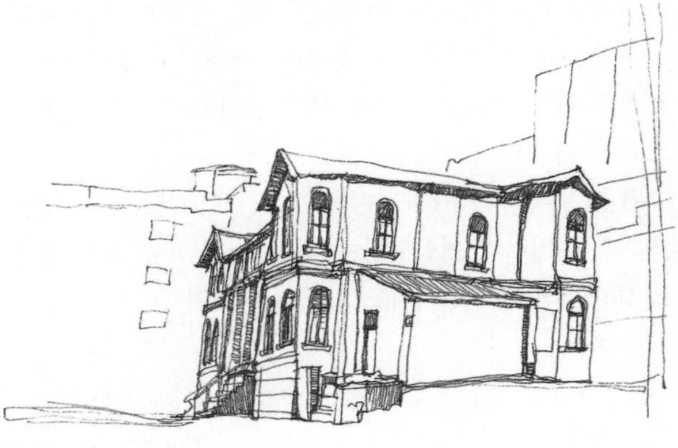

DILKUSHA
행복한 마음, 기쁨, 이상향
— 힌두어

부동산에서 손수 그린 약도를 들고 나무를 찾아가며, 동네 사람들이 왜 이 나무를 잘 모르는지 조금은 이해가 되었다. 연립주택에 둘러싸인 좁은 골목을 지나자 거짓말같이 400년도 훨씬 넘게 살고 있는 커다란 은행나무가 턱, 하고 나타났다. 그리고 그 앞에 다 쓰러져가는 붉은 벽돌건물 하나. 나무만큼이나 인상적인 딜쿠샤가 거기에 있었다.
드디어 이상향에 도달했구나. 안도의 한숨이 나왔다.

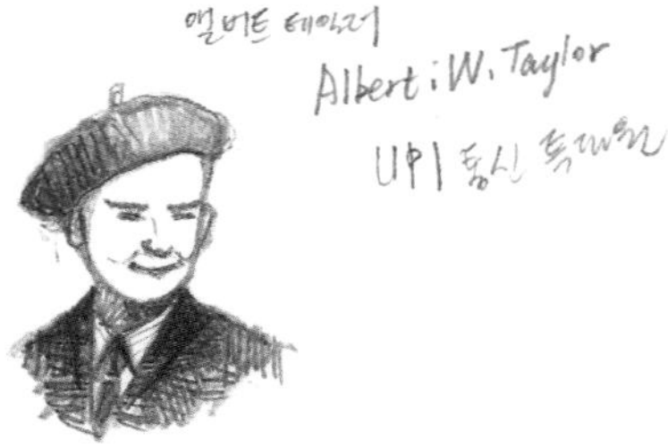


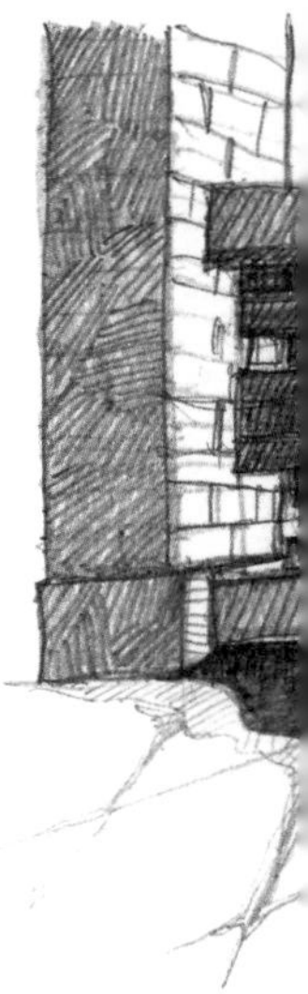

딜쿠샤의 주인이었던 앨버트 테일러의 이야기는 구한말인 1896년, 그의 아버지 조지 테일러가 탄광일 때문에 평안도에 들어오며 시작된다. 그렇게 한국생활을 시작한 앨버트는 서울에서 UPI통신 특파원과 수입품 판매상을 겸하며 아들 브루스를 낳고 이 집을 지었다. 집의 이름은 한국에 오기 전 아시아를 돌 때 인상 깊게 본 인도의 궁전 딜쿠샤에서 따왔다.

앨버트는 한국의 독립운동을 최초로 세계에 타전했다고 알려진 사람이다. 당시 일본 경찰의 눈을 피해 갓 태어난 브루스의 요람 밑에 「3·1 독립선언서」를 숨겨두었다는 이야기나, 일본에 가는 동생의 구두 뒷굽에 「3·1 독립선언서」를 숨겨 도쿄에서 기사화했다는 이야기는 꽤 유명하다. 이런 일련의 사건 때문에 결국 앨버트는 6개월간 감옥생활을 한 뒤 국외로 추방된다. 1948년 심장병으로 미국에서 세상을 떠났으나 한국에 묻히고 싶다는 유언에 따라 양화진 외국인 선교사 묘지에 있던 그의 아버지 곁으로 돌아왔다.

그뒤 딜쿠샤라는 각자(刻字)를 가진 이 건물은 오랫동안 세상으로부터 잊혀졌다가 브루스 테일러가 여든일곱 살의 나이로 서울을 다시 찾으면서 베일을 벗는다. 내가 본 텔레비전 다큐멘터리도 그때의 이야기였다.

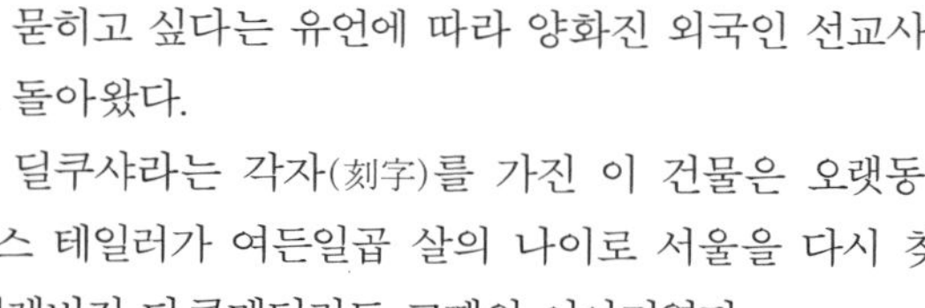


66년 만에 다시 서울을 찾은 브루스가 한 말.
1919년 2월 28일 서울 세브란스병원에서 태어난 그는
서울의 발전한 모습을 극찬했다.
서울시 명예시민증도 받았다.

## 딜쿠샤 정면

집의 모양새나 딜쿠샤라는 이름만 봐도 우리나라 사람이 만든 건 아니겠구나라고 쉽게 추측할 수 있다.

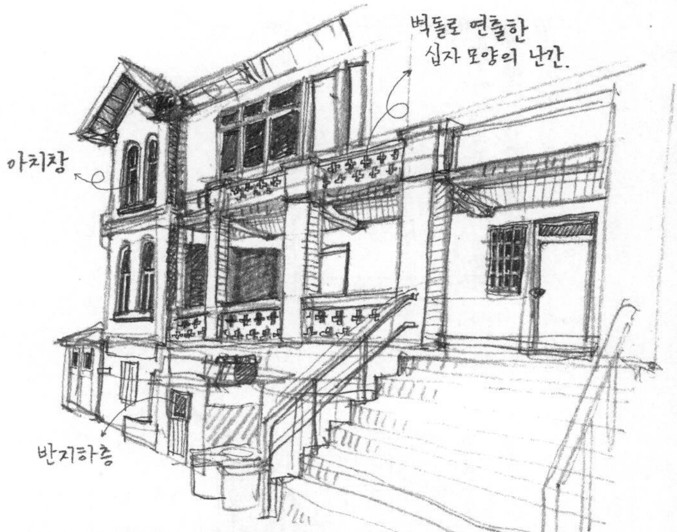


이 낡은 집에는 형편이 어려운 열일곱 가구가 한 지붕 아래 함께 살고 있다.

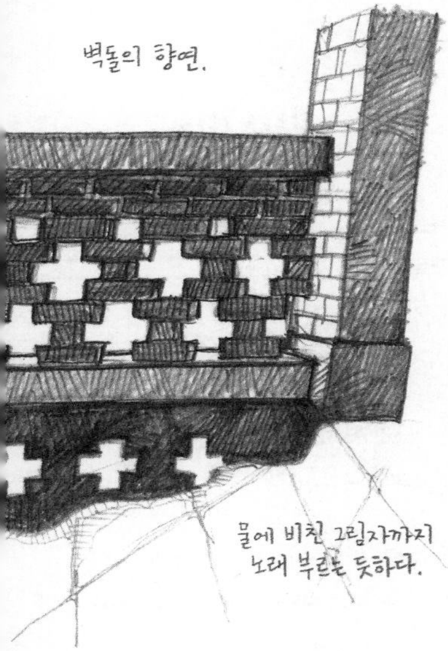


## 딜쿠샤 난간

일본 건축가들이 한국건축에서 부러워하는 것 중 하나가 벽돌집이다. 일본은 워낙 지진이 잦아 지진에 약한 벽돌집을 구상하기가 쉽지 않다. 그 방편으로 집에 콘크리트나 철골로 뼈대를 세운 후 벽돌을 붙이기도 한다.

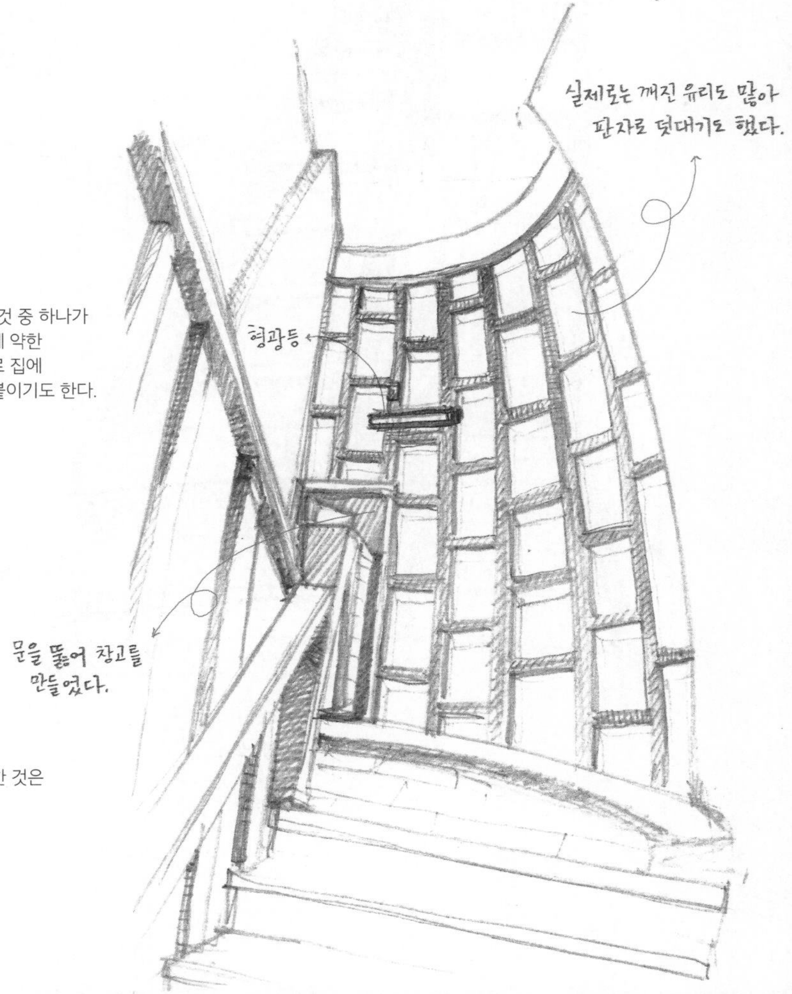


2층으로 올라가는 계단을 둥글게 인테리어한 것은 당시 우리나라에서는 파격이었을 것이다.

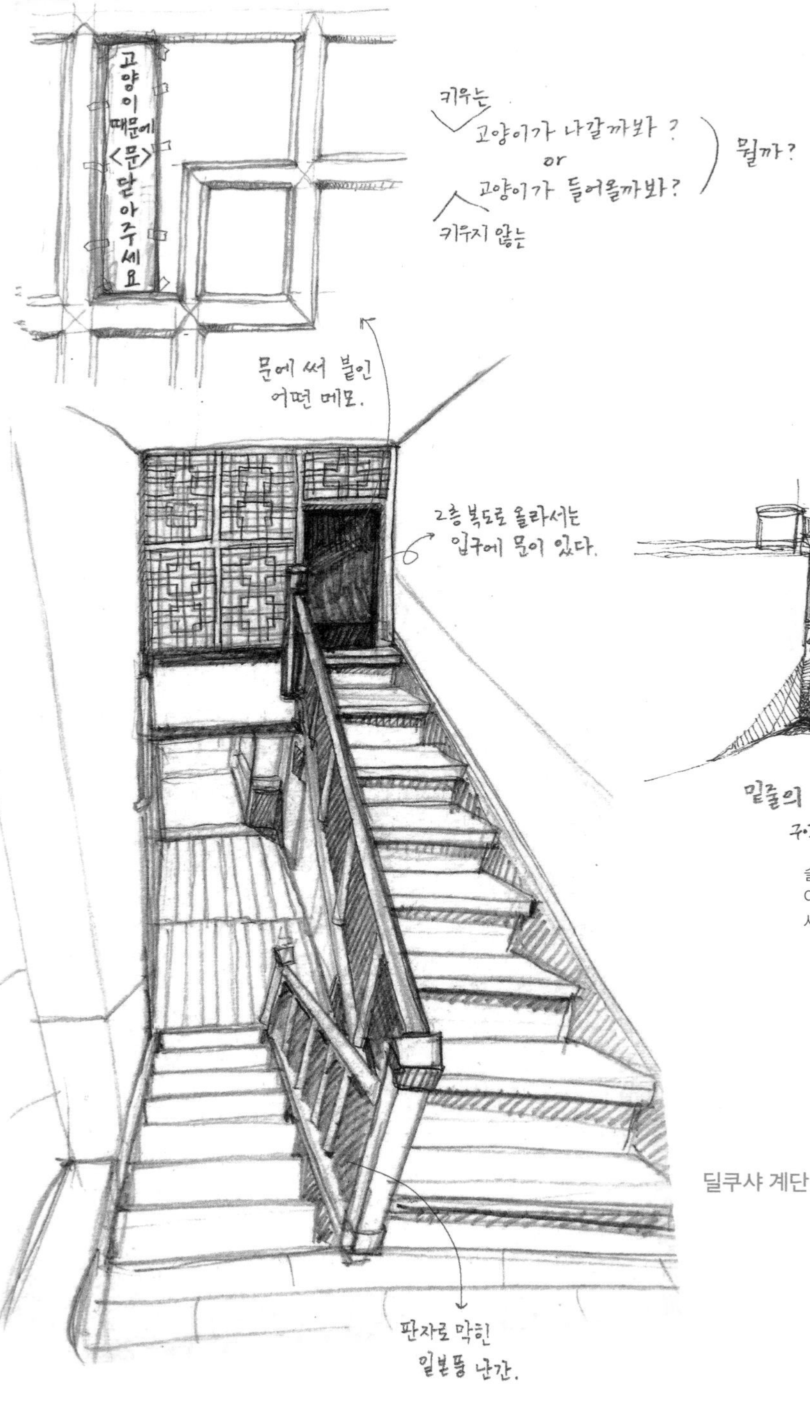


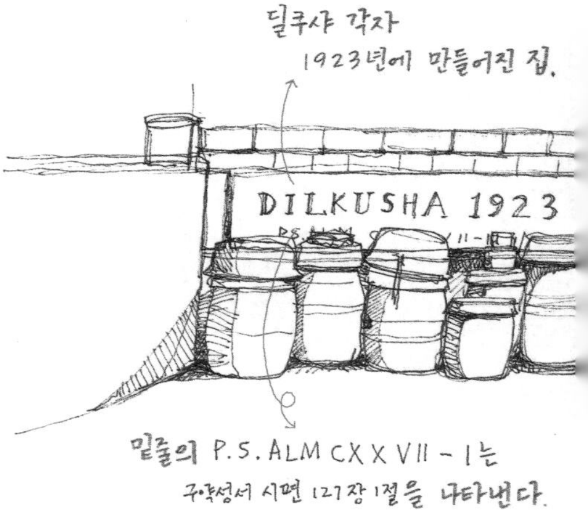


솔로몬의 시.
여호와께서 집을 세우지 아니하시면
세우는 자의 수고가 헛되다.

딜쿠샤 계단

## 이름을 지어
## 부르는 일

영화 〈티파니에서 아침을〉에서 오드리 헵번은 이렇게 말한다. "이사를 가면 제일 먼저 내 고양이에게 이름을 지어줄 거예요." 생명이 있든 없든, 무언가에 이름을 붙이는 일. 그렇게 이 세상에 의미를 부여하는 일처럼 근사한 게 또 있을까?
우리의 옛 선조들은 집부터 시작해, 각 건물과 심지어 문에도 이름을 지어 커다랗게 써서 걸어놓았다. 없던 것이 생겨나고 그에 맞는 이름을 짓기 위해 고민하는 시간, 어쩌면 그들과 함께 살아갈 사람으로서 기본적인 예의가 아닐까.
요즘은 사물의 이름 때문에 고민하는 이가 많지 않다. 그래도 내게는 여전히 이름을 붙여주는 몇 가지 품목이 존재한다. 그중 하나가 자동차.

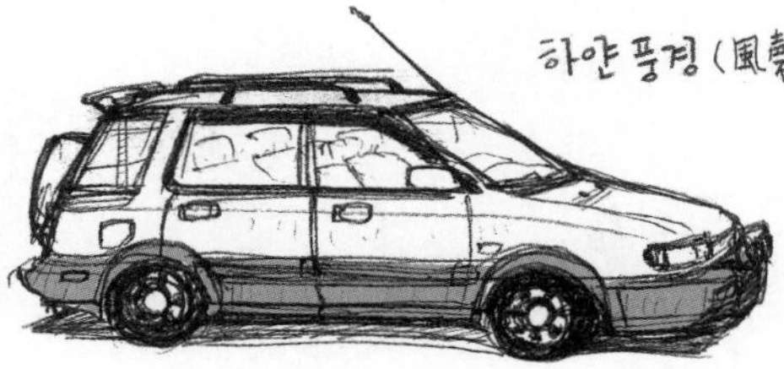


이제는 10여 년도 더 된 낡은 자동차지만, 처음으로 새 차를 사서 좌석에 씌워진 비닐을 뜯으면서 느꼈던 그 감동을 잊을 수 없다. 어떤 이름을 붙일까 한참을 고민한 끝에 '하얀 풍경(風磬)'이라는 이름을 붙였다. 풍경은 바람이 불면 소리를 내는 작은 종. 달리면서 바람을 가장 잘 느낄 수 있는 게 녀석이 아닐까. 비록 종소리 대신 요란한 자동차 엔진음을 쏟아내지만.

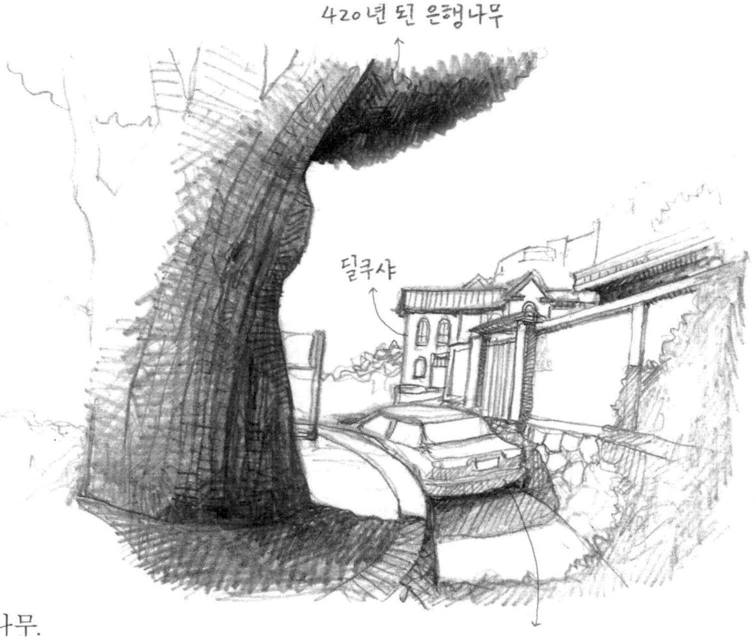


## 딜쿠샤의 나무

딜쿠샤 앞에 있는 은행나무는
권율 장군의 집터에 있었다는 나무.
권율 장군은 조선 중기의 인물로 임진왜란 때
바다에 이순신이 있다면, 육지에는 권율이 있다고 할 정도로
명장이었다. 특히 수적으로 열세였으나 지형지물을 활용해
대승으로 이끌었던 수원성 전투나 행주산성 전투는 전술의 중요성을
잘 보여준다. 임진왜란 이후 일본에 간 통신사의 말에 의하면
당시 이순신과 권율의 이름만 꺼내도 울던 아이들이 울음을 멈출
정도였다고 하니, 두 장군의 기세가 어느 정도였는지 짐작된다.

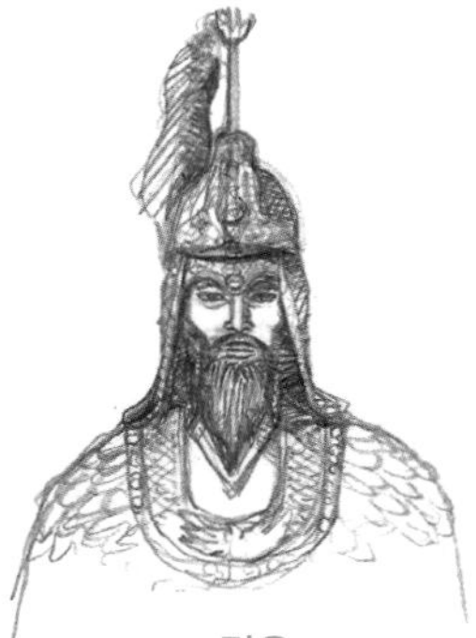

**권율**

권율은 이항복의 장인으로도 잘 알려져 있다.
마흔여섯 살이라는 늦은 나이에 출사해 관직에 오른
대표적인 늦깎이 공무원이었다.

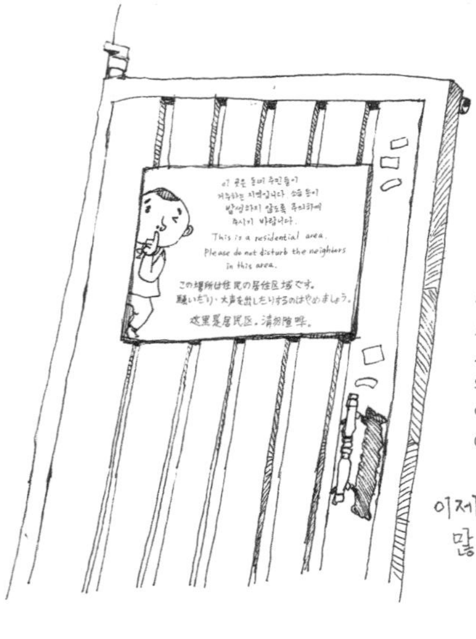


**소음 금지 표지판**

요즘은 딜쿠샤를 찾는 사람이 많은지 안내판도
새로 만들어지고, 근처 대문에 소음 자제 표지판도 붙었다.
왠지 또하나의 비밀공간이 들추어진 듯하다.
연립주택 쪽 문은 사람들이 많아짐에 따라 지금은
아예 폐쇄해버렸다.

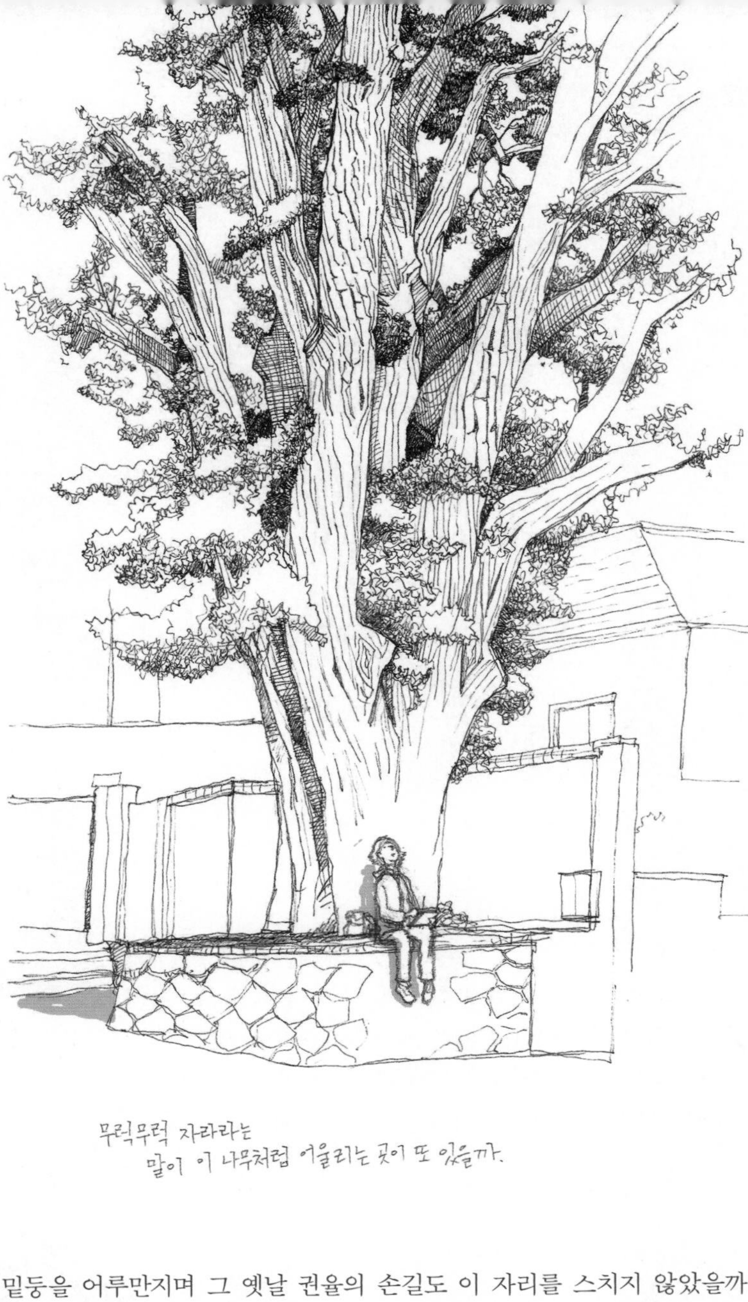

무럭무럭 자라라는
말이 이 나무처럼 어울리는 곳이 또 있을까.

잠시 나무 밑둥을 어루만지며 그 옛날 권율의 손길도 이 자리를 스치지 않았을까 생각했다. 나무는 세월을 거치며 계속 자라나니 나무에 머물렀을 그의 손길은 저 위 어디쯤이겠지만 옛사람과 이렇게나마 연결고리가 있다는 것에 감사했다. 나무 아래 축대에 걸터앉아 딜쿠샤를 스케치노트에 담는다. 그 옛날 권율 장군도, 오래전 앨버트도 느꼈을 이 기분. 몇백 번의 여름이 지난 후에도 누군가 이 자리에 앉아 지금보다 더 커진 나무가 만든 그늘 아래에서 느낄 수 있기를 소망해본다.

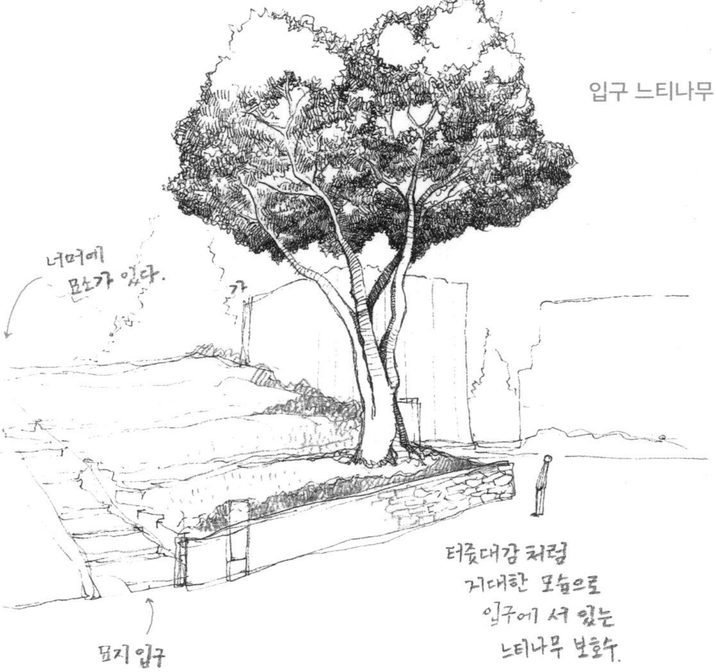


입구 느티나무

양화진 외국인 선교사 묘원

가을이 시작될 무렵 양화진 외국인 선교사 묘원에 들렀다. 양화진 묘원은 외국인들이 배를 타고 와서 한양에 처음 내렸던 양화진 포구에 자리한다. 아마도 그리운 먼 고향을 향한 출발지 같은 의미도 지녔으리라. 양화진에 도착한 외국인들은 돈의문(서대문)을 통해 한양으로 들어갔는데, 이 때문에 정동에 외국인 부락이 생겼다.

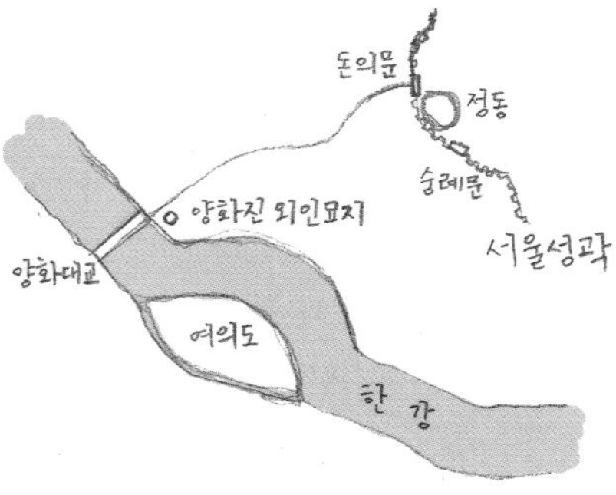

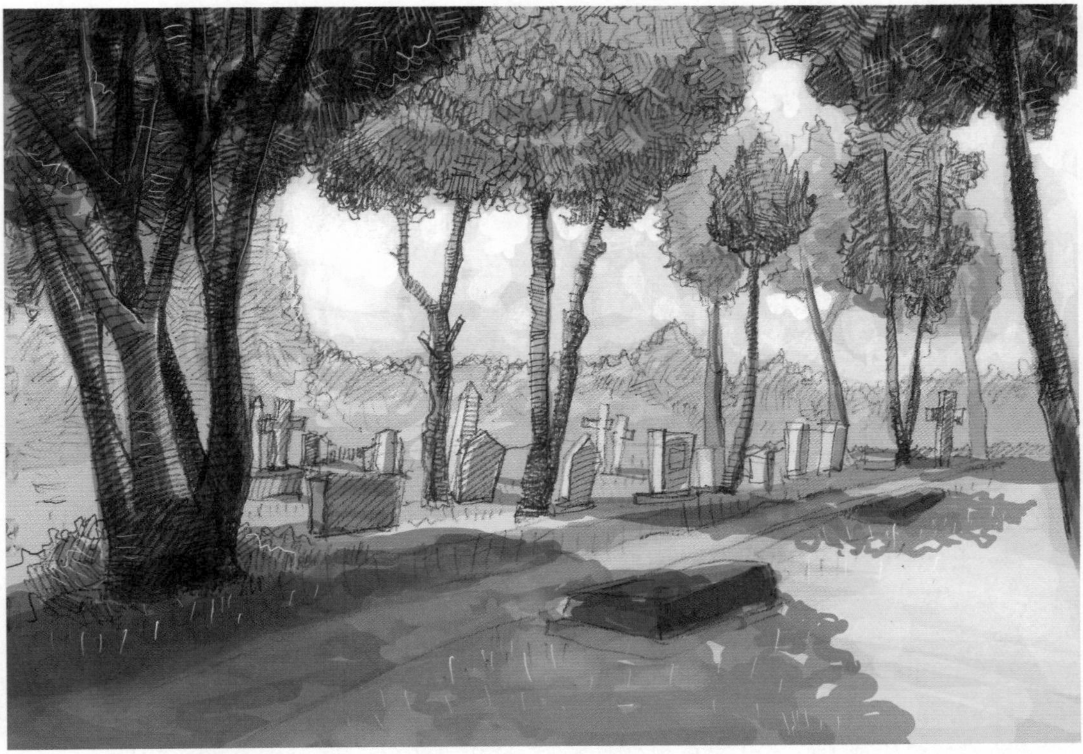

외국인 묘지를 가보면 우리네 공동묘지와는 사뭇 다른 느낌이다. 왠지 우리에게 무덤은 가능한 한 멀리, 때로는 명당이라는 이름으로 산속 깊이 숨어버리는 존재인데, 그들의 묘는 일상에 함께한다. 외국에서 종종 도시 한가운데 공원처럼 자리한 묘지를 찾아 묘비 사이를 거닐다보면 죽음도 그리 멀리 있지 않구나 싶어진다.
양화진 묘원도 복잡한 서울 한복판에 차분하게 어우러져 있었다. 파란 가을 하늘 아래 묘비 사이로 난 작은 길에 앉아 그림을 그렸다. 과거 어느 날 배가 들락거렸을 양화진 포구는 이제 8차로 강변도로가 시원스레 뚫려 자동차 소음만 끊임없이 토해냈고, 어디서 날아왔는지 산비둘기 두 마리가 근처를 천천히 걷고 있었다. 그 풍경은 모두 그림처럼 느릿하게, 때로 멈춘 듯 정지해 있었다. 가느다란 10월의 햇살이 아직 떨어지지 않은 나뭇잎 사이로 반짝거리며 비추던 어느 묘비에 쓰여 있던 말.

신이시여.
길고 긴 빛은 끝나고 이제 여기에서 휴식을 가집니다.

테일러가(家)의 묘지는 생각보다 찾기 어려웠다. 묘역 안내판에 당연히 있을 거라 생각해 안내판만 확인하며 돌아다닌 것이 판단 착오. 업적에 경중(?)이 없을 수 있겠냐마는, 묘역 안내판에 이곳에서 잠든 모든 이의 명단이 없다는 점은 아쉽다. 결국 하나씩 묘비명을 읽어내려갔다. 전에도 이곳을 찾았었지만, 목적을 갖고 거니니 더 많은 것이 보였다. 친절하게 설명된 안내판을 하나하나 읽으며 우리 역사에서 사라진 많은 외국인을 만났다. 그런데 꼭 이렇게 무덤에까지 안내판을 만들어 업적이라 할 만한 것을 일일이 나열해야만 했나 싶기도 했다.

테일러 묘비는 마지막에 있었다.

양화진 묘소를 자세히 둘러보라는 뜻이었을까. 묘하게 반대쪽부터 돌기 시작해 마지막에 다다르니 그의 이름이 보였다. 묘비에 쓰인 글을 읽어보았다. 영어 고어(古語)로 써 있었다. 나중에 돌아와 검색해보니 셰익스피어가 죽음의 평안함에 대해 이야기한 「태양의 열기를 더이상 두려워하지 마라Fear no more the heat o'the sun」라는 시의 한 구절이었다.

> thou thy worldly task hast done, Home art gone, and ta'en thy wages.
> 그대여, 그대는 이 세상의 모든 일을 마치고 돌아가 보상을 받았다.

글을 수첩에 옮겨 적고 한동안 그 앞에 앉아 있었다.

이상향.

그 한 단어를 매개로, 이미 끝을 맺은 이상향과 아직 진행중인 이상향이 서로 마주하고 있었다.

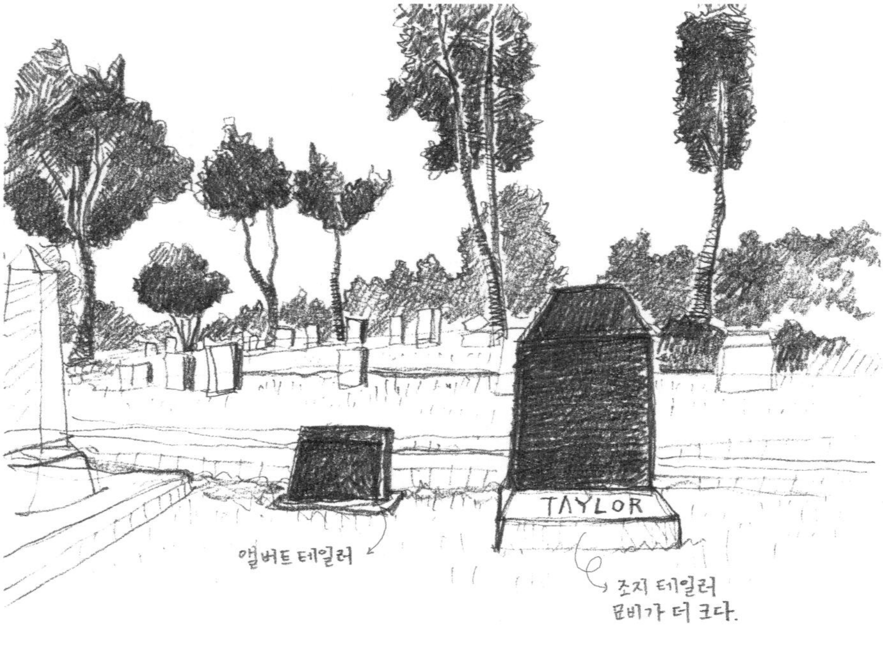

## 딜쿠샤 주변 스케치

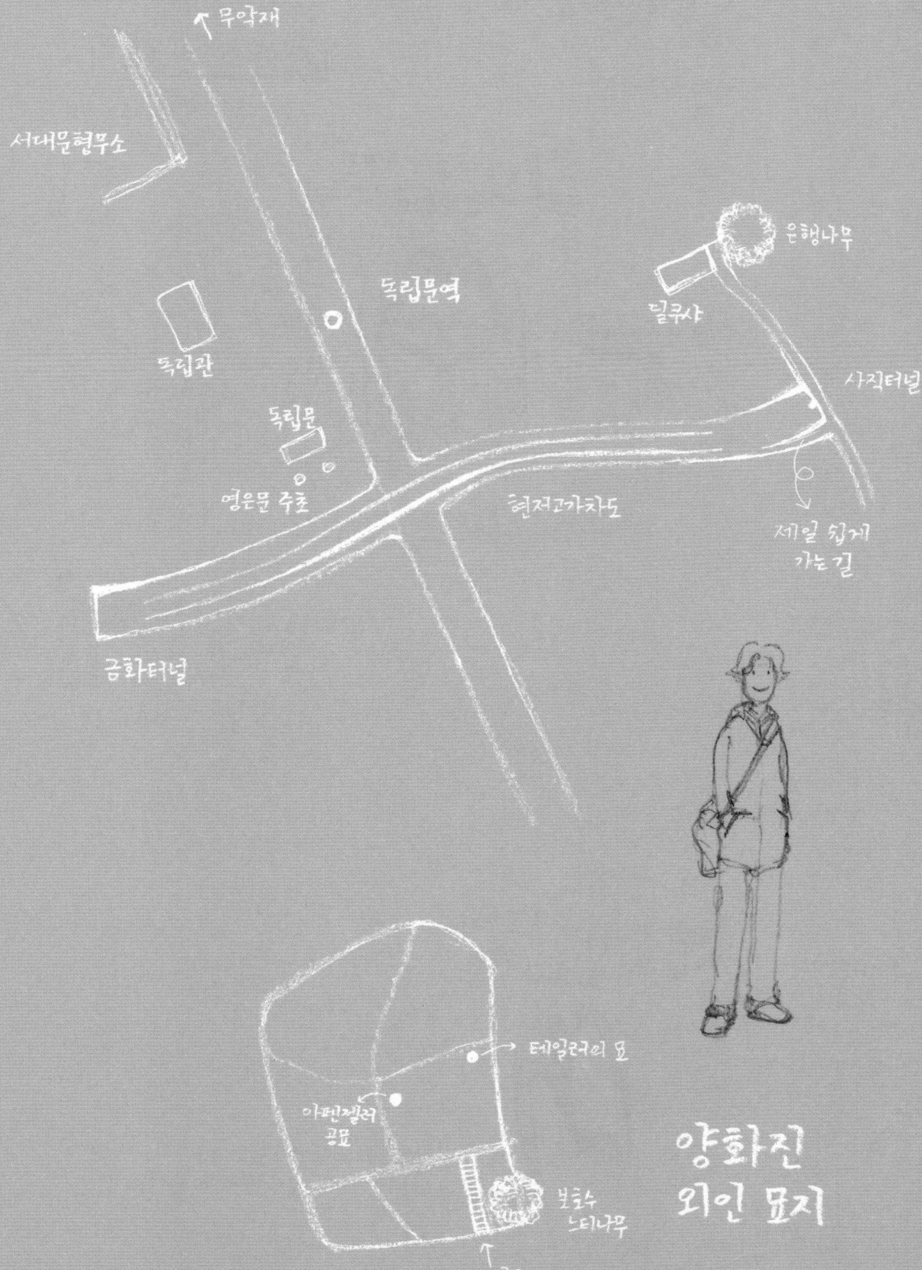
무악재
서대문형무소
은행나무
딜쿠샤
독립문역
독립관
사직터널
독립문
영은문 주초
현저고가차도
제일 쉽게 가는 길
금화터널
테일러의 묘
아펜젤러 공묘
보호수 느티나무
입구
양화진 외인 묘지

# 독립문

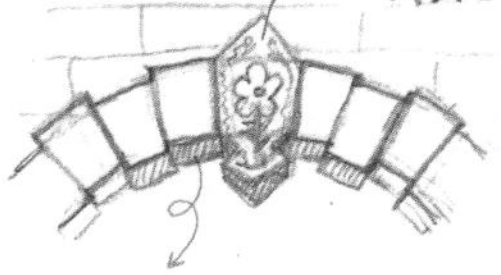


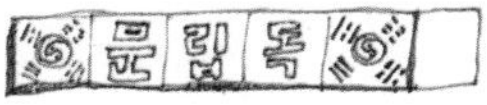


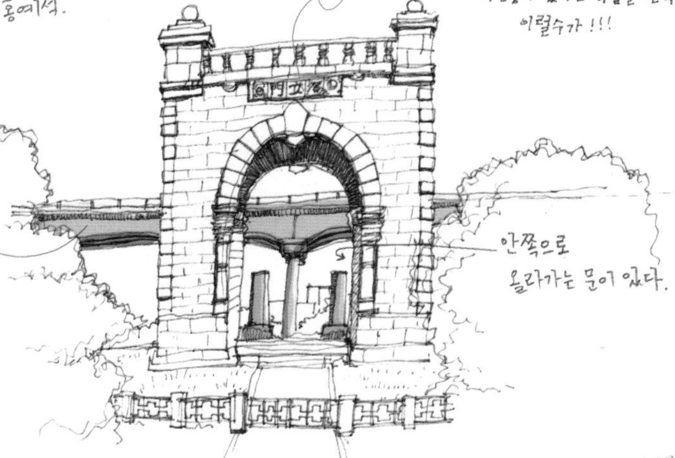


독창적이지 못한
독립문 디자인이
아쉽기도 하다.

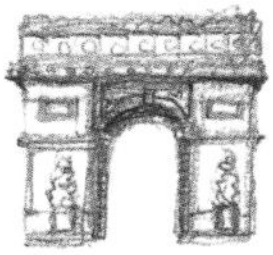


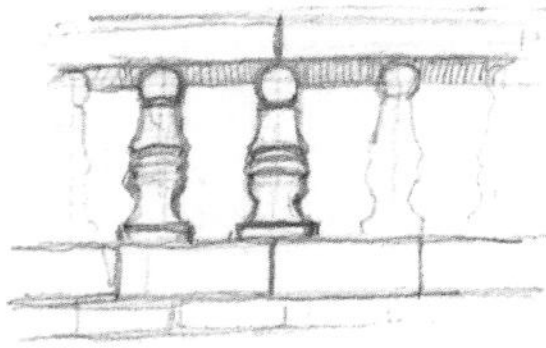


동양적인 느낌의 난간.

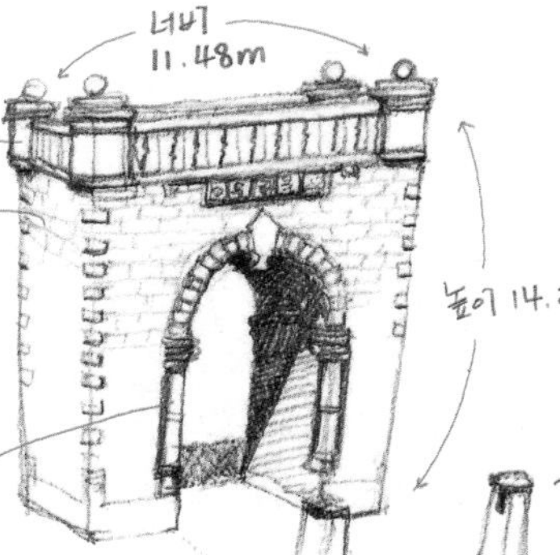


1928년 일본이 보수하면서 상부를
헐어내고 철근 콘크리트로 대체.

아치의 단조로움을
깨기 위해 넣어줌.

독립. 누구로부터의 독립일까?
의외로 이 독립문에 담긴 독립의 의미를 모르는 사람이 꽤 많다. 일제강점기 탓인지 독립이라고 하면 대부분 일본으로부터의 독립을 생각한다. 사실 우리는 일본이 아니라 중국에 오랫동안 종속되었다. 그중 한족 정통의 중국이 아니라, 여진족 청나라에 대한 조선의 반감은 그 뿌리가 깊었다. 청나라와 정묘호란과 병자호란이라는 두 번의 전쟁을 치르며 쓰라린 아픔을 맛보았고 구한말 외세의 간섭으로 갑오개혁이 실패하자 중국으로부터의 독립을 선언하고 중국의 사신을 맞이하던 영은문부터 없앴다. 그리고 바로 그 자리에 만든 것이 독립문. 그렇다면, 조선은 기대해 마지않던 독립국가가 되었을까? 중국과 다르지 않은 나라, 아니 더 무서운 일본이 기다리고 있었음을 조선 사람들은 알고 있었을까.

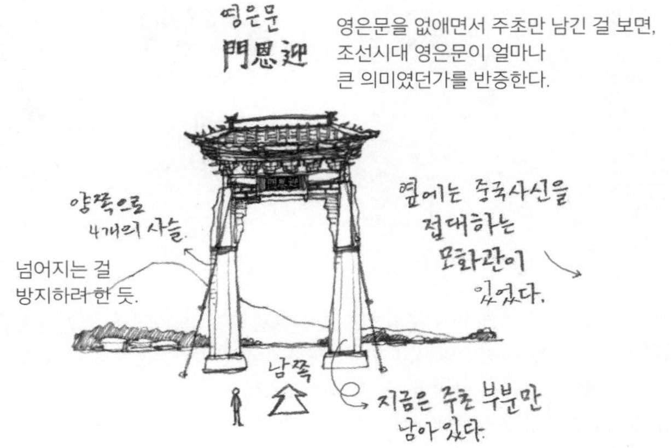


독립문은 온 나라의 성금을 모아 만들었다. 독립문이 만들어진 이후 독립문의 수리·보수에 일본도 한몫 거들었다는 흥미로운 사실은 시사하는 바가 크다. 조선에 야욕을 뻗치던 일본에게 중국은 최강의 경쟁자였다. 그런 중국의 간섭을 허용하지 않겠다는 의미의 독립문을 일본이 반가워하지 않을 리 없었다. 그렇게 일제강점기를 지낸 독립문은 한국전쟁 때 일부 파괴됐지만 보수공사를 거치면서 건재하다가, 1979년 광화문에서 신촌으로 이어지는 현재 고가차도 건설로 원위치에서 서북쪽으로 70미터 옮겨져 지금의 자리에 터를 잡게 되었다. 영은문을 헐고 그 자리에 지었다는 위치적 의미가 강한 문화재를 통째로 옮기는 이 나라의 과감함은 대체 어디에서 나오는 걸까? 유럽에서는 오로지 문화재 하나 때문에 고속도로 직선구간을 불가피하게 꺾어서 만들기도 한다는데, 우리나라에서는 대한민국 출신이라는 이유만으로 문화재가 길에 자리를 내주고 이사하는 일이 비일비재하다.
그렇게 자동차를 앞세워 얻은 교통사고 다발국이라는 불명예는 어떻게 설명할 것인가. 예전처럼 독립문이 도로 중앙에 상징적인 모습으로 서 있다면 어떨까? 무악재를 넘어서 독립문을 향할 때의 느낌이 지금과는 확연히 다를 듯싶다. 도로와 건물은 그 위치 하나하나가 도시의 색깔을 정의하는 중요한 요소다. 만일 파리의 개선문이 길옆에 있었다면 오늘날 샹젤리제 같은 무게감이 있었을까.

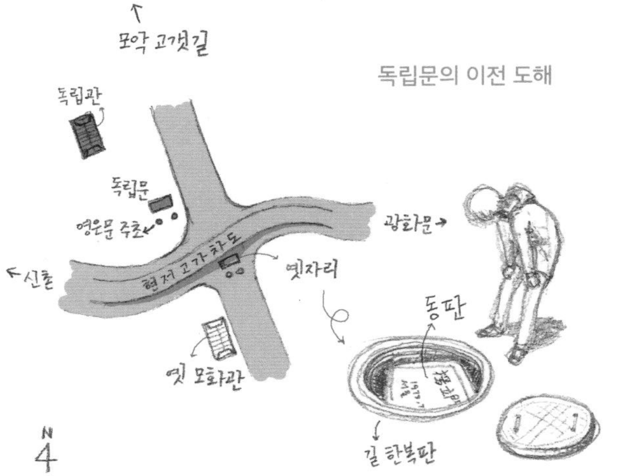


독립문의 이전 도해

'독립문지'라는 표지동판을 묻어놓았다.

독립문에서 홍제동으로 넘어가는 고갯길이 무악재다. 이 고갯길은 1900년대 초반까지만 해도 호랑이가 많아 혼자 다니지 못할 정도로 무서운 곳이었다고 한다. 개화기 때만 해도 군대의 중요 임무 중 하나가 호랑이 잡는 일일 정도였다. 큰 호랑이일수록, 사람을 많이 해친 호랑이일수록 잡으면 큰 포상이 주어졌다고 한다. 장교는 승진, 부사관은 면포, 천인은 부역 면제 등의 포상을 받았다고 하니 단순한 사냥으로만 치부할 일은 아니었나보다.

### 독립관

중국의 사신을 성대히 모시던 모화관이 있던 곳이다.
'모화'라는 이름 자체가 중국을 사모한다는 뜻이다.
이 앞에는 연못과 연꽃이 있었다고 한다.
사신이 오갈 때 왕이나 세자가 모화관까지 나가 맞이하고 배웅까지 했다 하니 독립문까지 세우며 독립을 이루고자 했던 열망을 알 만하다. 영은문을 헐고 독립문을 지으면서 모화관은 독립관으로 바뀐다. 하루아침에 성격이 180도 뒤집어진 셈. 독립관이란 이름을 달고부터는 독립협회에서 사용하였고, 일제강점기 철거되었던 것을 근래 다시 복원했다. 지금은 순국선열의 위패봉안실 및 전시실로 사용하고 있다. 원래는 독립문과 함께 영천시장 부근에 있었다. 독립문처럼 위치의 의미가 큰 건물인데 그 의미는 일찌감치 사라져버렸다.

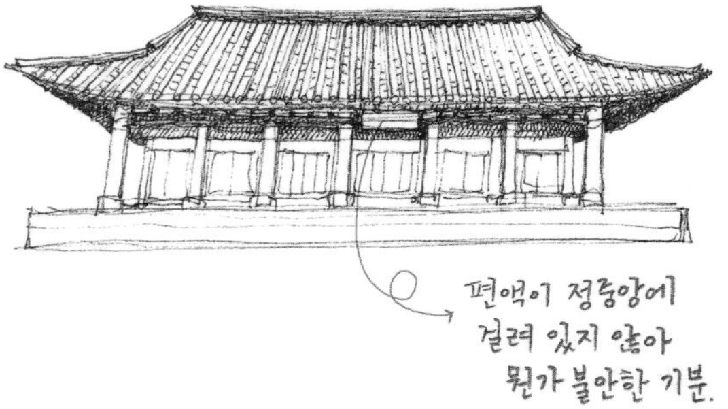

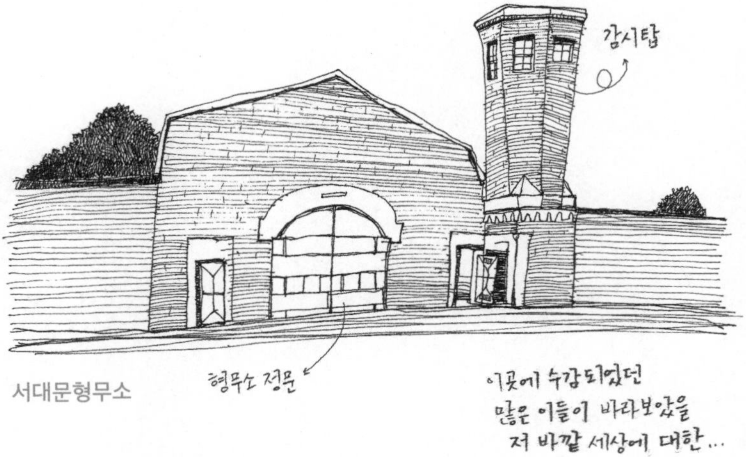

서대문형무소

지금 서대문형무소 자리에 예전에는 '유인막(留人幕)'이 있어 행인이 10명 이상 모이면 총을 든 병사가 행인을 호위하여 고개를 넘었다고 한다. 이는 꽤 오래 지속되었던 듯한데, 단지 호랑이로부터 사람들을 보호하기 위해서라기보다 '월치전(越峙錢)'이라는 통행료를 갈취하기 위해서였다니 이런 부패가 또 없다. 심지어 '무악재 호랑이보다 유인막 호랑이가 더 무섭다'는 말까지 나돌 정도였다고!
쓰라린 기억이 담긴 장소는 대를 잇는 것일까. 일제강점기에는 독립의 의지를 꺾으려는 의도로 독립문이 보이는 이 자리에 감옥이 만들어졌다. 경성감옥으로 시작한 이곳을 약 4만 명의 애국지사가 거쳐갔고, 그중 400여 명은 형장의 이슬로 사라졌다. 광복 이후에도 이 교도소는 유지되었다. 현재는 비록 규모가 축소되었지만 교도소를 보존하여 그 시절의 아픈 과거를 돌아볼 수 있게 했으니 그나마 다행스럽다.

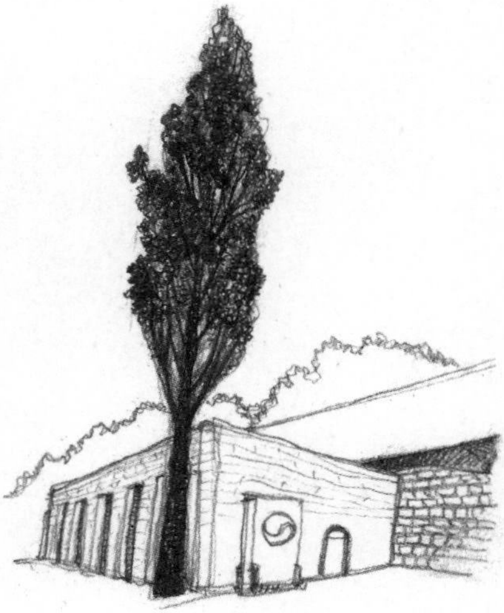

통곡의 미루나무

미루나무는 내게 그저 시골에서 조각구름 쉬어가는 평화로운 인상으로 남아 있을 뿐이었다. 그런데 사형수가 사형집행 전 붙잡고 울었다는 이 형장 앞에 선 '통곡의 미루나무'는 지나가는 이들의 마음을 붙잡고 뒤늦은 울분을 토해내는 듯했다. 아마도 세상에서 가장 슬픈 미루나무가 아닐까.

13장

# 인사동

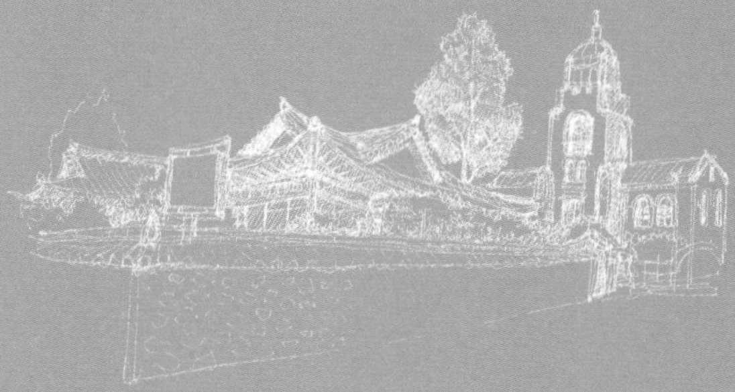

# 인사동 스케치

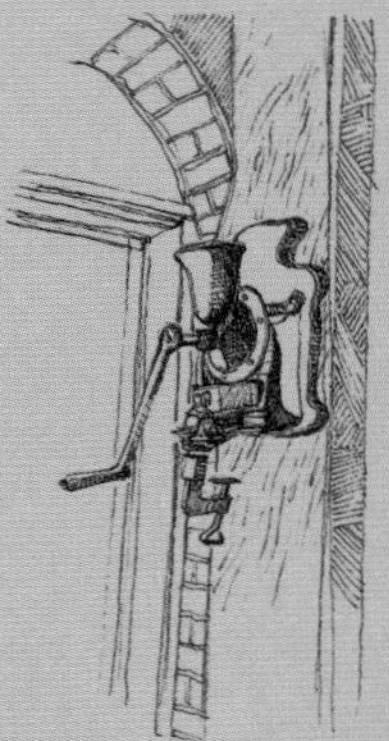

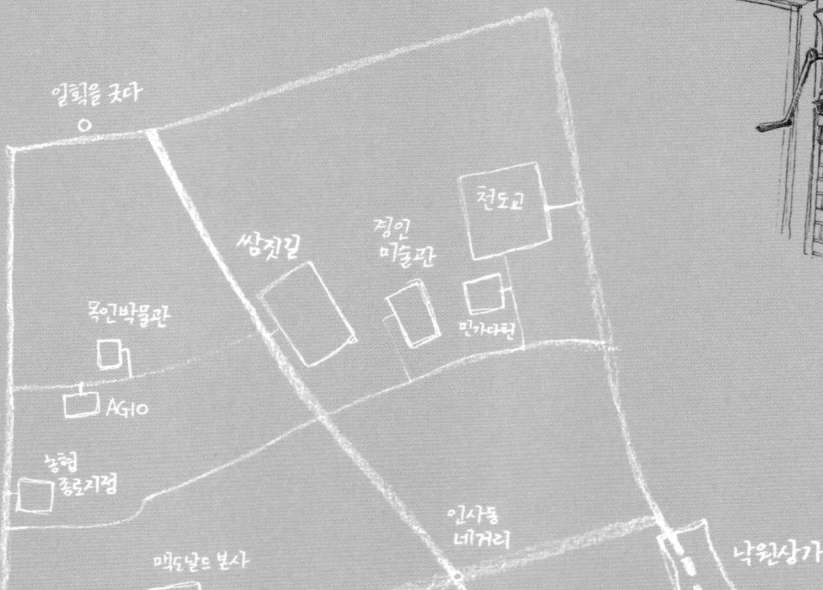
일획을 긋다
천도교
경인
미술관
쌈지길
목인박물관
민가다헌
AGIO
농협
종로지점
인사동
네거리
낙원상가
맥도날드 본사
죽동궁터
민영환
소금인형
길거리
서점
한글간판
스타벅스
씨티은행
태화빌딩
하나로
빌딩
승동교회
남인사
놀이마당
인사동

인사동에는 조선 초부터 그림을 관리하던 '도화서'가 있었다. 그렇다고 화랑이 즐비한, 전통문화의 거리라는 타이틀이 그때부터 명맥을 유지해온 것은 아니다. 애석하게도 그보다는 더 현실적인 이유가 있었으니 때는 일제강점기로 거슬러올라간다.
일본이 조선을 점령한 뒤 서울의 주민 구성을 조사한 적이 있었다. 그때 직업을 '양반'이라 쓴 사람이 꽤 있었다고 한다. 얼마 후 다시 조사해보니 그들 대부분이 '무직'으로 바뀌어 있었다. 조선 사회의 붕괴는 신분 계급의 상층부에 있던 대부분의 양반에게는 그야말로 청천벽력 같은 일이었다. 북촌에 거주한 많은 권문세가 양반들 역시 돈벌이가 없어지자 하나 둘 조상 대대로 내려오던 가보를 팔아 생계를 유지해야 하는 지경에 이른다. 그래서 북촌과 가까운 동네에 골동품 가게가 늘어났고, 그게 바로 인사동이 된 것. 외국인이 서울에서 가장 많이 찾는 곳이지만, 서울 고유의 색은 부족한 것 같다는 견해 또한 지배적이다. 그 생각을 타파하려는 듯 인사동은 한동안 줄기차게 공사중이었다. 좀더 예쁘게, 좀더 사람들을 끌어모으고자 변하는 것은 당연하지만 한옥이 점점 사라지는 모습을 보면 인사동에 한국 고유의 색을 심으려는 의도는 별로 없어 보인다. 서울의 대표 전통 거리라는 말은 아직도 한참 멀어 보일 뿐이다.

## 인사동 입구

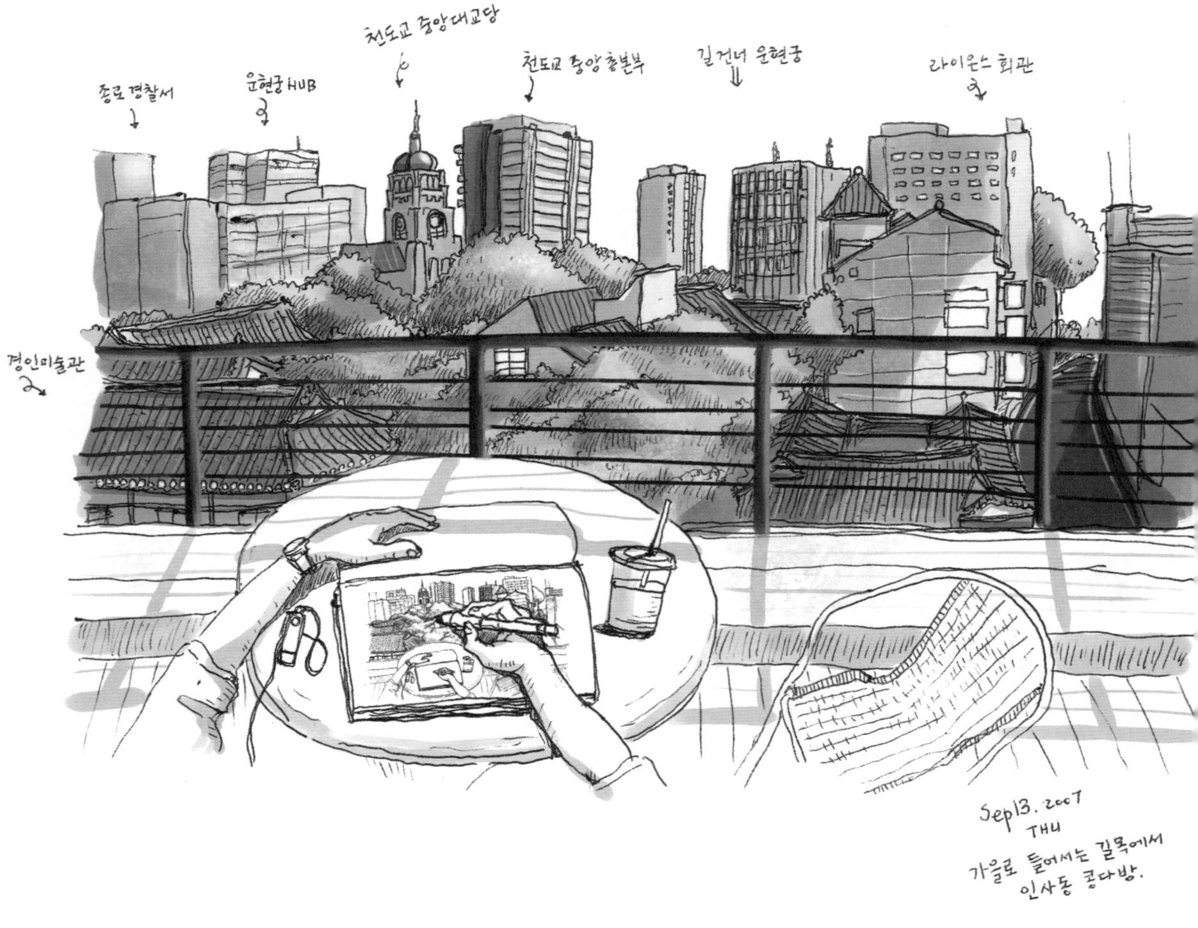


아직 한낮의 온기가 남아 있는 초가을 저녁 무렵
야외에서 마시는 커피 한 잔.
현재 이곳 콩다방은 없어졌다.

그 한 획은 바로 'ㅇ'.
개인적으로 한글에서 자음 이응을
참 좋아한다. 한문이나 일어에서는 볼 수 없는
완벽하고도 멋진 자음 이응!

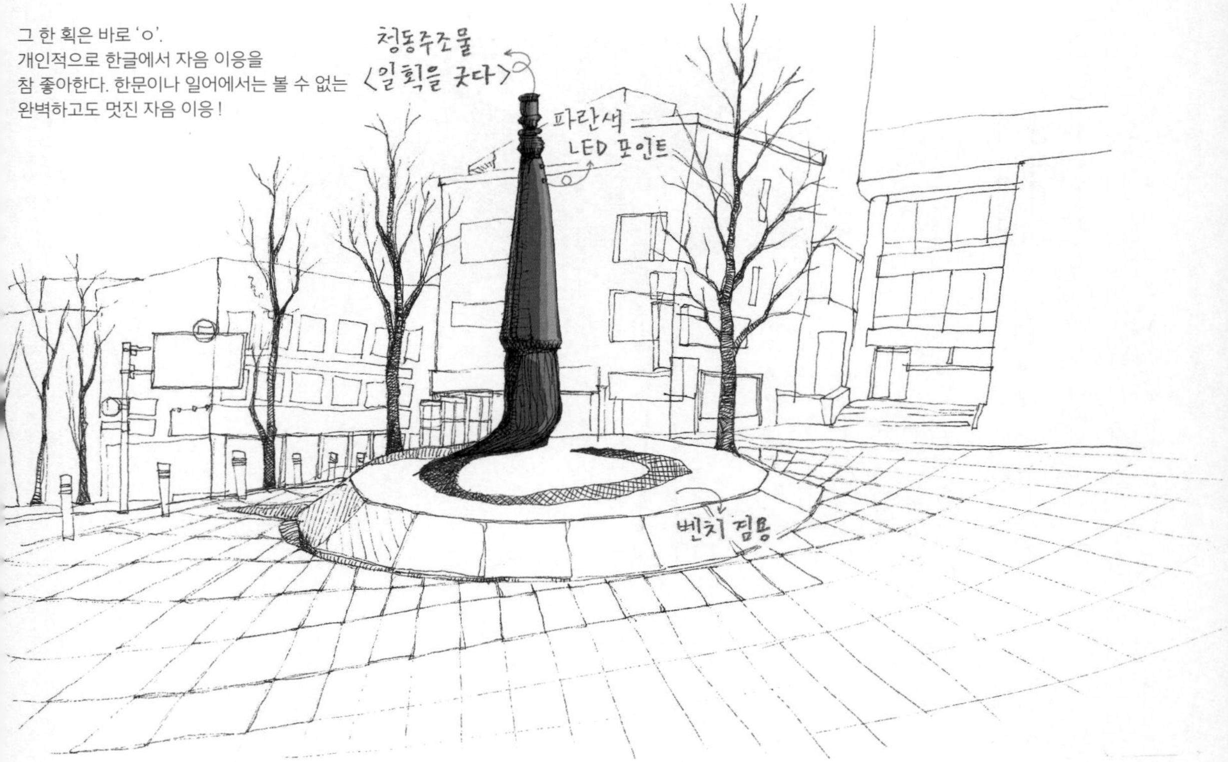


북인사동 초입에 열주문 하나가 서 있던 시절도 있었다. 전통이라는 이름으로 어색하게 서 있던 열주문이 사라지고 교통섬을 합쳐 만든 광장에는 커다란 붓이 한 획을 긋고 있다. 마치 마을 입구를 지키고 선 장승처럼.

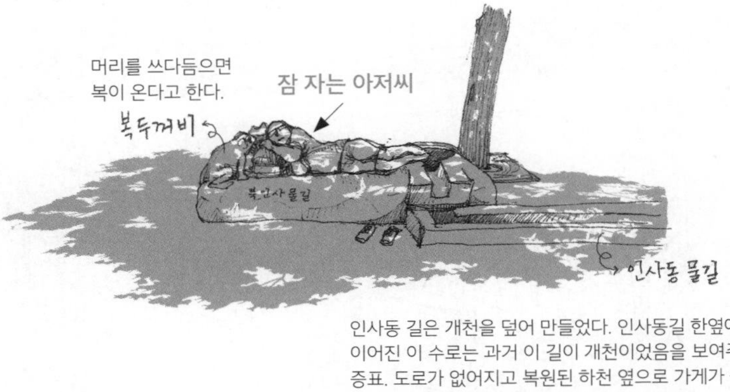


인사동 길은 개천을 덮어 만들었다. 인사동길 한옆에 옹색하게 이어진 이 수로는 과거 이 길이 개천이었음을 보여주는 작은 증표. 도로가 없어지고 복원된 하천 옆으로 가게가 늘어선 풍경도 나름 운치 있을 것 같다. 좀 좁은 게 문제겠지만.

쌈
지
길

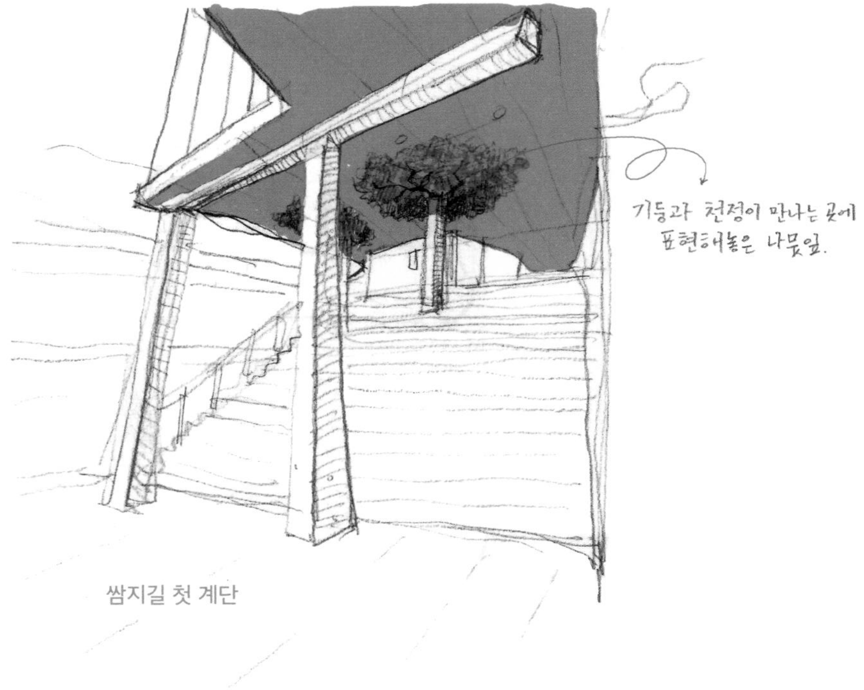


쌈지길 첫 계단

최문규 설계

파주에 있는 '딸기가
좋아'를 만든 건축가.

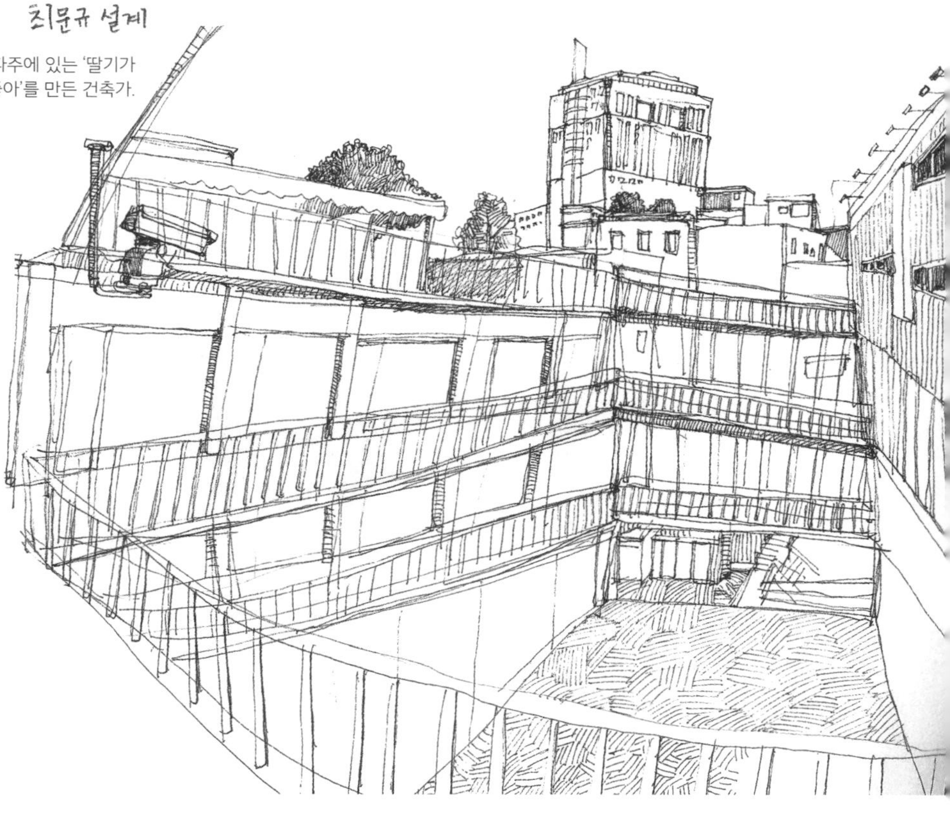

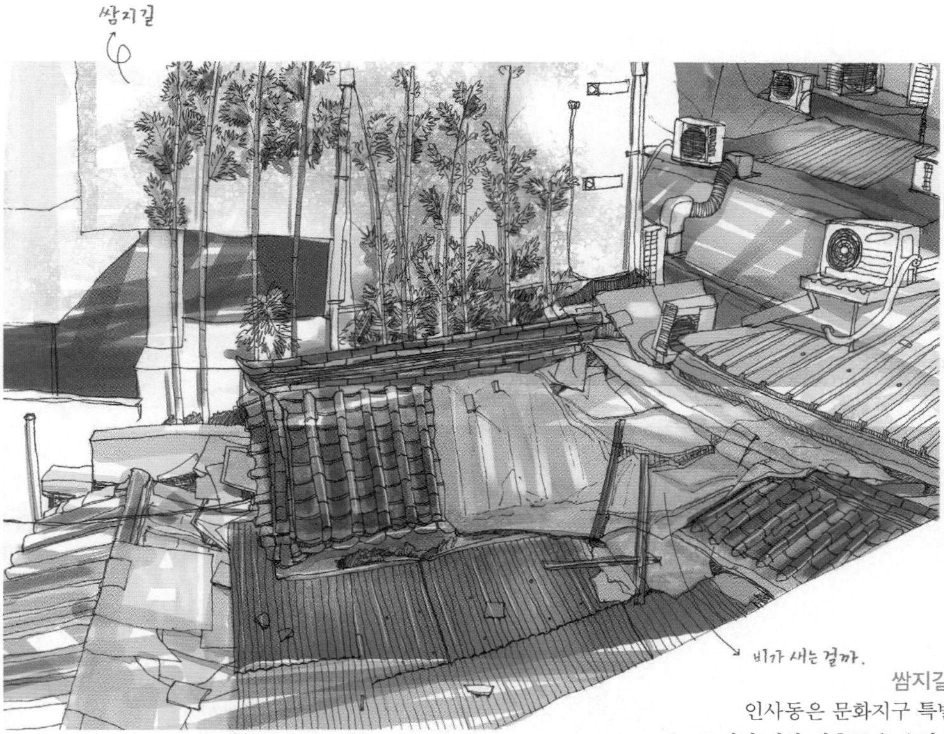


쌈지길 대나무
인사동은 문화지구 특별법으로
18미터 이상 건축물을 올릴 수 없다.

쌈지길의 상징인 버드나무는 물을 정화하는 나무로 잘 알려져 있다.
그래서 옛날에는 우물을 파면 옆에 버드나무를 심었다. 하지만 이 스케치 속 나무는
이미 죽어 없어진 것. 그래도 남은 버드나무가 그 옆으로 늘어서 있다.

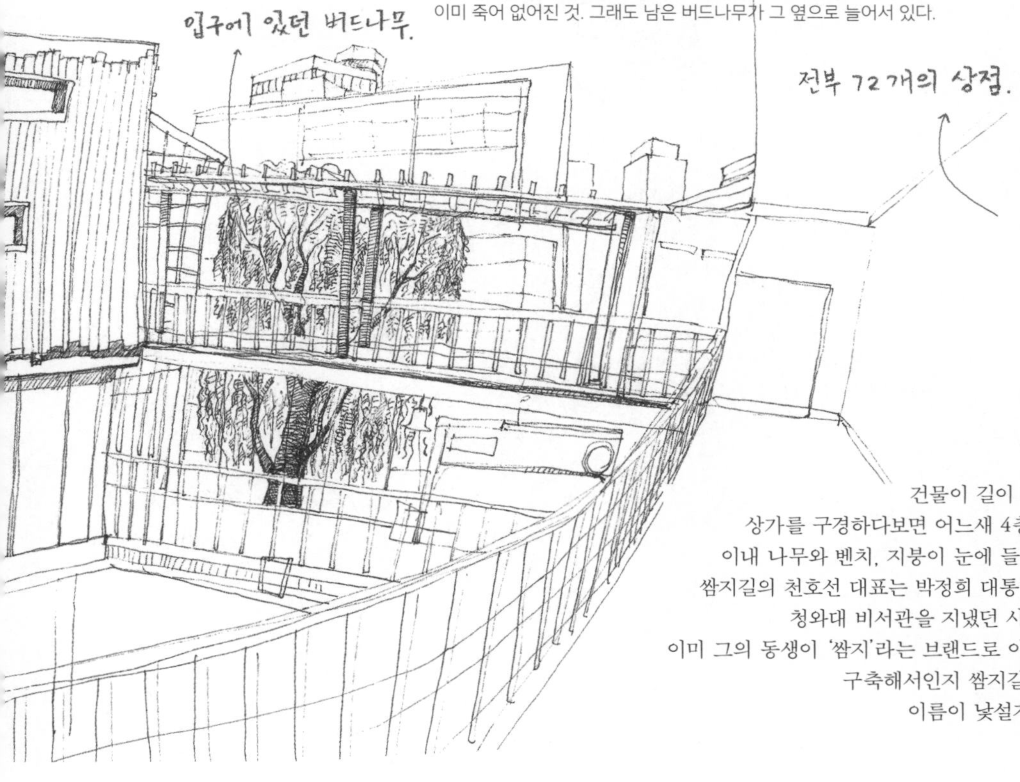


건물이 길이 되었다.
상가를 구경하다보면 어느새 4층 옥상.
이내 나무와 벤치, 지붕이 눈에 들어온다.
쌈지길의 천호선 대표는 박정희 대통령 시절
청와대 비서관을 지냈던 사람인데
이미 그의 동생이 '쌈지'라는 브랜드로 이미지를
구축해서인지 쌈지길이라는
이름이 낯설지 않다.

# 경인미술관

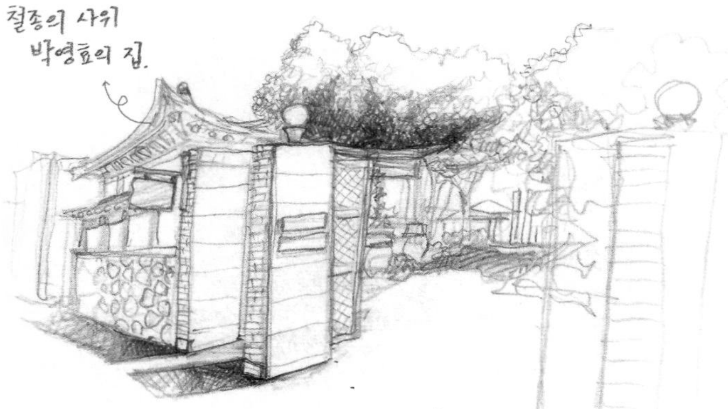


경인미술관 입구
원래 있던 옛집은 남산골한옥마을로 통째로 옮겨갔고
지금은 새로 지은 한옥에 식당과 갤러리가 들어섰다.

수형이 아름다워 정원수로 많이 심는 모과나무.
하지만 쇠기둥에 의지한 모습은 처량해 보이기만 하다.

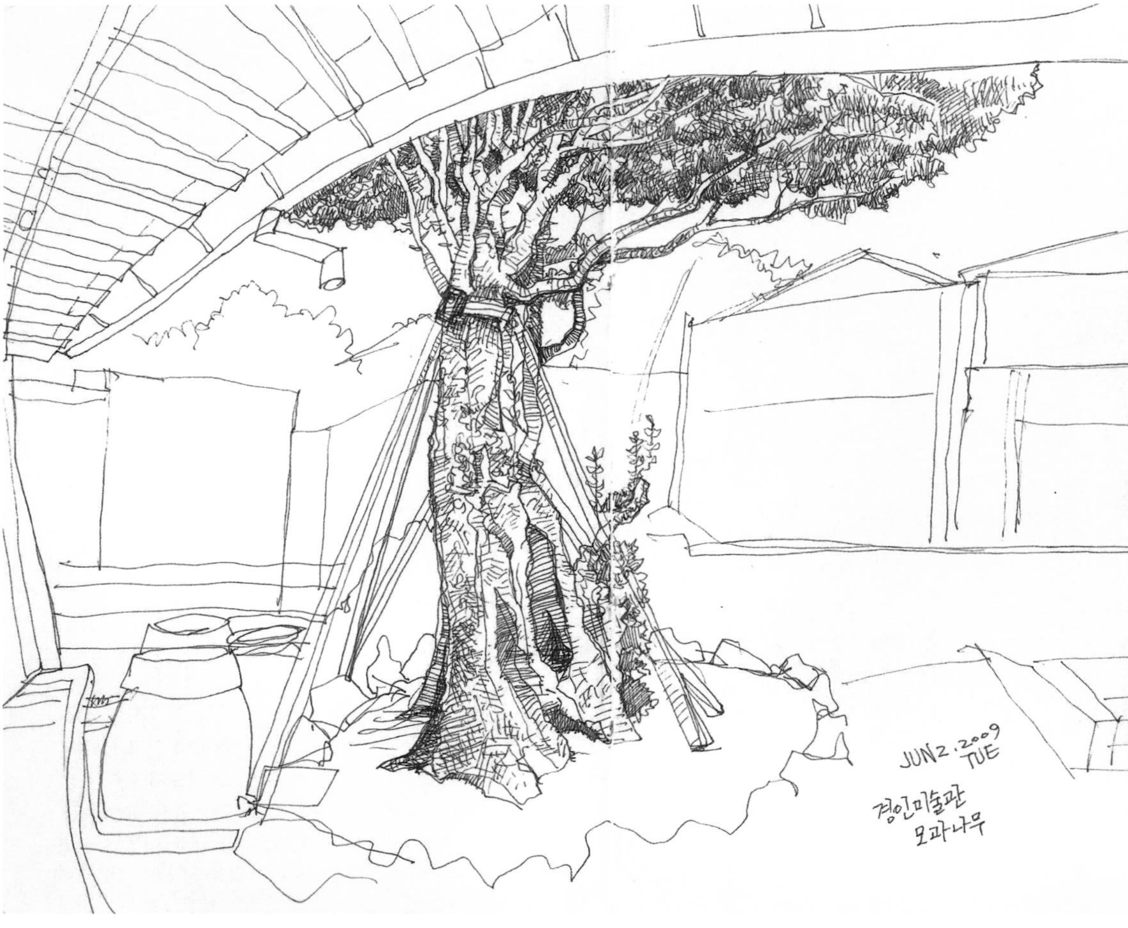

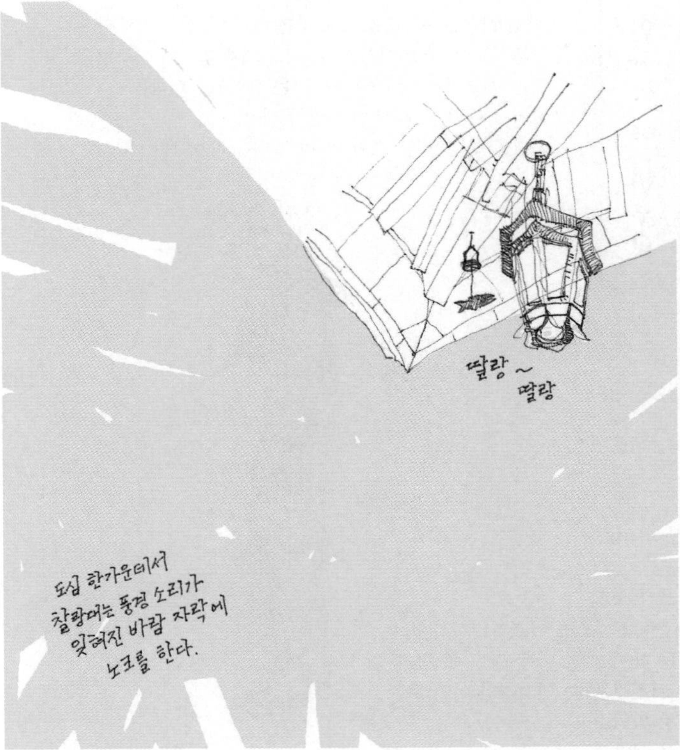


**경인미술관 풍경**
쪽마루에 앉아 모과나무를 스케치북에 담고 있는데 옆에서 나도 좀 봐달라며, 가는 소리로 불러대는 처마 끝 풍경도 빼놓을 수 없어 그려보았다.

# 인사동 안 힌두교

흔히 인도를 '신의 나라'라고 이야기한다.
'사람보다 많은 신, 집보다 많은 신전'이 있는 인도의 민족종교는 잘 알다시피 힌두교. 세계적으로 신도가 많은 종교지만, 우리나라에서는 유독 그 흔적을 찾기 힘들다. 그래서 호기심이 생겨 종교인 복장을 한 그와 몇 마디 나누어보았다.

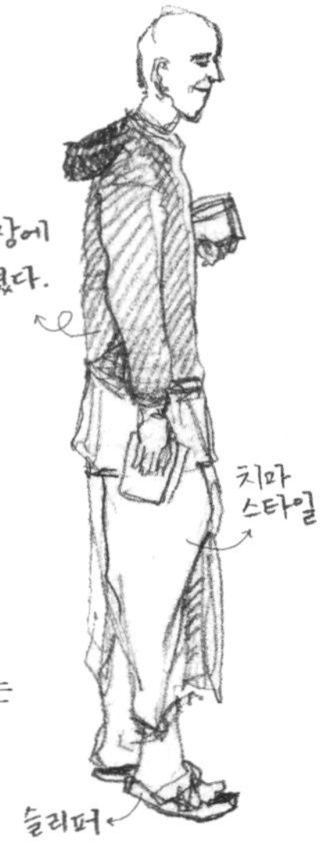


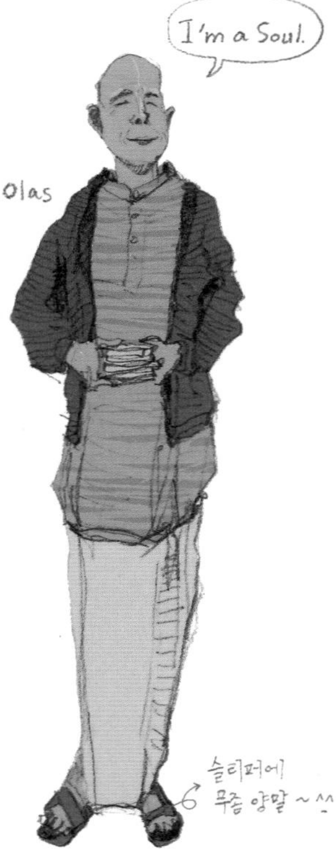


힌두교 전도사

그가 건네준『스리 이쇼파니샤드』라는 책에는 몸이 반쯤 물에 잠긴 네 개의 팔을 가진 상당히 인상적인 여인네가 그려져 있었다.
그림의 여인은 미소년처럼 보이기도 했는데, 집에 돌아와 검색을 통해 여인의 정체를 알게 되었다.
힌두교의 3대 신을 단순하게 표현하면 창조의 신 '브라흐마'와 세상을 유지하는 신 '비슈누' 그리고 파괴의 신 '시바'가 있다고 한다.
비슈누는 평화의 화신으로 숭배의 대상인데 표지 모델은 바로 그 비슈누였다. 세상이 이미 모두 만들어져 브라흐마의 존재가 다른 두 신에 비해 시들해졌다는 점도 흥미로웠다.

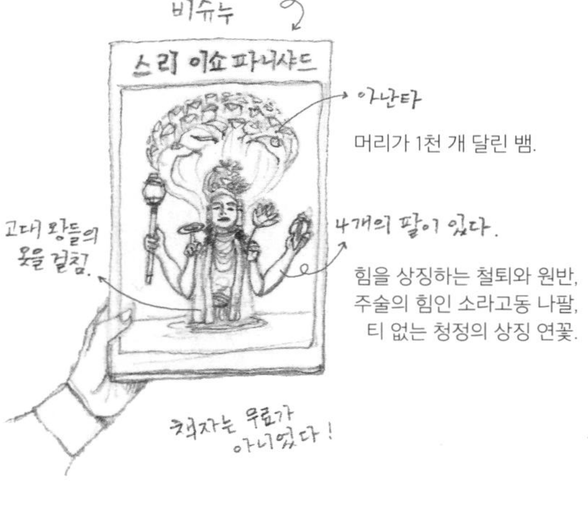


Jugala Olas

이름을 물었더니,
"나는 그저 영혼일 뿐입니다"라고
미소 지으며 종이에
친절하게 이름을 써주었다.
서울(Seoul)과 영혼(soul)의
영어 발음이 같아 그의 대답은
묘한 여운을 남겼다.
당시에는 그에게 들은 대로 발음하며
이름까지 부르면서
작별인사를 나눴지만,
지금 다시 그의 이름을 읽으려 하니
어떻게 발음하는지 도통 알 수가 없다.
이런! 소리나는 대로 적어둘 걸!

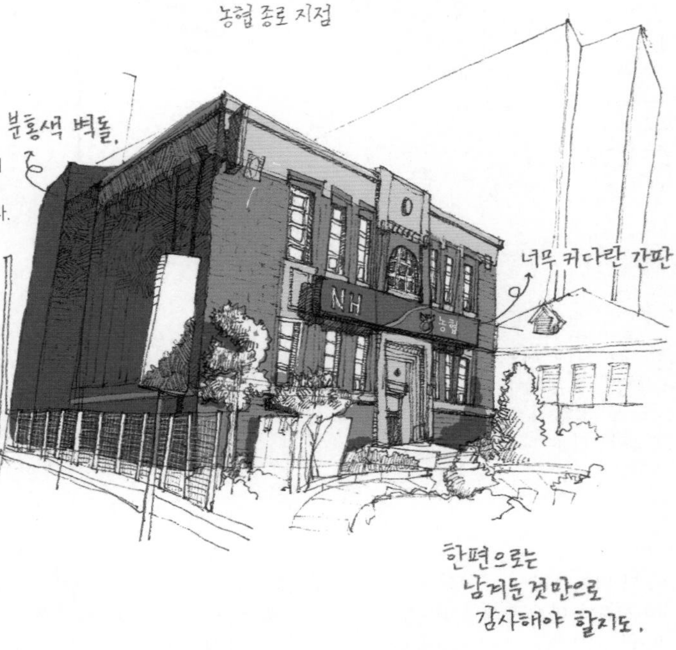


인사동 농협 건물

견지동 한쪽에 농협이 쓰는 이 건물은 그냥 지나치기 쉽다.
일제강점기 동아일보, 조선일보와 함께 3대 민간신문이었던 조선중앙일보(현 중앙일보와는 다른 신문사)의 사옥으로 1926년에 만들어졌으니 90여 년이 다 된 오래된 건물이다.
조선중앙일보는 베를린 올림픽 마라톤 우승자인 손기정 선수의 가슴에 달린 일장기를 지우고 사진을 실었던 것으로 유명하다. 이에 무기정간 처분을 받았고, 이듬해 처분이 해제되었지만 재정 악화로 결국 1937년에 폐간되었다.

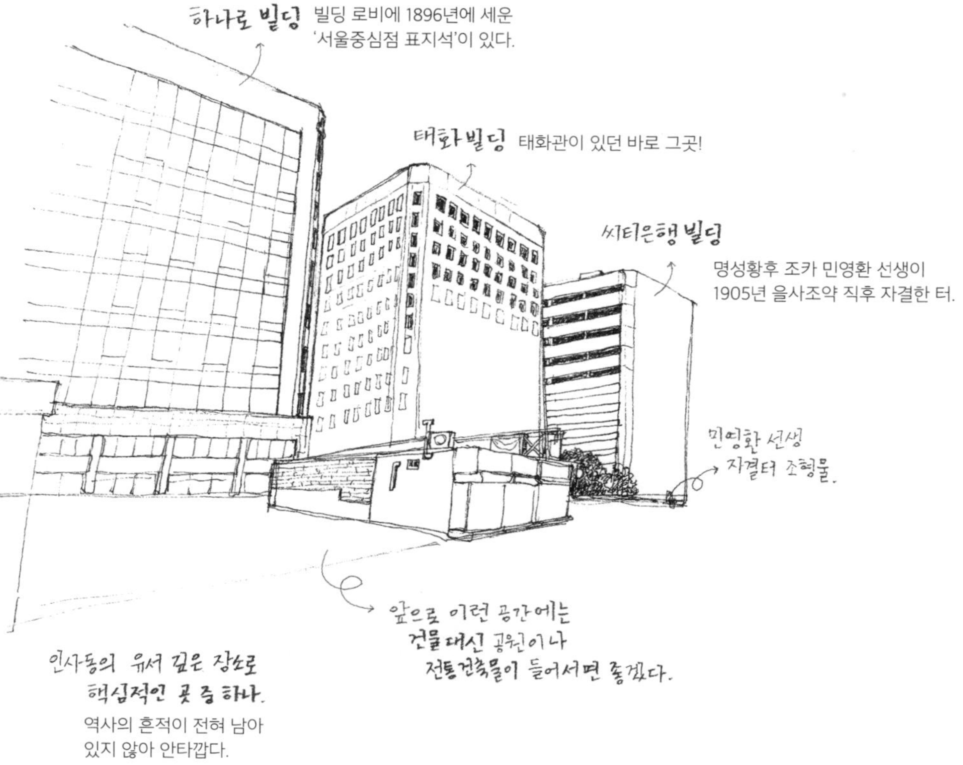


**태화관**

이 일대는 원래 인조가 자랐던 순화궁 자리로 안동 김씨의 세도가 극에 달한 구한말에는 영의정 김홍근이 이곳에 살았다. 당시 서울의 민가 중에서 제일로 치는 호화주택이었다는데 일제강점기 때 이완용에게 넘어가 그의 사저가 되었다. 마당에는 커다란 고목이 있었는데 어느 날 벼락을 맞아 둘로 갈라졌다. 이완용은 그때부터 이 집을 기피했다고 한다. 이후 세종로에 있던 명월관이라는 당시 서울에서 으뜸가는 요정이 이 터를 매입해 분점인 태화관을 만들면서 터의 성격은 급변하게 된다.
태화관은 당시 장안의 부호와 총독부 관리가 즐겨 찾았는데, 아이로니컬하게도 이곳에서 민족대표 33인이 독립선언서를 낭독했다. 원래는 탑골공원에서 독립선언서를 낭독하기로 했으나 전날 계획을 바꿔 이곳에서 독립선언을 하고 일본 경찰에 자수하여 모두 붙잡힌다. 태화관은 후에 기독교 태화관이 되었다가 80년대 초, 현재의 태화빌딩이 들어서면서 모든 자취가 사라져버렸다. 이 땅 위에서 벌어지는 끝없는 역사의 순환.

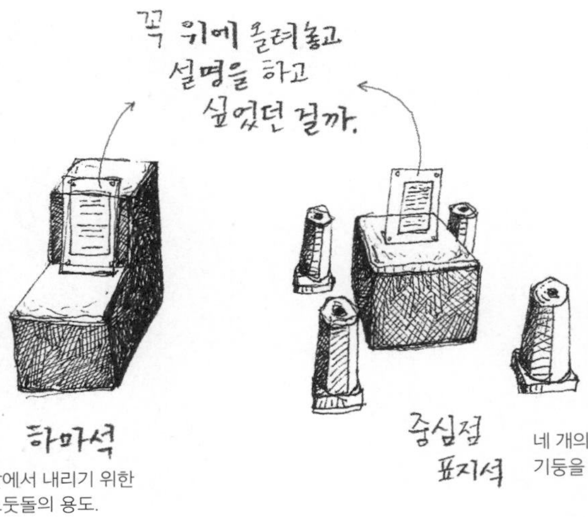


구한말 전국의 지번이 이곳을 중심으로 표기되었다고 한다.
당시 서울 성곽을 기준으로 중앙을 찍었다면
이곳이 얼추 맞을 듯하다. 경술국치 이후
도로원표라는 이름으로 세종로로 이전한 상태.

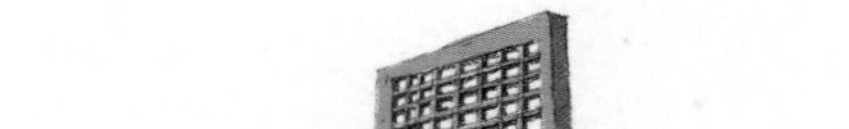


민영환 선생 자결터
을사조약이 체결되자 민영환은 조병세 등과 함께
대궐에 나가 이를 반대했다. 일본 헌병들에 의해
강제 해산되어 조약 파기에 실패하자
종로 거리에 모여 다시 상소를 논의하던 중
이미 대세가 기울어졌음을 실감하고
가족들을 만난 뒤 조용히 자결했다.

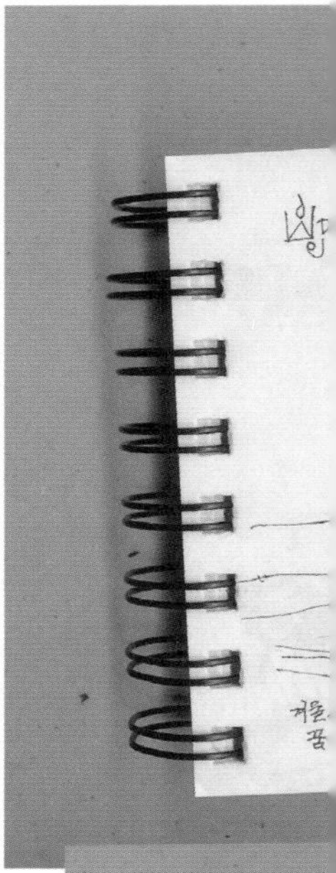

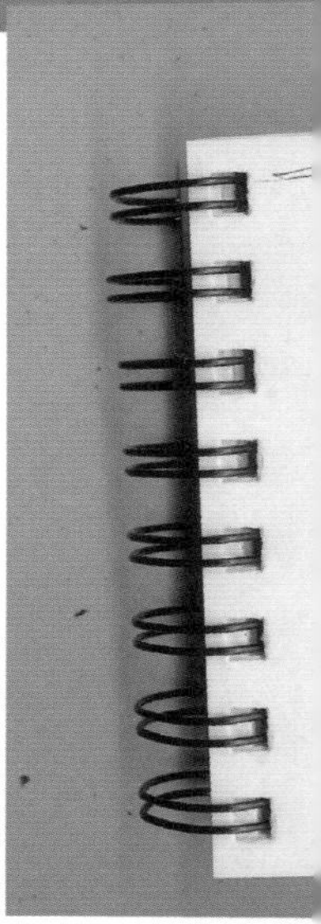

맥도날드 본사
정신병을 위한 우리 민간치료법 중 '경악법'이라는 게 있다. 환자를 놀라게 하거나 겁을 주어 환자 안의 귀신을 내쫓을 수 있다고 생각한 것. 딸꾹질을 멈추게 하려고 몰래 친구 뒤에 다가가 깜짝 놀라게 하는 것도 일종의 경악법이라고나 할까. 어쨌든 이 치료법 때문에 유명해진 궁이 이 자리에 있었다.
순조의 첫 사위인 김현근은 불치의 정신병에 걸려 있었다. 심한 발작과 횡포로 동네에 체면이 서지 않자 안동 김씨는 급기야 경악법을 사용한다. 환자를 가운데 앉혀놓고 무당들이 죽도를 들고 위협적인 난무를 한 것. 매일같이 죽도 부딪히는 소리가 나자 이 집은 '죽도궁'이 되었고 이는 후에 '죽동궁'으로 와전되었다.
지금은 이 자리에 세계에서 가장 큰 햄버거 회사가 들어와 정크푸드 팔기에 여념이 없다.

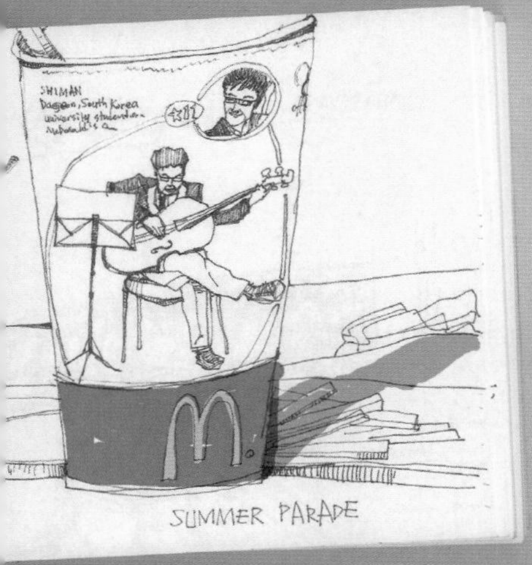


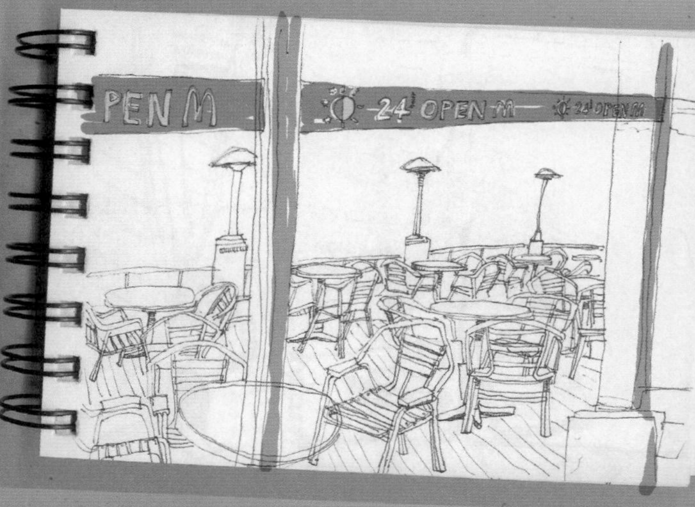


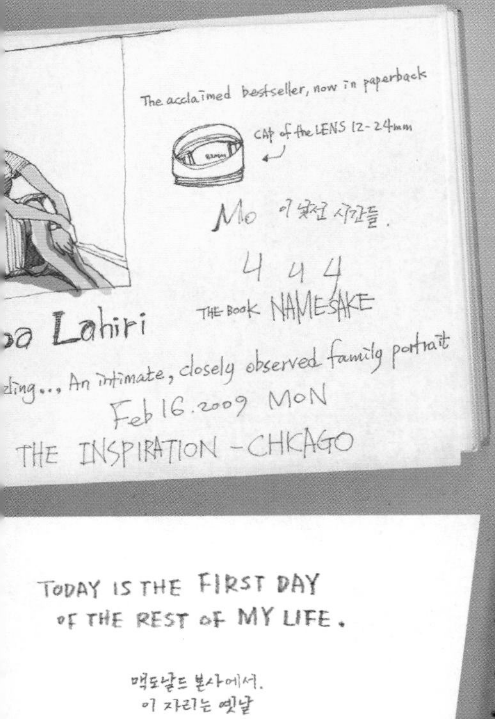


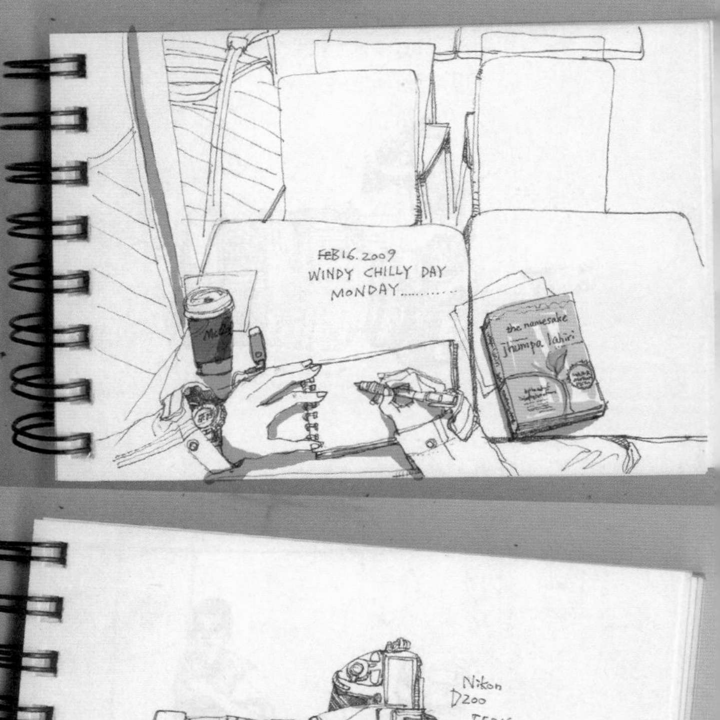


TODAY IS THE FIRST DAY
OF THE REST OF MY LIFE.

맥도날드 본사에서.
이 자리는 옛날
죽동궁이 있던 곳이다.

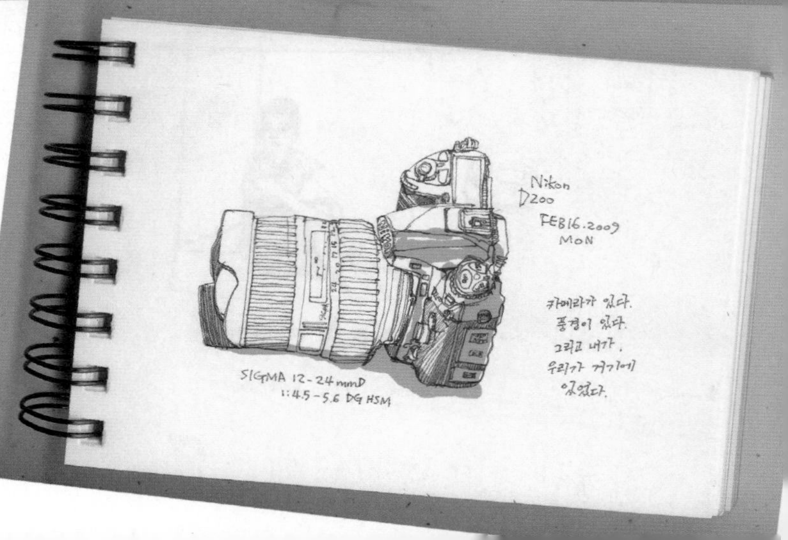

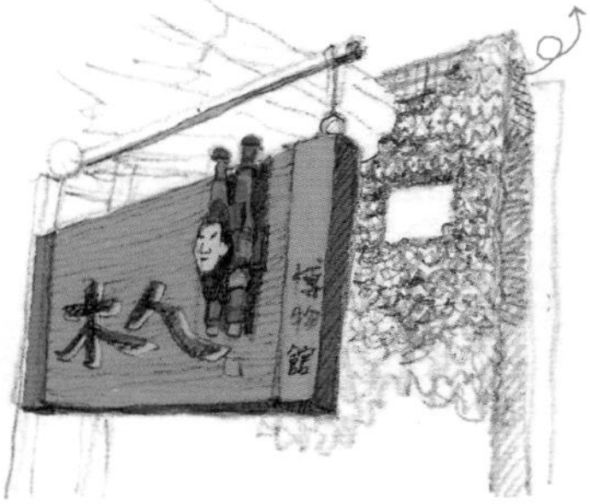


목인박물관

국내 유일의 목조각상 전문 박물관. 50년도 넘은 목조건물과 콘크리트건물을 보존해 박물관 전시시설로 리모델링했다. 작지만 운치 있는 이런 박물관의 증가가 무척 반갑다.

레스토랑 아지오



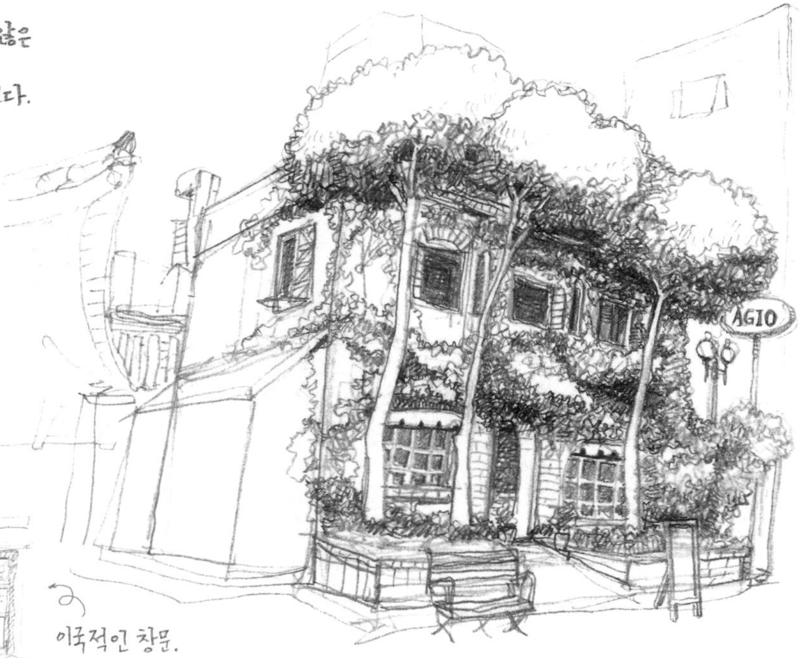


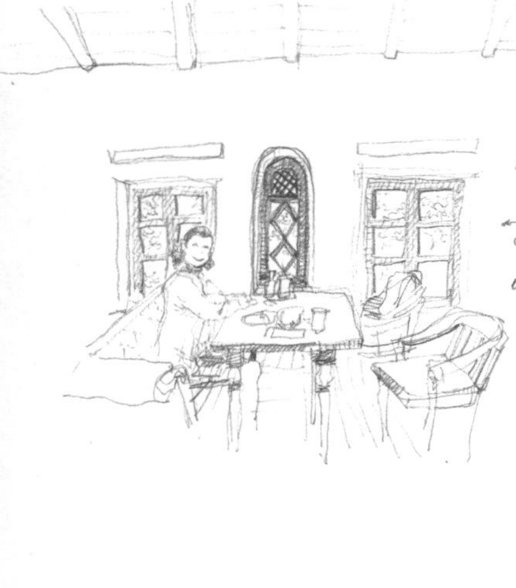

## 인사동 사거리

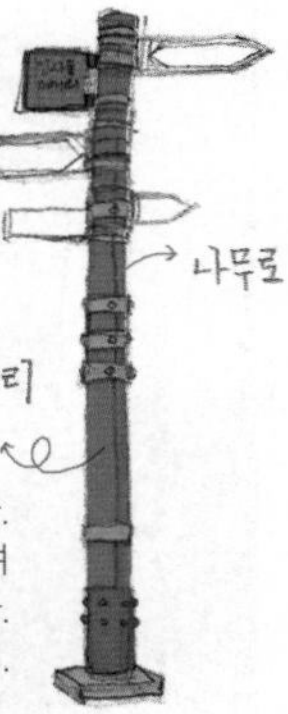


이 자리에는 예전 MBC 방송국이 있었다.
MBC 방송국은 1960년대 라디오 방송으로 시작하여
정동으로 갔다가 이제 여의도에 터를 잡았다.
인사동과 정동에 방송국이 있었다니.
이제는 상상하기 쉽지 않은 장소의 역사성.

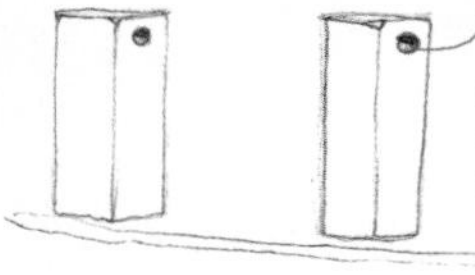


이 많은 단주를 모두 재떨이로
생각하는 일부 흡연자들의
편리함에 감탄 섞인 한숨만
나올 뿐.

## 인사동 소금인형

종종 들러 차를 마시는 곳 중 하나.
창가로 들어오는 오후 햇살이 편안하기만 했다.

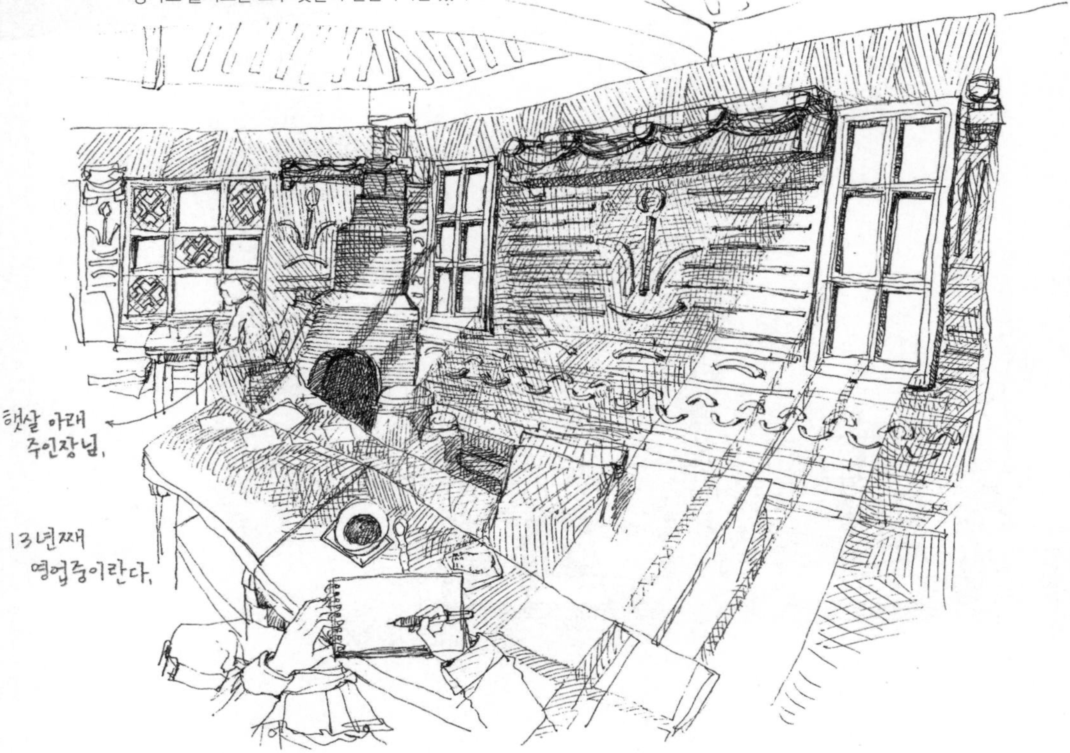

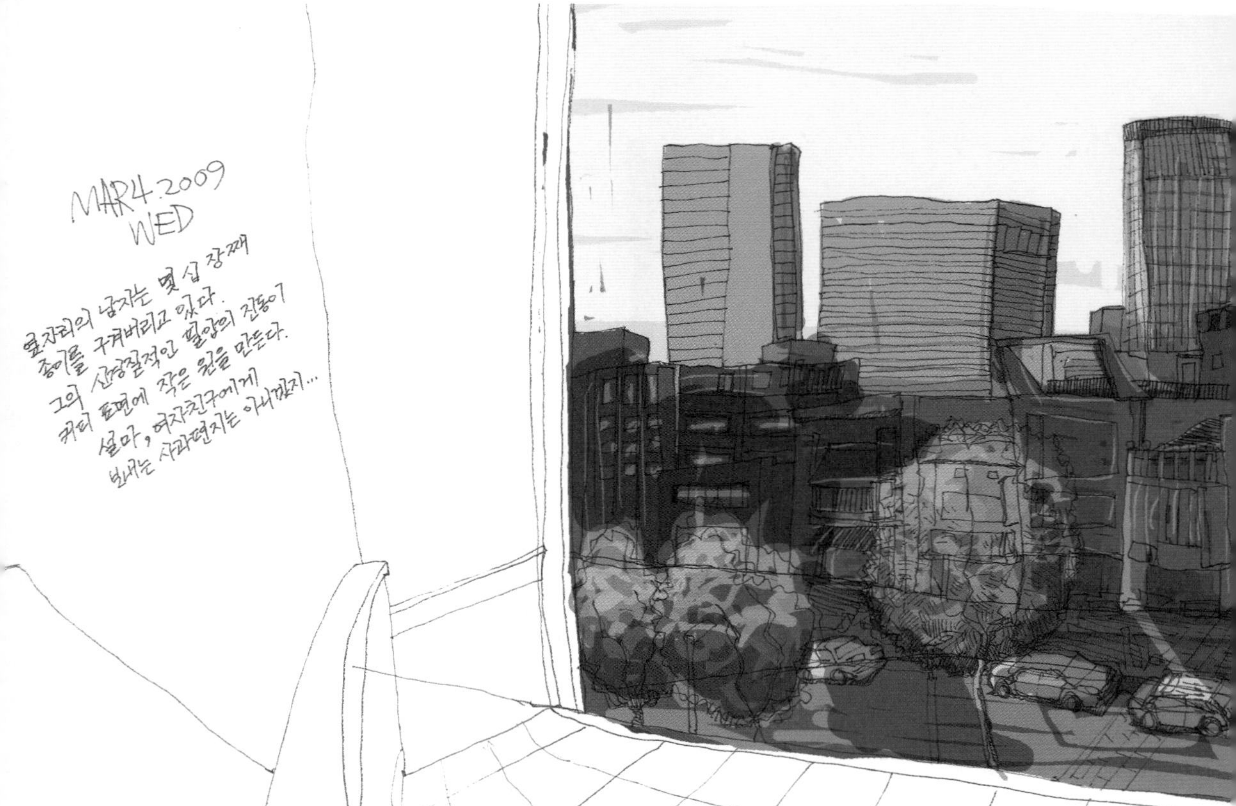


인사동 보도

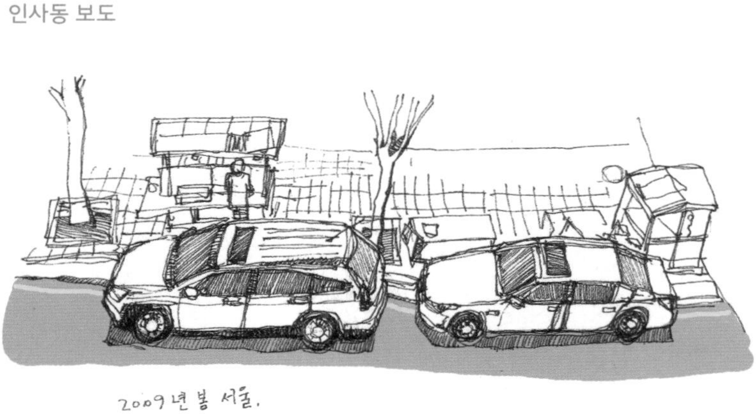

2009년 봄 서울.
나무에 새싹은? 아직...
불법 주차는... 항상 진행형.

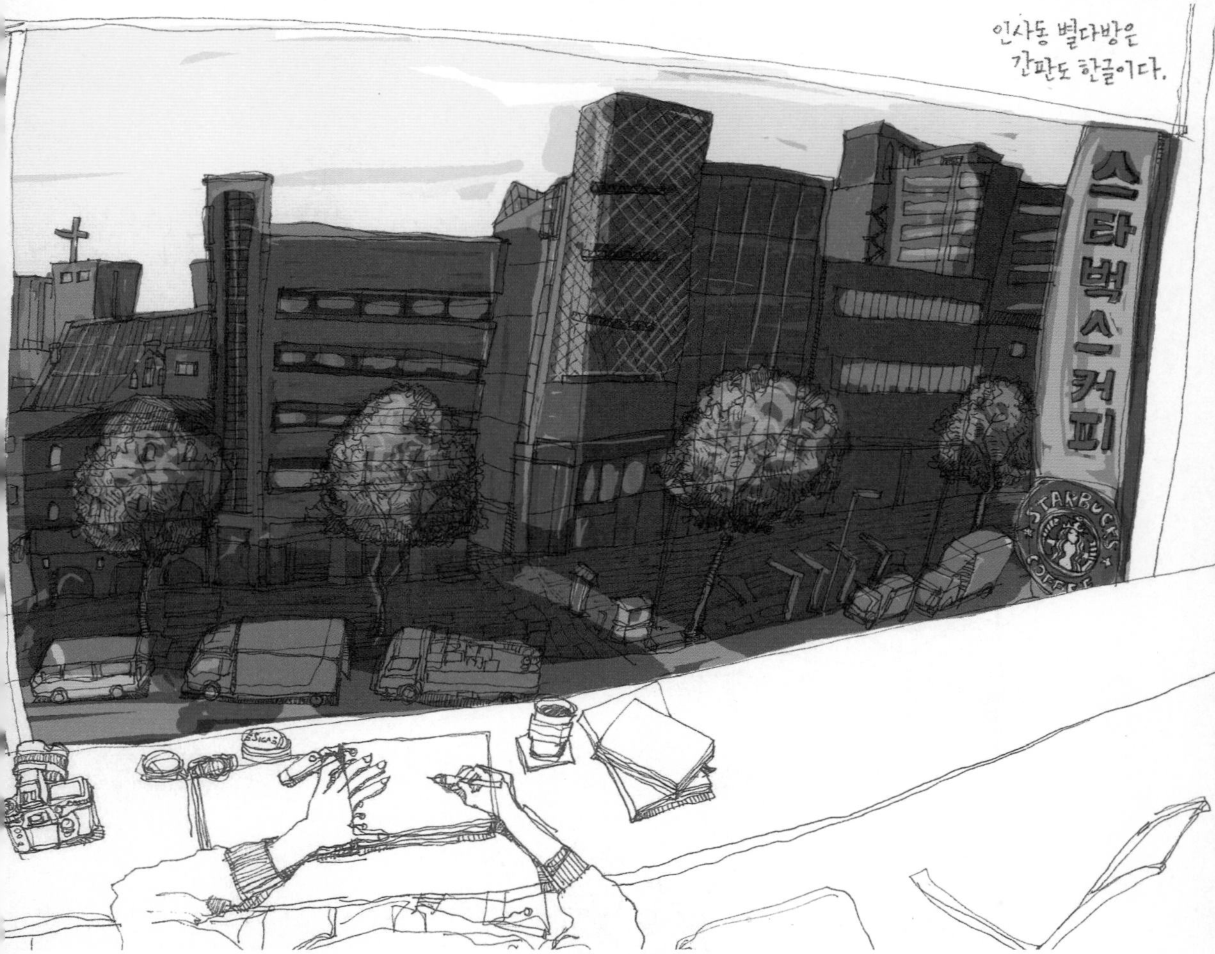


인사동 별다방
이어폰으로 음악을 듣고 있는데,
매장에서 똑같은 음악이 흘러나왔다.
이 저녁놀이 같은 느낌으로 꽂히는 누군가가
어딘가에 있겠구나.

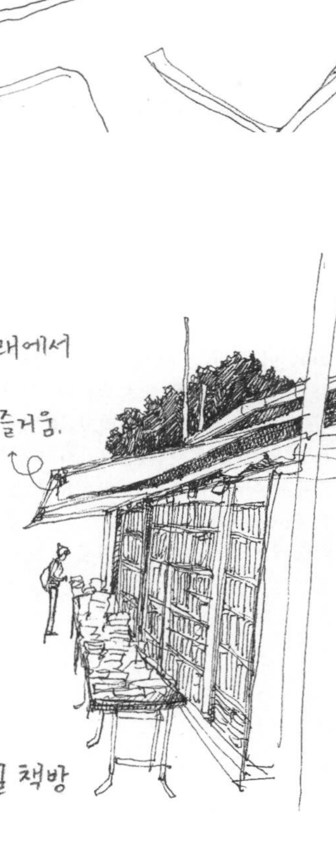


골목길 서점
헌책방에서 예기치 못한
옛날 책들을 마주하는 설렘.

# 승동교회

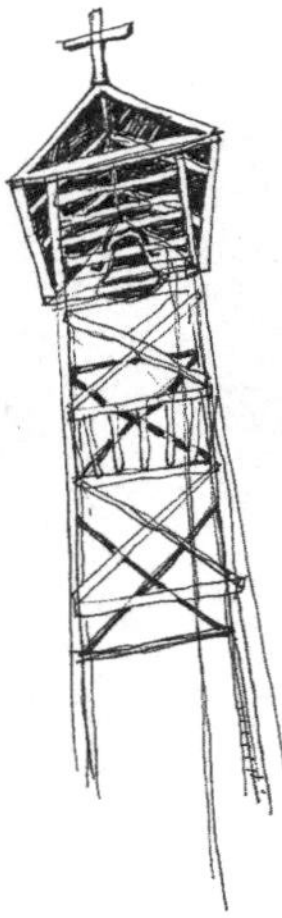


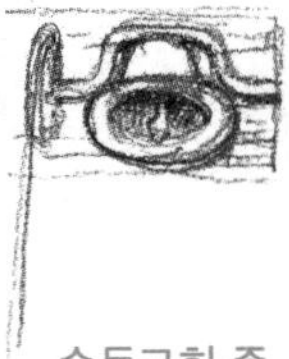

승동교회 종

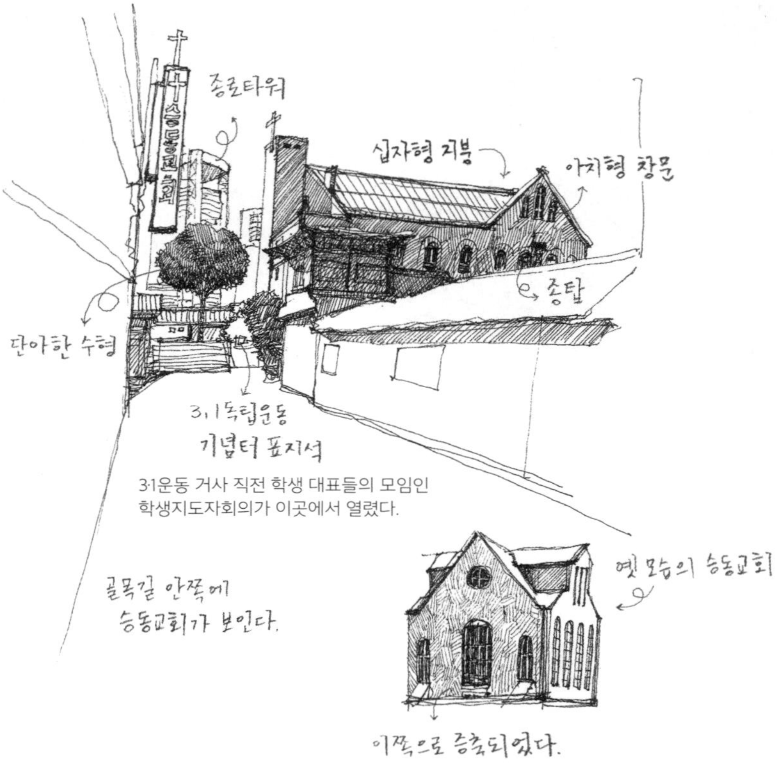


3·1운동 거사 직전 학생 대표들의 모임인 학생지도자회의가 이곳에서 열렸다.

100년이 훨씬 더 된 승동교회. 원래 지금의 을지로 롯데호텔 인근에 위치했으나 1902년 이곳으로 터를 옮겼다. 평일에 이곳을 방문했는데, 역시 내부 관람은 거절당했다. 많은 교회가 평일에 예배당 문을 굳게 닫는다. 답사나 취재 때문이라고 목적을 이야기하면 내부를 둘러볼 기회가 생기긴 하지만 평소에 문을 잠가두는 것은 선뜻 예배당에 다가서지 못하게 만드는 요소임에는 분명하다. 관리인은 문화재이기 때문에 보호 차원에서 어쩔 수 없다고 말했지만, 오래된 성당이나 절이 방문객에게 문을 활짝 열어두는 것을 보면 설득력은 없어 보인다. 허탕을 치고 돌아서는 내 뒤로 관리인이 한마디 덧붙인다. "일요일에 다시 오세요." 평일 예배당에서 기도하고픈 사람들은 모두 어디로 가는 걸까. 지인들에게 물어봐야 할까 싶다.

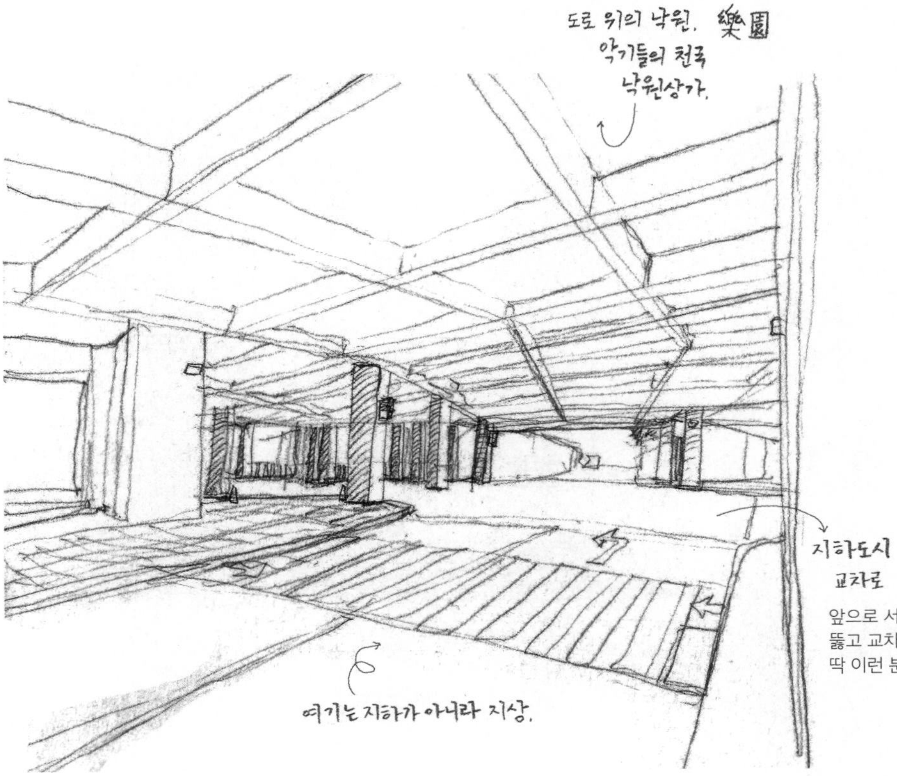


앞으로 서울에 대심도 터널을 뚫고 교차로를 만든다는데 딱 이런 분위기가 아닐까.

기타를 다루는 대중음악인에게는 고향과도 같은 낙원상가. 악기를 잘 모르는 나에게는 길 위에 떠 있는 극장, '허리우드'에서 영화를 보던 추억만 남아 있다. 도로 위에 이렇게 큰 건물을 만들다니 그 발상이 놀랍다. 하지만 이제 철거될지도 모른다고 하니 아쉽다. 얼마나 더, 부수고 새로 짓는 일이 반복되어야 할까? 수백 년을 함께 지내며 동행할 서울은 어디에 있을까.

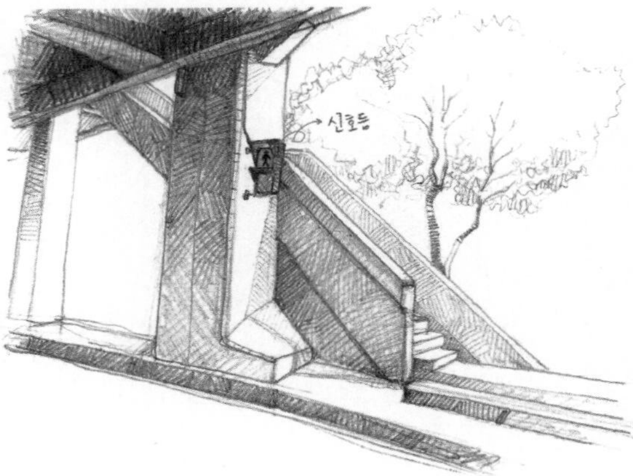


낙원상가 신호등

그저 아무데나 붙이면 되니 기둥 세울 필요는 없어 좋겠다.

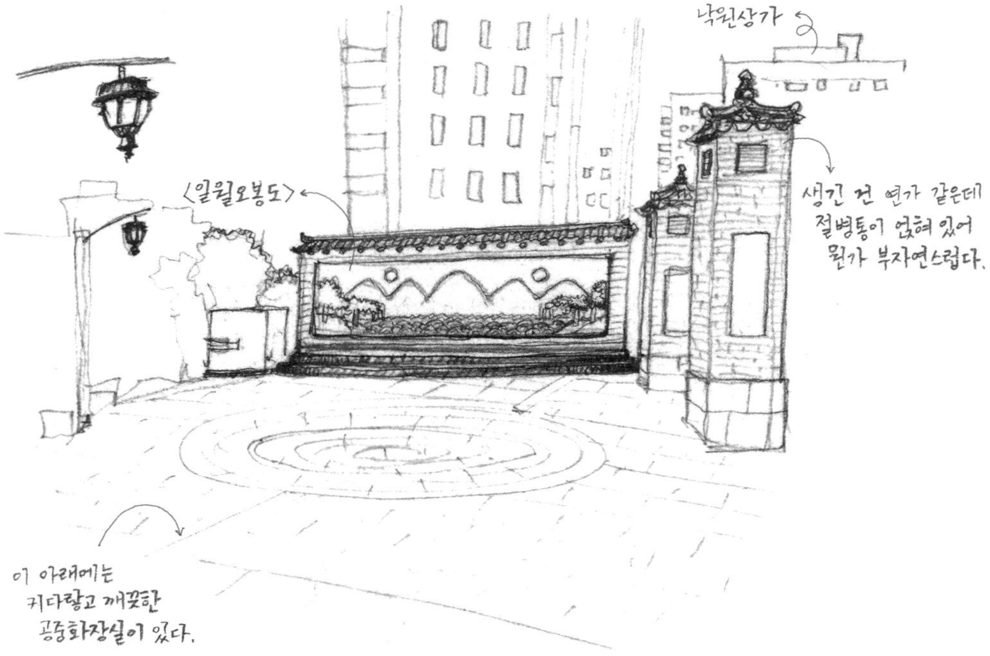


**남인사 놀이마당 전경**
<일월오봉도>는 임금 뒤에 있던 병풍.
놀이마당과는 어울리지 않는 듯하다.

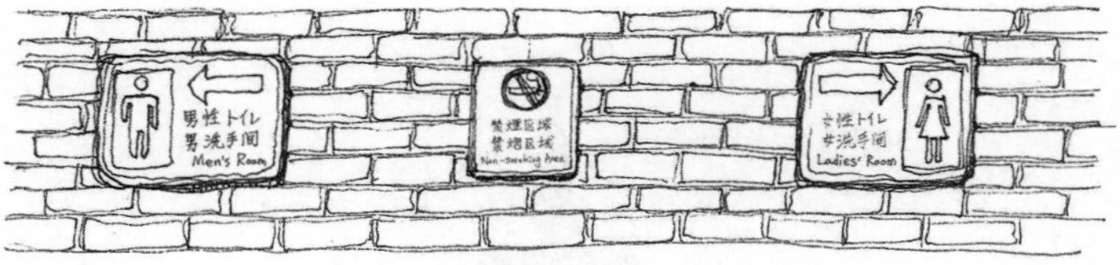


실종된 한글.

화장실이나 금연 표시는 픽토그램
하나만 있어도 될 텐데, 굳이 한글 없이
여러 외국어만 나열해야 했을까?

우리나라 사람은
이곳 지리를 통달하고
있다고 생각하는가?

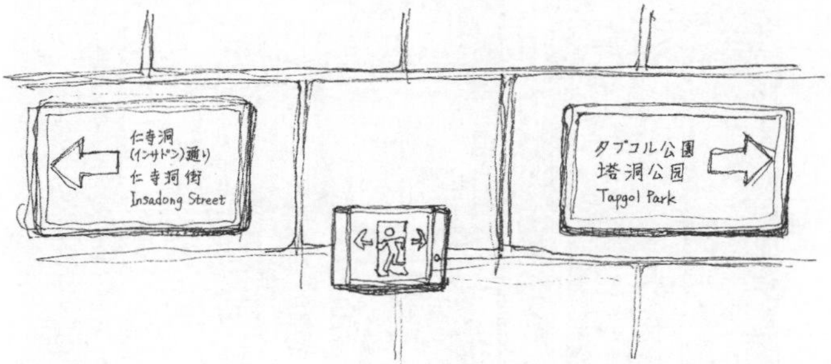


이 표지판은 단순히 외국인을 위하는 걸 넘어 자국민을 무시하는 것으로밖에 보이지 않는다. 외국에서도 자국어가 아닌 외국어를 우선적으로 사용하는 모습은 거의 보지 못했다.
남산순환도로는 일반차량 통행금지 구역이지만, 외국인이 탄 차량은 통과시켜준다고 하니 이런 역차별이 또 없다. '외국인 탑승'이라고 버젓이 붙이고 다니는 버스를 도로에서 자주 목격하는데, 그 버스가 과연 다른 버스와 무엇이 다를까 생각하게 된다.
관광 수입이 중요하기에 외국인을 배려해야 하는 건 당연하다.
하지만 그것은 자국민을 존중하는 바탕 위에서 마련되어야 한다.
그것이 그들에게 대한민국이라는 나라를 분명하게 인식시킬 수 있는 하나의 지표임을 나는 확신한다.

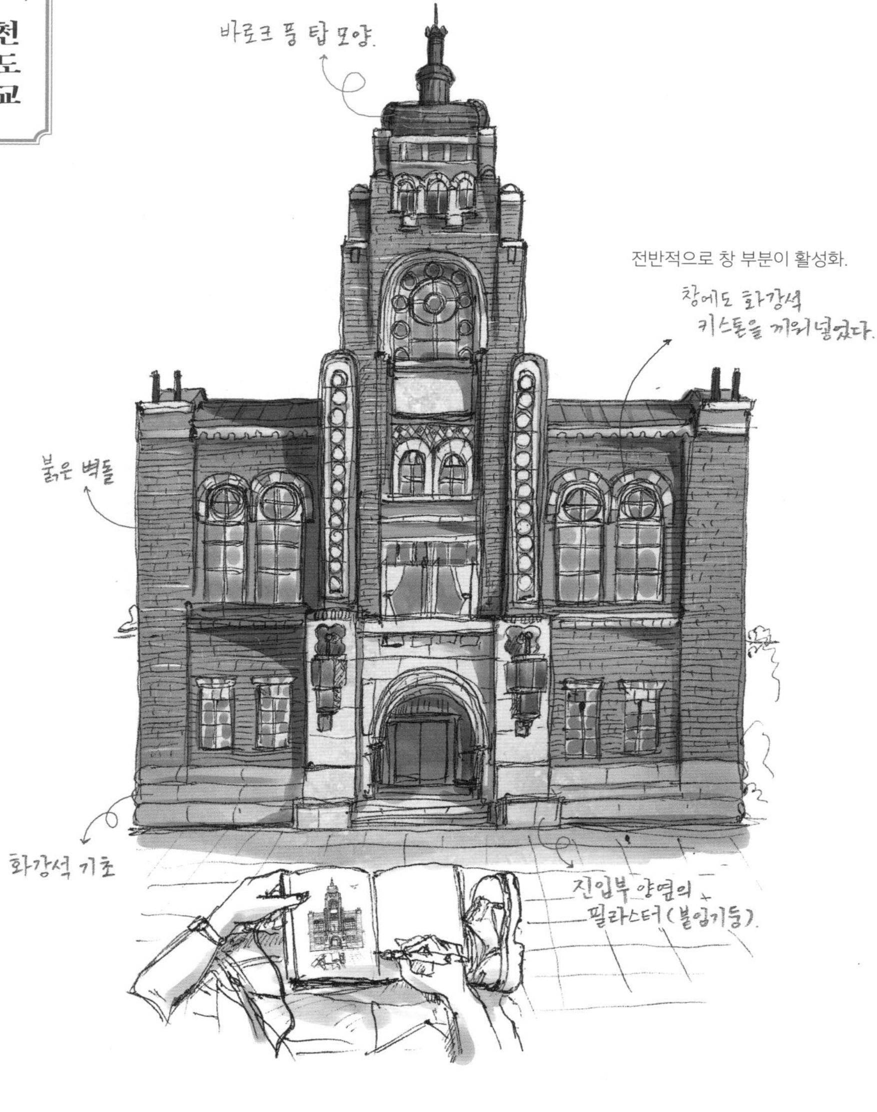
바로크 풍 탑 모양.
전반적으로 창 부분이 활성화.
창에도 화강석 키스톤을 끼워넣었다.
붉은 벽돌
화강석 기초
진입부 양옆의 필라스터(붙임기둥).

천도교 중앙대교당 전경

천도교 중앙대교당. 1921년에 준공된 천도교의 요람이다. 천도교는 1860년 최제우가 창시한 동학에서 비롯한 것으로 3대 교주 손병희 때 천도교로 이름을 바꾸었다. 당시 신도 수가 300만에 달했던 거대한 종교단체였다. 천도교 중앙대교당은 교인 각 세대당 10원씩 모아 30만 원으로 지었는데, 착공 이듬해 3·1운동이 일어나 독립운동 자금으로 건축비를 사용하면서 완공이 조금 지연되었다고도 한다. 일본인 나카무라 요시헤이가 설계하고 중국인 장스잉(張時英)이 시공했는데 원래는 지금의 세 배 규모로 계획했으나, 규모가 너무 큰데다 중앙에 기둥이 없다는 이유로 일제가 허가를 내주지 않아 지금의 크기로 축소되었다.

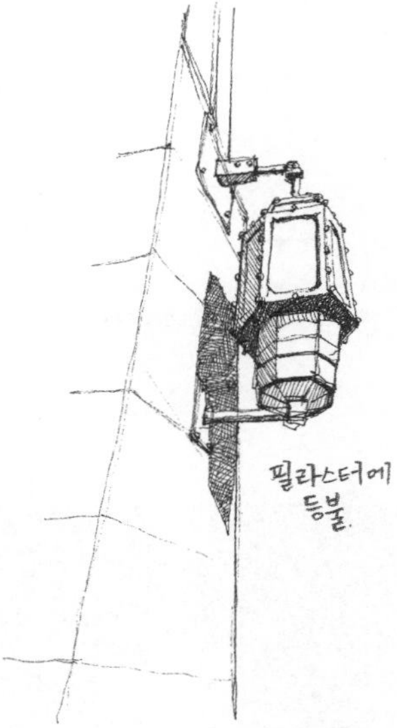


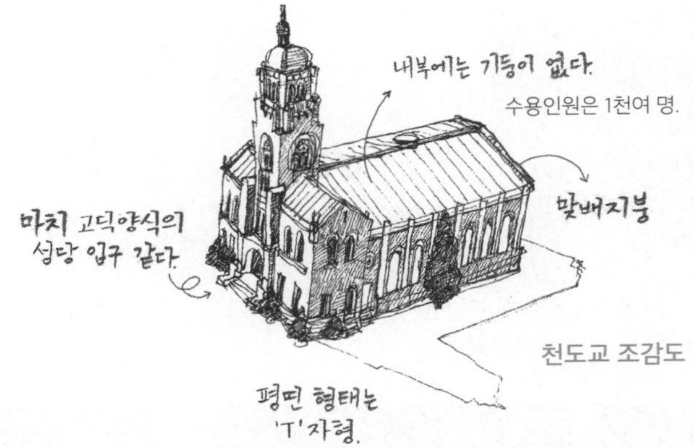


천도교 조감도

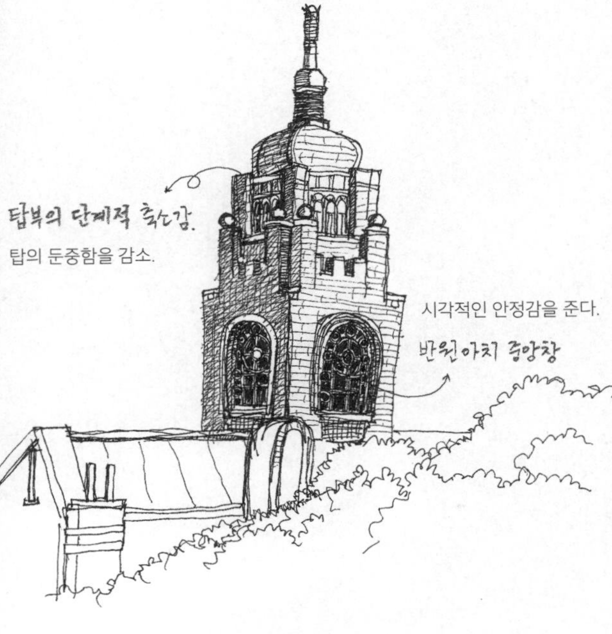


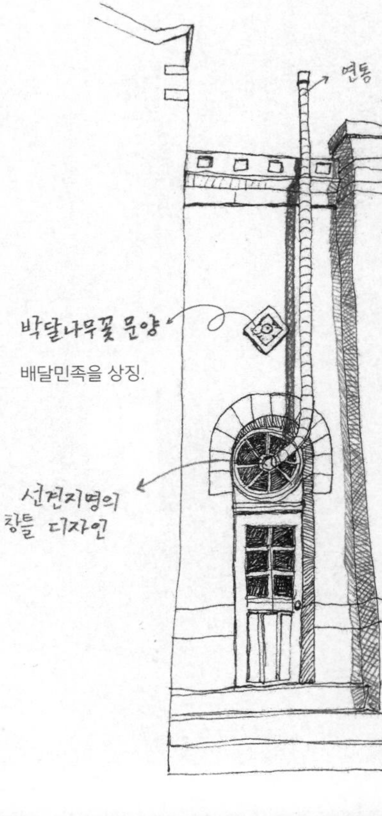

정적은
열어놓은 문을 지나
가벼운 바람과 햇살을 머금고
살며시 내 옆에 내려앉았다.

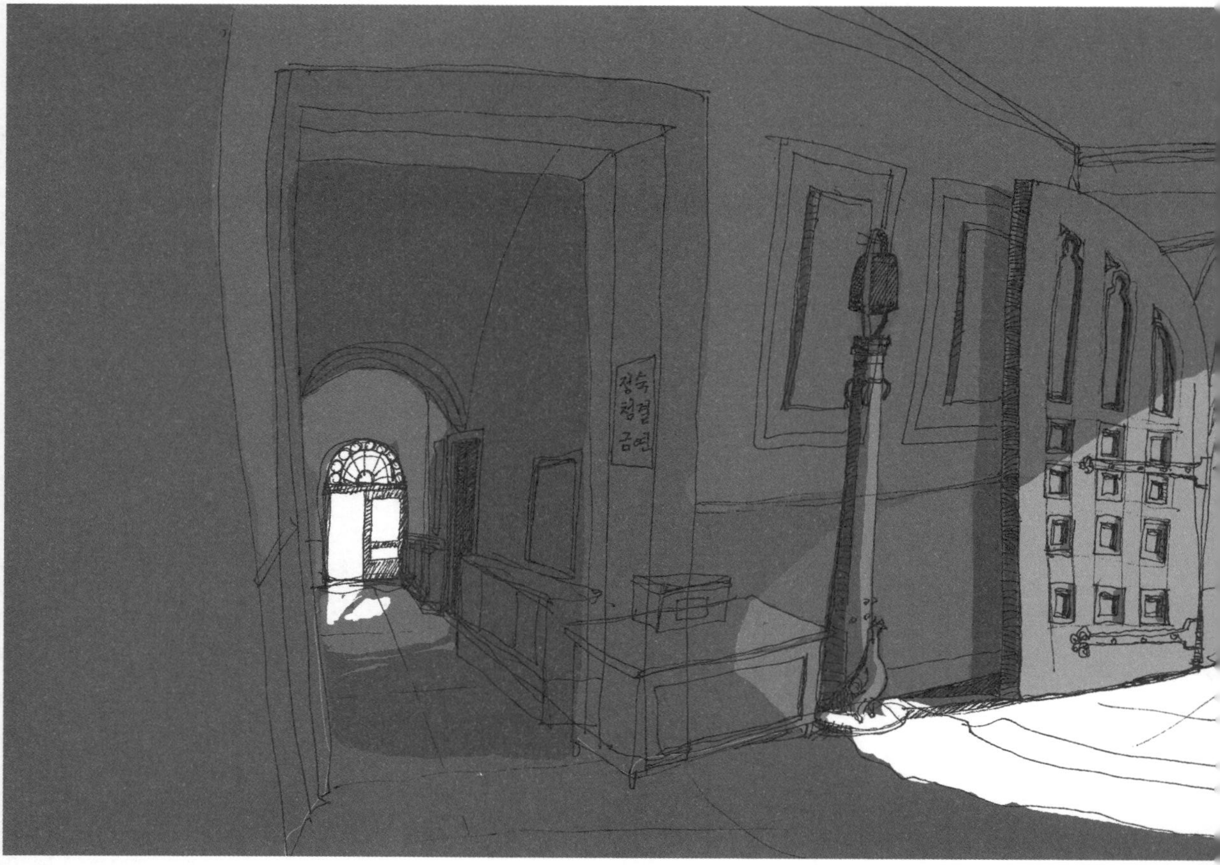

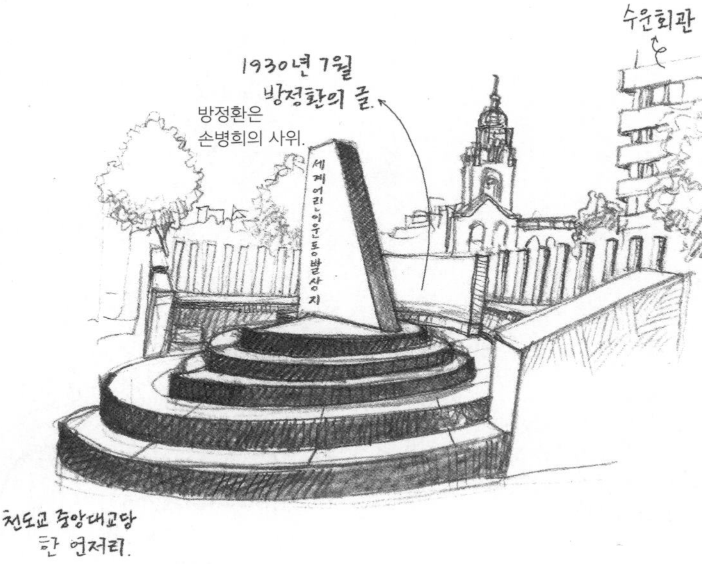


순조는 열한 살에 왕위에 오르면서 김조순의 딸을 왕비로 맞아들였다. 이로써 순조, 헌종, 철종 3대에 이르는 안동 김씨의 60년 세도정치가 시작된다. 김조순은 거의 섭정하듯 정권을 주물러 조정과 전국 360 방백 수령이 안동 김씨를 대지 않고는 명맥을 유지할 수 없을 정도였다. 그 세도가 아들 김좌근에게 세습되며 세도정치는 극에 다다랐다. 얼마나 뇌물이 횡행했는지 '세도 댁 나귀는 약과도 맛이 없어 물린다'는 동요가 여염에 유행할 정도. 오늘날에도 여전한 뇌물수수 사건들을 보면 우리 역사의 한 맥락이 끝없이 되풀이된다는 생각에 입맛이 쓰다. 영의정을 세 번이나 연임한 김좌근이 이 터에 살았다고 한다.

어린이 헌정비

방정환은 1921년 처음 '어린이'라는 말을 사용하였고, 이곳에 '색동회'라는 국내 최초의 아동문화단체를 만들어 어린이날을 선포했다.

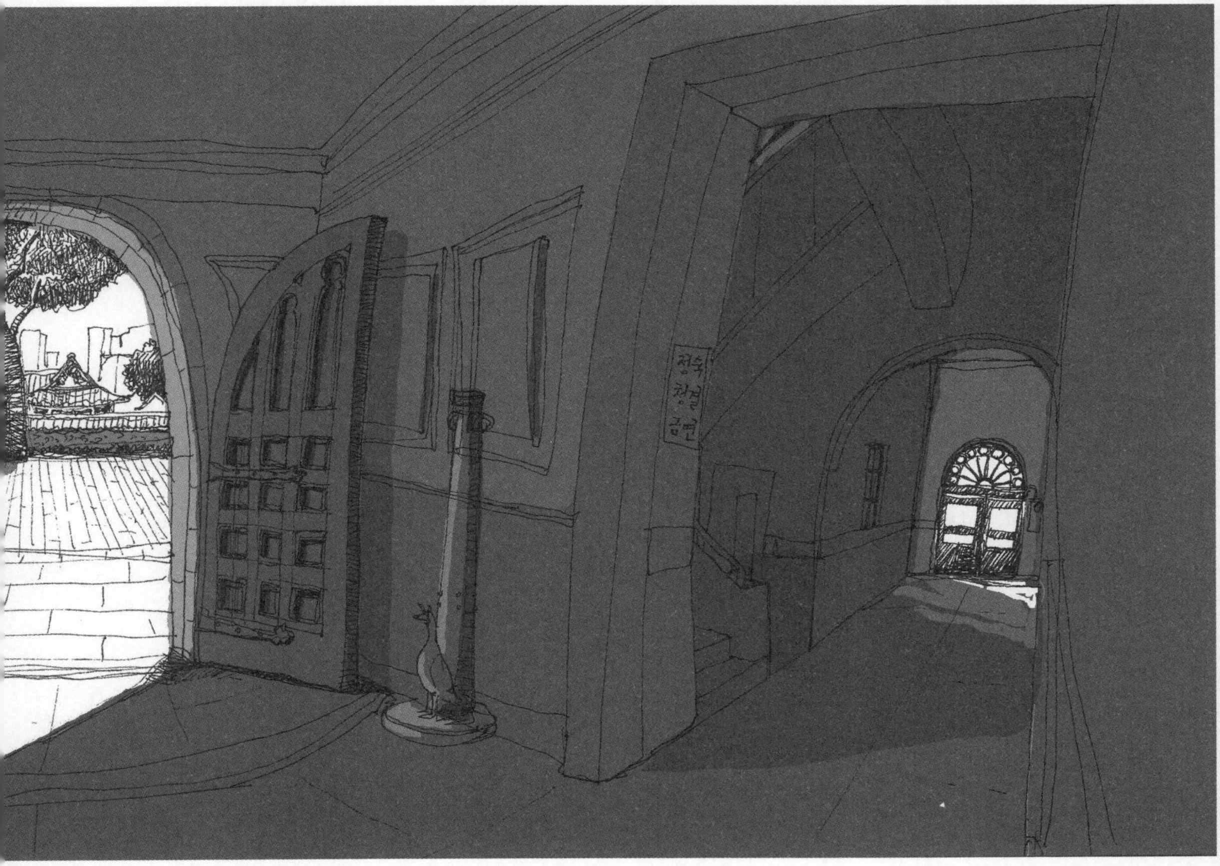

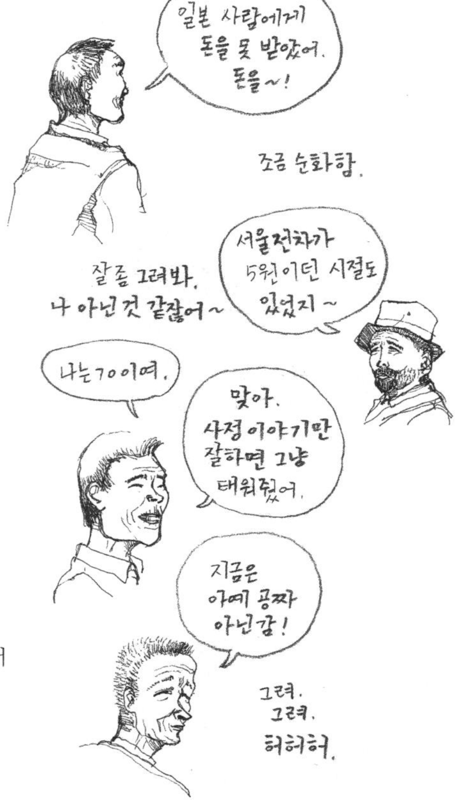


천도교 마당 앞 벤치에는 할아버지 여럿이 앉아 있었다.
그들은 대화를 나누지도 신문을 보지도 않고 그저 하염없이
앉아만 있을 뿐이다. 마치 누가 지나다보면 나를 비롯한 모두가
벤치에 고정된 사격장 과녁처럼 착각할지도 모를 일이었다.
한참을 천도교 전경을 담고 있는데 한 할아버지가 다가와
넌지시 스케치를 바라보았다.
"할아버지 날씨 참 좋죠? 나들이 나오셨나봐요?"
나는 먼저 말을 꺼냈다.
"누굴 기다리고 있어."
"약속 있으신가보죠?"
그는 본 목적이 원래부터 대화였다는 듯 이야기를 꺼낸다.
"아냐. 그냥 기다리고 있어. 일본 사람이야. 내가 옛날에 일본 가서
일을 했는데, 그 인간이 돈을 안 줬어. 그런데 이제 다시 일본을
갈 수도 없잖아. 그래서 한국에 올 때까지 기다리는 거야.
일본 사람들이 한국에 오면 꼭 인사동에 들른다고 하잖어?
그래서 매일 인사동에 나와. 지금도 한눈에 알아볼 수 있다니까."
우리가 이야기를 나누자 몇몇 할아버지가 내 주위로 모여드셨다.
나는 천도교 스케치를 잠깐 접고 할아버지들과 이런저런 이야기를 나누었다.
어느새 화제는 서울의 옛 풍경으로 옮겨갔다. 모두들 기다렸다는 듯,
한마디씩 내던지셔서 그 말을 들으며 한 분 한 분 스케치북에 옮겨 담았다.
천도교의 근원이 되었던 동학운동은 하늘 아래 인간은 모두 같다는 취지로 벌인 일종의 인권운동이었다.
조선이 신분 사회였음을 고려할 때 분명 멋진 철학과 사상이 아닐 수 없다.
나는 할아버지들의 옛 서울 추억담을 들으며, 또 그림을 끄적이며,
당시 수백만 신도를 거느린 천도교 본당의 이 너른 마당이 활기에 넘쳐 북적거렸을
모습을 상상했다. 이제 인사동을 찾는 사람들조차 모르는,
온기가 사라진 이 마당은 왠지 훈련이 끝난 텅 빈 사격장 같았다.
마음에 새겨넣은 일본인이 관광 오기만을 기다리며 인사동을 배회한다는
할아버지를 다시 바라보았다.
그는 다른 사람들과의 대화에 빠져 이미 저만치 돌아앉아 있다.
할아버지들의 어깨 너머로 그 뒷모습을 다시 한번 스케치북에 담았다.

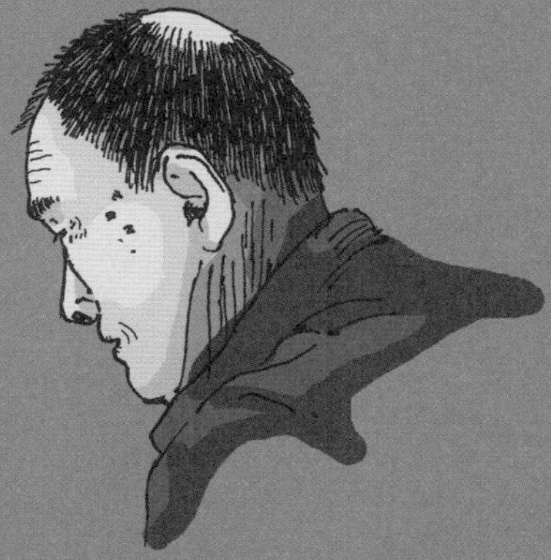

흥망성쇠. 흥한 적이 있으면 쇠하는 날이 오고, 언젠가 다시 번성하는 날도 찾아오리라.
천도교도 언젠가 과거의 영화처럼 다시 흥할 날이 오지 않을까?
그때 이곳은 더 많은 이가 기억하고 찾는 장소가 되겠지.
하지만 또다른 인생의 쇠락을 걷는 그 할아버지에게는 흥할 날까지 기다릴 수 있는 시간이
그리 많아 보이지 않았다.

14장
# 숭례문

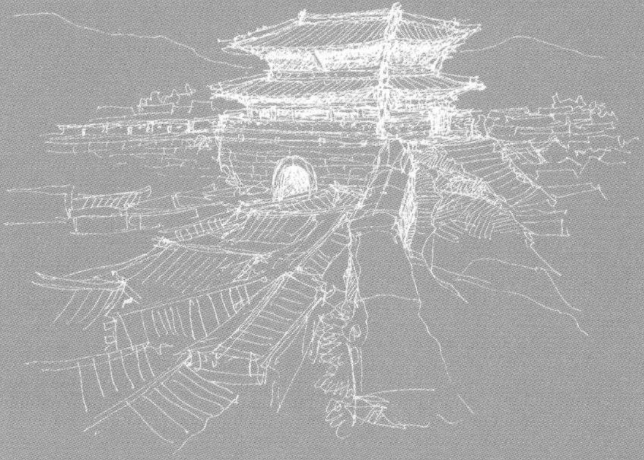

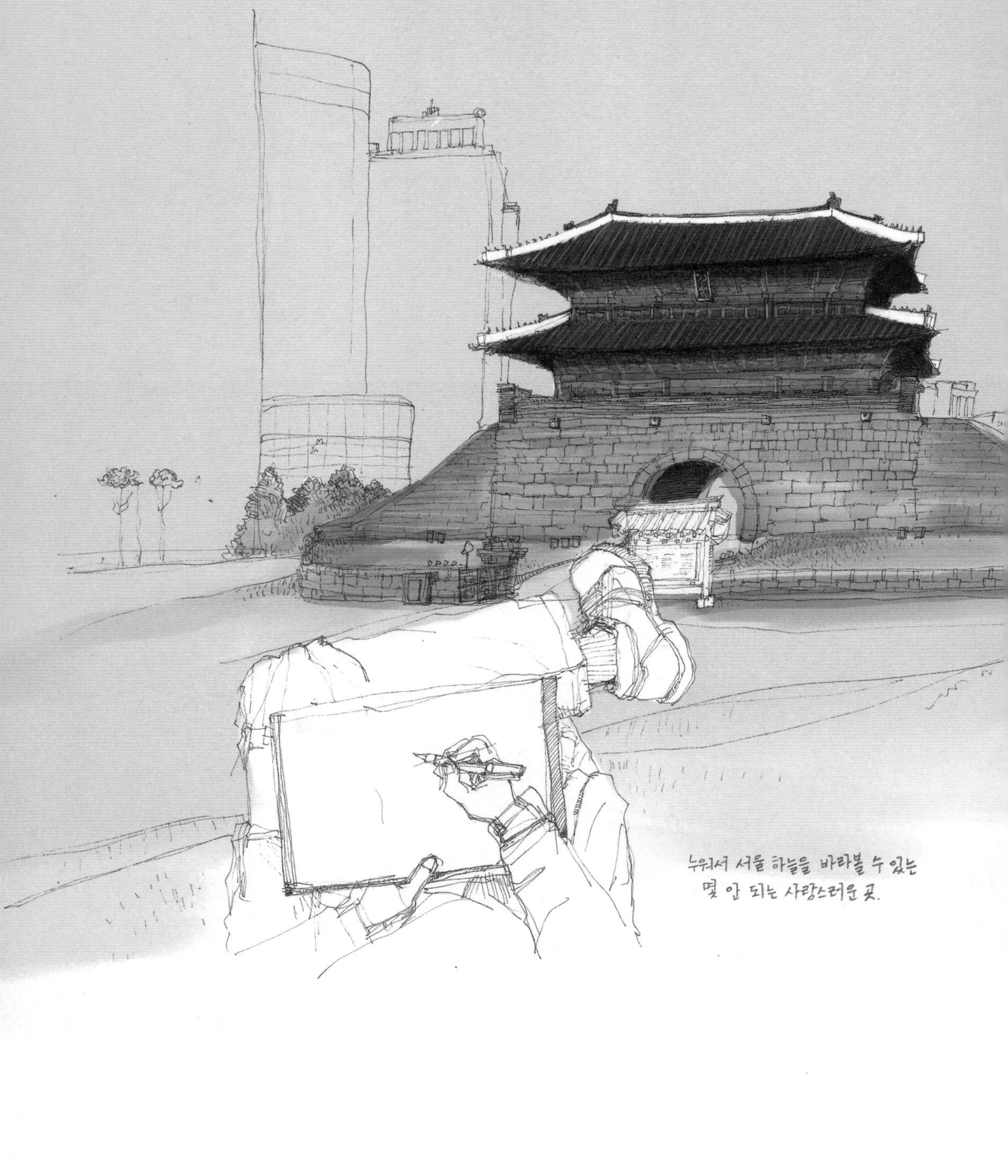
누워서 서울 하늘을 바라볼 수 있는
몇 안 되는 사랑스러운 곳.

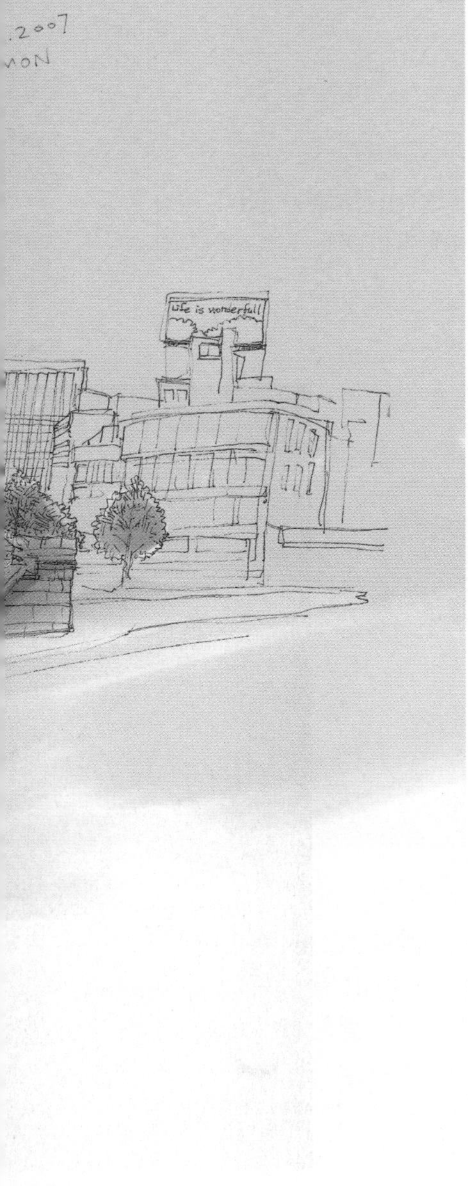


숭례문이 불타는 모습이 텔레비전으로 생중계되던 밤이 아직도 생생하다. 화재가 있기 한 시간 전, 우연찮게 나는 숭례문에 있었다. 싸늘한 겨울밤, 다른 일 때문에 그 앞을 지나다 숭례문 앞에 멈춰 섰다. 다가설 수 없는 그 위용을 몇 장의 사진으로 담은 뒤 집에 가는 버스를 타고 그 옆을 지나며 바라본 모습. 그것이 마지막이라고는 상상조차 못했다. 만일 조금 더 머물렀다면 내가 방화범을 제지할 수도 있지 않았을까, 라는 터무니없는 생각은 기왓장 한 장 걷어내지 못하고 다섯 시간 동안 지붕 위로 물만 뿌려대는 믿지 못할 화재 진압 장면을 보며 허무하게 접었다. 문화재 관리가 허술해 언젠가는 터질 일이었다지만 숭례문이 희생양이 됐다는 현실은 너무나도 뼈아팠다.

없어봐야 안다는 말이 이처럼 실감나는 경우가 또 있을까. 숭례문의 빈자리는 생각보다 컸다. 지금까지 그래왔던 것처럼 오랜 세월 한자리를 지켜온 숭례문이 앞으로도 오랫동안 그 자리에 있을 줄 알았나보다. 태양도 언젠가는 진다는데 이런 순진한 생각이나 했다니. 이제 전보다 관리 시스템이 보완될 것이고, 문화재에 대한 관심도 더 커질 것이다. 하지만 정작 뒤늦게 고친 외양간에 키울 소라도 남아 있을까.

그렇게 숭례문은 21세기 서울 도심 한복판에서 홀로 힘겨운 사투를 마치고 조선시대의 옛 건물들이 기다리는 먼 과거로 떠났다.

## 예를 숭상하다

숭례문은 조선 건국 당시 지어진, 서울에서 가장 크고 가장 오래된 목조건물이었다. 광화문이 경복궁의 얼굴이라면 숭례문은 수도 한양의 얼굴이었기에 많은 공을 들였음은 두말할 나위가 없었다.

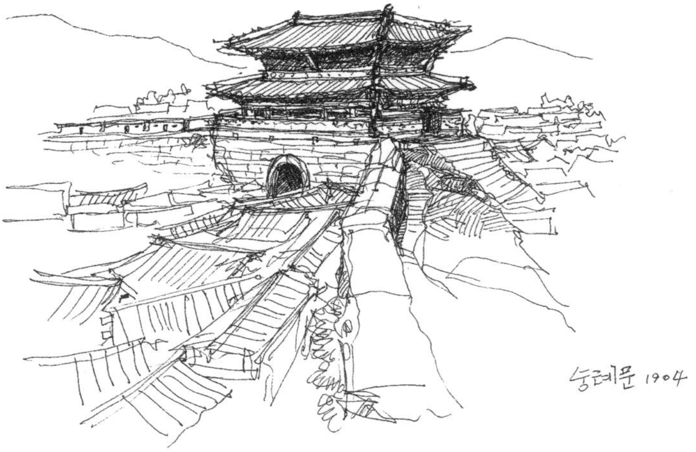


지방에서 올라온 많은 이들은 숭례문의 위용에 주눅들어 잠시 머뭇거렸을 것이다. 부푼 꿈을 안고 수도 한양에 올라온 어떤 이는 이 문을 보며 마음을 굳게 다잡았을 것이고, 또 어떤 이는 다시 돌아오지 않을 한양을 떠나며 마지막으로 이 문을 돌아봤을 것이다. 그렇게 오랜 세월 백성들의 수많은 사연을 담았을 숭례문. 하지만 문으로서의 구실을 못하면서 숭례문은 서울의 정문으로서의 위엄을 잃고 측은한 존재로 바뀌었다. 그 시작은 일제강점기가 시작될 무렵인 1907년 일본 황태자의 방한으로 거슬러올라간다.

말이 방한이지, 사실상 식민지를 둘러볼 목적임이 분명한 방문. 이때 일본은 "황태자가 머리를 숙이고 한양 문루 밑을 지날 수는 없다"면서 문 옆의 성곽을 헐고, 도로를 새로 만든다. 황태자의 키가 얼마나 컸길래 고개 숙이기를 꺼렸는지 모르겠지만, 그 엄포가 문을 부수는 것으로 이어지지 않은 것만도 다행이다. 일본의 이런 요구는 임진왜란 당시 일본 적장이 서울에 입성했던 상징성 때문이라는 설도 있으니, 아무튼 쓰라린 과거가 아닐 수 없다. 어찌되었든 이때부터 숭례문은 일본식 축대에 올린 장식품으로 전락했다. 운좋게도 한국전쟁의 포화가 비껴간 후 2006년 주변에 공원이 생기기 전까지 숭례문은 100여 년간 교통섬이라는 무인도에 고립되어 매연과 싸우며 쓸쓸히 버텨왔다. 그러다 2008년, 정부의 토지보상 문제에 불만을 품은 한 사람의 방화에 의해 600년 역사의 종지부를 찍고야 만다.

오늘날에도 불은 복병일진대 목조건물뿐이던 그 시절에는 오죽했으랴. 역사상 얼마나 많은 건물이 화재로 사라졌던가. 이에 한양에서도 화재에 대비해 많은 대비를 한다. 이중에는 실용적인 것보다도 상징적인 의미를 담은 것이 많았다. 외사산의 남쪽을 굳건히 지키고 있는 관악산이 엄청난 '화기(火氣)'를 머금고 있다고 봤기 때문이었다.

우선 경복궁을 정남향이 아니라 남동향으로 비스듬히 앉혀 관악산과 마주보게 하지 않았다. 관악산의 눈길을 피해 자리한 궁궐은 어쩐지 소심해 보이기까지 하다. 그에 이어 광화문에서 뻗어가는 주작대로를 정문인 숭례문에 곧장 연결하지 않고 종로와 만나는 곳에 작은 언덕과 숲을 만들어 화기를 막았다. 이곳이 바로 황토마루. 지금은 없어져 내가 아쉬워하는 곳 중 하나다.

하지만, 알고 보면 서울 성벽이 헐린 진짜 이유는 일제에 의해서가 아닌 대한제국의 뜻이었다고 하는데, 뒤에 '서울성곽' 편에서 자세히 이야기하기로 한다.

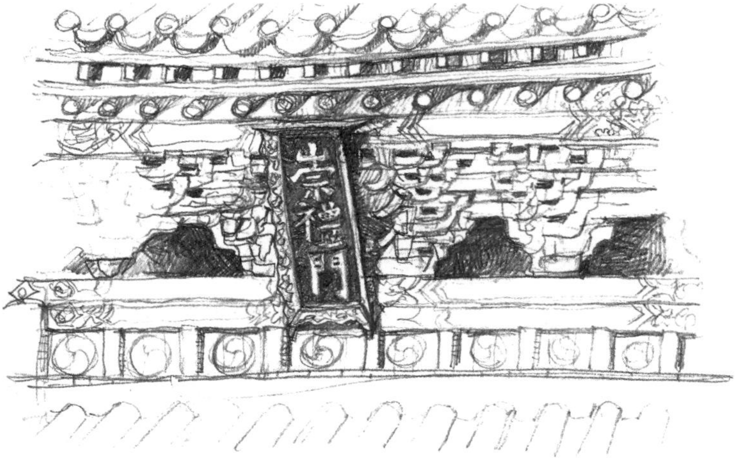


추사 김정희가
그렇게 감탄해마지않던
숭례문 편액.

숭례문 현판은 세로로 쓰게 했다. 오행에서 불에 해당하는 '예(禮)' 자를 불이 타오르는 모습을 형상하듯 세로로 쓴 것은 불은 불로 다스린다는 맞불 작전임을 뜻한다. 이 현판은 세종의 친형 양녕대군의 글씨로 알려져 있지만, 의견이 분분하여 단정하기는 어렵다. 누가 썼는지는 확실치 않아도 이 편액의 글씨가 힘있고 멋지다는 것에는 이견이 없어 보인다. 천하 명필 추사 김정희도 서울에 올 때면 숭례문 앞에 서서 해 지는 줄 모르고 편액을 바라보기 일쑤였다고 한다. 화재가 일어났을 때 편액은 소실되기 직전에 뜯어내렸다. 바닥까지 떨어져 부서지기는 했지만, 편액이라도 건진 게 그나마 다행. 그렇지만 이렇게 글을 쓰며 생각하니 다시 한번 가슴 한쪽이 아려온다.
마지막으로 화기를 누르기 위한 방책으로 도성 대문 밖에 큰 연못을 팠다.

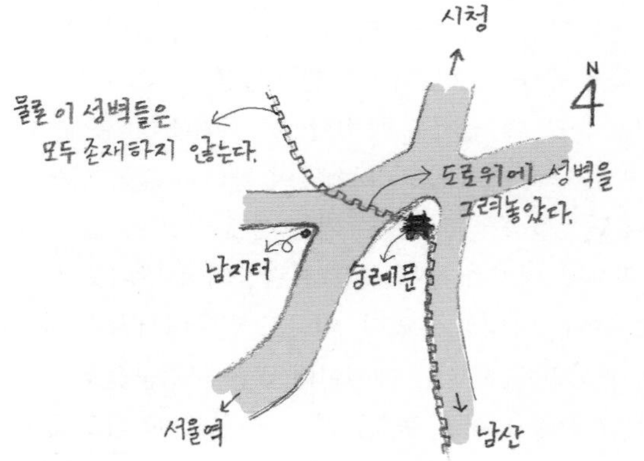


**남지터 표지석 위치**
조선시대 성벽이 남아 있었다면 분명 성곽 밖일 텐데, 도로 일색인 오늘날에는 안도 밖도 무의미하다. 바닥에 성곽이 있었던 곳을 나타낸 선을 보며 이 넓은 차도 위의 저 선을 따라 걸을 수도 없는데 무슨 의미가 있을까 싶다.

대부분의 사람들이 숭례문에 와서 그 앞만 보고 떠나는데, 사실 건너편에서 전체를 아울러 성곽까지 머릿속에 그려보아야 숭례문을 제대로 느낄 수 있다. 길을 건너면 큰 연못이 있던 자리라는 표지석을 만나게 되는데 이곳이 남지(南池), 즉 남쪽 연못이 있던 곳이다. 기록에 의하면 동대문 밖에는 동지(東池), 서대문 밖에는 서지(西池)가 있었다니 관악산의 화기만 면하려 했다기에는 다소 신빙성이 떨어진다. 어쨌거나 불이 났을 때 퍼 나를 물이 가까이 있다는 것은 화재 진압에 분명히 큰 도움이 되었을 것이다.

이 연못은 화재 대비용만으로서가 아니라, 당시 정치인들에게도 큰 관심의 대상이었던 것 같다. 연못을 둘러싼 힘겨루기에 실소를 금치 못해 잠시 소개해본다.

조선시대 파벌은 동인과 서인으로 시작되어 동인이 북인과 남인으로 나뉘고, 서인은 노론과 소론으로, 노론은 벽파와 시파로 나뉜다. 오늘날 정당이 분당되는 모습과 별 차이가 없어 보인다. 파벌에 방위가 들어간 이유는 근거지 때문이었다. 방위에 따른 분당은 각 방위에 맞는 연못을 점하는 기준이 되었는데, 연못에 피는 연꽃의 개화 정도로 각 당의 길흉을 점치기도 했다고 한다. 각 연못의 연꽃에서 나오는 연밥은 임금님께 바쳐 서로 나누는 풍습이 있었다는데 상대방의 연못에서 나온 연밥은 절대 먹지 않았다고 하니 '그 연못에 그 연밥'이라는 말이 적절하려나?

남지에는 조선시대 최고의 간신으로 언급되는 김안로에 관한 이야기도 얽혀 있다. 귀양과 출세를 밥먹듯 번갈아 하면서 연산군 때부터 중종 때까지 정치에 관여했던 김안로가 죽자 성난 군중이 김안로의 고래등 같은 기와집을 부수고 그 터를 못으로 만들었는데 이것이 남지라는 것이다. 얼마나 미웠으면 집을 부수고 웅덩이까지 만들었을까! 남지는 조선시대 내내 생겼다 메워졌다를 반복했는데, 순조 때 남지를 복원할 때 '과거에 이 못을 다시 파니 남인 허목이 득세했는데 이번에는 또 누가 득세할꼬'라는 말이 돌더니 결국 남인 채제공이 정권을 잡았다. 사정이 이러했으니 연못을 둘러싼 힘겨루기는 쉽게 끝날 수 없었으리라.

어찌되었든 이 연못들은 화기의 억제나 정치적 쟁투 같은 사람들의 욕망에도 불구하고 연꽃이 많이 펴 아름다운 연못이었음에는 분명해 보인다. 지금도 연못에서 유래한 연지동이라는 동명이 남아 있는데, 기록에 의하면 연꽃 피는 계절이면 많은 구경꾼들로 이곳이 넘쳐났다고 한다. 또한 여러 사람들이 그 감상을 시로 옮겼는데 그중 선조 때 대표적인 문신 이항복은 이 남지 정자 아래서 연꽃을 구경하다가 성 위 어딘가에서 들려오는 여인네의 노랫소리에 이런 시를 읊었다.

> 푸른 연줄기의 향그러운 바람, 땅에 가득 불어오는데
> 층층한 성벽엔 나무 그림자 어울렸네.
> 노랫소리 나는 저 위 여인의 모습 옥 같은 것이
> 물 건너 서 있는 남자 밤 깊은 줄도 모르누나.

상상 속의 남지

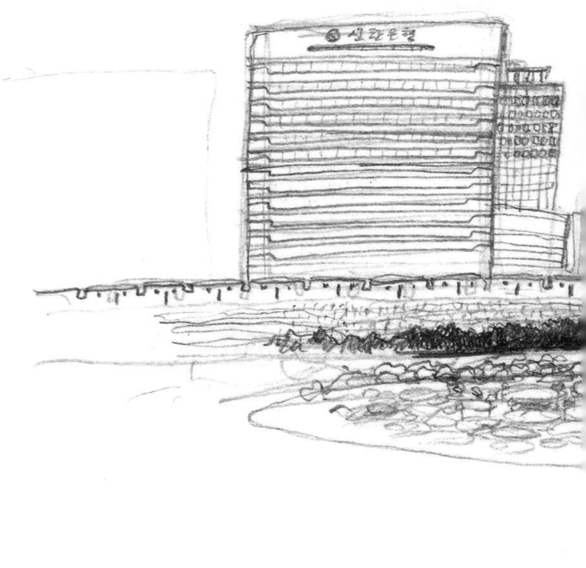

이제 그 성벽은 한 줄 페인트로 표시되어 땅 위에 흔적만 남았고,
과거 이 자리에 연못이나 개울이 있던 모습은 상상조차 할 수 없는
어마어마한 자동차의 강이 흐르고 있다.
가림막으로 가려진 숭례문 복원 현장을 바라보며 아련한 갈증에 사로잡힌다.
숭례문 앞 한편에 자동차 대로가 아닌 연꽃 만발한 큰 연못 하나 있었다면……
어쩌면 숭례문을 태운 방화범도 한 걸음 쉬어가며 가슴속 불길을 끌 수 있지 않았을까.

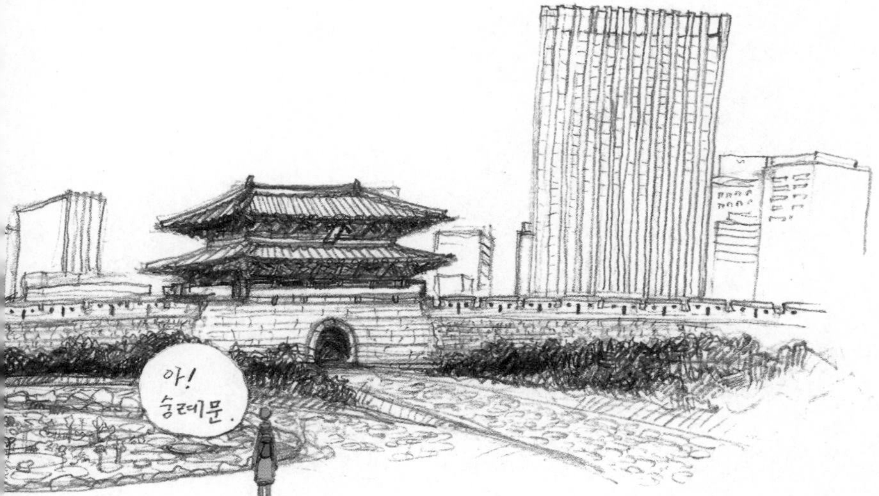

# 숭례문 주변 스케치

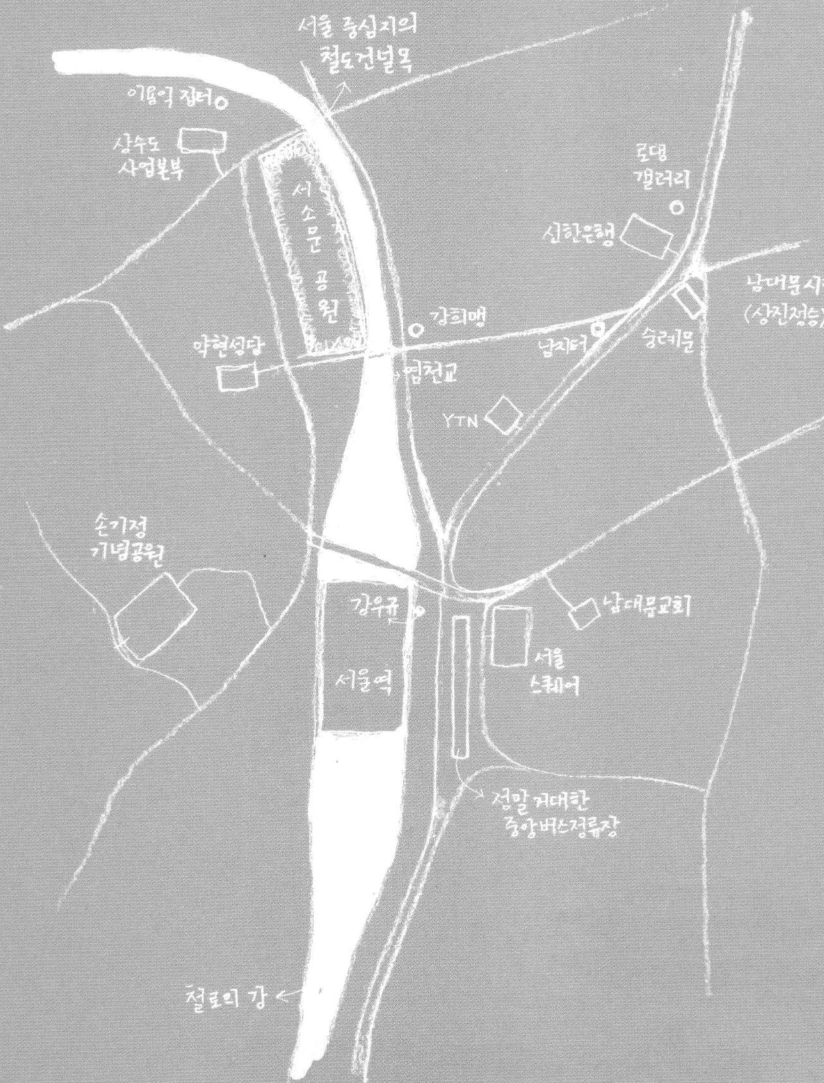

서울 중심지의
철도건널목
이용익 집터
상수도
사업본부
서소문 공원
로댕
갤러리
신한은행
남대문시장
(상진정승)
강희맹
남지터
숭례문
약현성당
염천교
YTN
손기정
기념공원
강우규
남대문교회
서울역
서울
스퀘어
정말 거대한
중앙버스정류장
철로의 강

남대문이라는 말이 일제 때 숭례문을 격하하기 위해 바꿔 부르던 말이라는데,
이는 『태조실록』에도 나오는 이름으로 별칭일 뿐이다.

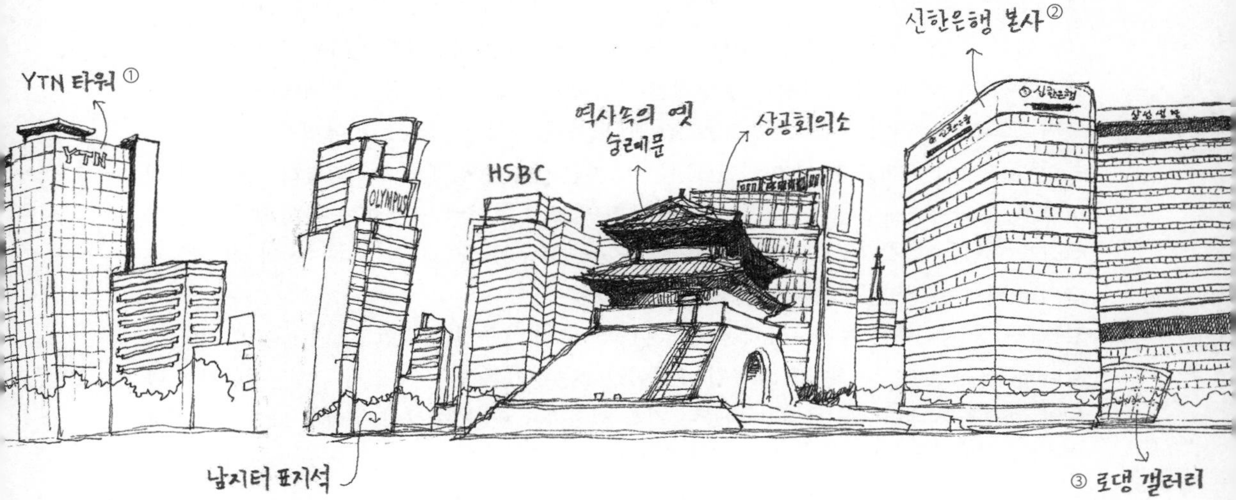


① YTN은 Your True Network의 줄임말로 24시간 뉴스만 하는 방송국이다. 외국에서는 이미 오래전부터 뉴스 전문 채널이 있었지만, 우리나라에서는 획기적인 출발이었다. 항상 24번 채널을 고수하는 것도 특이하다. YTN은 N서울타워의 주인이기도 하다.
② 이 자리에는 조선시대 조달청 격인 선혜청의 별청이 있었다. 선혜청은 대동법이 도입된 후 물가조절을 위해 곡식을 수북이 쌓아놓던 곳이라 호조를 능가하는 힘 좀 쓰던 기관이었다. 게다가 구한말에는 전환국이 설립되어 근대식 화폐도 주조했으니, 은행 측으로 보면 이런 명당이 또 없다. 명동에 본점이 있던 신한은행이 1986년 이 자리로 옮기고 사업이 승승장구했다. 이런 역사를 무시할 수 없었는지 2006년 조흥은행과 합병한 신한은행은 청계천 앞 조흥은행 본사 건물로 이전하려다가 그 계획을 취소하고 현재 자리에 남았다. 이를 보면 아무리 과학이 발달해도 좋은 게 좋다는 것을 마다할 이유는 없는 법.
③ 로댕의 유명한 조각 두 점이 있다. 바로 <지옥문>과 <칼레의 시민>. 주형을 소장한 프랑스 로댕미술관에서는 이 주형으로 열두 개의 작품만 만든다는 원칙이 있는데, 여기에 있는 <칼레의 시민>이 바로 열두번째 주조물이다. 단 두 작품만 있지만, 안에 들어서면 그 묵직함에 압도된다. 지옥문 주위에서 고통스러워하는 이들은 과연 그 문이 열리지 않아서 괴로워하는 것일까, 열리는 걸 두려워하는 것일까. 그 해답은 지옥문 위 중앙에 앉아 있는 '시인(생각하는 사람)'의 영원한 숙제 같아 보인다.

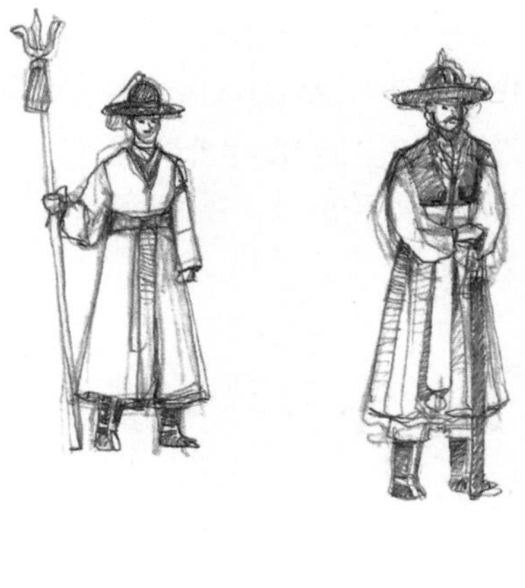

숭례문 수문장
덕수궁에서 수문장 교대식을 할 때는 공익근무요원들이 오래 근무한 순으로 편한 직책을 맡았다고 하는데, 최근에는 외부업체에 위탁해 공익근무요원이 아닌 일반인들이 문 앞에 선다. 경복궁이나 덕수궁, 숭례문, 보신각종 등 조선을 재현한 시기도 제각각인데, 궁궐 간의 자존심 대결도 대단하다고 한다. 하지만 행사 인원이나 관람객 규모 면에서도 경복궁이 다른 궁궐들을 압도하는 듯하다.

## 상정승골

숭례문 하면 역시 그 옆에 위치한 우리나라 최초의 상설시장 남대문시장을 빼놓을 수 없다. 남대문시장 자리에는 대동법이 시행되기 전까지 곡식을 사들이고 내다팔며 국가의 물가조절을 담당했던 상평창이 있었다. 상평창은 후에 선혜청으로 바뀌며 그 규모도 커지나 갑오개혁으로 조세제도가 현물에서 세금으로 바뀌자 졸지에 창고는 무용지물이 돼버렸다. 이에 국가에서는 1896년 종로와 남대문로에 범람하던 행상과 좌고(坐賈, 관 소유 건물을 빌려 하던 장사)를 선혜청 창고로 몰아넣는다. 이는 마치 종로의 가판상점을 이면 골목길로, 청계천의 가판상점을 동대문운동장으로 몰아넣은 것과 비슷한 모습이니 역사는 끊임없이 반복되는 것인가.

남대문시장 자리에는 우리나라에서 황희 다음으로 알아주던 정승인 '상진 정승'의 집이 있었다고 한다. 상진은 온화하고 조용한 재상이었다는 평가를 받는데, 얼마나 청렴했던지 15년 동안 정승을 지내면서도 축적한 재물이 전혀 없었다고 한다. 곳간이 무너져 노비가 수리를 재촉하자 "고쳐놓은들 채울 것 없는 곳간이 무슨 소용 있겠느냐"고 할 정도였다. 지금은 그 장소가 시장이 되어 북적이니 장소의 변천이 흥미로울 따름이다.

상진의 일화 중 유명한 것이 하나 있다. 어느 날 그가 퇴청하여 집으로 돌아오다 우연히 길에서 붉은 보자기를 주워 펼쳐보니 순금잔이 있었다. 그는 집 문 앞에, 여기서 물건을 잃어버린 사람은 자신을 찾아오라고 방을 써붙였다. 다음날 임금의 음식을 담당하는 수라간 별감이 찾아와 자식의 혼인이 있는데 돈이 없어 몰래 수라간에서 금잔을 내어오다가 잃어버렸으니 죽을죄를 범했다며 고개를 숙이고 한탄했다. 상진은 이 일을 극비에 부치겠다고 하며 금잔을 돌려주었으니, 벌보다 큰 사랑이 훗날 그에게 어떻게 되돌아왔을지는 미루어 짐작해볼 수 있으리라. 그는 "내가 죽은 뒤 비석에 이것저것 적을 것 없고 다만 말년에 거문고 타기를 좋아하여 얼큰히 취하면 「감군은感君恩」 곡조 타기를 스스로 즐겼다 하면 될 것이다"라는 조촐한 유언을 남겼다 하니 그 겸손함이 멋지다. 그의 묘는 현재 서초구 상문고등학교 내에 있다. 상문고는 상진의 후손이 문중 땅에 세운 학교인데 교장을 맡은 그 후손이 성적 조작이나 기부금 횡령 등 일련의 사건에 얽히는 모습을 보며, 조상의 정신까지 물려받지는 못했구나 탄식만 새어 나온다. 언젠가 그 앞을 지나는 길에 묘비와 신도비를 살펴볼 기회가 있었는데 글이 희미해서인지 한문이 짧아서인지 유언의 내용을 정확히 확인할 수는 없었다. 얼마 남지 않은 무덤 주위 숲 한쪽에 앉아 늦여름의 땀을 닦았다. 문득 그가 늦게 배웠다는 거문고 한가락이 어떠했을지 무척 궁금해졌다.

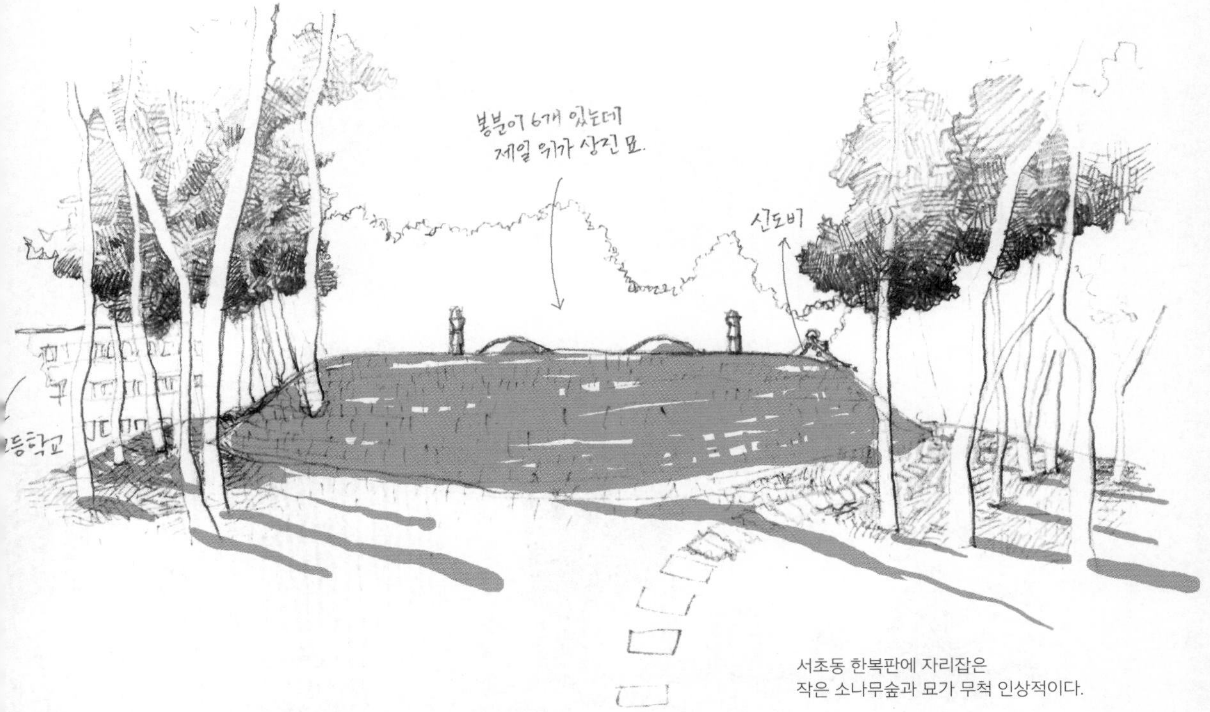


서초동 한복판에 자리잡은
작은 소나무숲과 묘가 무척 인상적이다.

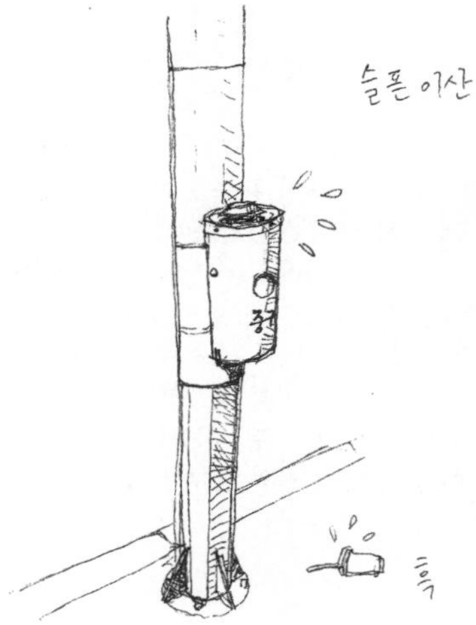


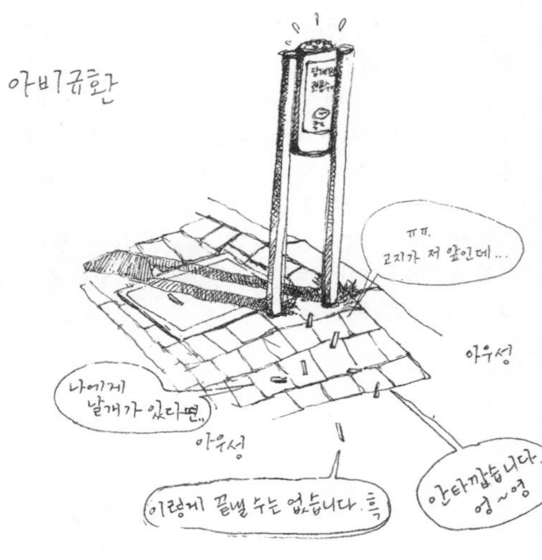


쓰레기 투척의 현장들

# 서울역

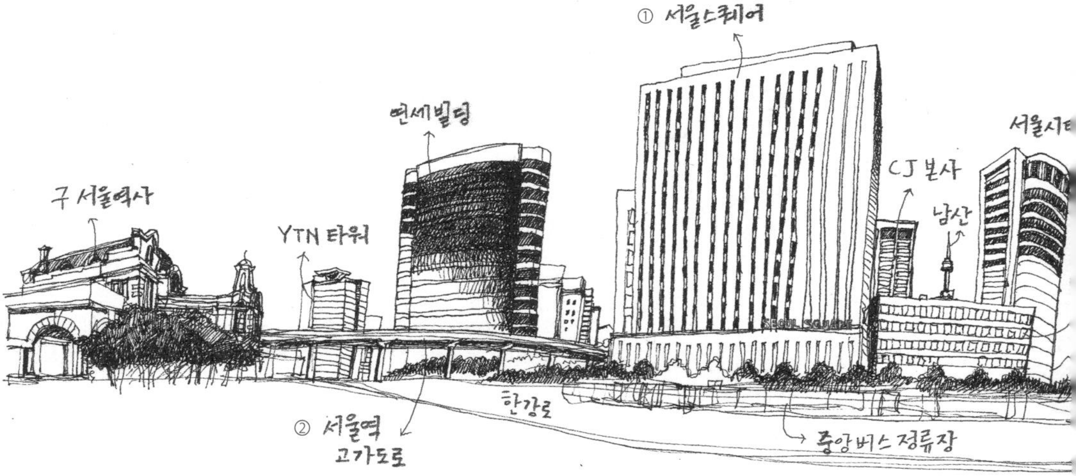


서울역 광장 전경

꿈을 품고 서울로 올라온 많은 이들의 첫 관문.
지금은 자동차가 많이 보급되어 예전보다 기차역에 갈 일이 줄었지만, 기차역에 대한 향수는 여전하다.
하지만 그런 기대감으로 서울역에 가면 낭패. 오늘날 서울역은 노숙인들로 구석구석 얼룩져 있다. 언젠가 서울역 광장 한구석에서 담배 한 대 태워볼까 꺼냈더니 한 노숙인이 다가와 한 개비를 구걸했다. 하나 내어 주고 이제 내 담배에 불을 붙일까 했더니 어느샌가 주위에 다른 노숙인이 4명이 몰려와 줄 서 있었다.
되기 싫어서 그렇지, 일단 되기만 하면 바꾸지 않는 직업(?) 중 하나가 거지라고 했던가. 거지는 빈곤의 산물보다는 빈부격차의 산물로 해석하는 것이 옳다. 과거에는 동대문, 청계천 주변과 이곳 서울역 근처 염천교 부근에 거지가 많이 모였는데, 오늘날에는 서울역이 노숙인들의 대표적인 안식처가 된 것 같다. 그들 사이에서도 텃세가 있어 계급이 존재하는데 '일진'으로 불리는 가장 우세한 이들만 서울역에 모여 있다고 하니 그 나름, 명당인 걸까.

① 1977년에 완공된 대우정밀이었던 건물. 서울역에서 나왔을 때 처음으로 보게 되는 건물이라 서울이라는 대도시의 이미지를 확고히 심어줬었다. 이 건물은 김수근이 설계했는데, 한때 이 건물에서 쓰는 전력 사용량이 제주도 전체 전력 사용량보다 많다는 말까지 있을 정도로 엄청난 규모였다. 그러나 지금 이 건물의 이름은 서울스퀘어. 외국자본으로 넘어간 뒤 이름이 바뀌었는데 시청 앞 서울광장과 서울역 광장을 헷갈리게 하는 건 아닐까 싶다. 건물명은 아쉽지만 밤에 건물 외벽 전면에 상영되는 미디어 캔버스는 정말 볼 만하다!

② 서울에는 104개의 고가차도가 있다. 대부분 개발독재가 횡행하던 시절에 만들어지기 시작해 1990년대까지도 꾸준히 증가했다. 그러나 교통을 원활하게 하는 것도 아니고, 경관도 해치며 유지·보수비가 많이 들어 애물단지로 전락해 최근에는 하나씩 없애는 추세다.
1975년 개통된 서울역 고가차도도 이제 없어질 운명. 하지만 서울역에 존재하는 선로의 강을 넘기가 쉽지 않아 아주 없애지는 못하고, 대신 한강로 위를 넘지 않을 모습으로 새로 만들 예정이란다.

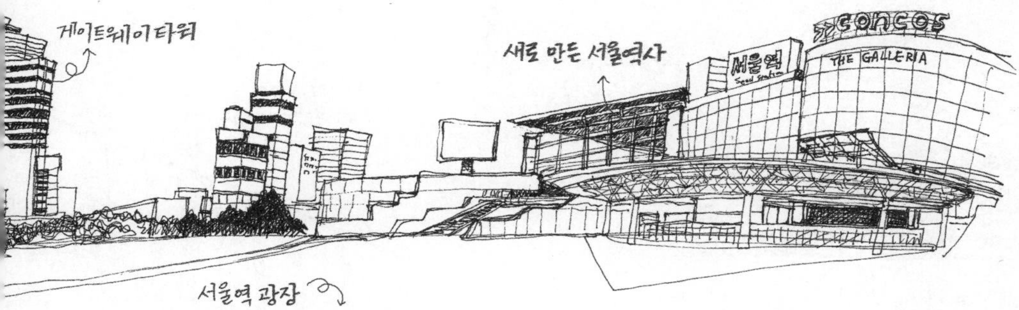


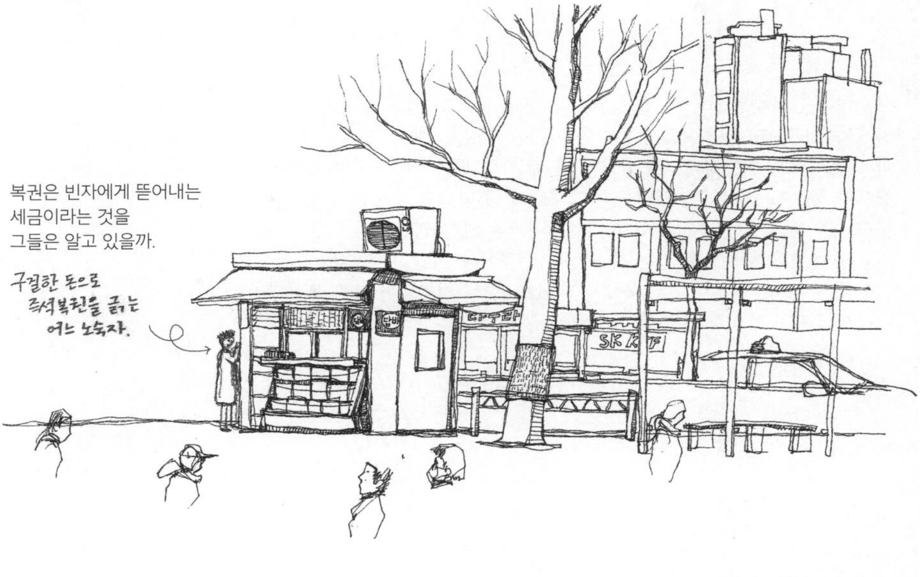


복권은 빈자에게 뜯어내는
세금이라는 것을
그들은 알고 있을까.

# 구 서울역사

1층 대합실 내부로 밝은 빛을 끌어들인다.

구 서울역사 전경

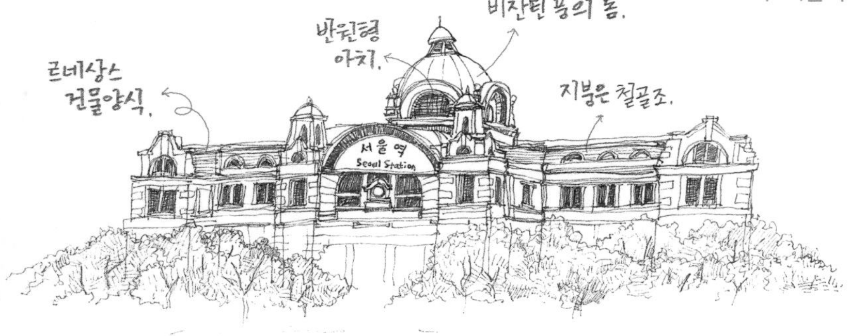


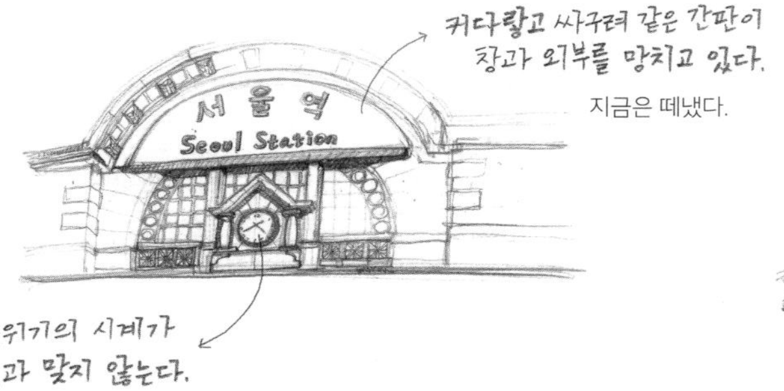


지금은 떼냈다.

기차역 하면 빠질 수 없는 요소.

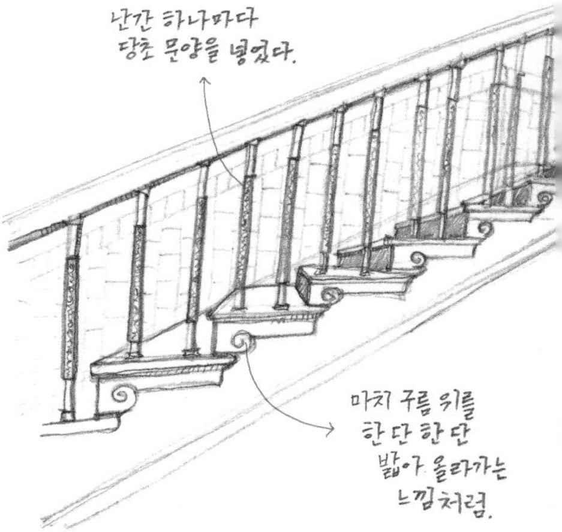


서울역은 물자수탈을 위해 일제가 만든 대표적 사회간접시설이다. 일제는 '일본-조선-만주'를 잇는다는 거대한 구상을 하고, 그 중간 관문 역할을 할 서울역사를 번듯하게 계획한다. 처음에는 사대문 안에 만들려고 했으나 풍수를 해친다는 백성들의 반대로 인해 남대문 밖으로 밀려났고, 도쿄 대지진으로 준공이 늦어져 1925년에서야 완성되었다.
지금은 철도와 지하철을 합쳐 하루 이용 인구가 17여만 명이 되는 명실상부 서울의 관문. 구 서울역사는 국가사적 제284호로 지정되어 복합 문화공간으로 재탄생되면서 그 이름을 문화역서울284로 바꾸었다.

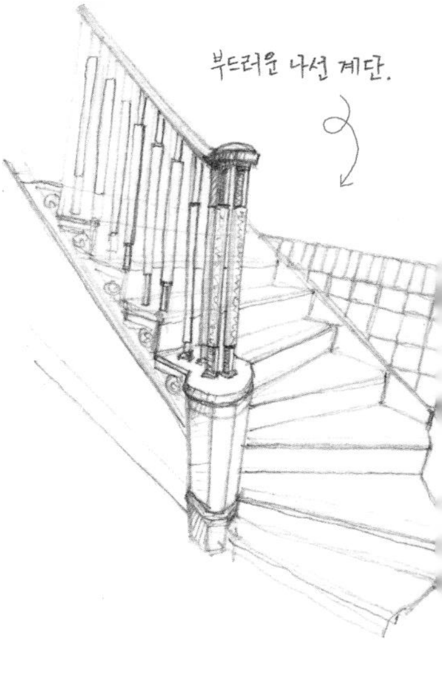

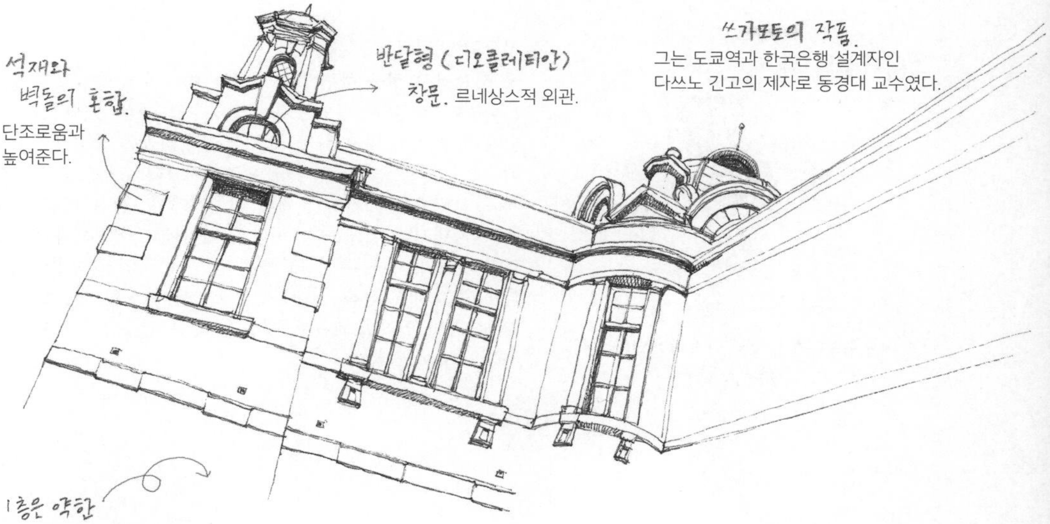


벽돌의 단조로움과 강도를 높여준다.

르네상스적 외관.

그는 도쿄역과 한국은행 설계자인 다쓰노 긴고의 제자로 동경대 교수였다.

표면을 거칠게 다듬은 돌을 쌓는 것.

구 서울역사 내부

서울역사 계단

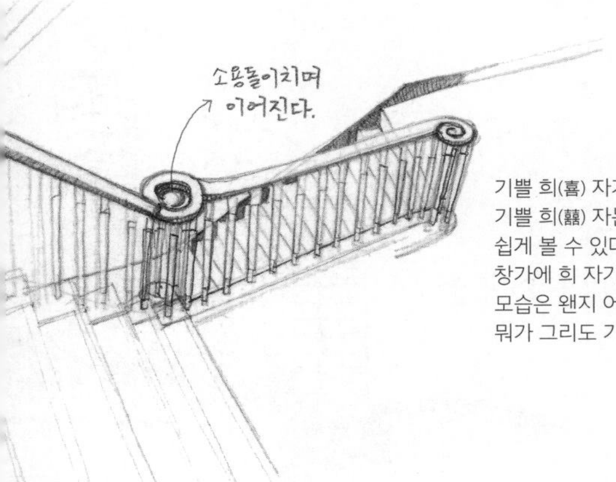


기쁠 희(喜) 자가 두 개 붙은 기쁠 희(囍) 자는 중국 식당에서 쉽게 볼 수 있다. 서울역 창가에 희 자가 가득 있는 모습은 왠지 어색했다. 뭐가 그리도 기뻤을까.

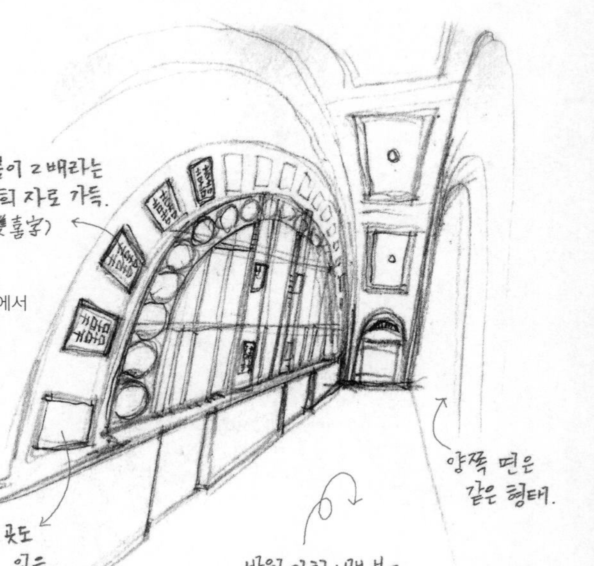

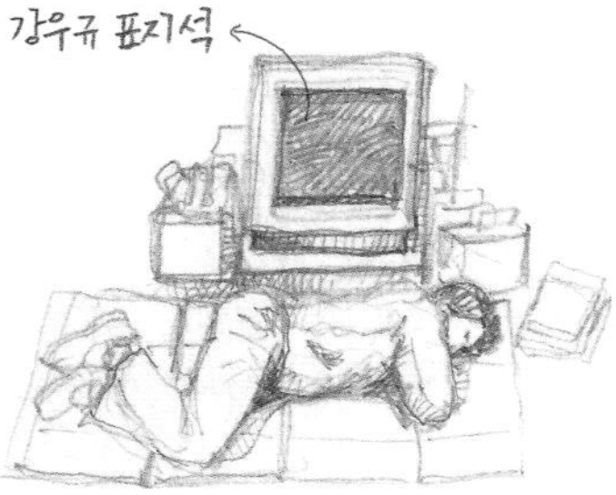


이 노숙인은 한잠 잘 수 있게 벽이 되어주는 표지석이 무언지 알고는 있을까.

### 강우규 표지석

구 서울역사 정문 북편으로 보이는 표지석 하나. 그 앞에는 한 노숙인이 자신의 모든 살림을 펼쳐두고 물건 잃어버릴 걱정도 없이 깊은 잠에 빠져 있다. 표지석의 주인공은 강우규.
최고령 의열투쟁가인 강우규는 조선에 3대 총독으로 부임한 사이토 마코토를 제거하기 위해 서울역에서 나오는 그의 마차에 폭탄을 던지나 실패한다. 폭탄이 마차에 떨어졌으나 불발탄이었던 것이다. 이후 은신생활을 하던 중 한국인 앞잡이의 고발에 의해 붙잡혀 다음해 서대문형무소에서 형장의 이슬로 사라졌다. 한국인 앞잡이 때문에 목숨을 잃은 강우규의 운명을 보면 하늘의 뜻이 얄궂다.

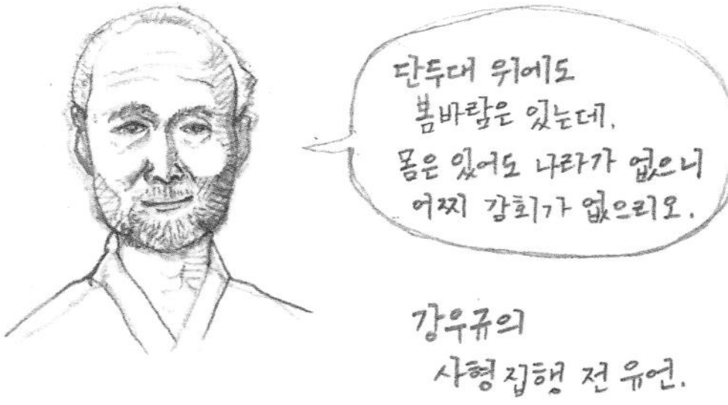


내가 만일 같은 상황에 놓인다면 죽음 직전에 과연 저런 의연함을 보일 수 있을까. 순국 당시 그는 예순다섯 살, 손자들과 여생을 조용히 보낼 수도 있었을 한 할아버지의 엷은 미소가 오랫동안 여운을 남긴다.

한 손에는 수류탄을 들고 있다.

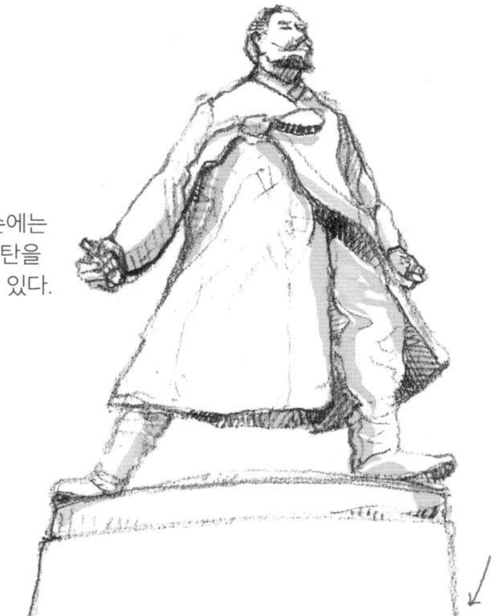

최근 표지석 대신 동상을 세워 반갑다. 하지만 유언만 적혀 있고, 행적은 없어 아쉽다.

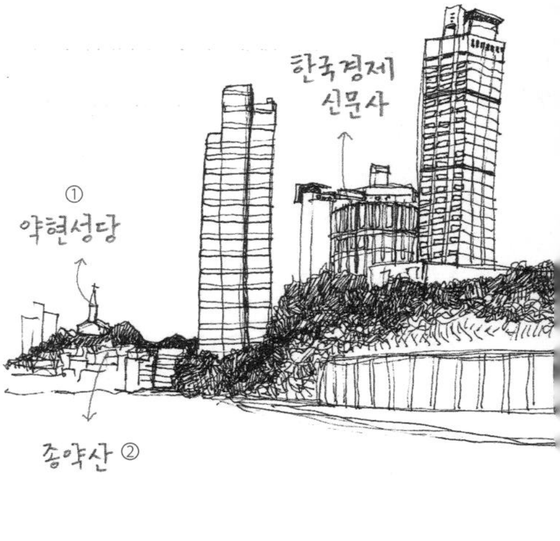

염천교

우리나라에서 벼슬을 하사받은 나무 중 가장 유명한 것은 속리산의 정2품송이다.

그런데 서울에도 정3품 당상관 품작을 받은 나무가 있었다. 강희맹 집 마당에 있던 대부송(大夫松)이라 불리던 소나무가 그것. 세조 때 형조판서였던 강희맹은 판결이 밝고 사리가 깊었지만, 당시 옥이 텅텅 빌 정도로 인자하기로 유명했다. 그 못지않게 그의 부인 안씨의 명성도 대단했는데 연산군이 아기였을 때 얻은 중병을 그가 치료한 것은 유명하다. 또한 어린 연산군이 궁중에서 놀다 실꾸리를 삼켜 기도가 막혀 죽기 일보 직전일 때도 지혜롭게 살려냈다 한다. 이에 훗날 연산군은 이 집에 있던 노송에 정3품의 품작을 내려 그녀의 공과 덕을 기렸다고 한다. 그로 인해 강희맹의 집은 '대부송 집'이라 불렸는데, 지금은 나무는 없어지고 한국전력 변전소만 서 있을 뿐이다. 만약, 그림 속의 커피 자국만큼 커다란 나무 하나가 저곳에 서 있었다면 실제 풍경은 얼마나 달라졌을까?

① 서소문 순교 성지가 한눈에 보이는 곳에 산 이름을 붙여 만든 성당. 승방이 많던 이 산에 성당이 들어서리라고 누가 짐작이나 했을까.

② 우뚝 솟은 언덕에 약초를 많이 심어 '종약산' 또는 '약현'으로 불렸다. 조선시대에는 배불정책으로 승방이 모두 성곽 밖으로 밀려나서 약현에 승방이 성황을 이루었다고 한다. 이곳은 조선시대 3대 현모 중 한 사람으로 꼽히던 약봉 서성의 어머니가 홀몸으로 아이들을 키운 곳으로도 유명하다. 그녀는 앞을 못 보는 자신을 받아들여준 남편에게 평생 고마워하며 밥을 만들어 팔면서 아들을 키웠다고 한다. 그녀가 만든 밥은 약현에서 만들어졌다 하여 약밥으로 불린다고도 한다.

③ 서소문은 숭례문과 돈의문 사이에 있던 작은 성문으로, 이 공원 자리에는 한양에서 가장 가까운 공개처형장이 있었다. 이 형장으로 통하던 작은 다리를 눈물 '누(淚)' 자를 사용해 누교라 불렀다. 다리 건너 펼쳐져 있던 모래사장이 사형장이었다. 천주교가 박해를 받던 1800년대 초반에 많은 순교자가 나왔는데 이곳에서 죽은 천주교인은 모두 98명에 이른다. 그중 44인이 성인이 된, 우리나라 최대의 천주교 성지이기도 하다.

④ 1960~70년대 많은 거지가 살았다는 염천교. 이제 다리 아래로는 철길의 강물만 흐른다. 행여 사람들이 기찻길로 추락할까, 실제로는 2층 난간이 설치되어 있지만 너무 답답해보여 생략하고 그렸다.

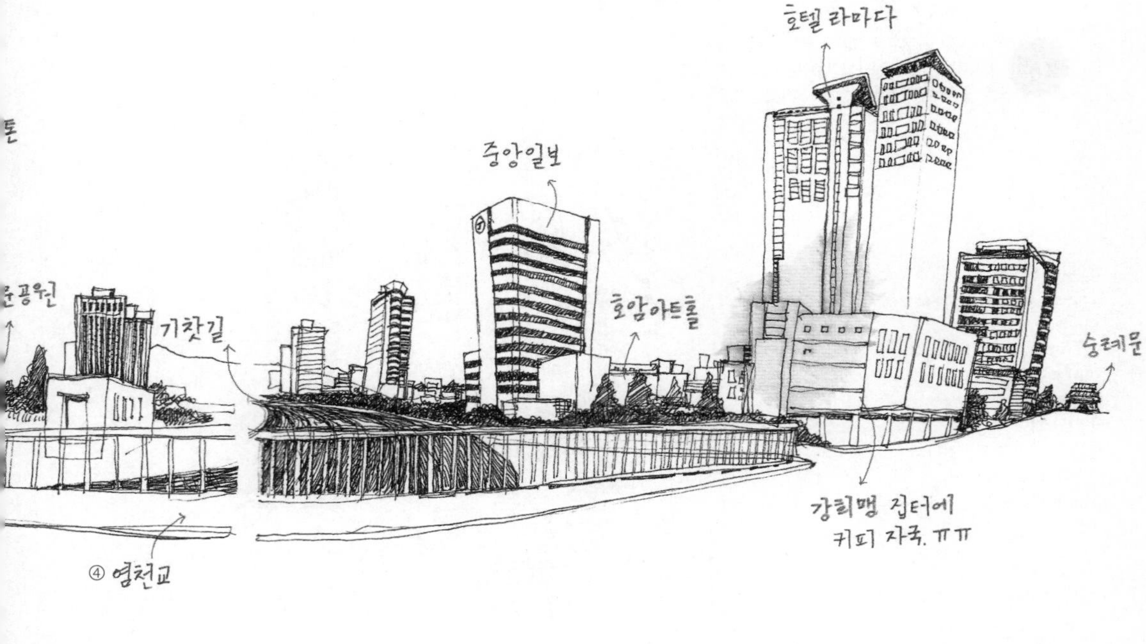

# 서소문공원 부근

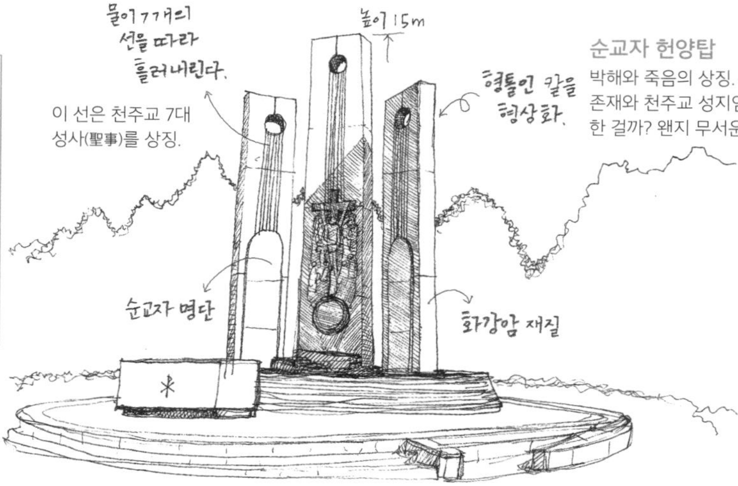


이 선은 천주교 7대 성사(聖事)를 상징.

**순교자 헌양탑**

박해와 죽음의 상징. 서소문 형장 순교자의 존재와 천주교 성지임을 조금 더 각인시키려 한 걸까? 왠지 무서운 느낌이다.

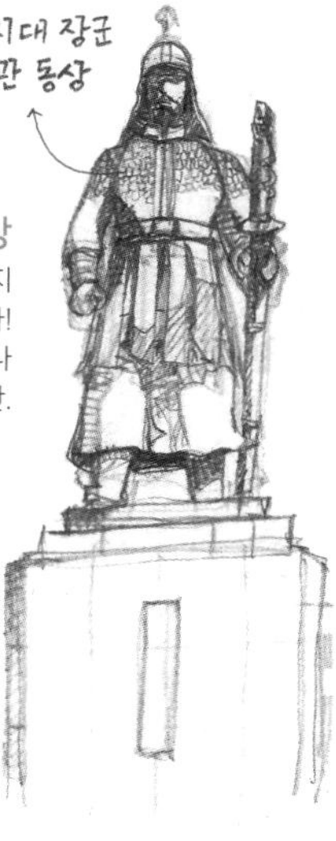


**윤관 동상**

도대체 왜 여기 있는지 알 길이 없다! 주위에 설명이라도 하나 있으면 좋으련만.

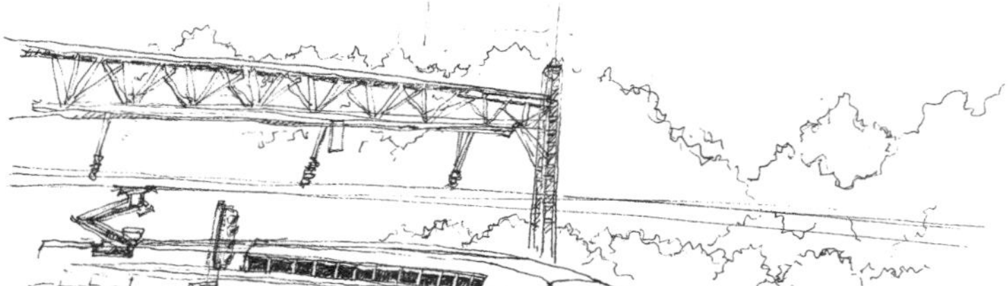


프랑스 알스톰 사의 TGV 기술로 만든 우리나라 고속열차.
이 기차를 볼 때마다 자기네 TGV를 선정만 해주면『직지심경』을 비롯한 외규장각 도서를 모두 돌려주겠다던 프랑스의 거짓말이 생각난다.

**철도횡단도로**

서울 중심부에 남은 몇 안 되는 기차 건널목.
뉴욕의 중심지 맨해튼에서는 이미 오래전부터 지하철뿐만 아니라 철도까지 지하로 파묻는 작업이 진행되었다.
언젠가 우리도 기찻길까지 모두 지하로 사라지면 서울의 모습도 훨씬 달라지리라.

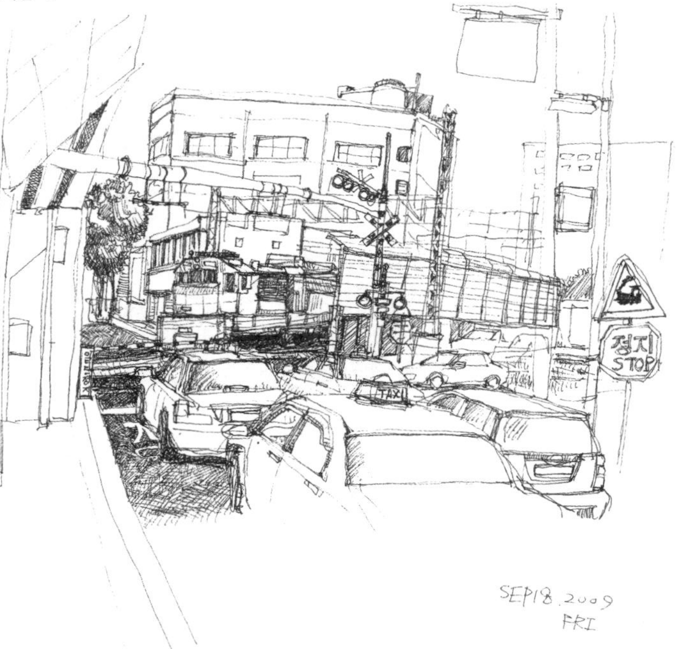

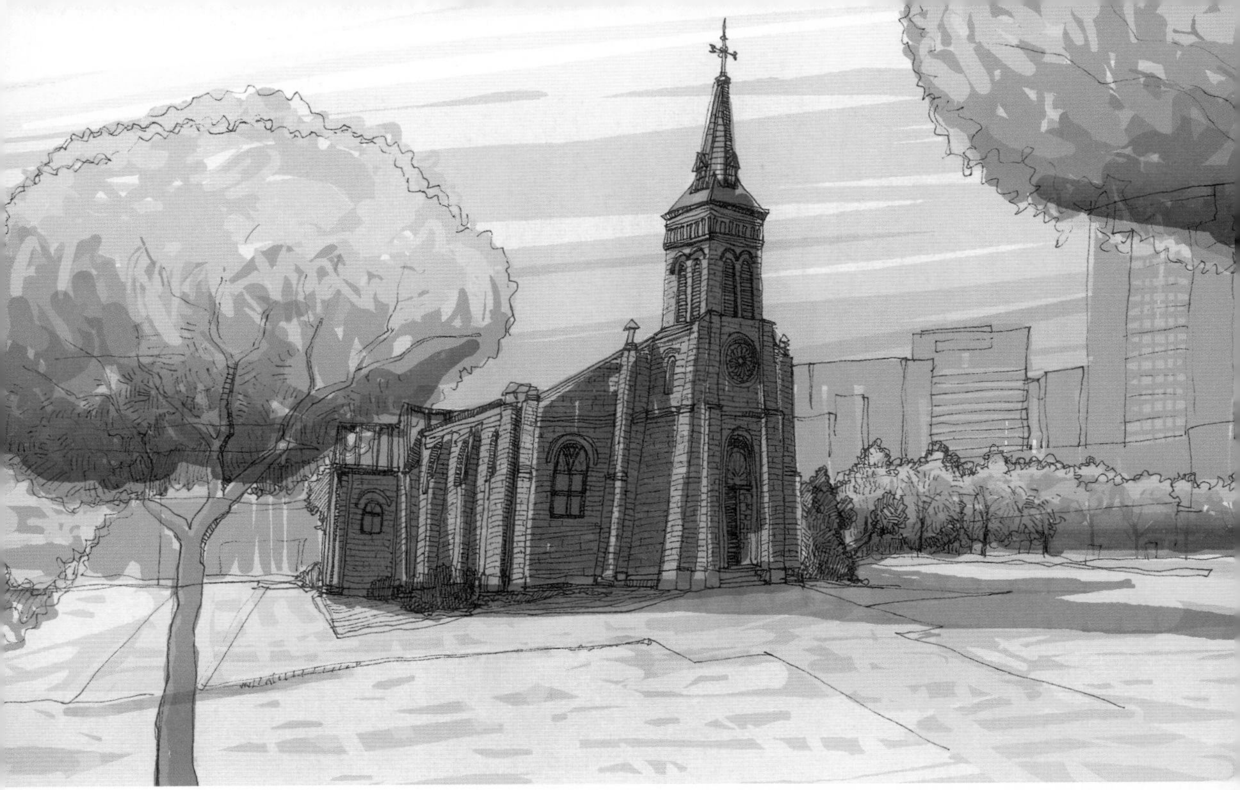

순교자가 피를 흘렸던 서소문공원이 내려다보이는 약현성당
늦은 가을 오후,
중림동 약현에 올라.

## 약현성당

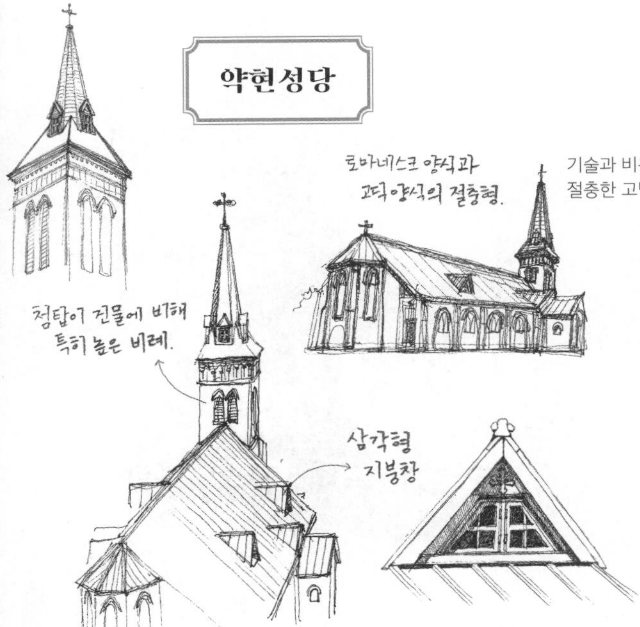


기술과 비용이 많이 들어 로마네스크 양식과
절충한 고딕 양식을 택한 것으로 추측하고 있다.

약현성당을 올라가는 길은 매우 이색적이다. 예수님의 이야기가 펼쳐진 지그재그로 된 경사로를 따라 올라가면, 말끔한 새색시 같은 벽돌 건물을 만난다. 한국에서 가장 오래된 고딕식 건물이라는 타이틀에 고풍스러운 느낌을 기대했다면 많이 실망할 수도 있지만, 1998년도에 화재가 있었음을 알면 곧 수긍이 간다. 약현성당은 현전하는 가장 오래된 서양식 벽돌건물로 1892년에 완공되었다.

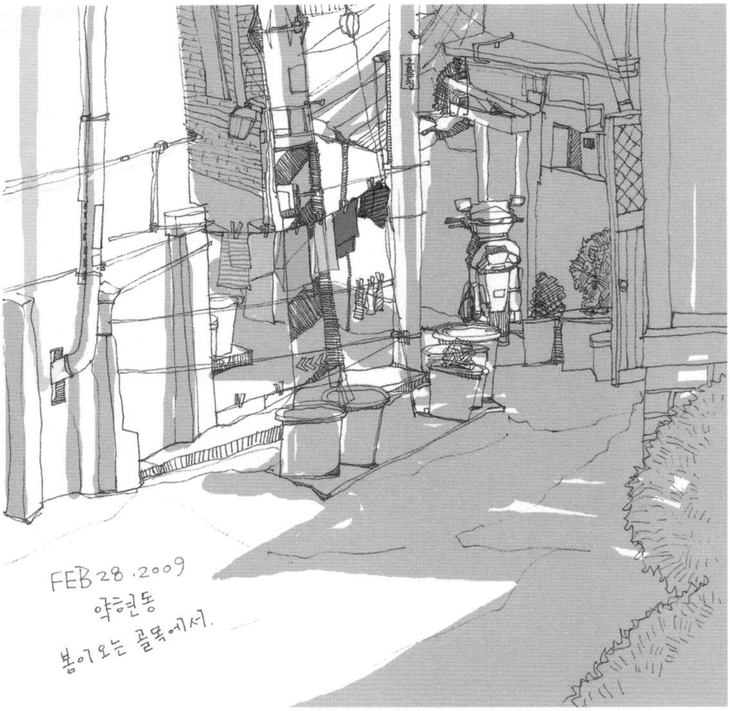


약현동 골목길

봄볕에 일광욕중인
빨래 가족.

중림동 골목길

멈추고 싶을 때 멈출 수 있다는 것.
그런 행복감을 가져다주는 존재가 바로 나무다.
대부분의 나무는 그 자리에서 멈춤을 근거한다.
인간만 없다면야 더 확실한 보증일 테지만.
어쨌든 그런 기분이 들면 나무를 찾아간다.
그래서 나무가 좋다.

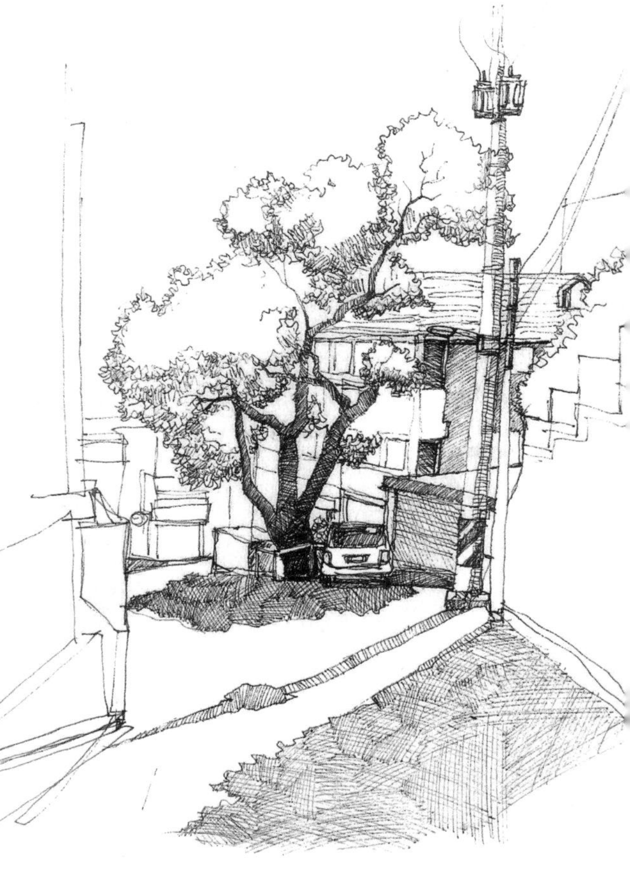

# 손기정체육공원

## 손기정체육공원 나무

올림픽 수상자의 머리에 씌워주는 월계관은
당연히 월계수로 만든다고 생각했다.
하지만 반드시 월계수를 사용한 것은 아니고
단지 영광이라는 상징적인 의미만 내포되어왔다고 한다.
베를린 올림픽에서는 대왕참나무의 잎과
줄기로 월계관을 만들었는데 부상으로 준
묘목을 손기정이 가져와서 양정고등학교에 심어
오늘날까지 무럭무럭 잘 자라고 있다.

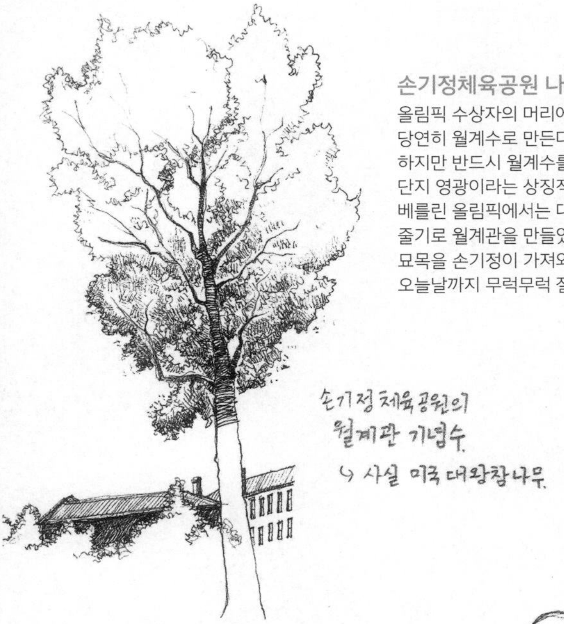


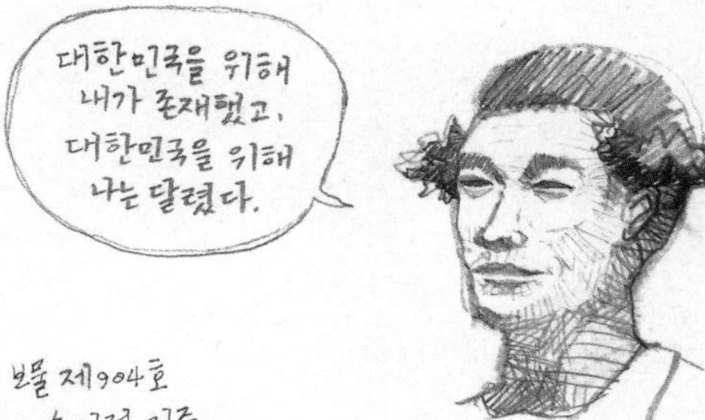


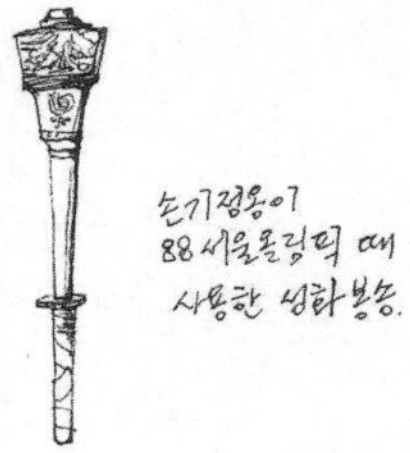


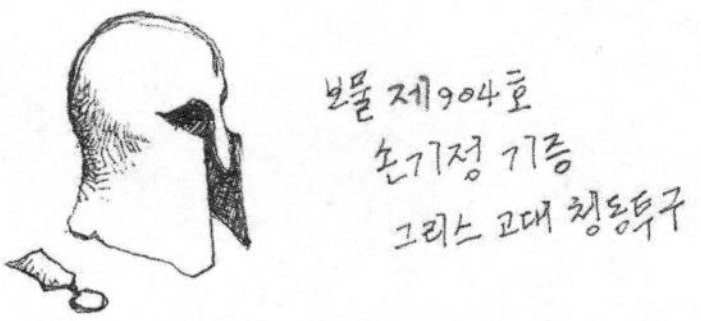


손기정옹이 1936년 베를린 올림픽 마라톤 우승 후 부상으로 받은 그리스 고대 청동투구.
하지만 바로 전달받지 못하고 베를린 박물관에 보관되다가 1986년에서야
뒤늦게 돌려받았다. 서양 유물로는 처음으로 보물로 지정되었다.

## 손기정 두상 조형

몸은 땅속에 묻어두고 커다란 두상만 달랑 제단 위에 놓여져 있어
뭔가 어색하고 그로테스크해 보이기까지 하다.

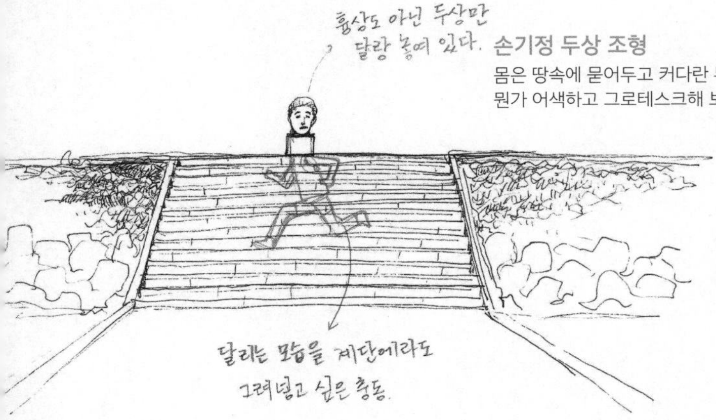


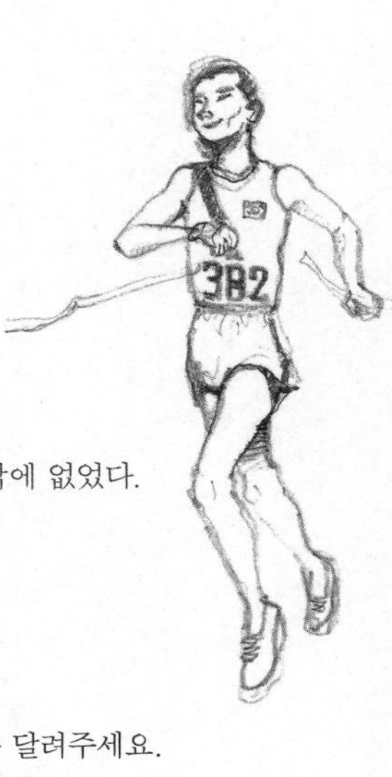


죽음이 내 심장을 도려내도
민족을 위해 달렸던 내 다리는 절대 자르지 못한다고 말할 수밖에 없었다.
이 나라를 위해 애써줬는데 내 눈앞에서 사라지면 내가 미안해
눈조차 감을 수 없기에……

손기정 할아버지. 그 위에서 잘 지내고 계시죠?
이제 대한민국은 걱정 마시고, 구름 위로 사뿐 내딛는 발걸음
한발 더 먼 곳을 향해, 더 높은 곳을 향해 가벼운 마음 안고 영원토록 달려주세요.

15장

# 환구단

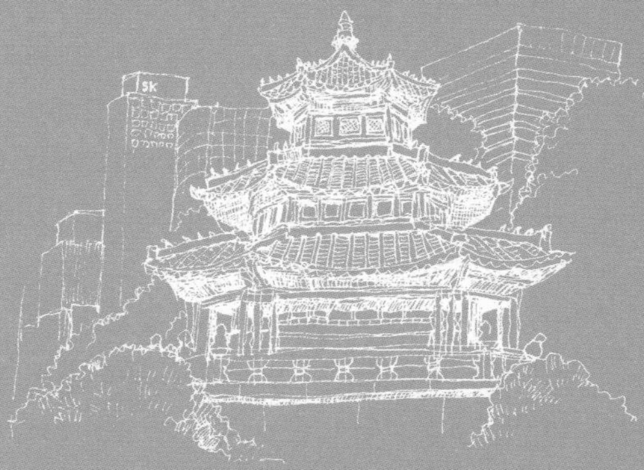

## 조선을 접고,
## 대한제국으로 새출발

서울광장에서 길을 두 번 건너 낮은 언덕의 계단을 오르면 건물 사이에서 거짓말처럼 황궁우가 모습을 드러낸다. 서울 시내 한복판에 있지만, 인적 드문 산사처럼 한적함이 흐르는 곳. 바로 대한제국 시절 천제(天祭)를 지냈던 환구단이 있던 곳이다.

나라가 기울어가던 조선 말, 고종은 몰락해가는 왕에서 단숨에 황제가 된다. 조선이라는 국호를 접고, 대한제국으로 새출발해 꺼져가는 국운의 불씨를 되살려보려 한 것이다. 이는 중국과 동등한 황제국이라는 선포였지만, 기회를 노리던 거대한 태풍 같은 일본 앞에서 그저 촛불 같은 가녀린 흔들림에 불과했다.

황제 즉위식은 남별궁 즉, 지금의 조선호텔 자리에서 이루어졌다. 이후 환구단은 황궁우와 석고단이 세워지면서 제단의 틀을 갖춘다. 하지만 일제강점기에 천명을 내려받는다는 이곳이 무사할 리 없었다. 일본은 철도호텔을 지으면서 환구단을 대폭 축소시켰다. 광복 후에는 국가 소유였던 철도호텔이 없어져 환구단이 복원될 좋은 기회도 있었지만, 이 자리가 대기업에 불하되어 황궁우는 지금까지도 호텔 부속품처럼 남아 애처롭게 마지막 숨을 몰아쉬는 듯하다.

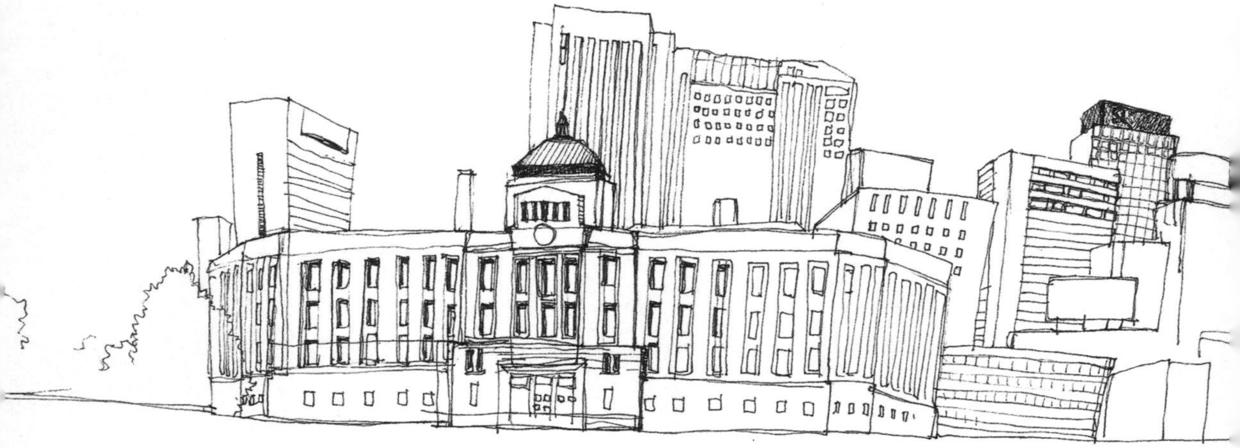

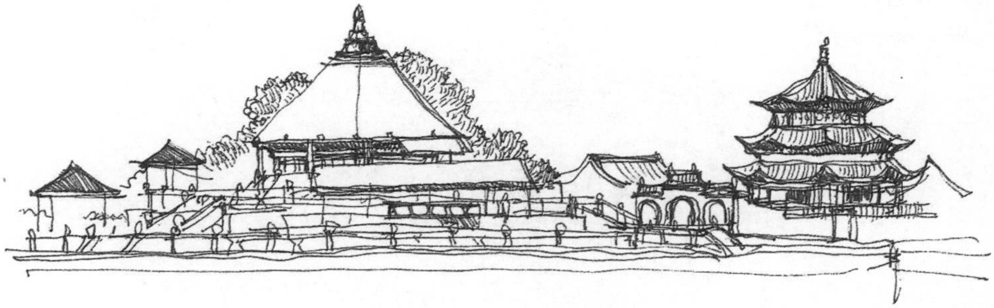

옛 환구단 전경

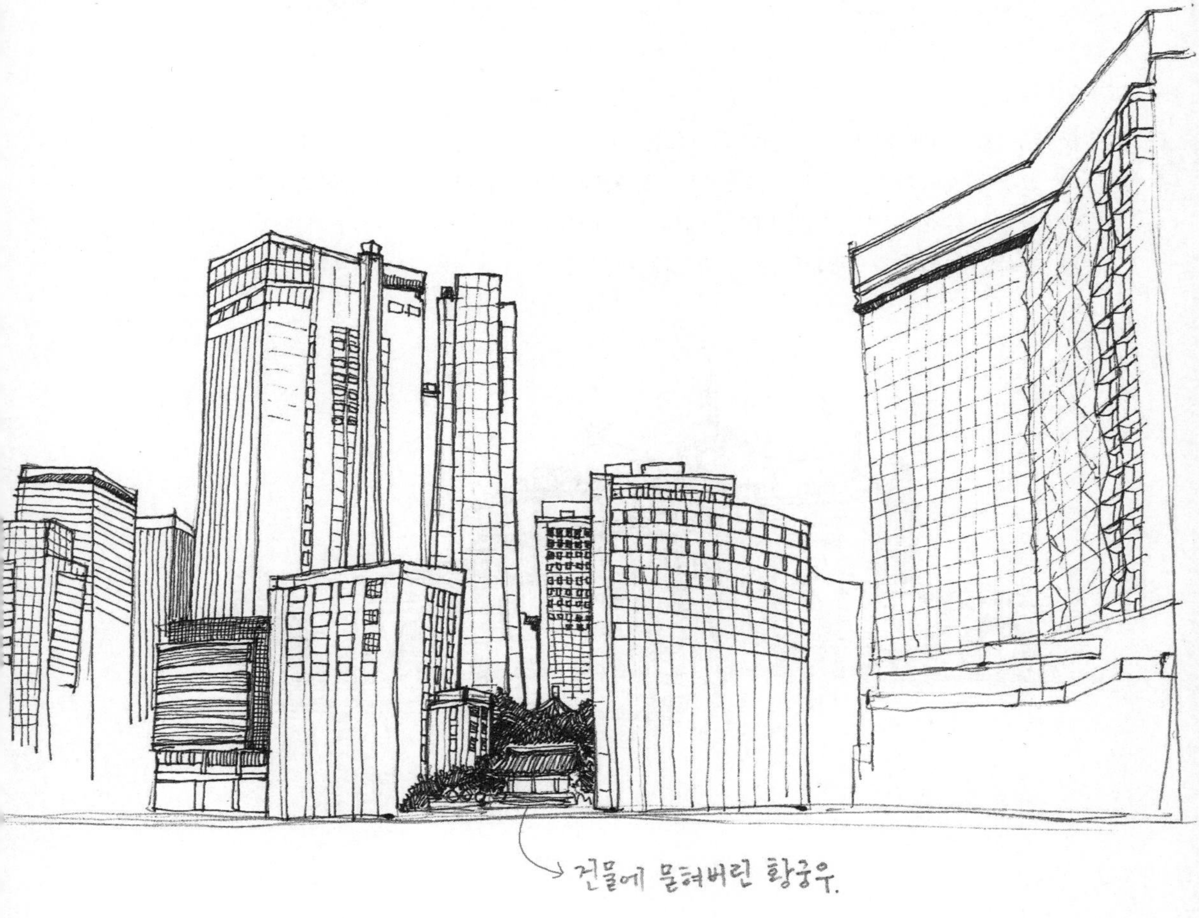

## 황궁우

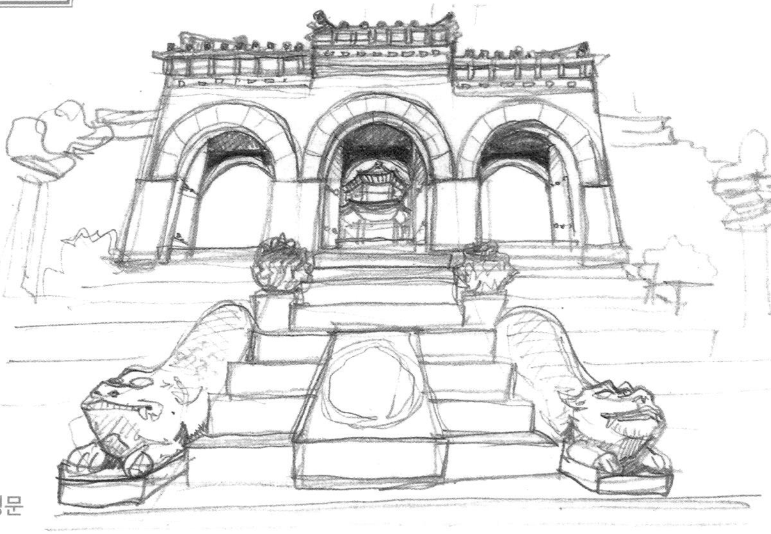

황궁우 정문

황궁우 모퉁이에 앉아 그림을 그리다보면, 어디선가 들려오는 물소리가 고요함을 방해한다. 그것이 계곡이 들려주는 자연스러운 물소리라면 더할 나위 없이 상쾌하겠지만, 롯데호텔 뒤 인공폭포가 내는 거친 낙수 소리다. 이래저래 환구단의 천명에 귀기울일 수 없는 상황. 그래도 스케치 속 황궁우는 늘 고요해 보인다.

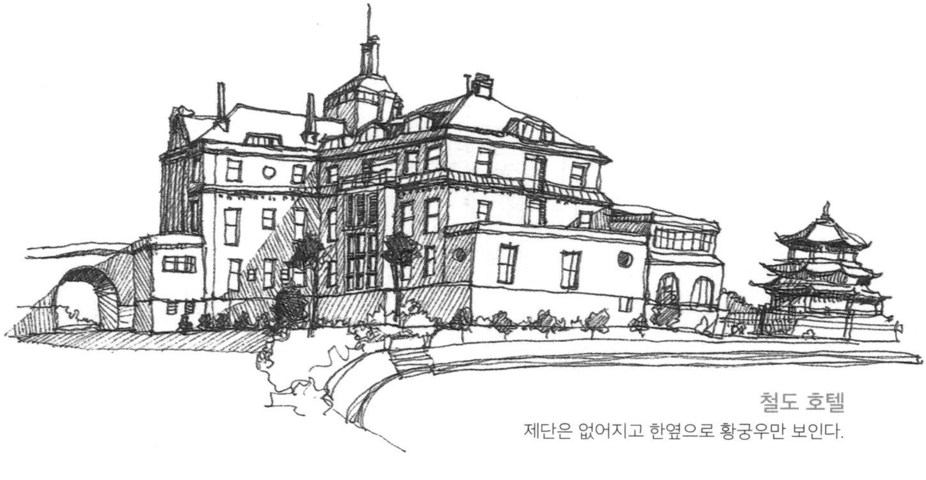

철도 호텔
제단은 없어지고 한옆으로 황궁우만 보인다.

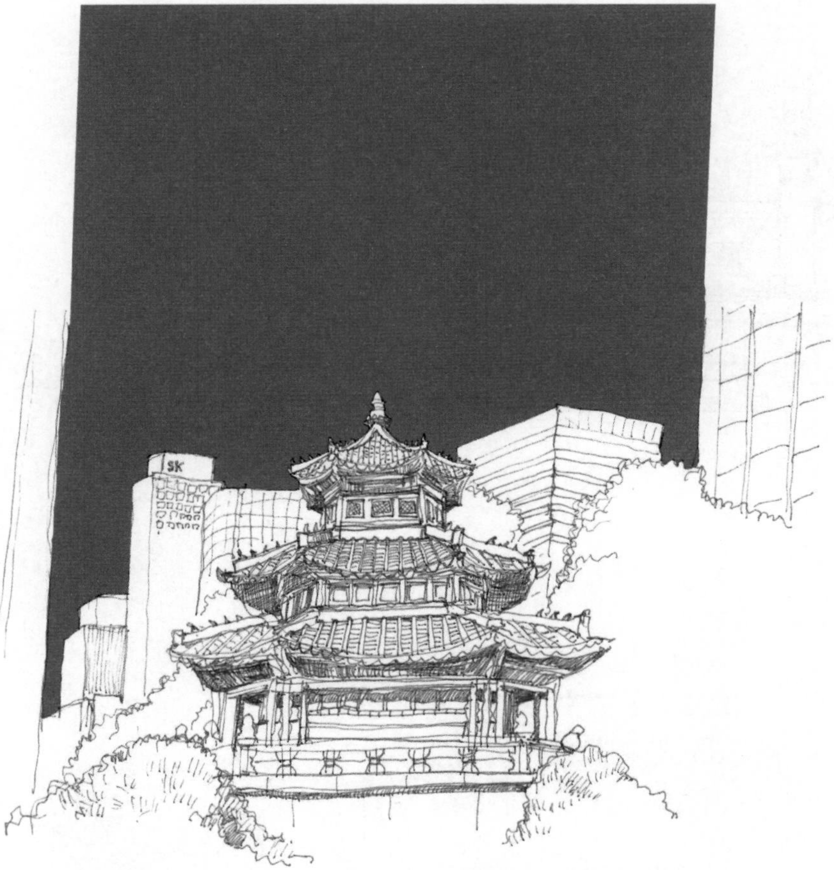


**황궁우 전경**

팔각은 하늘과 땅을 잇는 도형이라는 의미.
황궁우에는 천신과 지신, 인신(태조)의 신위를 모셨다.
이 건물은 하늘과 땅, 사람을 아우르는 것으로 온통 팔각.

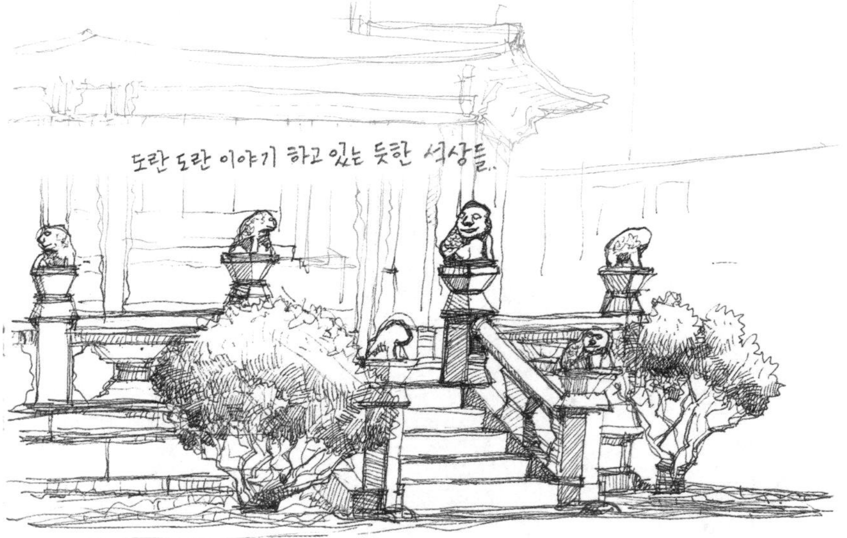


황궁우 석상들

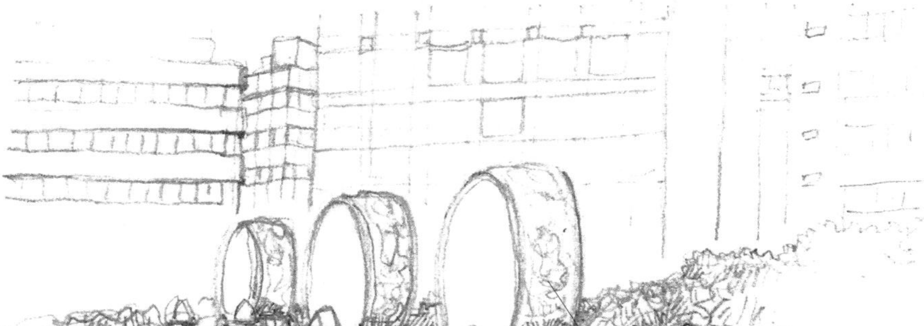


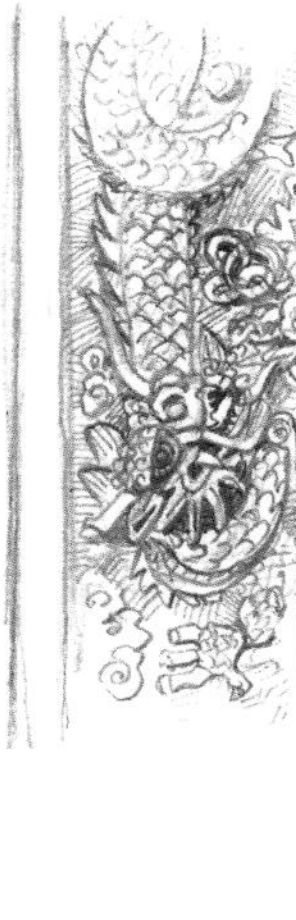

석고
고종황제 즉위 40년을 기념하여 세운 것.

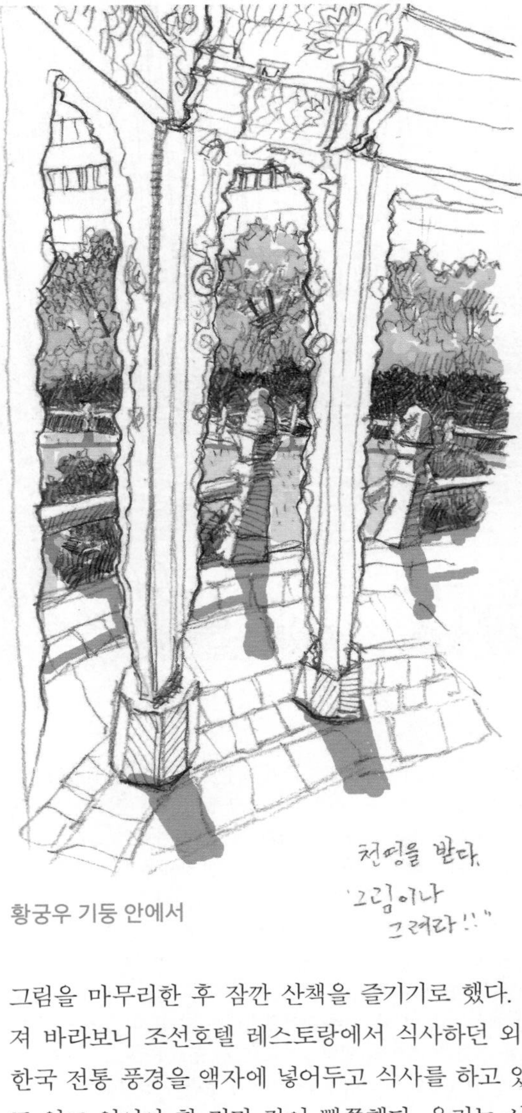


황궁우 기둥 안에서

그림을 마무리한 후 잠깐 산책을 즐기기로 했다. 여기저기 천천히 거닐다가 인기척이 느껴져 바라보니 조선호텔 레스토랑에서 식사하던 외국인들과 눈이 딱 마주쳤다. 그들은 마치 한국 전통 풍경을 액자에 넣어두고 식사를 하고 있는 듯한 분위기랄까. 내가 전통 복장이라도 입고 있어야 할 것만 같이 뻘쭘했다. 우리는 서로를 바라보며 어느 편이 더 진짜일까 아주 잠시 고민했을지도 모른다.

황궁우에서 내게 어떤 천명을 내려주지 않을까 하고 처마 밑에 한동안 서 있었다. 여기저기 숨어 쳐다보고 있는 CCTV를 제외하고 이곳을 찾는 발길은 없었다. 그 한적함에 슬쩍 퉁명스러워졌다.

그때 어디선가 누군가가 말했다.

"이제 개방종료 시간입니다. 나가주세요."

진정한 답은 공익근무요원에게 있었나보다.

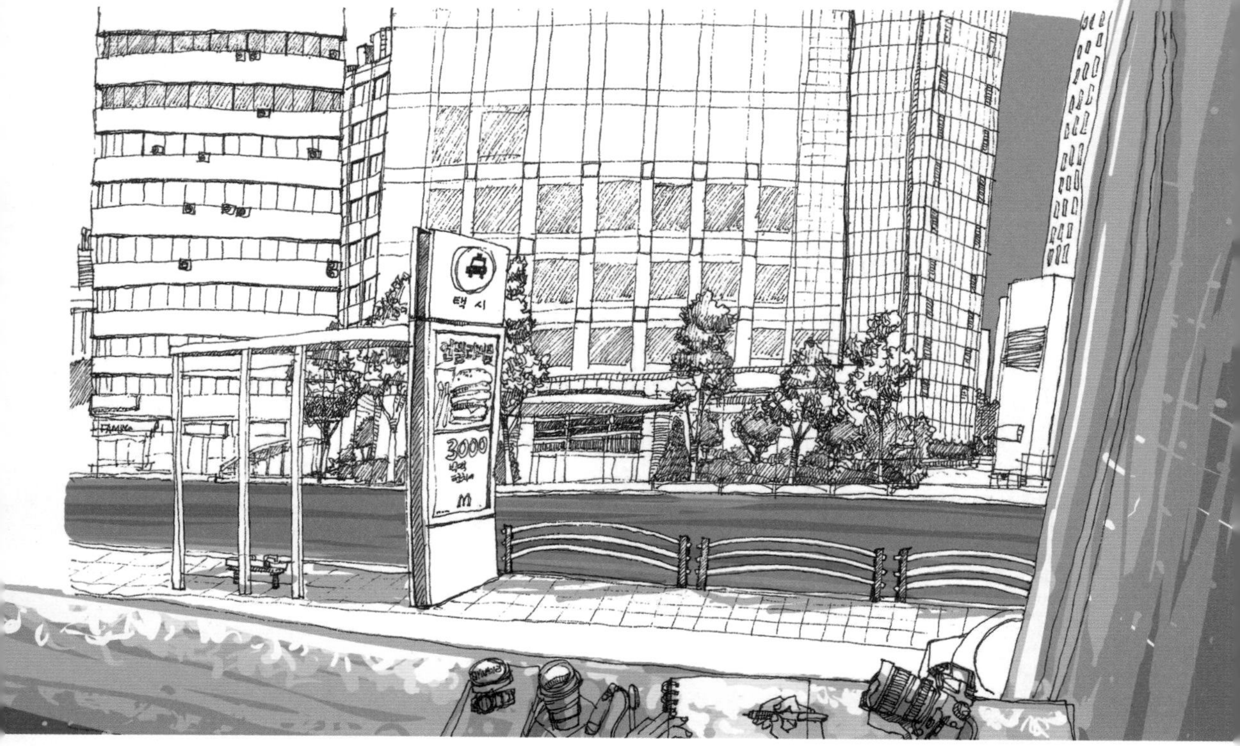


### 소공동

이 부근에 조선 태종의 둘째딸 경정공주의 집이 있어 작은(小) 공주(公主)골이라 불렸는데 그것이 소공으로 변해 오늘날까지 남았다. 지명의 변천이 참 단순하면서도 재미있게 느껴진다. 소공동이라는 풋풋한 이름과 달리 임진왜란 때 이곳에는 적장의 진지가 있었고, 후에는 명나라 사신을 접대하던 영빈관이 있었다. 이 때문인지 많은 화교들이 일제강점기 이후부터 서울광장 아래쪽에 살았는데, 재개발을 앞세운 대기업에 의해 축출되다시피해 지금은 플라자호텔을 비롯해 한화손해빌딩과 한화소공빌딩이 들어서 있다.
환구단이 있는 지역은 과거 고은담골이라고도 불렸다. 고은담골이란 보은단(報恩緞)이 와전된 말로 조선시대 역관 홍순언이 살던 집을 뜻한다. 홍순언은 임진왜란이 일어나기 전, 사신으로 베이징에 갔다가 그곳에서 부모를 잃고 몸을 팔던 여인을 만나는데, 어떤 순정이 일었는지 가진 돈을 모두 털어 그녀를 구해주었다. 훗날 그녀는 명나라 국방장관 격인 병부상서 석성의 재취 부인이 되어, 홍순언에게 감사의 표시로 손수 짠 비단옷에 '보은단'이라 수놓아 주었다. 석성은 황제를 설득해 조선에 원병을 파견하는 등 여러모로 홍순언과 조선을 도왔다. 이후 홍순언은 이성계의 기록 오류를 바로잡도록 하여 그 공로를 인정받아 당성군(唐城君)에 봉해졌고 그는 나라에서 하사받은 집터에 아흔아홉 칸짜리 집을 짓고 살았다. 지금 그 자리에는 롯데호텔이 들어서 있다.

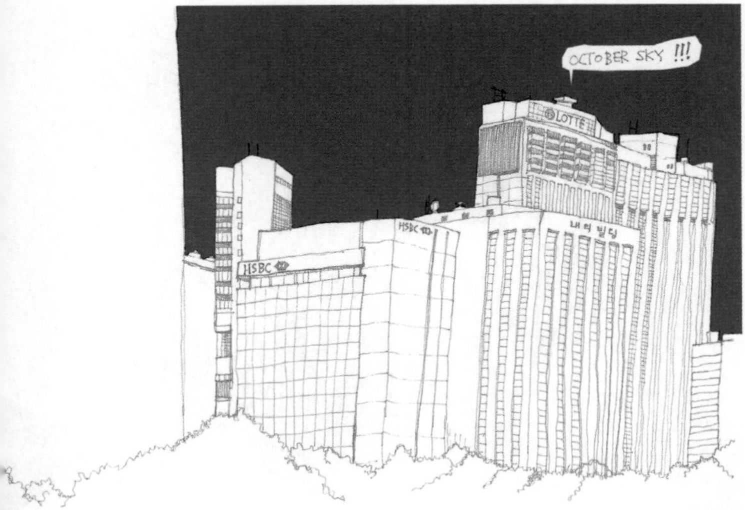


**맑은 하늘 롯데 동산**

롯데그룹은 롯데백화점 본점을 중심으로 주위 건물을 하나씩 잠식해 명실상부한 롯데 동산을 만들었다. 지금은 롯데 영플라자가 된 옛날 미도파 건물을 매입하기 위해 현대백화점보다 800억 원을 더 줬다는 일화는 그 의지가 얼마나 강력한지 잘 보여준다.

롯데 이야기에서 창업자 신격호 회장 이야기를 빼놓을 수 없다. 롯데라는 회사명은 신격호 회장이 젊은 시절 감명 깊게 읽었다는 괴테의 『젊은 베르테르의 슬픔』의 여주인공 샤를로테(Charlotte)의 애칭인 로테(Lotte)의 일본식 발음이다. 한국에서 태어나 일본으로 건너간 재일동포 기업가인 신격호 회장은, 껌 하나로 일본에서 성공했는데, 이것만 봐도 그의 능력과 운이 얼마나 대단했는지 알 수 있다. 당시 경쟁사는 적국이었던 미국의 영문 제품명을 내세워 부진했고, 롯데는 연맹국이었던 독일 소설의 여주인공 이름을 썼기 때문에 인기를 끌었다는 해석은 과장됐다고는 해도 꽤 흥미롭다.

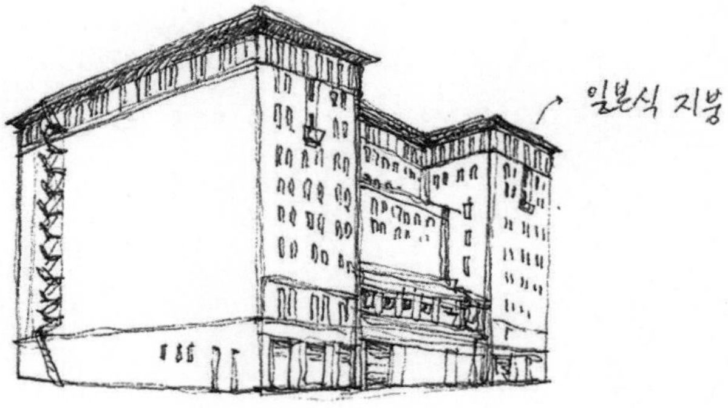


**반도호텔**

롯데호텔이 생기기 전에도 그 자리에는 호텔이 있었다. 1938년에 세워진 반도호텔은 당시 최대 규모를 자랑했다. 8층 건물인 반도호텔은 일본인 노구치 준이 지었는데, 그는 키도 작고 주로 작업복을 입고 다녀 볼품이 없었다. 그 때문에 그는 당시 환구단을 헐고 지은 조선철도호텔에 묵으려다 퇴짜당해 이에 대한 분풀이로 그 근처에 더 높은 건물을 지어 윗층에 투숙하면서 조선철도호텔을 내려다보는 걸 낙으로 삼았다 하니 겉모습만 보고 사람을 함부로 대할 일이 아니다. 그후 옆에 위치한 국립중앙도서관이 자리가 협소해 이전하자 롯데그룹이 중앙도서관과 반도호텔을 함께 매입해 롯데호텔을 짓는다. 만일 아직도 그 아담한 중앙도서관(개인적으로 사라져 가장 아쉬워하는 근대건축물 중에 하나다)이 있었다면 이 근처 분위기도 사뭇 달랐을 텐데.

# 서울시청

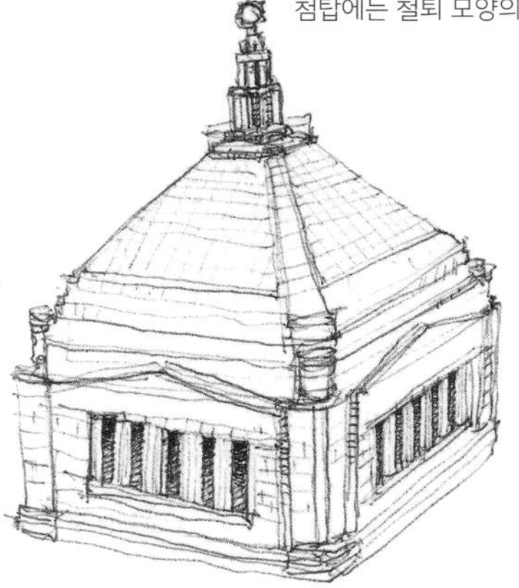

첨탑에는 철퇴 모양의 구.

단순화된 절충식
르네상스 양식.

동판으로 마감된 지붕은 현재 유리로
대체하여 유리돔이 되어 채광 효과는
높였지만, 옛 느낌을 기대할 수는
없게 되었다.

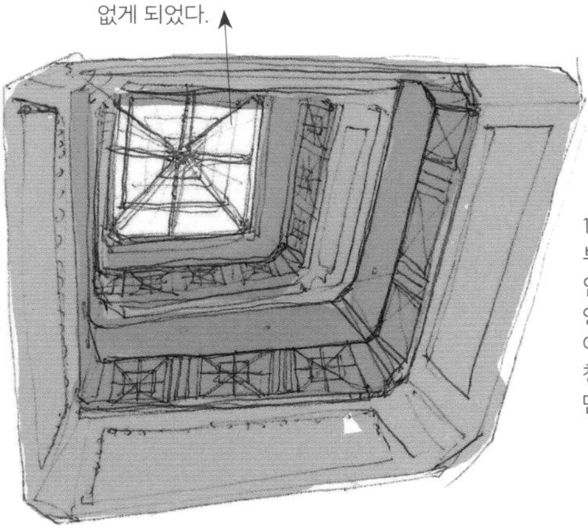

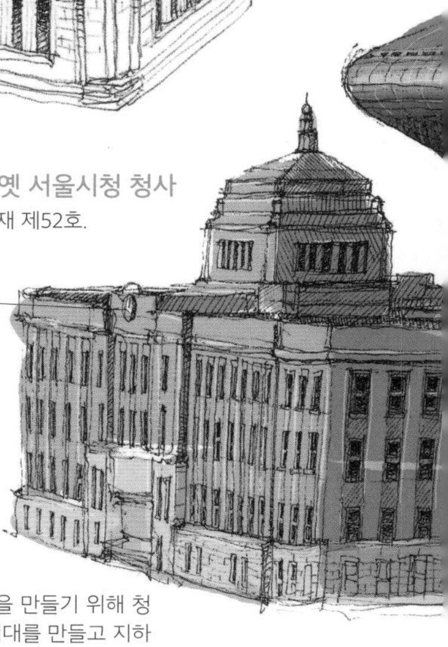

**본관동 옛 서울시청 청사**
등록문화재 제52호.

1975년에 처음으로 디지털 시계를 부착했다. 이명박 전 서울시장이 재임하던 2003년에는 한국과 스위스 양국의 우호 증진 차원에서 스와치 아날로그 시계로 교체했었는데 신청사가 완공되면서 국내 기업인 로만손의 벽시계로 바꿨다.

옛 청사를 보존하는 상태에서 지하 구조물을 만들기 위해 청사 중앙과 정면 외벽을 지지할 수 있는 지지대를 만들고 지하 5층을 팠다. 5810톤의 옛 건물이 지지대 위에 약 1년간 떠 있었던 셈. 이런 대규모 뜬구조 공사는 세계 최초라고 한다.

공사중 가림막도 볼거리였다.

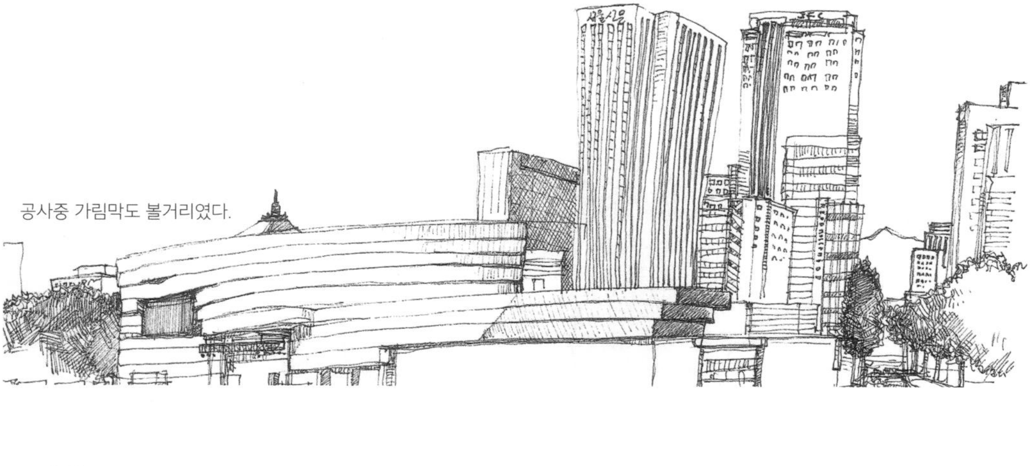

**신관동 새로운 서울시청 청사**
처음엔 19층으로 계획하였으나 문화재와 인접해 있어 고도 제한 때문에 13층으로 축소되었다. 튀어나온 유리 부분은 전통 건축의 처마를 표현한 것이다.

태양광과 지열을 사용한 신재생에너지의 친환경 건축물.

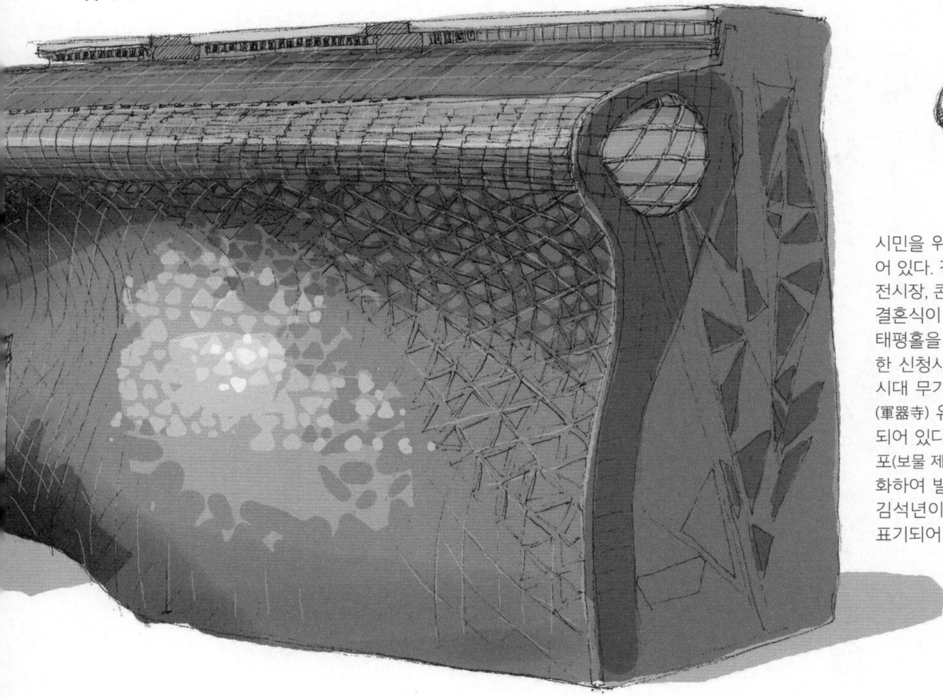

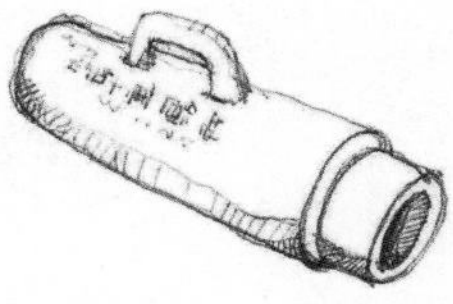

시민을 위한 시민청이 지하에 마련되어 있다. 결혼식, 워크숍, 강연, 이벤트, 전시장, 콘서트 등 복합문화공간. 특히 결혼식이 열리는 태평홀은 옛 청사의 태평홀을 그대로 옮겨와 재현했다. 또한 신청사 건축과정에서 발굴된 조선시대 무기를 만들고 보관하던 군기시(軍器寺) 유적전시실이 커다랗게 마련되어 있다. 이곳에서 출토된 불랑기자포(보물 제861-2호)는 불씨를 손으로 점화하여 발사시키는 화기로 1563년에 김석년이라는 장인이 만들어졌다고 표기되어 있어 그 가치가 매우 높다.

유리 외벽을 가진 신청사 건물은 각 단일 유리의 꼭지점 각도가 모두 다른 비정형건물이다. 컴퓨터로 모든 계산을 하여 적용했지만 실제 유리를 끼울 때에 시공오차가 발생했을 정도의 고난도 건축이었다고 한다. 또한 많은 유리 때문에 냉난방에 불리할 것 같지만, 유리표면에 은(銀) 성분의 물질을 코팅하여 복층 유리보다 50퍼센트 이상의 단열효과를 올린 기능성 유리인 로이(Low-E) 유리를 사용하여 효율을 높였다. 여름, 겨울을 모두 지낸 현재의 평가점은 합격점이라고 한다.

2012년 8월의 무더운 여름, 우여곡절 끝에 서울시 신청사가 완공되었다.
2008년 착공된 지 4년 5개월 만이었다. 새로운 건물 앞에 자리한 일제강점기 때 만들어진 옛 시청 건물은 한때 철거될 위기에 놓였지만, 끝내 살아남아 서울도서관이 되었다. 새로운 시청사의 건물도 많은 공간을 시민에게 내놓았다. 권위적일 수도 있을 시청이 어느 때보다도 사람들로 북적인다. 하지만, 기대만큼 아쉬움도 없지 않다.

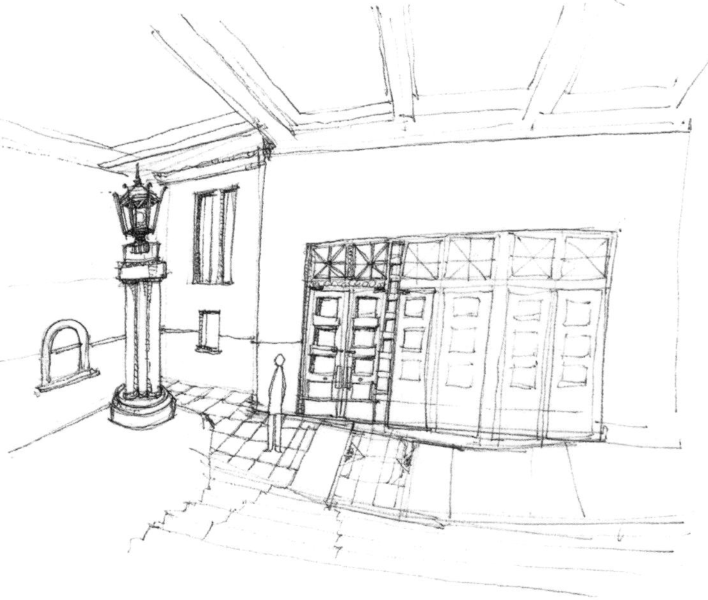

이제는 서울도서관의 출입구가 되어 친근감마저 느껴지는 커다란 세 개의 문은 과거 서울시의 위엄을 느끼게 하던 상징과도 같았다. 건립 당시의 대리석 계단과 기둥 장식물 등이 거의 그대로 남아 있어 반갑다.

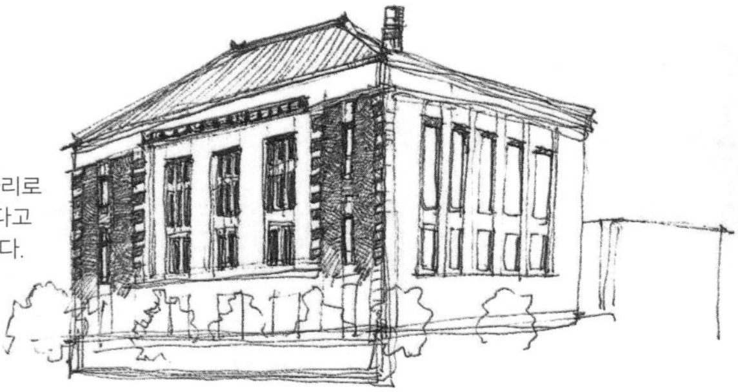

경성부청에 자리를 내준 경성일보사는 현재의 서울신문사 자리로 터를 옮겼다. 당시 신축된 경성일보사의 출입구는 매우 작았다고 하는데, 독립투사들의 항거를 두려워했기 때문이라고 전해진다.

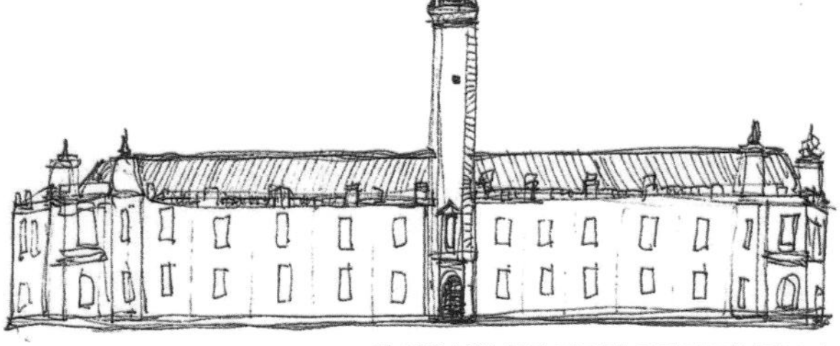

옛 서울시청 청사 자리에 있었던 경성일보사.

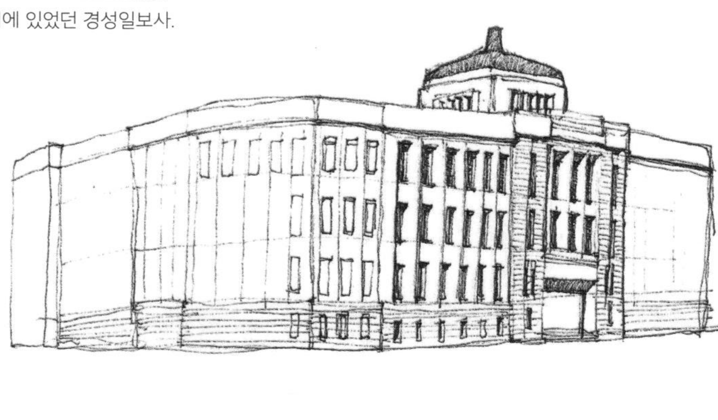

경성부청.

### 옛 서울시청 청사

대한민국의 수도 서울은 조선이 건국되고 한양에 도읍을 정한 후 600년 이상 이 나라의 정치, 경제, 사회, 문화의 중심이었다. 따라서 수도를 관할하는 구성원이 머무르는 건물은 중요한 상징성을 지니게 마련이다. 서울시청은 조선이 건국되던 1392년 지금의 세종로 KT 광화문빌딩의 자리에 한성부라는 이름으로 시작되었다. 한성부는 오랫동안 한성을 다스려왔으나, 1865년 흥선대원군에 의해 경복궁이 중건되면서 예조에 밀려 떠돌이생활을 시작한다. 경희궁터와 종로구 공평동, 서대문, 세종문화회관 등지를 전전하다가 일제강점기가 시작되면서 경성부청으로 이름이 바뀌고, 경기도에 예속되면서 지위는 격하된다. 경성부청은 당시 일본 공사관 건물(지금의 신세계백화점 본점 부근)을 사용했는데 업무량이 점점 늘어나고 직원 수가 증가하자 더 넓은 청사가 필요해졌다. 후보지로 여러 장소가 물색되었는데 최종적으로 일본인의 상업지구와 가깝고, 조선총독부나 경성역이 가까워 접근성이 좋다는 이유로 지금의 자리로 정해졌다. 덕수궁을 내려다보는 위압적인 위치이기 때문이라는 설도 있다. 원래 이 자리에는 경성일보사가 작지 않은 규모로 있었는데 경성부청에 자리를 내준 뒤에 뒷편으로 신축 이전을 하는데, 지금의 서울신문사의 전신이 되기도 했다.

옛 서울시청사는 총독부의 건축과장이었던 이와이 조자부로가 설계했다. 이와이 조자부로는 현재 시립미술관으로 사용중인, 일제강점기 시절 대법원을 설계하기도 했다. 르네상스 양식의 건물이지만 실용성을 강조한 절충형으로 검소한 내외 장식이 적용되었다. 그 단순함은 거대한 감옥 같다고 불릴 정도였다. 착공 1년여 만인 1926년 가을에 완공되어 20여 년 동안 일제강점기의 경성을 관할하던 청사는 해방 이후 비로소 서울시라는 이름을 갖고 현재까지 이어졌다. 탄생 배경을 떠나 100여 년 가까이 역대 30여 명의 서울시장이 거쳐간, 의미 있는 장소다.

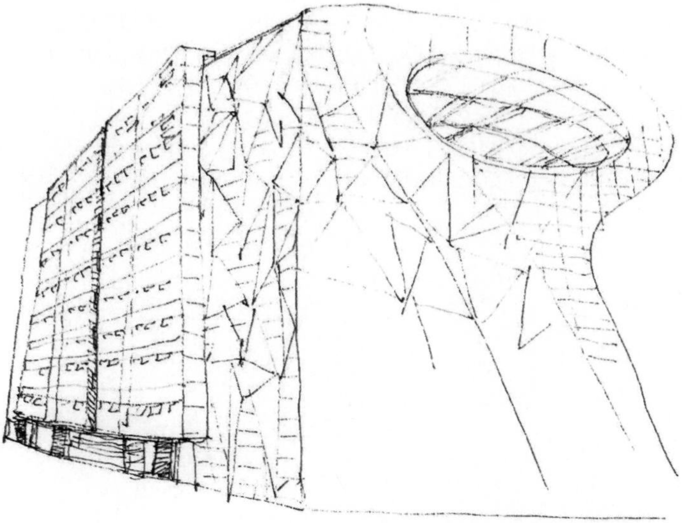

작지 않은 3차선 차도가 접한 뒷면은 도시의 풍경을 무겁고 따분하게 만든다.

### 새로운 서울시청 청사

옛 서울청사 건물의 뒤에 위압적으로 서 있는 건물이 최근 완공된 서울청사다. '쓰나미'부터 '메뚜기'까지 다양하게 지칭되는데 정작 튀어나온 윗부분은 한옥의 처마를 표현한 것이라고 하니 건축물의 의도를 한눈에 나타내는 데에는 실패한 듯하다. 새로운 청사는 한국현대건축을 대표하는 건축가 중 하나인 유걸의 작품이다. 인천 송도신도시에 있는 그의 작품 트라이볼의 아름다운 기하학적 곡선에 무척 깊은 인상을 받기도 했다.

나는 많은 이들이 거론하는 새로운 청사 건물의 부조화는 언급하지 않으려 한다. 결국 도심 한가운데 홀로 남은 유럽풍의 르네상스 양식의 건물 옆에 어느 건물인들 완벽하게 조화롭다고 찬양받을 수 있을까. 단지 내가 의문스러운 것은 건물 자체의 완성도다. 요즘 트렌드인 유리 외벽 건물을 좋아하지 않아서이기도 하겠지만, 전면 가득 유려한 곡선으로 치장된 유리벽이 옆면을 거쳐 뒤로 갈수록 인색해지는 건 왠지 어색하다. 전면에서 보여지는 역동적인 힘이 마무리되는 느낌이 결코 아니다. 심지어 아파트형 공장처럼 단순하게 처리된 뒷모습은 도심 한복판을 삭막하게 만든다. 정말 건축가의 처음 컨셉이 이러했을까. 마치 건물은 앞면만 잘 다려놓은 양복을 입은 듯하다. (인터넷에서 검색해보면 건축가의 최종 의도는 알 수 없지만, 뒷면도 유리벽이었던 것이 확인된다.) 이같은 문제엔 턴키(Turn Key)방식이 한몫한다. 턴키방식이란 말 그대로 열쇠를 돌리면 설비가 가동될 수 있는 최종의 상태로 인도한다는 의미로 공사의 설계에서 시공, 완성까지 모두 한 회사에 일임하는 일괄수주계약을 말한다. 공사비와 공사기간을 단축할 수 있어 해외에 공장을 만들때 자주 사용된다. 랜드마크 성격이 강한 새로운 서울시청사의 탄생이 턴키방식이라는 사실에 처음부터 우려의 목소리가 높았다. 결국 모든 것을 맡은 삼성물산이 내놓은 설계 디자인은 다섯 차례나 디자인 심의에서 거부되는 해프닝을 낳았고, 급기야 이름난 건축가 몇 사람을 지목하는 이례적인 현상 설계를 재실시했다. 그렇게 선정된 유걸의 설계안은 컨셉만 가져왔을 뿐 건축가는 처음부터 시공에 참여할 수도 없었다. 건축가의 의도가 모두 반영될 수 없었음은 자명한 일이었다.

이곳에 세계의 이름 있는 시청 건물을 나열하며 그 인상을 운운할 필요는 없을 듯하다. 단지 우리에게는 새로운 시청 건물을 만들 기회가 주어졌었고, 그렇게 탄생한 시청 건물이 세계적으로 회자되기에는 안타깝게도 무언가 부족하다는 건 나만의 생각일까.

서울 시내의 어디를 걸어도 좋을 늦은 아침시간. 나는 서울시청사를 찾았다. 신청사의 입구를 통과하자 햇살에 반짝거리는 초록빛의 향연이 감미롭기만 하다. 널따란 홀에 잠시 앉아 아침 햇살을 즐겼다. 어딘가의 창문이 열려 있는지 부드럽게 스미는 공기의 흐름이 산들바람 같다. 하늘광장에 올라 시청광장이 보이는 곳에 자리를 잡고 커피를 마셨다. 도심 한복판에 만들어진 이렇게 개방된 공간이 더없이 소중하게만 느껴졌다.

무엇보다 제일 반가운 곳은 역시 서울도서관이다. 복원된 옛 창가를 따라 놓인 책 가득한 서재 앞에 앉아서 읽는 책이 어느 책인들 달콤하지 않을 수 있을까. 나는 창가에 투영되는 서울의 긴 역사 속의 한순간에 묻혀 소소한 행복의 의식을 조용히 이어나갔다.

### 하늘광장

건물 상단부에 돌출된 곳에는 장애인 바리스타가 일하는 카페가 운영되는 휴식공간이 있다.

하늘광장은 공중에 떠 있는 튜브 형태다. 여기서는 단면을 잘라 그려 보았는데 이 튜브 같은 공간은 초박막불소수지필름이라는 신소재로 감싸 있어 단열효과가 극대화되었다. 하지만 그 불투명한 필름지 덕분에 전망은 기대할 수 없게 되었다. 더군다나 외벽과 멀찍이 떨어진 하늘광장은 이름이 무색할 정도로 높이를 느낄 수 없어 아쉽다.

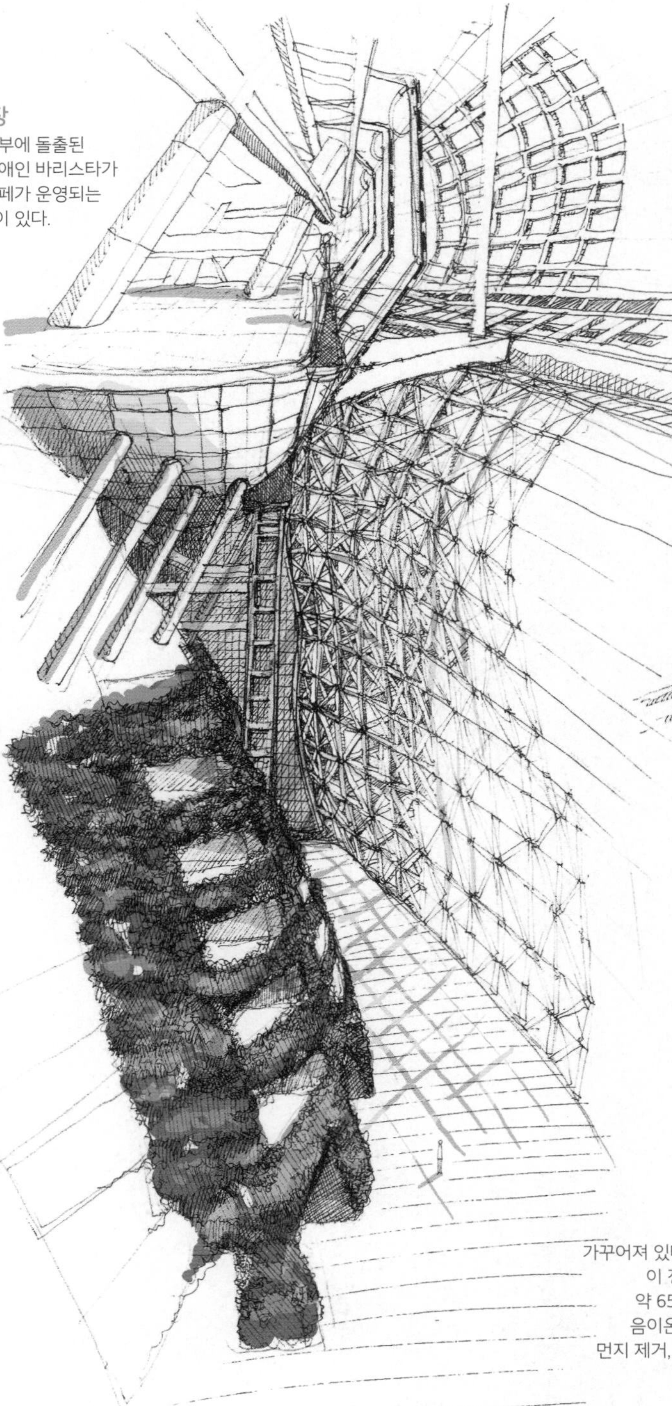

필름과 필름 사이에 공기를 불어넣는 장치가 쉽게 눈에 띈다.

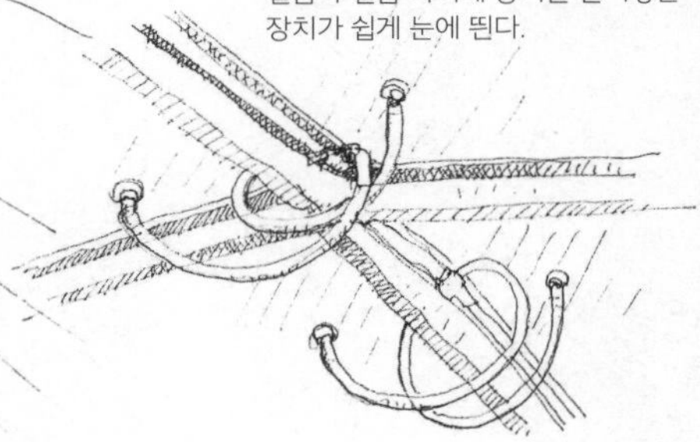

### 로비에코플라자

7층, 28미터 높이의 벽면에 수직 정원이 가꾸어져 있다. 1600제곱미터의 세계 최대 실내 벽면이라는 이 정원에는 아이비와 호야, 스킨답서스 등 십사 종, 약 65000본의 식물이 자라고 있다. 식물들은 산소와 음이온을 배출하여 실내공기를 정화하고 오염 물질과 먼지 제거, 온도와 습도를 조절하는 역할을 담당하고 있다.

16장

# 서울성곽

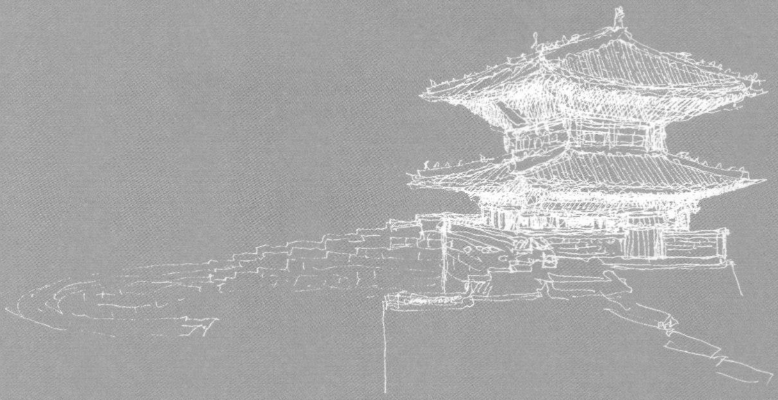

북대문은 산속에 있어 규모는
그리 크지 않다.
풍수지리설에 따라 폐쇄되어
거의 사용하지 않았다.

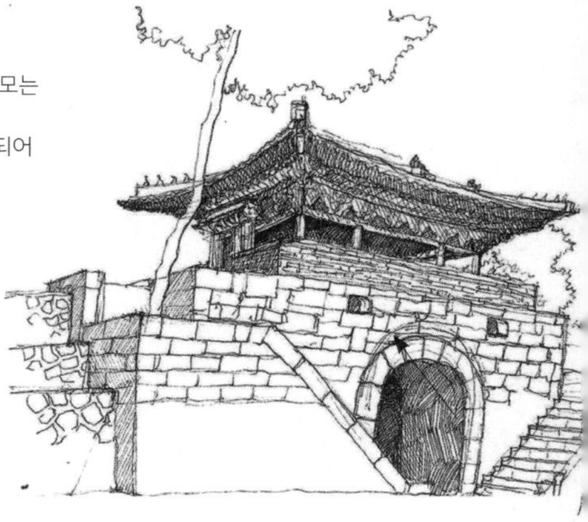

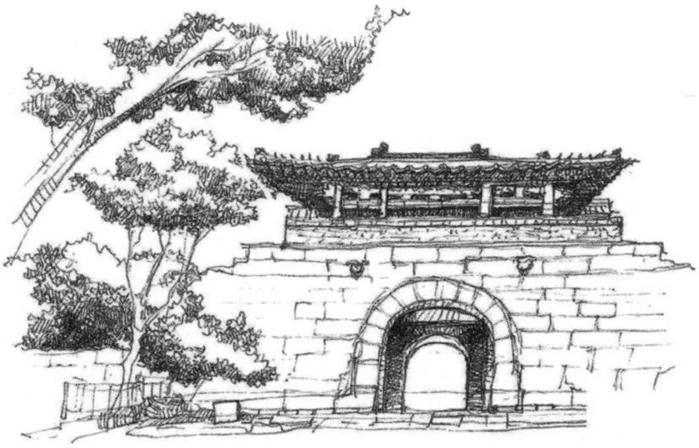

인조반정의 한 장면을
장식한 유서 깊은 문.

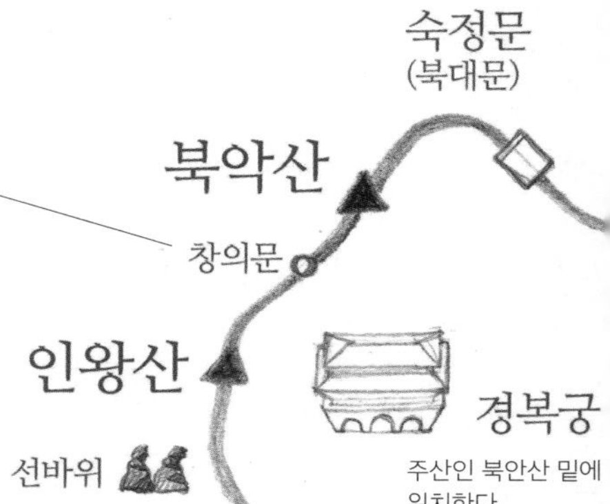


1904년의 옛 모습.

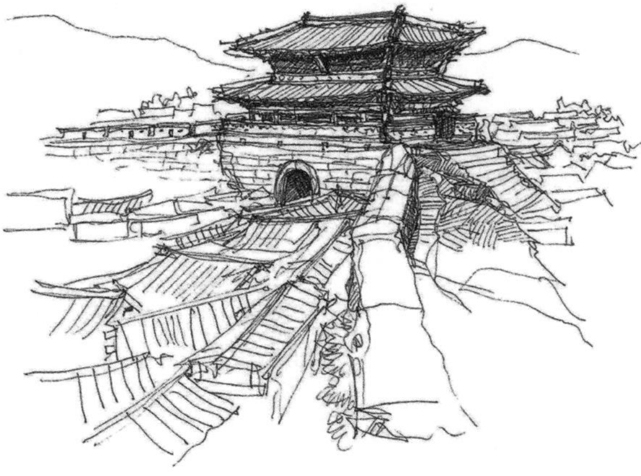

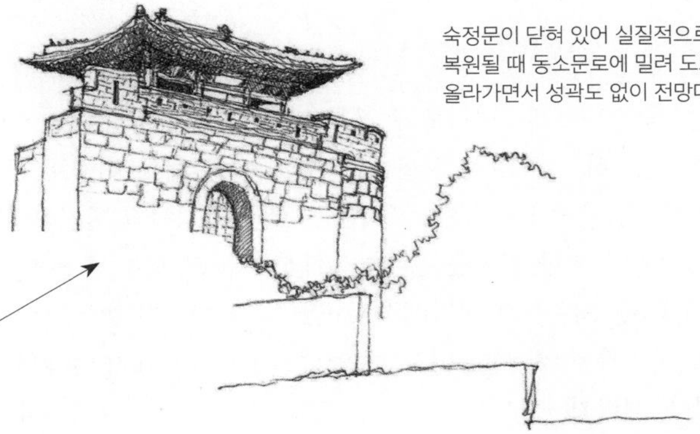

숙정문이 닫혀 있어 실질적으로 북문 구실을 했다.
복원될 때 동소문로에 밀려 도로 옆 언덕 위로
올라가면서 성곽도 없이 전망대처럼 되어버렸다!

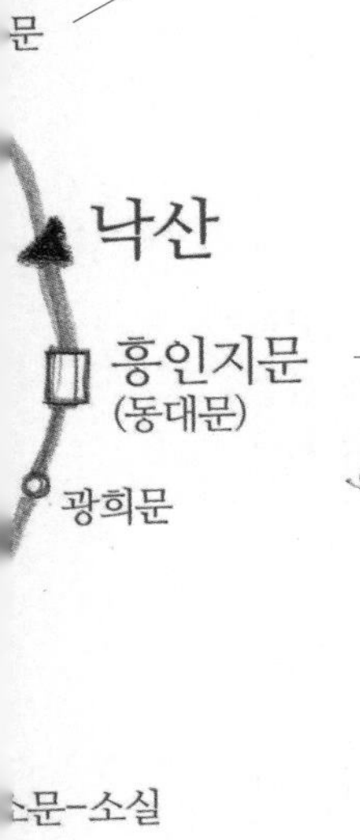


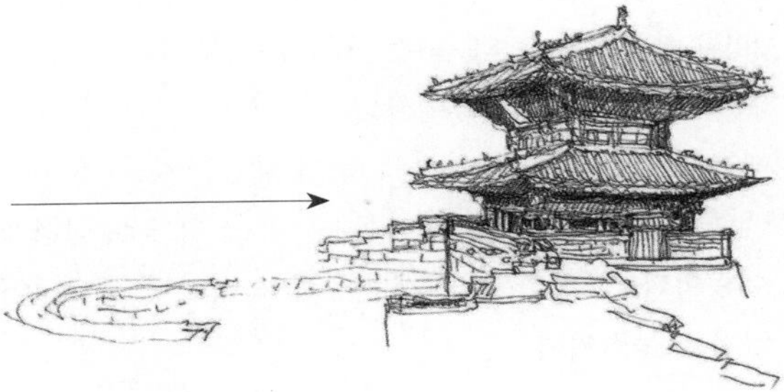

유일하게 옹벽을 가진 성문.
지형적으로 열세인 우백호 낙산과
평탄한 지형의 약점을 보완하기 위한
의도로 세워진 듯하다.

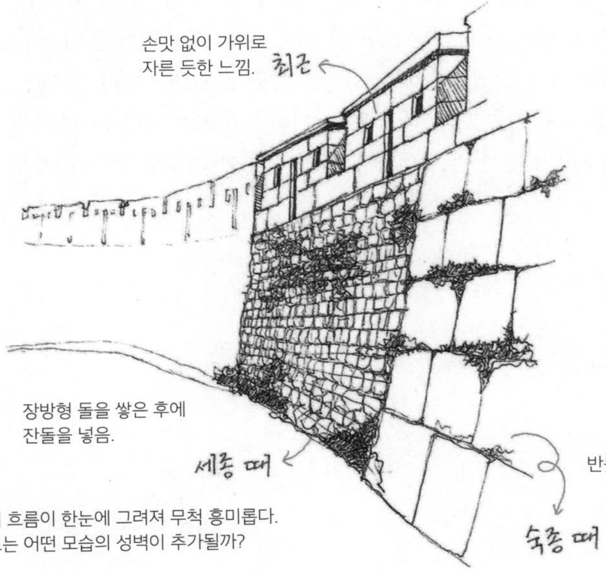


손맛 없이 가위로
자른 듯한 느낌.

장방형 돌을 쌓은 후에
잔돌을 넣음.

반듯하게 정방향도축.

세월의 흐름이 한눈에 그려져 무척 흥미롭다.
앞으로는 어떤 모습의 성벽이 추가될까?

서울은 조선의 수도 한양을 바탕으로 세계에서도 손꼽힐 정도로 크게 성장한 도시다. 고려 말 이성계가 새로운 나라를 건국하고 한양을 도읍으로 정할 때만 해도 이렇게 발전할 줄 상상이나 했을까? 한양 안에 궁궐과 종묘, 사직이 우선적으로 조성되었고 이것이 마무리되면서 외적들로부터 도읍을 지키기 위한 도성을 쌓았다. 기계가 없던 당시 축성(築城)에 인적, 물적으로 엄청난 수고가 따랐음은 쉽게 짐작해볼 수 있다. 태조는 전국에 걸쳐 약 12만 명의 장정을 동원하여 성곽 축조를 강행했다. 당시 한양의 인구가 5만여 명이라는 걸 생각해보면 실로 대단한 공사였다. 게다가 농사철이 오기 전 혹한기에 공사를 끝내기 위해 49일이라는 짧은 기간에 속행했던 축성공사는 많은 인명피해를 가져왔다. 그들의 노고에 대한 안타까움은 성곽을 거닐며 떠올려야 할 또하나의 의미이기도 하다. 축성공사는 예정대로 봄에 끝났는데, 세종(38일 동안 872명이 목숨을 잃음)과 숙종 때의 수축공사를 통해 최종 완성되었다. 완성된 성곽은 그 길이가 무려 18킬로미터에 이른다.
하지만 일제강점기를 거치면서 성곽은 근대화라는 명목하에 많이 훼손되었다. 산악 구간은 형태가 남아 있는 곳이 많지만, 도심 구간은 흔적조차 알아볼 수 없을 정도로 심하게 파손돼 오늘날 존재감을 상실한 문도 여럿이다. 다행히 최근 서울성곽의 역사적 중요성이 부각되어 조금씩 옛 모습을 찾아가고 있어 고무적이다.

성곽길 걷기는 서울의 산책이란 의미를 넘어 역사 속을 걷는다는 의미까지 담겨 있다. 오랜 세월이 담긴 이 도시에는 성문 하나부터 곳곳에 이야기가 없는 곳이 없다. 어느 돌 하나 허투루 쌓아올리지 않았다. 한 발 한 발 600년 시간 속을 오르내려보자. 북악산 정상에서 태조가 이곳에 도읍을 정하려 했을 때의 가슴 벅찬 기분을 느끼며 서울의 탄생을 상상해보자. 오늘날 건물의 축대가 되어 개발이란 현대화에 깔린 성곽의 비애도 마음속에 담아보자.

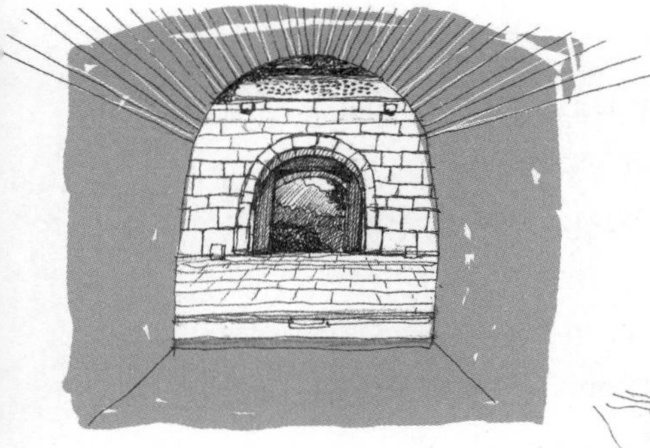

길 때문에 문 주변은 답답한
공간이 되어버렸다. 길이 생긴 뒤
생긴 또하나의 낯선 홍예문에서
바라본 창의문 밖 북악산 자락.

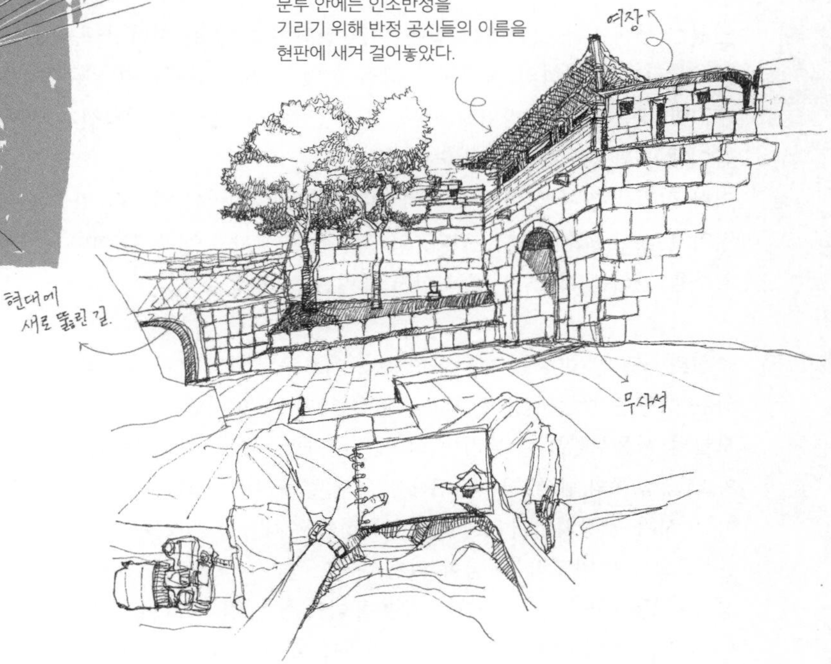


문루 안에는 인조반정을
기리기 위해 반정 공신들의 이름을
현판에 새겨 걸어놓았다.

## 창의문

숭례문이 불탄 후 그나마 과거의 모습을 간직한 성문은 창의문과 홍인지문뿐이다. 산 위에 위치한 창의문은 홍인지문보다 접근성이 떨어지지만, 그만큼 호젓해 개인적으로 더 즐겨 찾는다.

창의문은 서인 세력이 북인을 기반으로 한 광해군 정권을 전복하기 위해 거사를 일으켰을 때 시발점이기도 했다. 광해군의 패륜행위와 외교정책에 불만을 품은 서인은 군사를 모아 창의문을 부수고 창덕궁으로 달려갔다. 그들은 광해군을 몰아내고 성공적으로 인조를 왕위에 올렸다. 창의문 문루에는 그것을 기념하기 위한 인조반정 공신들의 이름을 새긴 현판이 걸려 있다.

600년을 버티고 서 있는 육축의 무사석을 어루만져봤다. 적군이 아닌, 반정부군의 도끼에 부서지면서 역사에 출현한 창의문을 생각해본다. 창의문 스케치를 끝낸 후 성곽을 따라 인왕산 정상까지 올랐다. 불어오는 바람처럼 기분도 함께 살랑거렸다. 산정에서 바라보는 성곽은 꿈틀대는 용처럼 산을 역동적으로 휘감아 돌고 있었다. 가만히 서서 성 끝까지 한껏 눈길을 보내본다. 하얀 빛깔의 화강암 여장이 햇살 아래 반짝이고 있었다.

## 선바위

인왕산 선바위를 찾아가는 길은 그리 만만치는 않다. 지하철 독립문역에서 내려 고층 아파트 옆 가파른 경사의 축대길을 땀을 뻘뻘 흘리고 올라가면 일주문(一柱門)이 보이고, 이내 수없이 많은 절집을 만나게 된다. 무속신앙에서 말하는, 인왕산과 국사당, 선바위의 기운이 뿜어내는 위력을 실감하는 순간이다.
여러 절집을 지나 선바위에 다다랐다. 한 젊은 여인이 열심히 치성을 드리는 옆으로 멀찍이 떨어져 앉아 스케치북을 폈다. 고요한 산 위에서는 절을 할 때 나는 옷깃 부딪히는 소리와 염주를 돌리는 가느다란 소리까지 들리는 것만 같았다.

조선의 수도인 한양은 성곽도시였다. 예로부터 종묘와 사직, 궁궐을 조성하고 그것을 보호하는 성곽을 쌓는 일은 건국의 중요한 과정 중 하나였다.
오늘날 서울성곽으로 불리는 성벽은 내사산(內四山)이 되는 네 개의 산(북쪽의 북악산, 동쪽의 낙산, 남쪽의 남산, 서쪽의 인왕산)을 연결해 한양을 감싸는 모습으로 만들어졌다. 후에 점차 도시가 확장되면서 도심 부근의 성곽은 대부분 철거돼 사라졌다. 그나마 산 위의 성곽은 그 모습이 비교적 잘 남아 있어 다행스럽다.
성곽은 방어적인 성격을 갖는 구조물이었지만, 한 나라의 수도(정확히는 그 경계)를 나타내는 상징적 의미도 지니고 있었다. 이 때문에 처음 성곽의 위치를 정할 때 오늘날 시의 경계나 지하철 노선 위치를 정할 때처럼 의견이 충돌할 수밖에 없었다. 조선 초기에는 인왕산에 있는 선바위를 놓고 무학대사와 정도전이 설전을 벌였다.
선바위는 승려가 고깔과 장삼을 입고 참선(參禪)하는 모습을 닮았다고 해서 '선(禪)' 자를 붙여 불교풍으로 이름을 지었다. 그런데 『불씨잡변佛氏雜辨』의 저자이자 숭유억불정책의 선봉장 정도전은 이것이 그냥 보고 넘길 수 없었나보다. 양측은 선바위가 도성 안에 있으면

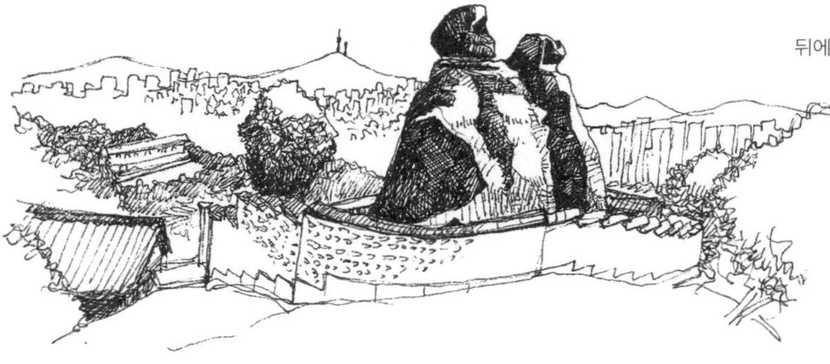

뒤에서 보면 더욱 참선하는
두 사람의 모습 같다.

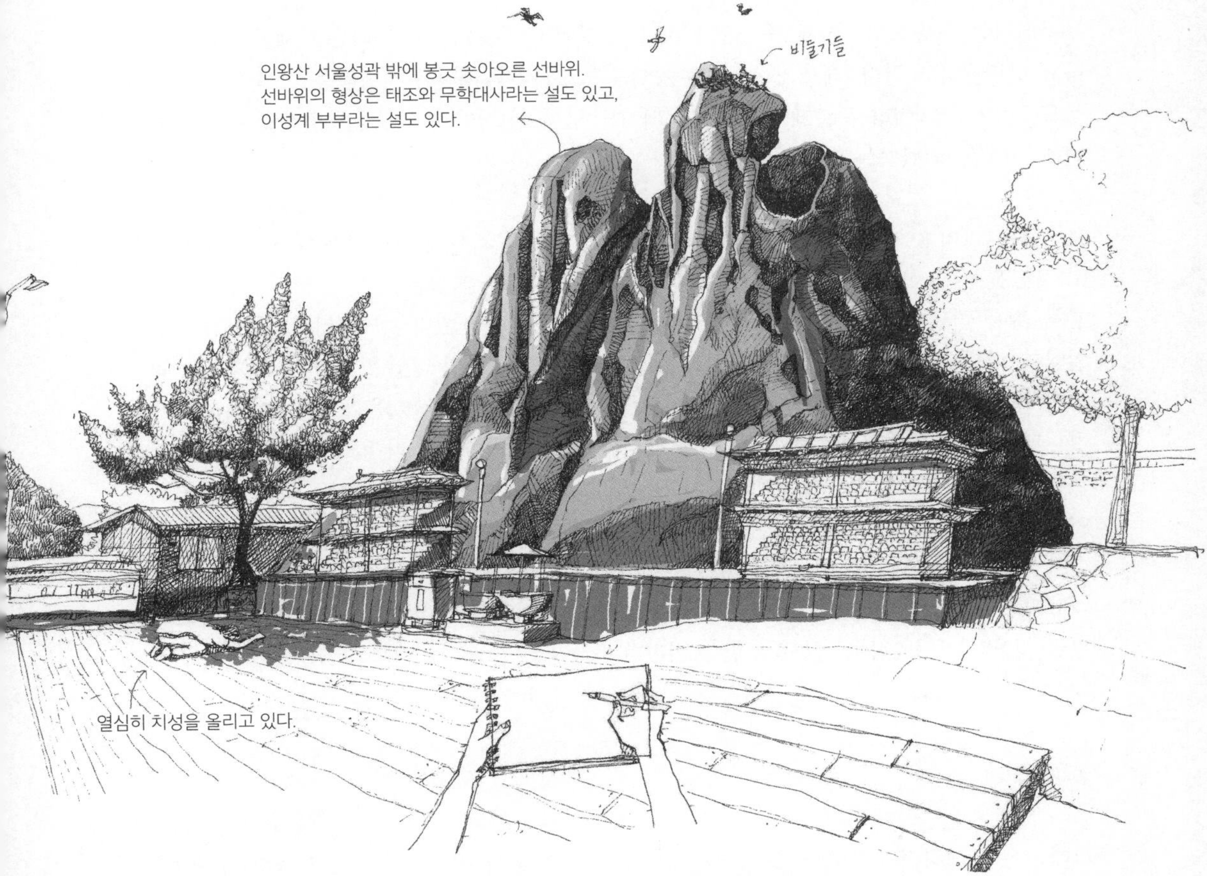


선바위는 특히 아이를 원하는 이들에게
효험이 있다고 알려져왔다.

불교가 흥하고, 성 밖에 놓이면 유교가 흥하게 될 것이라는 식으로 대립했다.
태조 이성계는 왕사(王師) 무학대사와 개국공신 정도전 사이에서 쉽게 성벽의 위치를 결정할 수가 없었다. 그러다 어느 날 눈이 펑펑 내린 후 산에 가보니 특이하게도 지금의 도성 안쪽으로는 모두 눈이 녹아 있는데 바깥쪽으로는 그대로 쌓여 있는 것이 아닌가. 태조는 이것을 하늘의 계시로 여겨 눈이 녹은 경계를 따라 성터를 정했고, 결국 선바위는 성곽 밖으로 밀려나고 말았다.
무학대사는 이를 보고 "이제 중들은 선비의 책 보따리나 짊어지고 다니는 신세가 되었구나"라고 한탄했다고 한다. 태조가 눈 녹은 자리를 보고 성곽 자리를 정했다는 것은 한양의 도성을 '설성(雪城)'이라 부르게 된 계기가 되기도 했다. 설성이 훗날 '설울'이 되었고, 이것이 변해 '서울'이 되었다는 추측이 나왔다.

조선이 사라지고 서울이 확장되면서 선바위는 자연스레 서울에 포함되었다. 선 하나에 울고 웃었을 많은 이들, 그리고 그 기준이라는 것이 덧없기만 하다.
문득 절을 하던 여자가 고개를 파묻고 엎드린 채 미동조차 없다. 한층 더해진 적막. 무슨 일일까. 아마도 그녀에게 선바위의 내력 같은 건 애당초 중요치 않았을 것이다. 그저 외면하고픈 무거운 현실이 자신의 바깥에 놓이도록 선을 긋고 싶지 않았을까. 얼마나 지났을까. 찰나였을까 혹은 영겁이었을까. 발 아래 내리깔린 서울 도심이 소리 없는 아우성처럼 현실감 없이 아득하게만 보였다. 선바위도, 그녀도, 스케치를 하고 있던 나까지 모두 바위가 되어버린 것만 같았다. 그때 어디선가 푸드득 비둘기떼가 날아와 선바위 꼭대기에 앉았다. 현실이 선을 넘어 다시금 천천히 움직이기 시작했다. 그녀가 다시 일어섰다. 그리고 아무 일 없었다는 듯 조용히 절을 이어나갔다. 왠지 그 모습은 오래전, 아주 오래전부터 줄곧 그래 왔던 것처럼 자연스럽고 차분하게만 느껴졌다.

## 돈의문

서대문은 일제강점기 1915년 도시계획의 일환으로 깨끗이 철거돼 흔적조차 남지 않았다.
서대문(돈의문敦義門)은 현재 새문안길(신문로)로 불리는 큰 도로에 있었다. 이곳은 한양의 중심도로인 종로로 이어지는 중요한 길목이었다.
서대문 바로 밖에는 김종서의 집이 있었다. 조선 전기의 충신인 김종서는 세종 때 육진을 개척해 지금의 두만강 국경을 만든 장군으로 잘 알려져 있다. 그는 문종이 죽은 후 어린 나이에 임금이 된 단종을 보필했다. 왕위를 노리던 수양대군에게 김종서는 가장 큰 걸림돌이었다.
1453년 10월의 어느 늦은 밤, 수양대군은 심복들을 데리고 직접 김종서의 집을 찾았다. 그러고는 자신이 건넨 편지를 김종서가 달빛에 비춰 보는 사이 사람을 시켜 뒤에서 철퇴로 내

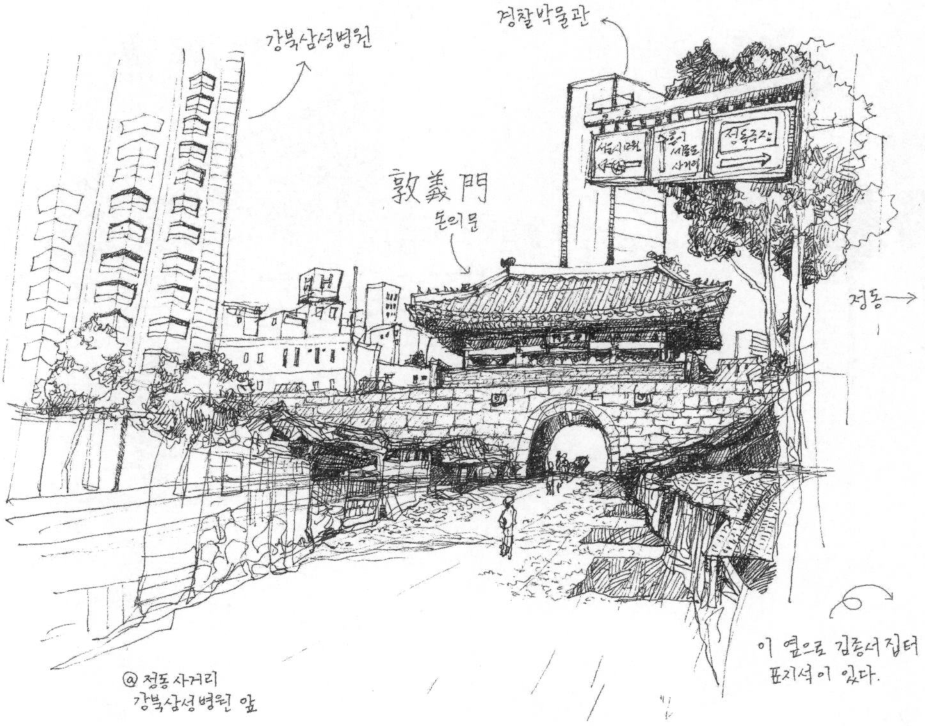


리쳤다. 김종서는 바로 숨이 끊기지는 않았지만 곧 목숨을 잃었다.
김종서의 옛 집터임을 알리는 표지석 근처에 서서 한동안 서대문이 있었을 정동 사거리를 바라봤다. 그리고 성문을 머릿속으로 그려봤다. 현실의 장소에 역사의 시간을 겹쳐보는 건 매우 흥미로운 일이다. 그 밤, 임금이 될 날을 꿈꾸며 서대문 인근을 걸었을 수양대군을 떠올렸다. 하지만 그 가을밤의 한기와 쓰라린 역사를 머릿속에서 재구성하기에는 주변 풍경이 너무나 변해 있었다.
생각을 구체화하기 위해 결국 스케치노트를 꺼냈다. 현재와 500여 년 전의 과거를 겹쳐 그린다. 현실의 공간을 따라 한 발짝 한 발짝 수양대군이 다가온다. 문득 달 밝은 밤, 파르르 바람에 떠는 회화나뭇가지 소리가 들려오는 것 같았다.

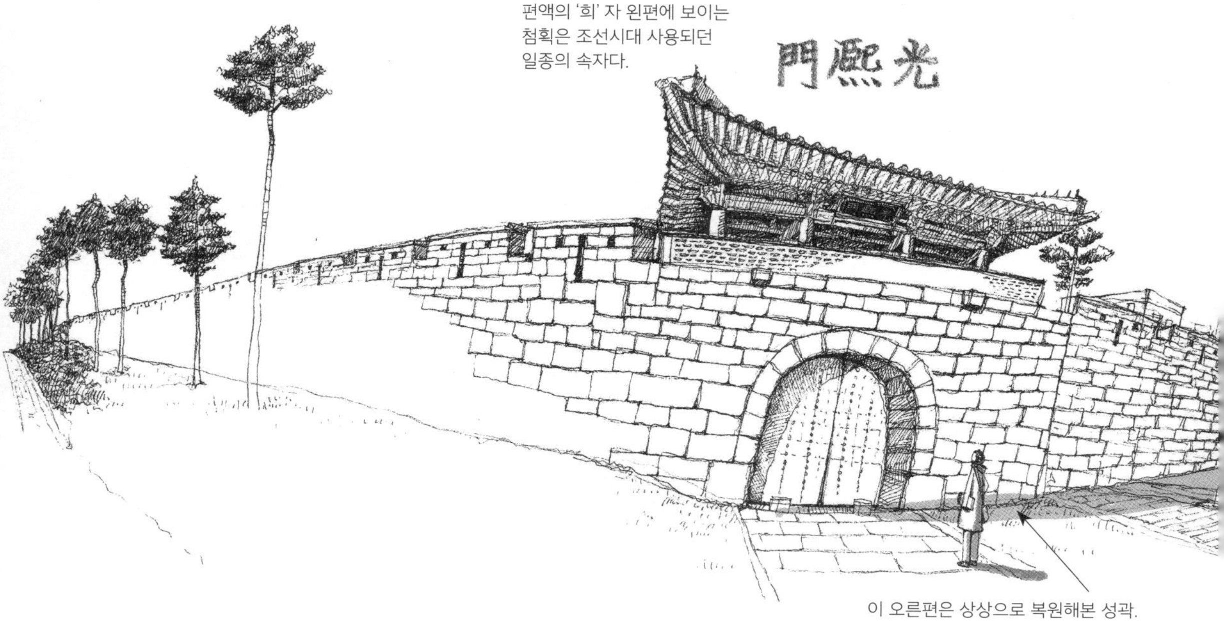


## 광희문

'광명의 문'. 잘 알려지지 않은 한양의 옛 성문인 '광희문(光熙門)'의 뜻이다. 이 성문은 1975년 도성 복원과정에서 원래 자리에서 남쪽으로 15미터 정도 떨어진 지금의 자리로 옮겨졌다. 다른 성문에서도 여러 번 봤지만 성곽이 잘린 모습은 볼 때마다 '날개 없는 새'처럼 가엾어 보인다.

1396년에 태어난 이 문은 수구문(水口門)이라고도 불렸다. 남산에서 내려오는 물줄기가 광희문 근처(지금의 동대문역사문화공원 터)에서 성곽과 만나는 위치에 수문이 있었기 때문이다. 또한 이곳으로 상여가 나갔기에 '주검 시(屍)' 자를 넣어 시구문(屍軀門)이라고도 불렸다. 조선시대에는 도성 안에 무덤을 조성할 수 없었기에 성 안에서 생을 마감했어도 무조건 성 밖으로 나가야 했다. 시신은 소의문(서소문)과 광희문(수구문)으로만 나갈 수 있어 광희문 밖에는 공동묘지가 크게 자리하고 있었다. 게다가 무당이 많이 살아 '신당(神堂)'이라 불렸는데 이를 구한말 신당(新堂)이라 고쳤고 이곳이 곧 오늘날의 신당동이다.

광희문에는 이외에도 서글픈 역사가 많이 얽혀 있다. 병자호란 때 인조는 남한산성으로 피신하는 길에 왕의 격식을 차릴 틈조차 없어 이 작은 문으로 황급히 빠져나갔다. 1880년대 후반 서울에 콜레라가 창궐했을 때는 전염된 사람들이 이 성문 밖에 산 채로 버려져 생지옥을 연상케 했다. 1907년에 일제가 강제로 군대를 해산했는데 이에 불복한 한국군의 저항으로 시내 곳곳에서 시가전이 벌어졌다. 남대문 인근에서 큰 접전이 있었는데 이때 사망한 한국군 시신 120여 구를 일제는 광희문 밖에 늘어놓고는 가족들에게 찾아가 묻으라고 했다. 이에 광희문 앞에선 며칠간 통곡이 끊이지 않았다고 한다. 광희문에는 이렇듯 생각만 해도 오싹한 역사가 수도 없이 많다. 오죽하면 병을 고치려는 사람들 사이에서 '한양 가면 시구문 돌가루를 긁어오라'는 말까지 생겼을까. 아무리 지독한 병일지라도 시구문이 겪은 고난에는 이기지 못할 것이란 미신이 시구문 돌가루라는 만병통치약을 만들어낸 것이다.

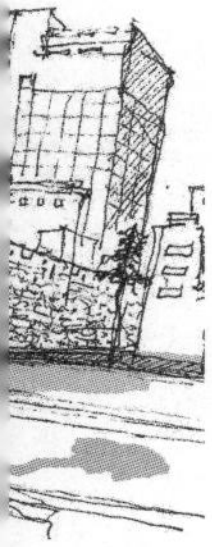

광희문 앞에 섰다. 석축에는 오랜 세월의 흔적에 더해 많은 이들이 긁어내 생긴 듯한 '생채기'가 나 있었다. 그런 역사마저도 품은 광희문의 모습에 묵직한 고독이 느껴졌다. 살짝 건드리기만 해도 참았던 울음을 툭 하고 터뜨릴 것만 같은 침묵. 종종 무덤가에 놓인 비석이나 석물을 보면 죽음을 매개로 돌과 인간이 밀접한 유대감을 나누고 있다는 생각이 든다. 어떤 이야기를 담고 있는 느낌이랄까. 광희문에선 그런 깊이가 느껴졌다. 성문의 돌은 편안한 모습으로 내게 말을 건네왔다. 금방 끝날 것 같지 않은 긴 이야기를.

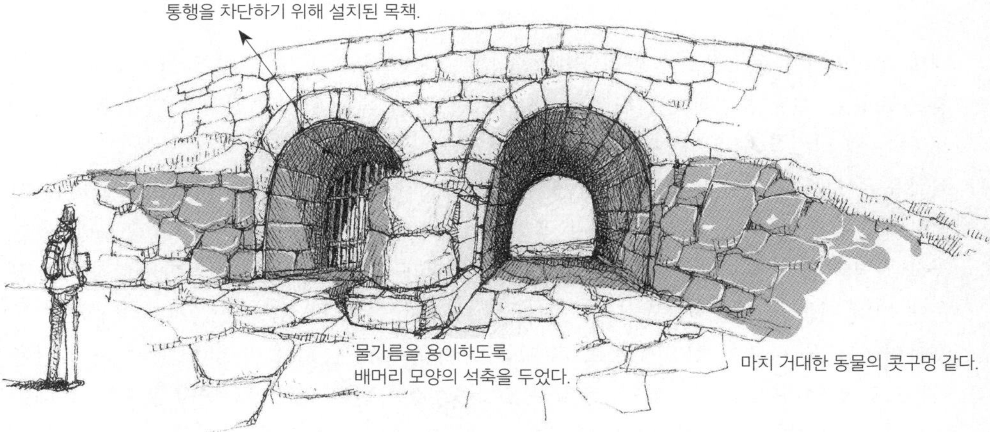


## 이간수문

서울 성곽 사대문 중 유일하게 원형을 지켜오는 동대문 근처에는 오간수문(五間水門)이 있었다. 오간수문은 서에서 동으로 흐르는 청계천의 물줄기가 성곽과 만나는 지점에 만든 수문이다. 홍예문이 다섯 개 있어 오간수문이라 불렀고 그 위로 다시 도성을 쌓았다. 이 수문은 평상시 창살로 막아 통행을 금지시켰지만, 몰래 성을 드나드는 이들의 통로로 곧잘 사용됐다. 명종 때 세종로 사거리에 있던 전옥서를 부수고 가족을 구한 임꺽정 무리가 이 수문을 통해 빠져나간 것으로 잘 알려져 있다. 이후 1908년 물의 흐름을 원활하게 한다는 이유로 수문을 헐고 다리를 놓았으나 그마저도 청계천을 복개하면서 모두 사라졌다. 오간수문 남쪽에는 홍예문이 두 개인 이간수문(二間水門)도 있었다. 도성 밖에서 청계천에 합류되었던 또다른 지류가 흘러 나가던 물길이었다. 지금 발굴되어 모습을 선보이는 것이 바로 이 수문이다.

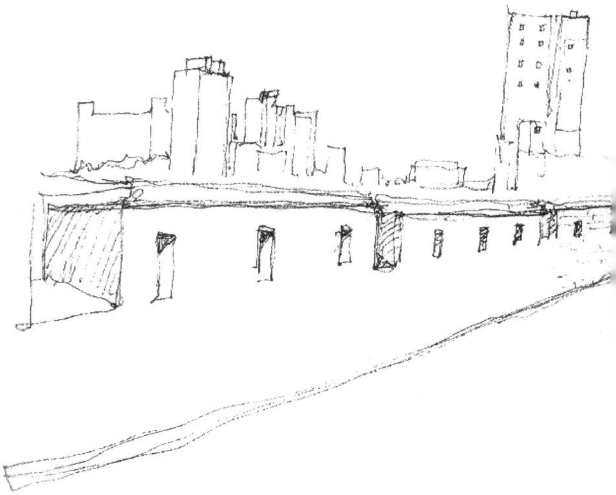

## 혜화문

혜화 로터리에서 동소문로를 따라 낮은 언덕을 오른다. 하지만 길 이름에 들어맞게 있어야 할 동소문은 선뜻 보이질 않는다. 대신 망루처럼 높은 축대 위에 떡하니 커다란 문 하나가 서 있는 걸 발견할 수 있다. 이것이 바로 1994년에 다시 만든 동소문, 즉 혜화문이다.

혜화문은 이름까지 바꿔야 했던, 서글픈 역사를 가진 문이다. 1396년(태조 5년)에 처음 이 성문이 건립됐을 때 이 성문의 이름은 홍화문(弘化門)이었다. 하지만 1483년(성종 14년)에 창건한 창경궁 정문의 이름을 홍화문으로 정함에 따라 이름을 바꾸어야 했다. 왜 창경궁 정문에 이미 기존의 성문 이름을 붙였는지는 알 수 없다. 당연히 궁궐 정문보다 격이 낮은 동소문이 이름을 바꿔야 했지만 바로 그 이름을 바꾸지 않은 걸 보면 한동안 두 문이 같은 이름으로 불려 혼동을 일으켰던 것 같다. 그리고 30여 년이 지난 1511년(중종 6년) '은혜를 베풀어 교화한다'는 의미의 '혜화(惠化)'라는 이름을 새로 갖게 되었다.

풍수에 의해 북대문이 거의 폐쇄되다시피 했으므로 동소문은 사실상 의정부와 포천으로 가는 중요한 통로 구실을 했다. 당시 대문(大門)급의 병력 30명이 동소문을 지켰다고 하니 그 중요성을 잘 알 수 있다. 하지만 그 지리적 이점 때문에 일제강점기에 도로를 넓히면서 흔적도 없이 사라져 비운의 성문이 되었다. 다행히 반세기가 지나 성곽 복원사업의 일환으로 다시 만들어졌지만, 위치도 다르고 몇몇 오류도 있어 혜화문의 설움은 끝이 없어 보인다. 어디에도 과거의 것이 하나 섞이지 않아 아직 연륜이 느껴지지 않는데다가 성문마저 늘 굳게 닫혀 있어 아쉽기만 하다. 자고로 다리는 건너봐야 알고, 문은 통과해봐야 참맛을 느낄 수 있는 것을!

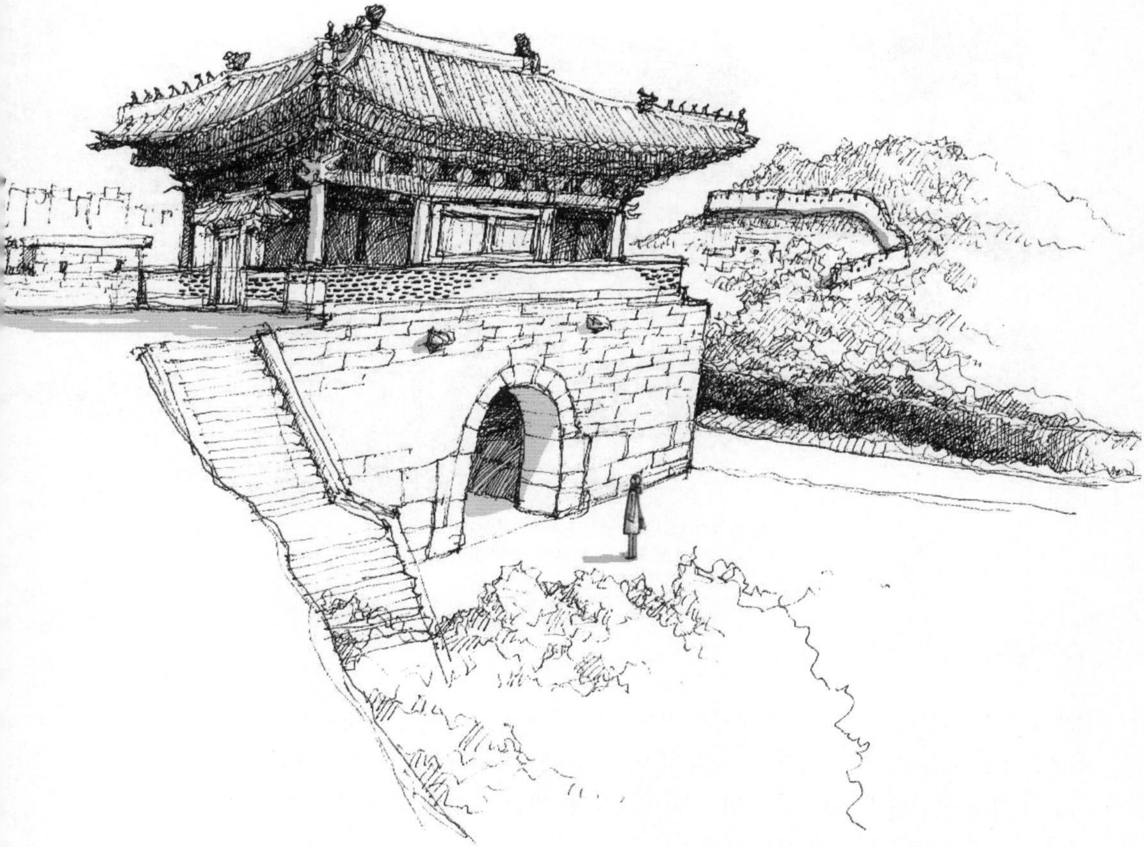

끊어진 성벽 옆에 작게 만든 계단을 겨우 찾아 올라가면, 성벽 위를 따라 혜화문 안쪽에 도달할 수 있다. 안쪽 닫힌 성문 위로 홍예개판(虹霓蓋板)에 그려진 봉황이 보인다. 보통 성문에는 용을 많이 그렸는데 혜화문에는 특이하게도 봉황을 그려넣었다. 옛날 혜화문 밖은 넓은 분지와 오래된 솔숲이 가득했고, 도화동이라 불릴 정도로 복숭아나무도 많았다고 한다. 그런데 새 때문에 농사 피해가 커서 새들의 왕인 봉황을 그려넣었다고 한다. 오늘날에는 쉽게 떠오르지 않는 서울 풍경이다. 문득 이 문을 열고 나가 지금의 삼선동 일대에 드넓게 펼쳐진 솔숲을 걷는 상상을 해본다. 짙은 녹음의 서울, 그리고 복숭아 향기. 그 꿈같은 풍경은 이내 굳게 닫힌 문과 그 틈 사이로 비치는 회색빛 아파트 숲에 산산이 조각난다. 때 이른 무더위 속 서울에는 성문 너머 도시의 아우성만 아득하게 느껴질 뿐이었다.

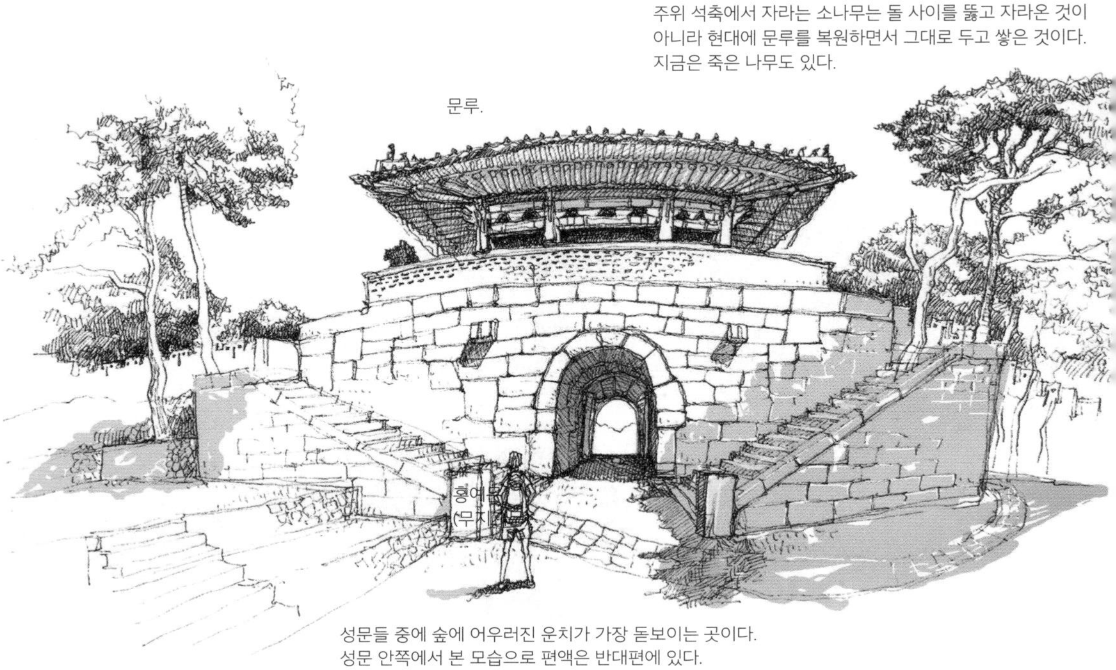


성문들 중에 숲에 어우러진 운치가 가장 돋보이는 곳이다.
성문 안쪽에서 본 모습으로 편액은 반대편에 있다.

## 숙정문

창의문에서 시작한 서울성곽 스케치가 어느덧 한 바퀴를 돌아 숙정문에 도착했다. 짧지 않은 이 길을 걷고 스케치하며 새삼 서울에 대한 깊이와 아름다움을 느꼈다. 언젠가 모든 성곽길이 복원되어 아무 걸림 없이 마음껏 성곽을 한 바퀴 일주할 수 있다면, 서울이라는 도시의 역사성은 한층 더 깊어지지 않을까.

'엄숙하게 다스린다'는 의미의 숙정문(肅靖門)은 1396년 한양의 도성문들이 세워질 때 함께 탄생했다. 처음 숙청문(肅淸門)이라고도 불렸는데, 언제 이름이 바뀐지는 확실하지 않다. 성곽의 북쪽에 위치하여 북대문의 자리였지만, 산세가 험한 북악산 위인데다가 특별히 연결되는 길도 없어 사실상 거의 사용하지 않았던 상징적인 문이었다. 더군다나 풍수적으로 경복궁의 주산을 밟고 다니는 것이 나쁘다 하여 조선 초 일찌감치 소나무를 심어 통행을 차단했는가 하면, 북문을 열어놓으면 음기가 강해져 서울의 풍기가 문란해져 폐쇄했다는 속설도 전해 내려온다. 이는 음양오행사상에 있어 북은 음(陰)을 나타내기 때문이다. 하지만, 가뭄이 심해지면 숙정문을 열고, 숭례문을 닫아 기우제를 지내기도 했는데, 북쪽은 음(陰)인 동시에 수(水)를, 남쪽은 양이자 화(火)를 뜻하기 때문이었다고 한다. 물론 장마 때에는 그 반대로 시행되었다. 숙정문은 1504년 처음 세워졌던 자리에서 무슨 이유에서인지 동쪽으로 약간 옮겨졌다. 이때 원래 있던 문루는 없어지고 홍예석만 옮겨 세운 것으로 추측하

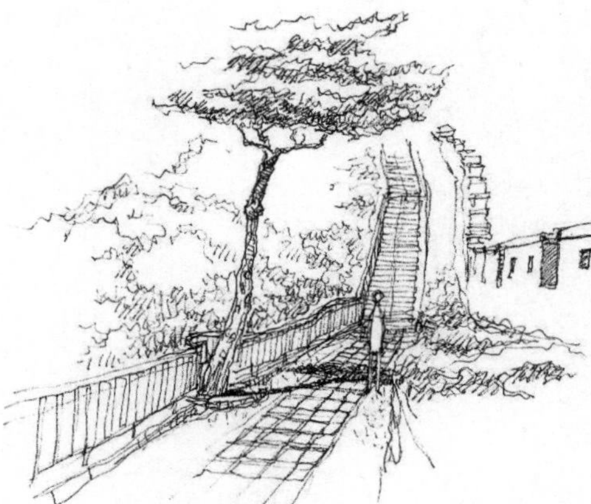

1·21사태 당시 총격전에서 총탄 열다섯 발을 맞고도 살아남은 소나무가
숙정문 근처에 있다. 울타리를 휘어가면서까지 보존되어온 이 소나무는
어쩌면 총알 세례를 받은 것이 행운이었던 건 아닐까.

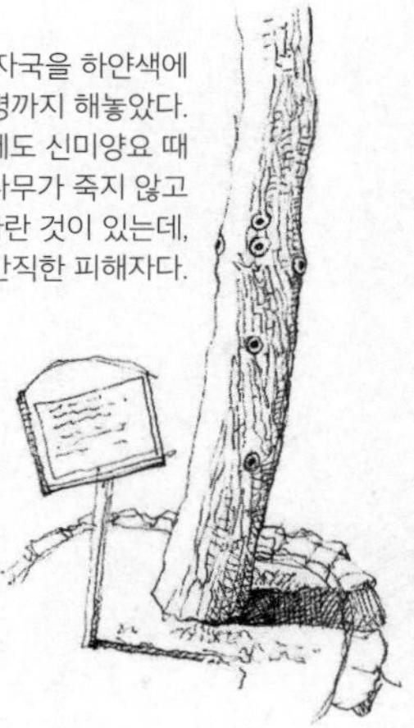

친절하게도 총탄 자국을 하얀색에
빨간점으로 칠하여 설명까지 해놓았다.
강화도 초지진에도 신미양요 때
포탄을 맞은 소나무가 죽지 않고
멋진 수형으로 자란 것이 있는데,
모두 역사란 아픔을 간직한 피해자다.

고 있다. 그후 500년 가까이 문루 없이 암문(暗門)처럼 홍예문만 있던 것을 1975년 복원하면서 다른 성문들의 문루를 바탕으로 새로 세워 올린 것이다. 편액은 한자지만 왼쪽부터 읽는 방식을 따르는데 그 당시 박정희 대통령의 친필이라고 한다.

경복궁의 주산이었던 북악산의 위엄은 예나 지금이나 그대로인 걸까. 숙정문에 가기 위해서는 신분증이 필수다. 산을 오르기 위해서는 간단한 신청서를 써야 하는데, 북악산이 청와대의 뒷산이기 때문이다. 잘 알다시피 북악산은 40여 년 동안 일반인에게는 공개되지 않았다. 1968년 1·21사태 이후 폐쇄되었다. 당시 청와대를 공격하러 내려온 북한 특수부대원 31명은 생포한 1명과 도주한 2명을 제외하고 모두 사살되었다. 이 사건을 계기로 예비군이 창설되었고, 북악산은 보안을 위해 굳게 닫혔다. 다시 개방되어 이 멋진 산을 오를 수 있어 더없이 다행스럽다. 북악산은 결코 만만하게 보아서는 안 될 험한 산이다. 성벽을 따라 깎아지른 절벽의 계단들을 한 칸 한 칸 밟아 서야 정상에 다다를 수 있다. 백악마루(백악산은 북악산의 옛 이름)에 올라 내려다보는 서울의 모습은 가히 장관이다. 경복궁과 광화문 앞으로 뻗어나간 주작대로가 시원스럽다. 조선의 수도를 정할 부푼 기대감을 안고 이 주위를 돌아다녔을 태조 이성계도 이 자리에 서서 미래를 꿈꾸어보지 않았을까? 푸른 숲으로 우거졌을 이 땅이 이토록 근사한 빌딩숲으로 발전하게 될 줄 짐작이나 하셨을까? 이 자리에 서니 자연스레 미래의 서울을 상상해보게 된다. 초고층 빌딩으로 가득찬 화려한 미래의 서울이 결코 아니다. 그저 서울성곽 안쪽만이라도 다시 과거의 모습으로 회귀한 편안하고 깊이 있는 역사 서울을 원한다. 프랑스의 파리 같은 모습일까. 하지만, 지금도 사대문 안에는 앞다투어 그 높이를 더해가는 빌딩들로 가득하다. 아쉬우나마 서울의 옛모습을 머릿속에 그려본다. 그래. 우리가 살아가야 하고, 사랑할 수밖에 없는 삶의 터전, 어찌되었든 서울은 서울이니까.

## 미처 담지 못한 풍경들

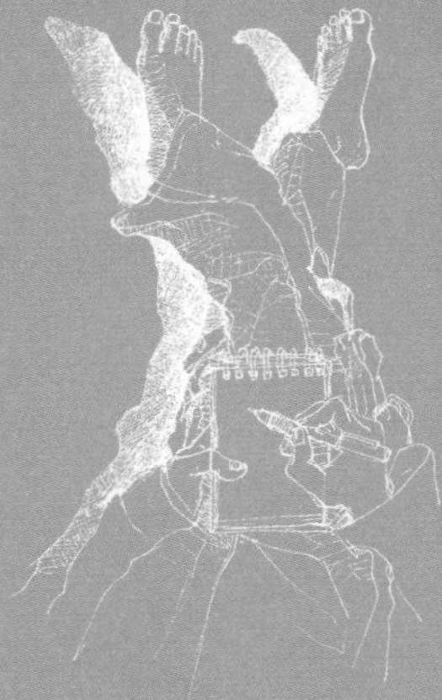

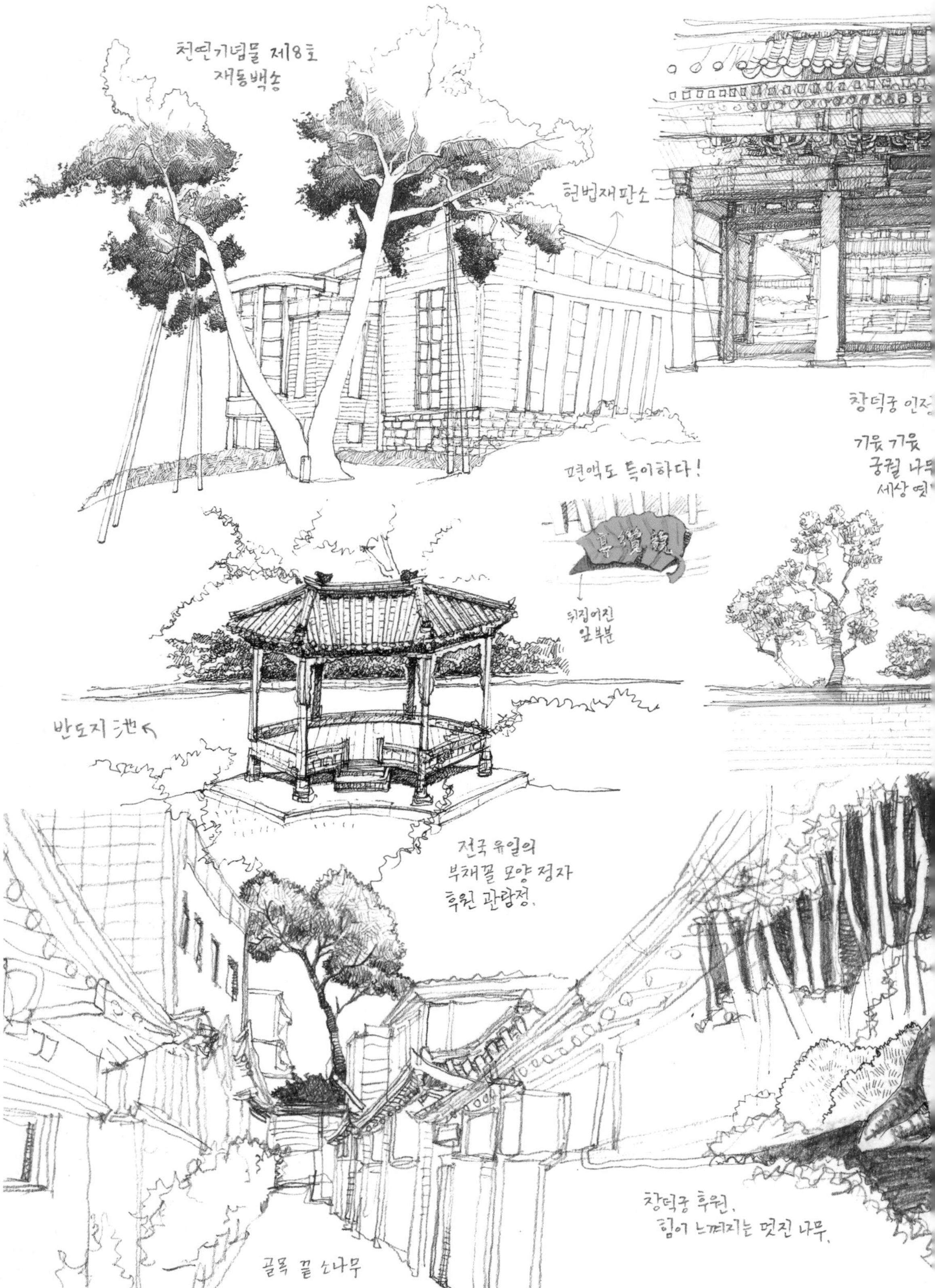

천연기념물 제8호
재동백송
헌법재판소
창덕궁 인정
기웃 기웃
궁궐 나무
세상 옛
편액도 특이하다!
뒤집어진
앞부분
반도지 池
전국 유일의
부채꼴 모양 정자
후원 관람정.
창덕궁 후원,
힘이 느껴지는 멋진 나무.
골목 끝 소나무

북촌 일대

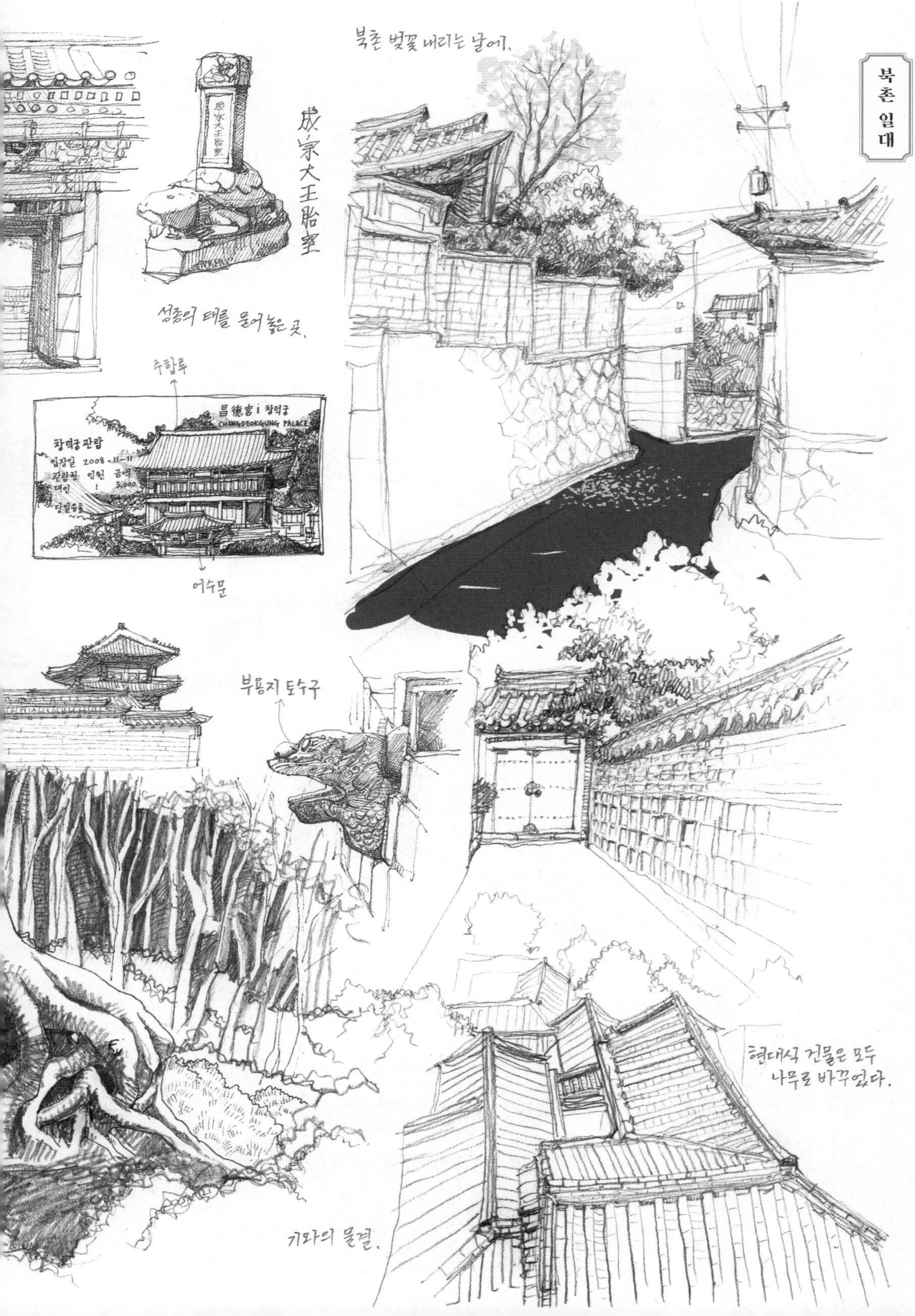
북촌 벚꽃 내리는 날에.
成宗大王胎室
成宗大王胎室
성종의 태를 묻어놓은 곳.
주합루
昌德宮 | 창덕궁
CHANGDEOKGUNG PALACE
창덕궁관람
입장일 2008-11-11
관람권 인원 금액
대인 1 3,000
당일유효
어수문
부용지 토수구
현대식 건물은 모두
나무로 바꾸었다.
기와의 물결.

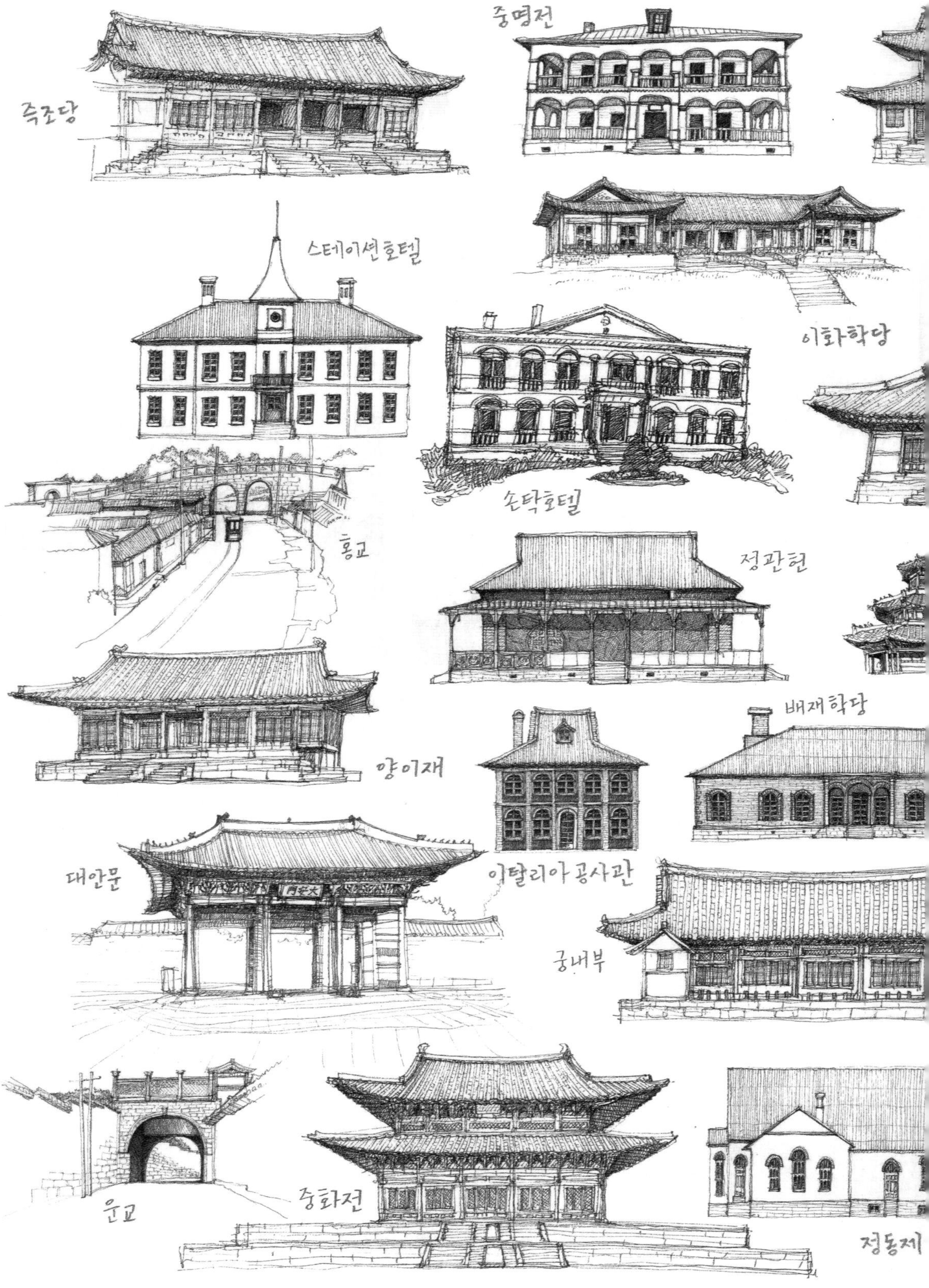
즉조당
중명전
스테이션호텔
이화학당
손탁호텔
홍교
정관헌
양이재
배재학당
이탈리아 공사관
대안문
궁내부
운교
중화전
정동제

**1900년대 정동 일대**

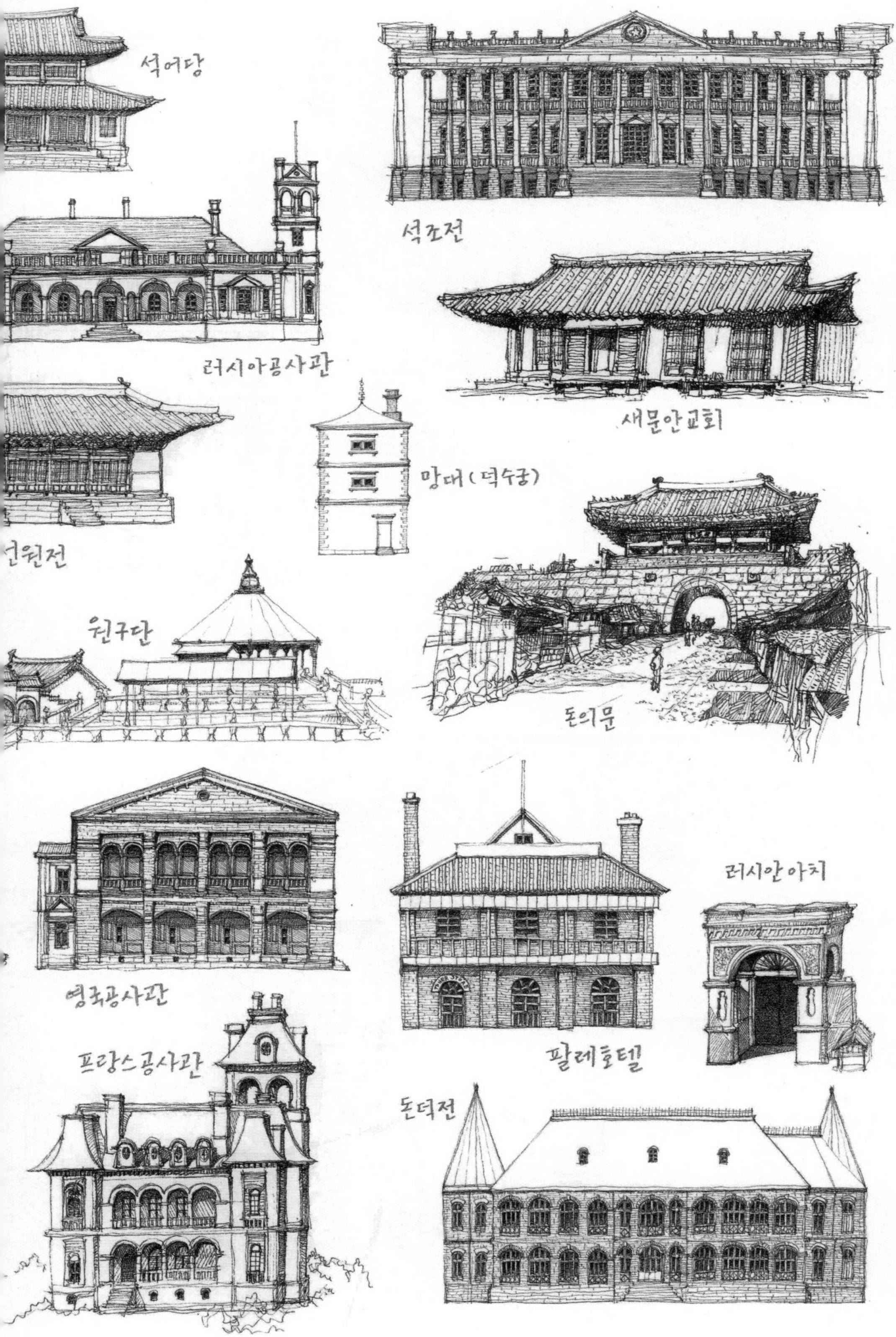
석어당
석조전
러시아공사관
새문안교회
망대(덕수궁)
원구단
돈의문
영국공사관
러시안아치
팔레호텔
프랑스공사관
돈덕전

# 경희궁 주변 내수동

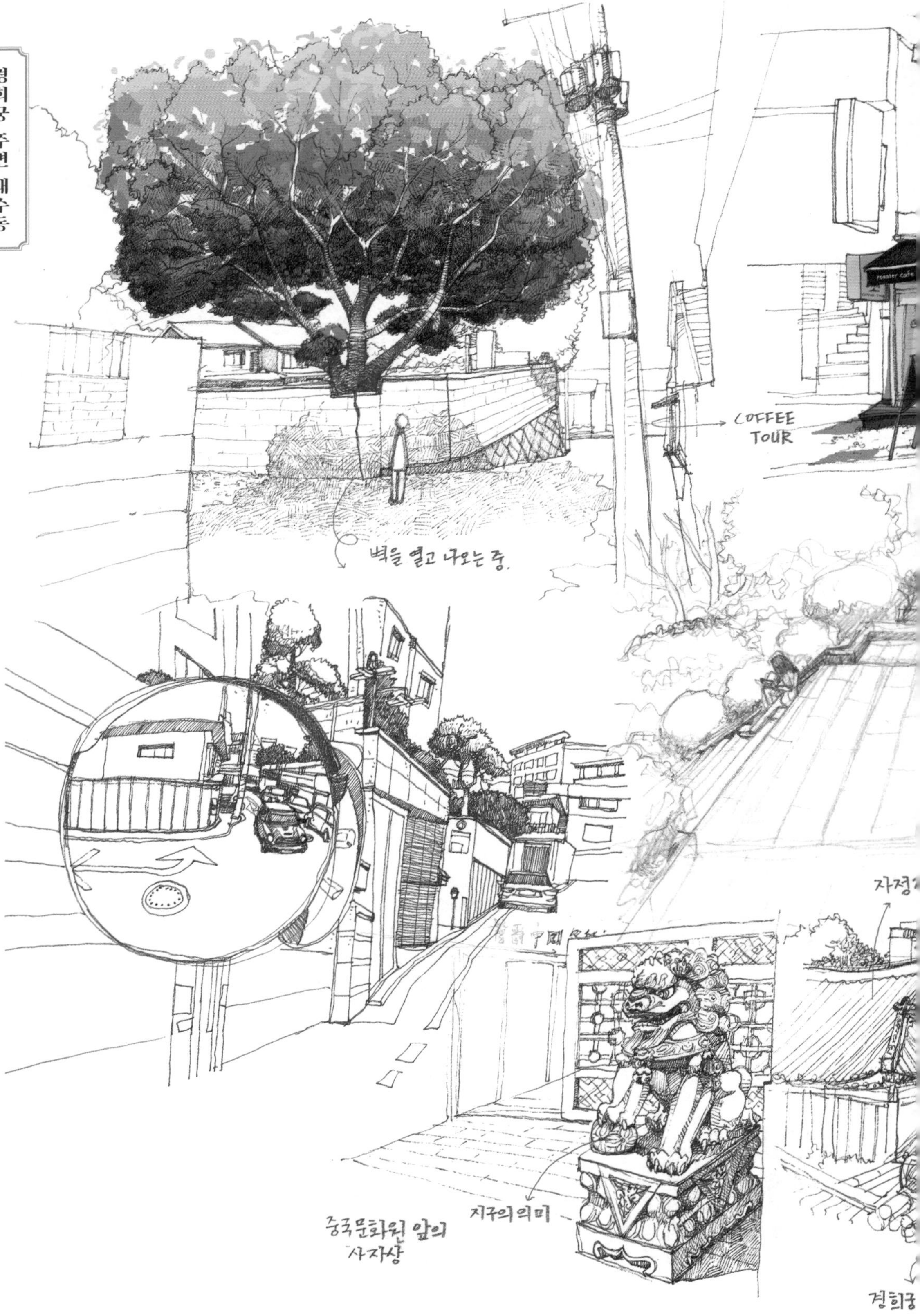

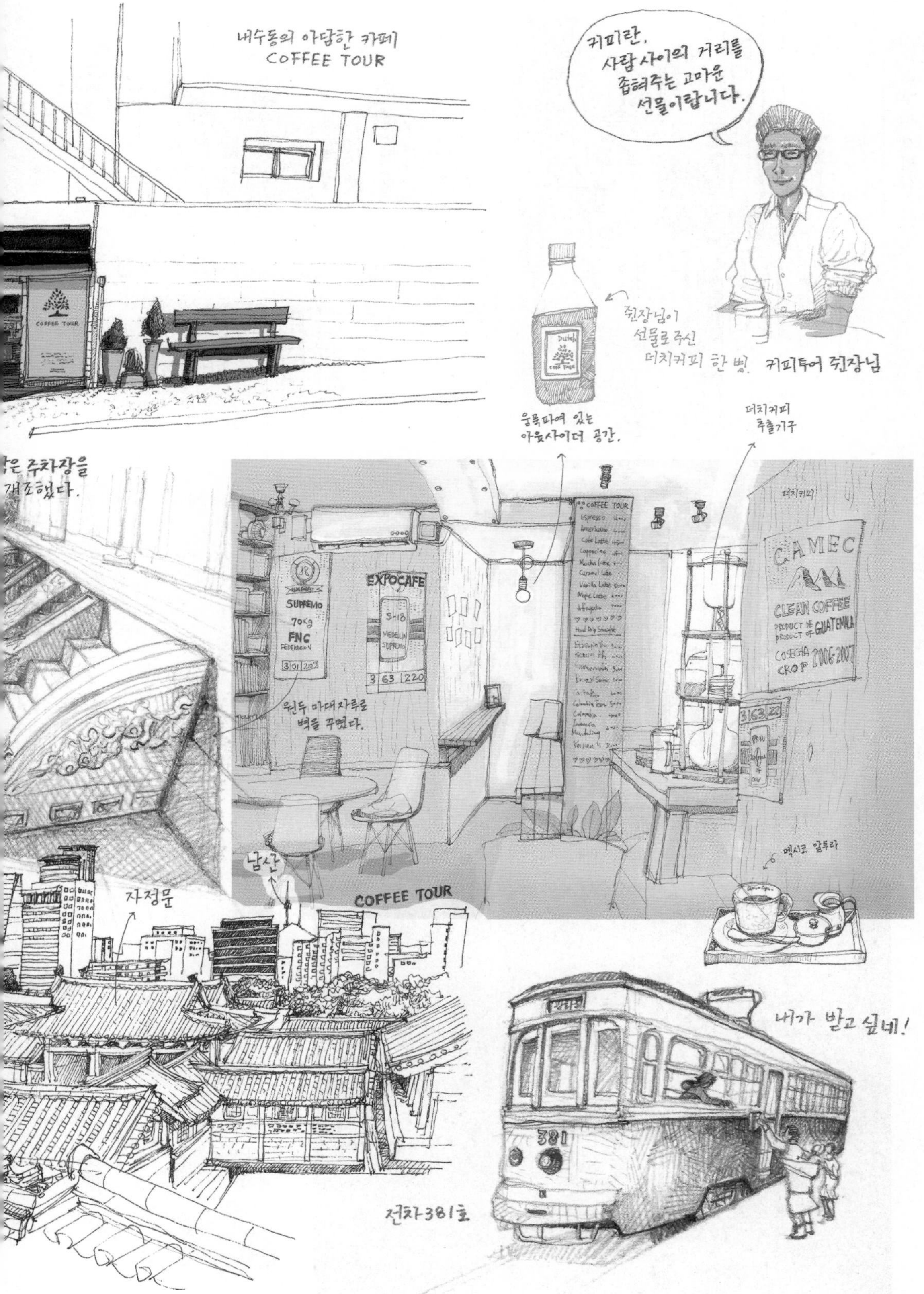

내수동의 아담한 카페
COFFEE TOUR
커피란, 사람 사이의 거리를 좁혀주는 고마운 선물이랍니다.
쥔장님이 선물로 주신 더치커피 한 병.
커피투어 쥔장님
움푹파여 있는 아웃사이더 공간.
더치커피 추출기구
은 주차장을 개조했다.
원두 마대자루로 벽을 꾸몄다.
더치커피
멕시코 알투라
남산
COFFEE TOUR
자정문
내가 받고 싶네!
전차381호

충무로 작업실

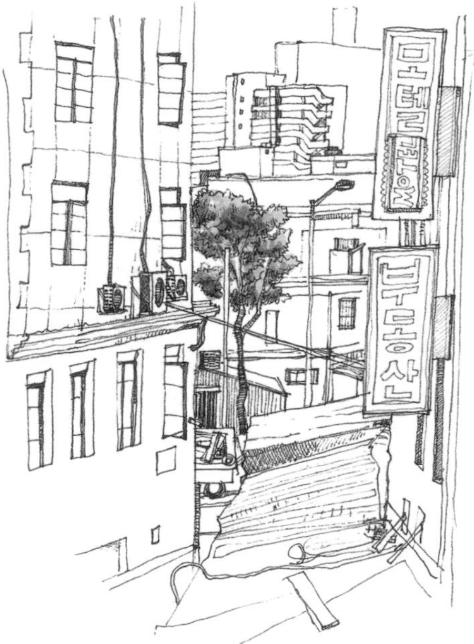


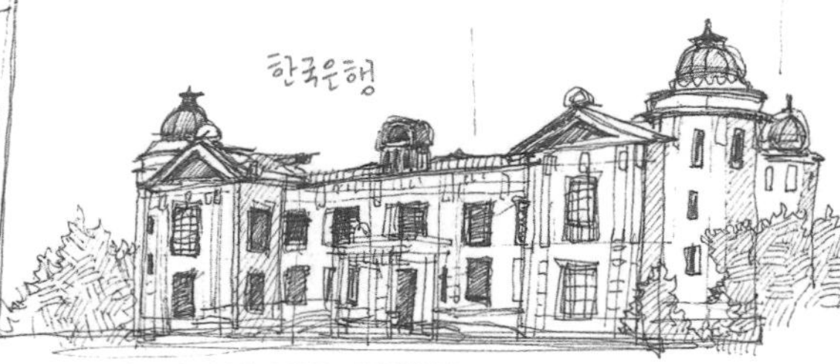


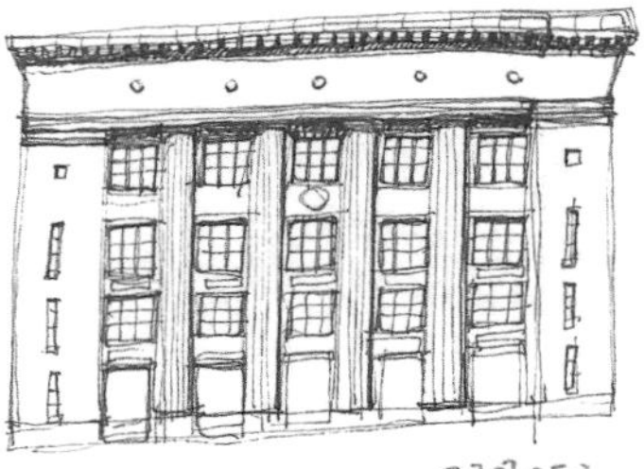


"전망이 얼마나 좋은데요!" 복덕방 아주머니는 창문을 열어 젖혔다. "게다가 나무도 보인다니까요!"

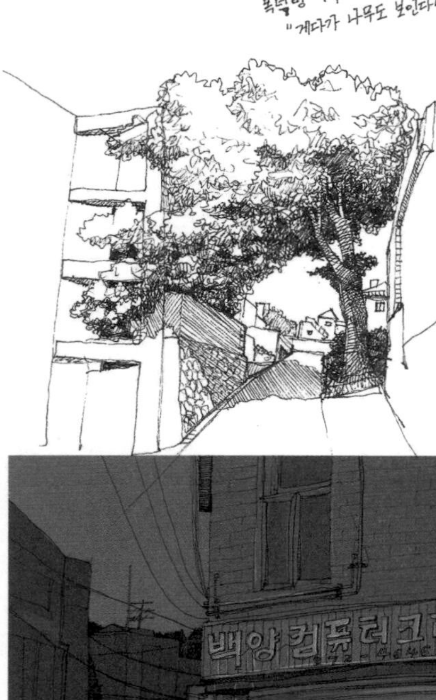

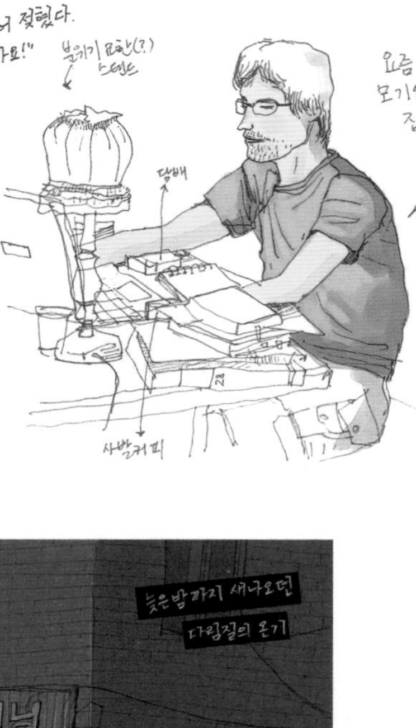


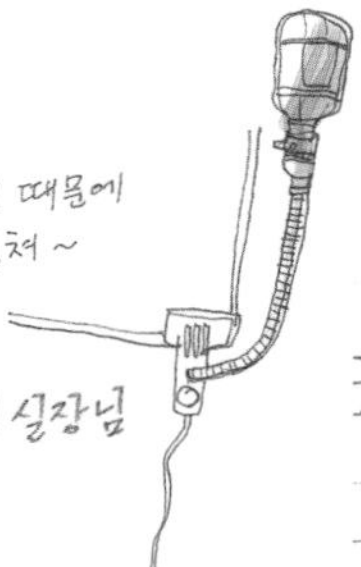


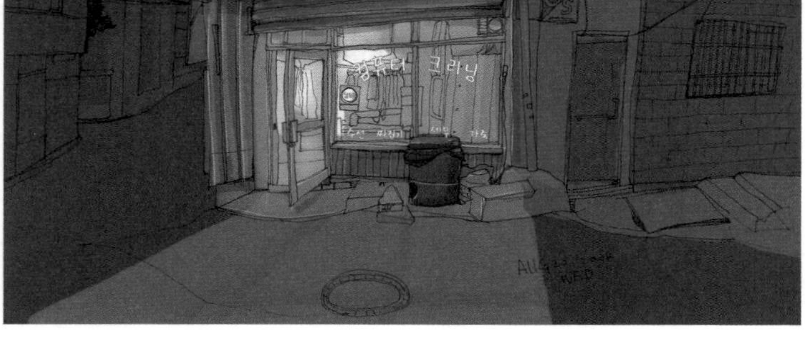


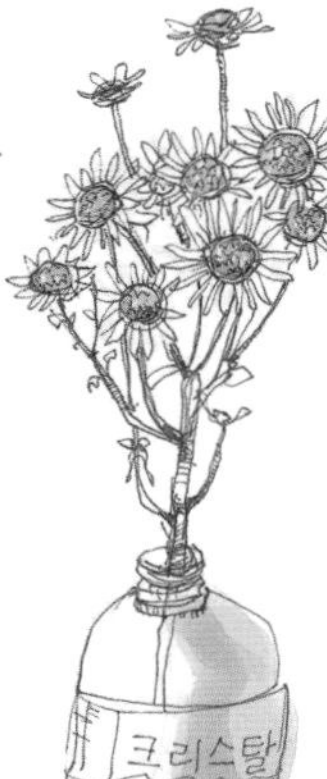

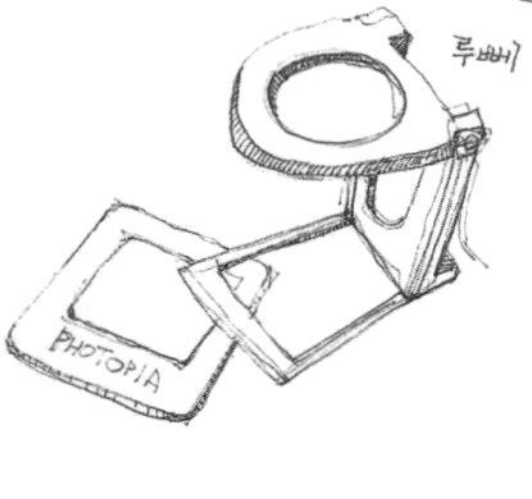

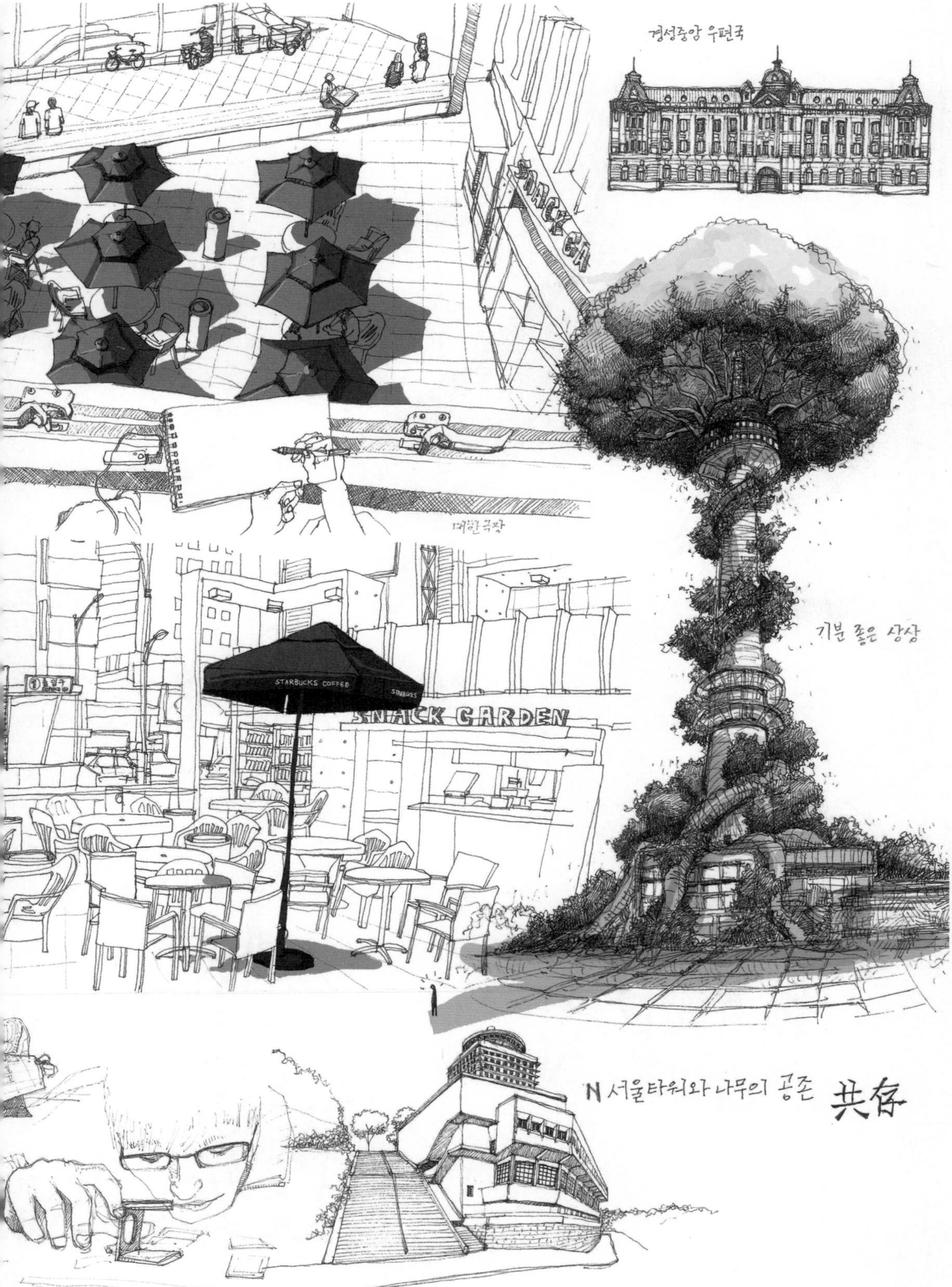
경성중앙 우편국
SNACK GARDEN
STARBUCKS COFFEE
대한극장
기분 좋은 상상
N 서울타워와 나무의 공존 共存

# 공공 조형물들

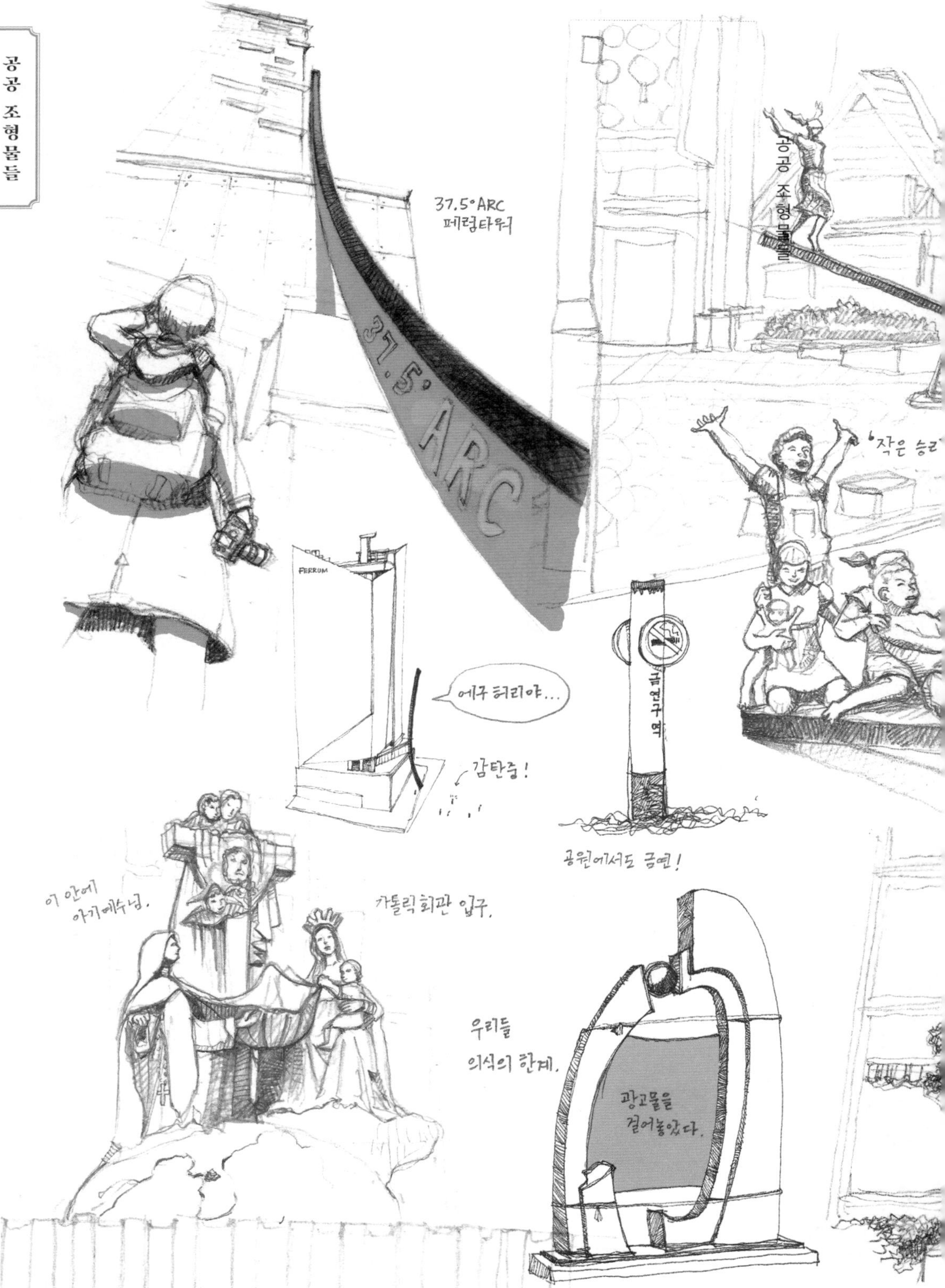
37.5°ARC
페럼타워
37.5° ARC
공공 조형물들
FERRUM
에구 허리야…
감탄중!
금연구역
공원에서도 금연!
'작은 승리
이 안에
아기예수님.
가톨릭회관 입구.
우리들
의식의 한계.
광고물을
걸어놓았다.

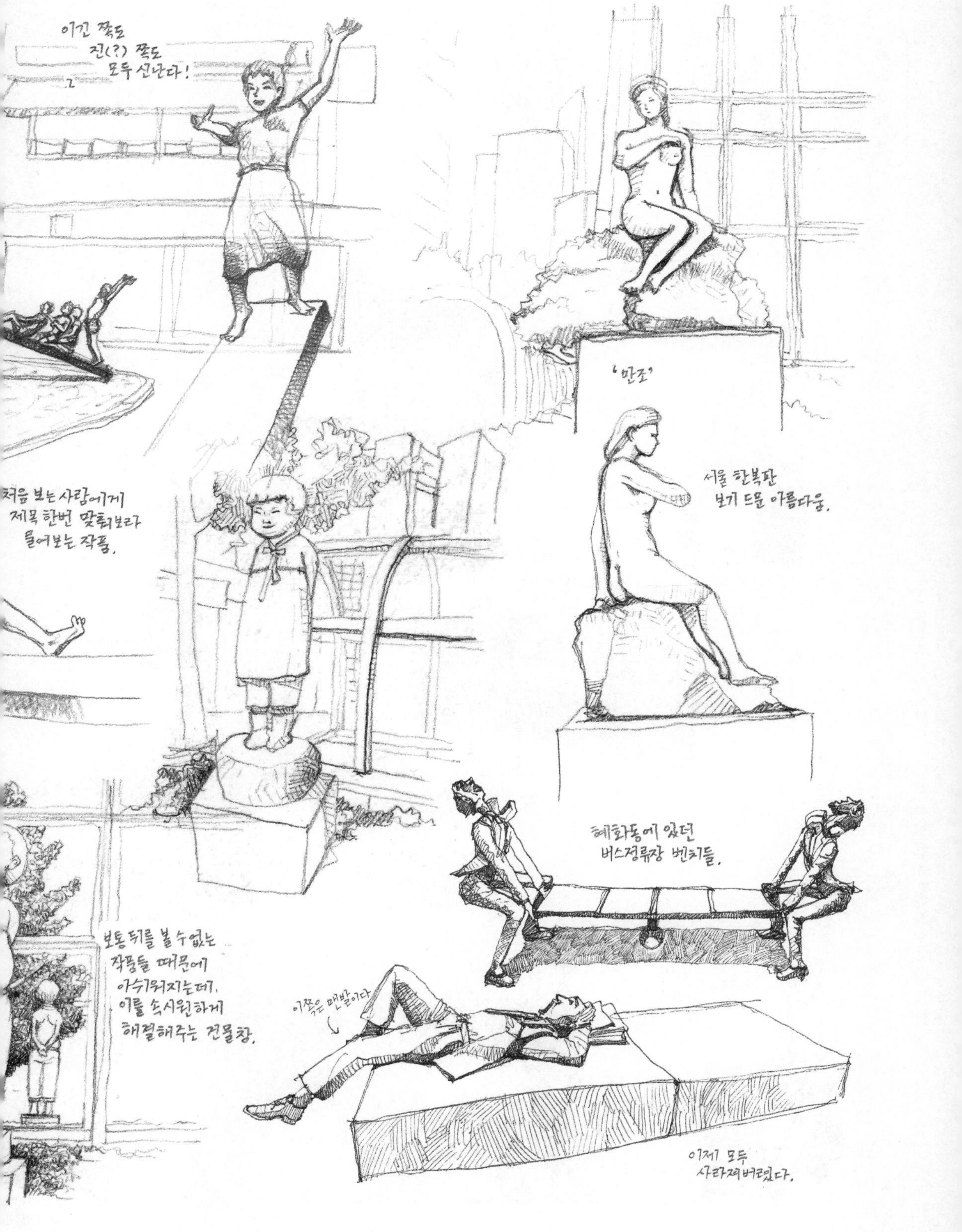
이긴 쪽도
진(?) 쪽도
모두 신난다!
'만조'
처음 보는 사람에게
제목 한번 맞춰보라
물어보는 작품.
서울 한복판
보기 드문 아름다움.
혜화동에 있던
버스정류장 벤치들.
보통 뒤를 볼 수 없는
작품들 때문에
아쉬워지는데,
이를 속시원하게
해결해주는 건물창.
이쪽은 맨발이다
이제 모두
사라져버렸다.

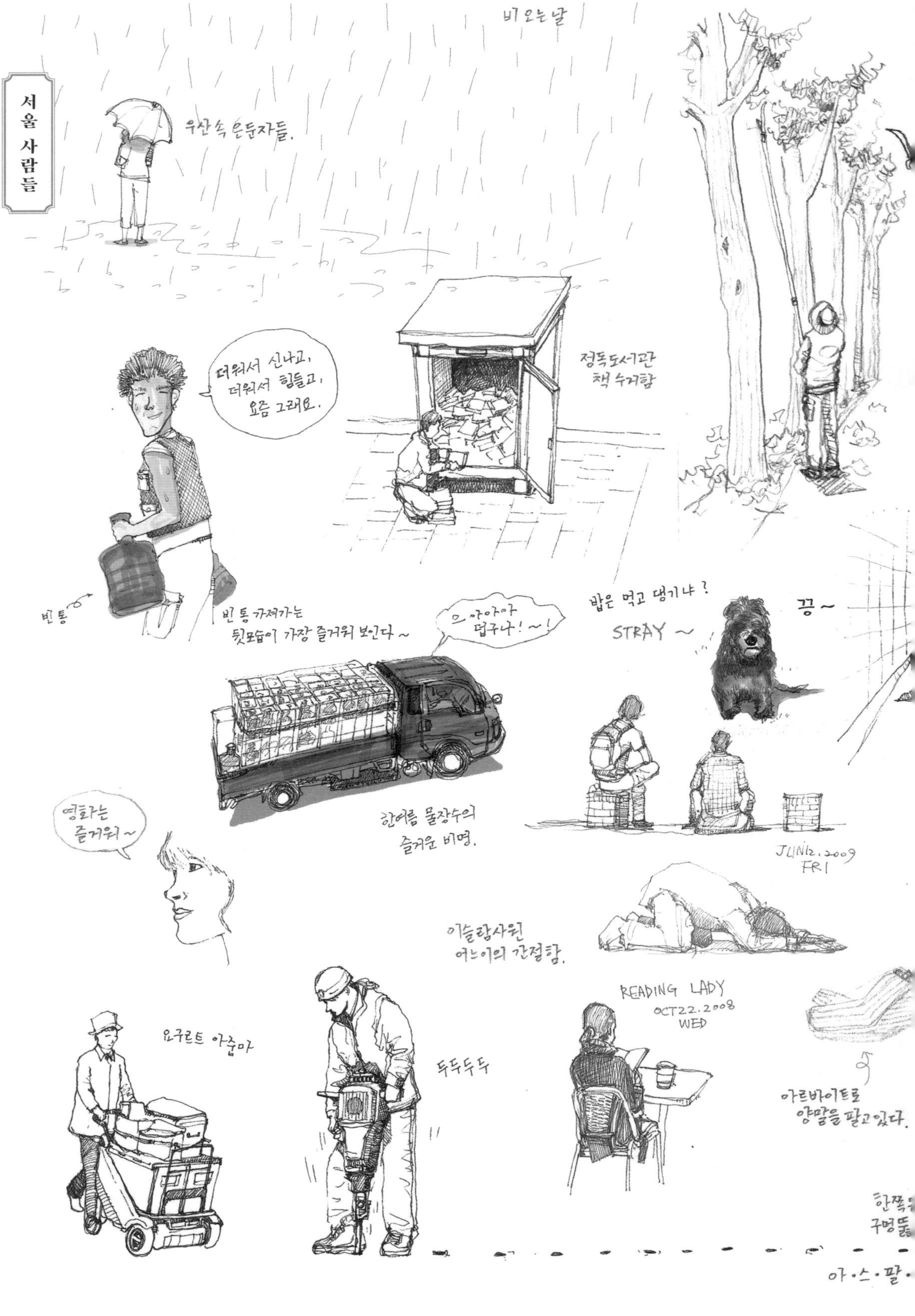
비오는날
서울 사람들
우산속 은둔자들.
더워서 신나고, 더워서 힘들고, 요즘 그래요.
정독도서관 책 수거함
빈통
빈 통 가져가는 뒷모습이 가장 즐거워 보인다 ~
으 아아아 덥구나! ~!
밥은 먹고 댕기냐?
STRAY ~
끙 ~
영화가는 즐거워 ~
한여름 물장수의 즐거운 비명.
JUN 12. 2009 FRI
이슬람사원 어느이의 간절함.
READING LADY
OCT 22. 2008 WED
요구르트 아줌마
두두두두
아르바이트로 양말을 팔고있다.
아·스·팔·

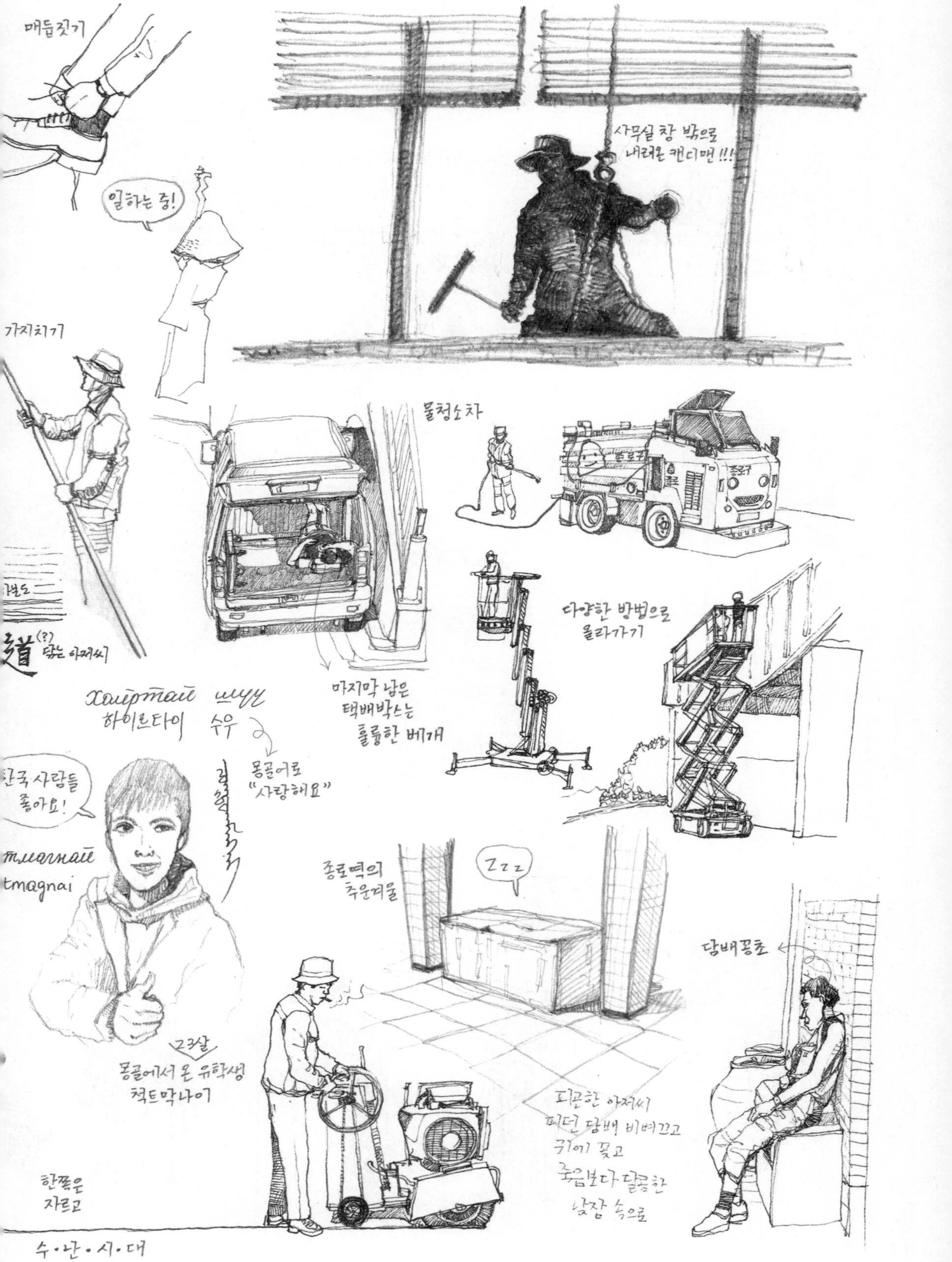

매듭짓기
일하는 중!
가지치기
가보도
道(?) 닦는 아저씨
사무실 창 밖으로
내려온 캔디맨!!!
물청소차
종로구
다양한 방법으로
올라가기
마지막 남은
택배박스는
훌륭한 베개
хайртай шүү
하이르타이 수우
몽골어로
"사랑해요"
한국 사람들
좋아요!
тмагнай
tmagnai
23살
몽골에서 온 유학생
척트막나이
종로역의
추운겨울
Zzz
담배꽁초
피곤한 아저씨
피던 담배 비벼끄고
귀에 꽂고
죽음보다 달콤한
낮잠 속으로
한쪽은
자르고
수·난·시·대

## 고궁 문

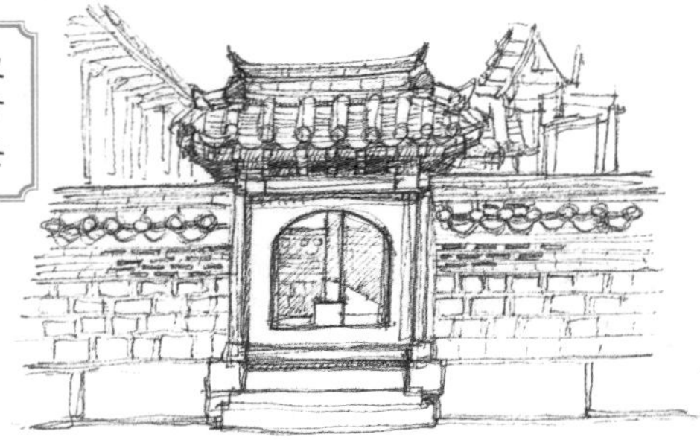

동궁 소문

상량정 서쪽 담장 샛문

월광문

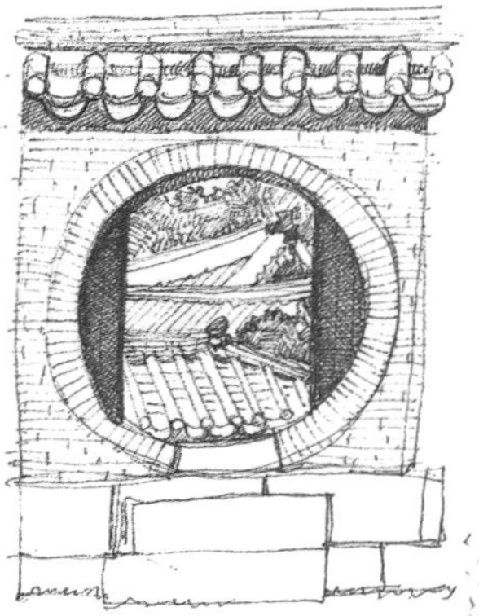

지나면 불로장생한다는...

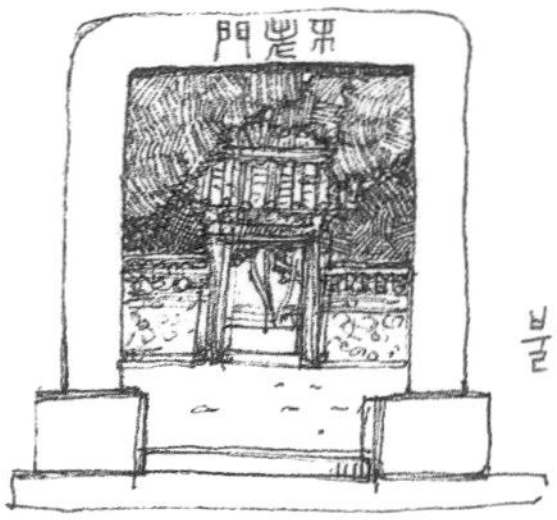


불로문

이 문을 지났을 그 많은 이들은
모두 지금 어디로.

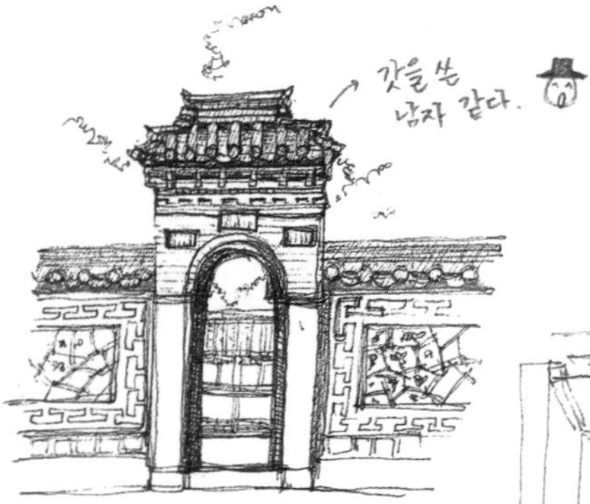


교태전 출입문 중 하나.

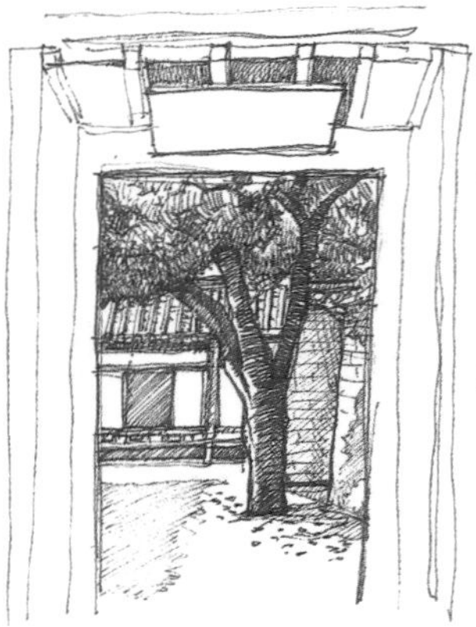

창덕궁 연경당

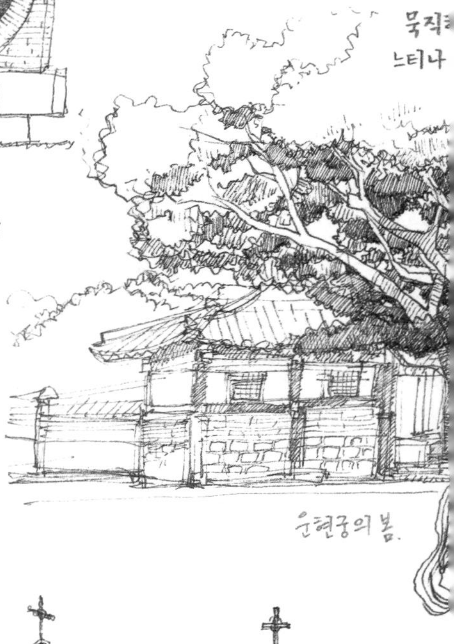


운현궁의 봄.

## 종탑들

명동대성당

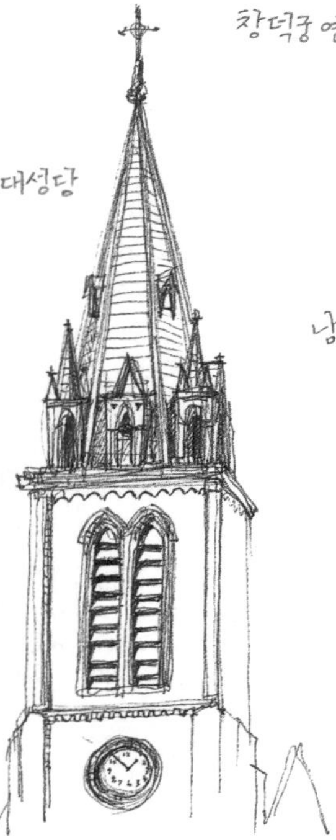

남대문교회

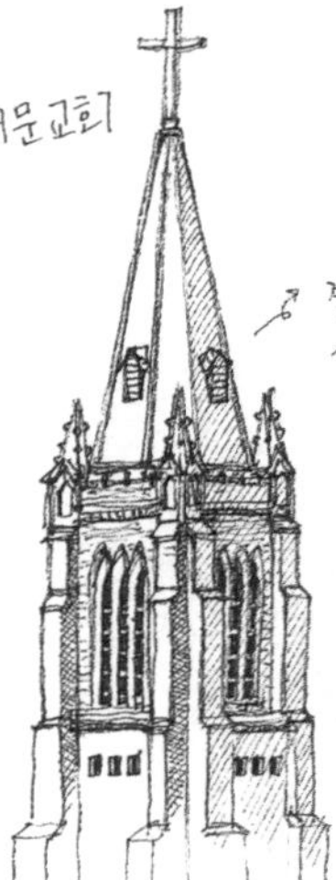


약현성당

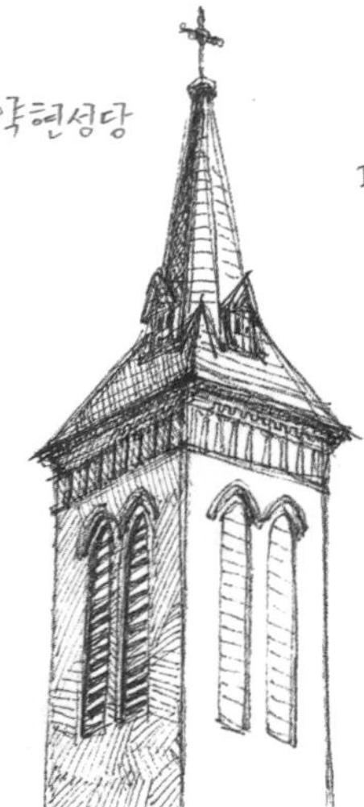

평안교회

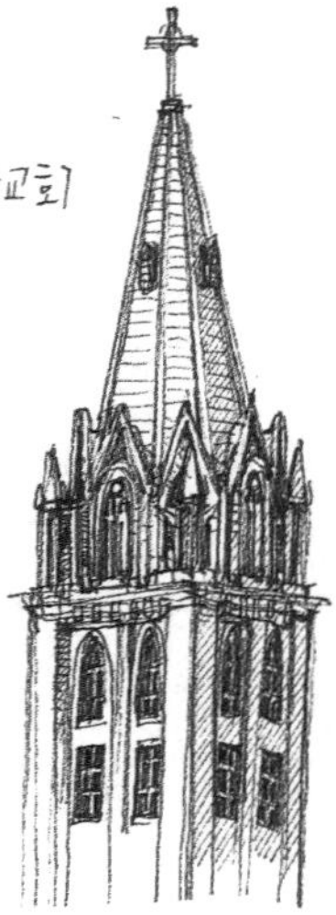

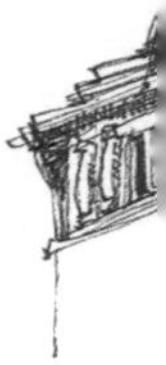

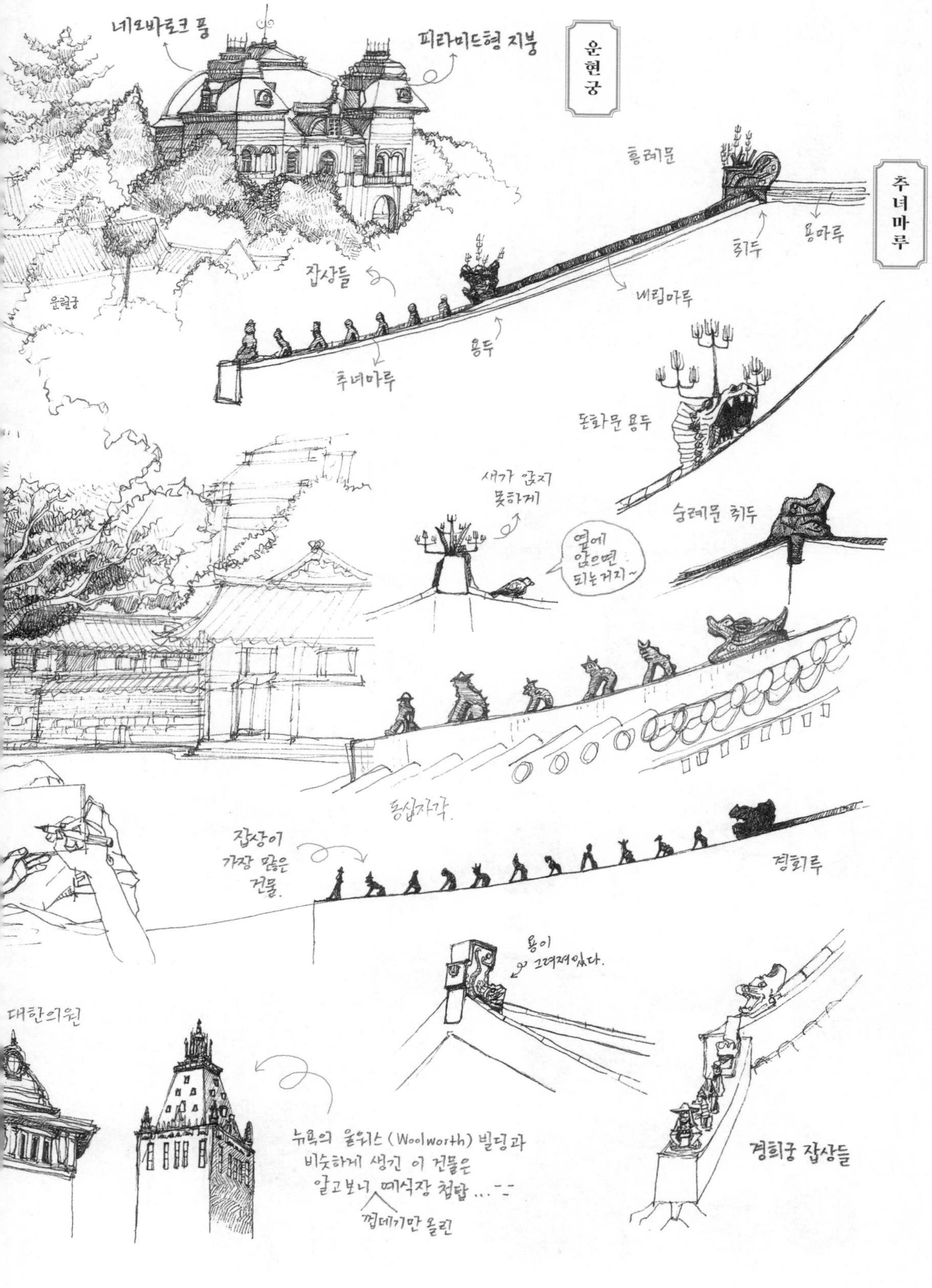
운현궁
네오바로크 풍
피라미드형 지붕
운현궁
추녀마루
흥례문
용마루
취두
잡상들
내림마루
용두
추녀마루
돈화문 용두
새가 앉지 못하게
숭례문 취두
옆에 앉으면 되는거지~
동십자각
잡상이 가장 많은 건물.
경회루
용이 그려져있다.
대한의원
뉴욕의 울워스(Woolworth) 빌딩과
비슷하게 생긴 이 건물은
알고보니 예식장 첨탑 ...ㅡ.ㅡ
껍데기만 올린
경희궁 잡상들

# 바퀴, 바퀴, 바퀴

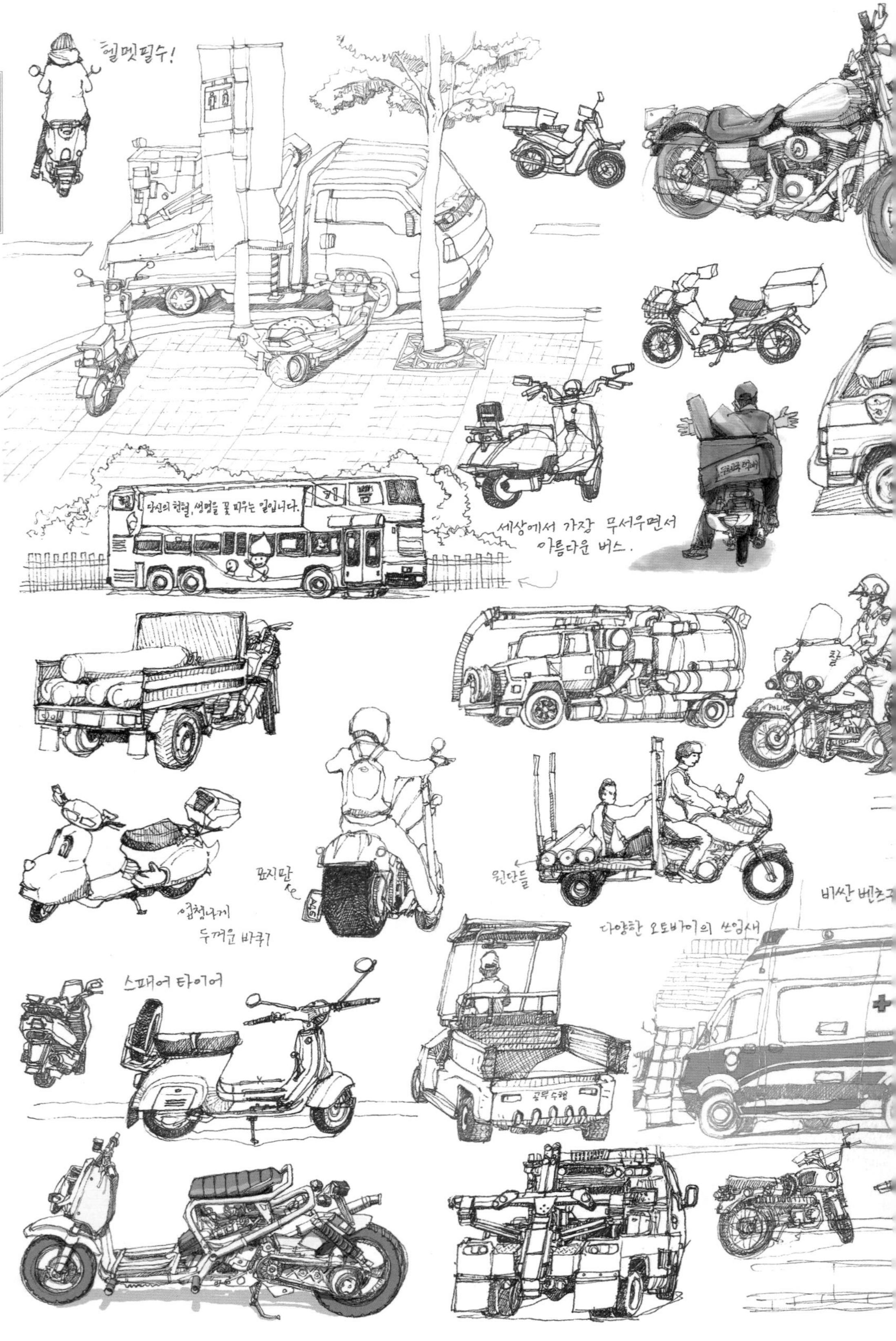
헬멧필수!
당신의 헌혈, 생명을 꽃 피우는 일입니다.
세상에서 가장 무서우면서
아름다운 버스.
POLICE
표지판
엄청나게
두꺼운 바퀴
원단들
비싼 벤츠
다양한 오토바이의 쓰임새
스페어 타이어
공무수행

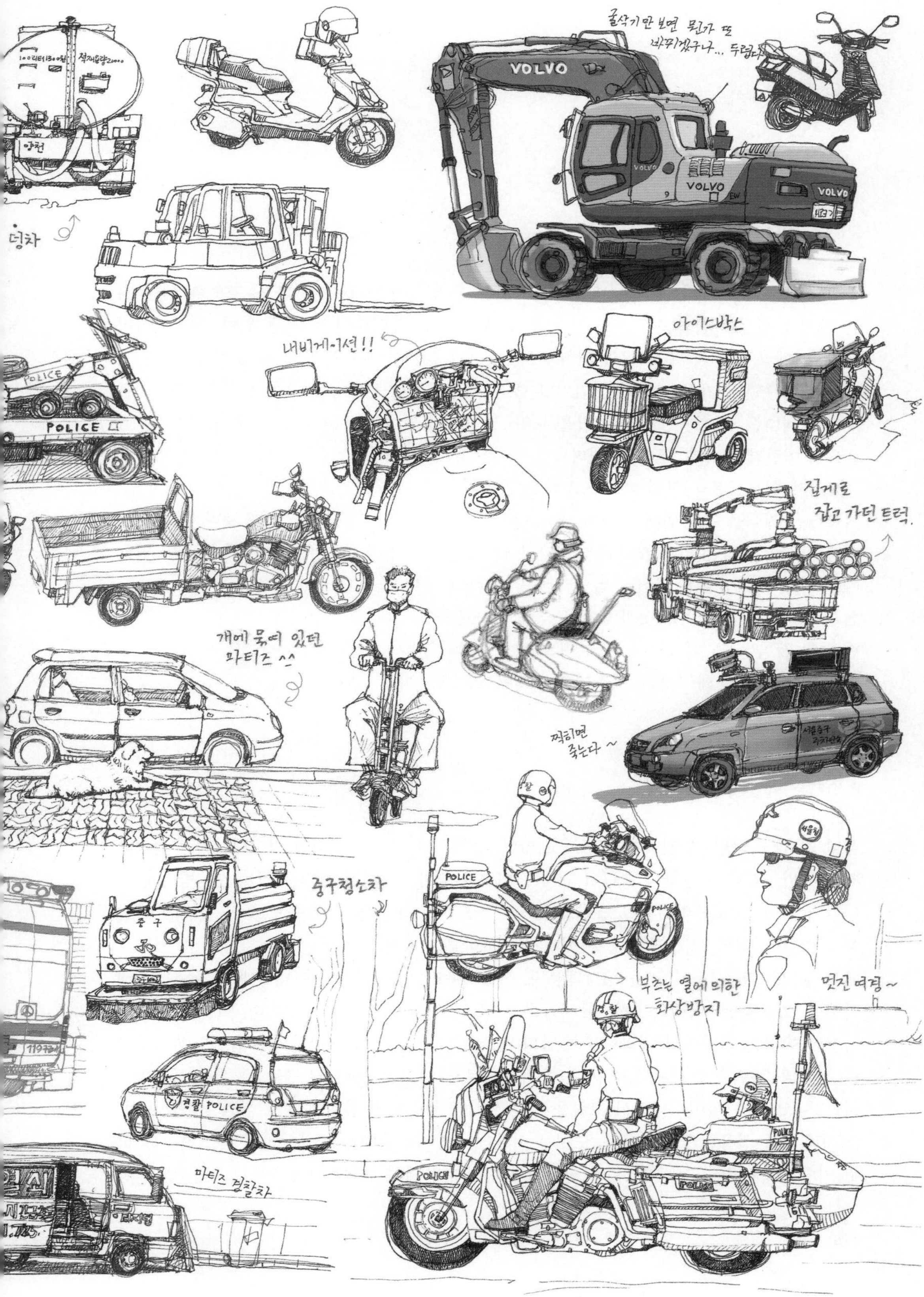

굴삭기만 보면 뭔가 또
바뀌겠구나... 두렵다
VOLVO
양천
아이스박스
내비게이션!!
POLICE
집게로
잡고 가던 트럭.
개에 묶여 있던
마티즈 ^^
찍히면
죽는다 ~
중구청소차
POLICE
부츠는 열에 의한
화상방지
멋진 여경 ~
경찰 POLICE
마티즈 경찰차

## 야간산행

중학생 조카와 서울의 야경을 보기 위해 해 진 후 인왕산을 올랐다. 한 시간이 채 되지 않는 산길을 열심히 걸어 숨이 턱까지 차오를 즈음, 정상에 다다라 너른 돌 위에 그냥 뻗어버렸다. 카메라 가방이 무거워서인지 전보다 나이가 들어서인지 몸이 말을 듣지 않는 느낌. 땀을 식혀주던 초가을 바람이 고맙기만 했다. 가방에 비스듬히 기대앉아 현란한 서울의 불빛이 감춰버린 희미한 밤하늘의 별을 보며, 조카와 함께 이어폰을 나눠 끼고 음악을 몇 곡 들으며 이런저런 이야기를 나누었다.
"삼촌, 왜 어른들은 시간이 빠르다고 하는 거죠?"
어쭙잖은 지식을 총동원해 영원에 대해 이야기했다. 시간적으로나 공간적으로나 미미한 존재인 인간이 내리는 답은 오답일 테지만 훗날 우리가 존재했다는 것 그리고 이 순간이 있었다는 사실 하나만큼은 영원히 남으리라는 생각으로 서로를 위안하며 결론을 맺었다.
산을 내려오며, 식어버린 옷자락에서 숲속의 가을을 느낀다.
한 해가 끝을 향해 다가간다. 정말 빠른 시간!
어릴 때에는 정말 왜 그렇게 시간이 느리게만 느껴졌을까.

## 서울을 재구성한다면

끝날 것 같지 않던 책의 마지막을 쓰고 있다. 언제부터 서울을 그리기 시작했는지는 기억나지 않지만, 그 끝은 명확하니 마치 연애 같다고나 할까. 군 시절 제대를 앞둔 선임병이 한마디씩 남기며 부대를 떠나는 모습을 보고, 이등병 때부터 줄곧 마음속으로 그 순간에 할말을 준비했다. 결국 그 장황한 말은 꺼내지도 못하고 떠났지만.
나는 늘 시작할 때부터 끝을 생각해본다. 끼워맞추려고 하는 것이 아니기에 그 끝은 늘 생각했던 것과 다르지만, 분명한 건 시작은 늘 끝과 연결되어 있다는 것이다. 서울 스케치의 마지막 여정은 인왕산일 거라 생각했었다. 인왕산에 오르면 서울성곽의 모습, 즉 한양이었던 서울의 일부가 한눈에 들어온다. 손바닥으로도 가려질 듯한 저 좁은 곳에서 북적이던 지난날. 그 안을 돌아다니면서 그림을 그린 시간을 생각하며 감회에 젖고 싶었기 때문이다.
'심시티'라는 컴퓨터게임이 있다. 도시를 시뮬레이션으로 운영하는 게임인데, 부지를 확보하고 기반시설을 깔고, 건물을 올려 발전시키는 재미가 꽤나 매력적이다. 가당찮지만 만일 심시티를 하듯 서울을 자유롭게 주무를 수 있다면 상상력을 총동원해서 다음과 같이 만들고 싶다.

먼저 고층빌딩은 한강변으로 몰아놓는다. 한강의 스케일에 맞는 스카이라인은 홍콩처럼 강 건너편에서 즐길 근사한 야경을 선사해줄 것이다. 그다음 서울성곽과 사대문, 사소문을 모두 복원해 그 안에 기와 물결이 출렁이게 만든다. 전주 한옥마을을 거닐어본, 오목대에 올라본 사람이라면 그것이 얼마나 아름다운지 알리라. 한옥 사이로 여유로운 보행공간을 확보하고 대중교통은 더욱 유기적으로 연결시킨다. 물론 녹지공간도 가득할 것이다. 서울성곽 안은 더욱 확실한 역사도시가 되는 것이다. 만일 이번 휴가에 어디 갈지 고민하는 외국인이 서울 안내책자를 처음 접한다면, 지금같이 고층건물 산재한 서울과 내 상상 속의 서울 중 어디를 택할까?

하지만 이 꿈은 절대적으로 불가능하다. 개발을 위해 문화재를 옮기고, 사유재산권이 무엇보다 존중받는 현실에서 아무리 그럴듯한 상상화를 그려본들 무슨 소용이 있을까 싶어 이내 포기해버린다.

## 느림의 미학

스케치로 서울을 담고자 한 첫번째 이유는 서울을 '더 잘 알고 싶어서'였다.

한 장의 그림을 완성하기 위해 스케치노트와 대상물을 수없이 번갈아 보는 일은 속사정까지는 몰라도 적어도 그 외형을 알게 되는 최선의 방법이다. 선 하나하나를 따라가며 사물(혹은 인물)을 알아가는데 어떻게 가까워지지 않을 수 있단 말인가! 일련의 행동 사이에서 평범한 골목길도, '내 스케치 속 골목길'로 바뀐다. 하지만 스케치가 가진 큰 매력 중 하나인 '느림의 미학'은 좀더 특별한 무언가를 선사한다.

같은 곳이라 해도 자동차를 타고 지날 때 기분과 자전거를 타고 지날 때의 기분, 걸을 때의 기분과 멈춰 서서 느끼는 기분은 같을 수 없다. 더불어 멈춰서 시간의 흐름까지 느낀다면 더욱 느낌이 다양해진다. 꼭 그림을 그릴 필요까지 없다. 글을 쓰거나 음악을 들어도 좋고 그냥 멍하니 앉아 있어도 괜찮다. 그 장소에서 시간을 보내기만 하면 된다. 얼마나 간단한가! 지나가는 사람들, 새가 날아가는 하늘, 자동차가 신호를 어기는 모습과 아이가 풍선을 놓치는 풍경을 보고 느낄 수만 있다면 그걸로 족하다.

같은 길도 초반부에 시간적 체력적으로 여유로울 때와 종반부에 체력이 소진됐을 때의 풍경이 다르게 보이듯, 시간과 환경이 만들어주는 또다른 향연은 영원히 기억 속에 각인된다. 그것이 느림의 미학.

## 서울의 시간을 그리다

한 지역을 마치 하루에 여행한 듯 써나갔지만, 당연히 하루에 모든 스케치를 끝낸 것은 아니다. 꽤 오랫동안 틈틈이 그려온 것을 모았다. 너무 많아 부족한 지면에 다 넣지도 못했다. 이렇게 많이 그렸나 싶을 정도다. 최대한 현장 스케치를 하려 했지만, 여의치 않을 때면 사진으로 담아 집에서 작업했다. 이런 경우에는 최대한 현장감을 마음속에 담는 것이 포인트. 그림을 그리면서 생긴 궁금증을 풀고자 서울에 관한 많은 책을 읽었고, 그 와중에 새롭게 알게 된 풍경과 이야기를 만나려 다시 찾아갔고 다시 그림을 그리면서 서울과 점점 가까워졌다. 나는 그간 서울에서 헛산 것 같다는 생각이 들었다.

서울은 골동품이 아니다. 끊임없이 변하는 유기체이기에 오늘도 자동차 내비게이션 회사에서는 지도를 수정하느라 분주하다. 많은 옛 건물이 개발이라는 명목하에 사라져갔다. 둘러보면 한국전쟁 이후의 모습, 나아가 잘 다듬어진 신도시의 모습이 주를 이룬다. 역사도시라기에는 초라할 정도다. 그래서 더욱 사라진 것들에 대해 알고 싶어졌다. 이제는 새로 지어진 고층건물 때문에 보이지 않는, 가려진 옛이야기와 만나고 싶었다. 그렇게 과거와 현재 서울의 시간을 그려보고 싶었다.

내 스케치 속 서울도 시간의 흐름을 따라 계속해서 변해갈 것이란 걸 잘 알고 있다. 그래서 나의 서울 스케치 여행 또한 내가 살아 있는 한 언제나 진행형이다.

## 도움이 된 책

김왕직, 『알기 쉬운 한국건축 용어사전』, 동녘, 2007.
김용옥, 『도올의 청계천 이야기』, 통나무, 2003.
서현, 『그대가 본 이 거리를 말하라』, 효형출판, 1999.
서현, 『건축, 음악처럼 듣고 미술처럼 보다』, 효형출판, 2004.
손정목, 『서울 도시계획 이야기』, 한울, 2010.
유길상, 『세종로의 비밀』, 중앙북스, 2007.
이규태, 『이규태의 600년 서울』, 조선일보, 1993.
이용재, 『딸과 함께 떠나는 건축여행』, 플러스문화사, 2007.
이현수, 『이현수 교수의 서울 사용설명서 2084』, 선, 2008.
장규식, 『서울 공간으로 본 역사』, 혜안, 2004.
전우용, 『서울은 깊다』, 돌베개, 2008.
정재정, 『서울 근현대 역사기행』, 혜안, 1998.
중앙M&B 편집부, 『아이 손잡고 고궁 박물관 미술관』, 중앙M&B, 2007.
한국문화유산답사회, 『서울』(답사여행의 길잡이 15), 돌베개, 2004.
홍대형, 『한국의 건축문화재』(서울편), 기문당, 2001.
홍순민, 『우리 궁궐 이야기』, 청년사, 1999.

## 참조한 그림

〈광화문광장〉 – 『모터트렌드』(가야미디어)
〈남산트리〉 – 『ALLURE』(두산매거진)
〈명동성당 내부〉 〈효자동 골목길〉 〈덕수궁 돌담길〉 – 『나 같은 배우 되지 마』(류승수, 라이프맵, 2009)

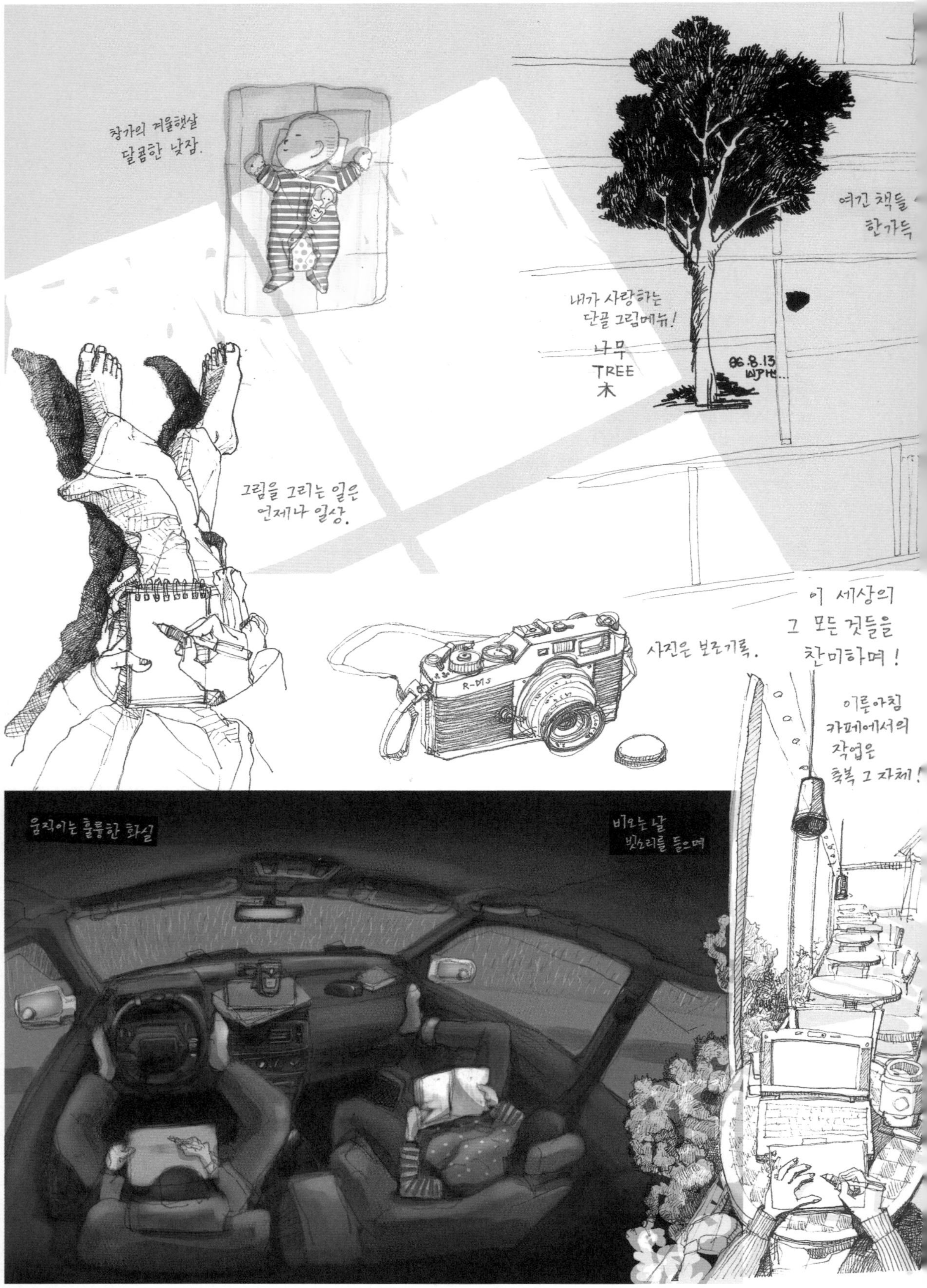
창가의 겨울햇살
달콤한 낮잠.
여긴 책들
한가득
내가 사랑하는
단골 그림메뉴!
나무
TREE
木
06.8.13
그림을 그리는 일은
언제나 일상.
이 세상의
그 모든 것들을
찬미하며!
사진은 보조기록.
R-D1s
이른아침
카페에서의
작업은
축복 그 자체!
움직이는 훌륭한 화실
비오는 날
빗소리를 들으며

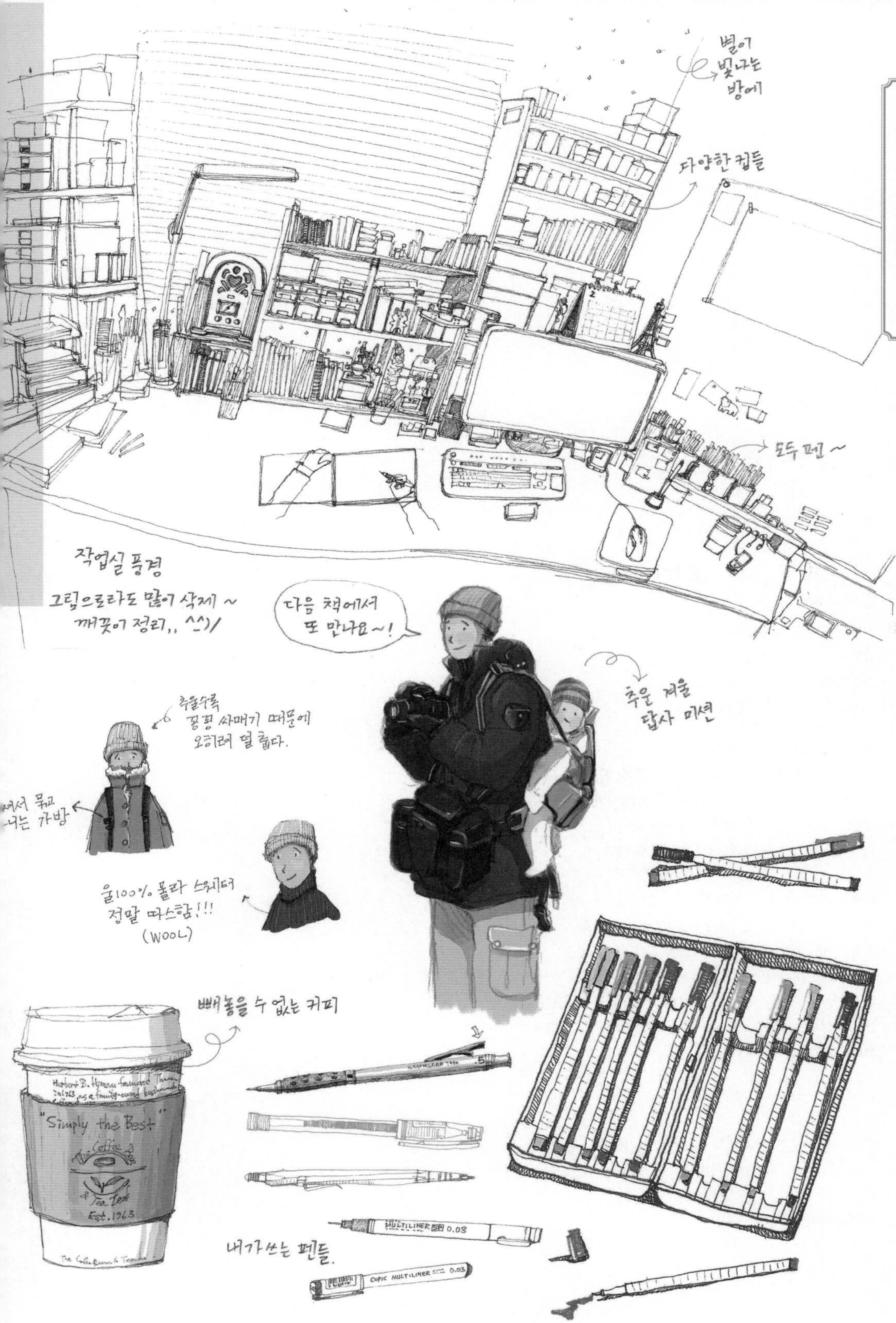
별이 빛나는 방에
다양한 컵들
모두 펜 ~
작업실 풍경
그림으로라도 많이 삭제 ~
깨끗이 정리,, ^^)/
다음 책에서 또 만나요~!
추울수록 꽁꽁 싸매기 때문에 오히려 덜 춥다.
추운 겨울 답사 미션
울100% 폴라 스웨터 정말 따스함!!! (WOOL)
빼놓을 수 없는 커피
"Simply the Best"
Coffee & Tea Leaf
Est. 1963
GRAPHGEAR 1000
MULTILINER 0.03
COPIC MULTILINER 0.03
내가 쓰는 펜들.

# 서울의 시간을 그리다



1판 1쇄 2013년 3월 20일
1판 5쇄 2015년 8월 21일
2판 1쇄 2019년 7월 19일
2판 2쇄 2022년 4월 18일

지은이 이장희
책임편집 임혜지 | 편집 박영신 | 모니터링 이희연
디자인 김이정 최미영 | 마케팅 정민호 이숙재 한민아 김혜연 이가을 안남영 김수현 정경주
브랜딩 함유지 함근아 김희숙 정승민
제작 강신은 김동욱 임현식 | 제작처 영신사

펴낸곳 (주)문학동네 | 펴낸이 김소영
출판등록 1993년 10월 22일 제2003-000045호
주소 10881 경기도 파주시 회동길 210
전자우편 editor@munhak.com | 대표전화 031)955-8888 | 팩스 031)955-8855
문의전화 031)955-3579(마케팅) 031)955-2672(편집)
문학동네카페 http://cafe.naver.com/mhdn | 트위터 @munhakdongne
북클럽문학동네 http://bookclubmunhak.com

ISBN 978-89-546-5704-4 03600



www.munhak.com